金融科技丛书

量化投资
以Python为工具

蔡立耑 著

電子工業出版社
Publishing House of Electronics Industry
北京•BEIJING

内 容 简 介

本书主要讲解量化投资的思想和策略，并借助 Python 语言进行实战。本书一共分为 5 部分，第 1 部分是 Python 入门，第 2 部分是统计学基础，第 3 部分是金融理论、投资组合与量化选股，第 4 部分是时间序列简介与配对交易，第 5 部分是技术指标与量化投资。本书首先对 Python 编程语言进行介绍，通过学习，读者可以迅速掌握用 Python 语言处理数据的方法，并灵活运用 Python 解决实际金融问题；其次，向读者介绍量化投资的理论知识，主要讲解量化投资所需的数量基础和类型等方面；最后讲述如何在 Python 语言中构建量化投资策略。

图书在版编目（CIP）数据

量化投资：以 Python 为工具 / 蔡立耑著. – 北京：电子工业出版社，2017.2
（金融科技丛书）
ISBN 978-7-121-30514-6

I. ①量…II. ①蔡…III. ①投资－软件工具 IV. ①F830.59-39

中国版本图书馆 CIP 数据核字 (2016) 第 288007 号

策划编辑：高洪霞
责任编辑：黄爱萍
印　　刷：涿州市般润文化传播有限公司
装　　订：涿州市般润文化传播有限公司
出版发行：电子工业出版社
　　　　　北京市海淀区万寿路 173 信箱　　邮编：100036
开　　本：787×1092　1/16　印张：34.5　字数：938 千字
版　　次：2017 年 2 月第 1 版
印　　次：2023 年 1 月第 19 次印刷
定　　价：128.00 元

凡所购买电子工业出版社图书有缺损问题，请向购买书店调换。若书店售缺，请与本社发行部联系，联系及邮购电话：（010）88254888，88258888。

质量投诉请发邮件至 zlts@phei.com.cn，盗版侵权举报请发邮件至 dbqq@phei.com.cn。

本书咨询联系方式：（010）51260888-819，faq@phei.com.cn。

序　言

过去十年，一股“量化投资”的热潮在中国悄然掀起。最近这两年，投资人对量化的关注更是到达了前所未有的地步。除了业界到处寻找量化团队以外，各种量化基金如雨后春笋般出现，各个大学校园也开始举办一场又一场的量化讲座、研讨会等。量化投资一时蔚为风行，产官学共襄盛举。

这么受人瞩目的议题，到底它的内涵是什么呢？为了了解量化投资这个概念，我们先回顾一下投资分析与决策过程。在投资分析与实战中，虽然个中滋味如人饮水，个中细节一言难尽，但“投资”大致上会有如下几个阶段：首先，投资人利用各种工具与分析方法，建构模型（系统）来验证买卖标的、时点、价位等有效性；第二阶段则筛选经过分析与验证得到的结论，实际应用于交易；一个严谨的投资人，通常还会有第三阶段，即在实际投资的过程中，不断地修正与完善自己的模型（系统）。在资讯工具不发达的年代，这些过程往往以质化为主。例如，基金经理人会研究上市公司财务报表，拜访公司高层，以经验判断技术指标的趋势与形态，做出投资的买卖决策。这种做法带有很大的主观性，因此又被称为“主观交易”。主观交易的流弊，在于决策基础多源于“大胆假设”而缺乏科学方法“小心求证”的过程。更甚者，行为金融学指出，投资人的行为往往易受各种心理认知谬误的影响而伤害投资绩效。除此之外，在瞬息万变的金融市场中，主观交易者若要处变不惊地坚守操作纪律，同时眼明手快地捕捉稍纵即逝的机会，也常有“力不从心”之叹。

相较于主观交易所遭遇的问题，量化投资则在上述投资的各个阶段，利用数学、统计、计算机等分析工具来建立模型，据以客观地分析数据，按事先设定好的投资逻辑来进行投资决策，在理想状况下自动化执行下单。正因为如此，量化投资拥有可验证性、纪律性与即时性等许多主观交易不可企及的优势。若再善用计算机技术，量化交易者可以处理的资讯量更让主观交易者望尘莫及。如此说来，采用量化技术岂非在投资上立于不败之地？

读者只要稍加思考即可发现，量化投资的模型很容易因建模者的能力不同而良莠不齐。此外，绝大多数模型的核心思想在于“以史为鉴”；在对历史数据依赖度高的前提下，一旦遇到新兴的金融市场或历史不曾出现的事件，量化投资者也只能徒呼负负。既然主观交易有诸多限制，量化交易又并非万能，那么，对投资绩效念兹在兹的投资者，究竟该何去何从呢？我们要提醒读者的是，编程语言、统计、金融、技术指标等量化投资常用的知识只是工具，它们就像武侠小说中的宝剑与武功秘籍，虽然很重要，却不是笑傲江湖的保证。宝剑锋从磨砺出，只有勤练武艺，在实战中积累经验，才能审时度势，百战不殆。

本书旨在对量化投资做广泛与初步的介绍，希冀读者能对这个引人入胜的学术与实务领域略窥一斑。囿于笔者的学养见识，书中内容或有疏漏谬误之处，尚祈先进专家能不吝指正。最后，谨以此书表达对热血投资大众的献曝之忱。

若读者需要书中的习题解答、代码、数据、勘误补充及量化相关资讯，可至 www.baoquant.com 下载；或发邮件至 service@baoquant.com 索取，来信请在邮件标题中写明书名：《量化投资：以 Python 为工具》。

目　　录

第 1 部分　Python 入门 1

第 1 章　Python 简介与安装使用 2

1.1 Python 概述 2

1.2 Python 的安装 3

1.2.1 下载安装 Python 执行文件 3

1.2.2 下载安装 Anaconda 4

1.2.3 多种 Python 版本并存 6

1.3 Python 的简单使用 7

1.4 交互对话环境 IPython 8

1.4.1 IPython 的安装 8

1.4.2 IPython 的使用 9

1.4.3 IPython 功能介绍 10

第 2 章　Python 代码的编写与执行 14

2.1 创建 Python 脚本文件 15

2.1.1 记事本 15

2.1.2 Python 默认的 IDLE 环境 15

2.1.3 专门的程序编辑器 15

2.2 执行.py 文件 17

2.2.1 IDLE 环境自动执行 17

2.2.2 在控制台 cmd 中执行 18

2.2.3 在 Anaconda Prompt 中执行 19

2.3 Python 编程小技巧 20

2.3.1 Python 行 20

2.3.2 Python 缩进 21

第 3 章　Python 对象类型初探 23

3.1 Python 对象 23

3.2 变量命名规则 24

3.3 数值类型 25
3.3.1 整数 25
3.3.2 浮点数 26
3.3.3 布尔类型 26
3.3.4 复数 27
3.4 字符串 28
3.5 列表 29
3.6 可变与不可变 30
3.7 元组 32
3.8 字典 33
3.9 集合 33

第 4 章 Python 集成开发环境：Spyder 介绍 36
4.1 代码编辑器 37
4.2 代码执行 Console 39
4.3 变量查看与编辑 40
4.4 当前工作路径与文件管理 41
4.5 帮助文档与在线帮助 42
4.6 其他功能 43

第 5 章 Python 运算符与使用 44
5.1 常用运算符 44
5.1.1 算术运算符 45
5.1.2 赋值运算符 46
5.1.3 比较运算符 47
5.1.4 逻辑运算符 48
5.1.5 身份运算符 49
5.1.6 成员运算符 51
5.1.7 运算符的优先级 52
5.2 具有运算功能的内置函数 52

第 6 章 Python 常用语句 55
6.1 赋值语句 55
6.1.1 赋值含义与简单赋值 55
6.1.2 多重赋值 57

6.1.3 多元赋值 58
6.1.4 增强赋值 58
6.2 条件语句 59
6.3 循环语句 60
6.3.1 for 循环 60
6.3.2 while 循环 61
6.3.3 嵌套循环 62
6.3.4 break、continue 等语句 62

第 7 章 函数 **66**
7.1 函数的定义与调用 66
7.2 函数的参数 68
7.3 匿名函数 71
7.4 作用域 72

第 8 章 面向对象 **75**
8.1 类 75
8.2 封装 77
8.3 继承（Inheritance） 79

第 9 章 Python 标准库与数据操作 **82**
9.1 模块、包和库 82
9.1.1 模块 82
9.1.2 包 84
9.1.3 库 85
9.2 Python 标准库介绍 85
9.3 Python 内置数据类型与操作 91
9.3.1 序列类型数据操作 91
9.3.1.1 list 类型与操作 91
9.3.1.2 tuple 类型与操作 94
9.3.1.3 range 类型与操作 97
9.3.1.4 字符串操作 98
9.3.2 字典类型操作 103
9.3.3 集合操作 106

第 10 章 常用第三方库：Numpy 库与多维数组 111

10.1 NumPy 库 111

10.2 创建数组 111

10.3 数组元素索引与切片 115

10.4 数组运算 118

第 11 章 常用第三方库：Pandas 与数据处理 120

11.1 Series 类型数据 120

11.1.1 Series 对象的创建 120

11.1.2 Series 对象的元素提取与切片 122

11.1.2.1 调用方法提取元素 122

11.1.2.2 利用位置或标签提取元素与切片 123

11.1.3 时间序列 124

11.2 DataFrame 类型数据 128

11.2.1 创建 DataFrame 对象 128

11.2.2 查看 DataFrame 对象 130

11.2.3 DataFrame 对象的索引与切片 131

11.2.4 DataFrame 的操作 135

11.2.5 DataFrame 的运算 139

11.3 数据规整化 142

11.3.1 缺失值的处理 142

11.3.1.1 缺失值的判断 142

11.3.1.2 选出不是缺失值的数据 143

11.3.2 缺失值的填充 143

11.3.3 缺失值的选择删除 145

11.3.4 删除重复数据 146

第 12 章 常用第三方库：Matplotlib 库与数据可视化 149

12.1 Matplotlib 简介 149

12.2 修改图像属性 152

12.2.1 坐标 152

12.2.1.1 更改坐标轴范围 152

12.2.1.2 设定坐标标签与显示角度 153

12.2.2 添加文本 155

12.2.2.1 添加标题 155

12.2.2.2 中文显示问题 157
12.2.2.3 设定坐标轴标签 159
12.2.2.4 增加图形背景 grid 160
12.2.2.5 增加图例 161
12.2.3 多种线条属性 162
12.2.3.1 线条的类型 162
12.2.3.2 图形的颜色 163
12.2.3.3 点的形状类型 164
12.2.3.4 线条宽度 166
12.3 常见图形的绘制 167
12.3.1 柱状图（Bar charts） 167
12.3.2 直方图 170
12.3.3 饼图 172
12.3.4 箱线图 172
12.4 Figure、Axes 对象与多图绘制 173
12.4.1 Figure、Axes 对象 174
12.4.2 多图绘制 176
12.4.2.1 多个子图绘制 176
12.4.2.2 一个图中多条曲线绘制 178

第 2 部分 统计学基础 180

第 13 章 描述性统计 181
13.1 数据类型 182
13.2 图表 182
13.2.1 频数分布表 182
13.2.2 直方图 183
13.3 数据的位置 184
13.4 数据的离散度 186

第 14 章 随机变量简介 190
14.1 概率与概率分布 190
14.1.1 离散型随机变量 190
14.1.2 连续型随机变量 192
14.2 期望值与方差 193

14.3 二项分布 194
14.4 正态分布 197
14.5 其他连续分布 199
14.5.1 卡方分布 199
14.5.2 t 分布 199
14.5.3 F 分布 200
14.6 变量的关系 202
14.6.1 联合概率分布 202
14.6.2 变量的独立性 203
14.6.3 变量的相关性 203
14.6.4 上证综指与深证综指的相关性分析 205

第 15 章 推断统计 208

15.1 参数估计 208
15.1.1 点估计 209
15.1.2 区间估计 209
15.2 案例分析 212
15.3 假设检验 213
15.3.1 两类错误 214
15.3.2 显著性水平与 p 值 215
15.3.3 确定小概率事件 215
15.4 t 检验 216
15.4.1 单样本 t 检验 216
15.4.2 独立样本 t 检验 217
15.4.3 配对样本 t 统计量的构造 218

第 16 章 方差分析 221

16.1 方差分析之思想 221
16.2 方差分析之原理 222
16.2.1 离差平方和 223
16.2.2 自由度 224
16.2.3 显著性检验 225
16.3 方差分析之 Python 实现 226
16.3.1 单因素方差分析 227
16.3.2 多因素方差分析 228

16.3.3 析因方差分析 228

第 17 章 回归分析 231

17.1 一元线性回归模型 231

17.1.1 一元线性回归模型 231

17.1.2 最小平方法 232

17.2 模型拟合度 233

17.3 古典假设条件下 $\hat{\alpha}$、$\hat{\beta}$ 之统计性质 234

17.4 显著性检验 235

17.5 上证综指与深证成指的回归分析与 Python 实践 236

17.5.1 Python 拟合回归函数 236

17.5.2 绘制回归诊断图 238

17.6 多元线性回归模型 239

17.7 多元线性回归案例分析 241

17.7.1 价格水平对 GDP 的影响 241

17.7.2 考量自变量共线性因素的新模型 243

第 3 部分 金融理论、投资组合与量化选股 246

第 18 章 资产收益率和风险 247

18.1 单期与多期简单收益率 248

18.1.1 单期简单收益率 248

18.1.2 多期简单收益率 249

18.1.3 Python 函数计算简单收益率 252

18.1.4 单期与多期简单收益率的关系 252

18.1.5 年化收益率 254

18.1.6 考虑股利分红的简单收益率 256

18.2 连续复利收益率 259

18.2.1 多期连续复利收益率 260

18.2.2 单期与多期连续复利收益率的关系 262

18.3 绘制收益图 263

18.4 资产风险的来源 264

18.4.1 市场风险 264

18.4.2 利率风险 264

18.4.3 汇率风险 265

18.4.4 流动性风险 265
18.4.5 信用风险 265
18.4.6 通货膨胀风险 266
18.4.7 营运风险 266
18.5 资产风险的测度 266
18.5.1 方差 266
18.5.2 下行风险 268
18.5.3 风险价值 269
18.5.4 期望亏空 271
18.5.5 最大回撤 271

第 19 章 投资组合理论及其拓展 276
19.1 投资组合的收益率与风险 276
19.2 Markowitz 均值-方差模型 280
19.3 Markowitz 模型之 Python 实现 285
19.4 Black-Litterman 模型 289

第 20 章 资本资产定价模型（CAPM） 298
20.1 资本资产定价模型的核心思想 298
20.2 CAPM 模型的应用 299
20.3 Python 计算单资产 CAPM 实例 301
20.4 CAPM 模型的评价 305

第 21 章 Fama-French 三因子模型 308
21.1 Fama-French 三因子模型的基本思想 308
21.2 三因子模型之 Python 实现 310
21.3 三因子模型的评价 315

第 4 部分 时间序列简介与配对交易 317

第 22 章 时间序列基本概念 318
22.1 认识时间序列 318
22.2 Python 中的时间序列数据 320
22.3 选取特定日期的时间序列数据 321
22.4 时间序列数据描述性统计 323

第 23 章 时间序列的基本性质 326
23.1 自相关性 . . . 326
23.1.1 自协方差 . . . 327
23.1.2 自相关系数 . . . 327
23.1.3 偏自相关系数 . . . 327
23.1.4 acf( ) 函数与 pacf( ) 函数 . . . 328
23.1.5 上证综指的收益率指数的自相关性判断 . . . 328
23.2 平稳性 . . . 331
23.2.1 强平稳 . . . 331
23.2.2 弱平稳 . . . 332
23.2.3 强平稳与弱平稳的区别 . . . 332
23.3 上证综指的平稳性检验 . . . 333
23.3.1 观察时间序列图 . . . 333
23.3.2 观察序列的自相关图和偏自相关图 . . . 333
23.3.3 单位根检验 . . . 336
23.4 白噪声 . . . 340
23.4.1 白噪声 . . . 340
23.4.2 白噪声检验——Ljung-Box 检验 . . . 341
23.4.3 上证综合指数的白噪声检验 . . . 343

第 24 章 时间序列预测 345
24.1 移动平均预测 . . . 345
24.1.1 简单移动平均 . . . 345
24.1.2 加权移动平均 . . . 346
24.1.3 指数加权移动平均 . . . 346
24.2 ARMA 模型预测 . . . 347
24.2.1 自回归模型 . . . 348
24.2.2 移动平均模型 . . . 350
24.3 自回归移动平均模型 . . . 350
24.4 ARMA 模型的建模过程 . . . 351
24.5 CPI 数据的 ARMA 短期预测 . . . 351
24.5.1 序列识别 . . . 351
24.5.2 模型识别与估计 . . . 354
24.5.3 模型诊断 . . . 356
24.5.4 运用模型进行预测 . . . 359

24.6 股票收益率的平稳时间序列建模 359

第 25 章 GARCH 模型 **364**

25.1 资产收益率的波动率与 ARCH 效应 364

25.2 ARCH 模型和 GARCH 模型 365

25.2.1 ARCH 模型 365

25.2.2 GARCH 模型 366

25.3 ARCH 效应检验 368

25.4 GARCH 模型构建 370

第 26 章 配对交易策略 **372**

26.1 什么是配对交易 372

26.2 配对交易的思想 373

26.3 配对交易的步骤 374

26.3.1 股票对的选择 374

26.3.2 配对交易策略的制定 383

26.4 构建 PairTrading 类 387

26.5 Python 实测配对交易交易策略 391

第 5 部分 技术指标与量化投资 **399**

第 27 章 K 线图 **400**

27.1 K 线图简介 400

27.2 Python 绘制上证综指 K 线图 403

27.3 Python 捕捉 K 线图的形态 405

27.3.1 Python 捕捉“早晨之星” 406

27.3.2 Python 语言捕捉“乌云盖顶”形态 410

第 28 章 动量交易策略 **416**

28.1 动量概念介绍 416

28.2 动量效应产生的原因 416

28.3 价格动量的计算公式 417

28.3.1 作差法求动量值 417

28.3.2 做除法求动量值 418

28.4 编写动量函数 momentum( ) 420

28.5 万科股票2015年走势及35日动量线 420
28.6 动量交易策略的一般思路 422

第29章 RSI相对强弱指标 428
29.1 RSI基本概念 428
29.2 Python计算RSI值 428
29.3 Python编写rsi( )函数 433
29.4 RSI天数的差异 434
29.5 RSI指标判断股票超买和超卖状态 435
29.6 RSI的“黄金交叉”与“死亡交叉” 436
29.7 交通银行股票RSI指标交易实测 437
29.7.1 RSI捕捉交通银行股票买卖点 437
29.7.2 RSI交易策略执行及回测 439

第30章 均线系统策略 445
30.1 简单移动平均 445
30.1.1 简单移动平均数 445
30.1.2 简单移动平均函数 447
30.1.3 期数选择 448
30.2 加权移动平均 448
30.2.1 加权移动平均数 448
30.2.2 加权移动平均函数 450
30.3 指数加权移动平均 451
30.3.1 指数加权移动平均数 451
30.3.2 指数加权移动平均函数 453
30.4 创建movingAverage模组 453
30.5 常用平均方法的比较 454
30.6 中国银行股价数据与均线分析 455
30.7 均线时间跨度 457
30.8 中国银行股票均线系统交易 458
30.8.1 简单移动平均线制定中国银行股票的买卖点 458
30.8.2 双均线交叉捕捉中国银行股票的买卖点 461
30.9 异同移动平均线（MACD） 463
30.9.1 MACD的求值过程 463
30.9.2 异同均线（MACD）捕捉中国银行股票的买卖点 465

30.10 多种均线指标综合运用模拟实测 467

第 31 章 通道突破策略 472

31.1 通道突破简介 472

31.2 唐奇安通道 472

31.2.1 唐奇安通道刻画 472

31.2.2 Python 捕捉唐奇安通道突破 475

31.3 布林带通道 477

31.4 布林带通道与市场风险 480

31.5 通道突破交易策略的制定 483

31.5.1 一般布林带上下通道突破策略 483

31.5.2 特殊布林带通道突破策略 484

第 32 章 随机指标交易策略 488

32.1 什么是随机指标（KDJ） 488

32.2 随机指标的原理 488

32.3 KDJ 指标的计算公式 489

32.3.1 未成熟随机指标 RSV 489

32.3.2 K、D 指标计算 494

32.3.3 J 指标计算 496

32.3.4 KDJ 指标简要分析 497

32.4 KDJ 指标的交易策略 498

32.5 KDJ 指标交易实测 498

32.5.1 KD 指标交易策略 498

32.5.2 KDJ 指标交易策略 502

32.5.3 K 线、D 线“金叉”与“死叉” 503

第 33 章 量价关系分析 508

33.1 量价关系概述 508

33.2 量价关系分析 508

33.2.1 价涨量增 509

33.2.2 价涨量平 511

33.2.3 价涨量缩 511

33.2.4 价平量增 512

33.2.5 价平量缩 513

33.2.6 价跌量增 513
33.2.7 价跌量平 514
33.2.8 价跌量缩 514
33.3 不同价格段位的成交量 515
33.4 成交量与均线思想结合制定交易策略 517

第 34 章 OBV 指标交易策略 **523**
34.1 OBV 指标概念 523
34.2 OBV 指标计算方法 523
34.3 OBV 指标的理论依据 526
34.4 OBV 指标的交易策略制定 526
34.5 OBV 指标交易策略的 Python 实测 527
34.6 OBV 指标的应用原则 529

第1部分

Python入门

第1章 Python简介与安装使用

1.1 Python概述

Python是一种面向对象的脚本语言，自20世纪90年代初诞生至今，已经逐渐被广泛应用于处理系统管理任务和Web编程等方面。它是由CWI（阿姆斯特丹国家数学和计算机科学研究所）的研究员Guido van Rossum开发的一种高级脚本编程语言。之所以把这种新的语言命名为Python（大蟒蛇），是因为Guido van Rossum特别喜欢BBC当时正在热播的喜剧连续剧“Monty Python”。Python的前身是ABC（ALL BASIC CODE）。ABC是一种教学语言，也是专门为非专业程序员设计的，但最终失败了。Python作为ABC的继承，从中汲取了大量语法，并从系统编程语言Modula-3借鉴了错语处理机制。

自Python于1991年年初公开发行以来，已经成为最受欢迎的程序设计语言之一。那么，Python为什么能够在众多的语言当中脱颖而出呢？

- 简单：Python力求一个问题用一种方式解决，是代表简单主义思想的语言；在阅读Python代码时，你会有一种阅读英语的感觉，因为相比其他语言，Python经常使用英文关键字做各种定义；Python的语法简单，很容易上手。
- 免费，开源：Python是FLOSS（自由/开放源码软件）之一。无论是安装还是使用Python均不需要付费，这是Python能够在众多的语言当中脱颖而出的重要原因之一，它的许多程序都来自于全球各地学者的无私奉献。
- 面向对象：Python是一种面向对象的语言，同时也支持面向过程。
- 可移植性：基于它的开源性的本质，Python已经被移植到许多平台上运行使用（基于不同系统的不同特性可能需要经过些许改动），这些平台包括Windows、Linux、Mac等。
- 可扩展性：如果你想编写一些不愿开放的算法，或者需要加快关键代码的运行速度，那么你可以使用C或C++完成那部分程序的编写，然后从你的Python程序中调用它们。
- 可嵌入性：可以把Python嵌入C/C++程序，从而向你的程序用户提供脚本功能。
- 丰富的库：Python有着庞大的标准库，可以帮助你处理各种工作，包括正则表达式、线程、数据库、网页浏览器、FTP、电子邮件、CGI、XML、GUI（图形用户界面）、Tk等与系统有关的操作。只要安装了Python，那么上述功能都是可用的。除了标准库以外，还有许多其他很实用的库，比如wxPython、Twisted和Python的图像库等。

1.2　Python 的安装

1.2.1　下载安装 Python 执行文件

Python 是免费的开源软件，进入 Python 网站下载页面：`https://www.python.org/downloads/`，即可看到如图 1.1 所示的界面。

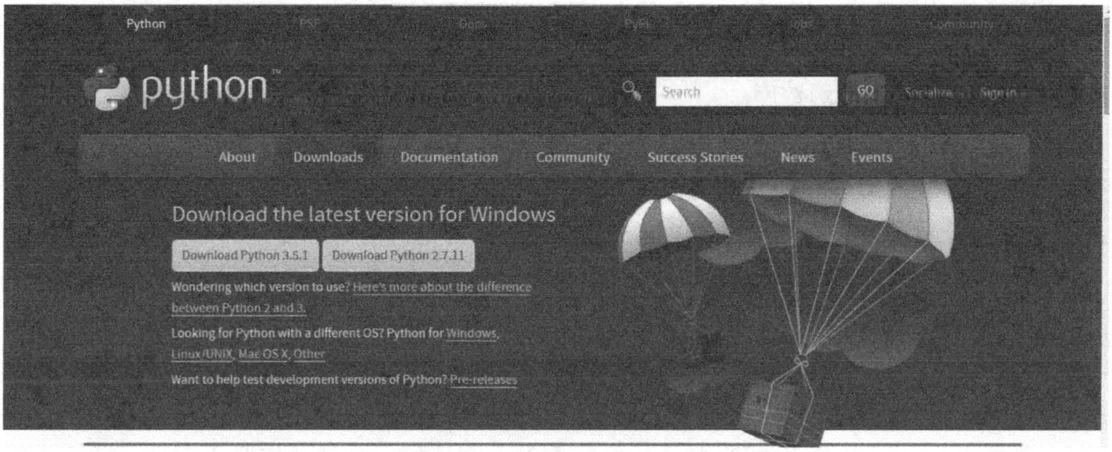

图 1.1　Python 下载页面

以 Windows 系统为例，此时最新版本为 Python 3.5.1 和 Python 2.7.11。单击按钮 Download Python 3.5.1 或者 Download Python 2.7.11 即可下载相应的 Python 执行文件，双击执行文件，按照相应提示进行操作即可安装 Python。除了 Windows 系统以外，Python 下载页面也提供了其他操作系统，如 Linux/UNIX、Mac OS X 等执行文件。也可以下载安装其他版本的 Python，如图 1.2 所示。

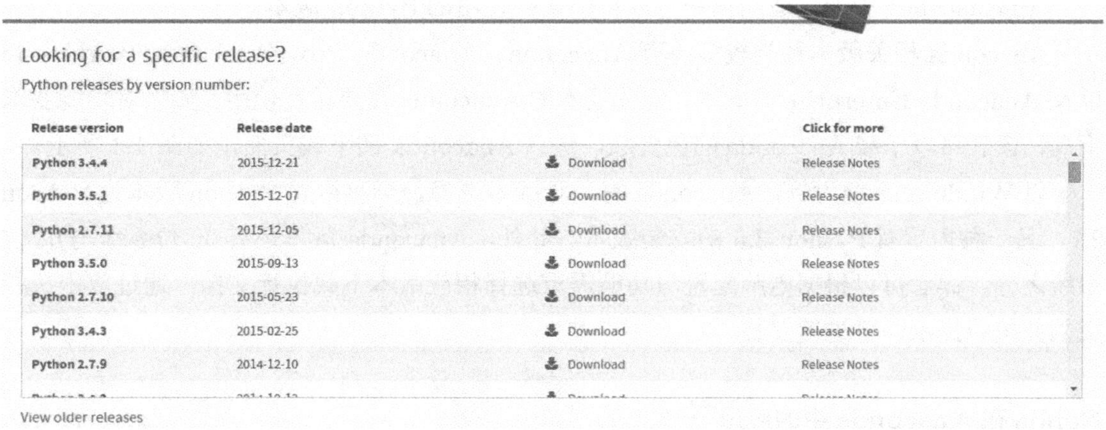

图 1.2　其他版本的 Python 下载

Python 自身环境内置有许多函数（Functions）和模组（Modules），不过这些函数和模组的功能有限，Python 的强大功能更多地是通过第三方库或者其他模组来实现。如果函数库或者模组没有内置于 Python 环境中，则需要先下载安装该函数库或者模组，然后才能被使用。一般通过 pip 指令来安装包，安装指令为：

```
pip intall name
```

比如要安装 NumPy，打开电脑控制台，输入指令：

```
pip install numpy
```

即可安装 NumPy 这一函数库。

然而，某些函数库的使用可能依赖于其他函数库的成功安装，不同的库和模组之间存在依赖关系，使得有些包不一定能够通过简单的 pip 指令能够实现，可能还需要其他安装细节与技巧。这些安装技巧对于 Python 初学者来说，则可能略显复杂和麻烦。

1.2.2 下载安装 Anaconda

如果专注于科学计算功能，读者可以直接安装 Anaconda。Anaconda 是 Python 的科学计算环境，内置 Python 安装程序，其主要功能如下。

- 安装简单：下载 Anaconda 的.exe 执行文件，双击执行文件，按照界面提示即可进行安装。
- 配置众多科学计算包：Anaconda 集合了 400 个以上的科学计算与数据分析功能的包（Packages），如 NumPy、Pandas、SciPy、Matplotlib 和 IPython 等。安装 Anaconda 时，这些包也会被成功安装。
- 支持多种操作系统：Anaconda 支持 Windows、Linux 和 Mac OX 等平台。
- 兼容 Python 多种版本：2.X 和 3.X 版本的 Python 在 Anaconda 环境中可以同时并存，在 Anaconda 中通过适当指令可以自由切换使用的 Python 版本。

Anaconda 相关版本种类较多，有 Anaconda、Anaconda Pro、Anaconda Workgroup 以及 Anaconda Enterprise 等版本，部分版本的 Anaconda 需要付费使用。如果对功能要求不高，读者可以下载 Anaconda 的免费版，进入 Anaconda 的下载页面，如图 1.3 所示。

以 Windows 系统为例，Anaconda 有两种版本选择，一种内置 Python 版本为 Python 2.7，另一种内置有 Python 3.5 的安装版本。此外，Anaconda 版本还有 32 位系统与 64 位系统之分，读者可以根据电脑配置与功能需求选择相应版本下载执行文档，通过双击执行文档并按照提示即可进行安装。

Conda 在 Anaconda 中的应用

Conda 是众多开源包的管理系统与环境管理系统，在 Anaconda 环境中，通过 Conda 相关指令可以进行查看已安装包、更新包、安装其他包等操作。通过 pip 环境进行安装的包也可以由 Conda 来管理。

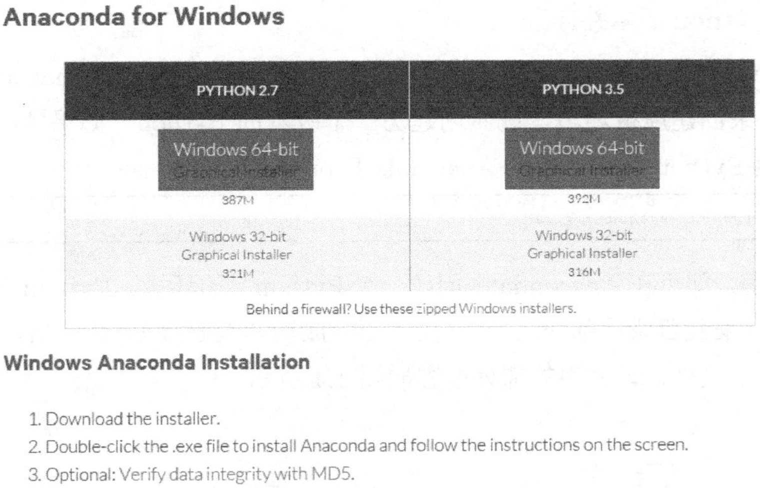

图 1.3 Anaconda Windows 版下载页面

以 Window 系统内置 Python 3.5 的安装版本的 Anaconda 为例，成功安装后，打开 Anaconda Prompt 或者通过控制台切换到 Anaconda 的安装目录下，输入指令"conda list"并按 Enter 键即可查看已经成功安装的包。如下所示：

```
Deactivating environment "C:\Users\asus\Anaconda3"...
Activating environment "C:\Users\asus\Anaconda3"...

[Anaconda3] C:\Users\asus>conda list
# packages in environment at C:\Users\asus\Anaconda3:
##部分包展示
_license                    1.1                   py35_1
alabaster                   0.7.6                 py35_0
anaconda                    2.4.1            np110py35_0
anaconda-client             1.2.1                 py35_0
argcomplete                 1.0.0                 py35_1
astropy                     1.0.6            np110py35_0
html2text                   2016.1.8               <pip>
ipykernel                   4.1.1                 py35_0
ipython                     4.0.1                 py35_0
ipython-notebook            4.0.4                 py35_3
pip                         8.0.2                 py35_0
pyparsing                   2.0.3                 py35_0
pyqt                        4.11.4                py35_4
#部分包展示
```

从上述展示的包列表中可以发现在科学计算中经常用到的包。

若要安装包，则可以使用指令：

```
conda install packagename
```

更新包指令为：

```
conda update packagename
```

1.2.3 多种 Python 版本并存

Anaconda 环境可以使得 2.x 和 3.x 版本的 Python 同时存在。在 Anaconda 环境中，通过 conda 指令来创建虚拟环境，进而创建另一个版本的 Python。如果 Anaconda 默认的 Python 版本为 Python 3.5.1，打开 Anaconda Prompt，输入指令：

```
conda create -yn python2 python=2.7.11
```

按 Enter 键，即可在 Anaconda 中创建一个 Python 2 的环境。Python 2 的安装文件创建在 Anaconda 安装目录内部 envs 文件夹下面，成功安装 Python 2 以后，envs 文件下面会出现 python 2 文件，该文件的部分内容如图 1.4 所示。

名称	修改日期	类型	大小
conda-meta	2016-02-...	文件夹	
DLLs	2016-02-...	文件夹	
Doc	2016-02-...	文件夹	
include	2016-02-...	文件夹	
Lib	2016-02-...	文件夹	
Library	2016-02-...	文件夹	
libs	2016-02-...	文件夹	
Scripts	2016-02-...	文件夹	
tcl	2016-02-...	文件夹	
Tools	2016-02-...	文件夹	
.nonadmin	2016-02-...	NONAD...	0 KB
msvcm90.dll	2008-07-...	应用程序...	240 KB
msvcp90.dll	2008-07-...	应用程序...	837 KB
msvcr90.dll	2008-07-...	应用程序...	612 KB
python.exe	2016-01-...	应用程序	27 KB
python.pdb	2016-01-...	Program ...	179 KB
python27.dll	2016-01-...	应用程序...	2,951...
python27.pdb	2016-01-...	Program ...	4,915...
pythonw.exe	2016-01-...	应用程序	27 KB
pythonw.pdb	2016-01-...	Program ...	187 KB
w9xpopen.exe	2016-01-...	应用程序	53 KB

图 1.4 Python 2 文件

若要创建 Python 3 的环境，可以输入下面的指令：

```
conda create -n python3 python=3.5.1
```

该指令执行完毕后，在 envs 文件夹中会出现 python 3 文件。

Python 3 和 Python 2 的切换

如果 Anaconda 默认的 Python 版本为 Python 3.5.1，打开 Anaconda Prompt，输入“python”，即可进入 python 3 的交互环境（Shell）：

```
Deactivating environment "C:\Users\PCPC\Anaconda3"...
Activating environment "C:\Users\PCPC\Anaconda3"...

[Anaconda3] C:\Users\PCPC>python
Python 3.5.1 |Anaconda 2.4.1 (64-bit)| (default, Dec  7 2015, 15:00:12) [MSC v.1
900 64 bit (AMD64)] on win32
Type "help", "copyright", "credits" or "license" for more information.
>>>
```

“C:\Users\PCPC”为 Anaconda 3 的本地安装路径。在键盘上按 Ctrl+Z 组合键，即可退出该交互环境，回到如下所示的界面：

```
[Anaconda3] C:\Users\PCPC>
```

紧接着，我们通过一系列操作，使 Python 环境由 Python 3 切换到 Python 2。输入指令“deactivate anaconda3”使 Anaconda 3 环境失去作用，按 Enter 键，会出现下面的界面：

```
[Anaconda3] C:\Users\PCPC>deactivate anaconda3
Usage: deactivate

Deactivates previously activated Conda
environment.

[Anaconda3] C:\Users\PCPC>
```

输入指令“activate python2”，按 Enter 键，Anaconda 3 环境会变成 Python 2 环境，如下所示：

```
[Anaconda3] C:\Users\PCPC>activate python2
Deactivating environment "C:\Users\PCPC\Anaconda3"...
Activating environment "C:\Users\PCPC\Anaconda3\envs\python2"...

[python2] C:\Users\PCPC>
```

我们可以再输入“pyhon”，按 Enter 键，则会看到如下所示的 Python 2 版本的 shell：

```
[python2] C:\Users\PCPC>python
Python 2.7.11 |Continuum Analytics, Inc.| (default, Jan 29 2016, 14:26:21) [MSC
v.1500 64 bit (AMD64)] on win32
Type "help", "copyright", "credits" or "license" for more information.
Anaconda is brought to you by Continuum Analytics.
Please check out: http://continuum.io/thanks and https://anaconda.org
>>>
```

综上所述，通过 deactivate 和 activate 指令即可进行 Python 2 和 Python 3 环境的切换。

1.3 Python 的简单使用

Python 环境中最主要的部分是解释器（Interpreter）。当我们写好代码提交，解释器在解析代码的语意后，会据以存取操作系统提供的服务并产生结果。若通过 Anaconda 安装 Python，在 Windows 的控制台中输入“python”，会出现如下 Python 默认的交互对话模式（Python Shell）：

```
Python 3.5.1 |Anaconda 2.4.1 (64-bit)| (default, Dec  7 2015, 15:00:12)
[MSC v.1 900 64 bit (AMD64)] on win32
Type "help", "copyright", "credits" or "license" for more information.
>>>
```

在此交互模式下，我们在提示符“>>>”后输入代码，按 Enter 键交由解释器执行，显示结果后，又会回到“>>>”等待输入后续的代码。例如，输入代码" print("Hello Python!")"，会在屏幕上打印出"Hello Python!"：

```
>>>print("Hello Python!")
Hello Python!
>>>
```

读者暂时不需要烦恼此处 print 语句的细节，我们在之后会详细介绍。由于交互对话模式会自动打印运行的结果，大多时候我们不需要刻意输入 “print”：

```
>>>2 * 3
6
```

1.4 交互对话环境 IPython

除了 Python 默认的交互对话模式以外，IPython 是另一种更为广泛使用的交互对话环境。IPython 性能远优于 Python Shell，具有代码自动补全、代码自动缩进和查询帮助等独特优势。

1.4.1 IPython 的安装

安装 IPython 可以有多种方式。

1. 在只安装 Python 的情况下，通过 pip 安装

pip 是用于安装与管理 Python 包的 Python 包系统。以 Windows 系统为例，在只安装 Python 的情况下，打开控制台终端，切换到 Python 的安装目录文件下，输入指令：

```
pip install IPython
```

即可进行安装。

2. Anaconda 中自动安装 IPython

如果电脑中已经安装 Anaconda，在安装 Anaconda 的过程中 IPython 也会被安装。以 Windows 系统为例，打开控制台切换到 Anaconda 的安装目录或者打开 Anaconda Prompt，输入指令：

```
conda list
```

查看 Anaconda 中的已安装包，在显示的已安装包列表中包含 ipython，说明 IPython 已经被成功安装。再输入指令：

```
conda update ipython
```

则可更新 IPython。

3. 手动下载 IPython 包

读者也可以去 Python 官网 `https://pypi.python.org/pypi/ipython`，或者 Github 上 `https://github.com/ipython/ipython/releases` 手动下载 IPython 包。如图 1.5 所示，展现了 Python 官网中 Ipython 4.1.1 版本的下载页面。

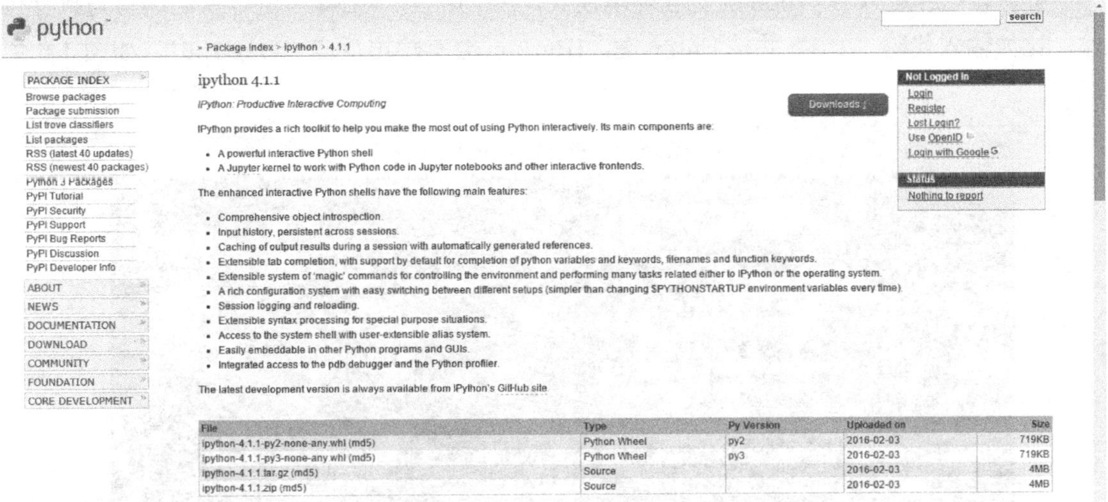

图 1.5 Ipython 包下载

在页面表格 File 栏下方，选择特定版本的 Ipython 文件下载到 Python 的安装目录文件夹下。如果选择 ipython-4.1.1.tar.gz 或者 ipython-4.1.1.zip 文档，则需要再对压缩包进行解压。

1.4.2 IPython 的使用

安装 Python 以后，在电脑中设置 Python 的环境变量。然后，打开电脑中的控制台，输入指令：

```
ipython
```

即可进入 Ipython 交互环境模式。

如果电脑中已安装 Anaconda，在控制台中输入“ipython”指令后，则会出现如下界面：

```
Microsoft Windows [版本 6.3.9600]
(c) 2013 Microsoft Corporation。保留所有权利。

C:\Users\asus>ipython
Python 3.5.1 |Anaconda 2.4.1 (64-bit)| (default, Jan 29 2016, 15:01:46) [MSC v.1
900 64 bit (AMD64)]
Type "copyright", "credits" or "license" for more information.

IPython 4.0.1 -- An enhanced Interactive Python.
?         -> Introduction and overview of IPython's features.
%quickref -> Quick reference.
help      -> Python's own help system.
```

```
object?   -> Details about 'object', use 'object??' for extra details.

In [1]:
```

此时，已经进入 IPython 的交互环境模式，在“In [1]:”后即可进行代码编写与执行操作。比如输入代码“2*3”并按 Enter 键，IPython 会有输出反应“Out[1]:6”，如图 1.6 所示。

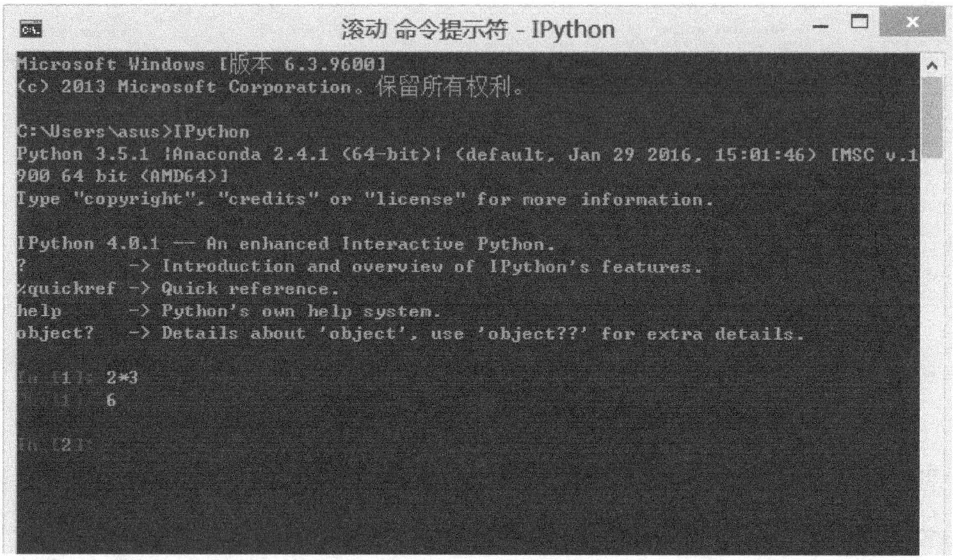

图 1.6　Ipython 使用

1.4.3　IPython 功能介绍

接下来，我们简要展示一下 IPython 的强大功能，由于我们尚未开始介绍 Python，读者暂时不需理会下面的语法，随着我们对 Python 的熟悉，则会慢慢体会到 IPython 诸多功能的便利之处。

1. 自动补全功能

输入一部分文字后按 Tab 键，IPython 将列出所有可能输入的语句。例如，在 IPython Shell 中输入“print(“Hello Python!”)”，即：

```
In [2]: print("Hello Python!")
```

在输入 p 后，按下 Tab 键，则会出现如图 1.7 所示的画面。

图 1.7 列出了 Python 中所有以字母 p 开头的相关内容，不难发现，“print”也列入其中。

2. 自动缩进功能

在 Python 语言编程中，代码的缩进格式比较严谨，不当的缩进格式会在代码执行时出现错误。在 IPython 中，有自动缩进功能，程序员不用再自己调整代码的缩进格式。如图

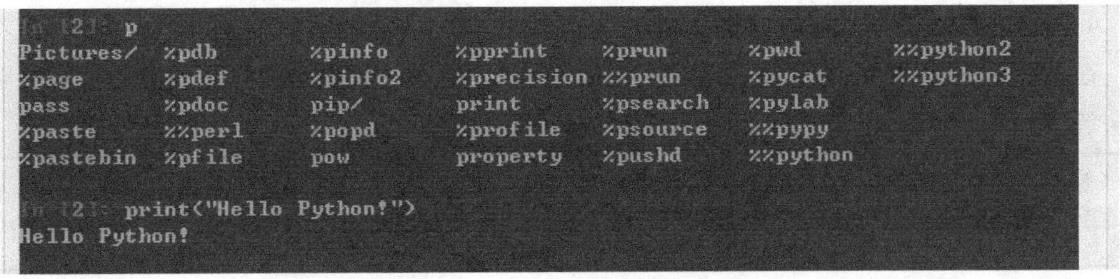

```
In [2]: p
Pictures/  %pdb      %pinfo    %pprint     %prun     %pwd      %%python2
%page      %pdef     %pinfo2   %precision  %%prun    %pycat    %%python3
pass       %pdoc     pip/      print       %psearch  %pylab
%paste     %%perl    %popd     %profile    %psource  %%pypy
%pastebin  %pfile    pow       property    %pushd    %%python

In [2]: print("Hello Python!")
Hello Python!
```

图 1.7　Ipython 自动补全功能

1.8 所示，在代码的第 2 行，代码 print(i+5) 没有紧接着冒号“:”显示，而是自动缩进了 4 个字符。

```
In [3]: for i in range(1,5):
   ...:     print(i+5)
   ...:
6
7
8
9

In [4]:
```

图 1.8　Ipython 自动缩进功能

3. 执行系统命令

通过在 IPython 中执行代码 ls，即可列出当前目录下的所有文件，通过 cd 相关代码可以显示或者更改当前路径。例如：

```
In [4]: ls
 驱动器 C 中的卷是 OS
 卷的序列号是 E2D9-F81D

 C:\Users\PCPC 的目录

2016-02-06  下午 03:18    <DIR>          .
2016-02-06  下午 03:18    <DIR>          ..
2016-02-06  下午 03:18               95 .accessibility.properties
2015-09-27  上午 01:32    <DIR>          .android
2016-02-06  上午 12:09    <DIR>          .conda
2015-10-11  下午 08:16    <DIR>          .config
...
#显示部分内容

#列出当前工作路径
In [5]: cd
C:\Users\PCPC

#更改当前工作路径到D盘下面的python quant文件夹
In [6]: cd d:python quant
D:\python quant
```

4. 查看帮助函数

在调用 Python 中一些特定功能函数时，我们可能忘记函数的参数形式、所有功能以及用法等，如果已知函数名称，在 IPython 中输入：

```
函数名?

?函数名
```

即可查看函数的参数形式及其他详细介绍。比如，查看 print 函数的用法，则输入代码"?print"，并按 Enter 键，即可显示 print 函数的相关介绍，如图 1.9 所示。

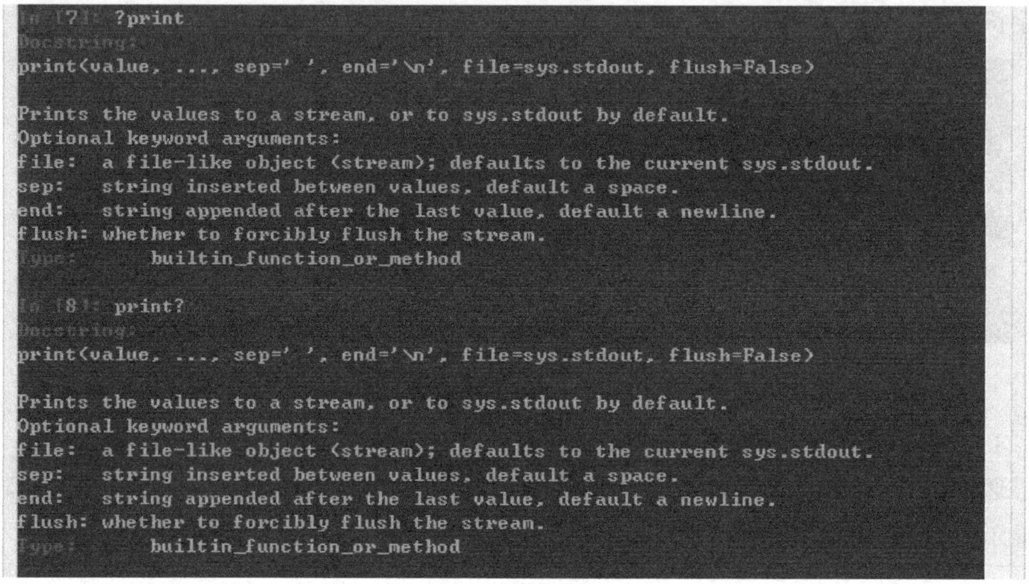

图 1.9 函数用法查询

IPython 还有执行 Python 文件、执行剪切板（Clipboard）中的程序和数据可视化等功能。除了众多功能之外，IPython 也有很多方便的快捷键，如表 1.1 所示。

表 1.1 IPython 的快捷键

快捷键	功能
Ctrl + U	删除整行（光标在最后）
Ctrl +K	删除整行（光标在最前）
Ctrl + A	跳转到第一行
Ctrl + E	跳转到最后
Ctrl + L	清空屏幕
Ctrl + R	反向搜索历史
Ctrl + C	中止运行程序

比如，按快捷键"Ctrl + L"，则会出现如图 1.10 所示的界面。

交互对话模式能对用户输入的代码立即响应，对于初学者而言，这是绝佳体验语言的方式。即便是进阶的程序员，善用交互对话模式也能提高代码调试的效率。在本书中，对于较简短的代码，我们一般倾向在 IPython 这种交互环境中演示。

图 1.10　清空屏幕

第2章　Python代码的编写与执行

在 Python 自带的 Shell 或者 IPython 中，代码可以一行一行地执行，并直接返回执行结果。如果代码较短，在 Shell 或者 Ipython 中直接输入代码并执行代码，即可看到 Python 环境对于代码的互动结果：

```
>>>print("Hello Python!")
Hello Python!
>>>2 * 3
6
```

如果要用 Python 编写一个小程序，来输出 10 以内的所有偶数，需要使用到的代码如下所示：

```
tenInteger=[i for i in range(11)]
print(tenInteger)
for i in tenInteger:
    if i%2==0:
        print(i)
```

- 第一行代码“tenInteger=[i for i in range(11)]”是通过 range( ) 函数，创建一个 $0 \sim 10$ 的整数序列，并命名为“tenInteger”（tenInteger 是一个变量）；
- 第二行代码“print(tenInteger)”是通过 print( ) 函数输出变量 tenInteger 的取值；
- 第三行代码“for i in tenInteger:”是一个 for 循环形式，依次获取序列 tenInteger 的元素取值；
- 第四行代码“if i%2==0:”表示判断 i 代表的取值除以 2 的余数是否为 0，如果为 0，则进入下一行代码执行；
- 第五行代码“print(i)”表示输出该 i 代表的取值；如果不为 0，则跳过下一行代码的执行，继续遍历获取序列 tenInteger 中的元素值。

上述代码行数较多，代码与代码之间有一定的逻辑关系。在交互环境中编写此代码，代码和执行结果混在一起，不利于分析代码的内容，已经执行过的代码不能进行再次编辑更改，一旦发现代码错误，只能重新输入整行代码。对于较为复杂的任务且代码较长时，最好创建一个 Python 脚本文件来专门编写与保存代码，Python 脚本文件以.py 为后缀名，只存储执行的代码，不包含代码的执行结果，代码可以编辑修改。脚本文件编写完以后，通过调用 Python 解释器从第一行代码开始执行脚本，直到脚本执行完毕。当脚本执行完成后，Python 解释器则不再有效。

2.1 创建 Python 脚本文件

创建 Python 脚本文件的方式有很多种，下面介绍三种常用的代码编写工具来创建 Python 脚本文件[1]。

2.1.1 记事本

记事本是创建一个新 Python 脚本文件最简单直接的工具。如图 2.1 所示，在记事本中输入上述代码，并命名为“test.txt”。

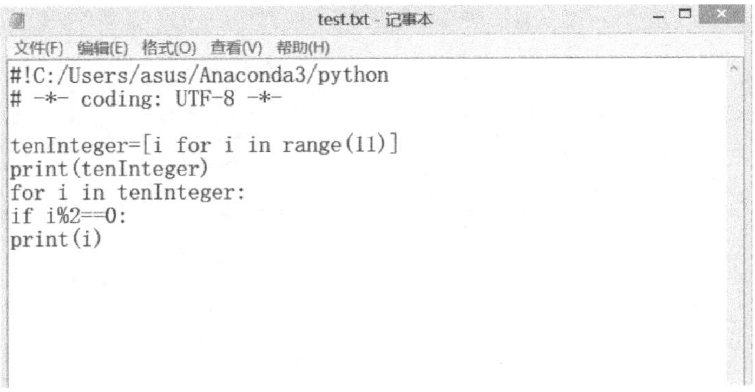

图 2.1 记事本文件

记事本文件是一种纯文本文件，若要通过记事本创建 Python 脚本文件，保存 test.txt 文档以后，则需要对该文档重命名，把文档名改为“test.py”文件。此时请注意，在程序代码前面我们加了一行注解“# -*- coding: UTF-8 -*-”，其表示编码格式为 UTF-8 类型。

2.1.2 Python 默认的 IDLE 环境

除了记事本以外，Python 还自带整合开发环境 IDLE（Integrated DeveLopment Environment），打开 Python 默认的 IDLE，会出现如图 2.2 所示的页面，单击 File → New File，即可出现一个空白可编辑的子界面，该界面中没有用于输入指令的提示符“>>>”，是一个纯文本编辑器，在此界面中输入上述代码，并保存为“test.py”，该 test.py 文件存储路径为“D:\python quant\code\part1”。

记事本中的代码颜色全都是一样的，而 Python IDLE 脚本编辑器中的代码在语句和函数上显示出不同的颜色，为阅读代码带来了一些方便。

2.1.3 专门的程序编辑器

除了上述两种方式以外，也可以使用专门的程序编写软件来写代码。专门的程序编写软件有很多，如 Eclipse、notepad++、Sublime Text 等。专门程序编辑器一般都具备显示不同颜色代码、根据语言要求自动缩进代码、函数提示等诸多功能，这些功能为编程带来较大方便。

[1] 本书的代码编写及执行均在 Windows 系统中完成

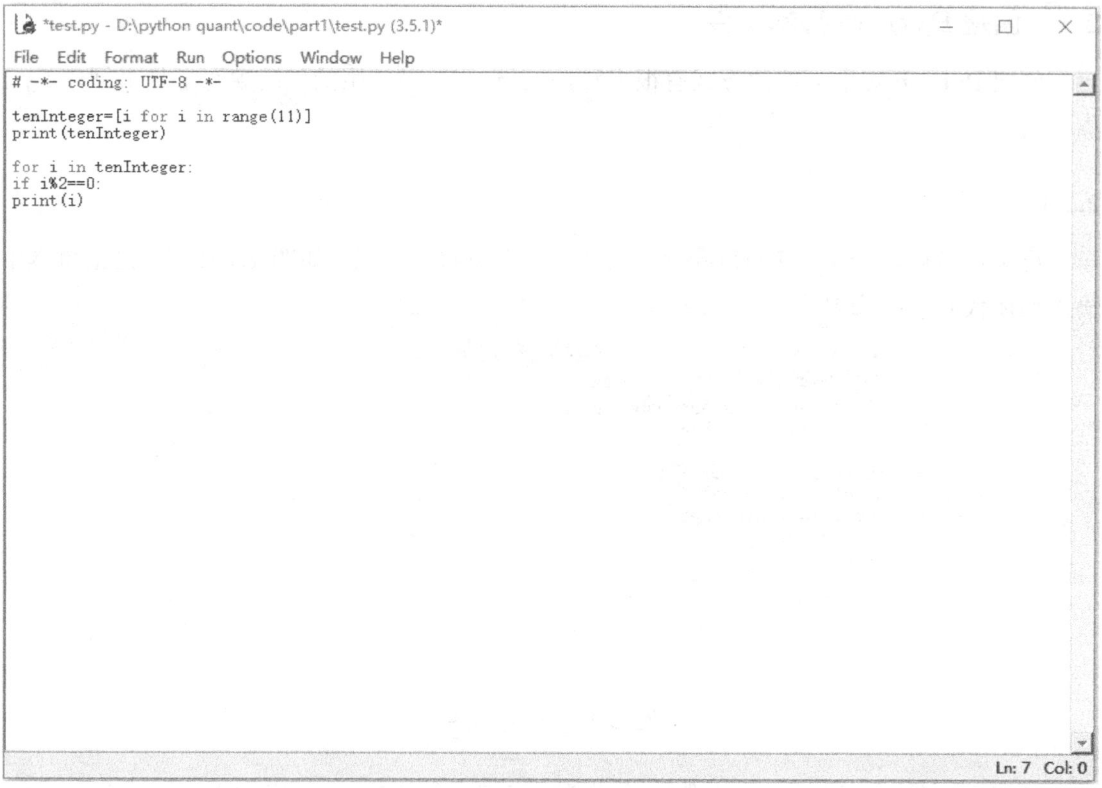

图 2.2　IDLE Python 脚本文件

以 Sublime Text 为例，进入 Sublime Text 3 的下载页面 `https://www.sublimetext.com/3`，挑选系统版本进行下载安装。通过 File → New File 按钮或者按快捷键 “Ctrl+N” 新建一个文件，如图 2.3 所示。

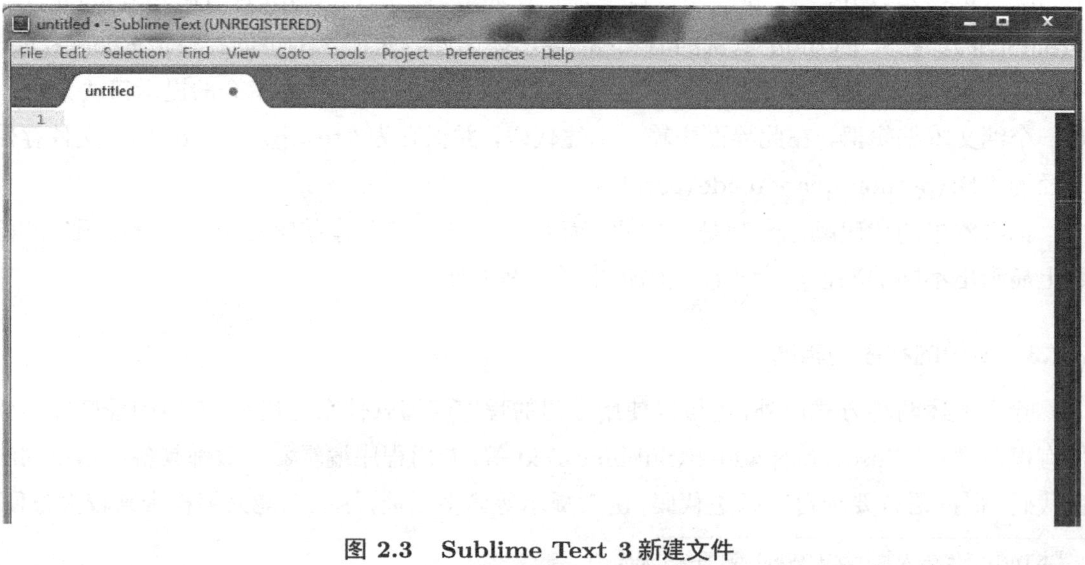

图 2.3　Sublime Text 3 新建文件

将此文件保存到本地路径“D:\python quant\code\part1”下面，并将文件名称更改为“testST.py”。Python 语言代码具有严格的缩进要求，不当的缩进会使代码在运行时报错。上述的记事本或者 IDLE 都没有自动缩进功能，需要自己根据语法要求进行缩进，对不熟悉 Python 缩进格式的使用者来说，调整代码缩进格式不免会带来一些编程麻烦。在 Sublime Text 上，Python 代码会自动缩进，如图 2.4 所示。此外，在输入 print( ) 的 p 时就会弹出函数提示符，会有 print 这个函数选项，选择 print 选项会直接输入此函数，以免函数拼写错误；函数提示的另一个作用是提示代码编写者选择和使用满足某一特定功能的函数。这些功能在 Python 代码编写中提供了许多便利之处。

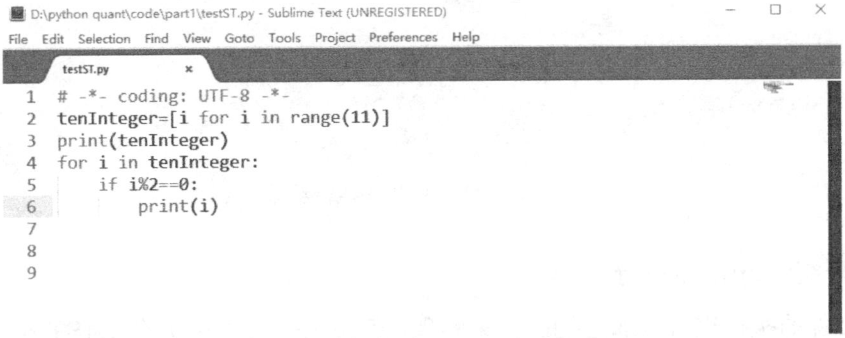

图 2.4 ST3 编辑 Python 脚本文件

2.2 执行.py 文件

2.2.1 IDLE 环境自动执行

用 IDLE 打开 test.py 文件，调整好代码缩进格式，保存文件。如图 2.5 所示，选择 Run→Run Module，即可对代码进行编译执行。

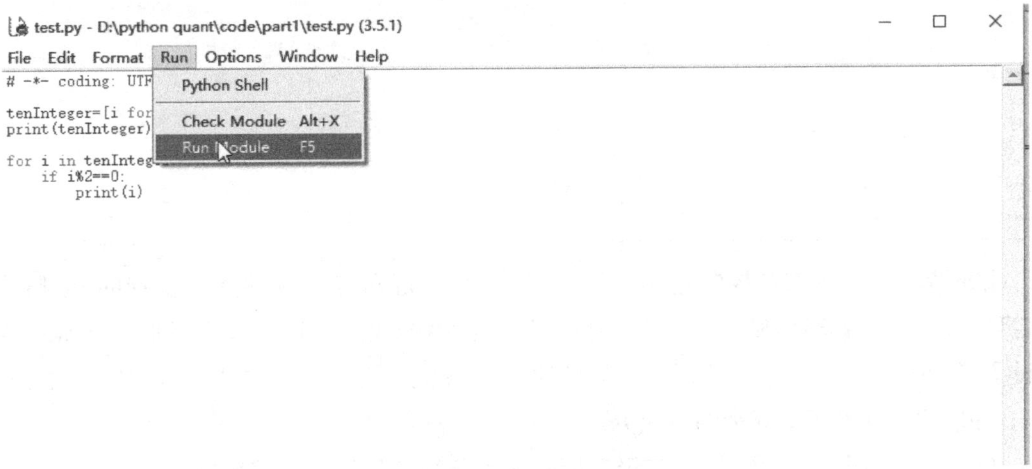

图 2.5 IDLE 执行代码文件

文件在 Shell 中执行，执行结果如图 2.6 所示。

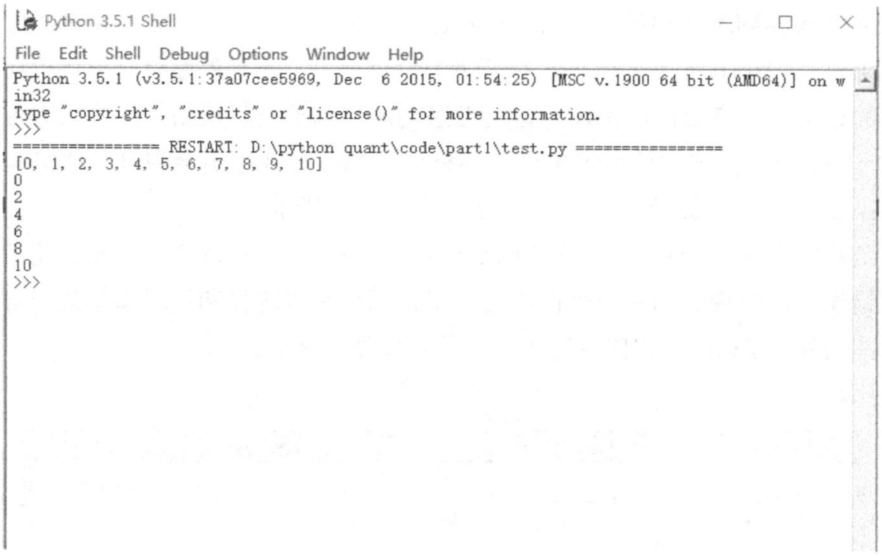

图 2.6　IDLE 代码执行结果

2.2.2　在控制台 cmd 中执行

代码文件的执行也可以通过控制台来实现。若要执行上述建立的 testST.py 文件，打开本地电脑的控制台 cmd.exe，将路径切换到“D:\python quant\code\part1”：

```
C:\Users\PCPC>cd d:/python quant/code/part1
C:\Users\PCPC>d:
d:\python quant\code\part1>
```

接下来输入文件名称并按 Enter 键，即可执行代码。如下所示：

```
d:\python quant\code\part1>testST.py
[0, 1, 2, 3, 4, 5, 6, 7, 8, 9, 10]
0
2
4
6
8
10

d:\python quant\part1>
```

此处请注意，我们在控制台中并没有指定 Python 程序，仅输入了执行的.py 脚本文件名称，Python 解释器则自动打开并执行该文件中的代码。这是因为我们在计算机中已经设置了 Python 的环境变量。本计算机的 python.exe 文件的目录为“C:\Users\PCPC\Anaconda3”。设置环境变量的方法为：

- 单击“我的电脑 → 属性 → 高级”标签的“环境变量”按钮，双击 path 变量；
- 在弹出的输入框变量值栏中，先输入分号“;”，再输入“C:\Users\PCPC\Anaconda3”并单击“确定”。

设置好 Python 环境变量以后，即可在控制台中直接输入文件名称来执行.py 文件程序。

2.2.3　在 Anaconda Prompt 中执行

在 Anaconda Prompt 中也可以输入命令语句并执行.py 文件。打开 Anaconda Prompt.exe，输入和控制台 cmd 中相同的命令语句，即可执行 testST.py 文件。如下所示：

```
Deactivating environment "C:\Users\PCPC\Anaconda3"...
Activating environment "C:\Users\PCPC\Anaconda3"...

[Anaconda3] C:\Users\PCPC>cd d:/python quant/code/part1
[Anaconda3] C:\Users\PCPC>d:
[Anaconda3] d:\python quant\code\part1>testST.py
[0, 1, 2, 3, 4, 5, 6, 7, 8, 9, 10]
0
2
4
6
8
10
[Anaconda3] d:\python quant\code\part1>
```

Anaconda 可以建立 Python 的虚拟环境，在 Anaconda 环境中可以进行 Python 2 和 Python 3 的切换。此处 Anaconda 默认的 Python 版本为 Python 3.5.1，下面我们在 Python 2 环境中来执行 testST.py 文件。先令 Anaconda 3 环境无效，再激活 Python 2 环境，进而在 Python 2 环境中输入文件名“testST.py”，这些操作的命令语句如下：

```
[Anaconda3] d:\python quant\part1>deactivate anaconda3
Usage: deactivate

Deactivates previously activated Conda
environment.

[Anaconda3] d:\python quant\code\part1>activate python2
Deactivating environment "C:\Users\PCPC\Anaconda3"...
Activating environment "C:\Users\PCPC\Anaconda3\envs\python2"...

[python2] d:\python quant\code\part1>testST.py
[0, 1, 2, 3, 4, 5, 6, 7, 8, 9, 10]
0
2
4
6
8
10

[python2] d:\python quant\code\part1>
```

2.3 Python 编程小技巧

2.3.1 Python 行

语句为组成Python程序的基本元素，一般来说，一个语句占据一个物理行。不同语句之间有一定的逻辑关系，多个物理行之间也存在相应的逻辑关系，为了让 Python 解释器正确识别阅读 Python 语句，需要一定的方式来区分不同形式的行以及行与行之间的逻辑关系。

- **注释部分**：在 Python 中，以“#”开头的行被看作是注释行，Python 注释部分也可以放在物理行的结尾部分，在该物理行中，以“#”开头及其后面的字符均为注释部分，Python 解释器会自动忽略注释代码。如下所示：

```
# -*- coding: UTF-8 -*-
#编写一个小程序，分别输出0到10中的偶数
print(tenInteger)  #输出tenInteger变量中的值
```

- **空行**：只包含注释部分或者空格的行被称为“空行”，Python 解释器会自动忽略空行。而在 Python 交互环境中，空的物理行也用于终止多行语句。举例如下，在 IPython 环境中执行代码，print(i+5) 行下面一行中没有任何代码，只是起到终止 for 循环语句的作用。

```
In [1]: for i in range(1,5):
   ...:     print(i+5)
   ...:
6
7
8
9
In [2]: 3+6
Out[2]: 9
```

- 逻辑行与物理行：逻辑行表示一个语句从开始到结束占据的行，代码物理意义上表现出的行为物理行。一个逻辑行可以占据一个物理行，当语句较长时，一个逻辑行可能占据多个物理行。在 Python 中，用斜线“\”表示语句跨行。举例如下：

```
#一个逻辑行一个物理行
stockValue=30.5*3

#一个逻辑行两个物理行
print('stock value equals to\
price times amount')
```

上面两个语句在IPython 中的执行结果为：

```
In [1]: stockValue=30.5*3
In [2]: stockValue
Out[2]: 91.5

In [3]: print('stock value equals to\
```

```
   ...: price times amount')
stock value equals toprice times amount

In [4]: 36\
   ....: +65
Out[4]: 101
```

对于字符串来说，可以用单引号（‘ ’）、双引号 (“ ”）以及三引号 (“‘ ’”) 来表示。在三引号中，一个逻辑行可以跨行编写占据多个物理行。举例如下：

```
In [5]: 'stock value equals to
  File "<ipython-input-10-efbe70f9455e>", line 1
    'stock value equals to
                          ^
SyntaxError: EOL while scanning string literal
In [6]: "stock value equals to\
   ....: price times amount"
Out[6]: 'stock value equals toprice times amount'

In [7]: '''stock value equals to
   ....:  price times amount'''
Out[7]: 'stock value equals to\n price times amount'
```

2.3.2　Python 缩进

在 Python 中不是用花括号 {} 来表示语句块（Block），而是通过缩进来区分。缩进的空格数没有严格的定义，但是在一个语句块中所有语句必须使用相同空格数的缩进表示一个逻辑行序列。前面创建的 test.py 中若代码没有缩进，执行此文件时会出现错误 IndentationError。

```
[Anaconda3] C:\Users\PCPC>cd d:\python quant\part1

[Anaconda3] C:\Users\PCPC>d:

[Anaconda3] d:\python quant\part1>test.py
  File "D:\python quant\part1\test.py", line 5
    if i%2==0:
    ^
IndentationError: expected an indented block

[Anaconda3] d:\python quant\part1>
```

不同的代码块或者缩进等级（Indentation Level）使用不同的空格数来区分。如果缩排使用不当，即使不会出现错误，也会出现不同的执行结果。分别创建 test1.py 和 test2.py，两个文件中的代码分别为：

```
#test1.py文件中的代码
# -*- coding: UTF-8 -*-
stockPrice1=76
stockPrice2=80
```

```
if stockPrice2>stockPrice1:
    print("Price is high!")
else:
    print("Price is low!")
    print(stockPrice2)

#test2.py文件中的代码
# -*- coding: UTF-8 -*-
stockPrice1=76
stockPrice2=80
if stockPrice2>stockPrice1:
    print("Price is high!")
else:
    print("Price is low!")
print(stockPrice2)
```

执行 test1.py 和 test2.py 两个文件，结果如下：

```
[Anaconda3] C:\Users\PCPC>cd d:\python quant\code\part1

[Anaconda3] C:\Users\PCPC>d:

[Anaconda3] d:\python quant\code\part1>test1.py
Price is high!

[Anaconda3] d:\python quant\code\part1>test2.py
Price is high!
80
```

在 test1.py 文件中，语句 print(stockPrice2) 在 else 语句等级下面，受到 if...else 判断语句的限制。因为 stockPrice2>stockPrice1 的返回值为真，则执行代码 print("Price is low!")，不会执行 else 语句下面的代码。而在 test2.py 文件中，语句 print(stockPrice2) 没有缩进，其缩进等级与 if...else 判断语句同等，因而不会受到判断语句的影响，始终会执行这行代码，而多一个输出结果“80”。

习题

1. 分别在记事本和 Sublime Text 中编写代码，代码的功能是印出 10 以内所有的奇数。
2. 分别在 Command 控制台和 Anaconda Prompt 中执行上一题的代码。

第3章　Python对象类型初探

3.1　Python对象

对象（Object）是Python中最基本的概念，我们从本章开始学习Python语言并逐渐了解Python的对象类型。首先我们在IPython中输入“7”，按Enter[1]键：

```
In [1]: 7
Out[1]: 7
```

这个简单的表达式（Expression）建立了整数对象（Integer Object）7。一般来说，表达式创建（Generate/Create）并处理（Process）对象。创建数值对象的方式有很多种，一般用字面常量（Literal）的方式建立。字面常量指字面上表示的数值，比如21就代表整数数值21的意义。常量能生成对象的表达式语法，常量有时也叫作常数（Constant）。读者要注意的是，此处的常量或常数与“不可变的对象[2]”没有关系，请勿混淆。不过，显然这个刚创建的“7”若之后再要利用并不方便。为了能够有意义地重复使用它，我们可以给“7”赋予名称（Name），如“x”：

```
In [2]: x = 7
```

这是一个赋值（Assignment）的动作，建立起名称与对象之间的关系，这关系亦称为绑定（Binding）。读者要注意赋值虽然用“=”表示，但它与数学中的“等于”大相径庭。因为上例中的x也可以赋予7之外的其他值，所以是个变量（Variable）；与其他语言（如C++）不同的是，Python是动态类型语言，不需要事先声明（Declare）变量类型，变量的类型和值在赋值那一刻被初始化。变量可以储存规定范围内的值，而且其值可以改变。在这个简单的变量定义背后，解释器实际上做了“稍微复杂”的动作。Python执行“x = 7”这句代码时，首先会建立整数对象7；若等号“=”左边的名称x第一次出现，解释器会先产生该名称，接着把数字7赋值给x。如图3.1所示[3]。

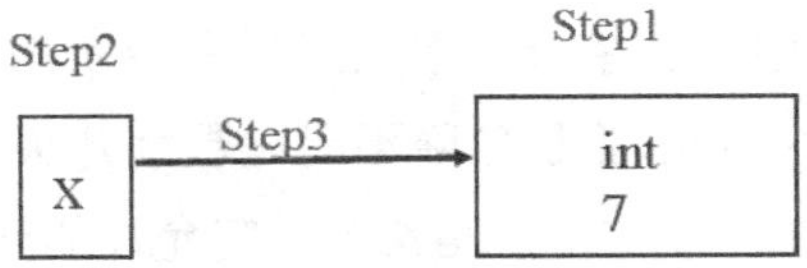

图 3.1　x = 7 示意图

为了验证我们的理解，接着输入x：

[1]在IPython中，每次输入完代码，都需按下Enter键；故后文皆略去按Enter键这个动作。

[2]与C++中的const是不同的概念。

[3]这其实是一个引用的过程。

```
In [3]: x
Out[3]: 7
```

果不其然!

下面我们再输入“x = 8.1”:

```
In [4]: x = 8.1
In [5]: x
Out[5]: 8.1
```

上面的结果看起来还算直观。不过解释器其实做了如图 3.2 所示的动作。

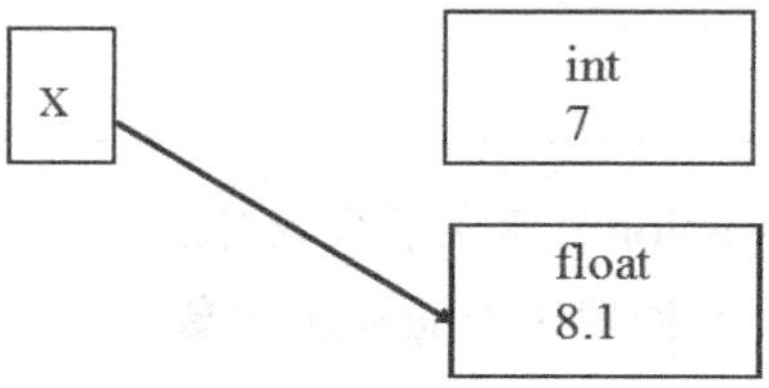

图 3.2　变量值更改

换句话说，x 现在指向新的浮点数对象（Floating-Point Object）“8.1”。原来的整数对象“7”现在已没有任何名称指向它，被当作垃圾，Python 会自动垃圾回收（Garbage Collection）。

在上文中，“7”或“8.1”都是所谓的“对象”，其类型（Type）分别为整数和浮点数。当我们说“变量 x 是个整数”时，其背后真正的意义是“变量名称 x 指向的对象，其类型是整数”。除了整数与浮点数之外，Python 还有其他常用的数据类型，总的来说，可分为如下几种。

- 数值类型（Numeric Type）：int、long、float、bool、complex。
- 字符串类型（String Type）。
- 容器类型（Container Type）：list、set、dict、tuple。

在开始探讨各种数据类型之前，下面先介绍一下变量的命名规则。

3.2　变量命名规则

Python 的变量名称一般由英文字母、下画线或者数字构成，比如“array_1”可以作为 Python 变量的名称。但 Python 变量名称不能以数字开头，也不能与 Python 内置关键字名字相同。在 Python 3 中加入了 Unicode 编码，其允许的变量名称范围扩大很多，中文、日文等其他非英文语言也可以作为变量名。

```
In [1]: VariableName=3

In [2]: print(VariableName)
3
```

```
In [3]: 变量名称=3

In [4]: print(变量名称)
3

In [5]:  变数の名前=4

In [6]: print(变数の名前)
4
```

用 dir( ) 函数可以查看目前系统已经定义的名称，如果想要查看 Python 内置函数与系统关键字，dir(___ builtin___) 会列出系统内置模块、系统关键字等内容。

```
In [8]: dir()
Out[8]:
#下面内容的显示格式进行了编排
['In','Out','VariableName','_','_7','__',
 '___','__builtin__','__builtins__','__doc__',
 '__loader__', '__name__', '__package__', '__spec__', '_dh',
 '_i', '_i1', '_i2', '_i3','_i4','_i5', '_i6', '_i7', '_i8',
 '_ih','_ii', '_iii', '_oh', '_sh', 'exit', 'get_ipython', 'quit',
 '变量名称', '变数の名前']
```

因为 Python 是开源的，Python 代码由众多人共同开发完成，如果想要与 Python 开发团体交流代码或者贡献自己编写的代码给其他人使用，出于方便阅读和交流的目的，变量名称最好不要用英文字母、下画线和数字以外的内容。

对于变量名称，还需要注意的一点是 Python 区分大小写字母。大写字母和小写字母代表不同的变量，举例如下：

```
In [7]: a=6

In [7]: A=4

In [8]: a-A
Out[8]: 2

In [9]: print(a,A)
6 4
```

3.3　数值类型

3.3.1　整数

整数在 Python 中以 int 表示。在 2.x 版本中，int 只能表达固定范围的整数，一般整数长度为 32 位，表示范围为 $-2^{31} \sim 2^{31}$。若超过该范围，会自动在数字末尾加上 L，表示其为长整数，而长整数的范围几乎没有限制。在 3.x 版本中，整数的表达范围取决于内存的大小。

```
In [1]: a = 9
```

使用 Python 的内置函式 type( ) 可观察对象的类型：

```
In [2]: type(a)
Out[2]: int
```

上例中“a = 9”的数字“9”，是以十进位（Decimal）表示的常量。常量除了以十进位表示之外，还可以在数字前面加上“0b/0B”、“0o/0O”、“0x/0X”分别表示二进位（Binary）、八进位（Octal）和十六进位（Hexadecimal）。

```
In [3]: 0b100
Out[3]: 4
In [4]: 0o77
Out[4]: 63
In [5]: 0x123
Out[5]: 291
```

3.3.2 浮点数

若想要以浮点数（Float-point number）表达一个变量，则在整数后面加上小数点即可，如下例：

```
In [1]: b = 9.0
In [2]: b
Out[2]: 9.0
In [3]: type(b)
Out[3]: float
```

浮点数在电脑中使用二进制储存，故表达的其实是近似值，如下例：

```
In [1]: 0.1 + 0.1 + 0.1
Out[1]: 0.30000000000000004
```

与金融相关的计算往往都是差之毫厘，谬以千里，谨记浮点数表示的是近似值，这一点非常重要。若要求固定精确度的小数，在 Python 中有十进位数（decimal）类型可用，我们将于下文介绍。虽然浮点数是近似值，但它并非一无是处。现实中的“精确”通常是相对的概念，取决于近似的程度。另一方面，浮点数可由计算机硬件的浮点运算单元直接运算，在运算性能上有优势。

3.3.3 布尔类型

布尔类型（Boolean Class）是 Python 内置的数据类型之一，当语句值为真时，返回 True；当语句值为假时，返回 False。True 和 False 为布尔类型的两个实例对象，换句话说，True 和 False 的数据类型都是布尔类型。

```
In [1]: False
Out[1]: False

In [2]: True
```

```
Out[2]: True

In [3]: False==0
Out[3]: True

In [4]: True==1
Out[4]: True

In [5]: True+3
Out[5]: 4

In [6]: False+3
Out[6]: 3
```

在 Python 中，布尔类型是整型的子类，False 可以用 0 表示，True 可以用 1 表示。整数型数据可以进行数学运算，则布尔类型数据也可以进行数学运算。当执行代码“True+3”时，Python 会先把 True 转换成整数 1，然后和 3 相加，结果为 4；对于代码“False+3”，python 会先把 False 转换成整数 0，再和整数 3 相加，进而结果为 3。

在 Python 中，0 和取值为空的数据类型（比如空字符串“”或者‘’、空的数列 [ ]、空的列表 () 以及空的字典 { } 等数据类型），以及 None 类型的布尔值均为 False，其他的则表示 True。调用 bool( ) 函数可以查看一个对象的布尔值。

```
In [7]: bool({}) #空{}的布尔值为False
Out[7]: False

In [8]: bool("False") #"False"为非空字符串， 其返回布尔值为True
Out[8]: True

In [9]: bool(False) #False的布尔值为False
Out[9]: False

In [10]: bool(2) #除了0之外的其他数值的布尔值都为True
Out[10]: True

In [11]: bool(1) #整数1的布尔值为True
Out[11]: True

In [12]: bool(None) #None常量的布尔值为False
Out[12]: False
```

3.3.4 复数

复数（Complex Number）的概念是把一个数字分成实部和虚部两个部分，用数学式表示成 $a+bi$ 的形式，其中，a 和 b 是实数，分别称为复数的实部和虚部，i 是虚数单位，且满足 $i^2=-1$。实数则是虚部为 0 的复数。Python 中的 complex(x, y) 函数用于创建复数，x 表示复数实部的取值，y 表示复数虚部的取值。

```
In [1]: ComplexNumber1=complex(3,6)
```

```
In [2]: ComplexNumber1
Out[2]: (3+6j)
```

在 Python 中，虚数单位不是用 i 表示，而是用 j 和 J 来表示[1]。除了使用 comlex( ) 函数以外，还可以通过直接写复数表达式来创建复数。

```
In [3]: 3+6i  #代码错误
  File "<ipython-input-3-4047baa77bd5>", line 1
    3+6i
      ^
SyntaxError: invalid syntax

In [4]: 3+6j  #代码正确
Out[4]: (3+6j)

In [5]: 4+7J
Out[5]: (4+7j)

In [6]: ComplexNumber2=4+6j

In [7]: type(ComplexNumber2)
Out[7]: complex
```

3.4 字符串

字符串（String）是由字符（Character）[1]所组成的一种序列（Sequence）。换句话说，字符串是一个包含字符对象的有序集合，按从左到右的顺序排列，并依照相对位置（Relative Position）进行访问。

```
In [9]: Job = 'Quant'
In [10]: type(Job)
Out[10]: str
```

在 Python 中，索引代表的是与第一个（最左边）对象的位置偏移量（Offset）。以字符串 'Quant' 为例，第一个对象是 Q；Q 与自己没有位置偏移量，所以 Q 的索引是 0。'Quant' 中的第二个对象是 u，u 与 Q 的位置偏移量等于 1，故 u 的索引为 1；其余类推。下例验证了上述说法：

```
In [11]: Job = 'Quant'
In [12]: Job[0]
Out[12]: 'Q'
In [13]: Job[1]
Out[13]: 'u'
```

[1]Python 核心开发者之一 Nick Coghlan 对此解释为：一般来说，在数学领域中倾向于用 i 表示虚部单位，而在工程领域，则倾向于用 j 表示虚部单位。此外，字母 i 容易与数字 1 和字母 l 混淆，而字母 j 不会发生这种事情。

[1]请注意，Python 并没有字符（Character）这种类型；字符在 Python 中相当于“仅有一个字符的字符串”。

3.5　列表

列表（List）是一种具备容器功能的类型，其中可以放入任何类型的对象，因此可视为 Python 语言最通用的序列。由于列表也是序列，因此索引的方式同字符串，亦是透过偏移量对列表元素进行访问。创建列表的语法是使用方括号 [ ] 包住内含的对象：

```
In [14]: L0 = [1, 2, 3]
In [15]: L0[2]
Out[15]: 3
In [16]: L1 = ['Stock A','Stock B', 'Stock C']
In [17]: L1[0]
Out[17]: 'Stock A'
```

长度为 n 的列表，有效索引值为 0 到 $n-1$，若不慎以 n 为索引来访问列表，便会有"Off-by-One"的错误。如下列：

```
In [18]: L1[3] Traceback (most recent call last):
  File "<ipython-input-18-85aa07b20b69>", line 1, in <module>      L1[3]
IndexError: list index out of range
```

列表可以放入任何类型的对象，包括列表本身：

```
In [23]: L2 = [10, 'Price', ['Industry 1','Industry 2']]
In [24]: L2
Out[24]: [10, 'Price', ['Industry 1', 'Industry 2']]
In [25]: L2[2]
Out[25]: ['Industry 1', 'Industry 2']
In [28]: L2[2][1]
Out[28]: 'Industry 2'
```

上例中的 L2 列表的简单图示如图 3.3 所示。

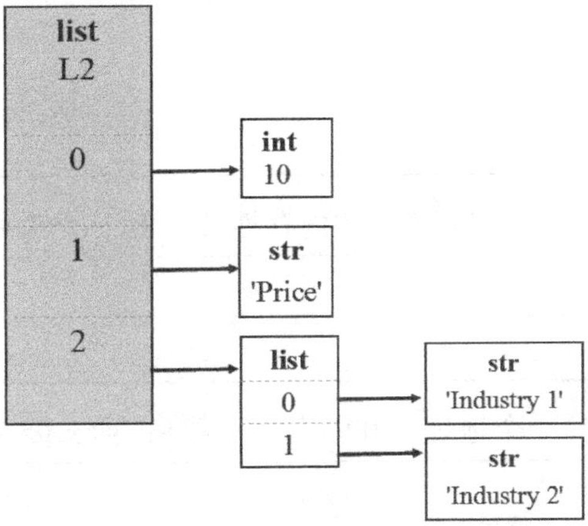

图 3.3　列表嵌套示意图

3.6 可变与不可变

在讨论可变（Mutable）与不可变（Immutable）之前，我们先来复习一下 Python 解释器对以下表达式的处理过程：

```
变量 = 某种类型的对象
```

更具体一点，比如：

```
x = 7
```

Python 解释器先判断等号右边的 7 在内存中是否存在；如果不存在，Python 会依据 7 的类型（整数）分配内存，并在此内存中创建数字 7。然后再看看变量 x 存在否，若否则同样创建 x；最后才把 7 赋值给 x。

谨记上述的过程后，我们再看一个例子：

```
y = 7
```

7 这个数字在执行 x = 7 时已创建了，现在还得再创建“另一个 7”，才能赋值给 y 吗？答案是不需要。Python 所做的事仅仅是把 y 指向刚刚创建的数字 7。为了验证这个想法，我们介绍一个函数 id( )，其作用是得到一个变量的内存地址。

```
In [34]: x = 7
In [35]: y = 7
In [36]: print(id(x))
1635774416
In [37]: print(id(y))
1635774416
```

从上例可以看出，x 与 y 都指向同一个内存地址 1635774416，即存放整数 7 的地方。下面再做一个实验：

```
In [1]: z = x
In [2]: x
Out[2]: 7
In [3]: z
Out[3]: 7
In [4]: print(id(z))
1635774416
```

结果并不意外，z 与 x 皆指向存放 7 的内存地址。但下例就不那么直观了：

```
In [5]: z = 8
In [6]: x
Out[6]: 7
```

这是因为 z 现在指向另一个地址，其中存放整数 8；而 x 仍指向存放 7 的地方：

```
In [7]: id(x) # 存放7的位址
Out[7]: 1635774416
In [8]: id(z) # 存放8的位址
Out[8]: 1635774448
```

若我们赋予 x 另一个值，会发生什么事呢？

```
In [9]: x = 9
In [10]: id(x)
Out[10]: 1635774480
```

x 指向的地址改变了！之所以如此，是因为整数对 Python 而言是不可变（Immutable）的对象。一旦在内存中建立不可变对象之后，其值就无法更动。变量名称可以指向别的对象，但无法修改已创建的不可变对象的内容。

Python 为什么要这么做呢？下例可以给我们一些灵感：

```
In [11]: x1 = 7
In [12]: id(x1)
Out[12]: 1635774416
```

x1 指向了先前存放 7 的地址，这样做的优点是 Python 可以为不可变的对象分配固定的内存，重用它，以减少重复的值对内存空间的占用[1]。

浮点数、字符串也是不可变的对象。如下例：

```
In [13]: s1 = 'Hello World'
In [14]: id(s1)
Out[14]: 20412089968
In [15]: s1 = 'Hi World'
In [16]: id(s1)
Out[16]: 20412492464
```

我们可以透过索引访问字符串的内容：

```
In [17]: s1[0]
Out[17]: 'H'
```

如果我们试着去改变 s1[0] 呢？

```
In [18]: s1[0] = 'W' Traceback (most recent call last):
  File "<ipython-input-59-4d75f3b346be>", line 1, in <module>
    s1[0] = 'W'
TypeError: 'str' object does not support item assignment
```

显然不可行，因为字符串是不可变的。

接下来我们看一个可变的类型——列表。列表对象建立之后，仍可以对其内容进行修改。延用前例的 L2，下例将 L2[0] 的内容从原来的 10 修改为 20：

```
In [19]: L2[0] = 20
In [20]: L2
Out[20]: [20, 'Price', ['Industry 1', 'Industry 2']]
```

在上例中，L2[0] 原本指向整数对象 10，现在转而指向新的整数对象 20，因而列表 L2 的内容被修改了。在此要提醒读者，若有两个以上的变量同时指向一个可变对象，则透过任何一个变量都可以对该对象进行修改。下例让 L1 和 L4 指向同一个列表：

[1]缺点是执行效率会下降。

```
In [21]: L4 = L1
In [22]: L4
Out[22]: ['Stock A', 'Stock B', 'Stock C']
```

接着透过 L4 改变列表，并观察 L1 的内容：

```
In [23]: L4[2] = 'Stock D'
In [24]: L1
Out[24]: ['Stock A', 'Stock B', 'Stock D']
```

我们发现 L1 的内容果然也随之变化。

3.7 元组

元组（Tuple）也是一种序列类型的数据，元组跟列表都能存储任何类型的数据，但是列表中的元素是可以变的，可以增加、删除和更改列表中的元素，而一个元组一旦创建，就无法增加、删除和更改元组内的元素。在元素不可变这一特性上，元组跟字符串很像，然而字符串中的元素类型都只能是字符型，字符串不能存储字符型以外的数据。概括起来，元组具有可以存储不同类型的数据和元组内的元素是不可变的这两大特点。

元组的创建通过圆括号 ( ) 来实现。

```
In [12]: M = ('Market', 3.0, [10, 20, 30])
In [13]: M
Out[13]: ('Market', 3.0, [10, 20, 30])
```

在进行数据运算时，圆括号常常被用来改变运算顺序。因此，在创建只包含一个对象的元组时，为了避免歧义，Python 规定在这个唯一的对象后面加一个逗号。

```
In [21]: t1 = ('Single')
In [22]: type(t1)
Out[22]: str
In [23]: t2 = ('Single',)
In [24]: type(t2)
Out[24]: tuple
```

在 'Single' 后若没加逗号，Python 会理解为字符串；加了逗号之后，Python 才会解读为元组。另外，在语意明确时，建立元组的括号可以省略：

```
In [25]: t3 = 'x', 'y', 'z'
In [26]: t3
Out[26]: ('x', 'y', 'z')
In [27]: type(t3)
Out[27]: tuple
```

元组为不可变类型，不论有几个变量名称指向它，都不能修改元组的内容：

```
In [16]: M[1]
Out[16]: 3.0
In [17]: M[1] = 2.0
```

```
Traceback (most recent call last):
  File "<ipython-input-17-7c5e1c0b431c>", line 1, in <module>
M[1] = 2.0
TypeError: 'tuple' object does not su{'Stock A':30, 'Stock B':40}pport item assignment
```

相较于列表的内容能随意改变，元组不可变的特性，在开发大型软件时有其便利之处；例如，将不需要修改的数据设成元组，可以防止误写而使代码更安全。

3.8 字典

列表、元组都是序列类型的数据结构，所谓序列指的是其中的对象从 0 开始依序编号，故有前后顺序的关系。现在要介绍的字典（dict）是一种"映射（Mapping）"的数据结构[1]，与序列是截然不同的概念，其没有从左到右这种顺序关系，所以也不使用位置偏移量来当作索引。字典储存是"键: 值"配对（"Key: Value"Pair）这样的映射关系，或者说是键（Key）与值（Value）的对照表；透过键便可以查找相对应的值。

创建字典使用大括号 {}，大括号中包含一对一对的"键: 值"，存取时在方括号 [ ] 中填入键，便可关联到对应的值。

```
In [31]: d1 = {'Stock A':30, 'Stock B':40}
In [32]: d1['Stock A']
Out[32]: 30
```

3.9 集合

之前提到的序列（例如列表和元组）与映射（如字典）是 Python 中用法迥异的两种容器类型。序列体现的是具有某种性质的顺序结构；而映射则是无序的键与值的映射关系。现在要介绍的集合（Set）也是一种容器类型，但其既不是序列也不是映射，集合用来记录某些无顺序关系的不可变对象是否存在于其中，集合中没有重复的元素。创建集合的语法是以大括号包住集合元素，或将集合元素以列表的形式传入内置函数 set( )。

```
In [33]: Winners = {'Company A','Company B'}
In [34]: type(Winners)
Out[34]: set
In [35]: Losers = set(['Company C', 'Company D'])
In [36]: type(Losers)
Out[36]: set
```

集合中的元素没有顺序关系，故以索引存取会报错：

```
In [6]: Winners[0]
Traceback (most recent call last):
  File "<ipython-input-6-bc6c83af454e>", line 1, in <module>     Winners[0]
TypeError: 'set' object does not support indexing
```

[1]在其他语言中也称为 Map。

空集合只能使用 set( ) 函数创建，不能用大括号，因为没包含任何元素的大括号 {} 表示的是一个空的字典。

```
In [7]: S0 = {}
In [8]: S1 = set()
In [9]: type(S0)
Out[9]: dict
In [10]: type(S1)
Out[10]: set
```

如果要利用字符串中的个别字符或列表中的元素来创建集合，同样必须使用 set( ) 函数而不能用大括号：

```
In [20]: set('Quant')
Out[20]: {'Q', 'a', 'n', 't', 'u'}
In [21]: type( set('Quant') )
Out[21]: set
```

若以大括号包住字符串，Python 仍会创建一个集合，只不过整个字符串会被当成一个单独的元素：

```
In [22]: {'Quant'}
Out[22]: {'Quant'}
In [23]: type( {'Quant'} )
Out[23]: set
```

利用集合没有顺序关系与不能重复的特性，我们可以检查两个列表是否包含相同的元素：

```
In [24]: L1 = [1, 2, 3]
In [25]: L2 = [2, 2, 1, 3, 3]
In [26]: set(L1)
Out[26]: {1, 2, 3}
In [27]: set(L2)
Out[27]: {1, 2, 3}
```

可以用比较运算符“==”来判断两个集合是否相等：

```
In [28]: set(L1) == set(L2)
Out[28]: True
```

习题

1. 判断下列对象的数据类型：

(a)

```
(1, 3, 5, 7)
```

```
'pi'
```

(b)

```
5>6
```

```
{'High':7.45,'Low':7.30}
```

(c)

```
['Hello world',3,4,('a','b'),True]
```

2. 判断下列计算的结果：

(a)

```
(3+4j)*(4+3j)
```

```
3/4
```

(b)

```
True*3
```

```
0.003-0.0022222
```

3. 判断下列代码的输出结果：

```
In [1]: a = [1, 2, 3]
In [2]: b=a
In [3]: b
In [4]: id(a)==id(b)
In [5]: b[0]=3
In [6]: a
In [7]: id(a)==id(b)
```

4. 按要求创建对象：

   (a) 创建元组 a，包含 10 以内的正整数；
   (b) 创建元组 b，包含 20 以内的奇数；
   (c) 创建列表 c，包含 50 以内 5 的倍数；
   (d) 创建列表 d，将 1 ~ 5 的每一个数依次重复 3 次；
   (e) 创建集合 e，包含“NASDAQ”、“Dowjones”、“DAX”、“FTSE”。

5. 将字符串“abc”分别转换成元组、列表与集合。

6. 查询“A”、“b”、“\n” 的 ASCII 码，并以这些字符为键、ASCII 码为值创建字典。

第4章 Python 集成开发环境：Spyder 介绍

Spyder 是 Python 语言的一种集成开发环境（Integrated DeveLopment Environment，简称 IDE），集成开发环境一般具备代码编辑器、代码除错以及一些内置工具等功能。在这三大功能的基础上，Spyder 还具有查看和修改数组变量、对象、文件管理等功能。

Spyder 是一个整合了科学计算功能的典型函数库，如 NumPy、Scipy 和 Matplotlib 库等。除了 Python 内置的 Shell 以外，Spyder 也内置安装了 Python 交互环境库 IPython。Spyder 具有跨平台、开源、用 Python 语言编写等特点。

Spyder 支持 Windows、Linux 和 Mac 系统，一些平台环境如 Anaconda、WinPython 等都内置有 Spyder，以 Windows 系统为例，在 Windows 平台上安装好 Anaconda 环境之后，在 Anaconda 环境安装目录中会有 Spyder 的安装程序。单击 Spyder.exe 即可打开 Spyder。Spyder 打开的界面如图 4.1 所示。

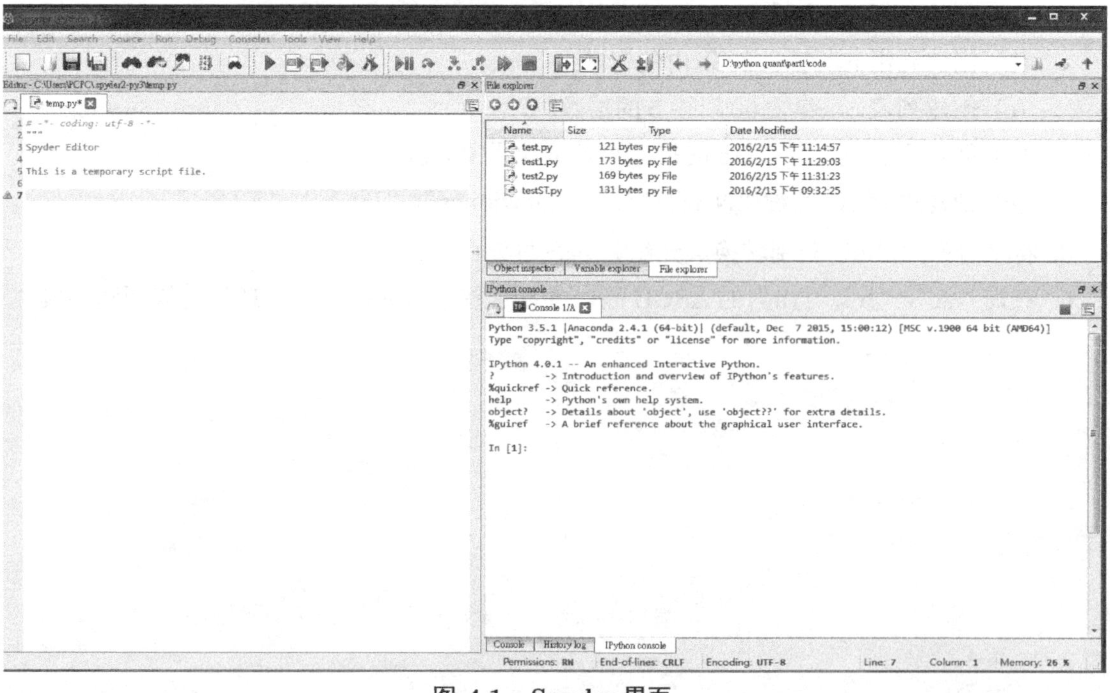

图 4.1 Spyder 界面

4.1 代码编辑器

Spyder 代码编辑器页面如图 4.2 所示。通过 Spyder 的 Tools → Preferences，可以打开 Preferences（偏好）界面，选择 Editor 项目来设定编辑器的各种格式，比如代码字体、代码大小、缩进的空格数、是否标注空格等，如图 4.3 所示。

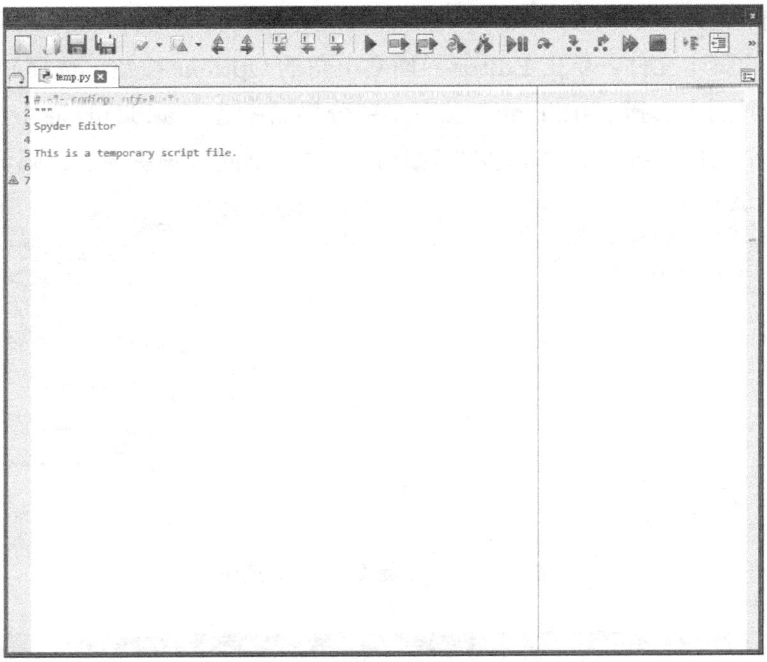

图 4.2 Spyder 编辑器界面

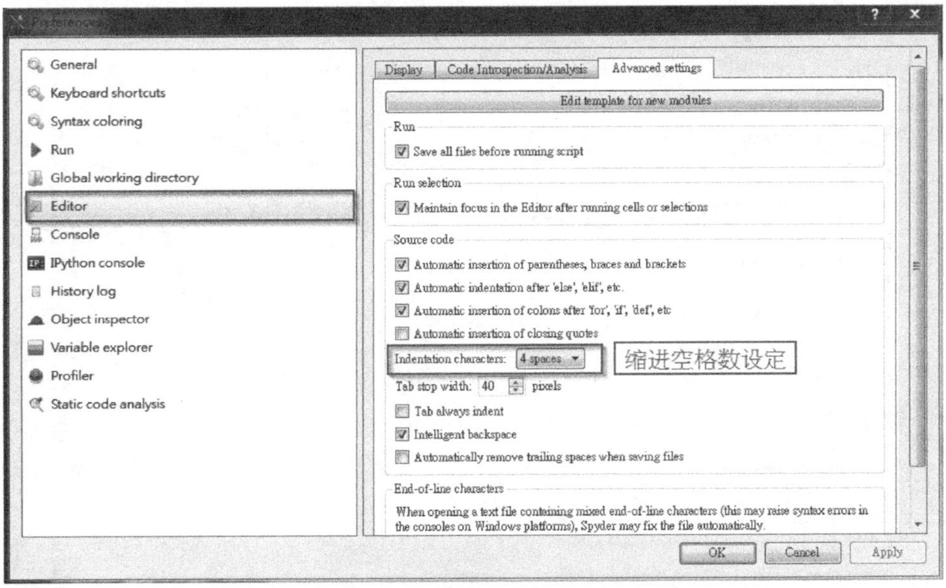

图 4.3 编辑器格式设定

单击编辑器的 New File 按钮创建一个新的.py 文件，或者单击 Open File 按钮打开一个已有的.py 文件。Spyder 代码编辑具有多种颜色显示代码、自动缩进、函数参数提示等功能。

当编写多个 Python 代码文件时，可以设定代码分节来同时看到不同文件的代码。如图 4.4 所示，Editor 中有 3 个脚本文件，分别是 temp.py、testST.py 和 addTurples.py。其中，temp.py 是编辑器默认文件；testST.py 是之前已经存在的脚本文件；addTurples.py 是通过编辑器新建立的脚本文件。单击 Editor 界面右上角的 Options 按钮，选择 Split vertically，然后在上半部界面中选择 testST.py，在下半部分界面中选择 addTurples.py。如图 4.5 所示，对于同一个文件，可以加“#%%”对代码分块，不同代码块中的代码可以分开执行。

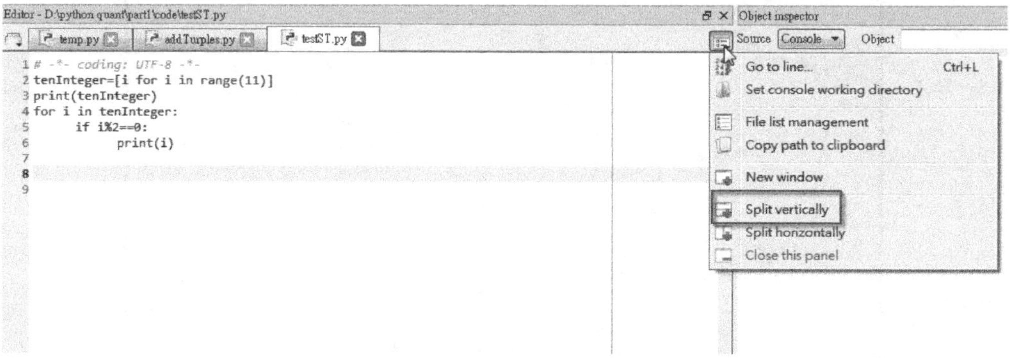

图 4.4 编辑器 Options 按钮

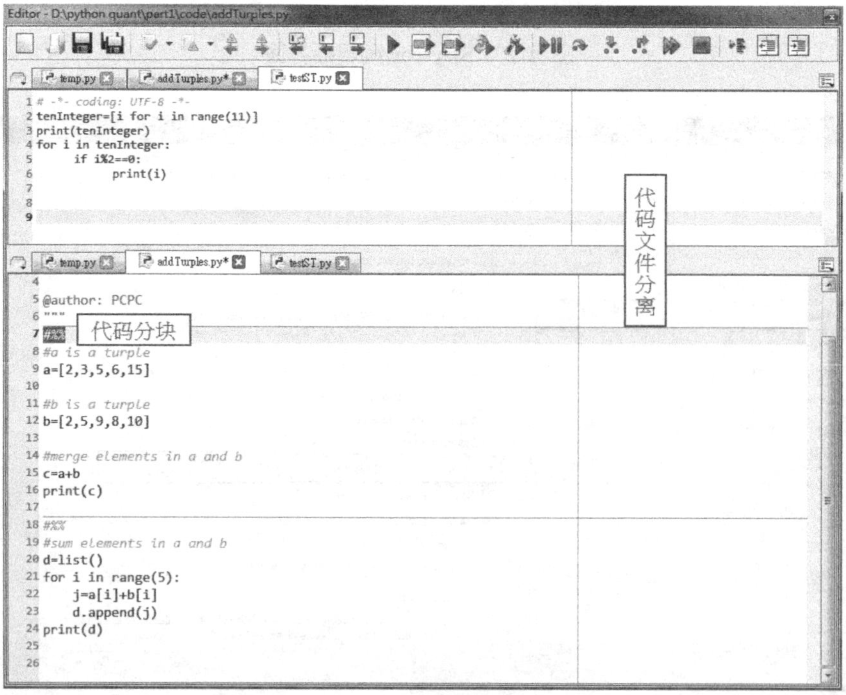

图 4.5 代码分节与分界面

4.2 代码执行 Console

如图 4.6 所示，Spyder 中，既有 Python 自带的 Console，也有 IPython Console。如果要执行 testST.py 中的代码，在这两个 Console 中选定一个 Console，再单击 Run File 按钮 ▶ 即可执行。

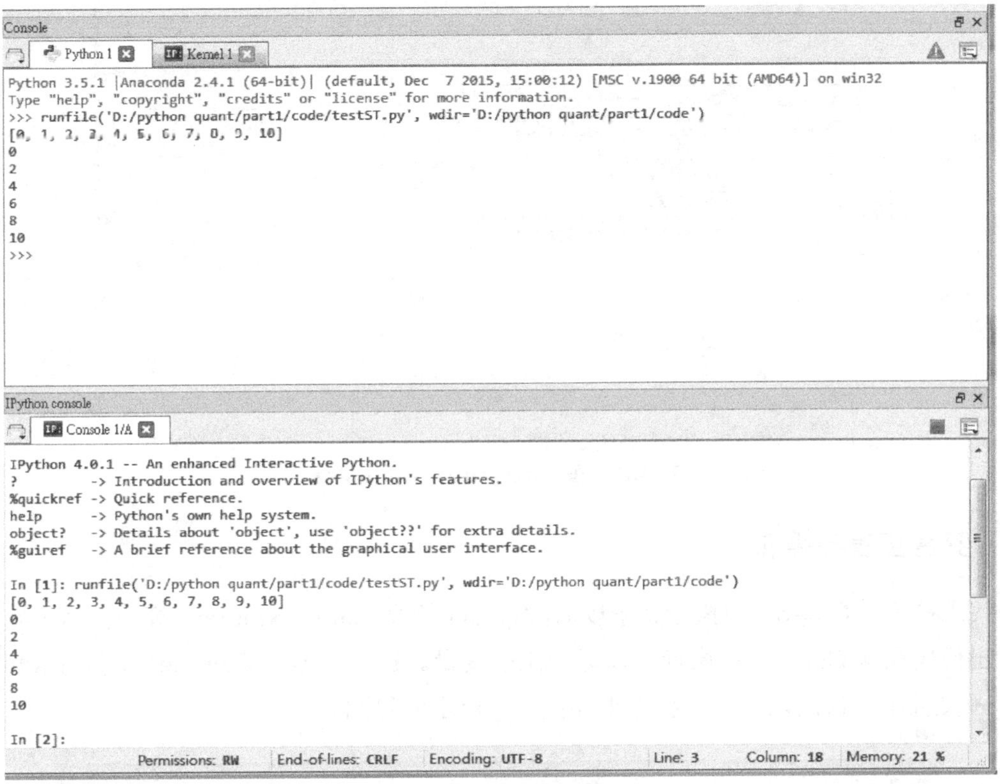

图 4.6 Spyder 中的 Consoles

在只有一个 Console 的情况下，若要执行另一个代码文件，则必须等前一个正在执行的代码执行完毕以后才能执行。如果代码执行时间很久，则要等待较多的时间才能执行下一个代码。Spyder 可以打开多个 Consoles，多个代码可以分别在不同的 console 中同时执行。如图 4.7 所示，单击菜单栏中的 Consoles 按钮，在 Python Console 和 Ipython Console 之间进行选择，打开一个新的 Console，新打开的 Consoles 会在相对应的 Consoles 界面显示，如图 4.8 所示有 4 个 IPython Conoles。

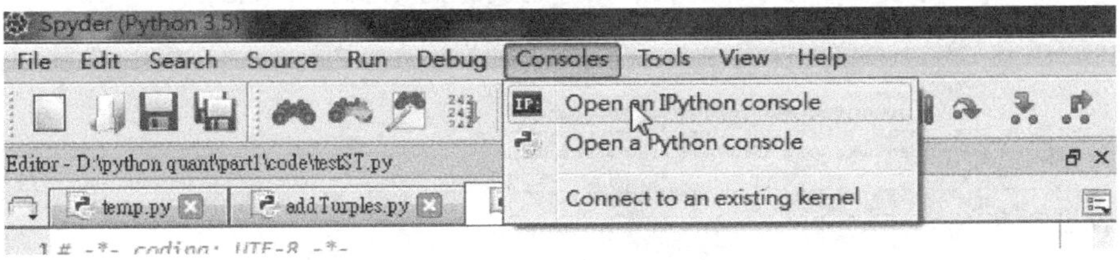

图 4.7 打开 Console

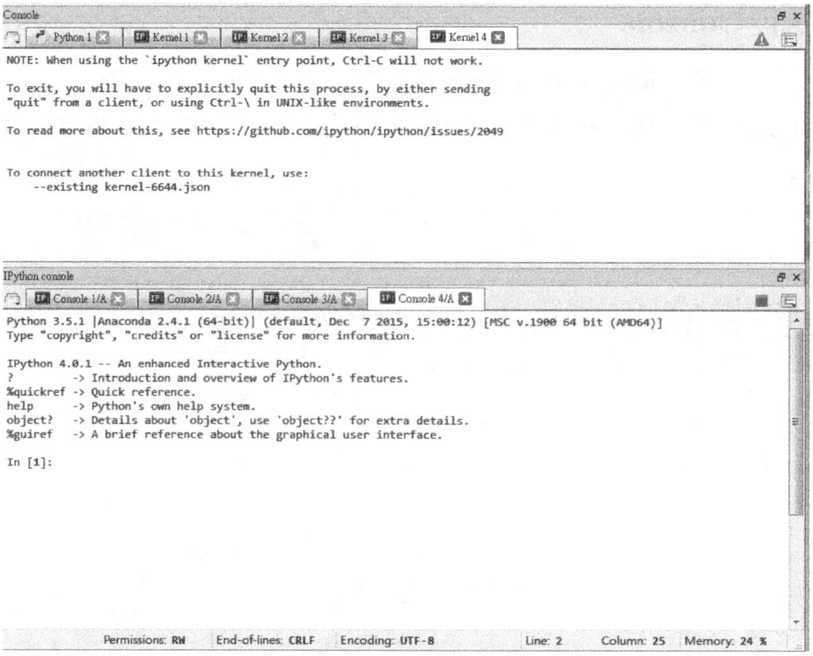

图 4.8　多个 IPython Consoles

4.3 变量查看与编辑

代码在某一 Console 中执行完毕以后，Spyder 的 Variable explorer（变量查看）界面会显示出代码在该 Console 中执行完以后产生的变量。在 IPython Console1 中执行 addTurples.py 文件中的代码以后，则会出现如图 4.9 所示的界面。

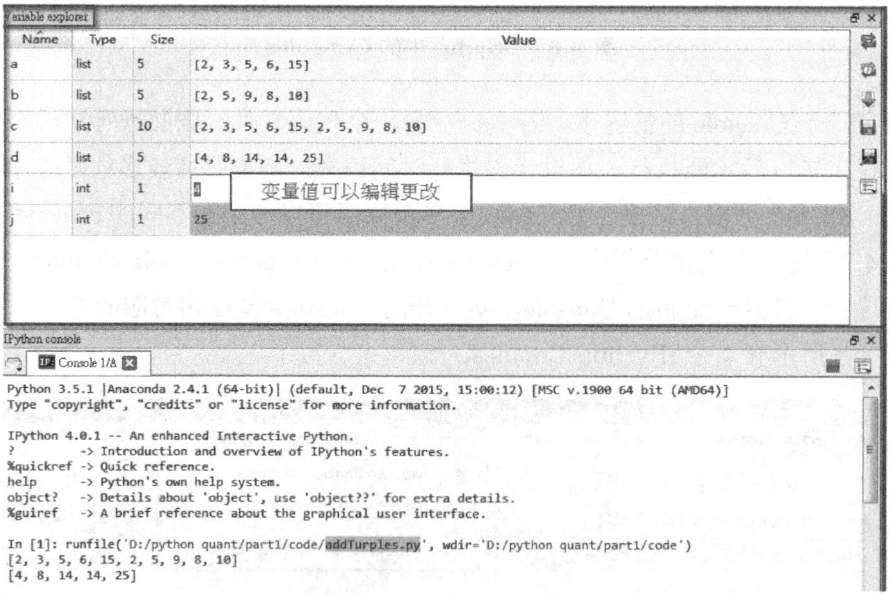

图 4.9　变量查看界面

通过 Variable explorer 界面，可以查看变量的名称（Name）、数据类型（Type）、数据结构大小（Size）和数据值（Value）。此外，编辑更改变量的取值在该界面中也是允许的。变量 a 是一个大小为 5 的 list，更改 a 中 index 为 3 的取值，然后再输出 a，查看 a 的取值情况，如图 4.10 所示。

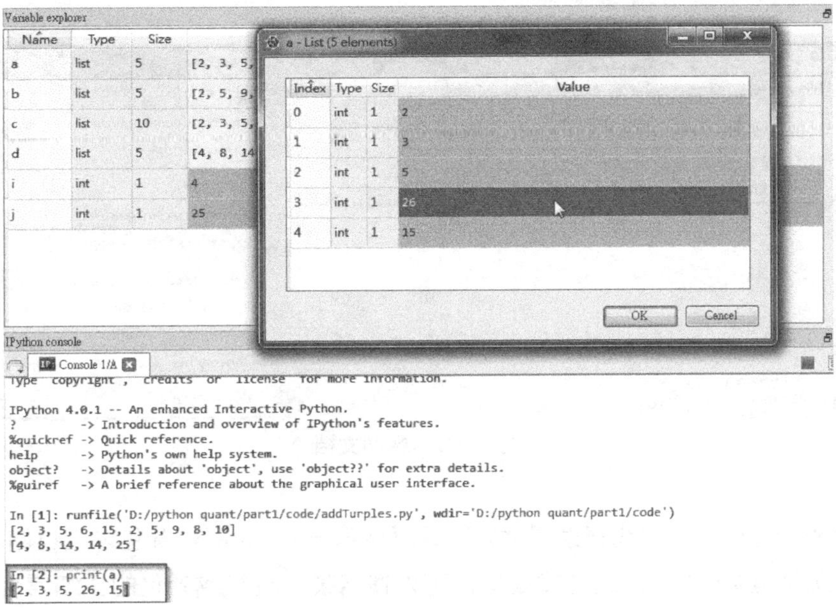

图 4.10　更改变量 a 中的元素取值

4.4　当前工作路径与文件管理

在 Spyder 中也可以设定当前工作路径，在 File explore 界面中就会显示该路径下的文件。比如，若要查看我们之前编写的.py 代码文件，这些代码文件在电脑中存储的路径为“D:\python quant\part1\code”，如图 4.11 所示，将此路径输入到当前路径条形框中，在 File explore 界面就会显示那些.py 代码文件。

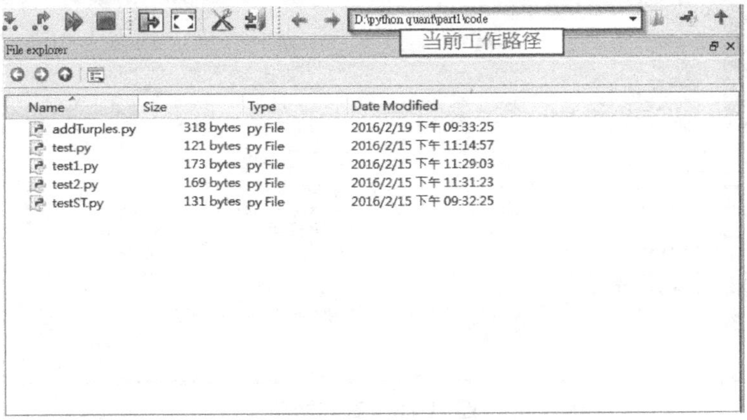

图 4.11　当前工作路径与文件管理

4.5 帮助文档与在线帮助

Spyder 提供了一些 Spyder、Python 以及 IPython 的学习文档（Documentation），单击菜单栏中的 Help 按钮即可查看这些文档的下拉列表，如图 4.12 所示，这些文档帮助我们更深入了解 Python 及其相关内容。

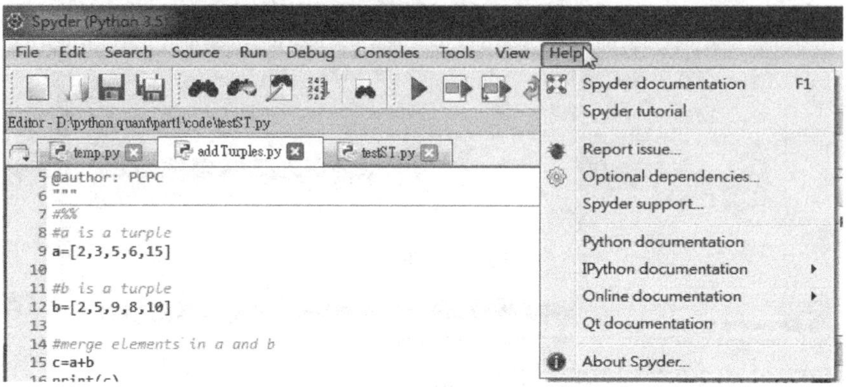

图 4.12 帮助文档

除此之外，还有一个在线帮助界面，该界面显示出 Python 内置包以及电脑本地已安装的包列表，如图 4.13 所示，通过搜索框，可以搜索某一模组或者包的详细信息。

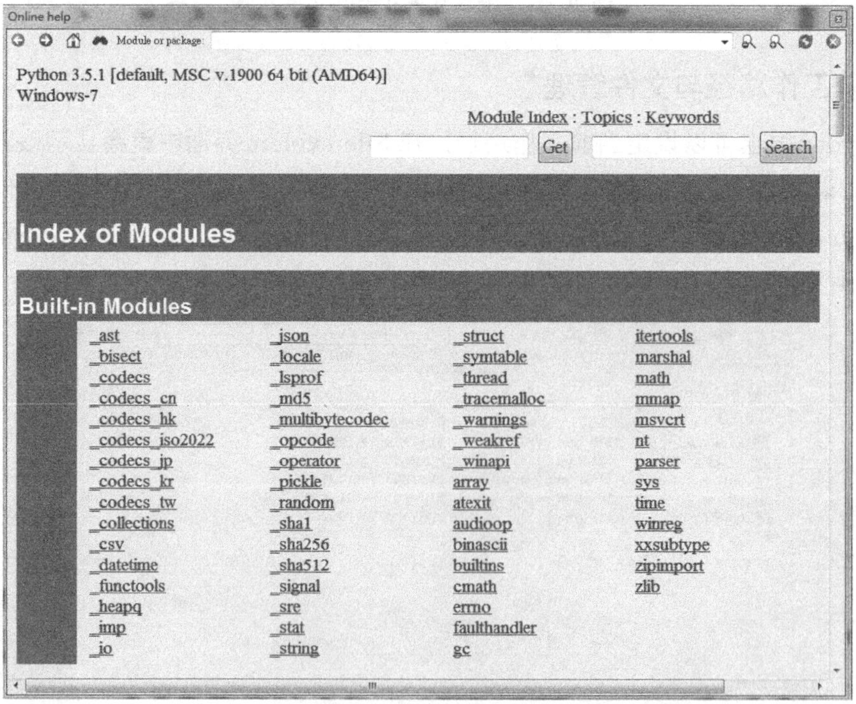

图 4.13 在线帮助

4.6　其他功能

除了上述诸多功能之外，Spyder 还有其他诸多有用的功能：Spyder 菜单栏中的 Run 按钮提供了多种代码运行方式；Tools 按钮中除了设定 Preferences （偏好）以外，还可以更新当前模组列表（Update module names list）、打开命令窗口（Open command prompt）等；View 按钮中的 Panes 列出了各种子界面列表，历史记录界面（History log）也列入其中。还有更多有用功能不再一一赘述，读者可以自行尝试与探索。

第5章 Python运算符与使用

前文介绍了各种常用的数据类型，接下来我们要学习如何操作不同类型的对象，这些操作通过表达式完成。在本章的开头，我们讨论表达式创建（Generate/Create）并处理（Process）对象。创建的过程一般使用常量，操作处理则藉由不同的方法（Method）达成。每种数据类型都定义了一套方法，例如，如整数与浮点数可以做算术运算，列表可以求长度、新增元素，元组是不可变对象，可以连接但不能新增元素等。

方法的语法是对象，紧跟着句点，然后是方法名称（前后双底线），再接括号（代表调用）。例如，___add___ 方法为加法运算：

```
In [1]: a = 7; b = 8
In [3]: a.__add__(b)
Out[3]: 15
```

再看一例，使用 ___sub___ 方法做减法运算：

```
In [10]: a.__add__(b).__sub__(1)
Out[10]: 14
```

从上例中可以看出使用方法做运算既费事也不直观。职是之故，Python 提供了运算符（Operator）与内置函数（Built-in Function）来对应常用的方法；换句话说，当 Python 看到“a + b”时，解释器会转换成“a.___add___(b)”来执行。因此，我们可以把运算符与内置函数视为方法的语法糖（Syntax Sugar）。本章先介绍 Python 的运算符，内置函数在第 6 章详细介绍。

5.1 常用运算符

运算符（Operator）必须作用在操作数（Operand）上，操作数是计算机指令执行运算所针对的数据，运算符指定了计算机对操作数的操作类型。运算符和操作数组合起来构成表达式（Expression）。举例如下：

```
In [1]: 7+8
Out[1]: 15
```

上述“7+8”为一个表达式，在该表达式中，7 和 8 是操作数，加号“+”为运算符，而 15 为 Python 执行该表达式的传回值。

操作数除了为具体的常量值以外，也可以为变量的取值，如：

```
a=3
b=4
```

```
a+b
```

在表达式“a+b”中，变量 a 的取值和 b 的取值均为操作数，而加号“+”为运算符。

运算符的种类众多，Python 支持的运算符有算数运算符、赋值运算符、比较运算符、逻辑运算符等，接下来我们讲述 Python 主要运算符的详细种类与功能。

5.1.1　算术运算符

Python 支持的算术运算符（Arithmotic Operator）为基本的加、减、乘、除等运算，详细如表 5.1 所示，算术运算符需要有两个操作数来构成表达式。

表 5.1　Python 算术运算符

运算符	运算功能	表达式举例
+	加	3 + 2
−	减	3 − 2
*	乘	3*2
**	幂	3**2
/	除	3/2
//	整除，返回商的整数	3//2
%	取模，返回除法的余数	3%2

算术运算符所操作的操作数的数据类型可以为整型、浮点型、复数、布尔型等。在实数运算中，如果算术运算符中有一个操作数为浮点数，其表达式的返回值就为浮点型。举例如下：

```
In [1]: 3+2.0 #加法
Out[1]: 5.0

In [2]: 3-2.0 #减法
Out[2]: 1.0

In [3]: 3*2.0 #乘法
Out[3]: 6.0

In [4]: 3**2.0 #求幂
Out[4]: 9.0

In [5]: 3/2.0  #除法
Out[5]: 1.5

In [6]: 3//2.0  #整除
Out[6]: 1.0%s表示格式化字符串

In [7]: 3%2.0  #取模
Out[7]: 1.0

In [8]: True+2.0 #布尔型值与浮点数相加，True代表整数1
Out[8]: 3.0
```

```
In [9]: False//2.0 #布尔型值与浮点数整除，False代表整数0
Out[9]: 0.0

In [10]: a=2+3j

In [11]: b=3+5j

In [12]: a+b
Out[13]: (5+8j)
```

在此强调一下，上述部分符号也可以用于字符串中，但其功能不是算术运算符，而是字符串运算符。在字符串操作中，字符串运算符“+”、“*”和“%”分别代表的含义如下：

- +：表示字符串连接；
- *：表示重复输出字符串；
- %：表示字符串格式化的符号，比如%s表示格式化字符串。

```
In [1]: 'Python'+'Quant'
Out[1]: 'PythonQuant'

In [2]: 'Python'*4
Out[2]: 'PythonPythonPythonPython'

In [3]: '%s,很棒!' %('python') #%s表示格式化字符串
Out[3]: 'python,很棒!'
```

5.1.2 赋值运算符

赋值运算符的功能是将数值赋值给一个变量，举例来说，

```
a=3
```

在“a=3”中，等号“=”为赋值运算符，将常量3赋值给变量a。赋予变量的值除了某一单个常量或者变量以外，还可以是算术运算的结果值：

```
a=3
b=4
b+=a
```

表达式“b+=a”表示的含义等效于“b=b+a”，即将变量b和a的值相加后的结果再重新赋值给变量b。此时变量b的取值不再是4，而是变成了7。执行上述代码，再看b的取值情况：

```
In [1]: a=3

In [2]: b=4

In [3]: b+=a

In [4]: b
```

```
Out[4]: 7
```

果不其然！如表 5.2 所示的是 Python 中支持的赋值运算符，假设 a 和 b 均为变量。

表 5.2　Python 赋值运算符

运算符	运算功能	表达式举例
=	赋值	a=3
+ =	加法赋值	b+=a
− =	减法赋值	b−=a
*=	乘法赋值	b*=a
**=	幂赋值	b**=a
/ =	除法赋值	b/=a
// =	整除赋值	b//=a
% =	取模赋值	b%=a

5.1.3　比较运算符

比较运算符主要针对两个操作数进行比较，其传回的值为布尔类型的 True 或者 False：

```
In [1]: a=30

In [2]: b=30

In [3]: a!=b
Out[3]: False

In [4]: True==1
Out[4]: True
```

在表达式“a!=b”，不等号“!=”为比较运算符。变量 a 和 b 的取值均为 30，变量 a 与变量 b 不相等的命题不成立，该表达式传回的值为假，即 False。在表达式“True==1”中，比较运算符为等号判断符号“==”，布尔类型 True 在 python 中代表整数 1，所以表达式“True==1”成立，其传回值为真，即 True。

Python 中的比较运算符及其含义如表 5.3 所示，相等判断的对象数据类型没有限制，除了相等判断以外，其他比较运算符所处理的数据类型为整型、浮点型和布尔型数据。

表 5.3　比较运算符

运算符	运算功能	表达式举例
==	相等判断	a==30
!=	不等于	b!=a
>	大于	b>a
<	小于	b<a
>=	大于等于	b>=a
<=	小于等于	b<=a

```
In [5]: s1=set([1,2,3,4])
```

```
In [6]: s2=set([3,2,4,1])

#判断两个集合对象是否相等
In [7]: s1==s2 #判断集合s1和s2是否相等
Out[7]: True    #集合具有元素无序性，s1和s2相等
```

5.1.4 逻辑运算符

逻辑运算符的操作对象一般为布尔类型，除了 True 和 False 以外，其他类型的数据也可以参与逻辑运算。逻辑运算符有 and、or 和 not 这三种，其含义如表 5.4 所示。

表 5.4 Python 逻辑运算符表

运算符	运算功能	表达式返回值（a 和 b 都表示变量）	
and	布尔“与”	a and b	当变量 a 的布尔值为 True 时，表达式返回变量 b 的值；否则，表达式返回值 a 的值，即 False 或者 0
or	布尔“或”	a or b	当变量 a 的布尔值为 True 时，表达式返回变量 a 的值；否则，表达式返回变量 b 的值
not	布尔“非”	not a	当 a 的布尔值为 Flase 时，返回 True；当 a 的布尔值为 True 时，返回 Flase

当逻辑运算符的操作数为布尔型 True 和 False 时，举例如下：

```
In [1]: True and False
Out[1]: False

In [2]: False or True
Out[2]: True
```

当第一个操作数为变量 a 时，a 的布尔值为 True 时，观察下面代码的执行结果：

```
In [3]: a=32.5

In [4]: bool(a)
Out[4]: True

In [5]: a and 34
Out[5]: 34

In [6]: a or 34
Out[6]: 32.5

In [7]: not a
Out[7]: False
```

当第一个操作数的布尔值为 False 时，表达式的返回值条件发生了变化：

```
In [8]: b=0

In [9]: bool(b)
Out[9]: False
```

```
In [10]: b and a
Out[10]: 0

In [11]: b or 1
Out[11]: 1

In [12]: False and True
Out[12]: False
```

当然，我们还可以使用下面的形式：

```
In [13]: 0 and 33
Out[13]: 0
```

5.1.5 身份运算符

身份运算符有 is 和 is not 两种，其主要用于判断两个对象所对应的 id 是否相等。

- 如果两个变量 a 和 b 指向同一个存储对象，即变量 a 和 b 的 id 相等，则表达式“a is b”的返回值为 True，“a is not b”的返回值为 False；
- 如果两个变量 a 和 b 指向不同的存储对象，即变量 a 和 b 的 id 不相等，则表达式“a is b”的返回值为 False，“a is not b”的返回值为 True。

给变量 a 和 b 均赋值为 2，查看变量 a 和 b 的 id，并进行身份运算符操作。

```
In [1]: a=2

In [2]: b=2

In [3]: a==b
Out[3]: True

In [4]: id(a)
Out[4]: 1543565104

In [5]: id(b)
Out[5]: 1543565104

In [6]: a is b
Out[6]: True

In [7]: a is not b
Out[7]: False
```

先将变量 b 的值更改为 50，查看变量 a 和 b 的 id 变化情况：

```
In [8]: b=50

In [9]: id(b)
Out[9]: 1543566640 #变量b的id发生变化

In [10]: id(a)
Out[10]: 1543565104 #变量a的id不变
```

```
In [11]: a is b
Out[11]: False

In [12]: a is not b
Out[12]: True
```

在 Python 中，对象都有自身的 id，身份运算符的操作对象可以是一切对象：

```
In [13]: c=[2,3,4]

In [14]: id(c)
Out[14]: 847942931848

In [15]: d=[2,3,4]

In [16]: id(d)
Out[16]: 847943056520

In [17]: c is d
Out[17]: False

In [18]: c==d
Out[18]: True

In [18]: 'a' is 'A'
Out[18]: False  #大小写字母的id不同

In [19]: True is 1
Out[19]: False   #布尔值True和整数1的id不同

In [20]: id(True)
Out[20]: 1543311024

In [21]: id(1)
Out[21]: 1543565072
```

值得注意的是“is”和“==”之间的差别：“is”用来比较对象的身份（内存地址）是否相等，也就是用来看变量是否指向同一个对象；而“==”是用来比较对象的内容（值）是否相等。在上面的例子中，虽然变量 c 与 d 看起来是一样的，但是 id(c) 与 id(d) 的结果并不相等。这是因为如果创建的对象是可变的（比如 list），则可以用相同的内容物创建不同的对象，比如这里的 c 和 d 可以用如图 5.1 所示的解释。

图 5.1 相同内容物不同对象

5.1.6 成员运算符

成员运算表示某一对象是否属于一个序列的元素之一，成员运算符有 in 和 not in 两种。给定变量 a 和 b:

- 若 a 是序列 b 中的元素之一，则表达式 "a in b" 的返回值为 True，表达式 "a not in b" 的返回值为 False;
- 若 a 不是序列 b 中的元素之一，则表达式 "a in b" 的返回值为 False，表达式 "a not in b" 的返回值为 True。

```
In [1]: a=2

In [2]: b=[3,4,2]

In [3]: c={2,3,4}

In [4]: d=(2,4,5)

In [5]: a in b
Out[5]: True

In [6]: a in c
Out[6]: True

In [7]: a in d
Out[7]: True

In [8]: '2' in b
Out[8]: False

In [9]: '2' in c
Out[9]: False

In [10]: '2' in d
Out[10]: False
```

对于字符串序列来说，成员运算符的左侧的操作数必须为字符串类型，否则会报错。

```
In [11]: e='abc2'

In [12]: a not in e
Traceback (most recent call last):

  File "<ipython-input-27-81882431587e>", line 1, in <module>
    a not in e

TypeError: 'in <string>' requires string as left operand, not int


In [13]: '2' not in e
Out[13]: False
```

5.1.7 运算符的优先级

在表达式中，可能有多个运算符，运算符的种类也不一定相同，此时在对操作数运算时，有运算符操作的优先顺序问题。

```
In [1]: 2+3*5
Out[1]: 17
```

表达式“2+3*5”有运算符“+”和运算符“*”，从返回值结果 17 来看，Python 在执行此表达式时，先进行了乘法运算 3*5，再用乘法运算的结果作为加号的操作数之一，和另一个操作数 2 进行加法运算。

```
In [2]: 6>=3**5
Out[2]: False
```

在表达式“6>=3**5”中，运算符“>=”为比较运算符，而运算符“**”为算术运算符。从该表达式的传回值来看，算术运算符的运算顺序优先于比较运算符。表中列出了前面介绍的六种运算符的运算优先顺序，排在上面的运算符的运算优先于下面的运算符的运算，位于同一表格中的运算符的运算顺序相同[1]。如表 5.5 所示。

表 5.5　Python 常见运算符的优先顺序表（从高到低）

运算符	含义
**	幂
*，/，//，%	乘，除，整除，取模
+，−	加，减
<=，<，>，>=	大小比较运算符
==，!=	相等判断运算符
=，+=，−=，*=，**=，/=，//=，%=	赋值运算符
is，is not	身份运算符
in，not in	成员运算符
and，or，not	逻辑运算符

5.2 具有运算功能的内置函数

除了用运算符来对不同类型的对象进行操作，Python 中的内置函数[2]也可以操作对象。前面经常使用的用于查看对象的 type( ) 函数以及查看对象的 id( ) 函数都属于 Python 的内置函数；在数据类型介绍时，创建集合对象的 set( ) 函数和返回数据布尔值的 bool( ) 函数也属于内置函数。若要查询 Python 其他的内置函数，可以使用 Python 另一个内置函数 dir( ) 函数来实现：

```
dir(__builtins__)
```

[1]除了本章介绍的运算符以外，Python 还有其他的运算符，在此不再一一介绍。

[2]Python 内置函数位于 Python 标准库（Standard Library），Python 环境自带标准库。

内置函数属于 dir(__builtins__) 返回结果中的部分元素，dir(__builtins__) 返回值还包括一些内置错误类型、属性等其他内容。Python 内置函数有很多，本小节主要讲述与运算相关的内置函数。

类比于运算符 Python 中的一些内置函数也可以实现某些运算符能实现的运算功能，比如求和、求幂、整除、取模等运算。

```
In [1]: sum([6,2.0]) #求序列元素之和
Out[1]: 8.0

In [2]: pow(6,2)    #幂运算
Out[2]: 36

In [3]: divmod(6,2) #整除与取模
Out[3]: (3, 0)

In [4]: (6//2,6%2)
Out[4]: (3, 0)
```

如表 5.6 所示列出了 Python 数据运算相关的内置函数，调用函数时，需要传入函数要操作对象的取值才能进行相关数据操作。

表 5.6　算术运算功能的内置函数

函数名称	功能	使用举例
sum(iterable, start=0, /)	一个可迭代对象的所有元素相加	sum([6,2.0])
pow(x, y, z=None, /)	若有三个参数 x、y 和 z，运算为 x**y%z； 若只有两个参数 x 和 y，运算为 x**y	pow(6,2)
divmod(x, y, /)	返回值为元组，运算相当于 (x//y, x%y)	divmod(6,2)
abs(x, /)	返回参数 x 的绝对值	abs(-6)
all(iterable, /)	可迭代对象所有元素的布尔值都为 True 时，返回 True 若可迭代对象为空时，也返回 True	all([3>2,6<9])
any(iterable, /)	可迭代对象任一元素的布尔值为 True 时，返回 True 若可迭代对象为空时，返回 False	any([3>2,6<9])
max(...)	求最大值	max(6,9)
min(...)	求最小值	min(6,9)
round(x,n)	求与参数 x 最接近的数，预设返回整数，n 有取值时代表返回数的小数点位数	round(3.84,1)

举例如下：

```
In [5]: abs(-6)          #求-6的绝对值
Out[5]: 6

#列表对象[3>2,6<9]有两个元素，分别是表达式3>2的返回值和
#表达式6<9的返回值
In [6]: all([3>2,6<9])
Out[6]: True
```

```
#列表对象[2,3,5,6,7]中元素的布尔值均为True
In [7]: all([2,3,5,6,7])
Out[7]: True

In [8]: any([2,3,5,6,7])
Out[8]: True

In [9]: any([])    #[]为空列表对象
Out[9]: False

In [10]: max(6,9) #6和9均为函数的参数
Out[10]: 9

In [11]: max([2,3,5,6,7]) #列表[2,3,5,6,7]为可迭代对象
Out[11]: 7

In [12]: min(6,9)
Out[12]: 6

In [13]: min([2,3,5,6,7])
Out[13]: 2

In [2]: round(3.84,1)
Out[2]: 3.8
```

习题

1. 判断下列运算的结果：

(a)

```
3+4
```

```
3.4*4
```

(b)

```
3//4
```

```
id(['a',3,True,'scd'][1])==id(3)
```

(c)

```
3==4 in [1,'345',3+4j,4 in [1,2,3]]
```

```
(3==4*4.5%2 is 0) in [3,4,'Tom','c' in 'comic']
```

2. 比较 is 和 == 的异同。
3. 怎样判断一列数字都大于某一个值？
4. 用下列代码产生一列随机数，并求最大值、最小值与和。

```
In [1]: import random
In [2]: [random.normalvariate(0,1) for i in range(20)]
```

第6章　Python常用语句

Python 程序由模块（Module）所构成，而模块中则包含各种语句（Statement）。藉由语句的组合，指定 Python 执行程序的过程。Python 语句可由表达式组成。表达式由运算符和操作数组成，表达式会传回一个值；而语句是一个完整的句子，其不会返回一个值。Python 环境中也支持更复杂的语句，体现了不同语法与语意并对应不同的执行方式，下面我们将一一介绍。

6.1　赋值语句

6.1.1　赋值含义与简单赋值

赋值语句通过赋值运算符、表达式和变量来实现。最常用的赋值运算符就是等号“=”，通过赋值符号“=”将其右边表达式的返回值赋给等号左边的变量。比如：

```
a=3+4
```

在语句“a=3+4”中，“3+4”为表达式，该表达式运算出来的值通过赋值符号“=”赋给变量 a。

Python 中的赋值过程，赋给变量的是内存中对象的引用，而不是对象的值。这句话怎么理解呢？请看下面的例子：

```
In [1]: a=[1,2,3]

In [2]: id(a)
Out[2]: 159272200

In [3]: b=a

In [4]: id(b)
Out[4]: 159272200
```

赋值语句“a=[2,3,4]”使得变量 a 获得一个引用，指向一个列表对象 [2,3,4]。语句“b=a”表示变量 b 引用变量 a 所指向的对象，则变量 a 和变量 b 引用同一个对象，所以变量 a 和变量 b 的 id 相同。如图 6.1 所示，对这一原理进行了示意说明。

再执行下面的语句

```
In [5]: b[1]=25
```

语句“b[1]=25”将 b 指向的列表对象的索引值为 1 的取值由 2 改成了 25，这一过程的示意图如图 6.2 所示。

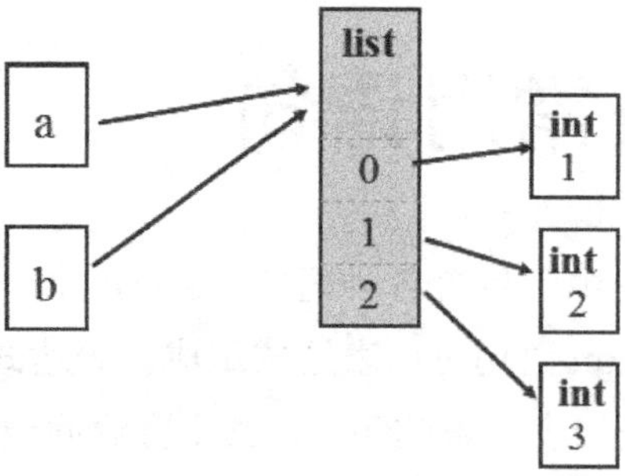

图 6.1 变量 b 和变量 a 的赋值引用示意图

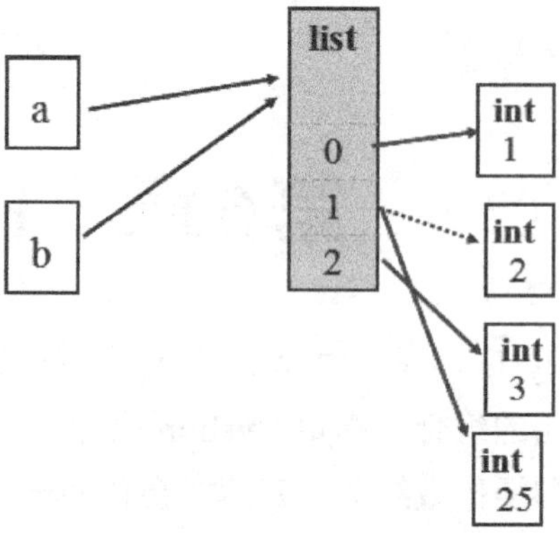

图 6.2 列表对象的索引值更改示意图

从图 6.2 中可以看出，变量 a 和变量 b 依旧引用该列表对象，进而这两个变量的 id 没有发生变量。但此列表对象的值有所改变，所以变量 a 和变量 b 的取值发生了变化。下面通过代码来验证这一思想：

```
In [6]: id(a)
Out[6]: 159272200   #变量a的id没有变化

In [7]: id(b)
Out[7]: 159272200   #变量b的id不变

In [8]: a
Out[8]:  [1, 25, 3] #变量a的取值改变

In [9]: b
Out[9]: [1, 25, 3] #变量b的取值改变
```

再将变量 a 和变量 b 共同指向的对象的索引值 1 所对应的值改回 2，然后给变量 c 也赋值 $[1,2,3]$，语句如下：

```
In [10]: b[1]=2

In [11]: a
Out[11]: [1, 2, 3]

In [12]: b
Out[12]: [1, 2, 3]

In [13]: c=[1,2,3]
```

查看变量 c 的 id 值：

```
In [14]: id(c)
Out[14]: 159040712
```

从中可以看出，变量 c 与变量 a 的 id 值不一样，这又是怎么回事呢？如图 6.3 所示，变量 c 引用了另一个列表对象，该列表对象索引值 0、1 和 2 所引用的值也分别为 1、2 和 3。

很显然，就变量 c 和变量 a 来说，其指向的列表对象不同，进而 id 也不相同。然而，这两个列表对象的取值一样，则变量 c 和变量 a 的取值也一样。

```
In [15]: c is a
Out[15]: False    #变量c和变量a的id值不一样

In [16]: c==a     #变量c和变量a的取值相同
Out[16]: True
```

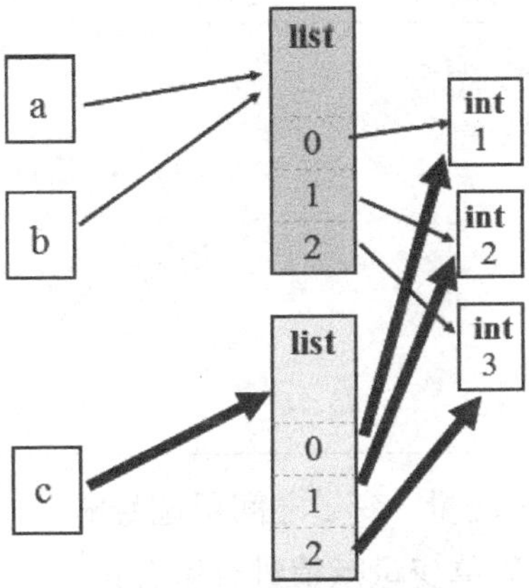

图 6.3 变量 c 赋值

按照相同的思路来分析，下面的代码结果就不足为怪了：

```
In [17]: c[2]=88
In [18]: c
Out[18]: [1, 2, 88]

In [19]: a
Out[19]: [1, 2, 3]

In [20]: b
Out[20]: [1, 2, 3]
```

6.1.2 多重赋值

多重赋值的含义是将同一个对象的引用赋值给多个变量，即多个变量同时指向该对象。

```
In [21]: x=y=z=25678
In [22]: x
Out[22]: 25678

In [23]: y
Out[23]: 25678

In [24]: z
Out[24]: 25678

In [25]: x1=y1=z1=[2,5,6,7,8]
```

```
In [26]: x1
Out[26]: [2, 5, 6, 7, 8]

In [27]: (x1 is y1) and (y1 is z1) and (x1 is z1)
Out[27]: True
```

6.1.3 多元赋值

多元赋值是指一个赋值语句实现了多个变量引用多个对象的赋值过程。举例如下：

```
In [28]: x2,y2,z2=2,5,6

In [29]: x2
Out[29]: 2

In [30]: y2
Out[30]: 5

In [31]: z2
Out[31]: 6
```

赋值等号“=”左边为多个变量，变量之间用逗号隔开，右边为对象，对象也用逗号隔开。请注意，多重赋值和下面的单变量赋值进行区分：

```
In [32]: x3=2,5,6
In [33]: x3
Out[33]: (2, 5, 6)
```

赋值等号“=”右边的表达式相同，都是用逗号隔开对象，但是等号左边只有一个变量 x3，此时变量 x3 的取值为列表类型数据。

6.1.4 增强赋值

增强赋值的含义为对变量进行运算操作的结果再次赋给这个变量，比如 a=a*3 或者 a*=3。

```
In [34]: a=6
In [35]: a*=3
In [36]: a
Out[36]: 18

In [37]: b=17
In [38]: b-=6

In [39]: b
Out[39]: 11

In [40]: c=21
In [41]: c%=3

In [42]: c
Out[42]: 0
```

6.2 条件语句

Python 条件语句是指通过对指定条件的真假结果来确定要执行哪条语句。Python 条件语句一般指 if 语句，if 条件语句的基本形式为：

```
if condition1:
    statement1
else:
    statement2
```

在 if...else... 条件句中，if 条件判断语句所在行和 else 所在行都要以冒号结尾，而执行语句行要缩进。从上述基本形式中可以看出，condition1 后面有冒号，statement1 所在行有缩进，语句后面没有冒号。如果表达式 condition1 执行结果为 True，接下来执行 statement1 的代码；否则，执行 statement2 的代码。

```
In [1]: a=6
   ...: b=4
   ...: if a>b:
   ...:     print('变量a的值大于变量b的值')
   ...: else:
   ...:     print('变量b的值大于变量a的值')
   ...:
   ...:
变量a的值大于变量b的值

In [2]: if a>5 and b>5:
   ...:     a+=6
   ...: else:
   ...:     b+=6
   ...:
In [3]: a
Out[3]: 6

In [4]: b
Out[4]: 10
```

如果判断条件有多个，则可以使用 if...elif 语句形式，如下：

```
if condition1:
    statement1
elif condition2:
    statement2
else:
    statement3
```

代码示例为：

```
In [5]: grade=95
   ...: if grade>=90:
   ...:     print("Excellent job")
   ...: elif all([grade>70,grade<90]):
   ...:     print("good job")
   ...: else:
```

```
    ...:     print("It's uncommon")
    ...:
    ...:
Excellent job
```

Python 的条件语句还有更为简练的方式：所有代码都放置在一个物理行中即可完成条件语句程序。前面关于变量 a 和 b 大小条件判断的代码可以简化成如下形式：

```
In [6]: a=6
In [7]: b=4
In [8]: '变量a的值大于变量b的值' if a>b else '变量b的值大于变量a的值'
Out[8]: '变量a的值大于变量b的值'
```

这种条件语句简单的代码程序还可以用于赋值操作，即三元操作。三元操作的主要形式为：

```
a=X if expression else Z
```

该三元操作语句的含义为：

- 当 expression 返回值为 True 时，执行语句 a=X；
- 当 expression 返回值为 False 时，执行语句 a=Z。

```
In [9]: a=4**3 if {} else '123'
In [10]: a
Out[10]: '123'
```

空的字典数据返回值为 False，所以执行语句"a='123'"，进而变量 a 的取值为 '123'。

6.3 循环语句

Python 有三种循环类型，分别为 for 循环、while 循环和内嵌循环。与这三种循环类型相关的循环控制语句有 break 语句、continue 语句和 pass 语句。下面分别介绍这些内容。

6.3.1 for 循环

for 循环类型用于遍历一个序列对象（如列表、字符串等）中的所有元素。Python 中 for 循环的语法形式为：

```
for variable in sequence:
  statements
```

此处的 statements 表示单个语句或者一个语句块。语句块由多个语句组成。for 循环语句或者语句块需要缩进，语句块内的语句的缩进格式相同。使用 for 循环时，要注意语句的缩进格式：

```
In [1]: for i in [2,3,5,6,7]:
    ...:     print(i)
    ...:
2
```

```
3
5
6
7
In [2]: a=list()
In [3]: for i in 'python':
   ...:     a.append(i+'python')
   ...:     print(a)
   ...:
['ppython']
['ppython', 'ypython']
['ppython', 'ypython', 'tpython']
['ppython', 'ypython', 'tpython', 'hpython']
['ppython', 'ypython', 'tpython', 'hpython', 'opython']
['ppython', 'ypython', 'tpython', 'hpython', 'opython', 'npython']
```

如果语句“print(a)”没有缩进，则会出现不同的 print 结果：

```
In [4]: a=list()
In [5]: for i in 'python':
   ...:     a.append(i+'python')
   ...: print(a)
   ...:
['ppython', 'ypython', 'tpython', 'hpython', 'opython', 'npython']
```

上述语句还可以写出较为简单的形式：

```
In [6]: a=[i+'python' for i in 'python']

In [7]: a
Out[7]: ['ppython', 'ypython', 'tpython', 'hpython', 'opython', 'npython']
```

再举一例，如果要判断一个列表中 10 的索引值，可以使用如下代码：

```
In [8]: list1=[2,10,34,3,10,20,10]
In [9]: [i for i in range(len(list1)) if list1[i]==10]
Out[9]: [1, 4, 6]
```

6.3.2 while 循环

在 Python 中，while 循环语句的形式为：

```
while expression:
  statements
```

当 while 循环的 expression 为 True 时，执行 statements 代表的语句或者语句块内容；当 expression 为 False 时，跳出循环，直接执行 statements 下面一行的代码。

```
In [1]: a=0
In [2]: while a<4:
   ...:     a=a+1
   ...:     print(a+26)
   ...: print(a)
```

```
   ...:
27
28
29
30
4
```

6.3.3 嵌套循环

嵌套循环指的是在一个循环语句的代码块中再嵌入一个循环。主要形式如下：

```
#for 嵌套循环
for variable1 in sequence:
    for variable2 in sequence2:
      statements1
  statements2

#while 嵌套循环
while expression:
   while expression:
      statement(s)
   statement(s)
```

比如：

```
In [1]: x=['a','b','c']
In [2]: y=[2,3]
In [3]: z=[]
In [4]: for i in x:
   ...:     for j in y:
   ...:         z.append([i,j])
   ...: print(z)
   ...:
[['a', 2], ['a', 3], ['b', 2], ['b', 3], ['c', 2], ['c', 3]]
```

上述 for 循环语句还可以用一行代码实现，如下：

```
In [5]: [[i,j] for i in x for j in y]
Out[5]: [['a', 2], ['a', 3], ['b', 2], ['b', 3], ['c', 2], ['c', 3]]
```

6.3.4 break、continue 等语句

在条件控制和循环控制中通常结合 break、continue、pass 等语句形式，以增加代码执行的灵活度。

break 语句：表示停止当前循环语句，执行该循环语句下面的语句。

```
#break
In [1]: st1=['a','b','python','c','d']
In [2]: for i in st1:
    ...:     print(i)
    ...:     if i=='python':
    ...:         break  #跳出for循环
```

```
    ...:
a
b
python

#缩进格式一
In [3]: for i in st1:
    ...:     print(i)
    ...:     if i=='python':
    ...:         break #跳出for循环
    ....     print('hello') #和print(i)语句缩进格式相同，属于同级关系
    ...:
a
hello
b
hello
python

#缩进格式二
In [4]: for i in st1:
    ...:     print(i)
    ...:     if i=='python':
    ...:         break
    ...: print('hello') #缩进和for所在行相同，在for循环结束以后总会执行该代码
    ...:
a
b
python
hello
```

continue 语句：表示不执行 continue 下面一行语句或者一个语句块代码，而接着遍历执行循环语句。

```
In [5]: for i in st1:
    ...:     if i=='python':
    ...:         continue #停止执行当前循环语句中的内容，并进入下一次循环
    ...:     print(i)  #在for循环语句内部
    ...: print('hello') #不在for循环语句内部，在for循环语句执行结束后执行
    ...:
a
b
c
d
hello

In [6]: for i in st1:
    ...:     if i=='python':
    ...:         continue
    ...:     print(i) #在for循环内部
    ...:     print('hello') #在for循环内部
    ...:
a
hello
b
```

```
hello
c
hello
d
hello

In [7]: for i in st1:
    ...:     print(i)
    ...:     if i=='python':
    ...:         continue #continue下面无for循环中的语句
    ...: print('hello')
    ...:
a
b
python
c
d
hello

In [8]: for i in st1:
    ...:     if i=='python':
    ...:         continue
    ...:         print(i) #在for循环的if语句内部，位于continue下方，永远不会被执行
    ...: print('hello')
    ...:
hello
```

pass 语句：Python 的 pass 语句属于空（null）操作，pass 语句一般作为一种占位语句，执行时系统没有任何反应。

```
In [8]: for i in range(5):
    ...:     if i>3:
    ...:         pass
    ...:     print([i,i+1])
    ...:
[0, 1]
[1, 2]
[2, 3]
[3, 4]
[4, 5]
```

习题

1. 使用 if...else 语句编写一个函数，如果输入值为奇数，则返回这个数本身；如果输入值为偶数，则返回 0；如果输入值不是整数，则在控制台上打印“ERROR：Please input an integer.”。
2. 随机产生 5 个数字，如果大于等于 0，则在控制台里打印“Big”；如果小于 0，则打印“Small”。
3. 利用列表、循环语句以及判断语句模拟 5×5，对角元素为 1 的对角矩阵。

4. 使用 for 循环语句检查向量 $(-1, 0, 1, 2, 39)$ 是否和向量 $(1:4)$ 有重合。
5. 利用 for 循环语句构造一个 4 阶的希尔伯特（Hilbert）矩阵（一个希尔伯特矩阵的第 i 横行第 j 纵列的系数是 $\dfrac{1}{i+j+1}$）。

第7章 函数

如同其他程序语言一样，Python 函数也是将一些语句集合在一起的程序结构，使得代码能够最大程度地被重复利用并减少冗余。此外，函数也是一种编程抽象化过程，透过函数我们可以很有逻辑地做模块化的思考，更有利于厘清高层次的抽象问题而避免同时处理底层的细节。因此，我们可以把函数理解为将底层操作封装起来，对操作或计算流程予以抽象化的机制。

7.1 函数的定义与调用

Python 定义函数的基本语法如下：

```
def <name>(arg1, arg2, ..., argN):
    <statements>
    return <expression>
```

定义函数使用 def 这个关键词（Key Word）开头，之后空一格接函数名 <name>，然后是放在小括号中的参数 arg1，arg2... 等；参数不是必须的，没有参数的函数小括号中留空。<statements> 为构成函数主体的语句集合，必须缩进。return 结束函数，选择性地返回一个值到调用函数之处。不带 return 的表达式相当于返回 None；或者，我们可以明确地写出 return None，或简写为 return。

```
In [29]: def my_subtraction(minuend, subtrahend):
    ...:     difference = minuend - subtrahend
    ...:     return difference
    ...:
```

从上例中可以发现，在 IPython 交互环境中定义函数时，会出现“...”的提示。函数定义结束后需要按两次回车键重新回到提示符下。

与 C 语言不同的是，def 是一个可以执行的语句。以上例来说，函数 my_subtraction (minuend, subtrahend) 本来不存在，当 Python 解释器运行了 def 后，会创建类型为 function 的对象，并指向（绑定）名称 my_subtraction。

函数的定义与调用不是同一回事。使用 def 语句定义函数时，只是建立函数对象，但并没有运行的动作，函数的参数也尚未赋值，称为“形式参数”（简称“形参”，Formal Parameter/Parameter），例如上例中的 minuend 和 subtrahend 即为形式参数。一旦调用函数，调用处会传递给函数具体的对象，这些传进函数的对象被称为“实际参数”（简称“实参”，Actual Argument/Argument），并会与形式参数绑定，之后函数内部才能对形式参数进行存取，函数也才有具体运行的动作。下例中的 i 和 j 即为实际参数。

```
In [30]: i = 6; j = 2
In [31]: d = my_subtraction(i,j)
In [32]: d
Out[32]: 4
```

与 C 语言相比，Python 的函数较有弹性；从前面的例子中我们发现，在 Python 中定义一个函数时，函数及其参数的类型都不需要声明。例如，若在前面定义的函数 my_subtraction(minuend, subtrahend) 中传入浮点数，Python 仍能正确地计算出结果。

```
IIn [33]: d2 = my_subtraction(7,2.0)
In [34]: d2
Out[34]: 5.0
```

此外，表达式也可以作为实际参数传入函数中。

```
In [3]: def my_abs(x):
   ...:     if x>=0:
   ...:         return x
   ...:     else:
   ...:         return -x
   ...:
In [5]: a=1

In [6]: b=2

In [7]: my_abs(a-b)
Out[7]: 1
```

前文提及的参数和返回值不是必须的。比如，下例定义并调用了一个不需要参数的函数 hello()。

```
In [19]: def hello():
    ...:     print('Hello World!')
    ...:
In [20]: hello()
Hello World!
```

在此提醒读者，即便函数没有参数，函数名称之后的小括号仍不能遗漏。

函数除了可以没有参数之外，也可以完全没有任何执行的动作。

```
In [1]: def donothing():
   ...:     pass
   ...:
```

pass 是空语句，什么也不做，一般被用作占位符，用来保持格式或语义的完整性。

如果函数需要回传一个以上的对象，可用 tuple 容器实现：

```
In [34]: def my_arithmetic(x,y):
    ...:     z1 = x + y
    ...:     z2 = x - y
    ...:     return z1, z2
```

```
   ...:

In [35]: r1, r2 = my_arithmetic(7,5)

In [36]: r1, r2
Out[36]: (12, 2)
```

7.2 函数的参数

在调用函数时，传入的实参一般会按照位置顺序与形参绑定。这种方式被称为传递“位置参数（Positional Argument）”。例如，我们写 my_subtraction(7, 2) 时，Python 会将 7 赋值给 minuend（minuend = 7），将 2 赋值给 subtrahend（subtrahend = 2）。

```
In [29]: my_subtraction(7,2)
Out[29]: 5
```

如果写成 my_subtraction(2, 7)，计算结果则完全不同：

```
In [33]: my_subtraction(2,7)
Out[33]: -5
```

我们也可以在调用时写明实参与形参的绑定关系，如 my_subtraction(minuend = 2, subtrahend = 1) 或 my_subtraction(subtrahend = 1, minuend = 2)；这种方式则被称为传递“关键字参数（Keyword Argument）”。

```
In [30]: my_subtraction(minuend = 7, subtrahend = 2)
Out[30]: 5
```

关键字参数传递的顺序可以是任意的：

```
In [31]: my_subtraction(subtrahend = 2, minuend = 7)
Out[31]: 5
```

如果需要同时传递位置参数与关键字参数，则位置参数的顺序应先于关键字参数，否则 Python 会报错。

```
In [32]: my_subtraction(subtrahend = 2, 7)
  File "<ipython-input-32-dd2e548a2a99>", line 1
    my_subtraction(subtrahend = 2, 7)
                                  ^
SyntaxError: positional argument follows keyword argument
```

定义函数时，可以为参数指定默认值。例如：

```
In [7]: def my_print(arg1, arg2 = 'World!'):
   ...:     print(arg1, arg2)
   ...:

In [8]: my_print('Hi')
Hi World!
```

读者需要注意指定参数默认值的表达式只会被执行一次。例如：

```
In [19]: expression = 'Hi'
In [20]: def greeting(words = expression):
   ...:     print(words)
In [22]: greeting()
Hi
In [25]: expression = 'Hello'
In [26]: greeting() # greeting() 的预设值仍是字符串'Hi'
Hi
```

如果函数中传递的参数属于可变对象，那么在函数内部对此对象的修改，会在函数执行后仍然有效并影响调用者。

```
In [16]: def change_obj(x,y):
    ...:     x[0] = 'A'
    ...:     y = 7
    ...:

In [17]: letters = ['a','b','c']

In [18]: number = 6

In [19]: change_obj(letters,number)

In [20]: letters, number
Out[20]: (['A', 'b', 'c'], 6)
```

在上例中，列表 letters 是可变对象，原来的值是 ['a', 'b', 'c']；在传递给函数 change_obj 后，其值变成了 ['A', 'b', 'c']。我们也同时注意到函数 change_obj 执行前后，不可变对象 number 的值并无变化。

因此，若参数的默认值是可变对象，一旦函数内部修改了该可变对象，则默认值也随之改变。

```
In [28]: def growing_list(x,y=[]):
    ...:     y.append(x)
    ...:     print(y)
    ...:

In [29]: growing_list('a') # 默认值本来是空列表，函数执行完后变为['a']
['a']

In [30]: growing_list('b')
['a', 'b']

In [31]: growing_list('c')
['a', 'b', 'c']

In [32]: growing_list('d')
['a', 'b', 'c', 'd']
```

可选参数——参数个数未定

当函数的参数数目并不确定时，可以藉由容器类型的对象（如 tuple、list、dict 等）进行传递。

```
In [34]: def my_addition0(addend):
    ...:     sum = 0
    ...:     for i in addend:
    ...:         sum = sum + i
    ...:     return sum
    ...:
In [35]: numbers0 = (1,2,3)

In [36]: numbers1 = [1,2,3]

In [37]: my_addition0(numbers0)
Out[37]: 6

In [38]: my_addition0(numbers1)
Out[38]: 6
```

这种方式的不便之处在于得先把要传入的参数“打包”才能传递。若不打包便直接传递，Python 会予以报错。

```
In [39]: my_addition0(1,2)
Traceback (most recent call last):

  File "<ipython-input-39-f8c93b16c436>", line 1, in <module>
    my_addition0(1,2)

TypeError: my_addition0() takes 1 positional argument but 2 were given
```

若想不事先打包就传递的参数，可于定义函数时，在不确定数目的形参前加上一个星号“*”或两个星号“**”。两者的差异在于一个星号的形参为空的 tuple，而两个星号的形参为空的 dict。下面的函数 my_addition1 即利用这个技巧，对传入的不定个数参数进行求和。

```
In [25]: def my_addition1(*addend):
    ...:     sum = 0
    ...:     for i in addend:
    ...:         sum = sum + i
    ...:     return sum
    ...:

In [26]: my_addition1(1,2)
Out[26]: 3

In [27]: my_addition1(1,2,3)
Out[27]: 6
```

使用不定数目参数的另一种方式是，函数前面 N 个参数是固定的，之后的参数数目则不一定，即 f(x1, x2, ..., xN, *y)。例如，我们要计算某个自行定义的加权和，前面两个参数的权重分别为 0.4 和 0.3，后面参数的权重则为 0.3 除以后面参数的个数：

```
In [8]: def weighted_sum(x1,x2,*y):
   ...:     sum = 0
   ...:     size = len(y)
   ...:     weight = 0.3/size
   ...:     for i in y:
   ...:         sum = sum + weight*i
   ...:     sum = sum + 0.4*x1 + 0.3*x2
   ...:     return sum
   ...:

In [9]: weighted_sum(6,7,8,9,10)
Out[9]: 7.199999999999999
```

7.3　匿名函数

函数在 Python 中其实也是一个对象，因此我们之前关于对象的使用方式，完全适用于函数。比如，我们可以创建一个包含函数的列表，或把一个函数当作另一个函数的参数或返回值来传递。这时使用匿名函数可以使代码看起来更简洁明了。匿名函数顾名思义就是无须使用 def 这样的语句来定义标识符（函数名）的函数。Python 使用 lambda 关键字来创建匿名函数，语法如下：

```
lambda [arg1[, arg2, ..., argN]]: expression
```

从上面可以看出，lambda 语句中，冒号前面可以有任意个参数（包括无参数和可选参数），不同的参数以逗号分隔；而冒号之后是表达式，只能有一个，也因此不必写 return。

下例演示将一个无参数的函数 greeting2 改写为匿名函数 greeting3：

```
In [35]: def greeting2():
    ...:     print('Hello World!')
    ...:

In [36]: greeting2()
Hello World!

In [37]: greeting3 = lambda : print('Hello World!')

In [38]: greeting3()
Hello World!
```

下面的例子使用匿名函数的技巧，在列表中嵌入函数的定义：

```
In [21]: def power2(x): return x**2

In [22]: def power3(x): return x**3

In [23]: def power4(x): return x**4

In [24]: def power5(x): return x**5
```

```
In [25]: L1 = [power2, power3, power4, power5]

In [26]: for p in L1:
    ...:     print(p(3))
    ...:
9
27
81
243
```

接下来，运用 lambda 语句实现同样的功能。

```
In [27]: L2 = [lambda x: x**2,
    ...:       lambda x: x**3,
    ...:       lambda x: x**4,
    ...:       lambda x: x**5]

In [28]: for p in L2:
    ...:     print(p(3))
    ...:
9
27
81
243
```

读者可以发现，凡是使用匿名函数之处，我们总能够以 def 定义的函数替换。从这个角度来看，匿名函数的运用更像是编程风格的选择，使用这种技巧有时可以提高代码的可读性，但也不是非用不可。

7.4 作用域

如果一个变量名在代码文件（一般指模组，Module）内部、函数外部被赋值和创建，则该变量的作用域是全局的（Global），它在该文件内部的任何地方都可见：

```
In [20]: x = 6
    ...: x + 3
    ...:
    ...: def fun1(value):
    ...:     return (x + value)
    ...:
    ...:
    ...: fun1(7)
Out[20]: 13
```

若变量名在函数内部被赋值与创建，则该变量的作用域是本地的（Local），只能在该函数内部被访问，在该函数外部不可见：

```
In [21]: def fun2():
    ...:     y = 10
    ...:
    ...:
```

```
In [22]: x + y
Traceback (most recent call last):

  File "<ipython-input-22-b50c5120e24b>", line 1, in <module>
    x + y

NameError: name 'y' is not defined
```

如果本地变量与全局变量名称相同，那么存取到的会是本地变量。例如，之前我们已有一个全局变量 x = 6，若在下面的函数 fun3 内再创建一个本地变量 x = 60，那么本地变量会覆盖全局变量：

```
In [23]: def fun3(value):
    ...:     x = 60
    ...:     return (x + value)
    ...:
    ...:

In [24]: fun3(7)
Out[24]: 67
```

此外，虽然在函数内部可以访问到全局变量，但不能对其进行修改；若要在函数内部修改全局变量，可以在变量前面加上 global 声明语句：

```
In [32]: a = 10

In [33]: def fun4():
    ...:     global a
    ...:     a = 20
    ...:

In [34]: fun4()

In [35]: print(a)
20
```

习题

1. 判断下列代码的输出结果：

```
In [1]: x=[1,2,3]

In [2]: def permutation(x):
   ...:     x[0],x[-1]=x[-1],x[0]
   ...:     return(x)
   ...:

In [3]: y=permutation(x)

In [4]: y is x
```

2. 自己编写一个名为 sum_lists 的函数，实现两个长度相等的向量的相加。
3. 自己编写一个名为 sum2 的函数，利用不确定数目的形参实现向量的相加。
4. 斐波那契数列（Fibonacci）是数学上一个著名的数列，它的一般形式是 1, 1, 2, 3, 5, 8, 13...，尝试编写计算斐波那契数列的一个函数 fibo。
5. map 函数可以将一个函数应用于列表的每一个元素，其使用方式为：

```
map(function, list)
```

该函数返回一个 map 对象，我们可以使用 list 函数将其转换成列表。下面，利用 map 函数实现一个可以对多个数值同时求绝对值的函数。

6. 在分析股票的收益率数据时，往往需要求出收益率大于 0 的天数或是收益率小于 0 的天数。假设收益率数据为一个列表，利用 map 函数和匿名表达式，实现一个计算收益率大于 0 的天数的函数。

第8章　面向对象

在编写代码时，我们通常不会毫无规划地逐条执行语句和指令，而是先有模块化（Modularization）抽象设计，把主要框架和流程描述出来，再填入相应的细节，希冀能使代码最大程度地重复使用，同时将设计、调试和维护等的复杂度降至最低。模块化设计有诸多技巧，前文提及的函数即是一例。而本章要介绍的面向对象编程（Object-Oriented Programming）更是模块化设计的重要方法。

面向对象这种编程范式（Programming Paradigm）认为世界是由各式各样的对象所组成的，不同的对象之间可以相互作用和通讯。

一般而言，我们藉由各种数据信息去刻划描述一个对象。例如，若把某一只股票视为一个对象，那么这个股票对象包含的信息可能有股票代码、公司名、所属行业，现在的成交价等。这些用以描述对象特征的数据信息称为该对象的属性（Attribute）；而存取属性的函数则称为方法（Method），是该对象与外界沟通的接口。具有相同属性与方法的对象[1]，构成了一个类别（Class）。换言之，类（Class）是一种将对象抽象化而形成的概念，而对象则是类具体实现的例子（实例，Instance）。比如，股票 A 是股票这个抽象概念的一个实例，股票 B 则是另一个实例。这种“以对象为基础”的编程思想，起源于 20 世纪 60 年代的 Simula 语言，并逐渐在各种语言的实现上发展出三大特征：即封装、继承和多态。我们在下文逐一简要介绍 Python 对面象对象的支持。

8.1　类

如前所述，类是具相同属性与方法的对象集合。Python 定义类的语法如下：

```
class className:
```

```
class className(base object):
  Statements
```

class 后面跟的 className 是类的名称，小括号里的 base object 表示现在定义的类继承自哪一类。如果没有明显继承自哪一类，则填 object，object 是所有类继承的源头。例如，我们可以定义一个金融资产的类：

```
In [1]: class Asset(object):
   ...:     pass
   ...:
```

[1]在 Python 这种动态语言中，属性与方法可以动态绑定，故同一类所产生之实例，未必具有同样的属性或方法。

有了 Asset 这个类之后，我们就可以使用 “className( )” 的语法来创建实例：

```
In [2]: asset1 = Asset()

In [3]: asset1
Out[3]: <__main__.Asset at 0x4db8a2b588>
```

asset1 是一个创建自 Asset 类的实例。Python 与Java 等静态语言不同的地方在于它能动态地绑定一个实例的属性与方法。例如，我们可以给 asset1 绑定一个 id 的代码属性：

```
In [4]: asset1.id = '001'

In [5]: asset1.id
Out[5]: '001'
```

同样，我们也可以再从 Asset 类创建一个 asset2 的实例，并绑定代表价格的属性 price：

```
In [6]: asset2 = Asset()

In [7]: asset2.price = 12

In [9]: asset2.price
Out[9]: 12
```

上面的例子演示了源自同一个类的不同实例，藉由动态绑定可以拥有不同的属性。这样做虽然自由，但有悖于把类视为实例的模板之惯例，也不利于软件的开发与维护。若我们希望创建自同一个类的实例拥有一些共同的特征，可以藉由定义一个特殊的 __init__ 方法，来绑定一些在创建实例时非填不可的属性。__init__( ) 的用法如下：

```
def __init__(self, argument1, argument2):
  self.attribute1 = argument1
  self.attribute2 = argument2
```

__int__( ) 的第一个参数为 self，用于代指被实例化出来的对象，其余的参数 argument1、argument2 等用于给对象的属性赋值。比如，若认为一个资产必须有 id 和 price 这两个属性，则可以定义如下的 Asset 类：

```
In [11]: class Asset(object):
    ...:     """
    ...:     Asset class with specified attributes.
    ...:     """
    ...:     def __init__(self, id, price):
    ...:         self.id = id
    ...:         self.price = price
    ...:
```

创建实例时，__init__ 方法中的参数，除了 self 不用传递之外，其他的非填不可：

```
In [12]: asset3 = Asset('003',11.5)
```

```
In [13]: asset3
Out[13]: <__main__.Asset at 0x4db8a2b748>

In [14]: asset3.id
Out[14]: '003'

In [15]: asset3.price
Out[15]: 11.5
```

在___init___方法中绑定的属性，若在创建实例时没有传入相应的参数，Python 会报错：

```
In [16]: asset4 = Asset('004')
Traceback (most recent call last):

  File "<ipython-input-16-968980646094>", line 1, in <module>
    asset4 = Asset('004')

TypeError: __init__() missing 1 required positional argument: 'price'
```

在编写 Python 类时，可以创建一个 AssetClass.py 的文件，专门存放 Asset( ) 类的定义代码。此外，创建完类的名称以后，加入一些文字说明，简要阐述类的主要内容，以方便使用者快速了解此类功能，这些文字存储成字符串形式。底下为 AssetClass.py 的内容：

```
class Asset(object):
    """
    Asset class with specified attributes "id" and "price".
    """
    def __init__(self, id, price):
        self.id = id
        self.price = price
```

接着，我们可以通过导入类名的方式来使用类。

```
In [3]: from AssetClass import Asset

In [4]: print(Asset.__doc__)

    Asset class with specified attributes "id" and "price".
```

8.2　封装

若要打印资产代码 id，则可以先定义一个打印 id 的函数：

```
In [12]:  def print_id(asset):
   ....:          print(' The id of the asset is: %s' %( asset.id))
   ....:
```

有了这个函数之后，就可以传入 asset3 这个对象，把其价格打印出来。

```
In [13]: print_id(asset3)
 The id of the asset is: 003
```

但 id 属于 asset3 这个对象的内部属性。从软件设计的角度考量，有些属性可能携带重要的信息或具有某种隐私性，像上例那样能够轻易地从外部函数直接访问内部属性，并不利于数据存取权限的管理。比较好的数据管理的做法是，把属性和访问属性的方法放在同一个对象中，使得信息载体和存取信息“藉由对象关联起来”。基于这个考量，我们对 Asset 类做了如下修改：

```
class Asset(object):
    """
    Asset class with specified attributes "id" and "price".
    """
    def __init__(self, id, price):
        self.id = id
        self.price = price

    def print_id(self):
        print('The ID of the asset is: %s' %(self.id))
```

在类中定义的方法，可以用“实例. 方法”的方式调用：

```
In [4]: asset5 = Asset('005',20)

In [5]: asset5.print_id()
The ID of the asset is: 005
```

这样做的另一个好处是，可以把方法的实现逻辑隐藏在类或对象的内部。不过，把方法写在对象内部，仍无法防止对象的属性被无关的函数意外改变或错误使用。为了对属性提供更加安全的保障，可以限制它们不被外界访问。在 Python 中，属性变量前加上两个下画线表示 private 属性，private 属性的存取只能在类的内部进行。在下例中，id 和 price 都被改成 private 属性。

```
class Asset(object):
    def __init__(self, id, price):
        self.__id = id
        self.__price = price
    def print_id(self):
        print('The Asset ID is: %s' %(self.__id))
```

由于 private 属性只在类的内部可见，试图通过“实例. 属性名称”从外部访问，Python 会报错：

```
In [7]: asset6 = Asset('006',30)

In [8]: asset6.__id
Traceback (most recent call last):


  File "<ipython-input-8-8f4565007574>", line 1, in <module>
    asset6.__id

AttributeError: 'Asset' object has no attribute '__id'
```

```
In [9]: asset6.print_id()
The Asset ID is: 006
```

藉由 private 属性这种访问限制，对象内部的状态就得到了保护。但若有需要获取 private 属性（比如 id），怎么办呢？因为 private 属性在类的内部可见，所以我们在类的内部写出获取 id 的方法即可解决这个问题：

```
class Asset(object):
    def __init__(self, id, price):
        self.__id = id
        self.__price = price

  def getID(self):
    return(self.__id)
```

细心的读者可能会问，如此费事地在类中定义方法，乍看之下效果似乎跟直接以“实例. 属性”的访问方式没什么两样？其实不然。相较于从外部直接访问属性的设计，把方法封装在类中的好处是可以赋予方法一些行为规范。例如，若 Asset 类需要有更改 id 取值的功能，我们可以在类的内部增加一个如下的 setID( ) 方法，并且在定义 setID( ) 方法时，规定传入的值必须为字符串类型，如果传入的值为其他类型则返回错误信息。

```
def setID(self,idValue):
    if type(idValue) !=str:
      return("Attention!! The type of id must be string !")
    self.__id=idValue
```

8.3　继承（Inheritance）

父类（Parent Class）与子类（Child Class）

继承的主要想法在于充份利用已有的类之功能，在其基础上进行扩展来定义新的类。原有的类称为父类，根据父类衍生出来的类称为子类。一个父类可以衍生出数个子类，所以，换个角度思考，我们可以认为父类是数个子类抽出共性而得。子类一旦继承了父类，便拥有父类的属性和方法，并且可以视特殊需要对其增添修改。这种做法的主要好处之一是代码的重用。为了举例说明继承的概念，我们首先给 Asset 类添加 buy 和 sell 的方法：

```
from datetime import datetime

class Asset(object):

    share=0
    buyTime=datetime.strptime('1900-01-01','%Y-%m-%d')
    sellTime=datetime.strptime('1900-01-01','%Y-%m-%d')

    def __init__(self,id,price):
        self.id=id
        self.price=price
```

```
    def buy(self,share,time):
        self.share+=share
        self.buyTime=datetime.strptime(time,'%Y-%m-%d')

    def sell(self,share,time):
        self.share-=share
        self.sellTime=datetime.strptime(time,'%Y-%m-%d')
```

假设有些金融商品是不能卖空的；接下来我们想定义一个 NonShortableAsset 类来刻画这些不能卖空的金融商品。这个 NonShortableAsset 类大部分的内容与 Asset 相同，所以可以直接继承自 Asset 类，再对 Sell 方法加上不能卖空的限制：

```
class NonShortableAsset(Asset):


    def sell(self,share,time):
        if self.share >= share:
            self.share-= share
            self.sellTime=datetime.strptime(time,'%Y-%m-%d')
        else:
            print('Not permitted! There are not enough share to sell!')
            print('Current share is ',self.share)

            return
```

透过继承，我们在定义 NonShortableAsset 类时，可以不必大费周章地重复 Asset 类已有的内容。此外，我们注意到，当子类与父类有相同的方法时，子类的方法会覆写父类的方法。

习题

1. 编写一个银行账户类，该类具有用户名和余额这两个属性，以及存款、取款的方法。
   (a) 创建一个该类的对象，用户名为 Sam，余额为 1000；
   (b) 存入 500 元，之后再取出 1200 元；
   (c) 查询余额；
   (d) 银行账户的余额是一个较为重要、私密的信息，在上述代码中，我们可以直接访问该属性，这就造成了安全上的隐患。对此，将余额属性设为私有属性，并定义获取该属性以及修改该属性的方法。
2. 在面向对象这种编程范式中，对象之间可以相互作用或是进行通信。这种对象之间的相互作用往往是通过方法进行的，这些方法往往以某一类的对象为参数，然后对该对象进行操作。在上题中的银行账户类中加入转账的方法，该方法有两个参数，一个是转账的金额，另一个是目标账户。创建一个银行账户类对象，用户名为 John，余额为 3000 元，然后向 Sam 转账 1000 元。

3. 创建一个信用卡账户类，该类为银行账户类的子类。除了银行账户类的属性之外，该类还有信用额度属性，以及透支额属性。此外，该类还需要重写父类的取款方法，该方法在取款额超过账户余额且两者的差值不超过信用额度时，会修改透支额属性；而当差值超过了信用额度时则会提示交易失败。创建一个信用卡账户类对象，用户名为 Sam，余额为 1000 元，信用额度为 1000 元。先取出 700 元，再取出 1500 元，看看结果如何。

第9章 Python标准库与数据操作

Python 广受推崇与应用的原因之一是其具有众多功能强大的库（Library）。Python 自带的标准库（Standard Library）可以满足大多数基本功能需求，比如，文本处理、数值与数学运算、文件与目录管理、操作系统、代码调试等。

9.1 模块、包和库

在 Python 中，除了函数库以外，模块（Module）和包（Package）也常被人提及。在介绍 Python 函数库之前，先解释一下 Python 中模块、包和库的概念。

9.1.1 模块

模块是一种以.py 为后缀的文件，在.py 文件中定义了一些常量和函数。一般来说，这些常量和函数组合在一起能够满足某种特定功能。举例来说，拿到某一股票交易的日内交易价格数据之后，需要找出该股票交易日内的开盘价、收盘价、最高价和最低价。打开文本编辑器，分别定义函数求这四种价格信息，代码如下：

```
#priceSequence 为某一股票交易日内开市后的日内成交价格序列

#求开盘价
#将股票日内交易一天内第一笔成交的成交价格定义为“开盘价”
def OpenPrice(priceSequence):
    Open=priceSequence[0]
    return(Open)

#求收盘价
#将股票日内交易的最后一笔成交的成交价格定义为“收盘价”
def ClosePrice(priceSequence):
    Close=priceSequence[-1]
    return(Close)


#求最高价
#将股票日内交易价格序列的最大值定义为“最高价”
def HighPrice(priceSequence):
    High=priceSequence[0]
    for price in priceSequence:
        if price>High:
            High=price
    return(High)

#求最低价
#将股票日内交易价格序列的最小值定义为“最高价”
```

```
def LowPrice(priceSequence):
    Low=priceSequence[0]
    for price in priceSequence:
        if price<Low:
            Low=price
    return(Low)
```

将上述代码保存为“priceAnalysis.py”，即以.py 为后缀的脚本文件，此时，我们已经创建一个 priceAnalysis 模块，模块的名称是该.py 脚本文件的名称。

模块的名称作为一个全局变量 __name__ 的取值可以被其他模块获取与导入。模块的导入通过 import 来实现，导入模块的方式如下：

```
#导入模块的语句形式
import 特定模块名称
import 特定模块名称 as 自定义名称

#导入priceAnalysis模块
import priceAnalysis
import priceAnalysis as PrA
```

若要仅导入模块内的特定函数，则可以使用 from...import... 格式，比如

```
from priceAnalysis  import ClosePrice
```

Python 执行语句 import priceAnalysis 时，程序先在当前工作路径中[1]搜寻 priceAnalysis.py 文件，若没有搜索到此文件，则会一一搜寻所有的系统路径[2]来寻找此文件。如果还没寻找到 priceAnalysis.py 文件，则会显示 ImportError 异常。

上述三种导入模块语句都为陈述语句，可以放在代码编辑中的陈述句中的任何位置。模块内的常量和函数名称都有其命名空间，把模块看作一个对象，通过“模块名称. 常量名称”来获取该模块内的特定常量，通过“模块名称. 函数名称”来获取该模块内的特定函数。

```
In [1]: import priceAnalysis as PrA
In [2]: price=[19,18,20,22,17,21]
In [3]: PrA.OpenPrice(price)
Out[3]: 19
In [4]: PrA.ClosePrice(price)
Out[4]: 21
In [5]: PrA.HighPrice(price)
Out[5]: 22
In [6]: PrA.LowPrice(price)
Out[6]: 17
```

在一个模块文件中也可以导入其他模块，通过调用已有模块的函数来完成新的模块功能构造，这样便于代码的多次利用。假设有另一模块 pmath，该模块的部分代码如下所示：

```
pi = 3.141592653589793
```

[1]通过 os.getcwd( ) 语句可以获取当前路径。

[2]通过 sys.path 语句获取当前系统路径中的所有路径

```
def findMax(sequence):
    maxValue=sequence(0)
    for a in sequence:
        if a > sequence:
            maxValue=a
    return(maxValue)

def findMin(sequence):
    minValue=sequence(0)
    for a in sequence:
        if a < sequence:
            minValue=a
    return(minValue)
```

priceAnalysis 模块内部导入 pmath 模块后，代码则简化成如下形式：

```
import pmath
def OpenPrice(priceSequence):
    Open=priceSequence[0]
    return(Open)

def ClosePrice(priceSequence):
    Close=priceSequence[-1]
    return(Close)

def HighPrice(priceSequence):
    High=pmath.findMax(priceSequence)
    return(High)

def LowPrice(priceSequence):
    Low=pmath.findmin(priceSequence)
    return(Low)
```

9.1.2 包

包体现了模块的结构化管理思想，包由模块文件构成，将众多具有相关联功能的模块文件结构化组合形成包。从编程开发的角度来看，两个开发员 A 和 B 有可能把各自开发且功能不同的模块文件取了相同的名称，比如 priceAnalysis 模块。如果第三个编程人员导入该模块，则无法确认是哪一个 priceAnalysis 模块。为此，开发人员 A 和 B 可以分别构造一个包，将模块放在包文件夹下面，通过“包. 模块名”来制定模块。假设开发员 A 创建了一个 stock 文件夹（包），并将 priceAnalysis.py 文件（模块）置于其中，而开发员 B 将其编写的 priceAnalysis 模块放入 futures 包内部，则两个模块可以通过“stock.priceAnalysis”和“futures.priceAnalysis”进行区分。不同包的内部模块可以取名相同。

```
#导入stock文件夹下面的priceAnalysis模块
import stock.priceAnalysis

#导入futures文件夹下面的priceAnalysis模块
import futures.priceAnalysis
```

一个包文件一般由 __init__.py 和其他诸多.py 文件构成。该 __init__.py 内容可以为空，也可以写入一些包执行时的初始化代码。__init__.py 是包的标志性文件，Python 通过一个文件夹下面是否有 __init__.py 文件，来识别此文件夹是否为包文件。

除了模块文件以外，包文件里面可以包含子包。举例来说，futures 包和 stock 包是 investment 包的子包，investment 包的路径为“D:\python quant\packages\investment”，如图 9.1 所示对包和模块的文件结构进行了说明。

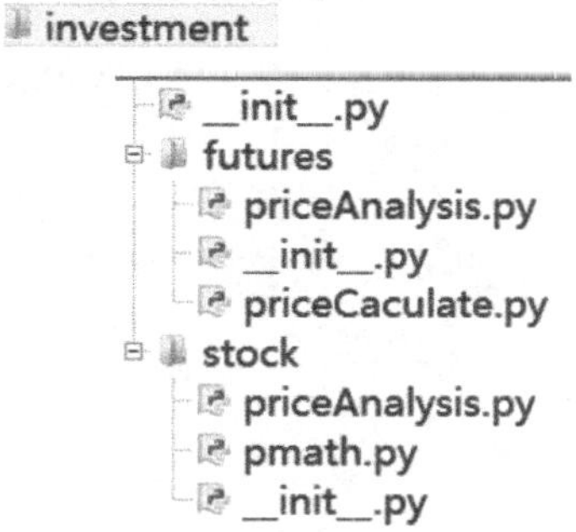

图 9.1 Python 包、子包与模块的结构关系

import 语句也可用来导入包，使用下面语句导入 stock 包里面 priceAnalysis 模块中的 ClosePrice 函数。

```
from investment.stock.priceAnalysis import ClosePrice
```

9.1.3 库

Python 中的库是借用其他编程语言的概念，没有特别具体的定义，Python 库着重强调其功能性。在 Python 中，具有某些功能的模块和包都可以被称作库。模块有诸多函数组成，包由诸多模块结构化构成，库中也可以包含包、模块和函数。举例来说，NumPy 库是一个具有强大科学计算功能的函数库，与此同时，我们也可以把 NumPy 称作包，由许多丰富功能的模块构成。

9.2 Python 标准库介绍

Python 的标准库是 Python 自带的函数库，成功安装 Python 后，即可使用标准库。标准库中包含内置函数（Built-in Functions）、内置常量（Built-in Constants）、内置数据类型（Built-in Types）、内置异常（Built-in Exceptions）以及众多功能函数组成的模块，这些模块中的函数用 C 语言编写而成。

- 内置函数

本书前面介绍的 Python 内置函数，实则是 Python 标准库中自带的函数，Python 标准库提供了一些常用功能的函数。前面也已经讲过，通过执行代码：

```
dir(__builtin__)
```

Python 内置函数名称也位于输出列表之中。

- 内置常量

Python 内置常量是存在于 Python 内置命名空间中的常量，常量值不能被程序更改。在 Python 3.5.1 版本中，布尔类型取值的 True 和 False 为内置常量；内置常量 NoneType 类型的 None 一般用于带有参数的函数的参数默认取值中，表示取值的缺失；Python 的内置常量还包括 NotImplemented、Ellipsis、__debug__ 和 site 模块中的部分常量值等。

```
In [1]: True
Out[1]: True

In [2]: False
Out[2]: False

In [3]: None

#english不是内置常量，则会报错
In [4]: english
Traceback (most recent call last):

  File "<ipython-input-11-51a0b1ae9fb1>", line 1, in <module>
    english

NameError: name 'english' is not defined
```

- 内置数据类型

数值型（Numerics）、序列（Sequences）、容器类型（Mappings）、类（Classes）、类的实例（Instances）和异常值类型（Exceptions）等属于 Python 解释器（Interpreter）中内置的数据类型（Built-in types）。

- 内置异常

内置异常是指在程序运行过程中出现的错误，包括语法错误（SyntaxError）、缩进错误（IndentationError）、系统错误（SystemError）、命名错误（NameError）等，在 Python 中用 try...except 捕捉异常，用 raise 抛出异常，而所有异常都从类 Exceptions 中继承。

- 内置模块

Python 标准库中模块众多，在这里我们仅挑出几个常用的模块来阐述 Python 模块的使用方式和强大功能。

1. 数学功能：math 模块和 cmath 模块

math 模块提供了对于 C 标准库的访问，math 模块为浮点数运算提供了一些便捷的函数，没有特别说明时，函数运算的返回值都为浮点数。但 math 中的函数不适用于复数，复数运算的相关函数在 cmath 模块中。cmath 模块中的函数接受整数、浮点数以及复数作为函数的参数。

```
In [1]: import math
In [2]: import cmath
```

```
#math模块中常量pi
In [3]: math.pi
Out[3]: 3.141592653589793

#返回sin函数值
In [4]: math.sin(math.pi/2)
Out[4]: 1.0

#返回大于等于一个数的最小整数
In [5]: math.ceil(3.5)
Out[5]: 4

#返回小于等于一个数的最大整数
In [6]: math.floor(3.5)
Out[6]: 3

#返回一个数的整数部分
In [7]: math.trunc(3.5)
Out[7]: 3

#返回一个数的极坐标值
In [8]: cmath.polar(1)
Out[8]: (1.0, 0.0)

#返回极坐标的极角
In [9]: cmath.phase(complex(-1.0, 0.0))
Out[9]: 3.141592653589793
```

2. 时间和日期功能：calendar 模块、time 模块和 datetime 模块等

Python 标准库中 calendar 模块在日历获取、显示和是否为闰年等方面有诸多函数支持，而 time 模块和 datetime 模块的功能主要体现在时间计算、处理以及显示格式上，下面介绍几个常用的日历和时间相关函数。

- calendar 模块

运用 calendar 模块中的 month 函数可以获得某一特定年月的日历，举例如下：

```
#导入calendar模块
In [1]: import calendar

#对month函数传入参数2016和2
In [2]: calendar.month(2016,2)
Out[2]: '   February 2016\nMo Tu We Th Fr Sa Su\n 1  2  3  4  5  6  7\n 8  9 10 11
12 13 14\n15 16 17 18 19 20 21\n22 23 24 25 26 27 28\n29\n'
# ‘\n’ 表示换行符

#显示2016年2月份日历
In [3]: print(calendar.month(2016,2))
   February 2016
Mo Tu We Th Fr Sa Su
 1  2  3  4  5  6  7
 8  9 10 11 12 13 14
15 16 17 18 19 20 21
```

```
22 23 24 25 26 27 28
29

#2016年为闰年
In [4]: calendar.isleap(2016)
Out[4]: True
```

- time 模块

通过 time 模块中的相关函数来获取当前操作系统的时间。如下所示：

```
In [1]: import time
In [2]: time.time()
Out[2]: 1455264277.661747
```

time( ) 返回的结果是时间戳，以 1970 年 1 月 1 日 0 时 0 分 0 秒为计时起点，"1455264277.661747"为此时操作系统的时间距离计时起点的秒数（不考虑闰秒[1]）的浮点数形式。若要获取年月日形式的时间，则可以采用 localtime( )、asctime( ) 和 ctime( ) 函数来实现。

```
In [3]: time.localtime()
Out[3]: time.struct_time(tm_year=2016, tm_mon=2, tm_mday=12, tm_hour=16,
tm_min=17, tm_sec=28, tm_wday=4, tm_yday=43, tm_isdst=0)

In [4]: time.asctime()
Out[4]: 'Fri Feb 12 16:19:41 2016'

In [5]: time.ctime()
Out[5]: 'Fri Feb 12 16:19:48 2016'
```

localtime( ) 函数返回值为时间元组，struct_time 元组为时间元组，将诸多时间相关属性存储成元组的形式。struct_time 元组有 9 个属性元素，9 个元素代表的意义如表 9.1 所示。

表 9.1　时间元组属性表

元素下标值	属性	含义	值
0	tm_year	年（四位数形式）	2016
1	tm_mon	月	1 ~ 12
2	tm_mday	日	1 ~ 31
3	tm_hour	时	0 ~ 23
4	tm_min	分	0 ~ 59
5	tm_sec	秒	0 ~ 61
6	tm_wday	一周中的第几天	0 ~ 6（0 代表周一）
7	tm_yday	一年中的第几天	0 ~ 366
8	tm_isdst	夏令时	−1、0 或 1

asctime( ) 函数和 ctime( ) 函数返回值为字符串，也是人们易于辨识的时间形式。localtime( ) 函数和 ctime( ) 函数的参数形式为时间戳（用从 1970 年 1 月 1 日午夜（历元）经过

[1] 闰秒指国际地球自转服务组织（IERS）对协调世界时（UTC）增加或者减少一秒，使其接近于世界时。

的时间秒数的浮点数形式来表示），默认参数为 time.time( ) 返回的时间戳。asctime( ) 函数的参数形式为时间元组，其默认参数为 localtime( ) 函数的返回值。这些函数参数形式和返回值类型统一整理如下：

```
time.localtime(时间戳) #返回为时间元组形式
asctime(时间元组) #返回为字符串形式
ctime(时间戳) #返回为字符串形式
```

下面是这些函数的使用示例：

```
In [6]: t1=time.localtime(2000)

In [7]: print(t1)
time.struct_time(tm_year=1970, tm_mon=1,\
                 tm_mday=1, tm_hour=8,\
                 tm_min=33, tm_sec=20,\
                tm_wday=3, tm_yday=1, tm_isdst=0)
In [8]: time.ctime(2000)
Out[8]: 'Thu Jan  1 08:33:20 1970'

In [9]: time.asctime(t1)
Out[9]: 'Thu Jan  1 08:33:20 1970'
```

时间数据在文件中一般保存成字符串形式，如“12/02/2016”，Python 读取外部文件数据，读取时间数据为字符串类型，在 Python 中如何将此字符串形式转换成时间形式呢？

结合 time 模组中的 strftime( ) 函数和 strptime( ) 函数即可实现时间的字符串形式与时间元组形式互相转换，在转换的过程中，还可以制定字符串的显示格式。两个函数的参数形式如下：

```
#strptime()函数将特定形式的字符串形式转换成时间元组
time.strptime(string[, format])

#strftime()函数将时间元组转换成特定形式的时间元组
time.strftime(format[, t])
```

现在将时间字符串“12/02/2016”通过上述函数转变成时间字符串“12 Feb 16”，代码如下：

```
In [1]: from time import strftime,strptime
In [2]: t2=strptime("12/02/2016","%d/%m/%Y")
In [3]: print(t2)
time.struct_time(tm_year=2016, tm_mon=2, tm_mday=12, tm_hour=0, tm_min=0,
tm_sec=0, tm_wday=4, tm_yday=43, tm_isdst=-1)

In [4]: strftime("%d %b %y",t2)
Out[4]: '12 Feb 16'
```

在上述代码中，“%d/%m/%Y”和“%d %b %y”都是时间的显示格式，这些格式的具体含义如表 9.2 所示。

表 9.2　主要时间格式表

符号格式	含义	取值（字符格式）
%y	略去世纪的两位 十进制数年份	取值为 00 ~ 99（如“16”）
%Y	完全形式的年份	如“2016”
%m	返回月份值	取值为 01 ~ 12（如“02”）
%b	本地简化月份名称	月份简写的英文名称（如“Feb”）
%B	本地全部月份名称	月份英文名称（如“February”）
%d	每个月天数的十进制形式	取值为 01 ~ 31（比如，02 代表 2 日）
%a	本地简化星期名称	如“Sat”
%A	本地完整星期名称	如“Saturday”
%w	十进制数字表示星期	取值 0 ~ 6，0 表示星期天
%W	一年中的星期数	取值 00 ~ 53，星期一为星期的开始；在新年第一个星期一之前的所有天数都视为 00 周
%U	一年中的星期数	取值 00 ~ 53，星期天为星期的开始；在新年第一个星期天之前的所有天数都视为 00 周
%H	二十四小时制时间	取值为 00 ~ 23
%I	十二小时制时间	取值为 01 ~ 12
%M	分钟	取值为 00 ~ 59
%S	秒	取值为 00 ~ 61（考虑到闰秒的情况）

- datatime 模块

此外，datetime 模块中的 datetime 类也可以用来存储时间类型，以及进行一些转换和运算操作，下面是一个用 datetime 类存储时间类型的操作。

```
In [1]: from datetime import datetime
In [2]: now = datetime.now()  #获取当前时间
In [3]: now
Out[3]: datetime.datetime(2016, 2, 12, 15, 0, 12, 681000)
```

datetime 对象之间可以进行减法运算，运算后会返回一个 timedelta 对象，表示一个时间段。

```
In [4]: delta =datetime(2016,2,1)-datetime(2016,1,15)
In [5]: delta
Out[5]: datetime.timedelta(17)
In [6]: now + delta
Out[6]: datetime.datetime(2016, 2, 29, 15, 0, 12, 681000)
```

datetime 对象与它所保存的字符串格式时间戳之间可以互相转换,str( ) 方法会将 datetime 对象转换成字符串的形式。此外，datatime 对象也有 strptime( ) 和 srtftime( ) 方法，这两种方法常常用于时间格式的转换上。

```
In [7]: str(now)
Out[7]: '2016-02-12 15:00:12.681000'

In [9]: now.strftime('%Y-%m-%d')
Out[9]: '2016-02-12'
```

```
In [10]: datetime.strptime('2016-01-01','%Y-%m-%d')
Out[10]: datetime.datetime(2016, 1, 1, 0, 0)
```

设定%Y-%m-%d 这种日期格式比较麻烦，需要知道这些符号代表的含义。如果不想记忆这些特定操作符的含义，可以使用一个名为 dateutil 第三方包的 parser.parse( ) 函数实现自动转义，它几乎可以解析任何格式（这也可能会带来麻烦比如 parse('10')）。

```
In [11]: from dateutil.parser import parse

In [12]: parse('01-01-2016',dayfirst=True)
Out[12]: datetime.datetime(2016, 1, 1, 0, 0)

In [13]: parse('01-01-2016')
Out[13]: datetime.datetime(2016, 1, 1, 0, 0)

In [14]: parse('10')
Out[14]: datetime.datetime(2016, 2, 10, 0, 0)
```

至此，本章已经介绍了 Python 标准库的组成部分和概要内容。我们知道，数据操作是数据分析的重要组成部分，在 Python 中，数据的操作很多情况下由函数来完成。除了内置函数以外，也有很多函数属于 Python 标准库中数据类型对象带有的函数。不同数据类型的对象所对应的方法（Method）不一定相同，很多方法都只能由其对应的对象来调用，而不能被其他类型的对象调用。本书接下来主要以列表类型、元组类型、字符串类型和容器类型这几个 Python 标准库的数据类型为例，着重介绍其相应的操作函数和操作应用。

9.3 Python 内置数据类型与操作

9.3.1 序列类型数据操作

序列类型属于 Python 标准库内置的类型，而列表、元组和范围（range）则是序列的三种基本类型。除此之外，字符串也属于序列类型。序列类型的对象有一些共同的操作，比如操作符运算、切片操作等。在介绍列表、字符串等各个数据类型的操作之前，先阐述一下这些序列类型对象的共同操作。如表 9.3 所示，s 和 t 都表示序列对象，x 表示序列中的某一元素。

9.3.1.1 list 类型与操作

列表（list）类型的对象可以通过 list( ) 函数来创建。如果 list( ) 函数没有传入参数，则创建一个空列表[1]。

```
In [1]: L1=list([123,23,[4,5,6],'abc'])
In [2]: L1
Out[2]: [123, 23, [4, 5, 6], 'abc']
```

[1]前面介绍过，空列表也可以通过方括号 [ ] 来创建。

表 9.3 序列类型数据的共同操作

操作	返回值
x in s	如果元素 x 在序列 s 中，返回值为 True，否则，为 False
x not in s	如果元素 x 不在序列 s 中，返回值为 False，否则，为 True
s + t	序列 s 和序列 t 的链接，前提是序列的数据类型（type）相同
s * n or n * s	序列 s 中的元素整体重复 n 次，形成一个新的序列
s[i]	返回序列 s 中索引值为 i 的元素值；s 第一个索引值为 0
s[i:j]	返回序列 s 索引值为 i 到 j 的切片，不包括 s[j]
s[i:j:k]	返回 s 索引序列的切片，索引序列为以 k 为步长，起始值为 i，结束值为 j
len(s)	返回 s 序列的所占字符长度
min(s)	返回序列 s 中的最小值
max(s)	返回序列 s 中的最大值
s.index(x[, i[, j]])	返回 x 在序列 s 或者切片 s[i:j] 中第一次出现的索引值
s.count(x)	返回序列 s 中，元素 x 出现的次数

```
In [3]: L2=list()
In [4]: L2
Out[4]: []
```

列表是可变对象，列表中元素及其元素的个数允许被更改，即可以增加、插入或者删除列表中的元素。

1. 增加列表元素

列表类的 append( ) 函数用于在列表的末尾处增加一个元素。若要在空列表 L2 中增加一个字符串 'python'，则可以使用下面的代码：

```
In [5]: L2.append('python')
In [6]: L2
Out[6]: ['python']
```

append( ) 函数一次只能增加一个元素，若要在列表中增加多个元素，可以调用 extend( ) 函数，该函数的传入参数为一个可迭代对象[1]，功能是把可迭代对象中的所有元素都从末尾处增加到列表中。

```
#extend函数可以增加多个元素
In [7]: L2.extend([123,'price',7,8,9])
In [8]: L2
Out[8]: ['python', 123, 'price', 7, 8, 9]

#append函数会把传入的列表对象当做一个元素增加到列表L2中
In [9]: L2.append([123,'price',7,8,9])
In [10]: L2
Out[10]: ['python', 123, 'price', 7, 8, 9, [123, 'price', 7, 8, 9]]
```

[1]能够返回一个可迭代器的对象统称为可迭代对象。迭代器可以用于 for 循环中，一般来说，迭代器一次只返回一个数据流中的一个元素。

在列表元素增加的操作上，除了调用列表类的方法以外，还可以通过操作符“+”或者“+=”来实现。操作符“+”与“+=”都表示连接的含义，把不同的元素连接在一起，但两者有一定的区别。下面看一段代码：

```
In [11]: L1+['python','price',78]
Out[11]: [123, 23, [4, 5, 6], 'abc', 'python', 'price', 78]

In [12]: L1
Out[12]: [123, 23, [4, 5, 6], 'abc']

In [13]: L1+=['python','price',78]

In [14]: L1
Out[14]: [123, 23, [4, 5, 6], 'abc', 'python', 'price', 78]
```

“+”连接符操作把两个列表对象连接在一起后，将值传给了一个新创造的列表对象，原来的列表对象 L1 的取值不变。而“=+”操作是将连接在一起后的值重新赋值给原来的变量 L1。

2. 插入列表元素

如果不想在列表的末尾处增加元素，而要在列表指定位置处增加元素，则列表中的 insert( ) 函数可以实现特定位置元素的插入。该函数的用法如下：

```
list.insert(i,x)
```

- i 为整数类型，指定要要插入元素在列表中的位置；
- x 表示插入列表中的元素内容。

```
#在列表L1的索引值为4处插入元素88
In [15]: L1.insert(4,88)

In [16]: L1
Out[16]: [123, 23, [4, 5, 6], 'abc', 88, 'python', 'price', 78]
```

3. 删除列表元素

删除列表元素的相关操作函数有 pop( ) 和 remove(x) 函数。pop( ) 用于删除一个列表最右端的元素，并打印出删除的元素值；而 remove(x) 函数用于删除指定的元素 x，如果元素 x 在列表中，则删除列表中最左端（第一次）出现的 x 元素；如果元素 x 不在列表中，则会有 ValueError。

```
In [17]: L1.pop()
Out[17]: 78

In [18]: L1
Out[18]: [123, 23, [4, 5, 6], 'abc', 88, 'python', 'price']

In [19]: L1.remove('python')
```

```
In [20]: L1
Out[20]: [123, 23, [4, 5, 6], 'abc', 88, 'price']

In [21]: L1.remove('PYTHON')
Traceback (most recent call last):

  File "<ipython-input-21-23f487ccc289>", line 1, in <module>
    L1.remove('PYTHON')

ValueError: list.remove(x): x not in list
```

在用 remove(x) 删除元素 x 之前，先使用列表类的 count(x) 函数来统计元素 x 在列表中的个数，如果 count(x) 返回值为 0，则说明元素 x 不在列表中，此时，也就不再需要删除列表中的元素 x 了。

```
In [22]: L1.count('PYTHON')
Out[22]: 0
```

pop( ) 函数没有传入参数时，则删除列表最末尾处（最右端）的一个元素，该函数也可以传入一个参数 i，pop(i) 返回列表索引值为 i 的元素值，并在列表中删除此元素。

```
In [23]: L1.pop(3)
Out[23]: 'abc'

In [24]: L1
Out[24]: [123, 23, [4, 5, 6], 88, 'price']
```

列表类型数据还可以进行排序和特定元素在列表中位置的获取，排序可以通过 sort( ) 函数实现，而 index( ) 函数用于获取特定元素在列表中的位置。现将列表类型的常用方法及其功能绘制成表格，如表 9.4 所示，读者可以自行查阅与应用。

9.3.1.2 tuple 类型与操作

前面介绍过，元组（tuple）数据也属于序列类型数据，但其具有不可变的性质。内建函数 tuple( ) 用于创建一个元组对象。比如：

```
In [1]: tu1=tuple((123,45,6,7,8,'python'))
In [2]: type(tu1)
Out[2]: tuple
In [3]: tu1
Out[3]: (123, 45, 6, 7, 8, 'python')
```

当然，元组对象还可以通过逗号“,”或者小括号“( )”来创建。

```
In [4]: tu2=123,6,7,8,'python'
In [5]: type(tu2)
Out[5]: tuple

In [6]: tu3=(3,4,5,"python")
In [7]: type(tu3)
```

表 9.4　列表类型的常用方法表

方法名称	功能
List1.append(x)	增加一个元素，在列表 List1 的末尾段增加一个元素 x
List1.extent(w)	增加多个元素，w 是可迭代对象，将 y 中的元素都增加到 List1 末尾处
List1.insert(i, x)	在列表 List1 的索引值为 i 处插入元素 x
List1.pop( )	删除列表 List1 中末尾处的元素，并打印出该元素值
List1.pop(i)	i 为整型数据，删除并打印出列表 List1 索引值为 i 的元素值
List1.count(x)	返回列表 List1 中元素 x 出现的个数
List1.remove(x)	若元素 x 位于列表 List1 中，输出 x 在列表出现的最左端那个值；否则，有 ValueError
List1.sort( )	对列表 List1 中的元素升序排列，前提是 List1 中的元素是有顺序性的
List1.reverse( )	对列表 List1 中的元素降序排列，前提是 List1 中的元素是有顺序性的
List1.index(x, start, end)	返回列表 List1 或者列表切片 List1[start: end] 中元素 x 出现位置最左边的索引值

```
Out[7]: tuple
#创建只有1个元素的元组时，元素后面需加逗号，以免歧义
In [8]: tu4=(2,)
In [9]: type(tu4)
Out[9]: tuple
```

如果想要把列表类型的数据更改成元组数据，也可以通过 tuple( ) 函数来实现。

```
In [11]: a=[34,78.9,True,"python","finance"]
In [12]: type(a)
Out[12]: list

#将列表类型数据转换成元组类型数据
In [13]: b=tuple(a)
In [14]: b
Out[14]: (34, 78.9, True, 'python', 'finance')
In [15]: type(b)
Out[15]: tuple

In [16]: c=tuple('python')
In [17]: c
Out[17]: ('p', 'y', 't', 'h', 'o', 'n')
```

内置函数 tuple( ) 函数的传入参数为可迭代对象（iterable)，列表对象属于可迭代对象数据，tuple( ) 函数把列表对象转变成元组类型的对象。在代码 “tu1=tuple((123, 45, 6, 7, 8, 'python'))” 中，则是把一个元组对象 (123, 45, 6, 7, 8, 'python') 当作 tuple( ) 的传入参数，函数返回值同样为元组类型数据。

除此之外，元组类型数据也可以作为一个元组对象的元组。举例如下：

```
In [18]: tu5=(tu1,tu2,tu3,tu4)
```

```
In [19]: tu5
Out[19]:
((123, 45, 6, 7, 8, 'python'),
 (123, 6, 7, 8, 'python'),
 (3, 4, 5, 'python'),
 (2,))

In [20]: type(tu5)
Out[20]: tuple
```

序列类型的操作同样适用于元组。比如元组元素切片提取，求元组对象长度等。

```
In [21]: a[0:2:4]
Out[21]: [34]
In [22]: b[2:4]
Out[22]: (True, 'python')
In [23]: len(c)
Out[23]: 6
In [24]: len(tu5)
Out[24]: 4

In [25]: tu5[0][3]
Out[25]: 7

In [26]: tu5[2]
Out[26]: (3, 4, 5, 'python')

In [27]: tu5[2][3]
Out[27]: 'python'

In [28]: for i in tu5:
    ...:     list2.append(i)
    ...:     print('tuple:',i)
    ...:
tuple: (123, 45, 6, 7, 8, 'python')
tuple: (123, 6, 7, 8, 'python')
tuple: (3, 4, 5, 'python')
tuple: (2,)

In [29]: list2
Out[29]:
[(123, 45, 6, 7, 8, 'python'),
 (123, 6, 7, 8, 'python'),
 (3, 4, 5, 'python'),
 (2,)]
```

如果元组中的元素均为单个数值型数据，也可以对元组中的元素求最值。

```
In [30]: tu6=(3**2,4*5,56/4,False)
In [31]: tu6
Out[31]: (9, 20, 14.0, False)
In [32]: max(tu6)
Out[32]: 20

In [33]: min(tu6)
```

```
Out[33]: False  #布尔类型属于数值型数据的子类，False的数值等于0。
```

元组属于不可变对象，不能增加、删除元组中的元素，但是元组对象可以进行连接而创建一个新的元组对象。

```
In [34]: tu7=tu4+tu6
In [35]: tu7
Out[35]: (2, 9, 20, 14.0, False)

In [36]: tu4 #元组tu4没有改变
Out[36]: (2,)

In [37]: tu6 #元组tu6没有改变
Out[37]: (9, 20, 14.0, False)

#元组也可以使用乘法
In [38]: tu6*3
Out[38]: (9, 20, 14.0, False, 9, 20, 14.0, False, 9, 20, 14.0, False)

In [39]: tu6
Out[39]: (9, 20, 14.0, False)  #元组tu6没有改变
```

9.3.1.3 range 类型与操作

在 Python 的 for 循环语句中，经常会使用 range( ) 函数生成一个等间隔的整数序列，该整数序列其实属于 range 类型数据，range 类属于 Python 标准库内置的数据类型之一，range 类型数据也属于序列类型数据，且具有不可变的性质。range( ) 函数用于创建 range 类的对象。range 函数的传入对象必须为整型数据，其函数用法为：

```
#只传入一个参数时，表示生成一个初始值为0，间隔为1，终止值为stop-1的等差序列
range(stop)

#第一个参数为初始值，第二个参数为终止参照值，第三个参数step表示步长
range(start, stop, step)
```

如果 i 为 range 对象 r 的索引值，则该 range 类型的对象 r 的取值满足关系式为 $r[i] = start + step * i$，但其取值需要满足一些条件：

$$\begin{cases} r\,[i] < stop & \text{当 step 为正整数且} i \geqslant 0 \text{时} \\ r\,[i] > stop & \text{当 step 为负整数且} i \geqslant 0 \text{时} \end{cases}$$

```
In [1]: r1=range(5)
In [2]: type(r1)
Out[2]: range
In [3]: len(r1)
Out[3]: 5
In [4]: print(r1)
```

```
range(0, 5)

In [5]: r1[0:3]
Out[5]: range(0, 3)
```

从上述代码可以看出无法观察range对象中的元素。range对象属于可迭代对象，其可以作为list( )或tuple( )函数的传入参数，进而通过list( )函数创建一个列表对象，或者通过tuple( )函数创建一个元组对象。列表和元组数据中的元素取值情况可以直接被观察。

```
In [6]: list1=list(r1)
In [7]: list1
Out[7]: [0, 1, 2, 3, 4]

In [8]: tuple1=tuple(range(2,16,3))
In [9]: tuple1
Out[9]: (2, 5, 8, 11, 14)

In [10]: list2=list(range(2,-9,-2))
In [11]: list2
Out[11]: [2, 0, -2, -4, -6, -8]
```

注意，跟其他序列类型的数据不同的是，range类型的对象不能使用操作符“*”。其原因之一为，range类型数据主要体现出等差序列的概念，如果在已有range对象后面加上重复的元素，则会失去其等差序列的性质。

```
In [12]: r1*2
Traceback (most recent call last):

  File "<ipython-input-6-ad7120a9d416>", line 1, in <module>
    r1*2

TypeError: unsupported operand type(s) for *: 'range' and 'int'
```

9.3.1.4 字符串操作

字符串类型为Python内置数据类型之一，在Python中，单引号和双引号都能够创建一个字符串对象。若创建的字符串中包含单引号或者双引号，为了避免歧义，需要将整个字符串数据放入三引号内。

```
In [1]: st1='Finance in python'

In [2]: st1
Out[2]: 'Finance in python'

In [3]: st2="stock price of Alibaba Group Holding Ltd"
In [4]: st2
Out[4]: 'stock price of Alibaba Group Holding Ltd'
In [5]: st3="""'beauty' of Python"""
In [6]: st3
Out[6]: "'beauty' of Python"
```

字符串生成函数 str( ) 用于创建一个字符串对象，该函数也会把其他类型的数据转变成字符串对象。

```
In [7]: st4=str(123456)
In [8]: st4
Out[8]: '123456'
```

Python 的字符串类型数据也属于不可变的序列数据。用 len( ) 函数求字符串长度，对字符串数据进行元素切片等序列类型对象的相关操作在字符串中也同样适用。

```
In [9]: len(st3)
Out[9]: 18

In [10]: st1[1:6]
Out[10]: 'inanc'

In [11]: st1[1:6:2]
Out[11]: 'iac'
```

连接符“+”可以将多个字符串连接在一起，构成一个新的字符串，比如把字母连接成一个单词。

```
In [12]: st5='py'+'thon'
In [13]: st5
Out[13]: 'python'

In [14]: st4[0:2]+' '+'price'+' '+st4[2:]
Out[14]: '12 price 3456'
```

字符串对象的方法与应用：Python 在定义字符串类型时，内置定义了众多字符串处理的方法，这些方法实现了字符串分割与连接、英文字母大小写转换、字符查找与替换等文本编辑功能，进而使得 Python 在文本处理与文本挖掘方面显现出独特的优势。

- 字符串分割与连接

  Python 在读取文本数据时，一般按照行来读取数据，把文本中的每一行文本存储成一个字符串的形式，这整个字符串中可能包括多个句子甚至不完整的句子。句子由若干个单词构成，对句子中的单词进行分析，可能需要把句子中的每一个单词都变成一个字符串的形式。在句子中，单词与单词之间由空格或者标点符号隔开，字符串类型的 split( ) 方法则把一个长字符串从空格处或者标点符号处隔开。以索罗斯的一句名言为例进行说明，

```
In [1]: GeogeSoros="""I’ m only rich because I know when I’ m wrong, I basically
have survived by recognizing my mistakes."""
In [2]: GeogeSoros.split() #默认以空格进行分割
Out[2]:
['I’ m',
 'only',
 'rich',
 'because',
```

```
 'I',
 'know',
 'when',
 'I’ m',
 'wrong,',
 'I',
 'basically',
 'have',
 'survived',
 'by',
 'recognizing',
 'my',
 'mistakes.']
In [3]: GeogeSoros
Out[3]: 'I’ m only rich because I know when I’ m wrong, I basically have
survived by recognizing my mistakes.'
```

split( ) 函数默认以空格对字符串进行分割，返回一个字符串列表，该函数的参数用法为：

```
str.split(sep=None, maxsplit=-1)
```

sep 参数：表示分割字符的标准，默认为 None，也可以使用其他字符进行分割标准。maxsplit 参数：表示最大分割数，即列表中字符串元素的最大个数为 maxsplit+1。默认值为 -1，表示最大分割数没有限制，函数会尽可能进行分割。

```
#以逗号为分割点
In [4]: '234,456,345'.split(',')
Out[4]: ['234', '456', '345']

#以逗号为分割点，最大分割数为1，即分割1次
In [5]: '234,456,345'.split(',',maxsplit=1)
Out[5]: ['234', '456,345']

#以字符‘3’为分割点
In [6]: '234,456,345'.split('3')
Out[6]: ['2', '4,456,', '45']

#以'I'为分割点，分割次数为2
In [7]: GeogeSoros.split(',',2)
Out[7]:
['I’ m only rich because I know when I’ m wrong',
 ' I basically have survived by recognizing my mistakes.']
```

接下来，结合字符串的 split( ) 方法和列表相关操作，对 GeogeSoros 中的那句话的单词进行词频统计。代码如下：

```
In [8]:  GeogeSoros="""I’ m only rich because I know when I’ m wrong, I basically
have survived by recognizing my mistakes."""
    ...: split_GS=GeogeSoros.split() #句子以空格进行分割
    ...: count_GS={} #创建空字典
    ...: for i in split_GS: #对分割后的字符串去除标点‘，’或者‘.’
    ...:     if ',' in i:
```

```
    ...:           split_GS.remove(i);
    ...:           split_GS.append(i.split(',')[0])
    ...:       if '.' in i:
    ...:           split_GS.remove(i);
    ...:           split_GS.append(i.split('.')[0])
    ...: for j in split_GS:
    ...:       count_GS[j]=split_GS.count(j);
    ...:
In [9]: count_GS    #单词作为字典的key，词频作为字典相应key的value
Out[9]:
{'I': 2,
 'I’ m': 2,
 'basically': 1,
 'because': 1,
 'by': 1,
 'have': 1,
 'know': 1,
 'mistakes': 1,
 'my': 1,
 'only': 1,
 'recognizing': 1,
 'rich': 1,
 'survived': 1,
 'when': 1,
 'wrong': 1}
```

与字符串分割相对应的是将多个字符串连接在一起，除了使用连接符“+”以外，还可以调用字符串中的 join( ) 方法来实现。该方法的参数用法如下：

```
str.join(iterable)
```

输入参数为可迭代字符串对象，该函数将可迭代对象中的元素用 str 连接成一个字符串。

```
In [10]: ''.join(['a','b','c','d'])
Out[10]: 'abcd'

In [11]: ','.join(['a','b','c','d'])
Out[11]: 'a,b,c,d'

In [12]: 'A'.join(['a','b','c','d'])
Out[12]: 'aAbAcAd'
```

- 英文字母大小写转换操作

  Python 在处理字符串中的英文字母大小写转换问题上，进行了较为详细的区分：把字母大小写操作分为单词中的字母全部大小写（如“BEAUTY”）、一句话的首字母大小写（如“The price goes up!”），以及每个单词的首字母大小写（如“Python Finance”）等诸多方面，并定义了相应的操作方法，这些操作方法如表 9.5 所示。

  上述这些字母大小写转换可以用于修正句子或者单词中的字母大小写使用，具体用法如下：

表 9.5 Python 字母大小写转换相关函数表

操作方法	功能
str.islower( )	如果字符串对象 str 中的所有字符均为小写字母，返回 True；否则，返回值为 False。
str.isupper( )	如果字符串对象 str 中的所有字符均为大写字母，返回 True；否则，返回值为 False。
str.lower( )	将字符串对象 str 中的所有字符转变成小写字母。
str.upper( )	将字符串对象 str 中的所有字符转变成大写字母。
str.istitle( )	如果字符串对象 str 中无空格的连续字符的首字母均大写，其余部分均小写，则返回值为 True；否则，返回值为 False。
str.title( )	将字符串对象 str 无空格的连续字符转变成首字母大写，其余部分均小写的形式
str.capitalize( )	将字符串对象 str 的首字母大写，其余部分均小写
str.swapcase( )	将字符串中的字母大小写调换，原本大写转变成小写，原本小写转变成大写。

```
In [1]: 'Finance'.islower()#判断字符串字母是否全部小写
Out[1]: False

In [2]: 'Finance'.lower()
Out[2]: 'finance' #字符串字母全变小写

In [3]: 'Stock price analysis'.title()
Out[3]: 'Stock Price Analysis' #空格隔开的连续字符首字母大写

In [4]: 'Stockprice'.upper()
Out[4]: 'STOCKPRICE'

In [5]: 'Stockprice'.upper().title()
Out[5]: 'Stockprice'

In [6]: 'the price is high.'.capitalize( )
Out[6]: 'The price is high.'

In [7]: st2="stock price of Alibaba Group Holding Ltd"
In [8]: st2.capitalize( )
Out[8]: 'Stock price of alibaba group holding ltd'

In [9]: st2[0:4].capitalize( )+st2[4:]
Out[9]: 'Stock price of Alibaba Group Holding Ltd'
```

此外，Python 区分大小写，以字符串“stock”为例，字符串“Stock”以及“stocK”是不同的字符串，在词频统计时，分别统计。举例如下：

```
In [10]: 'stock stocK Stock Stock,stock'.count('stock')
Out[10]: 2
```

而在文本分析时，词中字母的大小写有可能是拼写失误，大写的单词和小写的单词应该看作同一个词。因此，在词频统计的第一步最好先把字符串的字符全部改成小写，再进行词频统计。

```
In [11]: 'stock stocK Stock Stock,stock'.lower().count('stock')
Out[11]: 5
```

- 字符串的查找、删除与替换操作

字符串的查找、删除与替换如表 9.6 所示。

表 9.6 Python 字符串的查找、删除与替换相关操作表

操作方法	功能
str.find(x)	返回字符串 x 出现在字符串对象 str 中的最左边位置；如果 x 不在 str 对象中，返回值为 −1。
str.index(x)	返回字符串 x 出现在字符串对象 str 中的最左边位置；如果 x 不在 str 对象中，会报错。
str.rfind(x)	返回字符串 x 出现在字符串对象 str 中的最右边位置；如果 x 不在 str 对象中，返回值为 −1。
str.rindex(x)	返回字符串 x 出现在字符串对象 str 中的最右边位置；如果 x 不在 str 对象中，会报错。
str.startswith(x)	参数 x 为字符串或者元组，如果对象 str 以 x 或者 x 元组中的某一个元素开头，则返回 True，否则返回 False。
str.endswith( )	参数 x 为字符串或者元组，如果对象 str 以 x 或者 x 元组中的某一个元素结束，则返回 True，否则返回 False。
str.strip([chars])	删去对象 str 开始和结束处与参数字符 chars 相同的部分
str.rstrip([chars])	删去对象 str 结尾处与参数字符 chars 相同的部分

9.3.2 字典类型操作

字典是一种存储键和相应的值的数据类型。字典类型对象不是按照序列的方式存储数值，而是将值映射给一个键，通过索引字典中的键来提取相对应的值。若要创建一个字典对象，有两种方法可以使用。一是通过花括号 { } 创建，另一种方法是通过字典类的构造函数 dict( ) 来实现。如果要创建一个字典对象，则该对象中存储上证综指的交易日期 Date、开盘价 Open、最高价 High、最低价 Low 以及收盘价 Close 信息。下面几种创建字典对象的方式是等价的：

```
In [1]: SSEC1={'Date':'02-Mar-2015','Open':3332.7,'High':3336.8,'Low':3298.7,
'Close':3336.3}
In [2]: SSEC2=dict({'Date':'02-Mar-2015','Open':3332.7,'High':3336.8,'Low':3298.7,
'Close':3336.3})
In [3]: SSEC3=dict(Date='02-Mar-2015',Open=3332.7,High=3336.8,Low=3298.7,
Close=3336.3)
In [4]: SSEC4=dict([('Date','02-Mar-2015'),('Open',3332.7),('High',3336.8),
('Low',3298.7),('Close',3336.3)])
In [5]: SSEC5=dict(zip(['Date','Open','High','Low','Close'],['02-Mar-2015',
3332.7,3336.8,3298.7,3336.3]))
In [6]: SSEC1==SSEC2==SSEC3==SSEC4==SSEC5
Out[6]: True
```

- 键和值的性质

  字典对象创建以后，字典对象中的 items( ) 方法获取字典中存储的键与值映射对有哪些？使用 key( ) 方法和 values( ) 方法来查看该对象有哪些键以及哪些取值。不同对的键与值之间的关系类似集合元素之间的关系，集合中的元素具有唯一性、无序性等特点。字典中的键是唯一的，不存在有两个命名相同的键。

```
In [6]: SSEC1.items()
Out[6]: dict_items([('High', 3336.8), ('Close', 3336.3), ('Date', '02-Mar-2015'),
('Open', 3332.7), ('Low', 3298.7)])
In [7]: SSEC1.keys()
Out[7]: dict_keys(['High', 'Close', 'Date', 'Open', 'Low'])

In [8]: SSEC1.values()
Out[8]: dict_values([3336.8, 3336.3, '02-Mar-2015', 3332.7, 3298.7])
```

将 SSEC1 对象调用 keys( ) 方法，查看该字典对象的键。从上面的结果中可以看出键 'High'、'Close'、'Date'、'Open'、'Low' 与定义 SSEC1 对象时的键排列顺序不同。若要给这些键赋予顺序，可以将这些键转变成列表类型。

```
In [9]: SSEC_keys=SSEC1.keys()

In [10]: type(SSEC_keys)
Out[10]: dict_keys

In [11]: SSEC_keysList=list(SSEC_keys)
In [12]: SSEC_keysList
Out[12]: ['High', 'Close', 'Date', 'Open', 'Low']
In [13]: SSEC_keysList[2]
Out[13]: 'Date'
```

字典中的键或者值具有迭代的性质，可以用于循环语句中。

```
In [14]: for v in SSEC1.values():
    ...:     if type(v)==float:
    ...:         v-=20
    ...:         print((v+20,v))
    ...:     else:
    ...:         print(v,type(v))
    ...:
(3336.8, 3316.8)
(3336.3, 3316.3)
02-Mar-2015 <class 'str'>
(3332.7, 3312.7)
(3298.7, 3278.7)
```

- 值的获取与更改

  字典中的值通过其相对应的键来索引。如果要提取字典对象 SSEC1 的开盘价，则可以用 SSEC1['Open'] 来实现；此外，还可以调用 get( ) 方法。字典类型具有可变的性质，其键的取值可以更改。

```
In [15]: SSEC1['Open']
Out[15]: 3332.7
In [16]: SSEC1.get('Open')
Out[16]: 3332.7

In [17]: for key in SSEC1.keys():
    ...:     if type(SSEC1[key])==float:
    ...:         SSEC1[key]+=100000
    ...:     print(key,':',SSEC1.get(key))
    ...:
High : 103336.8
Close : 103336.3
Date : 02-Mar-2015
Open : 103332.7
Low : 103298.7
```

上述代码将 SSEC1 中四种价格取值都增加了 10000。若要更新字典对象中键的取值，也可以调用 update( ) 方法。

```
In [18]: SSEC1.update(Open=2332.7,High=2336.8,Low=2298.7,Close=2336.3)
In [19]: SSEC1
Out[19]:
{'Close': 2336.3,
 'Date': '02-Mar-2015',
 'High': 2336.8,
 'Low': 2298.7,
 'Open': 2332.7}
```

- 字典元素的增加、删除与复制

  字典类型数据也允许增加新的元素。比如，在 SSEC1 中，加入一个新的项 index。

```
In [20]: SSEC1['index']='000001.SS'

In [21]: SSEC1
Out[21]:
{'Close': 2336.3,
 'Date': '02-Mar-2015',
 'High': 2336.8,
 'Low': 2298.7,
 'Open': 2332.7,
 'index': '000001.SS'}
```

与增加项目相对应的是删除项目。用 del 语句可以删除特定的键及其相对应的值。如果调用 clear( ) 方法，则删除字典中的所有内容，返回空字典。

```
In [22]: del SSEC1['Date']
In [23]: 'Date' in SSEC1
Out[23]: False
In [24]: SSEC1
Out[24]:
{'Close': 2336.3,
 'High': 2336.8,
```

```
 'Low': 2298.7,
 'Open': 2332.7,
 'index': '000001.SS'}
```

接下来，调用 copy( ) 函数复制 SSEC1 中的内容给 SSEC2，再删除 SSEC2 中的所有内容。

```
In [25]: SSEC2=SSEC1.copy()

In [26]: SSEC2.clear()

In [27]: SSEC1
Out[27]:
{'Close': 2336.3,
 'High': 2336.8,
 'Low': 2298.7,
 'Open': 2332.7,
 'index': '000001.SS'}

In [28]: SSEC2
Out[28]: {}
```

9.3.3 集合操作

Python 中的集合类型数据的特点与数学意义上的集合类似，集合类型对象中的元素没有顺序，因此不能用“1, 2, 3”这种索引值来索引集合中的元素。此外，集合中的元素值不能重复，如果将列表对象转变成集合对象，则可以删除列表中重复的元素。

- set 和 frozenset 两种集合类型

Python 中的集合类型有 set 和 frozenset 两种，set 类型对象是可变的，可以增减其中的元素。frozenset 类型对象则是不可变的，该集合一旦建立，其中的内容则不能更改。我们可以通过 set( ) 函数创建 set 类型的对象，通过 frozenset( ) 函数创建 frozenset 类型的对象。这两个函数的传入参数都为可迭代对象。如果没有参数传入，则返回一个空的集合对象。

```
In [1]: set1=set([20,50,60,34,'python'])
In [2]: set1
Out[2]: {50, 20, 34, 60, 'python'}

In [3]: list1=[2,3,4,5,3,2,67]
In [4]: set2=set(list1) #将list1中的重复元素删除
In [5]: set2
Out[5]: {2, 3, 4, 5, 67}

In [6]: fset1=frozenset([23,56,'python'])
In [7]: fset1
Out[7]: frozenset({56, 'python', 23})
```

对于 set 对象，也可以通过花括号来创建。

```
In [8]: set3={'Open','Close','High','Low'}
In [9]: type(set3)
Out[9]: set
```

set 类型对象可以调用 add( ) 方法增加元素，调用 remove( ) 函数删除集合中的特点元素，而 frozenset 类型的对象则没有这两种方法。

```
In [10]: set1.add('finance')
In [11]: set1
Out[11]: {34, 'finance', 'python', 50, 20, 60}

In [12]: set1.remove(20)
In [13]: set1
Out[13]: {34, 'finance', 'python', 50, 60}

In [14]: fset1.add(3)
Traceback (most recent call last):

  File "<ipython-input-26-048246e119f7>", line 1, in <module>
    fset1.add(3)

AttributeError: 'frozenset' object has no attribute 'add'
```

len( ) 函数均适用于 set 对象和 frozenset 这两种集合对象，返回集合对象中元素的个数。因为集合中的元素可迭代，所以集合对象能够被 for 循环遍历。

```
In [15]: len(set3)
Out[15]: 4
In [16]: len(fset1)
Out[16]: 3
```

通过 for 循环，可以把集合对象中的元素用作字典对象的键，而列表中的元素当作字典对象的值，进而将集合中的元素和列表中的元素映射存储成字典数据类型。请看下面的例子：

```
In [17]: list2=[23.1,24,24.3,22.9]
In [18]: d=dict()
In [19]: j=0
In [20]: for i in set3:
    ...:     d[i]=list2[j]
    ...:     j+=1
    ...:

In [21]: d
Out[21]: {'Close': 24.3, 'High': 24, 'Low': 23.1, 'Open': 22.9}
```

- 集合之间运算

数学中的集合运算同样适用于 Python 中的集合对象。两个集合可以有包含与被包含关系，集合之间也可以进行交运算、补运算以及差运算等运算，如表 9.7 所示列出了 Python 中集合运算的相关方法和相对应的操作符。

表 9.7 集合运算表

调用方法（method）	操作符运算	运算含义
set1.union(set2)	set1 | set2	集合 set1 与 set2 作并运算
set1.intersection(set2)	set1 & set2	集合 set1 与 set2 作交运算
set1.difference(set2)	set1 − set2	集合差运算，删去集合 set1 中与 set2 相同的元素
set1.symmetric_difference(set2)	set1 ^ set2	集合对称差运算，返回集合 set1 与 set2 中除了两集合共有元素以外的所有元素
set1.issubset(set2)	set1<= set2	如果集合 set1 为集合 set2 的子集，则返回 True；否则，返回 False
set1.issuperset(set2)	set1>= set2	如果集合 set2 为集合 set1 的子集，则返回 True；否则，返回 False
set1.isdisjoint(set2)		如果集合 set2 和 set1 无交集，则返回 True，否则返回 False

下面举一些集合运算的例子。

```
In [1]: set1={20,30,5,6,7}
In [2]: set2={2,3,5,7,8}

#并运算
In [3]: set1.union(set2),set1|set2
Out[3]: ({2, 3, 5, 6, 7, 8, 20, 30}, {2, 3, 5, 6, 7, 8, 20, 30})

#交运算
In [4]: set1.intersection(set2),set1 & set2
Out[4]: ({5, 7}, {5, 7})

#差运算
In [5]: set1.difference(set2),set1 - set2
Out[5]: ({6, 20, 30}, {6, 20, 30})

#对称差运算
In [6]: set1.symmetric_difference(set2),set1 ^ set2
Out[6]: ({2, 3, 6, 8, 20, 30}, {2, 3, 6, 8, 20, 30})

#{1,2,3}是否属于{1,2,3}的子集判断
In [7]: {1,2,3}<={1,2,3}
Out[7]: True

#{1,2,3}是否属于{1,2,3,'python'}真子集判断
In [8]: {1,2,3}<{1,2,3,'python'}
Out[8]: True

#包含关系判断
In [9]: {1,2,3,'python'}.issuperset({1,2,3})
Out[9]: True

#有无交集判断
In [10]: {5,6,7}.isdisjoint({})
Out[10]: True
```

```
#有无交集判断
In [11]: {5,6,7}.isdisjoint({5})
Out[11]: False
```

集合之间的运算不仅适用于两个集合之间，三个及三个以上集合也可以进行集合运算，多个集合之间的运算使用集合运算操作符会更方便。

```
In [32]: {2,3,4,7,8,9}.intersection({2,3,4,6}).intersection({3,4,9})
Out[32]: {3, 4}

In [33]: {2,3,4,7,8,9}&{2,3,4,6}&{3,4,9}
Out[33]: {3, 4}

In [34]: {2,3,4,7,8,9}- {2,8}|{708,100,245}
Out[34]: {3, 4, 7, 9, 100, 245, 708}
```

习题

1. 获取当前时间并转换成“2009-03-04”的形式。
2. input 函数可以读取从控制台输入的字符串，其使用形式为：

```
input('提示信息')
```

使用 input 函数模拟一个创建用户的函数，该函数可以完成下列功能：

(a) 提示用户输入用户名和密码；

(b) 用户名必须以字母开头；

(c) 密码必须以字母开头，且要包括数字和“_”、“*”、“#”这三个符号中的任意一个；

(d) 密码长度必须大于 6 位；

(e) 提示用户创建成功。

3. 使用 list 和 range，输出 100 以内（包括 100）的所有偶数。
4. 假设如表 9.8 所示为某只股票在 2015 年 1 月 13 日至 1 月 17 日的收盘价。

表 9.8　某只股票的收盘价

日期	收盘价（元）
1 月 13 日	7.31
1 月 14 日	7.28
1 月 15 日	7.40
1 月 16 日	7.43
1 月 17 日	7.41

(a) 将该数据存为一个字典；

(b) 假设 1 月 20 日的收盘价为 7.44 元，将该数据加入字典；

(c) 假设现在是 1 月 21 日，使用 datetime 模块查询四天前的收盘价；

(d) 将 1 月 16 日的收盘价修改为 7.50 元。

5. 继续使用表 9.8 的数据。假设我们有一个交易策略，如果当期价格比前一期价格高，则买进，第二期卖出。初始资产为 10000 元，用 50% 的 cash 买入股票，买入股票份额为整数。要求：产生一个持有股票份额的字典对象。

第10章　常用第三方库：Numpy库与多维数组

除了标准函数库以外，Python 还有很多着重解决特定问题的第三方库，NumPy 库和 SciPy 函数库提供了许多科学运算所需要的功能函数，Matplotlib 库提供丰富的绘图功能。由于这些功能丰富的库与模块的存在，因此使用者大大降低了在 Python 编程与功能开发上的时间与精力，能更多思考如何用 Python 快速直接地解决诸多问题。

10.1　NumPy 库

本节以 NumPy 库为例来说明第三方库的强大功能与便利之处。在 Python 内置环境中，直接存储数值的数组（array）对象只存在一维结构，无法支持多维结构，也没有相关数组运算函数，这些使得 Python 在数值运算上有诸多不便之处。为了弥补这些不足，第三方函数库 NumPy 被整合开发出来。

NumPy 的核心功能是高维数组，NumPy 库中的 ndarray（N-dimensional array object）对象支持多维数组，数组类型的对象本身具备大小固定、数组内元素的数据类型相同等特性。NumPy 也提供了大量数值运算函数，能够直接有效地进行向量、矩阵运算。另外，NumPy 是由许多作者共同开发的库，具有开源、免费的特点。

10.2　创建数组

在安装 Anaconda 时，NumPy 包也同时被安装。但在使用 NumPy 库中的相关函数之前，首先导入 NumPy 包，代码如下：

```
In [1]:import numpy as np
```

把 NumPy 包导入 Python 程序环境中，并简称为“np”。在 Python 中，当导入的库名字较长，且需要被频繁调用时，多次输入库的名字略显麻烦，那么可以给库另取一个较为简短的名字，通过这个简短的名字来调用该库。在接下来的代码中，我们将使用“np”代替 NumPy。

- array( ) 函数创建多维数组

调用 NumPy 库的 array( ) 函数来创建一维数组，然后从一维数组转变成多维数组。

```
In [2]: array1=np.array(range(6))

In [3]: print(array1)
```

```
[0 1 2 3 4 5]
```

通过调用 shape 属性来查看 array1 的数据结构。

```
In [4]: array1.shape
Out[4]: (6,)
```

从 shape 属性取值可以看出 array1 为一维数组，数组长度为 6。通过修改 array1 的 shape 属性值，使得 array1 变成二维结构。

```
In [5]: array1.shape=2,3

In [6]: print(array1)
[[0 1 2]
 [3 4 5]]
```

此时，array1 数组变成了 2 行 3 列的二维结构数组，需要注意的是，修改数组的 shape 属性取值，是在数组中元素不变的情况下修改数组 array1 的数据结构，数据元素值在内存中的位置并没有发生改变。

接下来，我们通过 reshape( ) 函数在 array1 数组的基础上创建一个新的二维结构的数组 array2，此处没有修改 array1 的属性值，因此，array1 的 shape 属性值不变，如下所示：

```
In [7]: array2=array1.reshape(3,2)

In [8]: print(array2)
[[0 1]
 [2 3]
 [4 5]]

In [9]: array2.shape
Out[9]: (3, 2)

In [10]: array1.shape
Out[10]: (2, 3)
```

数组 array1 和 array2 共用内存中的数据存储值，若更改其中任意一个数组中的元素取值，则另一个数组相对应的元素值也会改变。比如，将数组 array1 的第 2 行第 3 列上的值更改为“88”，array2 的取值也会改变。

```
In [11]: array1[1,2]=88

In [12]: print(array1)
[[ 0  1  2]
 [ 3  4 88]]

In [13]: print(array2)
[[ 0  1]
 [ 2  3]
 [ 4 88]]
```

多维结构的数组也可以通过 array( ) 函数直接创建，举例如下：

```
In [14]: array3=np.array([[1,2,3],
    ...:                  [4,5,6],
    ...:                  [7,8,9]])

In [15]: print(array3)
[[1 2 3]
 [4 5 6]
 [7 8 9]]

In [16]: array3.shape
Out[16]: (3, 3)
```

array3 是二维数组。通过 shape 属性或者 reshape( ) 函数也可以构造出一个三维或者以上维度的数组。

- 利用 arange( ) 函数生成数组

NumPy 库中的 arange( ) 函数可以通过设定起始值、结束值和步长来生成等差序列形式的一维数组。

```
In [17]: array4=np.arange(13,1,-1)

In [18]: print(array4)
[13 12 11 10  9  8  7  6  5  4  3  2]

In [19]: array4.shape=2,2,3

In [20]: print(array4)
[[[13 12 11]
  [10  9  8]]

 [[ 7  6  5]
  [ 4  3  2]]]

In [21]: array5=array4.reshape(3,2,2)

In [22]: array5
Out[22]:
array([[[13, 12],
        [11, 10]],

       [[ 9,  8],
        [ 7,  6]],

       [[ 5,  4],
        [ 3,  2]]])
```

arange( ) 函数在创建数组序列时，不包括结束值。若想创建一个序列包含结束值，则可以使用 NumPy 包中 linspace( ) 函数，该函数通过设定起始值、结束值和元素的个数来创建一维数组，可由 endpoint 参数来决定是否需要包含结束值，默认设定包括结束值。

```
In [23]: array6=np.linspace(1,12,12)
```

```
In [24]: print(array6)
[ 1.   2.   3.   4.   5.   6.   7.   8.   9.  10.  11.  12.]

In [25]: array6.dtype
Out[25]: dtype('float64')
```

array6 的数组元素中有小数点，通过数组对象的 dtype 属性来查看数值元素的数据类型，从输出结果来看，linspace 创建的数组默认数据类型为浮点型。若要生成整型数组，可以通过设定参数 dtype 来实现。

```
In [26]: array7=np.linspace(1,12,12,dtype=int)

In [27]: print(array7)
[ 1  2  3  4  5  6  7  8  9 10 11 12]
```

- 在不知道数组具体值时创建数组

如果只知道数组的大小，无法事先确定数组元素的具体值时，可以利用 NumPy 提供的占位符函数来创建数组。比如，zeros( ) 函数生成元素全部为 0 的数组；ones( ) 函数生成元素全部为 1 的数组；empty( ) 函数生成给定维度的、无初始值的数组，该数组的元素值由内存中原来的内容决定，并无特别的意义。在默认的情况下，生成数组的元素类型为 float64。

```
In [23]: a = np.zeros( (4,5) )  #利用zeros()函数生成数组
In [24]: a
Out[24]:  array([[ 0.,  0.,  0.,  0.,  0.],
       [ 0.,  0.,  0.,  0.,  0.],
      [ 0.,  0.,  0.,  0.,  0.],
       [ 0.,  0.,  0.,  0.,  0.]])
In [25]: a.dtype
Out[25]: dtype('float64')
In [26]: np.ones((2,5,4),dtype=np.int16)
Out[26]:  array([[[1, 1, 1, 1],
        [1, 1, 1, 1],
     [1, 1, 1, 1],
       [1, 1, 1, 1],
        [1, 1, 1, 1]],

       [[1, 1, 1, 1],
       [1, 1, 1, 1],
       [1, 1, 1, 1],
       [1, 1, 1, 1],
       [1, 1, 1, 1]]], dtype=int16)
In [27]: np.empty( (3,2) )
Out[27]:  array([[ 0.,  0.],
      [ 0.,  0.],
       [ 0.,  0.]])
```

10.3 数组元素索引与切片

我们可以根据数组中元素所在的索引值（index value）[1]来提取单个元素或多个元素，方法为array[start:end:step]，其中 start 是起始索引值，end 是结束索引值，step 是步长值，返回的结果是索引值为 start 到 end-1 之间，并且是索引值与 start 之差可以被 step 整除的连续对象。start、end、step 三个值的取值或出现与否根据编程者需求的不同而改变。

如果我们只需要提取数组的单个元素，则只有 start 值，即 array[start]，举例如下：

```
In [1]: a1=np.linspace(1,26,6,dtype=int)

In [2]: a1
Out[2]: array([ 1,  6, 11, 16, 21, 26])

#提取数组a1中第4个元素，其索引值为3
In [3]: a1[3]
Out[3]: 16
```

如果要提取数组中前后连续几个元素，则需要 array[start:end] 这样的形式，如下所示：

```
In [4]: a1[1:3]
Out[4]: array([ 6, 11])
```

另外，也可以通过特殊方法来提取数组中的元素，举例如下：

```
#省略索引的起始值，表示从a1[0]开始，但是不包括a1[5]
In [5]: a1[:5]
Out[5]: array([ 1,  6, 11, 16, 21])

#省略索引的结束值，表示切片到数组中的最后一个元素
In [6]: a1[2:]
Out[6]: array([11, 16, 21, 26])

#数组中的索引值为负数时，表示从右往左方向上元素的位置
In [7]: a1[-1]
Out[7]: 26

In [8]: a1[-3]
Out[8]: 16

In [9]: a1[:-1]
Out[9]: array([ 1,  6, 11, 16, 21])

#起始值是索引值为2的元素，结束值是索引值为-1的前一个数字
In [10]: a1[2:-1]
Out[10]: array([11, 16, 21])
```

通过索引值来提取数组中的元素或者对数组进行切片，提取的新数组与原来数组共享数据内存空间。

[1]与序列结构数据相同，数组的索引和步长都具有正负两种取值方式，分别表示左右两个方向取值。索引的正方向从左往右取值，起始位置为 0，结束位置为 len(array)−1；负方向从右往左取值，起始位置为 −1，结束位置为-len(array)。

```
#a1[0:3:1]中0表示起始索引值，3表示结束索引值，1表示步长
In [11]: a2=a1[0:3:1]

In [12]: a2
Out[12]: array([ 1,  6, 11])

#将数组a1中索引值为0的数据值更改为19
In [13]: a1[0]=19

#数组a2中相对应的取值也更改为19
In [14]: a2[0]
Out[14]: 19
```

除此之外，在 NumPy 的数组中，使用整型数组也可以提取数组中的元素，通过整型数组作为索引提取出的数组与原数组不共享内存数据空间。

```
#数组[0,1,4]作为索引值
In [15]: a1[[0,1,4]]
Out[15]: array([19, 6, 21])

In [16]: a3=a1[[0,3,2]]

In [17]: a3
Out[18]: array([19, 16, 11])

#更改数组a1索引值为0的值为23
In [19]: a1[0]=23

#数组a3相对应的值没有发生改变，仍旧是19
In [20]: a3[0]
Out[20]: 19
```

上述数组元素的提取均针对一维数组，二维及其以上数组元素提取的思路与其相同，只不过要分别考虑各个维度上的索引值。

```
#创建一个二维结构数组，第0轴长度为4，第1轴长度为6
In [21]: na1=np.array(np.arange(24),dtype=int).reshape(4,6)

In [22]: print(na1)
[[ 0  1  2  3  4  5]
 [ 6  7  8  9 10 11]
 [12 13 14 15 16 17]
 [18 19 20 21 22 23]]

#在第0轴上，取索引值为0,1的元素，共2行
#在第1轴上，取索引值为1,2,3,4,5的元素，共5列
In [23]: na1[:2,1:]
Out[23]:
array([[ 1,  2,  3,  4,  5],
       [ 7,  8,  9, 10, 11]])

#在第0轴上，取到的索引值为[2,3]
#在第1轴上，取到的索引值为[2,4]
```

```
#这样取到的两个元素分别为na1[2,2], na1[3,4]
In [24]: na1[[2,3],[2,4]]
Out[24]: array([14, 22])

#第0轴上，索引为一个范围。
#第1轴上，索引为一个数组
In [25]: na1[2:,[2,4]]
Out[25]:
array([[14, 16],
       [20, 22]])

#生成三维数组，分别有第0轴、第1轴和第2轴
In [26]: na2=na1.reshape(2,3,4)

In [26]: na2
Out[26]:
array([[[ 0,  1,  2,  3],
        [ 4,  5,  6,  7],
        [ 8,  9, 10, 11]],

       [[12, 13, 14, 15],
        [16, 17, 18, 19],
        [20, 21, 22, 23]]])

#列表(1,1,2)的元素分别表示数值中三个维度的索引值
In [27]: na2[(1,1,2)]
Out[27]: 18

In [28]: na2[1,1,2]
Out[28]: 18
```

除了整型数组以外，整型列表也可以当作索引。若提取三维数组的多个值，则可以在每一轴上分别定义一个整型数组或者整型列表作为索引值，但是三个轴上的整型数组或者整型列表的长度要相等。

```
#数组na2中三个轴上的索引取值均为整型数组
#第0轴上的索引取值为数组[1,1,0]
#第1轴上的索引取值为数组[0,1,2]
#第2轴上的索引取值为数组[2,3,1]
In [29]: na2[[1,1,0],[0,1,2],[2,3,1]]
Out[29]: array([14, 19,  9])

#数组na2中三个轴上的索引取值均为整型列表
#第0轴上的索引取值为列表(1,1,1)
#第1轴上的索引取值为列表(0,1,2)
#第2轴上的索引取值为列表(2,3,1)
In [30]: na2[(1,1,1),(0,1,2),(2,3,1)]
Out[30]: array([14, 19, 21])
```

na2[[1,1,0], [0,1,2], [2,3,1]] 的含义是分别提取元素 na2[1,0,2]、na2[1,1,3] 和 na2[0,2,1] 所对应的值。

10.4 数组运算

NumPy 中定义了许多能够对数组中的每个元素都进行操作的 ufunc（全称为 universal function）函数，这些函数对于操作数组数据带来了很大的方便。

```
#创建一维数组ar1
In [60]: ar1=np.array(np.arange(5))

In [61]: ar1
Out[61]: array([0, 1, 2, 3, 4])

#数组中每个元素都加4
In [61]:np.add(ar1,4)
Out[72]: array([4, 5, 6, 7, 8])

#创建一维数组ar2
In [62]: ar2=np.array([2,3,4,5,6])

In [63]: ar2
Out[63]: array([2, 3, 4, 5, 6])

#数组ar1和ar2相加
In [64]: ar1+ar2
Out[64]: array([ 2,  4,  6,  8, 10])

#用numpy库中的add函数做数组的加法
In [65]: np.add(ar1,ar2)
Out[65]: array([ 2,  4,  6,  8, 10])
```

如果想要将数组 ar1 和数组 ar2 相加后的结果仍返回给 ar1，则可以将 add( ) 函数的第三个参数取值设定为 ar1，如下所示：

```
In [73]: np.add(ar1,ar2,ar1)
Out[73]: array([ 2,  4,  6,  8, 10])

In [74]: ar1
Out[74]: array([ 2,  4,  6,  8, 10])
```

在 NumPy 库中，除了加法 add( ) 函数以外，还有其他一些数据运算函数都属于 ufunc 函数，常用的数据运算函数如表 10.1 所示，其中 a 表示数组，b 表示常数或者与 a 结构相同的数组。如果 b 为常数，则 a 中每一个元素都和常数 b 做运算；如果 b 为与 a 结构相同的数组，则 a 中每一个元素都与 b 相对应位置的元素值进行运算。最后将 a 与 b 进行运算后的返回值传给 c。

```
In [32]: a = array( [10,20,30,50,60] )
In [33]: b = arange( 5 )
In [34]: b
Out[34]: array([0, 1, 2, 3, 4])
In [35]: c = a-b   #做差，注意值的个数要相同
In [36]: c
Out[36]: array([10, 19, 28, 47, 56])
In [37]: b**2     #乘方
```

```
Out[37]: array([ 0, 1,  4,  9, 16])
In [38]: 10*cos(a)    #10与cos(a)的乘积
Out[38]: array([-8.39071529, 4.08082062,1.5425145,9.64966028,-9.5241298])
In [39]: a<40   #判断a中小于40的值，小于则为True，否则为False
Out[39]: array([ True,  True,  True, False, False], dtype=bool)
```

表 10.1　数组常用运算 unfunc 函数表

NumPy 库中的函数（下面以 np 代替 NumPy）	运算含义	Python 符号表达
np.add(a,b,[,c])	加法	c=a+b
np.substract(a,b,[,c])	减法	c=a−b
np.multipl(a,b,[,c])	乘法	c=a*b
np.divide(a,b,[,c])	除法	c=a/b
np.mod(a,b,[,c])	求余数	c=a%b
np.remainder(a,b,[,c])	求余数	c=a%b
np.power(a,b,[,c])	乘方	c=a**b
np.square(a,[,c])	开平方	

除了上述功能以外，NumPy 库在矩阵运算、文件存取等方面都提供了许多函数供使用者直接调用，在此不一一举例说明，有兴趣的读者可以阅读 NumPy 库的帮助文档来学习。

习题

1. 利用 NumPy 创建一个 4 阶的希尔伯特矩阵。
2. 在第 9 章习题 5 中，我们创建了一个持仓份额的字典。现在，利用 NumPy 包获取需要买进的日期及当天的股价。
3. 当绘制一个函数在特定区间上的图形时，如果函数过于复杂，则会将区间等分成许多个小区间，然后计算出该函数在每个区间端点的取值，并用一条折线将这些值连起来。这样，就得到了一个近似的图形。下面，利用 NumPy 计算出将区间 $[0, 2\pi]$ 分成 1000 份后每个端点的余弦值。
4. 除了数学运算，NumPy 包中还提供了多种统计计算。对于列表 [0.5, 1.43, −1.36, −0.16, 0.29, −0.59, 1.16, −0.33, 0.07, −1.36]，求其均值、方差、标准差以及中位数。

第11章　常用第三方库：Pandas与数据处理

Pandas 是建立在 Numpy 之上，并与其他第三方库在科学运算环境中有较好兼容性的 Python 包。其最大特色在于提供灵活直观的数据结构来处理关联数据和有标签的数据。

Pandas 提供了两大数据结构：一维结构的 Series 类型数据和二维结构的 DataFrame 数据。这两大数据结构都有数据标签这一独特性质，数据标签能够对不同变量的数据按照相同数据标签进行汇总，为多个变量的特定数据元素提取、变量合并等操作分析提供了极大的便利。因而，Pandas 被广泛运用于金融、统计以及社会科学领域的数据处理。

11.1　Series 类型数据

Series 类型的数据由一列数据及与之对应的标签（索引，位于数据的左侧）两部分组成。Series 对象本质上是一个 NumPy 数组，因此 NumPy 的数组处理函数同样适用于 Series 对象。每个 Series 对象实际上都由两个数组组成，具有 index 和 values 两大属性。

- index: 保存标签信息，是从 NumPy 数组继承的 Index 对象；
- values: 保存值，是一维 NumPy 数组对象。

Series 对象看起来由两列数据构成，实则是一维数据结构。

11.1.1　Series 对象的创建

Series 对象的创建通过 Series 类的构造函数 Series( ) 函数来实现。在创建 Series 对象之前，要先导入 pandas 包，我们一般使用简写 pd 来代指 pandas。创建一个 Series 对象时，可以同时为其 index 属性和 values 属性赋值，如果没有对这两个属性赋值，则创建一个空的 Series 对象。

```
In [1]: import pandas as pd
   ...: import numpy as np
   ...:
In [2]: S1=pd.Series()
In [3]: S1
Out[3]: Series([], dtype: float64)
```

Series 对象一般有如下几种创建方式。

- 同时指定 index 属性和 values 属性的具体值

```
In [4]: S2=pd.Series([1,3,5,7,9], \
   ...:       index=['a','b','c','d','e'])
In [5]: S2
Out[5]:
a    1
b    3
c    5
d    7
e    9
dtype: int64

In [6]: S2.values
Out[6]: array([1, 3, 5, 7, 9], dtype=int64)
In [7]: S2.index
Out[7]: Index(['a','b','c','d','e'], dtype='object')
```

Series 对象创建以后，可以增加新的元素。比如对 S2 对象增加一个新的元素值 11，index 为“f”。我们可以通过指定 Series 对象的位置或者标签来存放新的数据值。

```
In [8]: S2['f']=11
In [9]: S2
Out[10]:
a     1
b     3
c     5
d     7
e     9
f    11
dtype: int64
```

Series 对象的每一个 index 的取值都会有一个 value，我们可以把 Series 对象的 index 看作 key，Series 对象的 value 当作 key 的 value，则 Series 对象可以被看作有顺序的字典类型。我们可以通过字典来创建一个 Series 对象，也可以理解成，把字典对象转换成 Series 类型。

```
In [11]: pd.Series({'a': 1,'b': 3,'c': 5,'d': 7})
Out[11]:
a    1
b    3
c    5
d    7
dtype: int64
```

- 仅制定 values 属性的取值

如果只制定 values 的取值，没有设定 index 属性的取值，则会默认产生从 0 开始，步长为 1，长度为 values 值的长度的整数数组。比如：

```
In [12]: S3= pd.Series([1, 3, -5, 7])
In [13]: S3
Out[13]:
```

```
0    1
1    3
2   -5
3    7
dtype: int64
```

values 属性的取值由一维数组构成，用不同方法产生的一维数组都可以变成 values 属性的取值。这里介绍随机产生和使用 arange( ) 函数这两种方式来生成一个数组。

```
In [14]: np.random.seed(54321)
    ...: pd.Series(np.random.randn(5))
    ...:
Out[14]:
0    0.223979
1    0.744591
2   -0.334269
3    1.389172
4   -2.296095
dtype: float64

In [15]: pd.Series(np.arange(2, 6))
Out[16]:
0    2
1    3
2    4
3    5
dtype: int32
```

11.1.2 Series 对象的元素提取与切片

11.1.2.1 调用方法提取元素

Series 对象中有 head( )、tail( ) 和 take( ) 方法用于查询数据，其具体用法如下：

```
obj.head(n=5) #默认查看对象的前五个数据
obj.tail(n=5) #默认查看对象的最后五个数据
obj.take()    #通过传入索引值列表来提取元素
```

举例如下：

```
In [1]: S4= pd.Series([0,np.NaN,2,4,6,8,\
    ...:              True, 10, 12])
In [2]: S4.head() #默认查看对象的前五个数据
Out[2]:
0      0
1    NaN
2      2
3      4
4      6
dtype: object

In [3]: S4.head(3) #指定查看元素个数
Out[3]:
```

```
0      0
1    NaN
2      2
dtype: object

In [4]: S4.tail() #默认查看对象的最后五个数据
Out[4]:
4       6
5       8
6    True
7      10
8      12
dtype: object

In [5]: S4.tail(6)#从最后一个元素开始，指定查看元素个数
Out[5]:
3       4
4       6
5       8
6    True
7      10
8      12
dtype: object

In [6]: S4.take([2,4,0]) #指定索引值
Out[6]:
2    2
4    6
0    0
dtype: object
```

11.1.2.2　利用位置或标签提取元素与切片

1. 提取元素

   Series 对象与一维数组最大的不同在于其可以指定标签作为索引值。数组只能通过元素所在位置的索引来提取元素，而对 Series 对象来说，除了位置索引以外，更方便更有特点的是通过标签索引来提取元素。

```
In [1]: S5= pd.Series([1,3,5,7,9],\
   ...:         index=['a','b','c','d','e'])
   ...: S5[2],S5['d']
Out[1]: (5, 7)
```

   和 NumPy 数组一样,Series 对象可以使用位置数组或者位置列表进行存取。与 NumPy 数组不同的是，Series 对象还可以使用标签数组和标签列表。

```
In [2]: S5[[1,3,4]]#位置列表
Out[2]:
b    3
d    7
e    9
```

```
dtype: int64
In [3]: S5[['b','e','d']] #标签列表
Out[3]:
b    3
e    9
d    7
dtype: int64
```

2. 切片

Series 也支持标签切片和位置切片。两种切片方式有一定的区别：

- 标签切片同时包括起始标签和结束标签位置；
- 而位置切片遵循 Python 的切片规则，即包括起始位置，但不包括结束位置。

这样设计的原因之一在于，若想要提取特定几个标签的元素，比如，提取标签 'a' 到 'd' 的元素，如果在切片时，不包括结束位置，则标签 'd' 中的元素值就无法提取；若包括标签 'd' 中的元素，则需要将结束标签指定为标签 'd' 下一个位置的标签，不过，通常我们不知道标签的顺序，就无法确定标签 'd' 下一个位置的标签是哪个。

```
In [4]: S5[0:4] #位置切片，不包括结束位置
Out[4]:
a    2
b    4
c    6
d    8
dtype: int64

In [5]: S5['a':'d'] #标签切片，包括结束位置
Out[5]:
a    1
b    3
c    5
d    7
dtype: int64
```

11.1.3 时间序列

时间序列分析在金融数据分析中占据重要位置，Pandas 包中也支持时间序列类型的数据。时间序列（time series）类型也是一种 Series 类型，与一般 Series 对象不同的是，时间序列的 index 属性取值为时间戳。

- 创建时间序列

时间序列的创建方式与一般的 Series 对象创建方式相同，我们只需要将 index 设置为 Timestamp 对象。

Timestamp 对象由 Pandas 包中的 Timestamp( ) 来创建，Timestamp( ) 的传入值可以为 str 类型的数据，也可以为 datatime 类型的数据。举例如下：

```
In [1]: from datetime import datetime

In [2]: import pandas as pd

In [3]: date = datetime(2016,1,1)

In [4]: date = pd.Timestamp(date)

In [5]: date
Out[5]: Timestamp('2016-01-01 00:00:00')

In [6]: type(date)
Out[6]: pandas.tslib.Timestamp

In [7]: ts=pd.Series(1,index=[date])

In [8]: ts
Out[8]:
2016-01-01    1
dtype: int64

In [9]: ts.index
Out[9]: DatetimeIndex(['2016-01-01'], dtype='datetime64[ns]', freq=None)

In [10]: ts.index[0]
Out[10]: Timestamp('2016-01-01 00:00:00')
```

不过，由于 Timestamp( ) 并不接受列表等可迭代对象，如果我们想要创建一个 Series 对象，则需要对每个日期应用一次 Timestamp( ) 函数，这样显然很麻烦。因此，我们一般会使用 to_datetime( ) 来将 Series 的 index 属性转换为 DatetimeIndex：

```
In [11]: dates = ['2016-01-01','2016-01-02','2016-01-03']

In [12]: ts=pd.Series([1,2,3],index=pd.to_datetime(dates))

In [13]: ts
Out[13]:
2016-01-01    1
2016-01-02    2
2016-01-03    3
dtype: int64

In [14]: ts.index
Out[14]: DatetimeIndex(['2016-01-01', '2016-01-02', '2016-01-03'],
dtype='datetime64[ns]', freq=None)

In [15]: ts.index[0]
Out[15]: Timestamp('2016-01-01 00:00:00')
```

实际上，对于 datetime 对象，我们可以直接将其作为 index，而 Pandas 会自动将其转换成 Timestamp 对象：

```
In [16]: dates = [datetime(2016,1,1),datetime(2016,1,2),datetime(2016,1,3)]

In [17]: ts=pd.Series([1,2,3],index=dates)

In [18]: ts.index[0]
Out[18]: Timestamp('2016-01-01 00:00:00')
```

时间序列之间的算术运算会自动按时间对齐。

- 截取时间段数据

时间序列只是 index 比较特殊的 Series，因此一般的索引操作对时间序列依然有效。其特别之处在于对时间序列索引的操作优化。如使用各种字符串进行索引：

```
In [19]: ts['20160101']
Out[19]: 1

In [20]: ts['2016-01-01']
Out[20]: 1

In [21]: ts['01/01/2016']
Out[21]: 1
```

对于较长的序列，还可以只传入年份或年份加月份来选取切片：

```
In [22]: ts
Out[22]:
2016-01-01     0.003195
2016-01-02    -0.517593
2016-01-03    -0.812502
dtype: float64

In [23]: ts['2016']
Out[23]:
2016-01-01     0.003195
2016-01-02    -0.517593
2016-01-03    -0.812502
dtype: float64

In [24]: ts['2016-01':'2016-02']
Out[24]:
2016-01-01     0.003195
2016-01-02    -0.517593
2016-01-03    -0.812502
dtype: float64
```

除了这种字符串切片方式之外，还有一种方法可用：

```
In [25]: ts.truncate(after='2016-01-02')
Out[25]:
2016-01-01    1
2016-01-02    2
dtype: int64
```

切片时使用的字符串时间戳可以不必存在于 index 之中，比如 ts.truncate(after='8394')。

- 滞后或者超前操作

滞后操作指的是将 t 期的数据换成 $t-a$ 期的数据，而超前操作自然是将 t 期的数据换成 $t+a$ 期的数据。在实际应用中，这样的操作非常常见。比如，在计算收益率的时候，我们就可以简单地将数据滞后 1 期，然后用原来的数据减去滞后 1 期的数据，得到每期的价格变化，然后再除以滞后 1 期的数据就得到了收益率。

对于滞后或者超前操作，可以使用 shift( ) 方法：

```
In [26]: ts.shift(1) #正数为滞后
Out[26]:
2016-01-01    NaN
2016-01-02      1
2016-01-03      2
dtype: float64

In [27]: ts.shift(-1) #负数为超前
Out[27]:
2016-01-01      2
2016-01-02      3
2016-01-03    NaN
dtype: float64
```

下面，我们例举一个计算收益率的例子：

```
In [37]: price=pd.Series([20.34,20.56,21.01,20.65,21.34],\
       : index=pd.to_datetime(['2016-01-01','2016-01-02',\
       : '2016-01-03','2016-01-04','2016-01-05']))

In [38]: (price-price.shift(1))/price.shift(1)
Out[38]:
2016-01-01          NaN
2016-01-02     0.010816
2016-01-03     0.021887
2016-01-04    -0.017135
2016-01-05     0.033414
dtype: float64
```

- 高低频时间数据转换

对于时间序列数据，往往需要在高低频数据之间进行转换，比如，当我们手头的数据为日度数据时，如果需要计算月度的收益率，就可以将日度数据转换成月度数据，然后计算月度的收益率。

时间序列数据的 index 的 freq 属性显示了数据的频率，一般情况下，如果没有指定 freq 的值，默认会将 freq 设为 None：

```
In [45]: ts.index.freq is None
Out[45]: True
```

可以通过 resample( ) 来修改数据的频率，进行高低频数据的转换。resample( ) 的第一个参数指定了数据的频率，而第二个参数则指定了转换的方法。

```
In [46]: rts=ts.resample('M',how='first') #'M'指的是每月最后一天

In [47]: rts
Out[47]:
2016-01-31    1
Freq: M, dtype: int64

In [48]: rts=ts.resample('MS',how='first') #'MS'指的是每月的第一天

In [49]: rts
Out[49]:
2016-01-01    1
Freq: MS, dtype: int64
```

上例只是 resample( ) 最简单的应用，Pandas 为我们提供了多种可选的频率和转换的方法，比如，我们可以将转换的方法设为“mean”，这样就可以很方便地对特定区间进行求均值。

11.2 DataFrame 类型数据

DataFrame 极大地简化了数据分析过程中一些烦琐操作，它是一个表格型的数据结构，每一列代表一个变量，而每一行则是一条记录。简答地说，DataFrame 是共享同一个 index 的 Series 的集合。

11.2.1 创建 DataFrame 对象

DataFrame 对象的创建方法与 Series 对象类似，只不过可以同时接受多条一维的列表，每个列表都会成为单独的一列。在创建 DataFrame 对象之前，要先创建一个索引。索引是一个 DataFrame 对象必须有的元素，起到标识的作用。

```
In [1]: import pandas as pd
   ...: import numpy as np
   ...:

In [2]: dates = ['2016-01-01','2016-01-02','2016-01-03',
      : '2016-01-04','2016-01-05','2016-01-06']

In [3]: dates=pd.to_datetime(dates)

In [4]: dates
Out[4]:
DatetimeIndex(['2016-01-01', '2016-01-02', '2016-01-03', '2016-01-04',
               '2016-01-05', '2016-01-06'],
              dtype='datetime64[ns]', freq=None)
```

在此基础上创建一个 6×4 的数据，索引为刚刚创建的 dates，名称为 df，之后内容提及的 df 均为这个数据。

```
In [5]: df = pd.DataFrame(np.random.randn(6,4),index=dates,columns=list('ABCD'))
```

```
In [6]: df
Out[6]:
                   A         B         C         D
2016-01-01 -0.924813  1.011836 -0.312846  0.773170
2016-01-02  0.462387 -0.747073  1.064430  0.598022
2016-01-03  0.318700 -0.357701 -1.503945 -0.417211
2016-01-04 -0.185249  0.398682  1.541127 -0.968151
2016-01-05  1.161603 -0.634552  0.125405 -1.496913
2016-01-06 -0.796077  0.108933  0.950862  0.452035
```

除了手动创建数据之外，还可以从其他地方读取数据来创建 DataFrame 对象。

- read_table( ) 函数

对于多数常见的存储数据的文件，比如 .txt 文件或是 .csv 文件，都可以用 read_table( ) 函数来处理，该函数的调用形式为：

```
pd.read_table('data_file', sep='\t', header=None, names=None)
```

上面代码中的参数是几个比较常见的参数，其中 'data_file' 指定了需要读入的文档（包含路径）；sep='\t' 表示字段之间的分隔符为 Tab 分隔符（此为默认取值）；header 是指用作列名（变量名）的行数，比如 header=0（默认取值）指的是第 0 行的数据用来做列名，header=None 是指没有列名；names 可以指定各列变量名，如果 header=0 则说明将第 0 行作为列名，此时可以将 names 取值为 None。read_table( ) 函数还有很多参数，有兴趣的读者可以用 pd.pandas( ) 来查看该函数的所有参数及用法。

- 读取 csv 文件数据

Pandas 库中还有一个专门处理 csv 文件的函数 read_csv( )，该函数与 read_table( ) 的参数十分类似。假设我们要读取 test.csv 中的数据，对应的代码如下：

```
In [1]: df = pd.read_csv('filepath/test.csv', header=None, sep=',')
```

其中，filepath 是 test.csv 文件所在的路径，比如在 D 盘的 data 文件夹里，则 filepath 为 D:/data；header=None 表示没有列表名，sep=',' 表示字段之间的分隔符为逗号（默认值）。

- 读取 MySQL 数据

要读取 MySQL 中的数据，首先要安装 Pandas 支持的 MySQL 驱动，`http://docs.sqlalchemy.org/en/latest/dialects/mysql.html`列出了所有支持的 MySQL 驱动。下面以 MySQLdb 包为例来说明一下 Pandas 读取 MySQL 数据的方法。假设数据库 stock 安装在本地，用户名为 root，密码为 pwd123，要读取 stock 数据库中的数据，对应的代码如下：

```
import pandas as pd
import MySQLdb
mysql_cn= MySQLdb.connect(host='localhost', port=3306,user='root', passwd='pwd123',
```

```
db='stock')

#stock数据库有两张表，分别为stock和company
#现在我们要从company表中读10笔资料
df = pd.read_sql('select * from company limit 10;', con=mysql_cn)
mysql_cn.close()
```

上面的代码读取了 stock 数据库 company 表中的 10 笔数据到 df 中，得到的 df 的数据结构为 Dataframe。

11.2.2 查看 DataFrame 对象

在 IPython 中，最简单的查看 DataFrame 对象的办法是输入 DataFrame 名：

```
In [7]: df
Out[7]:
                   A         B         C         D
2016-01-01 -0.924813  1.011836 -0.312846  0.773170
2016-01-02  0.462387 -0.747073  1.064430  0.598022
2016-01-03  0.318700 -0.357701 -1.503945 -0.417211
2016-01-04 -0.185249  0.398682  1.541127 -0.968151
2016-01-05  1.161603 -0.634552  0.125405 -1.496913
2016-01-06 -0.796077  0.108933  0.950862  0.452035
```

当数据量比较大时，将数据的所有信息输出到 console 中，则显得过于冗杂。我们可以通过查看部分数据信息，来简要了解数据的一些特性。

head( ) 可以让我们查看前几行数据：

```
In [8]: df.head(3)
Out[8]:
                   A         B         C         D
2016-01-01 -0.924813  1.011836 -0.312846  0.773170
2016-01-02  0.462387 -0.747073  1.064430  0.598022
2016-01-03  0.318700 -0.357701 -1.503945 -0.417211
```

tail( ) 则可以让我们了解后几行数据：

```
In [9]: df.tail(4)
Out[9]:
                   A         B         C         D
2016-01-03  0.318700 -0.357701 -1.503945 -0.417211
2016-01-04 -0.185249  0.398682  1.541127 -0.968151
2016-01-05  1.161603 -0.634552  0.125405 -1.496913
2016-01-06 -0.796077  0.108933  0.950862  0.452035
```

查看列名用 columns：

```
In [10]: df.columns
Out[10]: Index(['A', 'B', 'C', 'D'], dtype='object')
```

查看索引（行的）用 index：

```
In [11]: df.index
Out[11]:
DatetimeIndex(['2016-01-01', '2016-01-02', '2016-01-03', '2016-01-04',
               '2016-01-05', '2016-01-06'],
              dtype='datetime64[ns]', freq=None)
```

查看数据值用 values：

```
In [12]: df.values
Out[12]:
array([[-0.92481269,  1.0118361 , -0.31284606,  0.77317023],
       [ 0.46238705, -0.74707349,  1.06443041,  0.59802158],
       [ 0.31870025, -0.35770145, -1.50394506, -0.41721084],
       [-0.18524889,  0.39868159,  1.5411265 , -0.96815086],
       [ 1.16160279, -0.63455171,  0.12540484, -1.49691289],
       [-0.79607736,  0.1089331 ,  0.95086181,  0.45203533]])
```

可以用 describe( ) 函数查看各变量的描述性统计：

```
In [13]: df.describe()
Out[13]:
              A         B         C         D
count  6.000000  6.000000  6.000000  6.000000
mean   0.006092 -0.036646  0.310839 -0.176508
std    0.798474  0.674580  1.114266  0.930049
min   -0.924813 -0.747073 -1.503945 -1.496913
25%   -0.643370 -0.565339 -0.203283 -0.830416
50%    0.066726 -0.124384  0.538133  0.017412
75%    0.426465  0.326244  1.036038  0.561525
max    1.161603  1.011836  1.541127  0.773170
```

11.2.3　DataFrame 对象的索引与切片

- DataFrame 行与列的单独操作

```
#对行进行切片
In [14]: df[1:3]
Out[14]:
                   A         B         C         D
2016-01-02  0.462387 -0.747073  1.064430  0.598022
2016-01-03  0.318700 -0.357701 -1.503945 -0.417211

#提取单独一列
In [15]: df['A']
Out[15]:
2016-01-01   -0.924813
2016-01-02    0.462387
2016-01-03    0.318700
2016-01-04   -0.185249
2016-01-05    1.161603
2016-01-06   -0.796077
Name: A, dtype: float64
```

```
#提取几列
In [16]: df[['A','C']]
Out[16]:
                   A         C
2016-01-01 -0.924813 -0.312846
2016-01-02  0.462387  1.064430
2016-01-03  0.318700 -1.503945
2016-01-04 -0.185249  1.541127
2016-01-05  1.161603  0.125405
2016-01-06 -0.796077  0.950862

#根据boolean值提取
In [17]: df[df['A']>0]
Out[17]:
                   A         B         C         D
2016-01-02  0.462387 -0.747073  1.064430  0.598022
2016-01-03  0.318700 -0.357701 -1.503945 -0.417211
2016-01-05  1.161603 -0.634552  0.125405 -1.496913
```

但是要注意：对列进行切片处理会出错，比如 df[['A':'C']] 为错误操作；同时对行或列进行操作也会出错，比如 df[1:3,'A']。

- 标签索引与切片

可以通过行和列的标签名来提取相应的数据，主要是运用 df.loc[row_indexer, column_indexer] 进行操作：

```
#提取某一列数据
In [18]: df.loc[:,'A']
Out[18]:
2016-01-01   -0.924813
2016-01-02    0.462387
2016-01-03    0.318700
2016-01-04   -0.185249
2016-01-05    1.161603
2016-01-06   -0.796077
Name: A, dtype: float64

#提取几列数据
In [19]: df.loc[:,'A':'C']
Out[19]:
                   A         B         C
2016-01-01 -0.924813  1.011836 -0.312846
2016-01-02  0.462387 -0.747073  1.064430
2016-01-03  0.318700 -0.357701 -1.503945
2016-01-04 -0.185249  0.398682  1.541127
2016-01-05  1.161603 -0.634552  0.125405
2016-01-06 -0.796077  0.108933  0.950862

#提取特定的行和列
In [20]: df.loc[dates[0:2],'A':'C']
Out[20]:
                   A         B         C
2016-01-01 -0.924813  1.011836 -0.312846
2016-01-02  0.462387 -0.747073  1.064430
```

```
#提取特定的标量
In [21]: df.loc[dates[0],'A']
Out[21]: -0.92481269464889193

#提取标量时也可用
In [22]: df.at[dates[0],'A']
Out[22]: -0.92481269464889193

#根据boolean值提取
In [23]: df.loc[df.loc[:,'A']>0]
Out[23]:
                   A         B         C         D
2016-01-02  0.462387 -0.747073  1.064430  0.598022
2016-01-03  0.318700 -0.357701 -1.503945 -0.417211
2016-01-05  1.161603 -0.634552  0.125405 -1.496913
```

- 位置索引与切片

通过位置提取特定的数据与标签切片类似，不过是用 df.iloc[row_indexer, column_indexer] 进行操作：

```
#提取某行
In [24]: df.iloc[2]
Out[24]:
A    0.318700
B   -0.357701
C   -1.503945
D   -0.417211
Name: 2016-01-03 00:00:00, dtype: float64

#提取某列
In [25]: df.iloc[:,2]
Out[25]:
2016-01-01   -0.312846
2016-01-02    1.064430
2016-01-03   -1.503945
2016-01-04    1.541127
2016-01-05    0.125405
2016-01-06    0.950862
Name: C, dtype: float64

#提取某几行与某几列
In [26]: df.iloc[[1,4],[2,3]]
Out[26]:
                   C         D
2016-01-02  1.064430  0.598022
2016-01-05  0.125405 -1.496913

#切片
In [27]: df.iloc[1:4,2:4]
Out[27]:
                   C         D
2016-01-02  1.064430  0.598022
2016-01-03 -1.503945 -0.417211
```

```
2016-01-04  1.541127 -0.968151

#提取特定标量
In [28]: df.iloc[3,3]
Out[28]: -0.96815086030382946

In [29]: df.iat[3,3]
Out[29]: -0.96815086030382946

#根据boolean值提取
In [30]: df.loc[:,df.iloc[3]>0]
Out[30]:
                   B         C
2016-01-01  1.011836 -0.312846
2016-01-02 -0.747073  1.064430
2016-01-03 -0.357701 -1.503945
2016-01-04  0.398682  1.541127
2016-01-05 -0.634552  0.125405
2016-01-06  0.108933  0.950862
```

- 广义索引与切片

df.loc 与 df.iloc 分别指定了标签和位置索引与切片，但是有时混合式索引与切片更为实用，即自动判别该使用位置抑或标签进行索引与切片，df.ix 就实现了这一点：

```
#对行切片
In [31]: df.ix[2:5]
Out[31]:
                   A         B         C         D
2016-01-03  0.318700 -0.357701 -1.503945 -0.417211
2016-01-04 -0.185249  0.398682  1.541127 -0.968151
2016-01-05  1.161603 -0.634552  0.125405 -1.496913

#获取某几行、某几列
In [32]: df.ix[[1,3],2]
Out[32]:
2016-01-02    1.064430
2016-01-04    1.541127
Name: C, dtype: float64

In [33]: df.ix[[1,3],'C']
Out[33]:
2016-01-02    1.064430
2016-01-04    1.541127
Name: C, dtype: float64

#对行与列进行切片
In [34]: df.ix[1:3,'A':'C']
Out[34]:
                   A         B         C
2016-01-02  0.462387 -0.747073  1.064430
2016-01-03  0.318700 -0.357701 -1.503945

#根据boolean值进行提取
In [35]: df.ix[1:3,df.iloc[3]>0]
```

```
Out[35]:
                   B         C
2016-01-02 -0.747073  1.064430
2016-01-03 -0.357701 -1.503945
```

11.2.4 DataFrame 的操作

- 转置

DataFrame 数据结构是二维的，二维数据常常要用到的操作是转置：

```
In [1]: df.T
Out[1]:
   2016-01-01  2016-01-02  2016-01-03  2016-01-04  2016-01-05  2016-01-06
A   -0.924813    0.462387    0.318700   -0.185249    1.161603   -0.796077
B    1.011836   -0.747073   -0.357701    0.398682   -0.634552    0.108933
C   -0.312846    1.064430   -1.503945    1.541127    0.125405    0.950862
D    0.773170    0.598022   -0.417211   -0.968151   -1.496913    0.452035
```

- 排序与排名

在投资分析中,很常用的数据操作是排序,比如将基金的收益率进行排序等。DataFrame 对象可以调用 sort( ) 函数进行排序：

```
DataFrame.sort(columns=None, axis=0, ascending=True)
```

其中 axis=0 为默认值，是指按照 index 对数据进行排序，当 axis 取 1 时按照列的名字进行排序。如果想按照某个变量（列）的取值对 DataFrame 对象进行排序，则需要指定参数 columns 取值。

```
In [2]: df.sort(axis=0, ascending=False)
Out[2]:
                   A         B         C         D
2016-01-06 -0.796077  0.108933  0.950862  0.452035
2016-01-05  1.161603 -0.634552  0.125405 -1.496913
2016-01-04 -0.185249  0.398682  1.541127 -0.968151
2016-01-03  0.318700 -0.357701 -1.503945 -0.417211
2016-01-02  0.462387 -0.747073  1.064430  0.598022
2016-01-01 -0.924813  1.011836 -0.312846  0.773170

In [3]: df.sort(axis=1, ascending=False)
Out[3]:
                   D         C         B         A
2016-01-01  0.773170 -0.312846  1.011836 -0.924813
2016-01-02  0.598022  1.064430 -0.747073  0.462387
2016-01-03 -0.417211 -1.503945 -0.357701  0.318700
2016-01-04 -0.968151  1.541127  0.398682 -0.185249
2016-01-05 -1.496913  0.125405 -0.634552  1.161603
2016-01-06  0.452035  0.950862  0.108933 -0.796077

In [4]: df.sort(columns='C')
Out[4]:
```

```
                    A         B         C         D
2016-01-03  0.318700 -0.357701 -1.503945 -0.417211
2016-01-01 -0.924813  1.011836 -0.312846  0.773170
2016-01-05  1.161603 -0.634552  0.125405 -1.496913
2016-01-06 -0.796077  0.108933  0.950862  0.452035
2016-01-02  0.462387 -0.747073  1.064430  0.598022
2016-01-04 -0.185249  0.398682  1.541127 -0.968151
```

与排序功能相似的函数是排名函数 rank( )，返回的结果是每个数据在相应的列（或行）的升序（或降序）排名值：

```
In [5]: df
Out[5]:
                    A         B         C         D
2016-01-01 -0.924813  1.011836 -0.312846  0.773170
2016-01-02  0.462387 -0.747073  1.064430  0.598022
2016-01-03  0.318700 -0.357701 -1.503945 -0.417211
2016-01-04 -0.185249  0.398682  1.541127 -0.968151
2016-01-05  1.161603 -0.634552  0.125405 -1.496913
2016-01-06 -0.796077  0.108933  0.950862  0.452035

#每列按升序排名
In [6]: df.rank(axis=0)
Out[6]:
            A  B  C  D
2016-01-01  1  6  2  6
2016-01-02  5  1  5  5
2016-01-03  4  3  1  3
2016-01-04  3  5  6  2
2016-01-05  6  2  3  1
2016-01-06  2  4  4  4

#每行按降序排名
In [7]: df.rank(axis=1,ascending=False)
Out[7]:
            A  B  C  D
2016-01-01  4  1  3  2
2016-01-02  3  4  1  2
2016-01-03  1  2  4  3
2016-01-04  3  2  1  4
2016-01-05  1  3  2  4
2016-01-06  4  3  1  2
```

- 增加行或者列

有时我们需要将两个数据集合并在一起，可能会往横的方向上接续更多的列，也可能在纵的方向上拼接更多的行。在列的方向上操作时，数据集会自动根据 index 对齐；在行的方向操作时，数据集会自动根据列的名对齐。

```
In [8]: s1 = pd.Series([1,2,3,4,5,6],index=pd.date_range('20160102',periods=5))
In [9]: s1
Out[9]:
2016-01-02    1
```

```
2016-01-03    2
2016-01-04    3
2016-01-05    4
2016-01-06    5
2016-01-07    6
Freq: D, dtype: int64

#df 新增加一列
In [10]: df['E'] = s1
In [11]: df
Out[11]:
                   A         B         C         D    E
2016-01-01 -0.924813  1.011836 -0.312846  0.773170  NaN
2016-01-02  0.462387 -0.747073  1.064430  0.598022    1
2016-01-03  0.318700 -0.357701 -1.503945 -0.417211    2
2016-01-04 -0.185249  0.398682  1.541127 -0.968151    3
2016-01-05  1.161603 -0.634552  0.125405 -1.496913    4
2016-01-06 -0.796077  0.108933  0.950862  0.452035    5

#合并操作---横向
In [12]: df=df[list('ABCD')]
In [13]: pd.concat([df, s1], axis=1)
Out[13]:
                   A         B         C         D    0
2016-01-01 -0.924813  1.011836 -0.312846  0.773170  NaN
2016-01-02  0.462387 -0.747073  1.064430  0.598022    1
2016-01-03  0.318700 -0.357701 -1.503945 -0.417211    2
2016-01-04 -0.185249  0.398682  1.541127 -0.968151    3
2016-01-05  1.161603 -0.634552  0.125405 -1.496913    4
2016-01-06 -0.796077  0.108933  0.950862  0.452035    5
2016-01-07       NaN       NaN       NaN       NaN    6

#合并操作---纵向
In [14]: df1=pd.DataFrame({'A':[1,2,3],'B':[4,5,6],'C':[7,8,9]},\
    ...:                     index=pd.date_range('20160110',periods=3))
In [15]: df1
Out[15]:
            A  B  C
2016-01-10  1  4  7
2016-01-11  2  5  8
2016-01-12  3  6  9

In [16]: df.append(df1)
Out[16]:
                   A         B         C         D
2016-01-01 -0.924813  1.011836 -0.312846  0.773170
2016-01-02  0.462387 -0.747073  1.064430  0.598022
2016-01-03  0.318700 -0.357701 -1.503945 -0.417211
2016-01-04 -0.185249  0.398682  1.541127 -0.968151
2016-01-05  1.161603 -0.634552  0.125405 -1.496913
2016-01-06 -0.796077  0.108933  0.950862  0.452035
2016-01-10  1.000000  4.000000  7.000000       NaN
2016-01-11  2.000000  5.000000  8.000000       NaN
2016-01-12  3.000000  6.000000  9.000000       NaN
```

```
In [17]: pd.concat([df,df1],join='inner')
Out[17]:
                   A         B         C
2016-01-01 -0.924813  1.011836 -0.312846
2016-01-02  0.462387 -0.747073  1.064430
2016-01-03  0.318700 -0.357701 -1.503945
2016-01-04 -0.185249  0.398682  1.541127
2016-01-05  1.161603 -0.634552  0.125405
2016-01-06 -0.796077  0.108933  0.950862
2016-01-10  1.000000  4.000000  7.000000
2016-01-11  2.000000  5.000000  8.000000
2016-01-12  3.000000  6.000000  9.000000
```

- 删除操作

```
In [18]: df.drop(dates[1:3])
Out[18]:
            A         B         C         D
2016-01-01  0  1.011836 -0.312846  0.000000
2016-01-04  3  0.398682  1.541127 -0.968151
2016-01-05  4 -0.634552  0.125405 -1.496913
2016-01-06  5  0.108933  0.950862  0.452035

In [19]: df.drop('A',axis=1)
Out[19]:
                   B         C         D
2016-01-01  1.011836 -0.312846  0.000000
2016-01-02 -0.747073  1.064430  0.598022
2016-01-03 -0.357701  0.000000 -0.417211
2016-01-04  0.398682  1.541127 -0.968151
2016-01-05 -0.634552  0.125405 -1.496913
2016-01-06  0.108933  0.950862  0.452035

#变动原DataFrame
In [20]: del df['A']
In [21]: df
Out[21]:
                   B         C         D
2016-01-01  1.011836 -0.312846  0.000000
2016-01-02 -0.747073  1.064430  0.598022
2016-01-03 -0.357701  0.000000 -0.417211
2016-01-04  0.398682  1.541127 -0.968151
2016-01-05 -0.634552  0.125405 -1.496913
2016-01-06  0.108933  0.950862  0.452035
```

- 替换操作

有时我们需要将数据集中的某个或者某些值替换、更新，即先找到要替换的数据所在的位置（通过位置索引或者标签索引），然后赋予新的值：

```
#标签索引替换
In [22]: df.loc[dates[2],'C'] = 0
#位置索引替换
In [23]: df.iloc[0,4] = 0
```

```
#替换整列
In [24]: df.loc[:,'B'] = np.arange(0,len(df))

In [25]: df
Out[25]:
            B         C         D
2016-01-01  0 -0.312846  0.000000
2016-01-02  1  1.064430  0.598022
2016-01-03  2  0.000000 -0.417211
2016-01-04  3  1.541127 -0.968151
2016-01-05  4  0.125405 -1.496913
2016-01-06  5  0.950862  0.452035
```

这里只例举几种方法，替换的方法就是选择到对应的数据并赋予新值即可。

- 重置索引：

如果对 DataFrame 对象 df 调用 reindex( ) 函数，将返回一个新的对象，该对象的 index 和列名由 reindex( ) 函数传入的参数设定。如果新对象的某个索引值或列名不存在于原对象 df 中，则引入缺失值。具体见下面的例子：

```
In [197]: new_index=pd.date_range('20160102',periods=7)

In [203]: df.reindex(new_index,columns=list('ABCD'))
Out[203]:
              A    B         C         D
2016-01-02  NaN    1  1.064430  0.598022
2016-01-03  NaN    2  0.000000 -0.417211
2016-01-04  NaN    3  1.541127 -0.968151
2016-01-05  NaN    4  0.125405 -1.496913
2016-01-06  NaN    5  0.950862  0.452035
2016-01-07  NaN  NaN       NaN       NaN
2016-01-08  NaN  NaN       NaN       NaN
```

11.2.5 DataFrame 的运算

- 简单运算

在分析数据时，不可避免地要对数据进行运算。当对两个数据集进行算术运算时，遇到的核心问题有两个：一是两个数据集之间如何进行匹配进而运算；二是如何处理不匹配的数据。Pandas 的两种数据类型（Series 与 DataFrame）比较有特色的部分是 index（DataFrame 还多了列名 columns），因此两个数据集最直接的匹配方式是按照 index 与 columns 进行匹配运算。如果两个数据集的加减乘除运算分别用“+”、“−”、“*”、“/”来实现，那么 Series 与 Series 之间是 index 匹配运算，无法匹配的则用 NaN 进行填充；Series 与 DataFrame 之间是 Series 的 index 与 DataFrame 的 columns 之间匹配，运算的方式是将 DataFrame 每一行都与 Series 进行匹配运算，无法匹配的用 NaN 填充；DataFrame 与 DataFrame 之间是同时对 index 与 columns 进行匹配，匹配成功的元素进行运算，无法匹配的用 NaN 填充。

```
In [1]: import pandas as pd
```

```
In [2]: import numpy as np

#Series之间的运算
In [3]: s1=pd.Series([1,2,3],index=list('ABC'))
In [4]: s1
Out[4]:
A    1
B    2
C    3
dtype: int64

In [5]: s2=pd.Series([4,5,6],index=list('BCD'))
In [6]: s2
Out[6]:
B    4
C    5
D    6
dtype: int64

In [7]: s1+s2
Out[7]:
A   NaN
B     6
C     8
D   NaN
dtype: float64

#DataFrame与Series
In [8]: df1=pd.DataFrame(np.arange(1,13).reshape(3,4),
   ...:                  index=list('abc'),columns=list('ABCD'))
In [9]: df1
Out[9]:
   A   B   C   D
a  1   2   3   4
b  5   6   7   8
c  9  10  11  12

In [10]: df1-s1
Out[10]:
   A  B  C   D
a  0  0  0 NaN
b  4  4  4 NaN
c  8  8  8 NaN

#DataFrame与DataFrame
In [11]: df2=pd.DataFrame(np.arange(1,13).reshape(4,3),
    ...:                  index=list('bcde'),columns=list('CDE'))

In [12]: df2
Out[12]:
    C   D   E
b   1   2   3
c   4   5   6
d   7   8   9
e  10  11  12
```

```
In [13]: df1*df2
Out[13]:
    A    B    C    D    E
a NaN  NaN  NaN  NaN  NaN
b NaN  NaN    7   16  NaN
c NaN  NaN   44   60  NaN
d NaN  NaN  NaN  NaN  NaN
e NaN  NaN  NaN  NaN  NaN
```

填充无法匹配部分也可以换成其他值，不过这就需要用调用函数的方式，比如：

```
In [14]: df1
Out[14]:
   A   B   C   D
a  1   2   3   4
b  5   6   7   8
c  9  10  11  12
In [15]: df2
Out[15]:
    C   D   E
b   1   2   3
c   4   5   6
d   7   8   9
e  10  11  12
In [16]: df1.div(df2,fill_value=0)
Out[16]:
     A    B         C         D    E
a  inf  inf       inf       inf  NaN
b  inf  inf  7.000000  4.000000    0
c  inf  inf  2.750000  2.400000    0
d  NaN  NaN  0.000000  0.000000    0
e  NaN  NaN  0.000000  0.000000    0
```

这里两个 DataFrame 都没有值的位置所以依旧用 NaN 填充，但一个 DataFrame 有值，另一个 DataFrame 没有值的地方，就用相应的值与 fill_value 计算，这里返回的结果中 inf 与 0 的元素就是这样得到的。

- 函数应用和映射

DataFrame 是二维的数据集，有时我们需要对数据集的行与列进行函数操作，比如手边的数据是所有股票的一整年的月报酬率，我们想要找到每个月收益率最高的股票，或是找出每只股票最高的收益率落在几月。当然可以逐行或者逐列地对该数据集进行分析，但是 Pandas 包里有更为简便的解决方式——调用 apply( ) 函数。该函数基本形式为：

```
DataFrame.apply(func, axis=0)
```

其中 func 是要对每行或者每列应用的函数，axis=0 为默认值，是指将 func 应用在 DataFrame 的每个列上，当 axis=1 时，则应用在列上。

```
In [1]: df0 = pd.DataFrame(np.random.rand(6,4),
   ...:                    index=pd.date_range('20160101',periods=6),
```

```
   ...:                       columns=list('ABCD'))

In [2]: df0
Out[2]:
                   A         B         C         D
2016-01-01  0.107712  0.521189  0.446403  0.848928
2016-01-02  0.632778  0.426648  0.462505  0.669120
2016-01-03  0.432295  0.632280  0.678329  0.120162
2016-01-04  0.583678  0.946282  0.512633  0.568111
2016-01-05  0.197383  0.908791  0.702436  0.998978
2016-01-06  0.470645  0.303471  0.034179  0.085850

In [3]: df0.apply(max,axis=0)
Out[3]:
A     0.632778
B     0.946282
C     0.702436
D     0.998978
dtype: float64

#也可自定义函数
In [4]: f=lambda x: x.max()-x.min()
In [5]: df0.apply(f,axis=1)
Out[5]:
2016-01-01     0.741216
2016-01-02     0.242471
2016-01-03     0.558167
2016-01-04     0.433649
2016-01-05     0.801595
2016-01-06     0.436466
Freq: D, dtype: float64
```

11.3 数据规整化

11.3.1 缺失值的处理

11.3.1.1 缺失值的判断

在通过 Pandas 做数据分析时，数据中往往会因为一些原因而出现缺失值 NaN（Not a number）。比如前文中的例子，当两个 DataFrame 对象进行简单运算时，无法匹配的位置会出现缺失值：

```
In [1]: df1
Out[1]:
   A   B   C   D
a  1   2   3   4
b  5   6   7   8
c  9  10  11  12

In [2]: df2
Out[2]:
    C  D  E
b   1  2  3
```

```
c   4   5   6
d   7   8   9
e  10  11  12

In [3]: df3=df1.mul(df2,fill_value=0)
In [4]: df3
Out[4]:
    A   B   C   D   E
a   0   0   0   0 NaN
b   0   0   7  16   0
c   0   0  44  60   0
d NaN NaN   0   0   0
e NaN NaN   0   0   0
```

Pandas 包中的 isnull( ) 和 notnull( ) 方法都可以用于判断数据是否为缺失值（NaN 或者 None)。如果是缺失值，则 isnull( ) 返回值为 True，notnull( ) 返回值为 False。

```
In [5]: df3.isnull()
Out[5]:
       A      B      C      D      E
a  False  False  False  False   True
b  False  False  False  False  False
c  False  False  False  False  False
d   True   True  False  False  False
e   True   True  False  False  False
#notnull()取得相反的结果
In [6]: df3.notnull()
Out[6]:
       A      B     C     D      E
a   True   True  True  True  False
b   True   True  True  True   True
c   True   True  True  True   True
d  False  False  True  True   True
e  False  False  True  True   True
```

11.3.1.2　选出不是缺失值的数据

有时遇到包含缺失值的数据处理起来比较简单，只需要保留有数值的数据即可：

```
In [7]: df3.B[df3.B.notnull()]
Out[7]:
a    0
b    0
c    0
Name: B, dtype: float64
```

11.3.2　缺失值的填充

有时处理数据时我们会想将缺失值用实际的值做替代，Pandas 包里也有函数可以调用：

```
DataFrame.fillna(value=None, method=None, axis=None, inplace=False, limit=None)
```

函数中参数 value 是在缺失值处填充的值，可以是数值数字，也可以是字符串；method 是填充的方式，默认为 None，也可以取值为 ffill、pad、bfill 或 backfill，其中 ffill/pad 是用行或列方向上的上一个观测值来填充缺失值，bfill/backfill 是用行或列方向上的下一个观测值来填充；axis 与 method 配合使用，指定行（axis=1）或列（axis=0）的方向；limit=None 时，会填充连续的缺失值，如果指定数值的话，比如 limit=2，只会依次填充连续 NaN 值的指定数字个数（比如 2 个）；若 inplace=False 则不会变更原 DataFrame，若 inplace=True，则会改变原 DataFrame。

```
#先创建有NaN值的DataFrame df4
In [1]: df4=pd.DataFrame(np.random.rand(5,4),
   ...:                     index=list('abcde'),
   ...:                      columns=list('ABCD'))

In [2]: df4.ix['c','A']=np.nan
   ...: df4.ix['b':'d','C']=np.nan

In [3]: df4
Out[3]:
          A         B         C         D
a  0.620082  0.393647  0.875339  0.157148
b  0.138891  0.770243       NaN  0.490713
c       NaN  0.250412       NaN  0.056830
d  0.895170  0.506699       NaN  0.575992
e  0.950164  0.374731  0.142002  0.570523

#指定数值填充
In [4]: df4.fillna(0)
Out[4]:
          A         B         C         D
a  0.620082  0.393647  0.875339  0.157148
b  0.138891  0.770243  0.000000  0.490713
c  0.000000  0.250412  0.000000  0.056830
d  0.895170  0.506699  0.000000  0.575992
e  0.950164  0.374731  0.142002  0.570523
#前一个观测值填充，列方向上的
In [5]: df4.fillna(method='ffill')
Out[5]:
          A         B         C         D
a  0.620082  0.393647  0.875339  0.157148
b  0.138891  0.770243  0.875339  0.490713
c  0.138891  0.250412  0.875339  0.056830
d  0.895170  0.506699  0.875339  0.575992
e  0.950164  0.374731  0.142002  0.570523
#后一个观测值填充，列方向上
In [6]: df4.fillna(method='bfill')
Out[6]:
          A         B         C         D
a  0.620082  0.393647  0.875339  0.157148
b  0.138891  0.770243  0.142002  0.490713
```

```
c  0.895170  0.250412  0.142002  0.056830
d  0.895170  0.506699  0.142002  0.575992
e  0.950164  0.374731  0.142002  0.570523
#后一个观测值填充，行方向上
In [7]: df4.fillna(method='backfill',axis=1)
Out[7]:
          A         B         C         D
a  0.620082  0.393647  0.875339  0.157148
b  0.138891  0.770243  0.490713  0.490713
c  0.250412  0.250412  0.056830  0.056830
d  0.895170  0.506699  0.575992  0.575992
e  0.950164  0.374731  0.142002  0.570523
#连续的NaN值按照limit指定个数填充
In [8]: df4.fillna(method='pad',limit=2)
Out[8]:
          A         B         C         D
a  0.620082  0.393647  0.875339  0.157148
b  0.138891  0.770243  0.875339  0.490713
c  0.138891  0.250412  0.875339  0.056830
d  0.895170  0.506699       NaN  0.575992
e  0.950164  0.374731  0.142002  0.570523
#填充完的替代原DataFramed
In [9]: df4.fillna('missing', inplace=True)
In [10]: df4
Out[10]:
          A         B         C         D
a  0.620082  0.393647  0.875339  0.157148
b  0.138891  0.770243   missing  0.490713
c   missing  0.250412   missing  0.056830
d   0.89517  0.506699   missing  0.575992
e  0.950164  0.374731  0.142002  0.570523
```

11.3.3　缺失值的选择删除

Pandas 提供对包含缺失值的数据集进行行列的删除操作：

```
DataFrame.dropna(axis=0, how='any', thresh=None)
```

函数的参数取值如下。

- axis：axis = 0 指删除包含缺失值的行，axis = 1 指删除包含缺失值的列，默认为 0；
- how：how=any 表示只要有一个缺失值就删除该行（列），how = all 表示只有当所有的元素都为缺失值时才删除该行（列），how 默认取值为 any；
- thresh：比如 thresh=5 表示只有当某行（列）缺失值的数量大于或者等于 5 时删除该行（列），默认为 None。

```
In [11]: df4.ix['c','A']=np.nan
    ...: df4.ix['b':'d','C']=np.nan
    ...: df4
Out[11]:
          A         B         C         D
a  0.620082  0.393647  0.875339  0.157148
```

```
b  0.138891  0.770243       NaN  0.490713
c       NaN  0.250412       NaN  0.056830
d   0.89517  0.506699       NaN  0.575992
e  0.950164  0.374731  0.142002  0.570523

In [12]: df4.dropna(axis=0)
Out[12]:
          A         B         C         D
a  0.620082  0.393647  0.875339  0.157148
e  0.950164  0.374731  0.142002  0.570523

In [13]: df4.dropna(axis=1,thresh=3)
Out[13]:
          A         B         D
a  0.620082  0.393647  0.157148
b  0.138891  0.770243  0.490713
c       NaN  0.250412  0.056830
d   0.89517  0.506699  0.575992
e  0.950164  0.374731  0.570523

In [14]: df4.dropna(axis=1,how='all')
Out[14]:
          A         B         C         D
a  0.620082  0.393647  0.875339  0.157148
b  0.138891  0.770243       NaN  0.490713
c       NaN  0.250412       NaN  0.056830
d   0.89517  0.506699       NaN  0.575992
e  0.950164  0.374731  0.142002  0.570523
```

11.3.4 删除重复数据

有时我们处理的数据会因为数据源头或者后续处理不当而出现重复数据，这样既会占据额外的储存空间，也可能会影响分析结果。Pandas 包里有直接处理重复数据的函数：

```
In [1]: df5=pd.DataFrame({'c1':['apple'] *3 + ['banana']*3+['apple'],
   ...:                  'c2':['a', 'a', 3, 3, 'b', 'b','a']})

In [2]: df5
Out[2]:
       c1 c2
0   apple  a
1   apple  a
2   apple  3
3  banana  3
4  banana  b
5  banana  b
6   apple  a
```

DataFrame 对象调用 duplicated( ) 可以得到一个 bool 型的 Series，表示各行是否是重复行。

```
In [3]: df5.duplicated()
Out[3]:
```

```
0    False
1     True
2    False
3    False
4    False
5     True
6     True
dtype: bool
```

如果发现数据中有重复行，可以调用 drop_duplicates( ) 函数，来移除重复行：

```
In [4]: df5.drop_duplicates()
Out[4]:
       c1 c2
0   apple  a
2   apple  3
3  banana  3
4  banana  b
```

以上两个方法是以默认的方式判断全部的列（上面的例子中是看两个变量 c1 和 c2 是否都是重复出现），我们也可以对特定的列进行重复项的判断。

```
In [5]: df5.duplicated(['c2'])
Out[5]:
0    False
1     True
2    False
3     True
4    False
5     True
6     True
dtype: bool

In [6]: df5.drop_duplicates(['c2'])
Out[6]:
       c1 c2
0   apple  a
2   apple  3
4  banana  b
```

习题

1. 生成一个 list，包含 20 以内的奇数，然后生成 numpy.ndarray；
2. 生成一个 tuple，包含 40 以内 3 的倍数，然后生成 numpy.ndarray；
3. 找到之前生成的两个 numpy.ndarray 相同的数并用两种以上的方法输出新生成的 numpy.ndarray 前一半数据；
4. 利用随机数生成 10 以内的 10 个浮点数创建序列；
5. 利用 np.arange() 生成一个包含 20 以内所有偶数的序列；
6. 利用两种以上方法访问第 5 题中生成序列的最后 5 个数据；

7. 生成如图 11.1 所示的 DataFrame，输出转置之后的第三行数据；

id	name	age
a	Alice	34
b	Bob	36
c	Charlie	30
d	David	29
e	Esther	32
f	Fanny	36

图 11.1 习题 7

8. 在上面第 7 题的基础上加上“g,John,19”一行，将年龄设置为索引，删除第 3 行后输出结果。

第12章 常用第三方库：Matplotlib库与数据可视化

12.1 Matplotlib简介

通过对前面章节的学习，我们对Python的诸多数据结构有了一定程度的了解，为了更直观地分析数据，数据可视化必不可少。在Python中有专门用于数据可视化的第三方库Matplotlib。Matplotlib是Python语言最流行的绘图库，它模仿MATLAB中的绘图风格，并提供了一整套与MATLAB相似的绘图API。通过API，我们可以轻松地绘制出高质量的图形。Matplotlib的官网为 `http://matplotlib.org/`，上面提供了不同的操作系统安装Matplotlib的方法，读者可以根据自己的操作平台来选择安装Matplotlib的方法。此外，官网上还提供了详细的说明文档以及众多的案例供使用者学习。

绘图小例子

在做金融投资分析时，价格是我们分析市场行情的基础，最直观展现价格整体情况的方式莫过于价格曲线。以股票这种金融商品来说，可以通过分析价格曲线来发现股价的趋势，这在中短线投资中往往是不可或缺的一环。接下来，以中国银行股票的股价为分析对象，运用Matplotlib库中的相关函数来绘制中国银行股票的收盘价曲线。在进行绘图之前，先运用Pandas包的read_csv( )函数读取数据。

```
In [1]: import pandas as pd
In [2]: ChinaBank=pd.read_csv('ChinaBank.csv',\
   ...:              index_col='Date')
   ...: ChinaBank=ChinaBank.iloc[:,1:]
   ...: ChinaBank.head()
Out[2]:
            Open  High   Low  Close    Volume
Date
2014-01-02  2.62  2.62  2.59   2.61  41632500
2014-01-03  2.60  2.61  2.56   2.56  45517700
2014-01-06  2.57  2.57  2.50   2.53  68674700
2014-01-07  2.51  2.52  2.49   2.52  53293800
2014-01-08  2.51  2.54  2.49   2.51  69087900

In [3]: ChinaBank.index=pd.to_datetime(\
   ...:                    ChinaBank.index)

In [4]: Close=ChinaBank.Close
```

在进行绘图时，Matplotlib 库中的子包 pyplot 的相关函数较常被使用。在导入 pyplot 包的方式上，为了方便引用，我们一般会运用“import matplotlib.pyplot as plt”的方式进行导入，即用“plt”代指“matplotlib.pyplot”。导入 pyplot 包之后，调用其内部函数 plot( ) 函数来绘制曲线。

```
In [5]: import matplotlib.pyplot as plt

In [6]: plt.plot(Close['2014'])
Out[6]: [<matplotlib.lines.Line2D at 0x18365b4b6a0>]
```

如图 12.1 所示的曲线，可以看出中国银行收盘价在 2014 年 11 月以前，价格整体上下浮动不大，而在 2014 年 11 月和 12 月，价格几乎直线上涨。

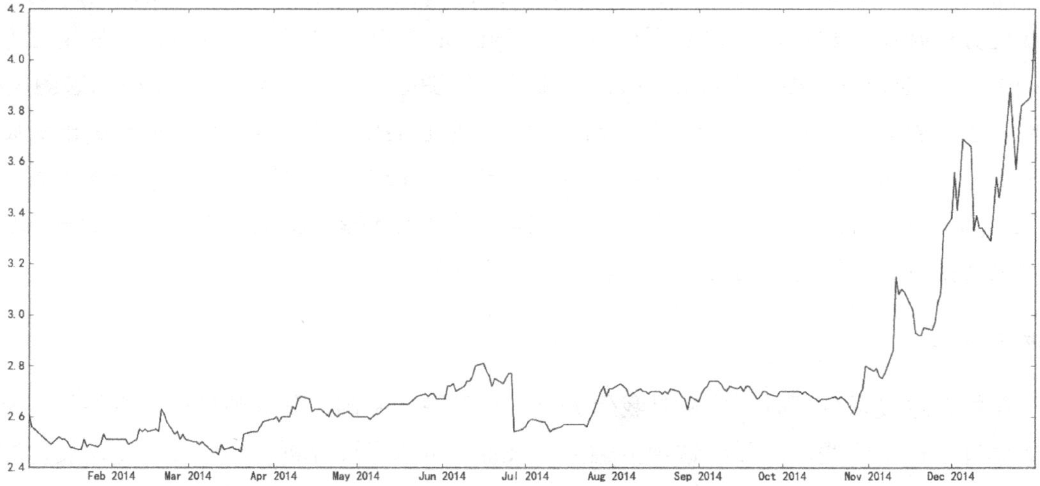

图 12.1　中国银行 2014 年收盘价曲线

藉由这个绘图小例子，我们再谈一下 IPython 的绘图显示问题。若使用 Spyder 中的 IPython Console 执行代码，默认图片会直接呈现在 Console 界面中，如图 12.2 所示。

图片直接显示有利于我们直接观察图像中的内容，但是，此图片的大小是固定的，而且往往比较小，没办法调整，难以看清楚图像中的更多细节。在 Spyder 中，图像的显示可以通过“Tools >Preference >IPython console >Graphics >Backend”进行设定，如图 12.3 所示，默认设定值为 Inline，为图像在 Console 中直接展示。

单击下拉选框，将 Backend 的值设定为 Qt，并执行代码：

```
%matplotlib qt
```

以后在 IPython 中绘制时，图像不会显示在 Console 中，而是弹出一个可以自由调整大小的图形框，如图 12.4 所示。

```
In [5]: import matplotlib.pyplot as plt

In [6]: plt.plot(Close['2014'])
Out[6]: [<matplotlib.lines.Line2D at 0x18365b4b6a0>]
```

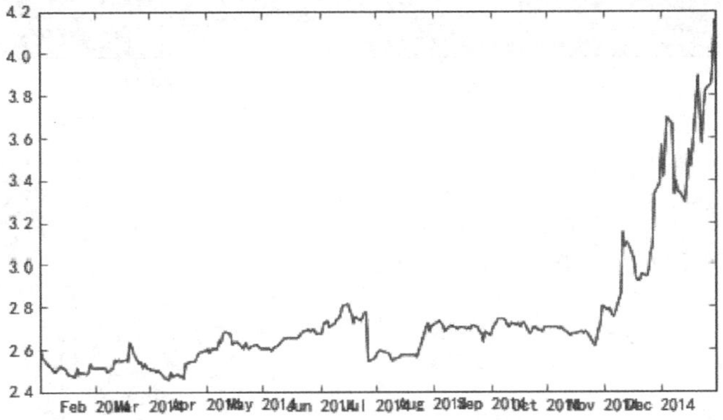

```
In [7]:
```

图 12.2　Ipython 图片直接显示

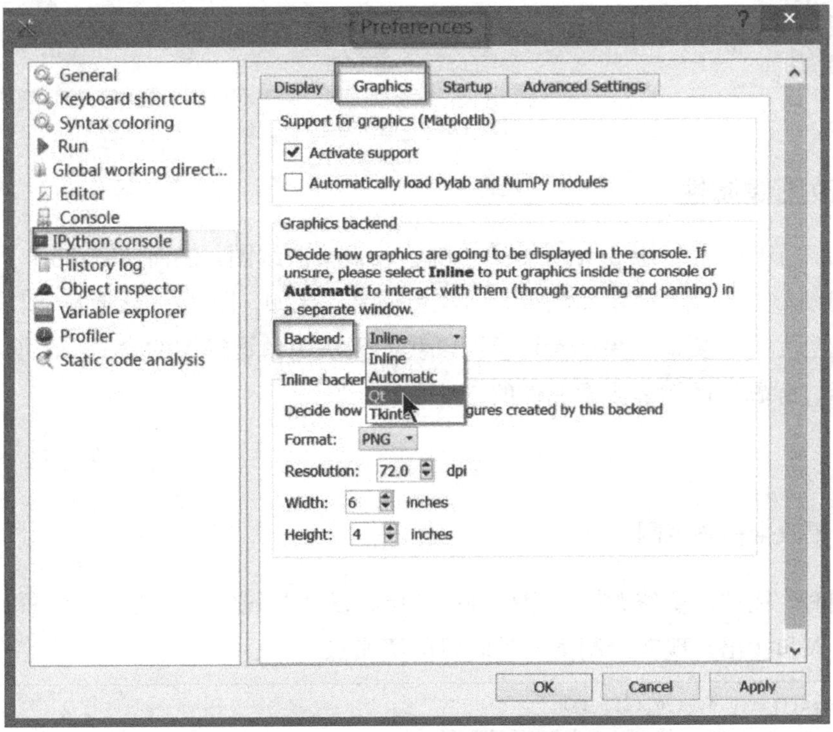

图 12.3　Spyder 中 Ipython 图像显示设定

若在控制台的 IPython 中执行代码，执行完 plot( ) 函数之后，图片没有显示出来，那么还需要用 pyplot 中的 show( ) 方法来显示图像并弹出图片框。即执行代码：

```
In [7]: plt.show()
```

则会弹出如图 12.4 所示的图形框界面。

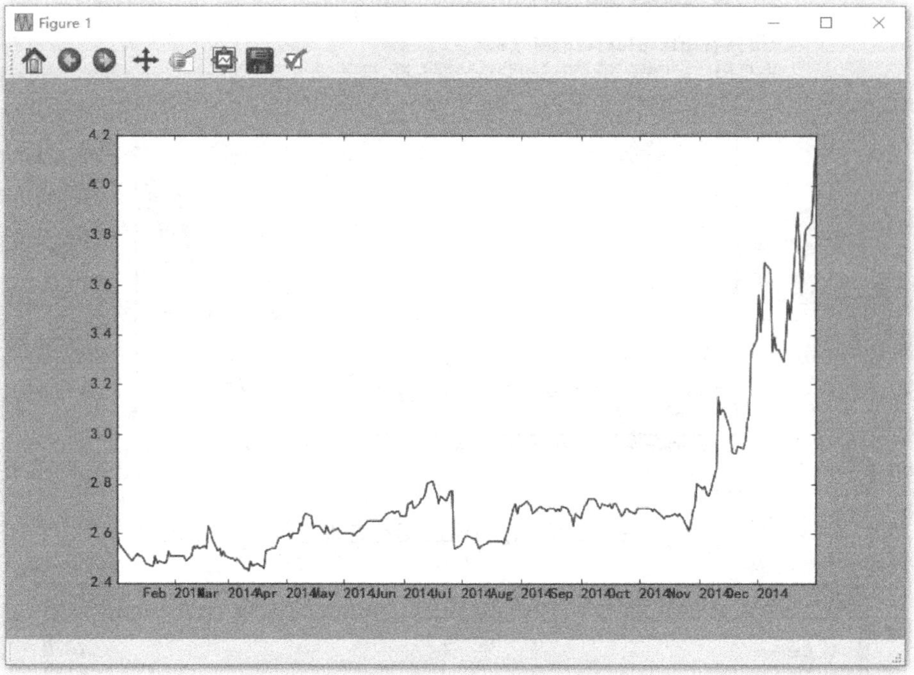

图 12.4 图形框

12.2 修改图像属性

在第 12.1 节中，我们用 plot( ) 函数绘制了收盘价曲线图。然而，用 plot( ) 函数默认方式绘制出的图形一般过于简单而漏掉一些重要信息。比如，图 12.1 没有标题。图的相关文字说明等信息尤为重要，如果单看这幅图，我们无法明白这幅图的含义。下面我们将会介绍修改坐标、标题、图例等图像属性的方法。

12.2.1 坐标

12.2.1.1 更改坐标轴范围

在绘图时，往往需要修改横纵坐标轴的范围，以使曲线位于图形中间位置。假设以 −1 和 1 代表买入和卖出，现在绘制某一时间段的买卖点：

```
In [1]: plt.plot([1,1,0,0,-1,0,1,1,-1])
Out[1]: [<matplotlib.lines.Line2D at 0x7fce04838f98>]
```

负号显示问题：在执行上述代码时，有些情况，负号在图像中的显示会有问题，对于此问题，通过修改 Matplotlib 库中的相关绘图参数的取值来解决，在执行绘图代码之前，先执行下面的代码：

```
plt.rcParams['axes.unicode_minus'] = False
```

rcParams 是 Matplotlib 库中 pyplot 包绘图的参数字典，key 为'axes.unicode_minus' 的默认取值（value）为 True，表示默认采用 unicode 的 minus 类型，有些字体对其的兼容支持不够，导致负号无法正常显示，现在将'axes.unicode_minus' 的取值设为 False，则可以正常显示负号。

再分析如图 12.5 所示的曲线，plot( ) 函数默认以 −1 和 1 为坐标的最大值和最小值。这样，我们就难以看出 1 和 −1 的线段。此时，需要调大 Y 轴坐标的范围。X、Y 坐标轴的上下界的设定通过 xlim( ) 和 ylim( ) 函数实现，xlim( ) 函数用于调节 X 轴的范围，ylim( ) 函数用于调节 Y 轴范围。

```
matplotlib.pyplot.xlim（最小值，最大值）
matplotlib.pyplot.ylim（最小值，最大值）
```

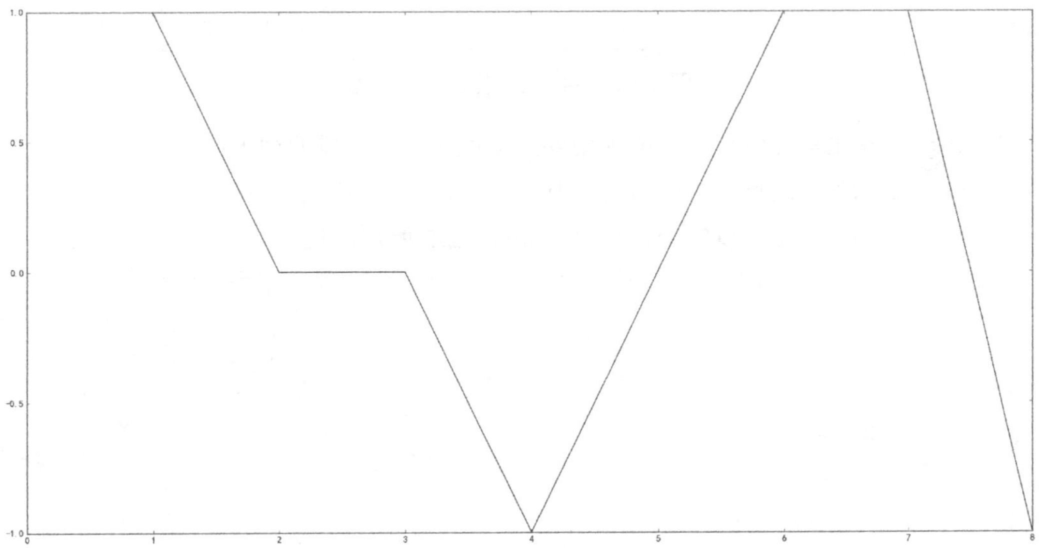

图 12.5　买卖点

接下来，重新绘制买卖点曲线图。如图 12.6 所示。

```
#默认情况下，Matplotlib会将连续的命令绘制在一张图上。
#ylim的第一个参数和第二个参数分别为y轴坐标的最小值和最大值
In [2]: plt.plot([1,1,0,0,-1,0,1,1,-1])
   ...: plt.ylim(-1.5,1.5)
Out[2]: (-1.5, 1.5)
```

12.2.1.2　设定坐标标签与显示角度

除了调节坐标范围，还可以通过 xticks( ) 与 yticks( ) 函数设定坐标的标签。xticks( ) 与 yticks( ) 函数的基本用法如下：

```
matplotlib.pyplot.xticks(location,lables)
matplotlib.pyplot.yticks(location,lables)
```

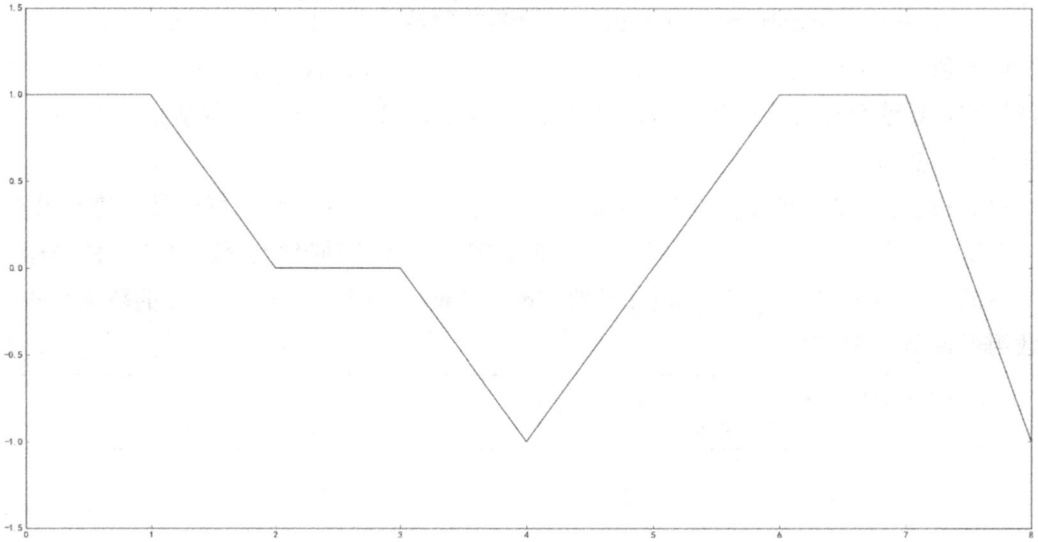

图 12.6 买卖点–修改坐标范围

- location：指坐标的位置，一般为由浮点数或是整数组成的列表；
- labels：表示坐标的标签，一般为与 location 等长的字符串列表。
- 下面，我们为图 12.6 设定坐标标签，如图 12.7 所示，代码如下：

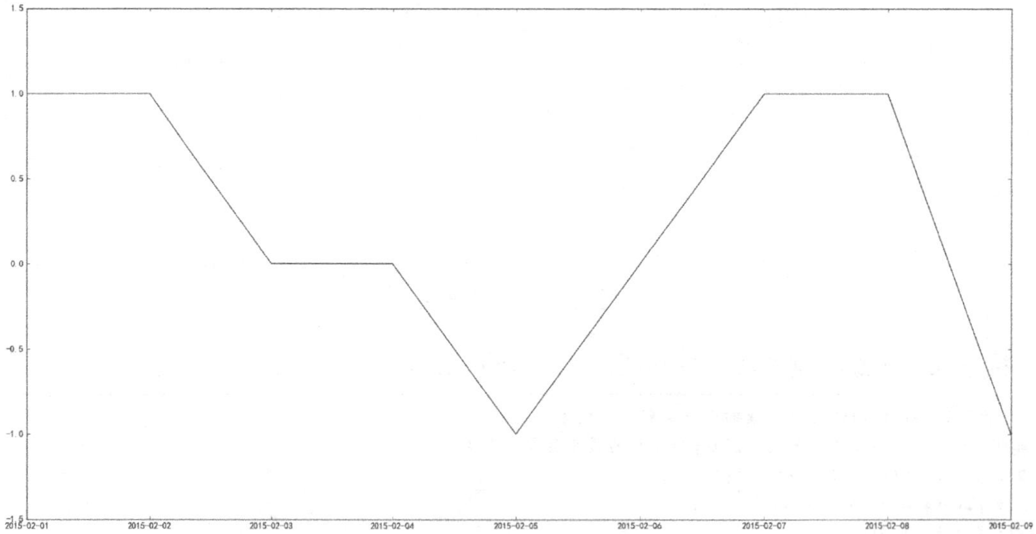

图 12.7 买卖点–修改 X 轴坐标标签

```
In [3]: plt.plot([1,1,0,0,-1,0,1,1,-1])
   ...: plt.ylim(-1.5,1.5)
   ...:
   ...: plt.xticks(range(9),\
   ...:     ['2015-02-01','2015-02-02',\
   ...:     '2015-02-03','2015-02-04',\
   ...:     '2015-02-05','2015-02-06',\
   ...:     '2015-02-07','2015-02-08','2015-02-09'])
```

```
Out[3]:
([<matplotlib.axis.XTick at 0x183676c0048>,
  <matplotlib.axis.XTick at 0x183675025f8>,
  <matplotlib.axis.XTick at 0x18367258ac8>,
  <matplotlib.axis.XTick at 0x183676deb00>,
  <matplotlib.axis.XTick at 0x1836724b1d0>,
  <matplotlib.axis.XTick at 0x18365b3c0b8>,
  <matplotlib.axis.XTick at 0x183676cd8d0>,
  <matplotlib.axis.XTick at 0x183676cdb38>,
  <matplotlib.axis.XTick at 0x183672660f0>],
 <a list of 9 Text xticklabel objects>)
```

可以看到，X 坐标的值由数字“1、2、3...”变成具体的日期了。另外，通过 xticks( ) 函数的 rotation 参数设定可以对坐标标签进行适当旋转，当坐标比较密集时，坐标标签旋转可以有效避免多个标签重叠在一起的现象。

```
In [4]: plt.plot([1,1,0,0,-1,0,1,1,-1])
    ...: plt.ylim(-1.5,1.5)
    ...:
    ...: plt.xticks(range(9),\
    ...:      ['2015-02-01','2015-02-02',\
    ...:      '2015-02-03','2015-02-04',\
    ...:      '2015-02-05','2015-02-06',\
    ...:      '2015-02-07','2015-02-08','2015-02-09'],\
    ...:      rotation=45)
Out[4]:
([<matplotlib.axis.XTick at 0x183676c4048>,
  <matplotlib.axis.XTick at 0x18367704630>,
  <matplotlib.axis.XTick at 0x18367700fd0>,
  <matplotlib.axis.XTick at 0x1836774e828>,
  <matplotlib.axis.XTick at 0x18367752278>,
  <matplotlib.axis.XTick at 0x18367752c88>,
  <matplotlib.axis.XTick at 0x183677586d8>,
  <matplotlib.axis.XTick at 0x1836775a128>,
  <matplotlib.axis.XTick at 0x1836775ab38>],
 <a list of 9 Text xticklabel objects>)
```

参数 rotation 控制标签与 X 轴正向的角度设为 45°。结果如图 12.8 所示。

12.2.2 添加文本

12.2.2.1 添加标题

在图像中添加文本，包括标题、图例等，可以使得图像变得简单易懂。若要添加标题，可以通过 pyplot 包中的 title( ) 函数实现。

```
matplotlib.pyplot.title(s, *args, **kwargs)
```

- 参数 s 为 str 类型数据。
- 参数 loc：设定标题的显示位置。可选取值有“center”、“left”或者“right”，分别表示标题显示于坐标轴的中央、左边缘和右边缘。loc 默认取值为“center”。

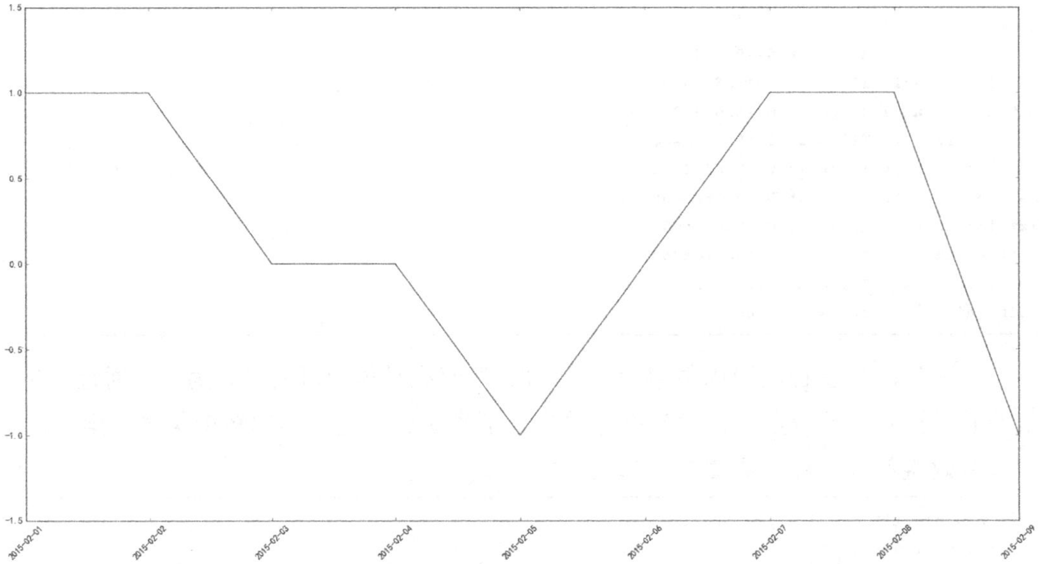

图 12.8 买卖点–旋转坐标标签

我们重新绘制中国银行收盘价曲线图，该曲线图上面会显示标题，标题为“中国银行 2014 年收盘价曲线”，如图 12.9 所示。

```
In [5]: plt.plot(Close['2014'])
   ...: plt.title('中国银行2014年收盘价曲线')
Out[5]: <matplotlib.text.Text at 0x1836c98b898>
```

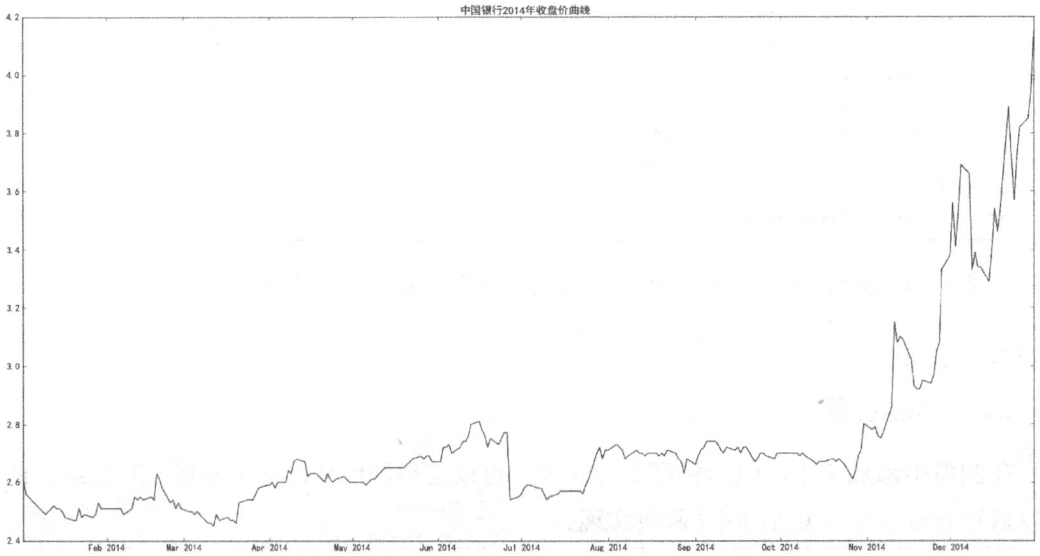

图 12.9 中国银行 2014 年收盘价曲线—添加标题

在默认的情况下，title( ) 函数生成的标题位于坐标轴的中央位置。若要更改标题的显示位置，则通过 title( ) 函数中的 loc 参数将标题调节至坐标轴的左侧或右侧。现在将中国银行 2014 年收盘价曲线图的标题设定成坐标轴的右侧，如图 12.10 所示，代码如下：

```
In [6]: plt.plot(Close['2014'])
   ...: plt.title('中国银行2014年收盘价曲线',\
   ...:            loc='right')
Out[6]: <matplotlib.text.Text at 0x1836ca220f0>
```

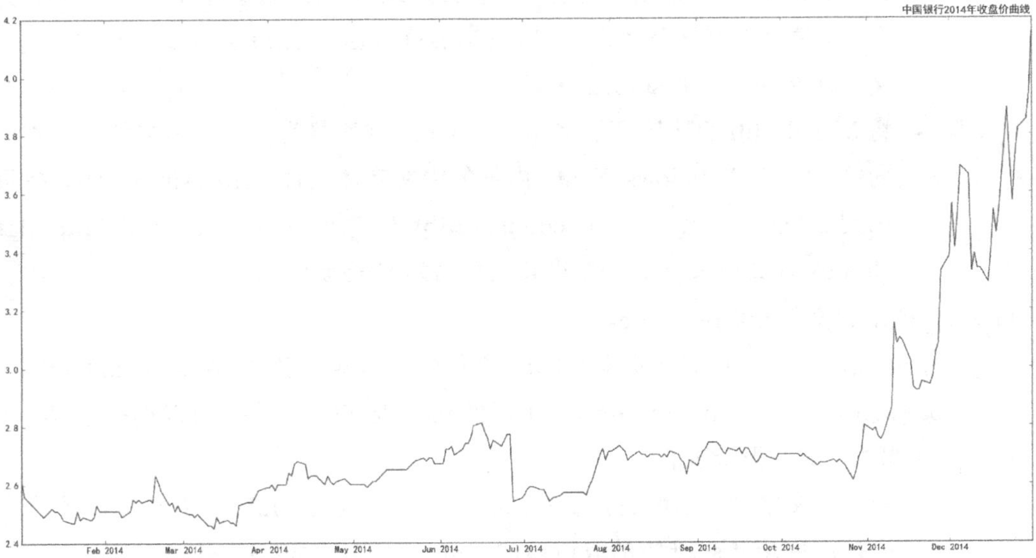

图 12.10　中国银行 2014 年收盘价曲线—调整标题位置

12.2.2.2　中文显示问题

在绘制上述图形时，还需要注意图形的中文显示问题，在默认的情况下，图形中的中文文本为乱码形式，有两种方式可以解决 Matplotlib 绘图的中文显示。

1. 每次绘制图形之前，都要先通过代码更改参数。若要将文本显示设为中文的“黑体”，则需要更改 Matplotlib 包中 pyplot 包的参数字（rcParams）字体的无衬线字体属性（font.sans-serif，为参数字典的一个 key）的取值（value），现将其取值设定为以 'SimHei' 为元素的数组形式。

   ```
   plt.rcParams['font.sans-serif'] = ['SimHei']
   ```

   不过，在运行这段代码之前，我们需要到 Matplotlib 的字体文件夹中查看是否有 SimHei 字体文件 simhei.ttf，若没有，则需要将系统中的 simhei.ttf 拷贝到 Matplotlib 的字体文件夹中，具体操作是：将“C:\Windows\Fonts”内部的 simhei.ttf 拷贝粘贴到 Anaconda3 安装文件夹内部的 Matplotlib 文件夹下面 mpl-data 文件夹的 fonts 文件夹中，以本电脑为例，其路径为 C:\Users\PCPC\Anaconda3\Lib\site-packages\matplotlib\mpl-data\fonts\ttf。

2. 如果在每次绘图之前，都要考虑中文显示问题和执行上面的代码，不免就有些麻烦。当代码行数较多时，还有可能顾此失彼。为了一劳永逸，最好修改一下 Matplotlib

配置文件中相关绘图属性的取值。请注意，此处介绍的是针对 Windows 操作系统的 Matplotlib 配置文件更改。

（a） 将 Matplotlib 库内的默认显示字体 Vera.ttf 替换为中文字体文件：

- 在 Windows 操作系统的电脑中，搜索系统 Windows 文件夹下面的 Font 文件夹，文件夹的默认路径为 C:\Windows\Fonts，在该 Fonts 文件夹中，找到中文字体文件，比如 simhei.ttf。
- 将 Matplotlib 的默认显示字体文件 Vera.ttf 替换为中文字体文件，以本电脑为例，将 C:\Windows\Fonts 内部的中文字体文件，比如 simhei.ttf，拷贝粘贴到 C:\Users\PCPC\Anaconda3\Lib\site-packages\matplotlib\mpl-data\fonts\ttf 文件夹内部，并将其重命名为 Vera.ttf。

（b） 修改配置文件 matplotlibrc。

打开 mpl-data 文件夹（本电脑的路径为 C:\Users\PCPC\Anaconda3\Lib\site-packages\matplotlib\mpl-data）下面的 matplotlibrc 文件，可以选择用 Notepad（记事本）来打开此文件。

- 修改中文字体显示配置：将 font.family 的值改为 SimHei，并将其前面的“#”去掉；将 font.serif 中的取值增加 SimHei。如下所示：

```
font.family         : SimHei
.
.
.
font.sans-serif     : SimHei, Bitstream Vera Sans, Lucida Grande, Verdana,
Geneva, Lucid,
                      Arial, Helvetica, Avant Garde, sans-serif
```

- 修改负号显示配置：将 axes.unicode_minus 的取值由 True 改为 False，并将其前面的“#”去掉。如下所示：

```
axes.unicode_minus  : False    # use unicode for the minus symbol
                               # rather than hyphen.  See
                               #
```

保存上述修改并关闭 matplotlibrc 文件，重启 Spyder 或者 IPython。

（c） 修改 rcsetup.py 文件。

打开 Matplolib 文件夹下面的 resetup.py 文件（本电脑的路径为 C:\Users\ PCPC\Anaconda3\Lib\site-packages\matplotlib\rcsetup.py），找到字典变量 defaultParams（# a map from key → value, converter）。

- 修改中文字体显示：将其内部 key 取值为 'font.family' 的取值列表中增加一个列表 ['sans-serif']；在 font.sans-serif 字典的取值中，列表的第一个元素也是列表形式，在该列表的前面增加 'SimHei' 元素。如下：

```
# a map from key -> value, converter
defaultParams = {
 .
 .
 .
'font.family': [['sans-serif'], validate_stringlist],# used by text object
  .
  .
  .
'font.sans-serif': [['SimHei','Bitstream Vera Sans', 'DejaVu Sans',
                    'Lucida Grande', 'Verdana', 'Geneva', 'Lucid',
                    'Arial', 'Helvetica', 'Avant Garde', 'sans-serif'],
                    validate_stringlist],
 .
 .
 .
}
```

- 修改负号显示：在 key 取值为“axes.unicode_minus”的取值中，将 True 改为 False。如下所示：

```
# a map from key -> value, converter
defaultParams = {
 .
 .
 .
'axes.unicode_minus': [False, validate_bool],
 .
 .
 .
}
```

保存上述修改并关闭 rcsetup.py 文件。

经过上述修改，在以后使用 Matplotlib 绘图时，图像就可以正常显示中文与符号了。

12.2.2.3 设定坐标轴标签

在分析图形内容时，首先要搞清楚图形中横纵坐标分别代表的含义。在图像中添加坐标轴标题会直观显示坐标轴代表的数据变量。X 轴、Y 轴的标签设定分别通过 xlabel() 和 ylabel() 函数来实现，这两个函数也位于 pyplot 包。

```
xlabel('a')
ylabel('b')
```

下面，为中国银行价格曲线图设定坐标轴标签，图形结果如图 12.11 所示。

```
In [7]: plt.plot(Close['2014'])
   ...: plt.title('中国银行2014年收盘价曲线')
   ...: plt.xlabel('日期')
   ...: plt.ylabel('收盘价')
Out[7]: <matplotlib.text.Text at 0x1fd89734198>
```

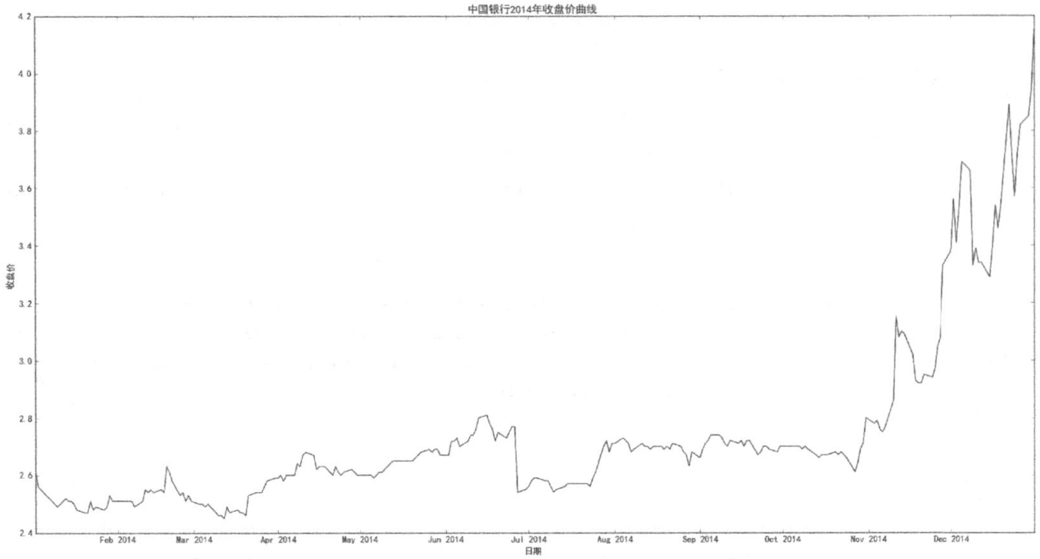

图 12.11 中国银行股价曲线—添加坐标轴标题

12.2.2.4 增加图形背景 grid

绘图时常常会在图形背景中增添方格，以便于人们更直观地读取线条中点的坐标取值以及线条整体的分布范围。在 Matplotlib 包中，pyplot 包内的 grid( ) 函数用于增加并设定图形的背景。函数参数形式如下：

```
matplotlib.pyplot.grid(b=None, which='major', \
                       axis='both', **kwargs)
```

- 参数 b：布尔类型数据，设定是否显示 grid。默认取值为 None，不显示 grid；如果要显示 grid，则将 b 的取值设为 True；
- 参数 which：设定坐标轴的分割标示线（tick）的类型，取值为“major”、“minor”或者“both”。默认为“major”，表示以原本的坐标轴分割标示线为准；若取值为“minor”，则表示进一步细分坐标轴分割标示线，但是分割标准要提前设定好，如果只是设定值为“minor”，则图形不会显示 grid。“both”表示大小区间坐标轴分割线都有。
- 参数 axis：制定绘制 grid 的坐标轴。取值为“both”(default)，“x”、或者“y”。“both”表示 X 轴和 Y 轴的 grid 都绘制。

接下来，为中国银行价格曲线图增加背景 grid，代码如下，绘制的图形如图 12.12 所示。

```
In [8]: plt.plot(Close['2014'],label='收盘价')
   ...: plt.xlabel('日期')
   ...: plt.ylabel('收盘价')
   ...: plt.title('中国银行2014年收盘价曲线')
   ...: plt.grid(True,axis='y')
```

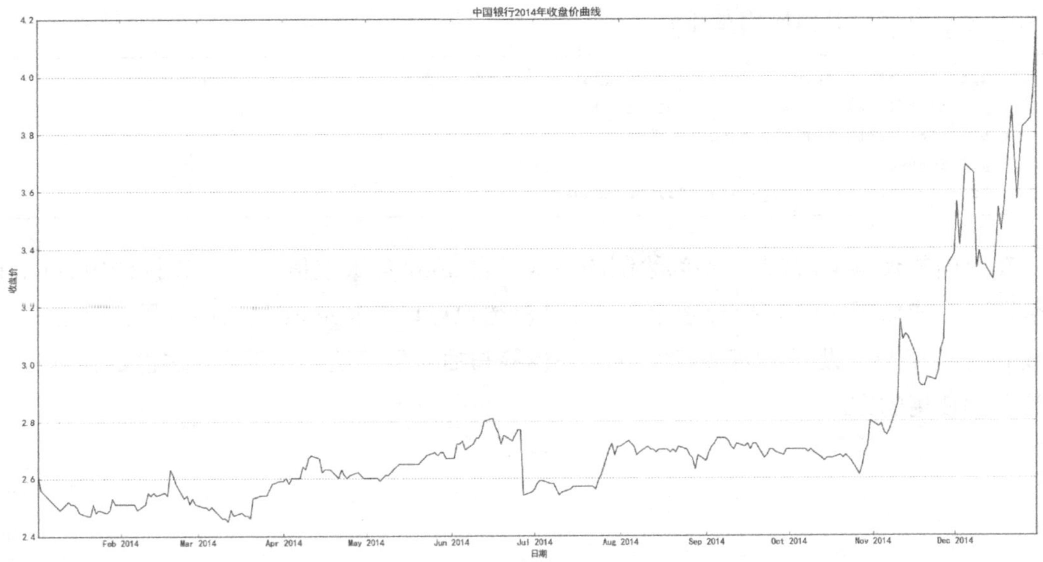

图 12.12　中国银行股价曲线—添加背景 grid

12.2.2.5　增加图例

当多条曲线显示在同一张图中时，图例可以帮助我们区分识别不同的曲线。在中国银行价格数据中，除了收盘价以外，开盘价也涵盖了市场中的许多信息，将收盘价与开盘价对比分析，有可能会发现一些新的信息。下面，我们将开盘价与收盘价绘制在同一张图形中，并为这两条线增加图例。图例的添加通过 pyplot 包中的 legend( ) 函数实现。

```
matplotlib.pyplot.legend(*args, **kwargs)
```

该函数常用到的一个参数是 loc 参数，用于设定图例在图中的显示位置。参数 loc 的取值如表 12.1 所示。

表 12.1　参数 loc 的取值表

含义	字符串类型值	数字值
最适宜位置	'best'	0
右上角	'upper right'	1
左上角	'upper left'	2
左下角	'lower left'	3
右下角	'lower right'	4
右侧	'right'	5
左侧中间	'center left'	6
右侧中间	'center right'	7
下方中间	'lower center'	8
上方中间	'upper center'	9
中间	'center'	10

该函数成功增加图例的前提是在绘制图形时，要为图形设定 label，label 的值就是图例

显示的文本内容。具体应用如下：

```
In [9]: Open=ChinaBank.Open
   ...: plt.plot(Close['2014'],label='收盘价')
   ...: plt.plot(Open['2014'],label='开盘价')
   ...: plt.legend()
Out[9]: <matplotlib.legend.Legend at 0x1836ca6a4a8>
```

在上面的代码中，首先分别为绘制的曲线设置 label 参数取值。然后，直接调用 legend( ) 函数即可生成如图 12.13 所示的图例。label 参数也可以在 legend 函数中设置，但是在绘制曲线 plot( ) 函数中设置 label 参数，便于使标签与曲线更好地对应起来，这也是 Matplotlib 建议我们使用的方法。

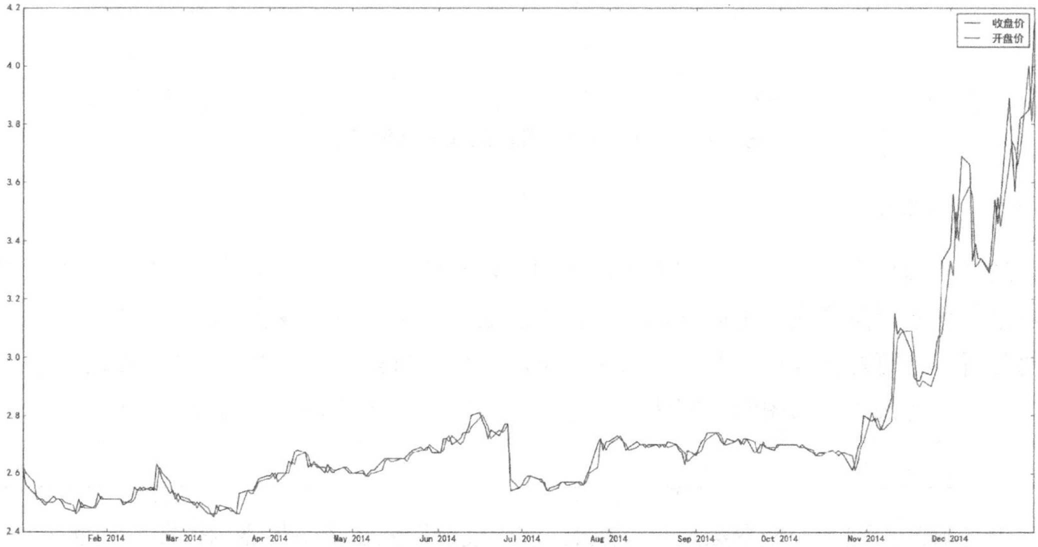

图 12.13 中国银行收盘价与开盘价曲线—添加图例

12.2.3 多种线条属性

前面介绍了图像的绘制、图形显示位置和文本修饰，在本小节中，我们把注意力集中到图形本身。通过一些相关参数可以设定线条类型、点的形状、颜色、线条宽度等属性，通过设定这些属性的不同取值能够绘制出丰富多彩的图形。

12.2.3.1 线条的类型

在绘制曲线时，除了绘制实线以外，也可以绘制虚线。在一个图片框中绘制多条曲线时，往往需要设定不同的曲线类型以便于区分每条曲线代表的变量内容。plot 函数中的 linestyle 参数用于设定曲线类型。为了书写方便，有时会用 ls 来代替 linestyle。该参数的主要可能取值如表 12.2 所示。

表 12.2　线条类型可能取值表

类型	名称取值	符号取值
实线	'solid'	'-'
虚线	'dashed'	'--'
线点	'dashdot'	'-.'
点线	'dotted'	':'
不画线	'None'	' '

接下来，我们运用 linestyle 参数修改一下中国银行收盘价和开盘价曲线的线条类型。如图 12.14 所示。

```
In [10]: plt.plot(Close['2014'],label='收盘价',linestyle='solid')
    ...: plt.plot(Open['2014'],label='开盘价',ls='-.')
    ...: plt.legend()
    ...: plt.xlabel('日期')
    ...: plt.ylabel('价格')
    ...: plt.title('中国银行2014年开盘与收盘价曲线')
    ...: plt.grid(True,axis='y')
```

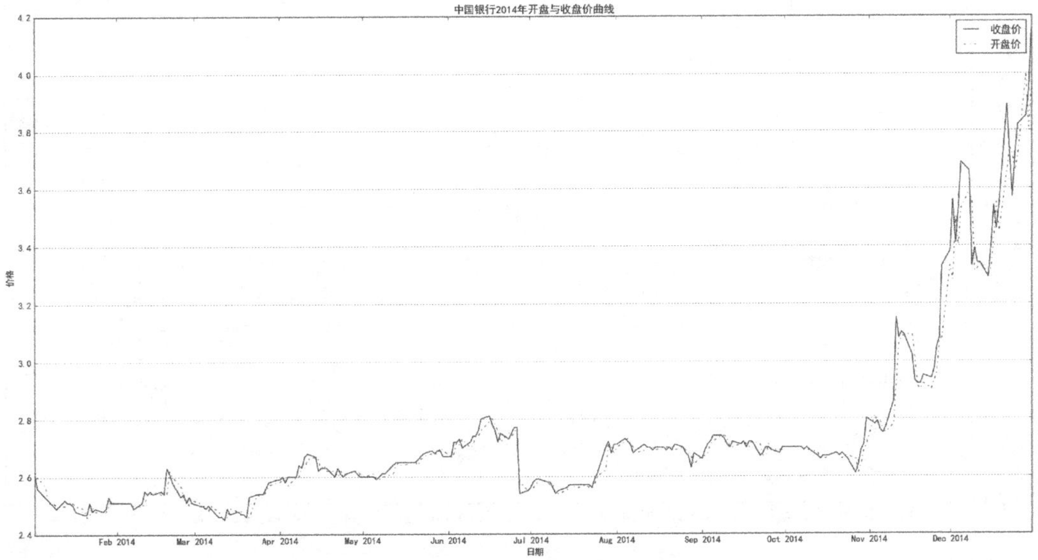

图 12.14　中国银行股价曲线—修改线条类型

12.2.3.2　图形的颜色

修改图形的参数通过设定 color 参数的取值来实现，color 参数也可以简写成 c。颜色参数的取值有多种方式指定，最常用的方式是直接指定颜色的名称或者颜色名称的简写，也可以用通过 RGB 数组（比如（1,1,0））等其他方式设定，在此介绍一下常用的颜色名称及其相关简写，如表 12.3 所示。绘制出的图形如图 12.15 所示。

```
In [11]: plt.plot(Close['2014'],c='r',label='收盘价')
    ...: plt.plot(Open['2014'],c='b',ls='--',label='开盘价')
```

```
...: plt.legend(loc='best')
...: plt.xlabel('日期')
...: plt.ylabel('价格')
...: plt.title('中国银行2014年开盘与收盘价曲线')
...: plt.grid(True,axis='both')
```

表 12.3 主要 color 名称及其简写

颜色名称	简写
'red'	'r'
'black'	'k'
'blue'	'b'
'cyan'	'c'
'yellow'	'y'
'white'	'w'
'green'	'g'

图 12.15 中国银行股价曲线—修改线条颜色

12.2.3.3 点的形状类型

除了设定线条类型以外，还可以设置数据点的形状。图形形状通过 maker 参数来设定，maker 参数的取值有很多，如表 12.4 所示列出了几个部分主要的取值。

接下来，运用 marker 参数绘制不同种类的图形。

表 12.4　点的形状 marker 部分值表

<table>
<tr><th>形状含义</th><th>英文含义（description）</th><th>符号取值（marker）</th></tr>
<tr><td>点</td><td>point</td><td>'.'</td></tr>
<tr><td>圆圈</td><td>circle</td><td>'o'</td></tr>
<tr><td>向下三角形</td><td>triangle_down</td><td>'v'</td></tr>
<tr><td>向上三角形</td><td>triangle_up</td><td>'^'</td></tr>
<tr><td>向左三角形</td><td>triangle_left</td><td>'<'</td></tr>
<tr><td>向右三角形</td><td>triangle_right</td><td>'>'</td></tr>
<tr><td>正方形</td><td>square</td><td>'s'</td></tr>
<tr><td>五边形</td><td>pentagon</td><td>'p'</td></tr>
<tr><td>六边形</td><td>hexagon1</td><td>'h'</td></tr>
<tr><td>加号</td><td>plus</td><td>'+'</td></tr>
<tr><td>叉号</td><td>x</td><td>'x'</td></tr>
<tr><td>钻石</td><td>diamond</td><td>'D'</td></tr>
<tr><td>星号</td><td>star</td><td>'*'</td></tr>
<tr><td>竖线</td><td>'vline'</td><td>'|'</td></tr>
</table>

```
In [12]: plt.plot(Close['2015'],marker='o',label='收盘价')
    ...: plt.plot(Open['2015'],marker='*',label='开盘价')
    ...: plt.legend(loc='best')
    ...: plt.xlabel('日期')
    ...: plt.ylabel('价格')
    ...: plt.title('中国银行2015年开盘与收盘价曲线')
    ...: plt.grid(True,axis='both')
```

绘制出来的图形如图 12.16 所示。

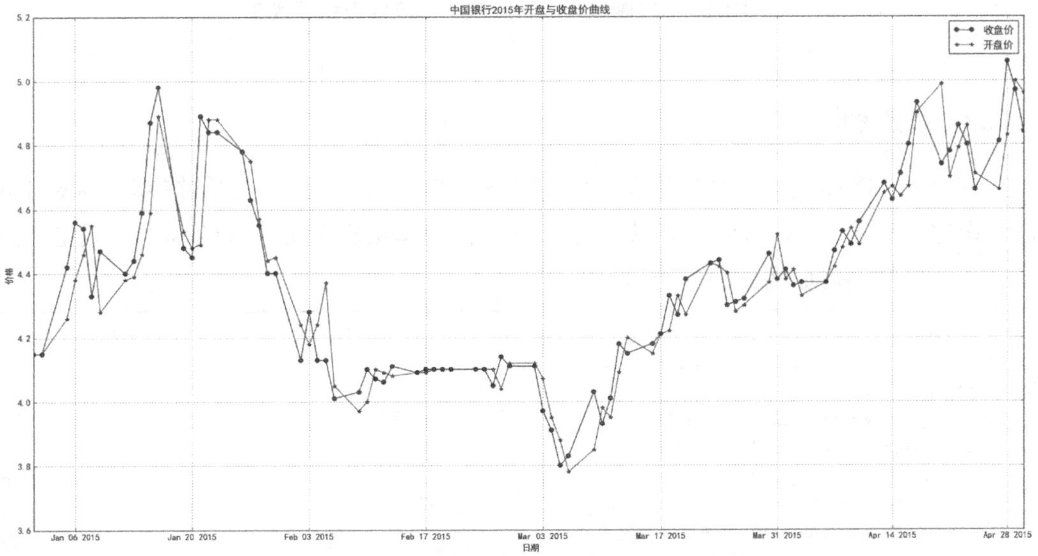

图 12.16　中国银行股价曲线—修改数据点形状 1

```
In [13]: plt.plot(Close['2015'],'--rD',label='收盘价')
    ...: plt.plot(Open['2015'],'--b>',label='开盘价')
```

```
...: plt.legend(loc='best')
...: plt.xlabel('日期')
...: plt.ylabel('价格')
...: plt.title('中国银行2015年开盘与收盘价曲线')
...: plt.grid(True,axis='both')
```

在上面的代码中，其中一个字符串同时修改了线条的类型、颜色及数据点的形状。Matplotlib 为我们提供了多种线条类型、颜色和数据点形状的缩写，我们只需要在一个字符串中提供这些缩写，Matplotlib 就会绘制出相应的曲线，绘制出来的图形如图 12.17 所示。

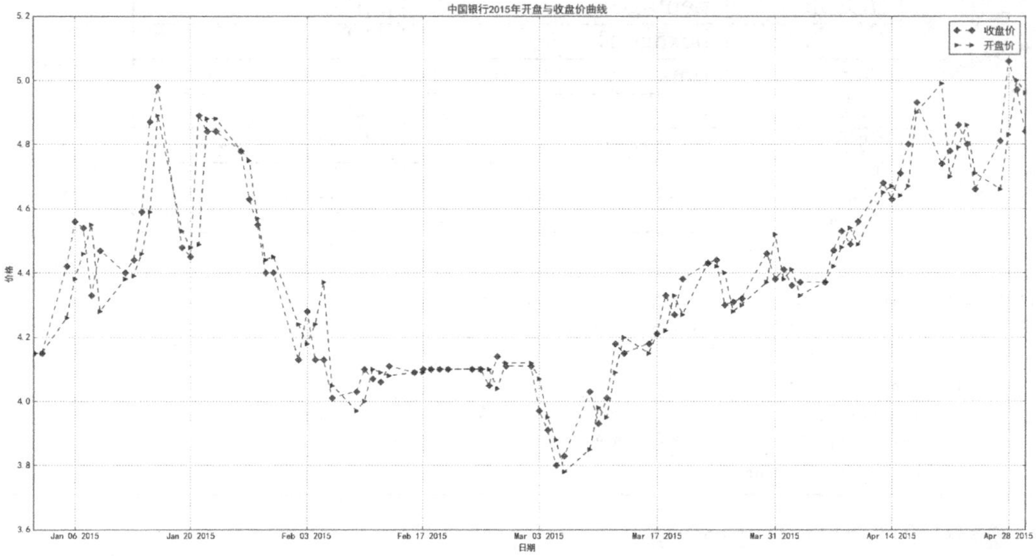

图 12.17 中国银行股价曲线—修改数据点形状 2

12.2.3.4 线条宽度

在 Matplotlib 绘图中，我们还可以修改线条的宽度，线条的宽度通过参数 linewidth 的取值来设定，参数 linewidth 也可以简写成 lw。在中国银行股价曲线绘制中，设定线条宽度，绘制出来的图形如图 12.18 所示。

```
In [60]: plt.plot(Close['2015'],'--rD',\
   ...:          label='收盘价',linewidth=2)
   ...: plt.plot(Open['2015'],'--b>',\
   ...:          label='开盘价',lw=10)
   ...: plt.legend(loc='best')
   ...: plt.xlabel('日期')
   ...: plt.ylabel('价格')
   ...: plt.title('中国银行2015年开盘与收盘价曲线')
   ...: plt.grid(True,axis='both')
```

上述图像文本设定及图形相关属性设定，除了适用于折线图以外，还可以用于柱状图、饼图等其他类型的图像设定。在第 12.3 节中，将介绍一些常见类型的图形绘制方法及参数的修改。

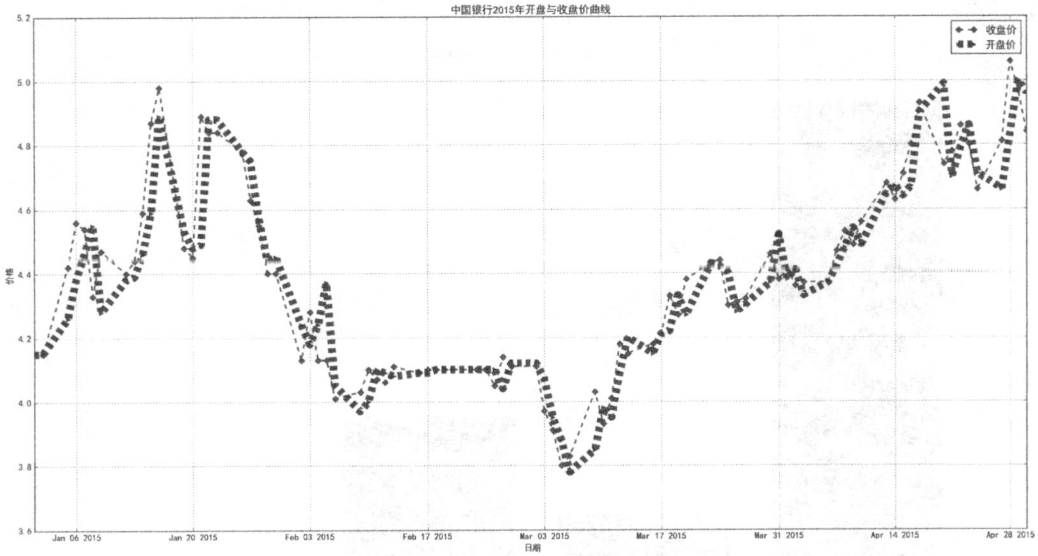

图 12.18　中国银行曲线股价曲线—修改线条宽度

12.3　常见图形的绘制

12.3.1　柱状图（Bar charts）

柱状图主要用于表示定性数据的频数分布，其能够直观展现变量的分布情况。一般情况下，柱状图的 X 轴表示定性变量的各个取值，Y 轴则表示各个取值的频数。柱状图不只适用于展示定性数据，也可用于定量的数据。若要对定量数据绘制柱状图，则需要先对数据进行区间分组。

本章前面内容已经获取了中国银行的收盘价数据。除了绘制收盘价曲线图以外，绘制收盘价柱状图也可以展现出一些新的收盘价分布信息。在绘制收盘价柱状图之前，我们先简要分析一下中国银行收盘价数据的最高价、最低价、中位数、平均数等信息，这些信息通过对收盘价调用 describe( ) 函数可以获得。

```
In [1]: Close.describe()
Out[1]:
count     345.000000
mean        3.145739
std         0.775868
min         2.450000
25%         2.600000
50%         2.700000
75%         3.890000
max         5.060000
Name: Close, dtype: float64
```

从中可以看出，中国银行收盘价的最小值为 2.45，最大值为 5.06，通过代码分别统计收盘价落在区间 (2,3]，(3,4]，(4,5]，(5,6] 的天数。如图 12.19 所示。

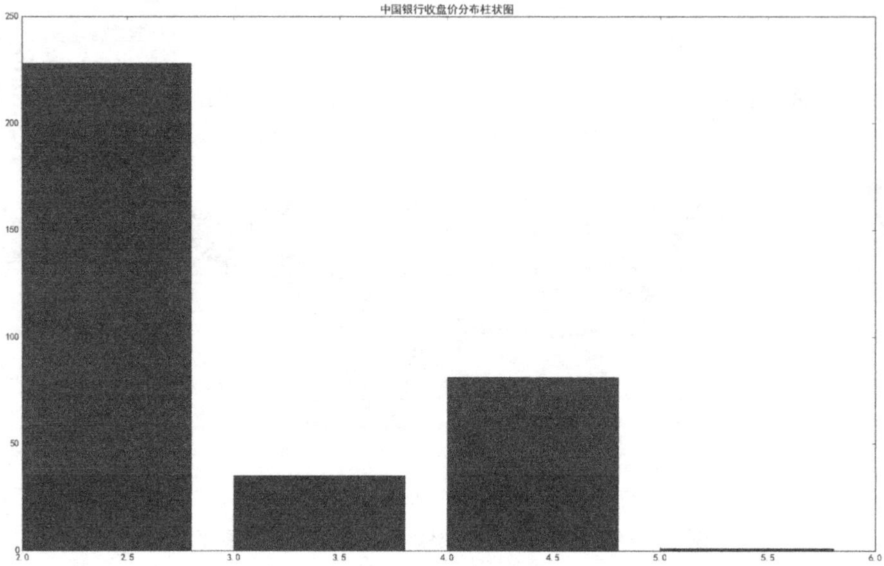

图 12.19 柱状图

```
In [2]: a=[0,0,0,0]
   ...: for i in Close:
   ...:     if (i>2)&(i<=3):
   ...:         a[0]+=1
   ...:     elif (i>3)&(i<=4):
   ...:         a[1]+=1
   ...:     elif (i>4)&(i<=5):
   ...:         a[2]+=1
   ...:     else:
   ...:         a[3]+=1
   ...:
   ...:


In [3]: a
Out[3]: [228, 35, 81, 1]
#绘制柱状图
In [4]: plt.bar([2,3,4,5],a)
Out[4]: <Container object of 4 artists>
```

pyplot 包中的 bar( ) 函数可以用来绘制柱状图。该函数的参数形式为：

```
matplotlib.pyplot.bar(left, height, \
                      width=0.8, bottom=None, hold=None, data=None, **kwargs)
```

在绘制柱状图时，我们可以修改柱状图的相关参数取值。参数 left 和 height 分别用于设置每根棒的 X 轴位置和高度，bar( ) 函数还提供了 width 和 bottom 这两个参数。其中，width 参数用于调整棒的宽度，而 bottom 用于设定棒底部的 Y 轴坐标，即柱状图中的棒不一定要紧贴 X 轴，而可以设置为“凌空”位置。如图 12.20 所示。

```
In [5]: plt.bar(left=[2,3,4,5],height=a,width=1.0,\
   ...:         bottom=2.0)
   ...: plt.title('中国银行收盘价分布柱状图')
Out[5]: <matplotlib.text.Text at 0x1290efa49b0>
```

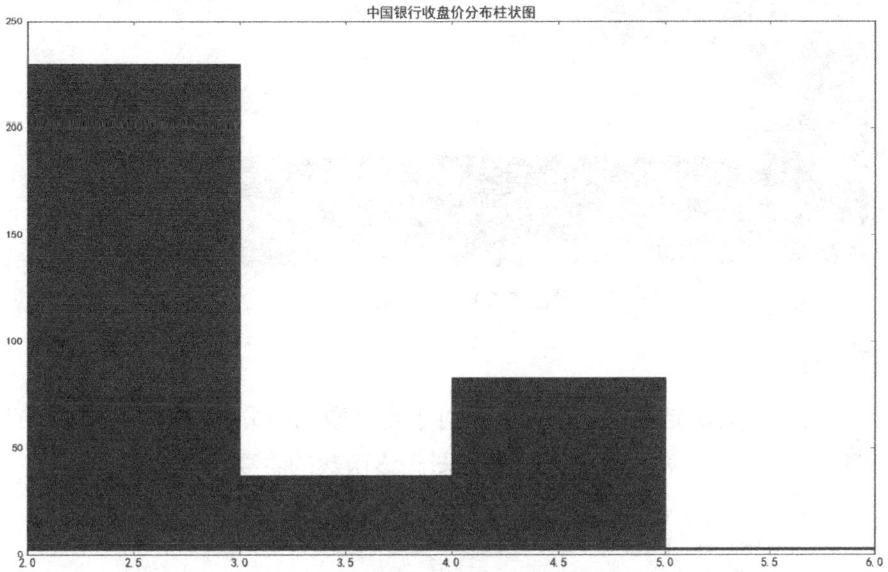

图 12.20 修改柱状图的参数

除了设置棒的位置和大小以外，还可以设置棒的颜色，棒的颜色用 color 参数设定，棒的边沿颜色用 edgecolor 参数设定。

```
In [6]: plt.bar(left=[2,3,4,5],height=a,width=1.0,\
   ...:         bottom=2.0,color='red',edgecolor='k')
   ...: plt.title('中国银行收盘价分布柱状图')
Out[6]: <matplotlib.text.Text at 0x12912b51240>
```

若要绘制水平柱状图，则可以使用 barh( ) 函数。barh( ) 函数的参数形式如下，水平柱状图如图 12.21 所示。

```
matplotlib.pyplot.barh(bottom, width, \
                   height=0.8, left=None, hold=None, **kwargs)
```

- bottom 设定棒在 Y 轴的位置；
- width 设定棒的宽度，即一般设定为定性数据的值；
- height 设定棒的竖直高度。

```
In [7]: plt.barh([2,3,4,5],a,height=1.0,\
   ...:        color='red',edgecolor='k')
   ...: plt.title('中国银行收盘价分布柱状图')
Out[7]: <matplotlib.text.Text at 0x1291635be48>
```

图 12.21　水平柱状图

12.3.2　直方图

柱状图主要用于展示定性数据的分布。对于定量数据的分布，一般使用直方图来呈现。

pyplot 包中的 hist( ) 函数用于绘制直方图。该函数的主要参数形式为

```
matplotlib.pyplot.hist(x, bins=10, range=None, \
                 normed=False, weights=None, cumulative=False,\
                 bottom=None, histtype='bar', \
                 orientation='vertical', **kwargs)
```

其中，参数 bins 表示直方图的分布区间个数，range 用于设定直方图的小矩形的最小值与最大值。接下来，我们对中国银行收盘价绘制直方图，如图 12.22 所示。

```
In [8]: plt.hist(Close,bins=12)
   ...: plt.title('中国银行收盘价分布直方图')
Out[8]: <matplotlib.text.Text at 0x12910f497f0>
```

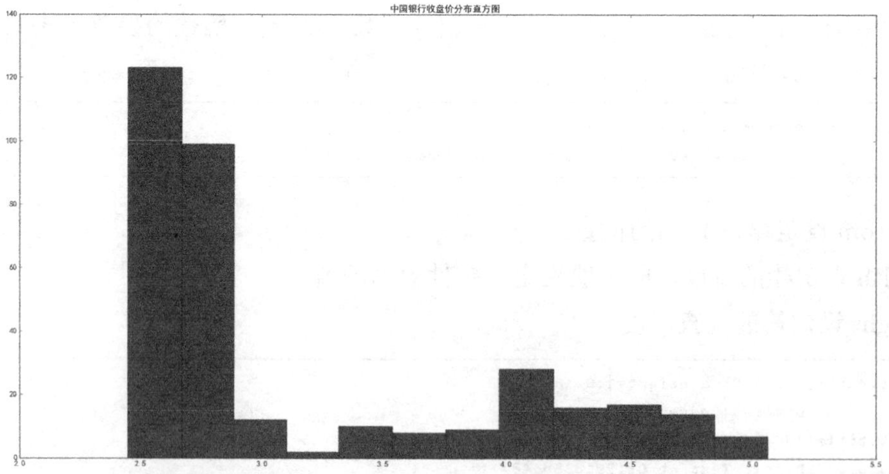

图 12.22　中国银行收盘价分布直方图

通过设定参数 orientation 取值为 'horizontal'，可以设定水平直方图。同柱状图一样，用 color 参数也可以设定矩形颜色，edgecolor 参数设定矩形边沿的颜色，绘制图形如图 12.23 所示。

```
In [9]: plt.hist(Close,range=(2.3,5.5),\
   ...:          orientation='horizontal',\
   ...:          color='red',edgecolor='blue')
   ...: plt.title('中国银行收盘价分布直方图')
Out[9]: <matplotlib.text.Text at 0x12916832ac8>
```

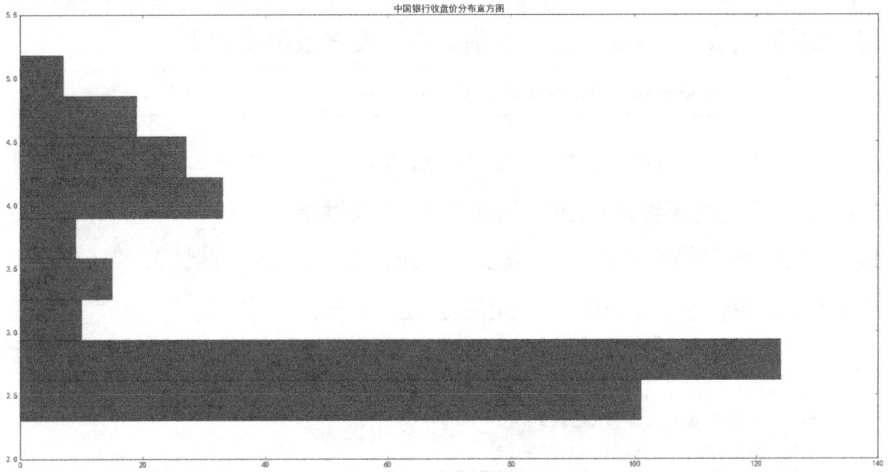

图 12.23　中国银行收盘价分布水平直方图

也可以绘制累积分布直方图，只需要将参数 cumulative 取值设定为 True 即可。参数 histtype 设定直方图的类型，该参数可能取值为 bar、barstacked、step 或 stepfilled，分别表示直方图、堆栈图、无填充的线图和有填充的线图四种。接下来，绘制中国银行收盘价的累积分布直方图，如图 12.24 所示。

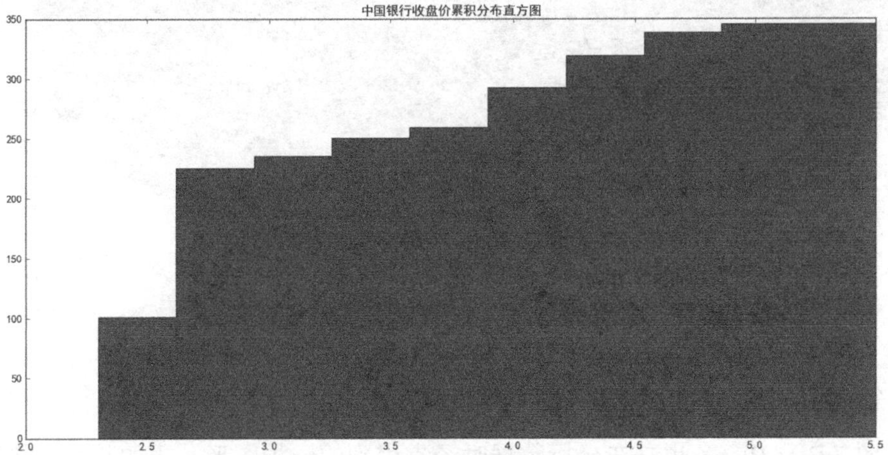

图 12.24　中国银行累积分布直方图

```
In [10]: plt.hist(Close,range=(2.3,5.5),\
    ...:          orientation='vertical',\
    ...:          cumulative=True,histtype='stepfilled',\
    ...:          color='red',edgecolor='blue')
    ...: plt.title('中国银行收盘价累积分布直方图')
Out[10]: <matplotlib.text.Text at 0x1291ddca320>
```

12.3.3 饼图

饼图（Pie Plot）是日常生活中很常见的一种图形，它能够很方便地表现出每一部分占总体的比例。饼图用 pie( ) 函数绘制，该函数的主要参数形式如下：

```
matplotlib.pyplot.pie(x,labels=None, colors=None,shadow=False)
```

- labels：用于设定扇形图的标签，为字符串序列类型；
- colors：用于设定扇形图的颜色，为字符串序列类型；
- shadow：用于设定是否有阴影，取值为 True 或者 False（默认）。

下面绘制中国银行收盘价的饼图，如图 12.25 所示：

```
In [11]: plt.pie(a,labels=('(2,3]','(3,4]','(4,5]','(5,6]'),\
    ...:         colors=('b', 'g', 'r', 'c'),shadow=True)
    ...: plt.title('中国银行收盘价分布饼图')
Out[11]: <matplotlib.text.Text at 0x1292c0e44a8>
```

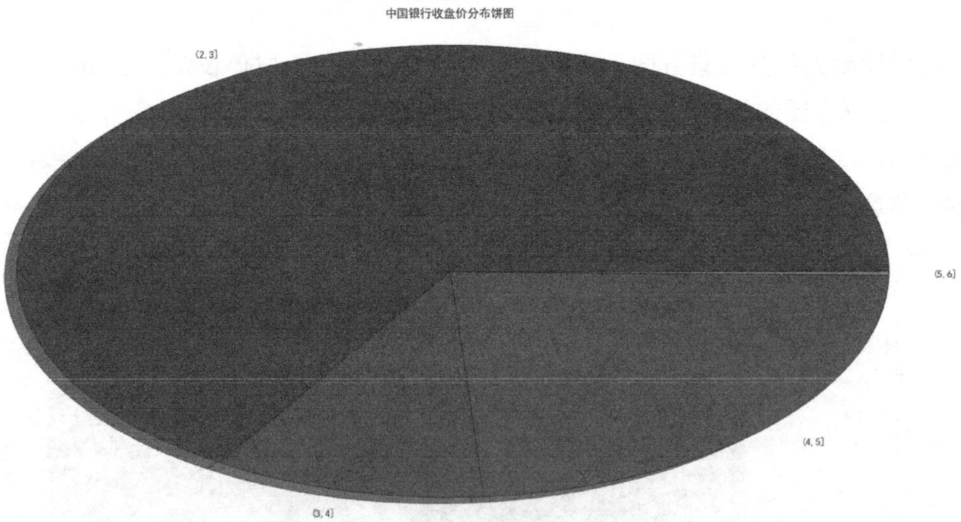

图 12.25　中国银行收盘价分布饼图

12.3.4 箱形图

箱形图（Box Plot）也是在分析数据时经常用到的一种图形。正如其名，箱形图由一个矩形和两条线组成。矩形的上边和下边分别是变量的上四分位数和下四分位数；中间有一条线用来表示变量的中位数。在矩形的上下两边各延伸出一条线，每条线的长度一般为 1.5 倍的四分位距（四分位距为上下四分位数之差），这两条线被视为异常值截断线，上端的线为上边缘线，下端的线为下边缘线。在线的外面可能还会有一些点，这些点一般会被认为是异常值。箱形图能够很直观地表现出一个变量的分布，也有助于检测异常值。pyplot 中的 boxplot 函数用于绘制箱形图。该函数主要参数形式为：

```
matplotlib.pyplot.boxplot(x, notch=None,labels=None)
```

- 参数 x：表示要绘制的图形数据可以是数组形式，也可以是多个向量序列；
- 参数 notch：表示箱形图的类型为布尔类型，默认取值为 False，表示绘制矩形箱（rectangular box）；如果取值为 True，则表示绘制锯齿状箱形图（notched box）；
- 参数 labels：表示箱形图的标签，一般为字符串序列类型。

运用 boxplot( ) 函数对中国银行的开盘价、最高价、最低价和收盘价这四个变量绘制箱形图，如图 12.26 所示。

```
In [12]: import numpy as np
    ...: prcData=ChinaBank.iloc[:,:4]
    ...: data=np.array(prcData)
    ...: plt.boxplot(data,labels=('Open','High','Low','Close'))
    ...: plt.title('中国银行股价箱形图')
Out[12]: <matplotlib.text.Text at 0x12917d7dbe0>
```

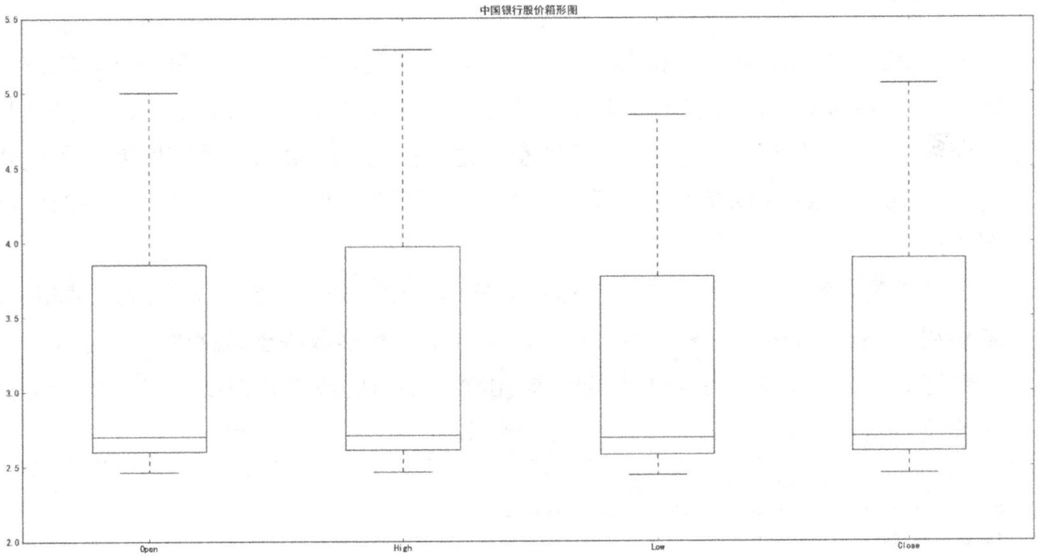

图 12.26　中国银行股价箱形图

12.4　Figure、Axes 对象与多图绘制

前面绘制图形时都是通过调用相关函数来设定图形的特征，比如运用 title( ) 函数来增加图形的标题，用 xlabel( ) 函数来设定 X 轴的标签。除了这种函数形式绘图以外，Matplotlib 绘图的另一大特色是面向对象绘图。这里所谓面向对象是指将图形的元素看作一个对象，众多对象具有隶属关系，不同对象拼凑成一个完整的图形。

12.4.1 Figure、Axes 对象

类比生活中用纸笔绘图，我们来解释 Matplotlib 面对对象绘图。

- 在使用生活中的纸笔画图时，我们需要先找到一张白纸，在白纸上绘图。对于 Matplotlib 来说，绘图之前需要先创建一个 Figure 对象，Figure 对象是一个空白区域，同样我们将要在 Figure 对象上绘图。可以通过 pyplot 包中的 figure 函数来创建一个 Figure 对象。

```
In [1]: fig=plt.figure()
```

- 在这张白纸上，我们可以选择较大区域，只画一个收盘价折线图。如果想要节约用纸或者对比两个价格序列，可以将这张纸分成两个区域，分别绘制收盘价折线图和开盘价折线图。在 Matplotlib 绘图中，每个 Figure 对象可以包含一个或者几个 Axes 对象，每个 Axes 对象即一个绘图区域，拥有自己独立的坐标系统。现在，我们需要两个绘图区域，则需要创建两个 Axes 对象，分别指定绘制收盘价折线图和开盘价折线图的区域。由此也可以看出，Axes 对象依附于 Figure 对象。

```
In [2]: ax1=fig.add_axes([0.1, 0.1, 0.3, 0.3])
   ...: ax2=fig.add_axes([0.5, 0.5, 0.4, 0.4])
```

其中，[0.1, 0.1, 0.3, 0.3] 和 [0.5, 0.5, 0.4, 0.4] 分别制定绘图区域，每个列表的前两个元素指定 Axes 对象区域左下角坐标，后两个元素给出 Axes 在 Figure 图像坐标[1]上 X 方向和 Y 方向的长度。因此 ax1 区域左下角坐标为 $(0.1, 0.1)$，画图区域长和宽分别为 0.3 和 0.3；ax2 区域左下角坐标为 $(0.5, 0.5)$，画图区域长和宽分别为 0.4 和 0.4。如图 12.27 所示。

- 每个折线图大致分为两大部分，坐标轴部分和折线部分。坐标轴又分为 X 轴和 Y 轴，X 轴用 xaxis 对象表示，Y 轴用 yaxis 对象表示，折线取决于数据内容，可以看出一个数据对象。接下来，在 ax1 中绘制前 10 个交易日的收盘价曲线，在 ax2 中绘制前 10 个交易日的开盘价曲线，如图 12.28 所示。

```
In [3]: ax1.plot(Close[:10])
Out[3]: [<matplotlib.lines.Line2D at 0x1fd933b7ac8>]
In [4]: ax2.plot(Open[:10])
Out[4]: [<matplotlib.lines.Line2D at 0x1fd89ea07f0>]
```

- 上述图形包含信息未免太少，我们可以在 Axes 对象中增加坐标轴标签 label 对象、tick 对象、ticklabel 对象和标题 title 对象，也可以对坐标轴的取值范围 xlim 和 ylim 进行设定。如图 12.29 所示。

[1]图像坐标把整个白纸（Figure 对象）的长度和宽度都设为 1，将左下角视为坐标原点，

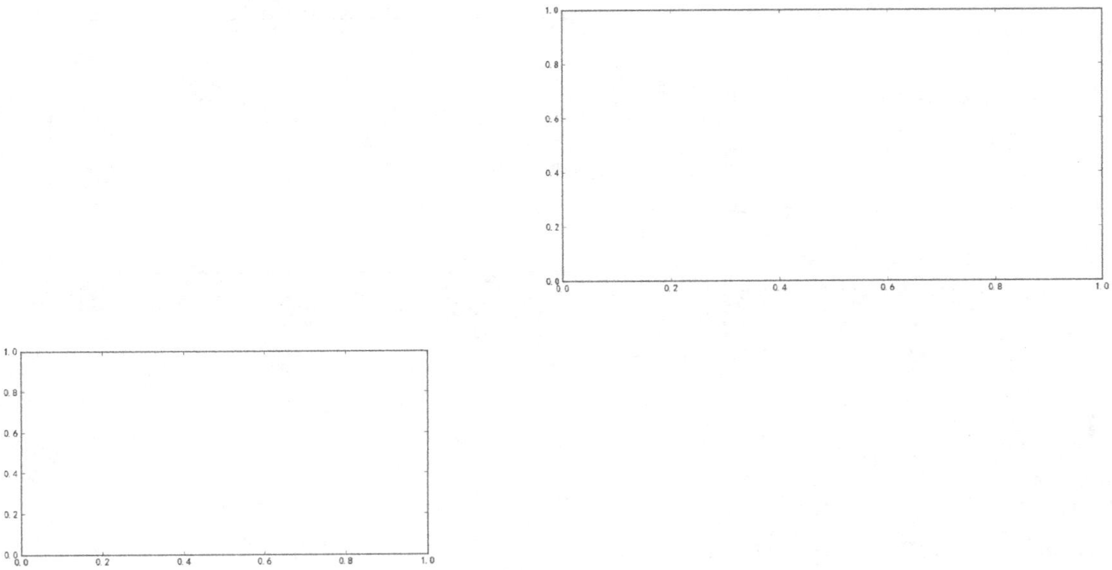

图 12.27 ax 对象

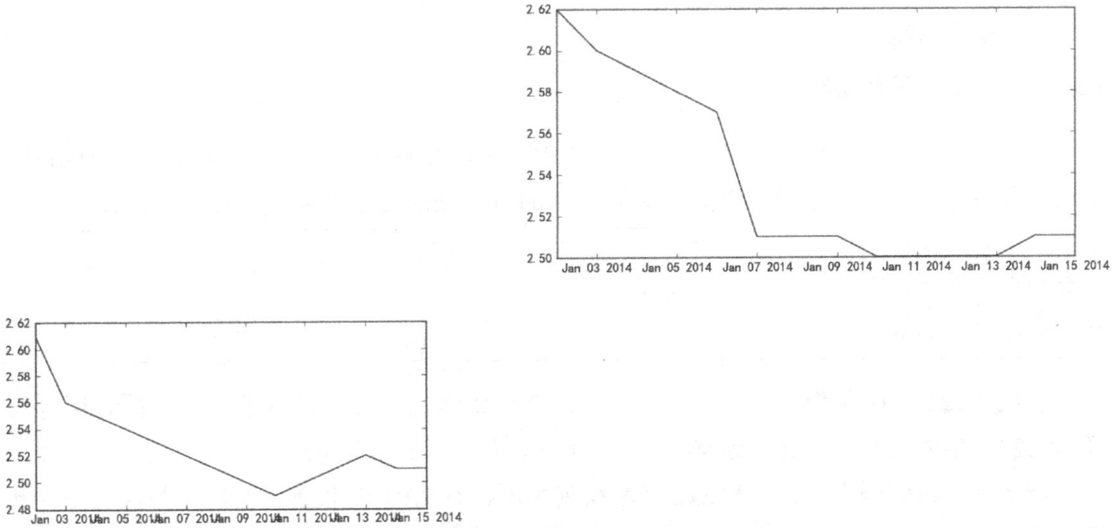

图 12.28 收盘价与开盘价曲线

```
In [5]: ax1.set_title('前十个交易日收盘价')
   ...: ax1.set_xlabel('日期')
   ...: ax1.set_xticklabels(Close.index[:10],rotation=25)
   ...: ax1.set_ylabel('收盘价')
   ...: ax1.set_ylim(2.4,2.65)

In [6]: ax2.set_title('前十个交易日开盘价')
   ...: ax2.set_xlabel('日期')
   ...: ax2.set_xticklabels(Open.index[:10],rotation=25)
   ...: ax2.set_ylabel('开盘价')
   ...: ax2.set_ylim(2.4,2.65)
```

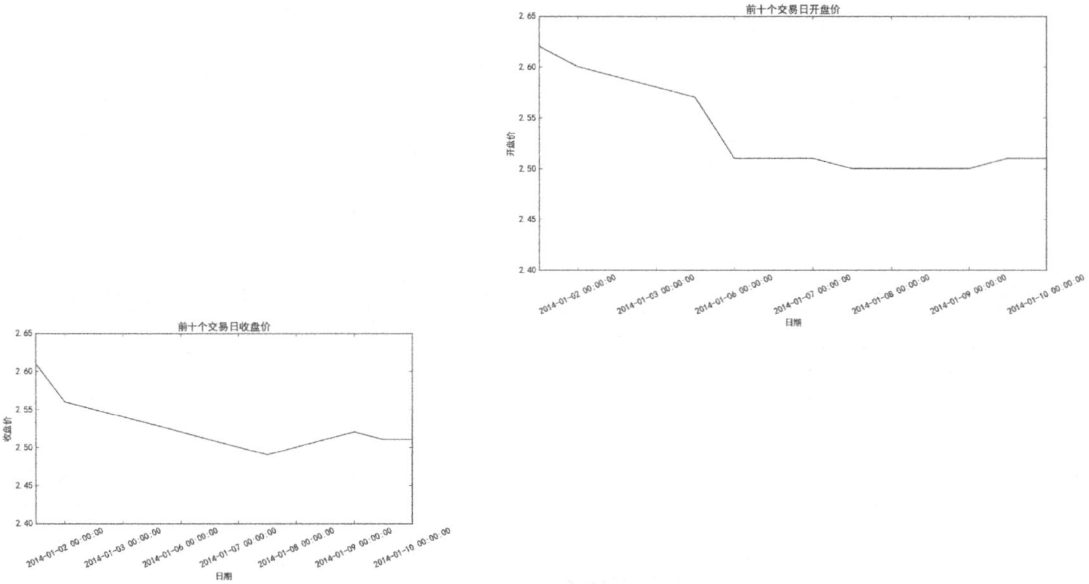

图 12.29 设定 ax 诸多子对象

12.4.2 多图绘制

12.4.2.1 多个子图绘制

在实际绘图中，如果一个 Figure 对象中包含多个 Axes 对象，每个 Axes 对象的位置除了通过区域坐标和长度来设定以外，更为常用的方式是通过子图 subplot( ) 函数来设定。

```
In [7]: ax1=plt.subplot(221)
   ...: ax2=plt.subplot(222)
   ...: ax3=plt.subplot(223)
   ...: ax4=plt.subplot(224)
```

参数“221”中的“22”表示子图排列为 2×2 形式，“1”表示第一个子图。同样道理，“222”中的最后一个 2 表示第“2”个子图，如图 12.30 所示。

接下来，我们分别在 ax1 和 ax2 区域绘制中国银行 2015 年收盘价曲线图与成交量柱状图。若当日收盘价大于等于开盘价时，成交量柱状图棒的颜色为红色；若当日收盘价低于开盘价，成交量棒的颜色为绿色。如图 12.31 所示。

```
In [8]: Close15=Close['2015']
In [9]: ax1=plt.subplot(211)
In [10]: ax1.plot(Close15,color='k')
    ...: ax1.set_ylabel('收盘价')
    ...: ax1.set_title('中国银行2015年收盘价曲线图')
Out[10]: <matplotlib.text.Text at 0x1fda0b6add8>

In [11]: Volume15=ChinaBank.Volume['2015']
    ...: Open15=Open['2015']
In [12]: ax2=plt.subplot(212)
In [13]: left1=Volume15.index[Close15>=Open15]
    ...: hight1=Volume15[left1]
```

```
   ...: ax2.bar(left1,hight1,color='r')
   ...: left2=Volume15.index[Close15<Open15]
   ...: hight2=Volume15[left2]
   ...: ax2.bar(left2,hight2,color='g')
Out[13]: <Container object of 34 artists>
In [14]: ax2.set_ylabel('成交量')
   ...: ax2.set_title('中国银行2015年成交量柱状图')
Out[14]: <matplotlib.text.Text at 0x1fda0bc9e48>
```

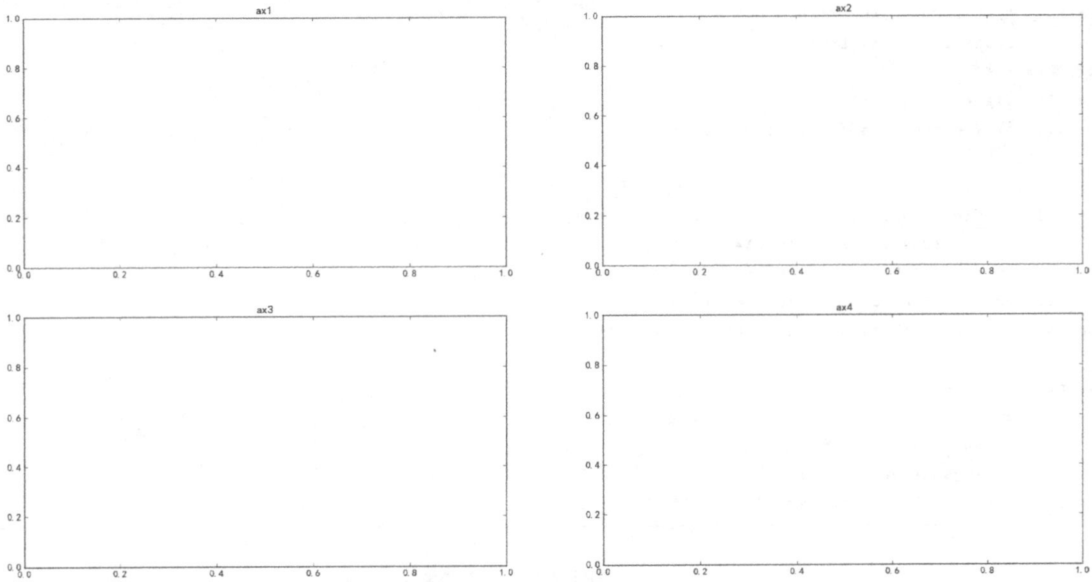

图 12.30　subplot 子图设置

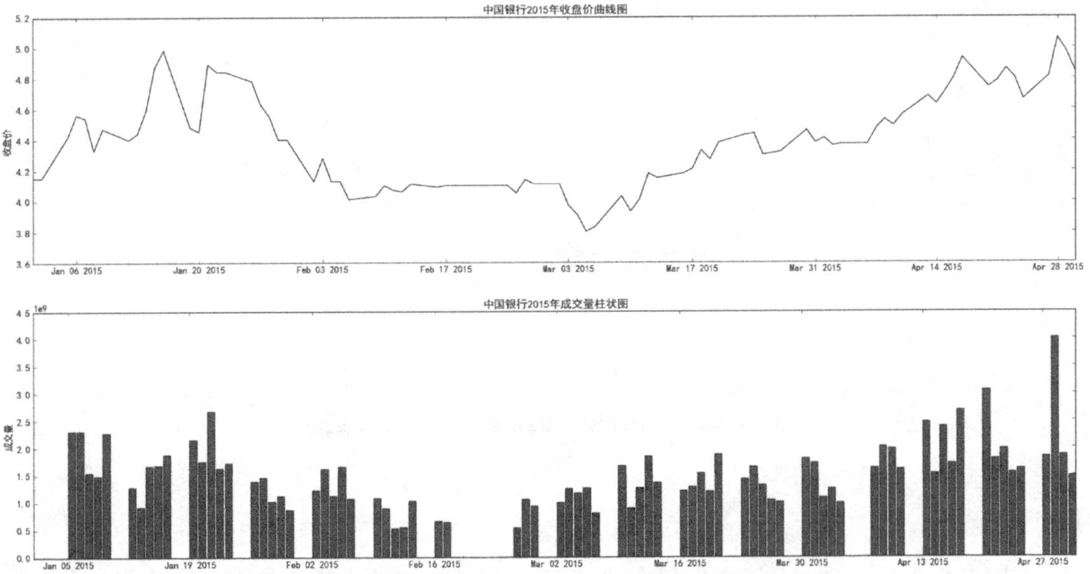

图 12.31　中国银行 2015 年收盘价曲线与成交量柱状图

12.4.2.2 一个图中多条曲线绘制

有时候，我们想要将多个变量绘制在一个图形中，以直观对比多个变量的取值情况。此时，Axes 对象为我们绘图带来了较大的便利，只要创建一个 Axes 对象，在此对象所代表的区域中绘制图形即可。比如，将中国银行的四种价格（开盘价、最高价、最低价和收盘价）曲线绘制在同一图中，如图 12.32 所示。

```
#提取价格数据
In [1]: High15=ChinaBank.High['2015']
   ...: Low15=ChinaBank.Low['2015']
#创建axes对象
In [2]: fig=plt.figure()
   ...: ax=fig.add_axes([0.1,0.1,0.8,0.8])

#绘制四条曲线
In [3]: ax.plot(Close15,label='收盘价')
   ...: ax.plot(Open15,'--*',label='开盘价')
   ...: ax.plot(High15,'-+',label='最高价')
   ...: ax.plot(Open15,'-.>',label='最低价')
Out[3]: [<matplotlib.lines.Line2D at 0x1fda2f16588>]

#在axes对象中增加文本对象
In [4]: ax.set_title('中国银行2015年价格图')
   ...: ax.set_ylabel('价格')
   ...: ax.legend(loc='best')
Out[4]: <matplotlib.legend.Legend at 0x1fda2f25f60>
```

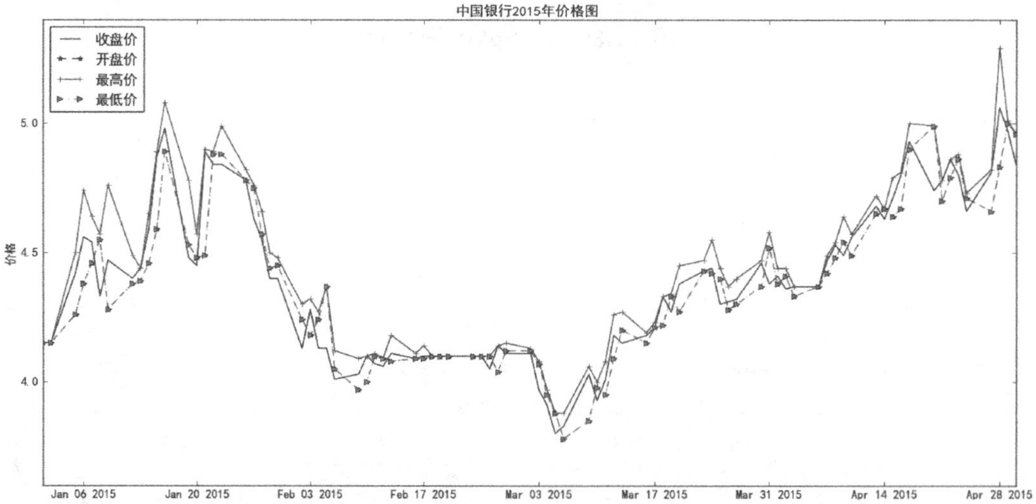

图 12.32 中国银行 2015 年四种价格曲线图

习题

1. 读取文件 Money.csv，该文件包含“1967—1988 年加拿大货币量”、GDP 和利率的数据。

（a）　绘制 1990—1998 年加拿大货币量的图形，并添加必要的标题和坐标轴说明。

（b）　在上一问题（a）绘制出的图形中添加 GDP 曲线（需要用到 twiny 函数）。

2. 读取文件 Journals.csv。画出 Y 轴为 price、X 轴为 citations 的散点图，并添加必要的标题和坐标轴说明。
3. 读取文件 mtcars.csv，绘制变量 vs 的柱状图，且按照变量 gear 分组，注意颜色区分并添加合适的标题、坐标轴说明和图例。
4. 读取文件 Arthritis.csv，绘制关于变量 age 的直方图，合理划分频率，添加合适的标题和坐标轴说明。
5. 分别产生四个包含 100 个服从均值都为 4，标准差分别为 1、2、3、4 的正态分布的随机数。绘制他们的箱形图，添加合适的标题和坐标轴说明。
6. 对于第 5 题中的随机数，以子图的形式分别绘制每一个随机数的散点图。
7. 绘制 tan 函数在 $[0, 2\pi]$ 上的近似曲线。

第2部分

统计学基础

第13章 描述性统计

金融数据分析是量化投资工作不可或缺的一环，有的投资者因为正确地分析数据而获取巨额利润，也有投资者因误判信息而错失良机，可以说正确分析经济金融数据是投资成功的一大关键。如图 13.1 所示的是 A 股市场上的三只股票：中国工商银行（ICBC，股票代码为“601398”）、浦发银行（SPDB，股票代码为“600000”）和中国联通（ChinaUnicom，股票代码为“600050”），2014 年度部分收益率数据。

date	gsyh	pfyh	zglt
2014/1/3	-0.00559	0	-0.0186
2014/1/6	-0.00281	0.00547	-0.0284
2014/1/7	0	-0.00544	0.00325
2014/1/8	0.00563	0.00656	-0.0129
2014/1/9	-0.0112	0.00978	-0.00984
2014/1/10	0	0.0129	-0.00662
2014/1/13	0.00283	-0.00213	0.00333
2014/1/14	-0.00565	0.00106	0.00997
2014/1/15	-0.017	-0.0181	-0.00329
2014/1/16	-0.00867	-0.00542	-0.0066
2014/1/17	-0.00583	-0.00654	-0.00664
2014/1/20	-0.00293	-0.00548	-0.00334
2014/1/21	0	0.00992	0.0101
2014/1/22	0.00882	0.0197	0.0133
2014/1/23	-0.00875	-0.0128	-0.00984
2014/1/24	0	0.00108	0.00331
2014/1/27	-0.0118	-0.0119	-0.0132
2014/1/28	0.00893	0.00768	0.0134
2014/1/29	0.0147	0.0109	0.0033

图 13.1　股票收益率数据

面对这样的资料，如何提取出对投资有用的信息？统计分析（Statistical Analysis）或许能够提供一种解决方法。统计分析是以数据为基础，对数据进行科学地处理、分析进而做出推断的分析方法。统计分析包括描述统计（Descriptive Statistics）和推断统计（Inferential Statistics）两大部分。面对已搜集的数据，首先对数据进行整理（Organization），如排序、统计频数、绘制频数分布表；也可以通过计算一些指标对数据进行总结（Summarization），这些指标包括平均数、中位数等；对已知数据信息进行整理、归类、简化或绘制成图表等来呈现数据特征，是描述性统计分析的主要内容。

对于某一特定事物，其所有可能发生的结果形成的集合称之为总体（Population），而其中一部分可观察到的结果则形成样本（Sample）。比如若要知道全校学生身高的均值，通常做法为，随机抽取一部分学生[1]，测量这部分学生的身高，然后用这部分学生身高的均值来代表全校学生身高的均值。在这个例子中，我们要研究的变量就是学生的身高，而全校学生的身高数据是总体，我们抽取的学生身高数据则是样本。通过分析有限样本数据来推测总体的特征是推断统计主要解决的问题，也是整个统计分析的精髓所在。本章我们先来了解一下数据类型及如何描述样本数据特征。

13.1 数据类型

在学习描述性统计之前，我们需要先了解一下数据的分类。对于不同类型的数据，往往会使用不同的方法以将其更好地展示出来。

总地来说，可以将数据分成两类：定性数据（Qualitative Data）和定量数据（Quantitative Data）。

- 定性数据是对事物性质进行描述的数据，通常只具有有限个取值，往往用于描述类别。比如股票所属行业数据即为定性数据，工商银行和浦发银行属于银行业、中国联通属于电信业。
- 定量数据是呈现事物数量特征的数据，是由不同数字组成的，数字取值是可以比较大小的，比如各只股票收益率数据即是定量数据，我们可以比较同一时间哪只股票的收益率较高，也可以比较同一只股票何时收益较高。

13.2 图表

若要直观地了解样本数据的整体情况，可以对数据进行图像化处理，将其变为图表以方便分析者对数据进行整体判断。图表描述通常会使用的工具是频数分布表与图示法，如直方图、饼图、折线图、散点图等。这里我们介绍最常用的频数分布表和直方图。

13.2.1 频数分布表

幼儿时代初识数字，我们第一个可以做的动作就是“计数”（Count）。当观察到样本数据时，也可以先做这个简单的动作。若是遇到一组定量数据，可以先将资料从小到大排序，这样就可以比较快捷地计算出每一个数值发生的次数，即频数（Frequency），若是将每一个数值发生的次数除以样本总数量，即可得到频率（Relative Frequency）。将这些频数（频

[1]实际上，抽样的方法是统计学中一个很重要的课题，因为样本的质量很大程度决定了推断统计结果的好坏。统计学家们研究出了各种各样的抽样方法，以最大程度上保证抽取出的样本可以充分地包含总体的信息。常见的抽样方法有简单随机抽样（Simple Random Sampling）、系统抽样（Systematic Sampling）、分层抽样（Stratified Sampling）等。

数）总结在一起，即可得到频数（频数）分布（Frequency Distribution）。将频数分布以表格的方式展现就得到了所谓的频数分布表。不过，像收益率这样的数据，每天的取值都会变动，若是将各个不同取值的频数都呈现出来，这样的频数分布表会非常庞大而失去了其直观的功能。因此，在多数情况下，我们会将样本数据取值做一下划分，将其分成数个相邻但不重叠的区间，然后计算每个区间内的发生次数以得到比较简洁的频数分布表。

若是遇到定性样本数据，频数分布表非常容易获得，只要将样本分好类，然后数清楚每类的个数就可大致了解整组数据的全貌。比如有投资者认为，某些政策会影响到某些行业的股票表现，比如投资者相信“丝绸之路”和“海峡西岸”的发展会影响到建筑建材行业和公路桥梁行业，决定把具有这些性质的股票整理出来，如表 13.1 所示。在该表中，第一列 X 为股票的行业分类，第一行 Y 为股票的所属概念板块。“建筑建材”和“丝绸之路”交叉取值为 3，这表明 A 股市场中属性 X 变量（行业分类）为建筑建材类，且属性 Y 变量（概念板块）归属丝绸之路类的样本有 3 个，透过该表，我们可以很清晰地看到定性数据的分布。

表 13.1 频数分布表

		Y 概念板块	
		丝绸之路	海峡西岸
X 行业分类	建筑建材	3	1
	公路桥梁	0	1

13.2.2 直方图

直方图是频数分布的图形表达方式，在直方图中，通常横轴表示的是类别或者数值区间的范围，纵轴是事件发生的频数（频数）。直方图是非常常用的描述性统计工具，它可以让我们直观地了解一组数据的分布情况。接下来，我们编写 Python 代码来绘制一下工商银行的直方图。

```
In [1]: import pandas as pd

In [2]: returns=pd.read_csv('013/retdata.csv')

In [3]: gsyh=returns.gsyh

In [4]: import matplotlib.pyplot as plt

In [5]: plt.hist(gsyh)
Out[5]:  (array([   1.,    1.,    1.,    2.,   21.,  178.,   42.,    6.,    4.,    2.]),
 array([-0.09287257, -0.07609117, -0.05930977, -0.04252836, -0.02574696,
        -0.00896556,  0.00781584,  0.02459725,  0.04137865,  0.05816005,
         0.07494145]),
 <a list of 10 Patch objects>)
```

如图 13.2 所示是工商银行的收益率数据直方图。从图 13.2 中可以很明显地看到 0 附近的柱形最高。也就是说，数据大都集中在 0 附近。

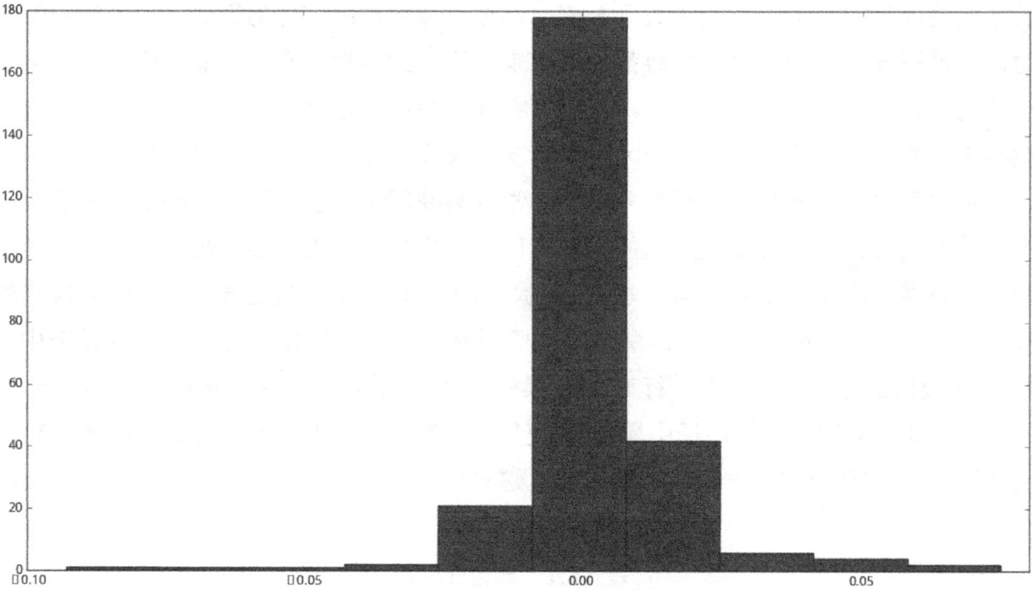

图 13.2 工商银行的收益率数据直方图

13.3 数据的位置

在分析数据时，我们往往会想要了解这组数据分布的位置，即这些数据都分布在什么值附近。在统计分析中，有专门的指标用于描述数据的位置。常用的指标包括算术平均数、几何平均数、中位数、众数和百分位数等。假设现在有 n 个样本观测值，$x_1, x_2, \ldots, x_n$，其中 x_i 为第 i 个观测值。

1. **样本平均数（Sample Mean）**

   平均数是最常用的度量数据中心位置的指标。常用的平均数有两种计算方式，分别是算术平均法与几何平均法。算术平均数（Arithmetic Mean）的计算公式为：

$$\bar{x} = \frac{x_1 + x_2 + x_n}{n}.$$

   几何平均数（Geometric mean）采取的是将所有数据的乘积开方，其计算公式为：

$$\bar{x} = \left[\prod_{j=1}^{k}(x_j)\right]^{\frac{1}{k}}.$$

   算数平均数的应用范围非常广，几乎所有定量的数据都可以计算其算数平均，而几何平均数经常用在收益率数据分析中。

2. **中位数（Median）**

   中位数也是度量数据中心位置的指标之一。对于一个数据集 $\{x_k\}$，如果一个数值 md 使得观测值中至少 50% 的数据大于等于 md，同时至少 50% 的数据小于等于 md，那么，md 即为数据集 $\{x_k\}$ 的中位数。一般来说，一个排好序的数据集，若包含奇数个观测值，那么中位数即是位于中间的数值；若有偶数个观测值，那么中位数即是位于中间的两个数的平均值。相较于平均数，中位数不易受到极端值的影响。因此，当数据集中有较多极端值时，中位数会是一个更好的度量数据中心位置的方法。

3. **众数（Mode）**

   众数是一组数据中出现次数最多的数值，也是比较常见的度量数据中心位置的指标。同中位数一样，众数不易受极端值的影响。

4. **百分位数（Percentile）**

   中位数是使得至少 50% 的数据大于等于该数、至少 50% 的数据小于等于该数的一个数值。将这个概念扩展开来，就得到了百分位数。第 α 百分分位数即为使得至少 $(100-\alpha)\,\%$ 的观测值大于等于该数、至少 $\alpha\%$ 的观测值小于等于该数的一个数值。中位数是百分位数中比较特殊的例子，即 α 的取值为 50%。相较于平均数、中位数、众数，百分位数不仅可以度量中心位置，还可以度量其他的位置，如 25 的位置。

   我们经常将第 25 百分位数与第 75 百分位数取出来，与中位数组成四分位数（Quartile）来简要概括样本的分布情况。其中，第 25 百分位数、中位数与第 75 百分位数分别被叫作第一四分位数（下四分位数）、第二四分位数与第三四分位数（上四分位数）。

   在实践中，可以使用百分位数来对业绩进行排序。比如，投资经理的业绩经常以与同等类型投资经理的业绩相比所处的百分位数的形式来体现。另外，分析师也会根据某一分位数来定义一个以该分位数命名的组类。例如，在比较众多股票的收益率表现时，可以将收益率低于第 10 百分位数的股票作为收益率最低的股票。

对于中国联通和浦发银行的收益率数据，可以分析其中心位置，即计算收益率数据的平均数、中位数和众数。

```
##求平均数
In [6]: returns.zglt.mean()
Out[6]: 0.001810969945736434

In [7]: returns.pfyh.mean()
Out[7]: 0.0022648093178294572

##求中位数
In [8]: returns.zglt.median()
Out[8]: 0.0

In [9]: returns.pfyh.median()
Out[9]: 0.0

##求众数
```

```
In [10]: returns.zglt.mode()
Out[10]:
 0    0
dtype: float64

In [11]: returns.pfyh.mode()
Out[11]:
 0    0
dtype: float64
```

这里 pandas 包中 mode( ) 函数的返回结果 Out[10]、Out[11] 是 Series 类型数据，因此第一个 0 是 index，第二个 0 是众数。计算出中国联通和浦发银行的收益率数据的平均数、中位数和众数之后，我们将结果汇总于表 13.2 中。

表 13.2 两只股票收益率的中心位置情况

指标	中国联通	浦发银行
平均数	0.00181	0.00226
中位数	0	0
众数	0	0

从表 13.2 可以看到，虽然两者的中位数及众数是一样的，但是浦发银行收益率的平均数要比中国联通的收益率的平均数高接近 25%。因此，仅从数据的中心位置来说，可以认为浦发银行的收益表现得更好。

还可以运用quantile( )函数来求中国联通和浦发银行这两只股票收益率数据的上四分位数和下四分位数。

```
#中国联通股票的上下四分位数
In [12]: [returns.zglt.quantile(i) for i in [0.25,0.75]]
Out[12]: [-0.0065253375000000006, 0.0087666440000000005]

#浦发银行的股票上下四分位数
In [13]: [returns.pfyh.quantile(i) for i in [0.25,0.75]]
Out[13]: [-0.0054720159999999997, 0.0094046640000000001]
```

可以看到，浦发银行的下四分位数和上四分位数都更大。因此，从四分位数的角度来说，浦发银行也具有更好的表现。

13.4 数据的离散度

数据的位置仅是一个点，若要全面地反应数据分布的特征，还需要其他的指标。数据的离散度也称为数据的变异性，主要衡量样本数据相对于中心位置的偏离程度。把数据的位置同离散度结合起来，就可以很好地刻画数据分布的特征。常用的离散度指标有极差、平均绝对偏差、方差和标准差等。

1. **极差（Range）**

   极差是指一个数据集中最大值与最小值之差，其计算公式为：

   $$极差 = 最大值 - 最小值,$$

   极差的优点在于计算简单，能够快速反映出数据的范围。但是，极差提供的信息量相对比较少，难以充分反映分布的总体情况。

2. **平均绝对偏差（Mean Absolute Deviation）**

   数据的离散程度还可以通过一组数据中数据与均值的偏差来度量。一个数据与均值的差值越大，说明该数据值偏离均值越远。但是，所有数据与均值的差值加总起来和为零。数学公式证明如下：

   $$\begin{aligned}\sum_{i=1}^{n}(x_i-\overline{x}) &= \sum_{i=1}^{n}x_i-\sum_{i=1}^{n}\overline{x}\\ &= \sum_{i=1}^{n}x_i-n\overline{x}\\ &= 0.\end{aligned}$$

   其中，样本均值 $\overline{x}=\frac{1}{n}\sum\limits_{i=1}^{n}x_i$。因此，一组数据整体的离散程度无法用数据与均值的差值之和来衡量。但是，数据与均值的差值之绝对值也可以衡量整体的离散程度。由于我们关心的是数据偏离程度的大小，而不是偏离的方向，因此平均绝对偏差也能够较好地反映数据的离散程度。平均绝对偏差的计算公式为：

   $$MAD=\frac{1}{n}\sum_{i=1}^{n}|x_i-\overline{x}|$$

3. **方差（Variance）和标准差（Standard Deviation）**

   除了对数据与均值的差值取绝对值以外，还可以对其进行平方运算。方差即是根据数据与均值偏差的平方算出的用于衡量数据的离散度的指标，其计算公式如下：

   $$\sigma^2=\frac{1}{n-1}\sum_{i=1}^{n}(x_i-\overline{x})^2,$$

   标准差是方差的平方根：

   $$\sigma=\sqrt{\frac{1}{n-1}\sum_{i=1}^{n}(x_i-\overline{x})^2}.$$

   这两种指标是我们在实务中最常用的衡量数据离散度的指标。

在金融市场中，收益率的离散度经常被用作风险的度量指标。对于中国联通和浦发银行这两只股票的收益率数据，可以分别求出其极差、平均绝对偏差、方差和标准差，然后比较两者的风险。

```
#中国联通收益率数据的离散度衡量
#求极差
In [14]: returns.zglt.max()-returns.zglt.min()
Out[14]: 0.182285158

#求平均绝对偏差
In [15]: returns.zglt.mad()
Out[15]: 0.011888591205937145

#求方差
In [16]: returns.zglt.var()
Out[16]: 0.00031409480976416263

#求标准差
In [17]: returns.zglt.std()
Out[17]: 0.017722720157023374

#浦发银行价格数据的离散度衡量
#求极差
In [18]: returns.pfyh.max()-returns.pfyh.min()
Out[18]: 0.18410833900000001

#求平均绝对偏差
In [19]: returns.pfyh.mad()
Out[19]: 0.011860430797307855

#求方差
In [20]: returns.pfyh.var()
Out[20]: 0.00034116429854920676

#标准差
In [21]: returns.pfyh.std()
Out[21]: 0.018470633409528942
```

表 13.3 所示是这些结果的汇总。可以看到，中国联通收益率的离散度和浦发银行收益率的离散度差不多。综合来说，浦发银行不仅具有更高的平均收益率，而且其风险也和中国联通处在同一水平。因此，在这两只股票中，我们应该选择浦发银行。

表 13.3 两只股票收益率的离散度情况

离散度指标	中国联通	浦发银行
极差	0.1822852	0.1841083
平均绝对偏差	0.0118886	0.0118604
方差	0.0003141	0.0003412
标准差	0.0177227	0.0184706

习题

1. history.csv 文件包含了机构 EDHEC 提供的 1997—2016 年不同风格的对冲基金的收益率数据：
   (a) 导入文件并使用 head( ) 命令查看数据集的结构；
   (b) 试求出新兴市场（Emerging Markets）风格对冲基金收益率的算术平均数；
   (c) 试求出该风格对冲基金收益率的中位数；
   (d) 试求出该风格对冲基金收益率的众数；
   (e) 该风格对冲基金收益率的第 10 分位数和第 90 分位数。
2. 继续使用 history.csv 文件，查看事件驱动（Event Driven）风格对冲基金的收益率数据：
   (a) 试求出事件驱动（Event Driven）风格对冲基金收益率的极差；
   (b) 试求出该风格对冲基金收益率的平均绝对偏差；
   (c) 试求出该风格对冲基金收益率的方差和标准差。
3. 画出相对价值（Relative Value）风格和固定收益套利（Fixed Income Arbitrage）风格对冲基金收益率的折线图，比较这两种风格的对冲基金的收益率曲线可以得出什么结论？用恰当的统计量佐证该结论。
4. 使用 describe( ) 函数查看 history.csv 数据中其他对冲产品的统计特征。假设一名投资者想要投资其中的一个产品，那么他应该选择哪个产品，为什么？

第14章 随机变量简介

我们进行统计分析的对象往往呈现不确定性，比如，我们不知道明天大盘是涨是跌、也不会提前确定股票的未来走势，这些不确定性令我们面对未来时不知如何决策。但统计分析是可以帮助人们认清、刻画事物不确定性特征的方法。

前文提到总体是某一特定事物所有可能发生结果的集合，随机变量（Random Variable）则是一个不确定性事件结果的数值函数（Function）。也就是说，把不确定性事件的结果用数值来表示，即得到随机变量。比如掷硬币有两种结果——正面和反面，如果正面发生时，变量 X 取值 1，反面取值为 2。这样一来，掷硬币的结果就可以用随机变量的取值来表示，其取值为 1 或 2。通常随机变量用大写字母来表示，如 X；其具体观测值（或实现值）用小写字母表示，如 x。借用随机变量的概念，可以将总体看作是随机变量所有可能取值的集合。所以统计分析的实质是要用 X 的观测值集合来推估 X 的特征，因此我们先来了解一下如何刻画随机变量 X。

根据随机变量可能取值的结果，可将其分为离散型随机变量（Discrete Random Variable）和连续型随机变量（Continuous Random Variable）。如果一个随机变量的取值范围为有限或无限可数的孤立点（比如 $1, 2, 3, \ldots$ 这样的序列），则称此变量为离散型随机变量。相反，如果一个随机变量在一个区间上任意取值，则称此随机变量为连续型随机变量。比如掷硬币的结果只能取 1 或 2，即只能取有限个点，所以掷硬币的结果是离散型随机变量。而在金融投资分析中，大部分的随机变量如收益率、价格就是连续型随机变量。

14.1 概率与概率分布

概率（Probability）是用来刻画事物不确定性的一种测度（Measure），根据概率的大小，我们可以判断不确定性的高低。概率的取值介于 0 和 1 之间，表明一个特定事件以多大的可能性发生。

14.1.1 离散型随机变量

假设 X 是一个离散型随机变量，其所有可能取值为集合 $\{a_k\}$，$k = 1, 2, \ldots$，我们定义 X 的概率质量函数（Probability Mass Function）为：

$$f_X(a_k) = \mathbb{P}\{X = a_k\}, \quad k = 1, 2, \cdots$$

借用概率质量函数，可以量化地表达随机变量 X 取每个数值的可能性大小。还可以用累积分布函数（Cumulative Distribution Function）来刻画随机性，该函数表达式为：

$$F_X(a) = \mathbb{P}\{X \leqslant a\}$$

对于离散型随机变量，累积分布函数可以用概率质量函数累加来获得：

$$F_X(a) = \mathbb{P}\{X \leqslant a\} = \sum_{i:a_i \leqslant a} f_X(a_i)$$

在 Python 中，我们可以通过 NumPy 包的 random 模块中的 choice( ) 来生成服从特定的概率质量函数的随机数，其函数形式如下：

```
choice(a, size=None, replace=True, p=None )
```

- 参数 a：指明了随机变量所有可能的取值；
- 参数 size：表示我们所要生成的随机数数组的大小；
- 参数 replace：决定了生成随机数时是否是有放回的；
- 参数 p：为一个与 x 等长的向量，指定了每种结果出现的可能性。

下面，我们使用 choice( ) 生成 100 个随机数。

```
In [1]: import numpy as np
   ...: import pandas as pd
   ...:

In [2]: RandomNumber=np.random.choice([1,2,3,4,5],
   ...:                      size=100,replace=True,
   ...:                      p=[0.1,0.1,0.3,0.3,0.2])

In [3]: pd.Series(RandomNumber).value_counts()
Out[3]:
4    33
3    30
5    17
2    12
1     8
dtype: int64

In [4]: pd.Series(RandomNumber).value_counts()/100
Out[4]:
4    0.33
3    0.30
5    0.17
2    0.12
1    0.08
dtype: float64
```

在生成随机变量时，设定随机变量可能的取值为1、2、3、4、5，概率分别为0.1、0.1、0.3、0.3、0.2。然后，用choice( )进行模拟，模拟出的一个变量RandomNumber则是随机变量之实现值，也就是样本，value_counts 函数计算了样本之频数分布，下一行代码则计算了频率分布。从结果可以看出，样本的频率分布与总体的概率分布还是较为相似的。如果我们增加生成的随机数之数目，那么得到的结果会更接近设定的概率。

14.1.2 连续型随机变量

若随机变量 X 是连续的，则可以证明 $\mathbb{P}\{X=a_k\}=0$，读者可自行验证，因此我们不能用概率质量函数来刻画随机变量之随机性。对于连续型随机变量，累积分布函数 $F_X(a)=\mathbb{P}\{X\leqslant a\}$ 可以表达为：

$$F_X(a)=\int_{-\infty}^{a} f_X(x)\,\mathrm{d}x$$

其中 $f_X=\frac{\mathrm{d}F_X(x)}{\mathrm{d}x}$，被称为概率密度函数（Probability Density Function），X 的取值落在某个区间的概率可以用概率密度函数在这个区间上的积分来求得。

概率密度函数和累积分布函数都是用来刻画随机变量之不确定性的，描述的是总体的特征。我们可以从变量的样本观测值来推估其总体特征，包括其概率分布情况。下面将以2014年沪深300指数的日收益率序列为例，说明如何用Python实现估计概率分布的过程。

```
#读取沪深300的收益率数据
In [1]: HSRet300=pd.read_csv('014\\return300.csv')
   ...: HSRet300.head(n=2)
Out[1]:
       date  return  sig
0  2014/1/2 -0.3454    0
1  2014/1/3 -1.3436    0

In [2]: import matplotlib.pyplot as plt
   ...: from scipy import stats

In [3]: density=stats.kde.gaussian_kde(HSRet300.iloc[:,1])

In [4]: bins=np.arange(-5,5,0.02) #设定分割区间

In [5]: plt.subplot(211)
    ...: plt.plot(bins,density(bins))
    ...: plt.title('沪深300收益率序列的概率密度曲线图')
    ...:
    ...: plt.subplot(212)
    ...: plt.plot(bins,density(bins).cumsum())
    ...: plt.title('沪深300收益率序列的累积分布函数图')
Out[5]: <matplotlib.text.Text at 0x15275a2a6d8>
```

使用stats模块中的gaussian_kde( )可以估计沪深300收益率序列的概率密度，然后我们可以使用plot( )函数绘制概率密度图。对于累积分布函数图，我们可以使用cumsum( )计算出沪深300收益率序列的累积分布，然后使用plot( )将其绘制出来。如图14.1所示展

示了最终的结果。

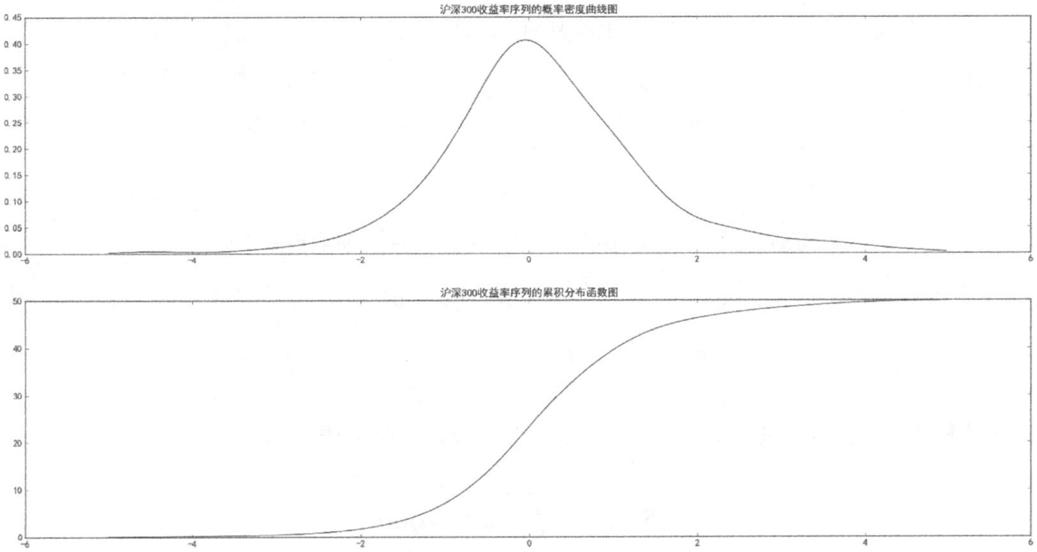

图 14.1　沪深 300 收益率序列的概率密度曲线图和累积分布函数图

14.2　期望值与方差

可以用样本数据的平均值来刻画样本之中心位置，对应的，期望（Expectation）是随机变量所有可能取值结果之均值，用来呈现总体的中心位置。对于离散型随机变量，期望是该随机变量所有可能的取值与其概率的乘积之和：

$$\mathbb{E}(X)=\sum_{k} a_k f_X\left(a_k\right)=\sum_{k} a_k \mathbb{P}\left\{X=a_k\right\}$$

方差（Variance）则是：

$$\operatorname{Var}(X)=\mathbb{E}\left[X-\mathbb{E}(X)\right]^2=\sum_{k}\left[a_k-\mathbb{E}(X)\right]^2 \mathbb{P}\left\{X=a_k\right\}$$

用以刻画总体之离散程度。现在我们举个简单的例子来计算离散随机变量之期望和方差。有一类特殊的离散型随机变量叫作伯努利随机变量（Bernoulli Random Variable），伯努利随机变量 X 只能取到两个值，0 或者 1。对应的概率质量函数为：

$$f_X(a)=\mathbb{P}\{X=a\}=\begin{cases} p, & a=1 \\ 1-p, & a=0 \end{cases}$$

根据期望与方差的定义，可以计算伯努利随机变量之期望值为：

$$\begin{aligned}\mathbb{E}(X) &= 1 \cdot \mathbb{P}\{X=1\} + 0 \cdot \mathbb{P}\{X=0\} \\ &= 1 \cdot p + 0 \cdot (1-p) \\ &= p\end{aligned}$$

方差为：

$$\begin{aligned}\mathrm{Var}(X) &= (1-p)^2 \cdot \mathbb{P}\{X=1\} + p^2 \cdot \mathbb{P}\{X=0\} \\ &= (1-p)^2 \cdot p + p^2 \cdot (1-p) \\ &= (1-p) \cdot p\end{aligned}$$

若随机变量 X 为连续型，其概率密度函数为 f_X，则期望为：

$$\mathbb{E}(X) = \int_{-\infty}^{\infty} a f_X(a) \mathrm{d}a$$

方差定义为：

$$\mathrm{Var}(X) = \int_{-\infty}^{\infty} [a - \mathbb{E}(X)]^2 f_X(a) \mathrm{d}a$$

从期望值与方差的定义来看，若已知一个变量的概率分布，就掌握了该变量的其他特征。

随机变量的可能取值有很多（比如连续性随机变量的取值数为无穷），但其观测值（实现值）个数有限，因此现实中随机变量的概率分布、期望、方差等特征通常是不可知的，推断统计就是试图透过其观测值集合——样本数据来刻画这些特征。

14.3 二项分布

在系统地介绍推断统计之前，我们还需要了解一下进行推断统计不可或缺的内容：一些常见的、特殊的概率分布，比如离散型的二项分布（Binomial Distribution），连续型的正态分布（Normal Distribution）、卡方分布（Chi-square Distribution）、t 分布（t Distribution）、F 分布（F Distribution）等。

前面介绍了伯努利随机变量，这里我们将伯努利随机变量呈现其观测值的过程称为伯努利试验（Bernoulli Experiment）。假设某个伯努利试验重复进行了 n 次，每次会得到取值为 0 或 1 的变量 Y_i（i 对应第 i 次试验），取 1 的概率为 p，二项随机变数 $X \sim b(n,p)$ 是互相独立的伯努利随机变量 Y_i 的加总：

$$X = \sum_{i=1}^{n} Y_i$$

也就是说 X 是 n 次伯努利试验中变量 Y_i 取值为 1 的次数，其取值可以是 $0, 1, \ldots, n$，且具有以下性质：

（1） 概率质量函数为：

$$f_X(k) = \mathbb{P}\{X = k\} = C_n^k p^k (1-p)^{n-k},$$

代表 n 次试验中有 k 次 Y_i 取值为 1 的概率，其中 $k = 0, 1, \ldots, n$，$C_n^k = \frac{n!}{k!(n-k)!}$。

（2） 期望公式为 $\mathbb{E}(X) = np$，X 的期望表示 n 次试验中 $Y_i = 1$ 发生的平均次数。

（3） 方差为 $\mathrm{Var}(X) = np(1-p)$。

NumPy 生成二项分布随机数：NumPy 库中生成二项分布随机数的函数是 binomial( )，其函数形式是：

```
binomial(n, p, size=None)
```

- 参数 n：表示进行伯努利试验的次数；
- 参数 p：表示伯努利变量取值为 1 的概率；
- 参数 size：表示生成的随机数的数量。

例如，设计这样的重复伯努利试验：投 100 次硬币，正面朝上时伯努利变量取值为 1，对应的概率 p 为 0.5，则硬币正面朝上的次数服从一个二项分布 $b(100, 0.5)$。假设生成 20 个来源于该二项分布的随机数，所使用的 Python 语句为：

```
In [1]: np.random.binomial(100,0.5,20)
Out[1]:
array([54, 52, 51, 58, 52, 54, 43, 41, \
       53, 57, 44, 55, 49, 40, 54, 44, 55,
       50, 60, 54])

#再次产生随机数
In [2]: np.random.binomial(10,0.5,3)
Out[2]: array([3, 7, 4])
```

求解二项分布之概率质量函数：设每次投掷硬币正面朝上的概率为 0.5，投 100 次硬币，有 20 次正面朝上的概率是多少？运用 SciPy 库内部 stats 模块下 binom 类中的 pmf 函数生成二项分布的概率质量函数。

```
#求100次试验，有20次正面朝上的概率值
In [3]: stats.binom.pmf(20,100,0.5)
Out[3]: 4.2281632676012532e-10

#求100次试验，有50次正面朝上的概率值
In [4]: stats.binom.pmf(50,100,0.5)
Out[4]: 0.079589237387178879
```

求解二项分布之累积分布函数：每次硬币正面朝上的概率为 0.5，投 100 次硬币，正面朝上的次数小于等于 20 次的概率是多少？

首先，可以通过 pmf( ) 函数来求解此问题。

```
#首先，我们先求出正面朝上分别为0次，1次，...20次的概率
In [5]: dd=stats.binom.pmf(np.arange(0,21,1),100,0.5)
   ...: dd
Out[5]:
array([  7.88860905e-31,   7.88860905e-29,   3.90486148e-27,
         1.27558808e-25,   3.09330110e-24,   5.93913812e-23,
         9.40363535e-22,   1.26277389e-20,   1.46797465e-19,
         1.50059631e-18,   1.36554264e-17,   1.11726216e-16,
         8.28636101e-16,   5.60922899e-15,   3.48573516e-14,
         1.99848816e-13,   1.06169683e-12,   5.24603142e-12,
         2.41900338e-11,   1.04399093e-10,   4.22816327e-10])

#接着，我们将这些概率值相加；
#求出正面朝上的次数小于等于20次这一事件发生的概率；
In [6]: dd.sum()
Out[6]: 5.5795445286255621e-10
```

其次，可以运用 binom 类中的 cdf( ) 函数直接来求解这个问题。

```
#用cdf( )函数求解累积密度；
#求100次试验中正面朝上的次数小于等于20次的概率；
In [7]: stats.binom.cdf(20,100,0.5)
Out[7]: 5.5795445286259747e-10
```

二项分布在金融市场中的应用：二项分布常常用于描述金融市场中只有两个结果之重复事件。例如，假设变量 Y 在股价上涨时取值为 1，概率设为 p；在股价下跌取为 0，概率就是 $1-p$。X 取为 n 天中股价上涨的天数，$X \sim b(n,p)$，对应的性质如前所述，比如 5 天中有 2 天股价上涨的概率就是 $\mathbb{P}\{X=2\} = C_5^2 p^2 (1-p)^3$。

假设沪深 300 指数单日之上涨下跌为伯努利试验，当收益率为正时记为 1，负的收益率记为 0；多日之上涨下跌服从二项分布。统计 2014 年沪深 300 指数的收益率数据可知，在 245 个交易日中有 130 个正的收益率和 115 个负的收益率。据此，可以假设沪深 300 指数上涨的概率为 $130/245 = 0.53$，即 $p = 0.53$。现在，我们可以估计接下来 10 天中沪深 300 指数有 6 天上涨的概率。

```
#获取2014年沪深300的收益率数据
In [8]: ret=HSRet300.iloc[:,1]
   ...: ret.head(n=3)
Out[8]:
0    -0.3454
1    -1.3436
2    -2.2762
Name: return, dtype: float64

#估算沪深300上涨的概率p
In [9]: p=len(ret[ret>0])/len(ret)
   ...: p
Out[9]: 0.5306122448979592

#估计10个交易日中，有6个交易日中上涨的概率
```

```
In [10]: prob=stats.binom.pmf(6,10,p)
    ...: prob
Out[10]: 0.2275149431566236
```

14.4　正态分布

正态分布（Normal Distribution）又名高斯分布（Gaussian Distribution），被广泛使用在数学、物理及金融工程等领域，是人们最常用的描述连续性随机变量的概率分布。在金融学研究中，收益率等变量的分布常常假定为正态分布或者对数正态分布（取对数后服从正态分布）。由于正态分布的概率密度曲线呈钟形，人们经常称正态分布曲线为钟形曲线。

正态分布之分布律：若随机变量 X 服从一个数学期望为 μ、方差为 σ^2 的正态分布，记为 $X \sim N\left(u, \sigma^2\right)$，则 X 的取值范围为 $(-\infty, +\infty)$，其概率密度函数为：

$$f_X\left(x\right) = \frac{1}{\sqrt{2\pi}\sigma} \exp\left[\frac{-\left(x-\mu\right)^2}{2\sigma^2}\right]$$

如图 14.2 所示的细、较粗、最粗三种线分别绘制出了 $N\left(0,1\right)$，$N\left(0,2\right)$ 和 $N\left(2,1\right)$ 的概率密度函数。

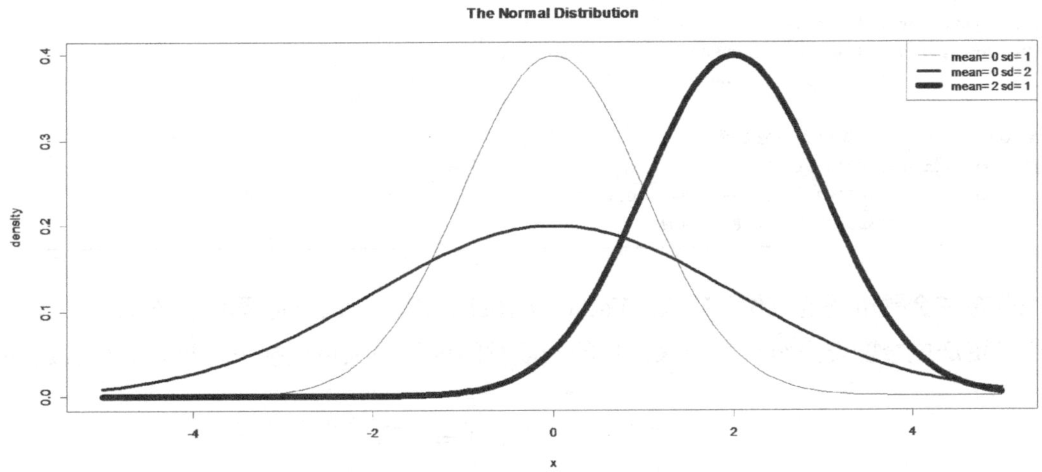

图 14.2　不同参数下的正态分布

可以看出，正态分布是一种对称分布，参数 μ、σ 决定了概率密度函数图的形状。$N\left(0,2\right)$ 和 $N\left(0,1\right)$ 有着相同的位置（对称轴），但 $N\left(0,2\right)$ 更加“矮胖”，$N\left(0,2\right)$ 的离散程度更大。$N\left(2,1\right)$ 和 $N\left(0,1\right)$ 有着相同的离散程度，$N\left(2,1\right)$ 的均值 2 大于 $N\left(0,1\right)$ 的均值 0，$N\left(2,1\right)$ 的位置（对称轴）比 $N\left(0,1\right)$ 更加靠右。

服从正态分布之随机变量 X 有个特殊的性质，即其线性变换 $aX+b$ 依旧服从正态分布，$aX+b \sim N\left(a\mu+b, a^2\sigma^2\right)$。若令 $a=1/\sigma$，$b=-\mu/\sigma$，即可得到标准正态分布 $N\left(0,1\right)$，

这个过程即标准化，用数学式记作：

$$Z = \frac{X - \mu}{\sigma} \sim N(0,1)$$

任何正态分布变量都可以通过标准化，转变成标准正态分布。

Python 正态分布相关函数：正态分布随机数的生成函数是 norm( )，其函数形式是：

```
normal(loc=0.0, scale=1.0, size=None)
```

- 参数 size：表示生成的随机数数量；
- 参数 loc：表示正态分布的均值；
- 参数 scale：表示正态分布的标准差，默认为 1。

概率密度值和累积密度值同样可以使用 SciPy 的 stats 模块中相关函数来计算。

```
#生成5个标准正态分布随机数
In [1]: Norm=np.random.normal(size=5)
   ...: Norm
Out[1]:
array([ 0.11207291,  1.25794203,\
       -0.03999912, -0.26350929,  1.01624683])

#求生成的正态分布随机数的密度值
In [2]: stats.norm.pdf(Norm)
Out[2]: array([ 0.39644471,  0.1808391 ,  0.39862327, \
                0.38532925,  0.23803981])

#求生成的正态分布随机数的累积密度值
In [3]: stats.norm.cdf(Norm)
Out[3]: array([ 0.5446172 ,  0.89579364,  0.48404692,\
                 0.39607903,  0.84524407])
```

正态分布在金融市场的应用：VaR（Value at Risk）指的是在一定概率水平（$\alpha\%$）下，某一金融资产或金融资产组合在未来特定的一段时间内的最大可能损失，该定义可表达为：

$$\mathbb{P}\{X_t < -\text{VaR}\} = \alpha\%$$

其中，随机变量 X_t 为金融资产或金融资产组合在持有期 $\triangle t$ 内的损失，$1-\alpha\%$ 被叫作 VaR 的置信水平。假设沪深 300 指数的日收益率序列服从正态分布，下面用 Python 来求解当概率水平为 5% 时沪深 300 指数在 2015 年 1 月 5 日的 VaR。

```
#获得沪深300收益率序列的均值和方差
In [4]: HS300_RetMean=ret.mean()
   ...: HS300_RetMean
Out[4]: 0.1774236734693877

In [5]: HS300_RetVariance=ret.var()
```

```
   ...: HS300_RetVariance
Out[5]: 1.471205934847106

#查询累积密度值为0.05的分位数
In [6]: stats.norm.ppf(0.05,HS300_RetMean,HS300_RetVariance**0.5)
Out[6]: -1.8176732130631721
```

在上述代码中，我们首先求出沪深 300 收益率序列的均值和方差。假设收益率序列为正态分布，有了均值和方差就可以得到沪深 300 收益率序列的概率密度函数和累积分布函数。之后，使用 ppf( ) 函数获取累积密度值为 0.05 的分位数，得到的值为 −1.817673%。这说明，2015 年 1 月 5 日，沪深 300 指数在 2015 年 1 月 5 日的 VaR 为 1.817673%，即有 95% 的概率损失不会超过 1.817673%。

14.5 其他连续分布

14.5.1 卡方分布

若 $Z_1, Z_2, \ldots, Z_n$ 为 n 个互相独立的服从标准正态分布之随机变量，则变量：

$$X = Z_1^2 + Z_2^2 + \cdots + Z_n^2$$

服从自由度（Degree of Freedom）为 n 的卡方分布，通常表示为 $X \sim \chi^2(n)$，这里自由度表示 X 是由几个可以自由变动的标准正态随机变量之平方构成。由于 n 可以取不同的值，所以卡方分布是一族分布而不是一个单独的分布。根据变量 X 之表达式，服从卡方分布之随机变量的值不可能取负值，其期望值为 n、方差为 $2n$，有兴趣的读者可以自行验证。

```
In [1]: from scipy import stats
   ...: import matplotlib.pyplot as plt
   ...: import numpy as np
   ...:
In [2]: plt.plot(np.arange(0,5,0.002),\
   ...:          stats.chi.pdf(np.arange(0,5,0.002),3))
   ...: plt.title('Probability Density Plot of Chi-Square Distribution')
Out[2]: <matplotlib.text.Text at 0x2435989a198>
```

卡方分布与正态分布形状很不同，卡方分布以 0 为起点，分布是偏斜的，即是非对称的，在自由度为 3 的卡方分布下，大多数值都小于 8，通过查表也可知，只有 5% 的值大于 7.82，换句话说，如果有 100 个观测值，只有 5 个值会大于 7.82。如图 14.3 所示。

14.5.2 t 分布

若随机变量 $Z \sim N(0,1)$、$Y \sim \chi^2(n)$，且二者之间相互独立，则变量 $X = \frac{Z}{\sqrt{Y/n}}$ 服从自由度为 n 的 t 分布，可以表达为 $X \sim t(n)$。和卡方分布一样，t 分布也有整整一族，自由度 n 不同 t 分布即不同。t 分布变量取值范围为 $(-\infty, +\infty)$，其期望值和方差存在与否、取

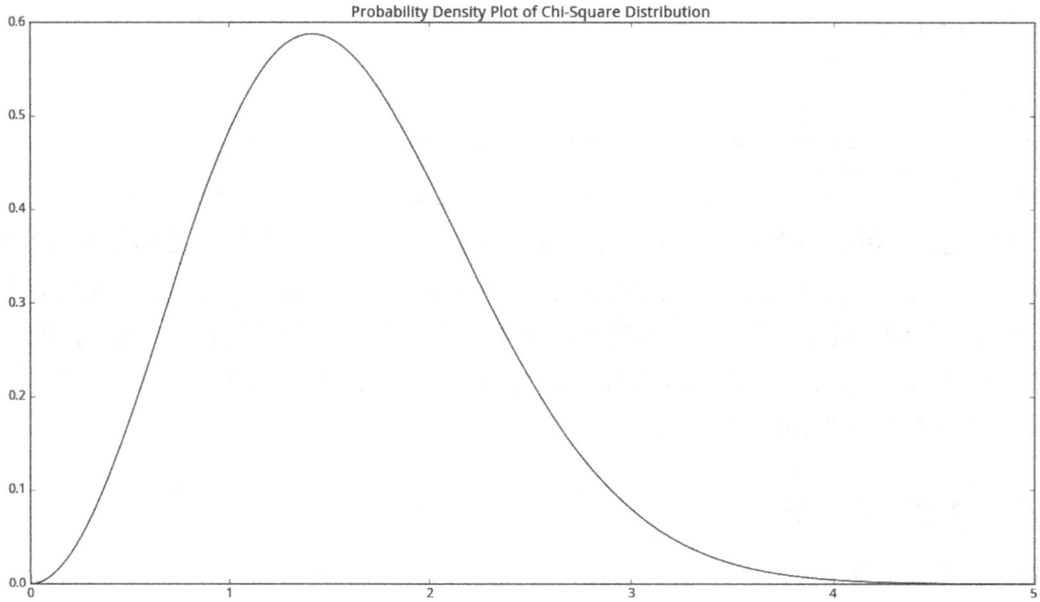

图 14.3　自由度为 3 的卡方分布

值大小均与 t 分布之自由度 n 有关：$t(1)$ 分布无有限期望值；$t(2)$ 分布有有限期望值，但方差不存在；只有当 $n>2$ 时，$t(n)$ 分布才同时有有限的期望值和方差，其中期望值为 0、方差为 $n/(n-2)$，因此自由度 n 越大，变量的方差越小，也就是说分布的离散程度越小。

下面使用 Python 绘制不同自由度下的 t 分布之概率分布函数，以了解 t 分布的形态特征，并绘制出 t 分布和正态分布的比较图。

```
In [1]: x=np.arange(-4,4.004,0.004)

In [2]: plt.plot(x,stats.norm.pdf(x),label='Normal')
   ...: plt.plot(x,stats.t.pdf(x,5),label='df=5')
   ...: plt.plot(x,stats.t.pdf(x,30),label='df=30')
   ...: plt.legend()
Out[3]: <matplotlib.legend.Legend at 0x7fc44d21ca20>
```

如图 14.4 所示，t 分布概率密度曲线是以 0 为中心、左右对称的单峰分布；其形态变化与自由度 n 的大小有关，自由度越小，分布越分散，自由度越大，变量在其均值周围的聚集程度越高，也越接近标准正态分布曲线。当自由度为 30 时，t 分布已经接近标准正态分布曲线。相较于标准正态分布，t 分布的密度函数呈现出“尖峰厚尾”的特点，即它的峰比较尖、尾部比较厚，现实中资产收益率分布往往呈现这种形态，因此 t 分布在对实际抽样结果的刻画上更为精确。t 分布是在推断统计分析中常用的分布。

14.5.3　F 分布

若 Z、Y 为两个独立的随机变量，且 $Z\sim\chi^2(m)$、$Y\sim\chi^2(n)$，则变量：

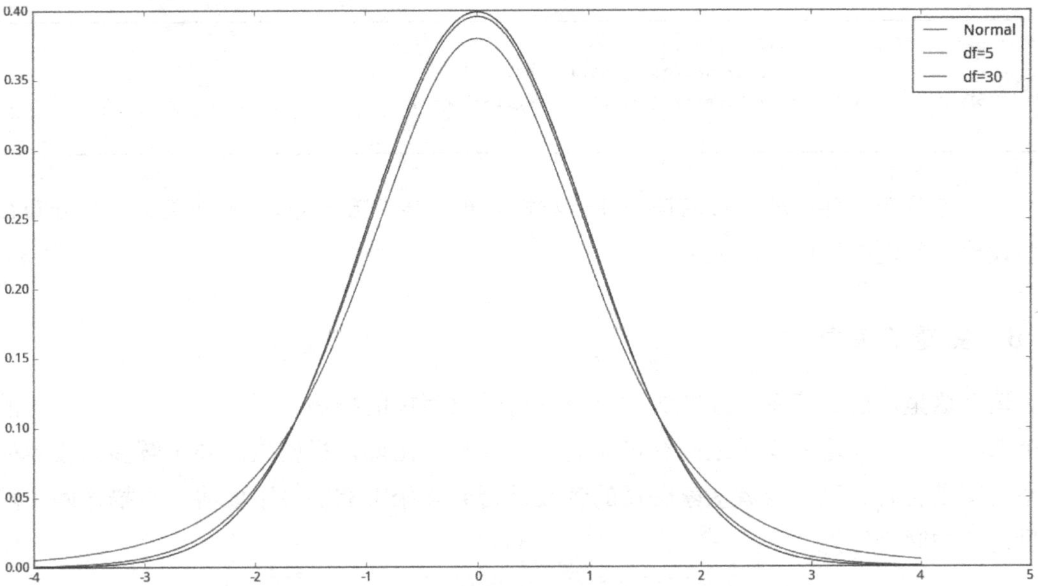

图 14.4　t 分布与正态分布概率密度函数的比较

$$X = \frac{Z/m}{Y/n}$$

服从第一自由度为 m、第二自由度为 n 的 F 分布，记为 $X \sim F(m,n)$。变量 X 是两个卡方变量（非负）之比，因而 X 的取值范围也为非负，其期望和方差存在与否依赖于第二自由度 n：当 $n>2$ 时，才存在期望，为 $n/(n-2)$；当 $n>4$ 时，才存在方差，为 $\frac{2n^2(m+n-2)}{m(n-2)^2(n-4)}$。它的概率密度函数的形态如图 14.5 所示。

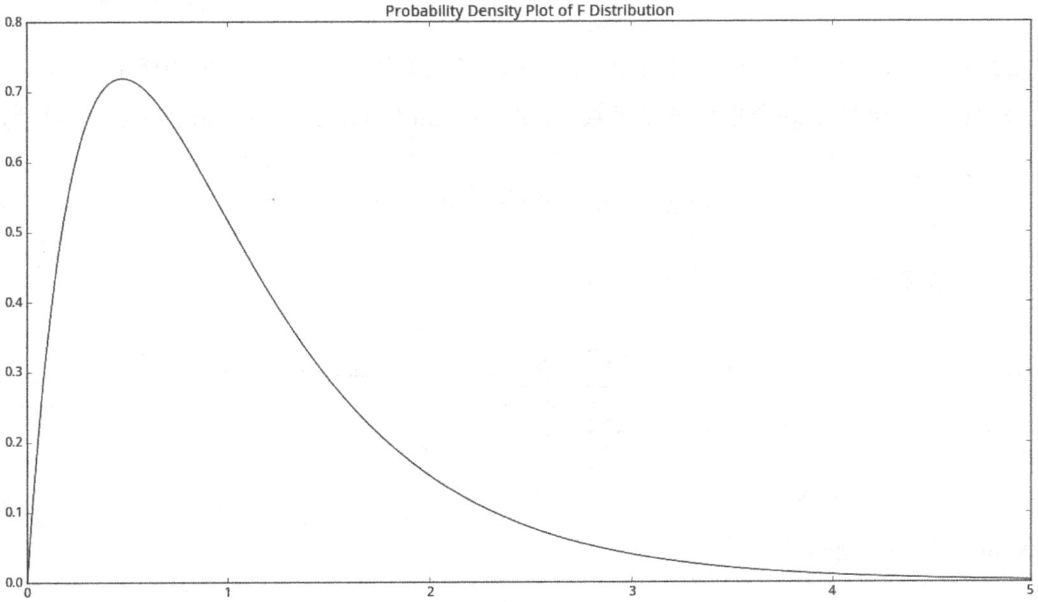

图 14.5　自由度为 4 和 40 的 F 分布

```
In [1]: plt.plot(np.arange(0,5,0.002),\
   ...:          stats.f.pdf(np.arange(0,5,0.002),4,40))
   ...: plt.title('Probability Density Plot of F Distribution')
   ...:
```

和卡方分布一样，F 分布也是一种非对称分布。与卡方分布、t 分布类似，F 分布在许多假设检验问题中有广泛的应用。

14.6 变量的关系

读到这里，想必读者已经能够对单个变量做出简单的描述。不过，我们常常面对的是多个随机变量，而这些变量之间有可能会互相影响。比如，投资人想要了解多只股票的收益率之间是否有关系，或者多家公司的营收是否会互相影响等。下面将重点描述两个随机变量之间的联合行为。

14.6.1 联合概率分布

多个随机变量之间的联合行为可用联合概率分布（Joint Probability Distribution）来刻画。下面以两个随机变量为例，说明联合概率分布的表示方法。

若两个随机变量 X 和 Y 为离散的，其所有可能取值分别为集合 $\{a_k\}$ 和 $\{b_k\}$，$k = 1, 2, \ldots$，则 X 和 Y 的联合概率质量函数（Joint Probability Mass Function）为：

$$f_{X,Y}(a_i, b_j) = \mathbb{P}\{X = a_i \text{且} Y = b_j\}, \qquad i, j = 1, 2, \ldots$$

也就是说 $f_{X,Y}(a_i, b_j)$ 是变量 X 取值为 a_i、变量 Y 取值为 b_j 之事件发生的概率。

双变量 X 和 Y 的联合累积分布函数（Joint Cumulative Distribution Function）为：

$$F_{X,Y}(a, b) = \mathbb{P}\{X \leqslant a \text{且} Y \leqslant b\}$$

当 X 和 Y 是离散型的：

$$\begin{aligned} F_{X,Y}(a, b) &= \sum_{i:a_i \leqslant a} \sum_{j:b_j \leqslant b} \mathbb{P}\{X = a_i \text{且} Y = b_j\} \\ &= \sum_{i:a_i \leqslant a} \sum_{j:b_j \leqslant b} f_{X,Y}(a_i, b_j) \end{aligned}$$

当 X 和 Y 是连续型的：

$$F_{X,Y}(a, b) = \int_{-\infty}^{a} \int_{-\infty}^{b} f_{X,Y}(x, y)\, \mathrm{d}x \mathrm{d}y$$

其中 $f_{X,Y}(x,y)$ 被称为联合概率密度函数（Joint Probability Density Function），由于 $f_{X,Y}(x,y)$ 之具体形式涉及二阶混合偏导数，这里不再展开，下面求解均值、方差等均延续前面离散型随机变量 X、Y 之设定。

若已知 X 和 Y 的联合概率分布，则 X 的期望值为：

$$\begin{aligned}\mathbb{E}(X) &= \sum_i \sum_j a_i f_{X,Y}(a_i, b_j) \\ &= \sum_i a_i \sum_j f_{X,Y}(a_i, b_j) \\ &= \sum_i a_i f_X(a_i)\end{aligned}$$

其中 $f_X(a_i) = \sum_j f_{X,Y}(a_i, b_j)$ 为变量 X 的边际概率函数（Marginal Probability Function），代表的是变量 X 自己的概率分布，所以这里 $f_X(a_i)$ 依旧满足 $f_X(a_i) = \mathbb{P}\{X = a_k\}$ 之定义式。同理可得 $\mathbb{E}(Y) = \sum_j b_j f_Y(b_j)$，其形式与单变量的形式并无差别，方差的求解亦是如此。

14.6.2　变量的独立性

如果随机变量 X 和 Y 的联合累积分布函数满足：

$$F_{X,Y}(a,b) = F_X(a)F_Y(b)$$

则称 X 和 Y 是独立的，否则二者是相依的。两变量之独立关系也可以表达成：

$$f_{X,Y}(a,b) = f_X(a)f_Y(b) \tag{14.1}$$

对于离散型的随机变量，式 (14.1) 等价于：

$$P\{X = a且Y = b\} = P\{X = a\}P\{Y = b\}$$

变量之间相互独立是众多统计分析的基本假设，也是变量间最简单的关系。如果两个变量是相互独立的，那么两个变量的取值是不会互相影响的。

14.6.3　变量的相关性

随机变量 X 和 Y 之协方差（Covariance）可以衡量二者之间的关系，描述的是两随机变量与各自期望之偏差的共同变动状况，可表达为：

$$\mathrm{Cov}(X,Y) = \mathbb{E}\left[(X - \mathbb{E}(X))(Y - \mathbb{E}(Y))\right]$$

协方差为正说明，平均而言变量 X、Y 与各自期望之偏差呈同方向变动；若为负，则为反方向变动。协方差有如下性质，读者可自行验证：

（1） $\mathrm{Cov}(X,Y)=\mathrm{Cov}(Y,X)$；

（2） $\mathrm{Cov}(aX,bY)=ab\mathrm{Cov}(X,Y)$（$a$，$b$ 是常数）；

（3） $\mathrm{Cov}(X_1+X_2,Y)=\mathrm{Cov}(X_1,Y)+\mathrm{Cov}(X_2,Y)$。

性质 2 说明协方差的值受变量比例影响，并不能准确衡量两变量相关性之大小。举个简单的例子，假设变量 X 和 Y 的协方差为 10，且 X 的单位为米。若令 $Z=100X$ （单位为厘米），根据性质 2，Z 和 Y 的协方差为 1000，扩大了 100 倍。但是 X 和 Z 衡量的是同一事物，X、Y 之相关性与 Z、Y 之相关性是一样的。

协方差受比例影响，并不能直接衡量两变量之间相关性之强弱。因此，我们需要对协方差做进一步处理，以清除比例的影响，由此引入相关系数（Correlation Coefficient）的概念。变量 X 和 Y 的相关系数定义为：

$$\rho_{X,Y}=\frac{\mathrm{Cov}(X,Y)}{\sigma_X\sigma_Y}$$

相关系数的取值范围为 $[-1,+1]$。根据相关系数之定义，可以计算变量 aX 和 bY 的相关系数：

$$\begin{aligned}\rho_{aX,bY}&=\frac{\mathrm{Cov}(aX,bY)}{\sqrt{\mathrm{Var}(aX)}\sqrt{\mathrm{Var}(bY)}}\\&=\frac{ab\mathrm{Cov}(X,Y)}{|a|\,\sigma_X\,|b|\,\sigma_Y}\\&=\pm\rho_{X,Y}\end{aligned}$$

可见，变量比例变动只会影响相关系数的正负符号，并不会影响其绝对值的大小。现在我们考虑一个特殊的例子，变量 Y 是变量 X 的线性变换，满足 $Y=a+bX$，则二者之间的相关系数为：

$$\begin{aligned}\rho_{X,Y}&=\frac{\mathrm{Cov}(X,a+bX)}{\sigma_X\sqrt{\mathrm{Var}(a+bX)}}\\&=\frac{b\mathrm{Var}(X)}{|b|\,\mathrm{Var}(X)}\\&=\pm1\end{aligned}$$

也就是说 $\rho_{X,Y}=\pm1$ 刻画的是 Y 和 X 之间的线性关系，再具体地说，相关系数衡量的是随机变量之间线性关系的大小，$|\rho|$ 越大说明线性关系越强；$\rho=0$ 说明两个变量是不相关（Uncorrelated）的、无线性关系，但这并不说明两变量相互独立，二者可能存在非线性的

关系；$0 < \rho < 1$ 时，两变量呈现正向的线性关系；$-1 < \rho < 0$时，两变量呈现负向的线性关系。

14.6.4　上证综指与深证综指的相关性分析

上海证券交易所股票价格综合指数简称“上证综指”，其样本股包括上证所全部上市股票，是以发行量为权数计算出来的加权综合股价指数。该指数反映了上海证券交易所上市股票价格的变动情况。而“深证综指”的计算方式类似，样本股是深圳证券交易所挂牌上市的全部股票。

由于两个指数反应的都是整个股票市场的情况，所以我们认为两指数的日度收益率可能存在着相关关系。接下来我们用 Python 编写代码来探究二者的相关性：

```
#读取数据
In [1]: TRD_Index=pd.read_table('014/TRD_Index.txt',sep='\t')

#获取上证综指数据，代码为“000001”

In [2]: SHindex=TRD_Index[TRD_Index.Indexcd==1]
   ...: SHindex.head(3)
Out[2]:
   Indexcd      Trddt  Daywk  Opnindex   Hiindex   Loindex  Clsindex  Retindex
0        1   2014/1/2      4  2112.126  2113.110  2101.016  2109.387 -0.003115
1        1   2014/1/3      5  2101.542  2102.167  2075.899  2083.136 -0.012445
2        1   2014/1/6      1  2078.684  2078.684  2034.006  2045.709 -0.017967

#获取深证综合指数数据，代码为“399106”
In [3]: SZindex=TRD_Index[TRD_Index.Indexcd==399106]
   ...: SZindex.head(3)
Out[3]:
      Indexcd      Trddt  Daywk  Opnindex   Hiindex   Loindex  Clsindex  \
3421   399106   2014/1/2      4  1055.882  1068.104  1054.191  1068.103
3422   399106   2014/1/3      5  1065.777  1069.067  1060.382  1065.687
3423   399106   2014/1/6      1  1063.486  1063.486  1037.621  1038.336

      Retindex
3421  0.009869
3422 -0.002262
3423 -0.025665

#绘制上证综指与深证综指收益率的散点图
In [4]: plt.scatter(SHindex.Retindex,SZindex.Retindex)
   ...: plt.title('上证综指与深证成指收益率的散点图')
   ...: plt.xlabel('上证综指收益率')
   ...: plt.ylabel('深证成指收益率')
Out[4]: <matplotlib.text.Text at 0x7fc44d1d9860>

#计算上证综指与深证成指收益率的相关系数
In [5]: SZindex.index=SHindex.index
In [6]: SZindex.Retindex.corr(SHindex.Retindex)
Out[6]: 0.90827763480145496
```

观察上证综指和深证成指日度收益率散点图，如图 14.6 所示，两个收益率序列的散点图呈现出从左下方向右上方扩散的趋势，表明两个收益率序列之间存在着正相关性。进一步分析两个收益率序列的相关系数，用 corr( ) 函数求出两个收益率序列的相关系数为 0.9082776，可以认为，两个收益率序列之间存在较强的相关性，二者呈现正向的线性关系。

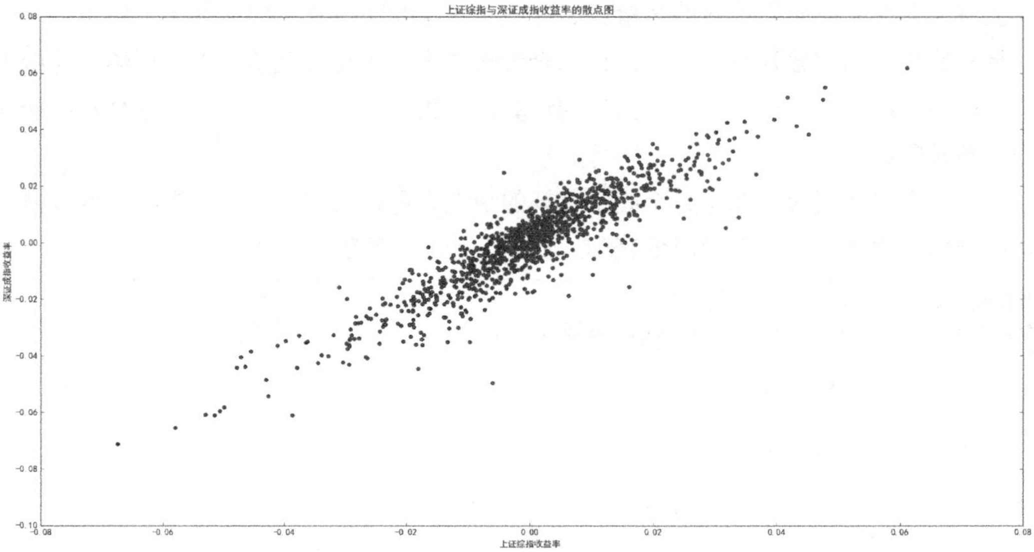

图 14.6 上证综指与深证成指日度收益率散点图

习题

1. 读取数据 Bwages.csv，这是比利时国内 1472 个工人工资数据。
   (a) 绘制变量 wage 的频率直方图；
   (b) 绘制变量 wage 的累积分布直方图；
   (c) 求变量 wage 的累积分布函数并绘制该累积分布函数；
2. 读取数据 history.csv，该数据集提供了 1997—2016 年不同风格的对冲基金的月度收益率数据：
   (a) 试求出新兴市场（Emerging Markets）风格对冲基金盈利的月份数；
   (b) 试求出该风格对冲基金亏损的月份数；
   (c) 假设该风格对冲基金是否盈利服从二项分布，估计每月盈利的概率；
   (d) 试估算 2010 年 12 个月中有 6 个月以上月份盈利的概率。
3. 在同一张图中绘制不同均值和方差的正态分布的概率密度函数，注意用不同的线条区分：
   (a) 均值为 0，方差为 1；
   (b) 均值为 0，方差为 0.5；
   (c) 均值为 0，方差为 2；

（d）　均值为 2，方差为 1。

4. 有一组独立重复的伯努利试验，每次试验成功的概率为 p，失败的概率为 $1-p(0<p<1)$，将试验进行到成功 r 次为止，以随机变量 X 表示所需要的试验次数，此时称随机变量服从以 (r,p) 为参数的负二项分布，记为 $X \sim NB\left(r,p\right)$。

（a）　求 X 的概率质量函数；

（b）　当 $r=1$ 时，称随机变量 X 服从以 p 为参数的几何分布，在此条件下，求 X 的期望和方差。

5.（指数分布）若随机变量 X 的概率密度函数为：

$$f_X\left(x\right)=\begin{cases}\dfrac{1}{\lambda}\exp\left(-\dfrac{x}{\lambda}\right), & x>0\\ 0, & \text{其他}\end{cases}$$

则称 X 服从参数为 λ 的指数分布，记为 $X \sim Exp\left(\lambda\right)$。

（a）　求随机变量 X 的累积分布函数；

（b）　求随机变量 X 的数学期望和方差；

（c）　用 R 产生 $10,000$ 个服从参数 $\lambda=2$ 的指数分布的随机数，并计算这些随机数的均值和方差。

6.（对数正态分布）随机变量 X 服从对数正态分布 $Lognormal\left(\mu,\sigma^2\right)$，其概率密度函数为：

$$f_X\left(x\right)=\begin{cases}\dfrac{1}{x\sigma\sqrt{2\pi}}\exp\left[\dfrac{1}{2\sigma^2}\left(\ln x-\mu\right)^2\right], & x>0\\ 0, & \text{其他}\end{cases}$$

该分布函数称为对数正态分布是因为其对数 $Y=\ln X$ 服从正态分布。根据对数正态分布的定义：

（a）　求 X 的数学期望和方差；

（b）　绘制 X 的概率密度函数。

第15章 推断统计

统计分析方法主要有描述性统计和推断统计两类，其中描述性统计主要是总结样本数据之特征，而推断统计则是在样本有限数据的基础上，对总体统计特征做出概率形式表述的推断。推断统计工作包含两类：参数估计（Parameter Estimation）和假设检验（Hypothesis Testing）。

15.1 参数估计

一般来说，根据专业知识、以往的经验或用适当的统计方法，可以判断某些变量的概率分布类型。但是，这并不代表我们可以确定变量的概率分布。回顾第 14 章中介绍过的正态分布，其概率密度函数为：

$$f_X(x) = \frac{1}{\sqrt{2\pi}\sigma} \exp\left[\frac{-(x-\mu)^2}{2\sigma^2}\right]$$

很明显，即使我们知道了一个变量服从正态分布，如果不知道 μ 和 σ^2，仍然无法得到变量确切的概率分布。此时，我们就可以用样本数据来估计 μ 和 σ^2。这种根据样本数据来估计变量的概率分布，或者说是总体分布所包含的未知参数的过程，就叫作参数估计（Parameter Estimation）。

参数估计是推断统计的一种重要方法。例如，为了研究人们的市场消费行为，首先需要了解人们的收入状况，若某城市人均年收入数据服从正态分布，但正态分布 $N(\mu, \sigma^2)$ 的参数均值 μ、方差 σ^2 的具体取值未知，此时我们就可以通过样本来估计这两个参数。参数估计通常有点估计（Point Estimation）和区间估计（Interval Estimation）两种形式。

- 点估计是用一个具体的值来估计一个总体的未知参数，能够直接告诉我们未知参数的估计值是多少。但是，样本数据毕竟只是总体的一部分，捕捉的信息终究有局限。因此，我们使用样本数据估计出的结果不可避免地会出现一定的偏差。
- 区间估计则考虑到了估计存在的误差，因而不是使用一个具体的值，而是用两个数值所构成的区间来估计一个未知的参数。这样，我们的估计结果包含总体参数的值的概率就增加了。在提供估计结果的同时，区间估计还往往指明此区间可以覆盖住这个参数的可靠程度。但是，区间估计却不能直接告诉人们未知参数是多少。

总的来说，点估计的结果更加直观，但是往往会与真实情况有一定的偏差；区间估计在大多数情况下能够包含真实的取值，但其结果不如点估计的结果那么直观。在实际操作中，我们通常根据自己的需要选择是点估计还是区间估计。

15.1.1 点估计

点估计又叫作定值估计，是以样本指标的数值来作为总体指标的估计量。在实际估计中，往往以样本指标的实际值直接作为总体未知参数的估计值。点估计的好坏与选择的样本指标是否具备良好的特质有关。例如，当我们利用样本数据结合点估计的方法来估计总体均值时，理论上样本反映中心位置的指标都可以用于估计总体均值，可以选择的指标有样本均值、中位数、众数等。但是，理论和实践都表明，相较于样本中位数，用样本均值去估计总体均值得到的结果往往会更加准确。

点估计的方法之一——矩估计法（Moment Estimation）：我们先来了解一下什么是矩。一个变量 X 的 k 阶矩即是 X 的 k 次方的均值，数学表达式为 $\mathbb{E}\left(X^k\right)$。而总体矩就是我们所研究的变量的矩，样本矩则是总体矩的估计值。矩估计法即是通过使用样本矩来求解总体参数的估计值。也就是说，我们可以将前 k 阶总体矩用 k 个未知参数来表示，然后用前 k 阶样本矩替代表达式中的前 k 阶总体矩，从而得到一个方程组，进而求出参数的估计值。最简单的矩估计法是用一阶样本矩 $\overline{x}$ 来估计总体的一阶矩（均值）μ，即：

$$\hat{\mu}=\overline{x}=\frac{x_1+x_2+\cdots+x_n}{n}$$

其中，$x_1,x_2\dots x_n$ 是抽得的一组样本，n 是样本中数据的数目。

矩估计法的优点是原理简单、使用方便。但是，它只涉及总体的一些统计特征，并未用到总体的分布。所以，矩估计法量实际上只利用了总体的部分信息，因而往往不能够很好地体现总体分布特征。一般来说，在样本容量 n 较大时，我们才能保证矩估计结果的优良性。

15.1.2 区间估计

区间估计用一个包括有真实值的区间范围来估计参数的取值范围，得到的结果为置信区间（Confidence Interval）。区间估计的可信程度称为置信度或者置信水平（Confidence Level），一般为用 $1-\alpha$ 表示（α 取值大小由实际问题确定，经常取 1%、5%、10%），用数学表示置信区间为：

$$\Pr\left(\theta_1\leqslant\theta\leqslant\theta_2\right)=1-\alpha$$

我们称区间 $[\theta_1,\theta_2]$ 是参数 θ 置信度为 $1-\alpha$ 的置信区间。

我们应该怎么理解置信水平呢？点估计的取值会随着样本数据的变化而变化，区间估计的随机区间也会因样本的不同而不同。置信水平即是我们用同样的方法重复多次取样并进行区间估计的过程后，得到的置信区间中包含真实值的比例。例如，假设总体真实值是

100，我们第一次抽样得到的置信区间是 [90, 110]，第二次抽样得到的置信区间可能变为 [95, 115]。总体的参数虽然未知，但它是一个确定的值。如果用某种方法构造的所有区间中，有 95% 的概率区间包含真实值，5 的概率区间不包含真实值，那么，用该方法构造的区间叫作置信水平为 95% 的置信区间，简称 95% 置信区间。假设真实值是 100，我们第一次抽样得到的置信区间是 [90, 110]，第二次抽样得到的置信区间为 [95, 115]，第三次抽样得到的置信区间是 [105, 125]，那么我们构造的所有区间中只有 [90, 110] 和 [95, 115] 这两个区间包含真实值，有 1 个区间 [105, 125]（33.333）不包含真实值。因此，我们的置信水平是 66.667。

- **区间估计的方法**

  若要进行区间估计，一般先需要对参数进行点估计，得到点估计值。然后用该点估计值加、减误差幅度（Margin of Error）与置信系数（Confidence Coefficient）的乘积而得到的两个取值，则是置信区间的两个端点。误差幅度与置信系数的计算较为复杂，我们不在这里细说，有兴趣的读者可以参考一些统计学方面的书籍。

  下面，我们用一个具体的例子来说明求解置信区间的过程。

  假设一个总体服从正态分布 $N(\mu, \sigma^2)$，$x_1, x_2, \cdots, x_n$ 是从该总体中抽得的一组样本。设 $\overline{x}$ 为样本均值，s^2 为样本方差。总体均值 μ 的区间估计分总体方差已知和未知这两种情况。

（1） 当总体方差 σ^2 已知时，我们可以构建如下指标：

$$\frac{\overline{x}-\mu}{\sigma/\sqrt{n}}$$

其中 n 是样本量，$\sigma/\sqrt{n}$ 为误差幅度。该指标服从标准正态分布，即 $N(0,1)$，且区间估计的置信度为 $1-\alpha$。接下来，我们可以建立下面这个等式来求解置信区间的两个端点：

$$\left|\frac{\overline{x}-\mu}{\sigma/\sqrt{n}}\right| = Z_{\alpha/2}$$

其中 $z_{\alpha/2}$ 是标准正态分布的第 $100\times(1-\alpha/2)$ 百分位数，即 $F\left(z \leqslant z_{\alpha/2}\right) = 1-\alpha/2$。关于均值为 μ，置信度为 $1-\alpha$ 的双侧置信区间为：

$$\left[\overline{x}-\frac{\sigma}{\sqrt{n}}Z_{\alpha/2}, \overline{x}+\frac{\sigma}{\sqrt{n}}Z_{\alpha/2}\right].$$

（2） 一般情况下，总体方差都是未知的。当总体方差 σ^2 未知时，我们可以构建如下统计量：

$$\frac{\overline{x}-\mu}{s/\sqrt{n}}$$

该指标服从自由度为 $(n-1)$ 的学生 t 分布，即 $t(n-1)$。假设区间估计的置信度

为 $1-\alpha$，那么我们可以建立下面这个等式来求解置信区间的两个端点：

$$\left|\frac{\overline{x}-\mu}{s/\sqrt{n}}\right|=t_{\alpha/2}(n-1)$$

其中 $t_{\alpha/2}(n-1)$ 表示自由度为 $n-1$ 的 t 分布的第 $100\times(1-\alpha/2)$ 百分位数，关于均值为 μ，置信度为 $1-\alpha$ 的双侧置信区间为：

$$\left[\overline{x}-\frac{s}{\sqrt{n}}t_{\alpha/2}(n-1),\overline{x}+\frac{s}{\sqrt{n}}t_{\alpha/2}(n-1)\right]$$

- **进行区间估计的 Python 函数**

Python 中 stats 模块的 t 类的 interval( ) 函数用于在总体方差未知时进行区间估计。它的函数形式是：

```
interval(alpha, df, loc, scale)
```

- alpha 为置信水平；
- df 是检验量的自由度；
- loc 为样本均值；
- scale 为标准差。

下面我们来看一个例子。假设我们需要估计一件物品的重量，对这个物品称重 10 次，得到的重量为：

$$10.1,10,9.8,10.5,9.7,10.1,9.9,10.2,10.3,9.9$$

假设所称出的物体重量服从正态分布，我们可以用 interval( ) 求重量的置信度为 0.95 的置信区间。

```
In [1]: from scipy import stats
   ...: import numpy as np

#构造样本重量x
In [2]: x=[10.1 ,10 ,9.8 ,10.5 ,9.7,\
   ...:    10.1 ,9.9 ,10.2 ,10.3 ,9.9]

#进行区间估计
#np.mean(x)用于求x的均值
#stats.sem(x)用于求样本均值的标准误，
#样本均值服从t分布，样本均值的标准差为标准误，
#在区间估计时，用标准误来表示样本均值的标准差。
In [3]: stats.t.interval(0.95,len(x)-1,\
   ...:                  np.mean(x),stats.sem(x))
Out[3]: (9.8772248927975479, 10.222775107202454)
```

从 t.test( ) 函数返回的结果可以得出，在置信度为 0.95 时，均值置信区间为 [9.877225, 10.222775]。

15.2 案例分析

上证综指收益率均值的参数估计：若要估计上证综指收益率的均值，我们首先需要知道上证综指收益率服从什么类型的概率分布。对于这个问题，可以通过绘制直方图来解决。

```
In [1]: import pandas as pd

#读取数据
In [2]: SHindex=pd.read_csv('015\\TRD_Index.csv')
   ...: SHindex.head(3)
Out[2]:
   Indexcd     Trddt  Daywk  Opnindex   Hiindex   Loindex  Clsindex  Retindex
0        1  2010/1/4      1  3289.750  3295.279  3243.319  3243.760 -0.010185
1        1  2010/1/5      2  3254.468  3290.512  3221.462  3282.179  0.011844
2        1  2010/1/6      3  3277.517  3295.868  3253.044  3254.215 -0.008520

#提取上证综指的收益率指数序列
In [3]: Retindex=SHindex.Retindex

#绘制上证综指收益率的直方图
In [4]: Retindex.hist()
Out[4]: <matplotlib.axes._subplots.AxesSubplot at 0x7f5705d6e2e8>
```

如图 15.1 所示为上证综指收益率的分布。可以看到，上证综指收益率的分布大致呈现出一个对称的钟形形状。因此，我们可以猜测上证综指收益率服从正态分布。为了验证这个猜测，首先运用矩估计来得到均值和方差的点估计值，总体的均值和方差的矩估计值分别为样本的均值和方差。然后，绘制出以这两个估计值为均值和方差的正态分布的概率密度函数图，并与原始数据的频数分布直方图作比较，看看我们的假设是否合理。

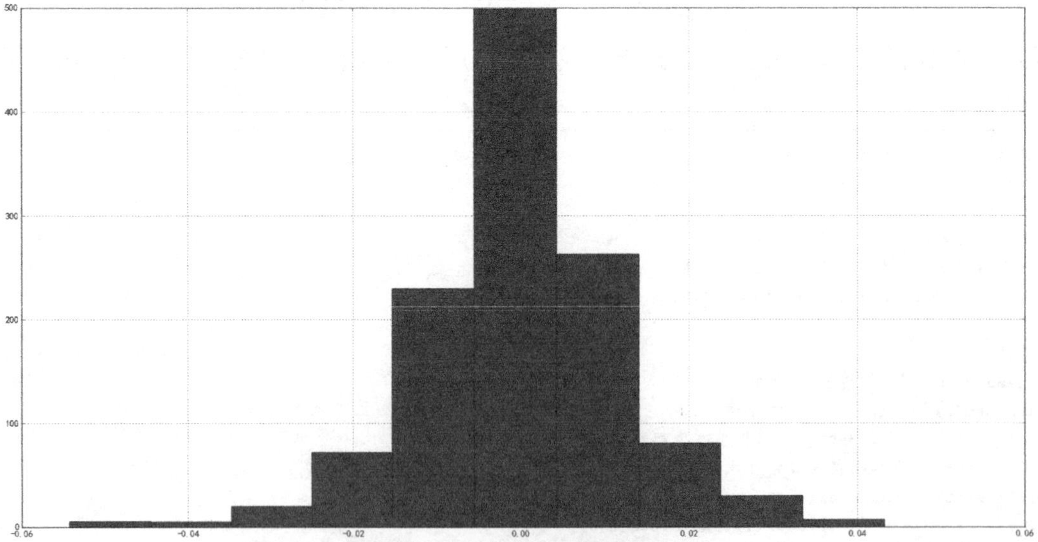

图 15.1 上证综指收益率直方图

```
#求出上证综指的收益率的均值
In [5]: mu=Retindex.mean()
```

```
#求出上证综指的收益率的标准差
In [6]: sigma=Retindex.std()

#在直方图上添加正态分布曲线
In [7]: import matplotlib.pyplot as plt

In [8]: plt.plot(np.arange(-0.06,0.062,0.002),\
   ...:      stats.norm.pdf(np.arange(-0.06,0.062,0.002),\
   ...:      mu,sigma))
Out[8]: [<matplotlib.lines.Line2D at 0x7f5705d44128>]
```

如图 15.2 所示，上证综指收益率分布及其正态分布拟合线，可以推测出上证综合指数收益率正态分布的假设基本是合理的。

既然已经确定上证综指收益率服从正态分布，那么我们就可以进行均值的区间估计。

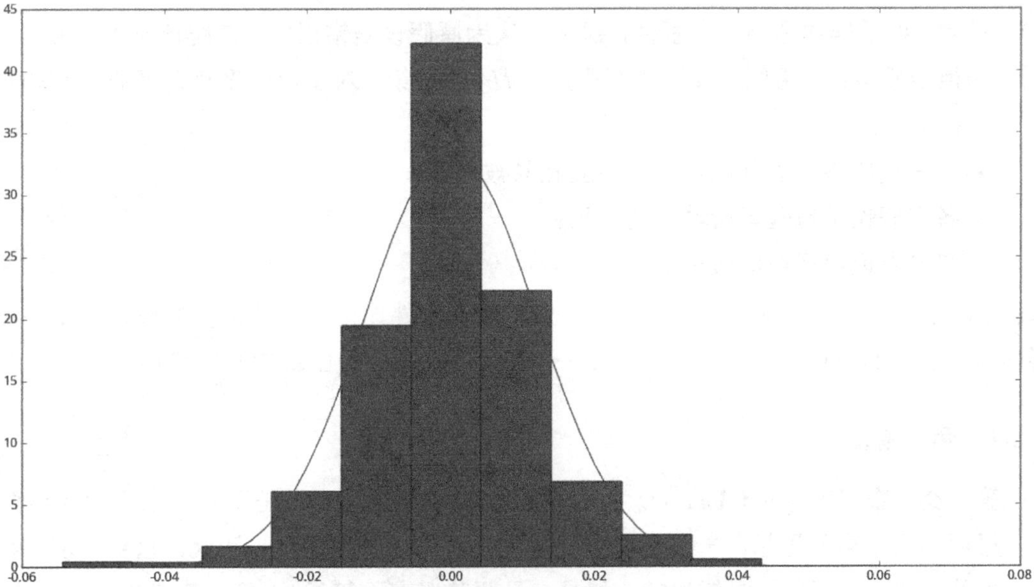

图 15.2 上证综指收益率直方图及正态拟合

```
#进行区间估计
In [9]: stats.t.interval(0.95,len(Retindex)-1,\
   ...:                  mu,stats.sem(Retindex))
Out[9]: (-0.00061124370129507792, 0.00073188726565151356)
```

根据估计的结果，可以得出在置信度为 0.95 时，上证指数收益率的置信区间为 $[-0.0006112437, 0.0007318873]$。

15.3 假设检验

除了参数估计以外，推断统计还有一种重要的方法，那就是假设检验（Hypothesis Test）。参数估计的主要任务是猜测参数的取值，而假设检验的着重点在于检验参数的取值是否等于某个目标值。

假设检验一般具有两个隐含的思想：小概率事件思想和反证法的思想。

- 小概率事件思想：小概率事件在一次实验中几乎是不发生的。如果在我们的假设下，出现了一个小概率事件，那么就可以认为我们的假设是错误的。
- 反证法思想为：先假设我们提出的假设是正确的，然后在该条件下检验观测到的事件是不是小概率事件。如果是，那么就可以否定我们的假设；否则，我们就无法否定。

一般来说假设检验有如下基本步骤。

（1） 先根据实际问题的要求提出一个论断，称为原假设或零假设（Null Hypothesis），记为 H_0。同时提出一个互为反命题的备择假设（Alternative Hypothesis），记为 H_1。

（2） 然后在 H_0 正确的条件下，求出样本数据出现的概率，看我们手中的样本是不是小概率事件[1]。

（3） 最后，如果样本是小概率事件，那么就认为原假设是错误的。在统计学上，我们称之为拒绝原假设。否则，我们就不能拒绝 H_0 的决策。对于原假设和备择假设有如下的选择原则：

- 原假设应该是受到保护的，不应轻易被拒绝；
- 备择假设是检验者所希望的结果；
- 等号永远出现在原假设中。

假设检验的一个步骤是判断样本是不是一个小概率事件，但是，什么样的事件才是小概率事件呢？为了回答这个问题，我们先来看一下假设检验中会出现的两类错误。

15.3.1 两类错误

- **第一类错误（Type I Error）**：在假设检验中拒绝了本来是正确的原假设（弃真）。根据小概率事件思想，一个小概率事件是几乎不可能发生的。因此，只要出现小概率事件，就认为原假设是错误的。但是，只要其概率不等于 0，那么事件就有可能发生。也就是说，我们仍有可能遇到一个小概率事件。在这种情况下，原假设是正确的。但是，根据小概率事件思想，我们却会拒绝原假设。这样，我们的假设检验就犯错了，尽管出现这种情况的概率非常小。这种错误就是第一类错误，犯第一类错误的概率记为 α。
- **第二类错误（Type II Error）**：在假设检验中没有拒绝本来是错误的原假设（取伪）。有时，我们也会遇到没有拒绝错误的原假设的状况，尤其是原假设错误但却很接近真实值的时候。比如，假设总体的实际均值为 10，而原假设总体均值为 9.5。这时候，如果取得的样本的均值为 9.5，那么原假设是不会被拒绝的。但是，这种原假设却是错误的。所以，假设检验也会存在没有拒绝错误的原假设的错误。这种错误被称为第二

[1]抽样具有随机性，每一次取得的样本都不一样。因此，每一种样本都有其出现的概率。

类错误，犯第二类错误的概率记为 β。

在假设检验中，这两种错误都难以避免。比如，当我们对一个正态分布的均值进行假设检验时。理论上，由于正态分布取值范围为所有的实数，样本均值可能是任意一个实数。也即是说，不管样本均值是多少，其出现的概率都不为 0。这样，如果我们想让 α 为 0，那么我们在任何情况下都不能拒绝原假设。很明显，这样就失去了假设检验的意义。另外一个问题是，我们往往无法同时控制两个错误发生的概率，即犯第一类错误和第二类错误的概率无法同时变小。如果我们想要降低 α，那么我们就需要提高拒绝的条件，使得原假设更不容易被拒绝。但是，这样一来，也就使得错误的原假设更不容易被发现，因而提高了 β。所以，我们通常需要权衡这两种错误，选择一个合适的拒绝条件。一般来说，我们选择控制 α，不限制 β。

15.3.2　显著性水平与 p 值

为了控制 α，我们往往将 α 的值固定，同时使得：

$$P\left(\text{拒绝}H_0|H_0\text{为真}\right) \leqslant \alpha$$

在统计学上，我们赋予 α 一个专门的名称，叫显著性水平（Significance Level）。常见的显著性水平有 0.1、0.05 或 0.025。

为了确定一个事件是不是小概率事件，我们需要求解事件发生的概率。但是，对于连续型变量来说，某个具体取值的概率为 0。所以，我们无法直接算出事件发生的概率。为了解决这个问题，我们采取另一种方法。使用这个方法时，我们算出在原假设正确的条件下，和当前样本一样极端或更极端的情况出现的概率。所谓的更极端的情况，指的是样本参数和原假设的偏差，比现在的样本参数和原假设的偏差还要大的情况。比如，原假设总体均值为 10，样本的均值为 9，样本均值与原假设的差即为 -1。那么，更极端的情况就是指均值和 10 的差大于 1 或小于 -1 的样本。而一样的极端则是指样本参数和原假设的偏差与现在的样本参数和原假设的偏差一样的情况。我们把所得到的样本或更极端的情况出现的概率叫作 p 值（p-value）。在上面的例子中，p 值就是得到均值小于等于 9 或者大于等于 11 的样本的概率。

15.3.3　确定小概率事件

总的来说，在假设检验中，判断小概率事件的一个基本原则是：当 p 值小于等于 α 时，我们的样本为小概率事件。而对于 p 值与 α 的比较，可以采取两种方法：临界值检验法（Critical Value Approach）和显著性检验法（p-value Approach）。

- 临界值检验法

  在使用临界值检验法时，首先使用样本数据构建一个用于检验的统计量，这个统计量往往是总体参数的点估计量。然后，我们需要确定能够拒接原假设的最大 p 值。根据小概率事件判断原则，这个最大值即是 α。之后，根据 α 和统计量所服从的概率分布，可以求得临界值（Critical Value）。根据原假设的不同与点估计量所服从的概率分布的不同，求解临界值的方法也会有所不同。但是，尽管方法不同，最终得到的临界值都满足一个特性，即 p 值等于 α。求得临界值后，可以将统计量与该临界值进行比较。如果统计量与原假设的偏差大于等于该临界值与原假设的偏差，那么当前样本就与临界值一样极端或者更加极端，其 p 值也就会小于等于 α。如此一来，我们就应当认为当前样本是小概率事件，从而拒绝原假设。

- 显著性检验法

  显著性检验法与临界值检验法较为相似，同样需要先构建一个用于检验的统计量。与临界值检验法不同的是，我们直接根据原假设和统计量的概率分布求解其 p 值，然后将 p 值与 α 进行比较，从而判断样本是不是小概率事件。

15.4 t 检验

根据构建的统计量所服从的概率分布，我们所用的参数检验可以分为 z 检验、t 检验、F 检验等。其中，t 检验所使用的统计量服从 t 分布，常用于检验标准差 σ 未知的、服从正态分布的总体的均值。

常见的 t 检验主要有单样本 t 检验（One Sample t Test）、配对样本 t 检验（Paired Sample t Test）和独立样本 t 检验（Independent Samples t Test）。

- 单样本 t 检验是检验单个变量的均值与目标值之间是否存在差异。如果总体均值已知，样本均值与总体均值之间差异显著性检验属于单样本 t 检验。
- 独立样本 t 检验用于检验两组来自独立总体的样本其独立总体的均值是否一样。如果两组样本彼此不独立，应该使用配对样本 t 检验。
- 配对样本 t 检验用于检验两个相关的样本（配对样本）是否来自具有相同均值的总体。

下面，我们以这三种 t 检验为例来讲解一下假设检验的计算过程以及在 Python 中的实现。

15.4.1 单样本 t 检验

单样本 t 检验比较总体均值 μ 与指定的检验值 μ_0 是否存在显著性差异。因此，可以给出检验的原假设 H_0：$\mu = \mu_0$，备择假设为 H_1：$\mu \neq \mu_0$。单样本 t 检验的前提是总体服从正态分布 $N(\mu, \sigma^2)$，这里 μ 为总体均值，σ^2 为总体方差。

如果样本容量为 n，样本均值为 $\overline{X}$，在原假设成立的条件下，我们可以构建如下 t 统计量：

$$t = \frac{\overline{X} - \mu_0}{s/\sqrt{n}} \sim t\,(n-1)$$

其中，$s = \sqrt{\frac{1}{n-1}\sum_{i=1}^{n}(x_i - \bar{x})^2}$，为样本标准差。

将样本均值与样本标准差代入该统计量，就可以得到该统计量的值，然后便可以根据 t 分布的分布函数计算出 p 值并与显著性水平 α 比较，或是与显著性水平 α 下的临界值进行比较。

- **Python 实现单样本 t 检验**

下例使用单样本 t 检验来检验上证综指的收益率均值是否为 0：

```
#提取上证综指收益率数据
In [1]: TRD_Index=pd.read_table('015\\TRD_Index.txt',sep='\t')
   ...: SHindex=TRD_Index[TRD_Index.Indexcd==1]
   ...: SHRet=SHindex.Retindex

#只需输入我们要检验的变量以及要比较的数值即可
In [2]: stats.ttest_1samp(SHRet,0)
Out[2]: Ttest_1sampResult(statistic=0.5532263041157256,\
         pvalue=0.58021065517057679)
```

这里，原假设为上证综指的收益率均值为 0，而 p 值为 $0.5802 > 0.05$。所以，在 5% 的显著性水平下，不能拒绝原假设，进而可以推断上证综指的收益率均值为 0。

15.4.2　独立样本 t 检验

独立样本 t 检验用于检验两个服从正态分布的总体的均值是否存在显著性差异。假设两个总体的分布分别为 $N\left(\mu_1,\sigma_1^2\right)$ 和 $N\left(\mu_2,\sigma_2^2\right)$，则独立样本 t 检验的原假设为 $H_0{:}\mu_1=\mu_2$。在此，μ_1 和 μ_2 分别为两总体的均值。易得 $\overline{x}_1 \sim N\left(\mu_1,\frac{\sigma_1^2}{n_1}\right)$，$\overline{x}_2 \sim N\left(\mu_2,\frac{\sigma_2^2}{n_2}\right)$，进而有：

$$\overline{x}_1-\overline{x}_2 \sim N\left(\mu_1-\mu_2,\frac{\sigma_1^2}{n_1}+\frac{\sigma_2^2}{n_2}\right)$$

上式可变形为：

$$\frac{\left(\overline{x}_1-\overline{x}_2\right)-\left(\mu_1-\mu_2\right)}{\sqrt{\frac{\sigma_1^2}{n_1}+\frac{\sigma_2^2}{n_2}}} \sim N\left(0,1\right)$$

独立样本 t 检验的前提是两个独立的总体的方差相等，假设 $\sigma_1^2=\sigma_2^2=\sigma^2$，则：

$$\frac{\left(\overline{x}_1-\overline{x}_2\right)-\left(\mu_1-\mu_2\right)}{\sqrt{\sigma^2\left(\frac{1}{n_1}+\frac{1}{n_2}\right)}} \sim N\left(0,1\right)$$

在两个总体的方差相等的前提下，我们把来自于两个总体的样本数据混合在一起来估计 σ，即：

$$\sigma=s_p=\frac{\left(n_1-1\right)s_1^2+\left(n_2-1\right)s_2^2}{n_1+n_2-2}$$

其中 $s_1^2=\frac{1}{n_1-1}\sum\left(x_{1i}-\overline{x}_1\right)^2$、$s_2^2=\frac{1}{n_2-1}\sum\left(x_{2i}-\overline{x}_2\right)^2$ 分别是两个样本的样本方差。最终，

我们可以得到下面这个统计量：

$$\frac{(\overline{x}_1-\overline{x}_2)-(\mu_1-\mu_2)}{\sqrt{s_p\left(\frac{1}{n_1}+\frac{1}{n_2}\right)}}\sim t\,(n_1+n_2-2)$$

将两个样本的均值与混合标准差代入该统计量，可以得到该统计量的值，进而判断是否拒绝原假设。

- **Python 进行独立样本 t 检验**

上一个例子使用单样本 t 检验对上证综指的收益率均值进行了假设检验。现在，我们使用独立样本 t 检验来检验上证综指和深证成指的收益率均值是否相等：

```
#提取上深证综指收益率数据
In [1]: SZindex=TRD_Index[index.Indexcd==399106]
In [2]: SZRet=SZindex.Retindex

#输入两个变量
In [3]: stats.ttest_ind(SHRet,SZRet)
Out[3]: Ttest_indResult(statistic=-0.7298798952956885З,\
                        pvalue=0.46553424479899419)
```

这里，原假设为两者均值相等，而 p 值为 $0.4655>0.05$。所以，在 5% 的显著性水平下，我们不能拒绝原假设，进而可以推断上证综指和深证成指的收益率均值相等。

15.4.3 配对样本 t 统计量的构造

当两个样本并不互相独立时，我们可以使用配对样本 t 检验对两个总体的均值差异进行检验。例如，研究夫妻之间人均消费量的差异，夫妻双方的消费水平并不是独立的，不能使用两独立样本 t 检验，而需要使用配对样本 t 检验。检验丈夫的消费水平和妻子的消费水平是否存在显著差异，可以用丈夫的消费额减去妻子的消费额而得到一个差值，我们只需要检验该差值是否等于 0 即可。因此，配对样本 t 检验实际上类似于单样本 t 检验。

设两个总体均值的差异为 d，则建立原假设 H_0：$d=\mu_1-\mu_2=0$，即假定两个总体均值相等。在此基础上，t 统计量的计算公式为：

$$t=\frac{\overline{d}}{s_d/\sqrt{n}}\sim t\,(n-1)$$

其中，$\overline{d}$ 为配对样本中各元素对应的差值，s_d 为差值的标准差，n 为配对数，即各样本的容量，配对样本中两个样本的样本容量相同。

带入各元素的差值与差值的标准差之后，就可以计算出 t 统计量的值，从而判断是否拒绝原假设。

- **Python 进行配对样本 t 检验**

在使用独立样本 t 检验时，我们得到的结果表明上证综指与深证成指的收益率均值相等。但是，独立样本 t 检验假设两者是相互独立的。对于上证综指的收益率和深证成指的收益率，这个假设是很值得怀疑的。因此，我们使用配对样本 t 检验再次检验两者的均值是否相等。

```
#进行配对样本t检验
In [1]: stats.ttest_rel(SHRet,SZRet)
Out[1]: Ttest_relResult(statistic=-2.2428576035269878,\
                        pvalue=0.02508644157970355)
```

同样，原假设为两者均值相等，但是这次的 p 值为 $0.02509 < 0.05$。所以，在 5% 的显著性水平下，我们可以拒绝原假设，即上证综指和深证成指的收益率均值并不相等。

习题

1. 分别使用金球和铂球测定引力常数，设测定值总体为 $N(\mu,\sigma^2)$，μ、σ^2 均为未知，
   （a） 用金球测定的观察值为：6.683，6.678，6.767，6.692，6.672，6.678；
   （b） 用铂球测定观察值为：6.661，6.664，6.668，6.666，6.665；

   试就上述两种情况分别求 μ 的置信水平为 0.9 的置信区间。
2. 现有某种型号的电池的 9 个样品，经试验其寿命（单位为小时）分别为 5.9，7.3，6.6，5.8，5.7，5.3，5.9，7，6.5，设寿命总体服从正态分布 $N(\mu,\sigma^2)$。若 σ 为未知，求 μ 的置信水平为 0.95 的置信区间。
3. 假设一个总体服从正态分布 $N(\mu,\sigma^2)$，证明 $\frac{\overline{x}-\mu}{\sigma/\sqrt{n}} \sim N(0,1)$。
4. 指数分布具有无记忆的特性（Memoryless Property），在工程界和金融界有广泛的应用。假设 $x_1, x_2 \ldots x_n$ 是指数分布 $\exp(\lambda)$ 的一组随机抽样样本，其概率密度分布函数是 $f(x) = \lambda e^{-\lambda x}(x > 0)$，求该指数分布的一阶和二阶矩估计量。
5. 读取数据集 Bwages.csv，求出在置信度为 0.95 时，变量 wage 的置信区间。
6. 使用样本均值和方差绘制变量 wage 拟合的正态分布的概率密度图，与 wage 的频率直方图作比较，看看我们的假设是否合理。
7. 下面分别给出了两位文学家马克吐温 (Mark Twain) 的 8 篇小品文以及斯诺特格拉斯（Snodgrass）的 8 篇小品文中由 3 个字母组成的单字的比例：

Mark Twain	0.225	0.262	0.217	0.240	0.230	0.229	0.235	0.217
Snodgrass	0.209	0.205	0.196	0.210	0.202	0.207	0.224	0.223

   假设这两组数据分别来自正态总体，且总体方差相等，但参数皆未知。两样本相互独立。问两位作家所写的小品文中包含由 3 个字母组成的单字的比例是否有显著性的差异，取 $\alpha = 0.05$。
8. 随机选取两个地区各 10 个人，测量他们的身高（cm），得到以下的数据：

编号	1	2	3	4	5	6	7	8	9	10
地区 1	168	180	181	172	165	160	166	165	177	174
地区 2	169	170	176	173	166	167	166	173	171	170

假设各对数据的差（即同一编号下的一对数据的差）来自互相独立的正态总体之样本，均值和方差均未知，取显著性水平 $\alpha = 0.05$，运用 Python 判断这两个地区的人的身高是否有显著性差异。

9. 读取数据集 Bwages.csv，对变量 wage 进行 t 检验（原假设 wage 的均值为 11，置信水平为 0.95），根据输出结果得出你的结论。
10. 读取数据集 history.csv，假设所有风格的对冲基金的收益率独立，检验新兴市场（Emerging Markets）风格对冲基金和全球宏观（Global Macro）风格对冲基金收益率是否有显著差异，根据输出结果得出你的结论。
11. 对第 10 题的两种风格的对冲基金收益率进行配对样本 t 检验，根据输出结果得出你的结论。

第16章　方差分析

前面主要是针对单个变量进行统计分析，如描述性统计、参数估计等。然而，仅对单个变量进行分析所能获得的信息是有限的。以某公司股票的股价为例，对其进行单变量分析，最多只能获得其概率分布，然后据此来对股价进行预测。通过这样的方式，尽管也能进行预测，但预测的可信度是非常有限的。然而，如果我们知道明天该公司会宣告发放股利，那么由此可判断明天股价上涨的概率极高。所以，在分析某个变量的时候，往往还会需要其他变量的信息。这样，统计分析工作就涉及多个变量。对于多个变量的统计分析，更多地关注多个变量之间存在的联系，以帮助提高预测的准确性。下面先来介绍一种对变量之间关系的定性分析方法——方差分析（Analysis of Variance，ANOVA）。

16.1　方差分析之思想

在正式介绍方差分析之前，我们先来看一个问题：不同行业股票的收益率是否相同?。如果答案是“不同行业的股票有着明显不同的收益率”，并在不同行业的股票收益率相互独立的前提下，我们可以进一步提出疑问：食品行业的收益率会比金融行业的收益率更高吗?

再考虑宏观经济学中的失业问题，失业率会因为地区的不同而不同。如果地区确实是影响失业率的一个重要的因素，那么广东的失业率会比北京的失业率更高还是更低？

总结起来，上述两个问题的前一半关注的都是一个因子（Factor）变量（如行业和地区）是否会影响某一个变量（如收益率和失业率）的数值。因子变量的取值可以是不同的状态，我们称这些状态为水平。比如，行业因子变量，其取值不是1.414、3.1415926诸如此类的数值，而是“食品行业”、“金融行业”这样的水平。欲研究的被影响变量被称为反应变量（Response Variable)。这两个问题的后一半归结起来关注的是：两个不同的水平下（食品行业VS金融行业，广东VS北京）反应变量（如股票收益率、失业率）是如何取值的，以及哪种情况下反应变量的取值更高。

若要探究一个因子变量对反应变量的影响，方差分析是一个较为适合的工具。方差分析从反应变量（如上述的股票收益率和失业率）的方差入手，研究诸多因子（如行业、地区等因素）中哪些因子对观测变量有显著影响。方差分析的重点不在于预测（它无法预测出明天金融行业股票的走势如何），而在于分析和比较各组之间的差异。比如，分析食品行业和金融行业股票收益率的差异。如果发现这两个行业的股票收益率有显著差异，则可以得到下述结论：行业是影响股票收益率的一个重要的因素。

准确地说，方差分析的研究对象是各个组别反应变量均值之间可能存在的差异，其中组别的划分是以因子变量为依据的。由于需要借助方差来观察均值是否相同，所以被叫作方差分析。通过方差分析，可以检验分组所依据的因子变量对反应变量是否具有重要的影响。如果反应变量在不同组别中的均值是相同的，则可以认为分组所依据的因子变量对反应变量没有影响（如果所有地区的平均失业率都是一样的，地区对失业率就没有重要的影响）。反之，可以推断分组所依据的因子变量是影响该反应变量的重要因素。请注意，只要存在至少两个组别的均值显著不同，就可以认为该因子变量对反应变量有影响。比如，哪怕只有广东和北京的失业率不同，其他地区的失业率都是一样的，也可以说明地区对失业率有影响。

根据所研究的因素的数量，可以将方差分为单因素方差分析、多因素方差分析和析因方差分析。单因素方差分析是只研究一个因子的方差分析，如前面谈到的失业率、股票收益率等例子都属于单因素方差分析。多因素方差分析则是研究多个因子的方差分析，最常见的多因素方差分析为二因素方差分析，即研究两个因子的方差分析，比如探讨施肥量和灌溉量对于粮食产量的影响即是一个二因素方差分析。多因素方差分析研究的是每个因子是否对因变量有着重要的影响，而不是这些因子整体对因变量是否有着重要影响。析因方差分析则是在多因素方差分析的基础上加入了因子之间的乘项，其原因是一个因子对反应变量的影响大小可能受到另一个因子的水平的影响。举个简单的例子，假设有两个因子——是否酗酒与年龄段。是否酗酒有两个水平，即“是”和“否”；年龄段也有两个水平，即“青年”和“老年”。我们都知道酗酒对身体有负面影响，同时老年人酗酒对身体的伤害比年轻人酗酒对身体的伤害更大。也就是说，是否酗酒对身体的影响在不同的年龄段水平是不一样的。为了体现出这种影响，可以加入是否酗酒与年龄段的乘项，进行析因方差分析。

在现实世界中，影响一个反应变量的因素往往有很多种，多因素方差分析即体现了这一点。但是，尽管有着很多影响因素，有时我们只想研究其中的一两种，而不是全部。不过在方差分析中，如果发现一个因素对反应变量有着重要的影响，这并不能保证该因素真的对反应变量有影响。之所以得到这样的结果的原因可能是，有另外一个与该因素相关的因素对反应变量产生了影响，我们把这种因素叫作干扰因素（Confounding Factor）。为了避免干扰因素的影响，需要加入其他变量以控制干扰因素。如果加入的是因子变量，我们采取的就是随机区组设计（Randomized Block Design）。如果加入的是连续变量，那么该变量就是协变量，我们所进行的就是协方差分析（Analysis of Covariance，ANCOVA）。

16.2 方差分析之原理

方差分析的目的在于分析因子对反应变量有无显著影响，亦即因子的不同水平下反应变量的均值是否有显著差异。一般来说，影响反应变量的因素有以下两大类。

1. 不可控的随机因素

即使两块一模一样的土地，施加完全一样的肥料，灌溉一样数量的水，给予完全一样的光照，得到的粮食产量也不见得会完全一样。有太多无法控制的随机因素会影响产量，比如这块土地种植的大豆的基因或许比另一块土地种植的大豆的基因好。即使是同一品种、同一棵植物上获取的大豆也不见得相同。若要研究行业对股票的收益率的影响，除了行业间收益率可能存在差异以外，还存在其他不可控的随机因素会影响股票的收益率。

2. 研究中施加对结果形成影响的可控因素（因子）

若要研究施肥量对于粮食产量的影响，施肥量则是对结果会产生影响的可控因素。这些因素都会使我们收集到的反应变量数据产生波动。方差分析通过分析不同来源的波动（不可控随机 VS 可控因素）对总波动（反应变量的总体变化）的贡献大小，从而确定可控因素（因子）对反应变量影响力的大小。如果反应变量的波动主要由可控因素引起，可控因素对于总波动的贡献较大，则说明可控因素对于反应变量有显著的影响。例如，如果不同施肥量条件下的粮食的产量大小相似、不同组别之间产量无变化，仅有的变化是由种子质量等不可控的随机因素引起，则无法得出“施肥量是影响粮食产量的一个重要因素”的结论。如果产量的变化很大程度上是由“施肥量”这个因素引起，即使这个产量的总的变化差异很小，也可以说“施肥量”是产量的一个影响因素，只不过这个因素的影响作用有限。

16.2.1 离差平方和

现在以单因素方差分析为例，说明方差分析的假设检验过程。假设现在因子变量共有 M 个水平，每个水平下试验或观测对象有 N_j 个（$j = 1, 2, \ldots, M$）。令 Y_{ij} 表示第 j 个水平组别下第 i 个反应变量，其中 $i = 1, 2, \ldots, N_j$。令 μ_j 代表第 j 个水平组别下反应变量的均值，μ_0 代表所有反应变量的均值。若因子水平对反应变量无影响，则不同因子水平下反应变量的均值是相同的，这就是方差分析之原假设：

$$H_0\text{：}\ \mu_1 = \mu_2 = \cdots = \mu_M = \mu_0$$

现在我们观测到不同因子水平下的样本数据 y_{ij}（$j = 1, 2, \ldots, M$，$i = 1, 2, \ldots, N_j$），这样第 j 组的样本均值为：

$$\bar{y}_j = \frac{y_{1j} + y_{2j} + \ldots + y_{N_j j}}{N_j} = \frac{1}{N_j}\sum_{i=1}^{N_j} y_{ij}, \quad j = 1, 2, \ldots, M$$

而全样本的平均值为：

$$\bar{y} = \frac{1}{N}\sum_{j=1}^{M}\sum_{i=1}^{N_j} y_{ij} = \frac{1}{N}\sum_{j=1}^{M} N_j \left(\frac{1}{N_j}\sum_{i=1}^{N_j} y_{ij}\right) = \frac{1}{N}\sum_{j=1}^{M} N_j \bar{y}_j$$

其中 $N=\sum_{j=1}^{M} N_j$ 为全样本之数量。方差分析之实质是检验 $\bar{y}$ 是否与 $\bar{y}_j$ 相异。

现在样本观测值 y_{ij} 与全样本均值 $\bar{y}$ 之偏差可分为两个部分：

$$y_{ij}-\bar{y}=y_{ij}-\bar{y}_j+\bar{y}_j-\bar{y} \tag{16.1}$$

其中 $y_{ij}-\bar{y}_j$ 被称为组内偏差，$\bar{y}_j-\bar{y}$ 被称为组间偏差。接下来，将式 (16.1) 左右两边平方并加总，可得反映样本数据波动情况的指标——总离差平方和（Total Sum of Squares，TSS）：

$$\sum_{j=1}^{M}\sum_{i=1}^{N_j}(y_{ij}-\bar{y})^2=\sum_{j=1}^{M}\sum_{i=1}^{N_j}(y_{ij}-\bar{y}_j)^2+\sum_{j=1}^{M}\sum_{i=1}^{N_j}(\bar{y}_j-\bar{y})^2+2\sum_{j=1}^{M}\sum_{i=1}^{N_j}(y_{ij}-\bar{y}_j)(y_{ij}-\bar{y}_j) \tag{16.2}$$

由于 $\sum_{i=1}^{N_j}(y_{ij}-\bar{y}_j)=0$，故式 (16.2) 中最后一项为 0，可简化为：

$$\begin{aligned}\sum_{j=1}^{M}\sum_{i=1}^{N_j}(y_{ij}-\bar{y})^2&=\sum_{j=1}^{M}\sum_{i=1}^{N_j}(y_{ij}-\bar{y}_j)^2+\sum_{j=1}^{M}\sum_{i=1}^{N_j}(\bar{y}_j-\bar{y})^2\\&=\sum_{j=1}^{M}\sum_{i=1}^{N_j}(y_{ij}-\bar{y}_j)^2+\sum_{j=1}^{M}N_j(\bar{y}_j-\bar{y})^2\end{aligned}$$

其中，等号右边第一项为组内偏差平方和，又被称为误差平方和（Error Sum of Squares，ESS）；第二项为组间差异平方和，又被称为因子平方和（Factor Sum of Squares，FSS）。

16.2.2 自由度

从 TSS、FSS、ESS 的数学表达式可以看出，反应变量的个数对离差平方和大小可能有影响，变量个数越多，离差平方和就有可能越大；变量个数越少，离差平方和就有可能越小。为了消除变量个数对离差平方和大小的影响，我们用离差平方和进行平均，得到均方差（Mean Square），来衡量不同来源的波动。在引入各均方差的定义之前，我们先来了解一下自由度的概念。

自由度是指当以样本的统计量来估计总体的参数时，样本中能够独立或自由变动的数据的个数。比如，样本方差的计算公式为：

$$S=\frac{1}{n-1}\sum_{i=1}^{n}(x_i-\bar{x})^2 \tag{16.3}$$

其中分母 $n-1$ 就是自由度。为什么公式 (16.3) 中可以自由变动的样本个数为 $n-1$ 而不是 n? 因为该式隐藏了 $\frac{1}{n}\sum_{i=1}^{n}x_i=\bar{x}$ 的这一均值约束，为了满足这个均值约束，n 个样本不能都自由变动。考虑三个样本数据：a，b，c，若这三个数的平均数是 3，即 $\frac{1}{3}(a+b+c)=3$，那么可自由变动的数就只有两个，比如一旦 a 和 b 确定，那么 c 只能为 $3\times3-(a+b)$ 而不能自由变动。按照这样的思路，可以确定出 TSS、FSS 和 ESS 的自由度。

总结起来，我们进行方差分析的对象共有 N 个样本观测值，分布在 M 个组中，第 j 个组的样本量为 N_j。

- TSS 是衡量的是 N 个样本的总波动水平，这里所有的 N 个样本并不独立，它们满足一个约束条件（均值为 $\bar{y}$）：

$$\sum_{j=1}^{M}\sum_{i=1}^{N_j}(y_{ij}-\bar{y})=0$$

故真正独立的变量只有 $N-1$ 个，TSS 的自由度为 $N-1$。

- FSS 衡量的是由于因子水平变化导致的反应变量取值的波动。但是，M 个因子组别的均值并不独立，$\bar{y}_j, j=1,\ldots,M$ 满足一个约束条件：

$$\sum_{j=1}^{M}N_j\left(\bar{y}_j-\bar{y}\right)=0$$

因此也丢失一个自由度，FSS 的自由度是 $M-1$，其平均数组间均方差为：

$$MSF=\frac{FSS}{M-1}=\frac{1}{M-1}\sum_{j=1}^{M}N_j\left(\bar{y}_j-\bar{y}\right)^2$$

- ESS 反应的是由于样本与其所处因子水平的组别均值的偏差而产生的波动，需要满足 M 个约束条件：

$$\sum_{i=1}^{N_j}(y_{ij}-\bar{y}_j)=0,\quad j=1,\ldots,N$$

从而失去了 M 个自由度，所以 ESS 的自由度是 $N-M$，其平均数组内均方差为：

$$MSE=\frac{1}{N-M}\sum_{j=1}^{M}\sum_{i=1}^{N_j}\left(y_{ij}-\bar{y}_j\right)^2$$

- TSS、FSS 和 ESS 的自由度满足如下关系：

$$N-1=(M-1)+(N-M)$$

16.2.3　显著性检验

假设反应变量 Y_{ij} 满足条件：根据因子水平划分的任一 j 组，$Y_{ij}\,(i=1,2,\ldots,N_j)$ 为一组独立同分布变量，且服从正态分布，即 $Y_{ij}\sim N\left(\mu_j,\sigma_0^2\right)$。基于这个假设，可证明出组间均方差和组内均方差的期望值满足下列公式：

$$\mathbb{E}(MSF) = \sigma_0^2 + \frac{1}{M-1}\sum_{j=1}^{M} N_j(\mu_j - \mu_0)^2$$

$$\mathbb{E}(MSE) = \sigma_0^2$$

在原假设 H_0：$\mu_1 = \mu_2 = \cdots = \mu_M = \mu_0$ 之下，$\mathbb{E}(MSF) = \mathbb{E}(MSE) = \sigma_0^2$，而且方差分析的统计量：

$$\varphi = \frac{MSF}{MSE} = \frac{FSS/(M-1)}{ESS/(N-M)}$$

服从 $F(M-1, N-M)$ 分布。φ 统计量越大，说明组间均方差 MSF 与组内均方差 MSE 差异很大，且 $MSF > MSE$，故 MSF 成为样本总波动的主要贡献，因子影响十分显著；φ 统计量很小时，说明组间随机方差 MSE 是主要的方差来源，因子影响不显著。我们可以查阅 F 分布的临界值表，或者计算 p 值来判断该统计量是否显著。

现在，我们来总结一下方差分析的一般步骤：

（1） 根据感兴趣的因素（因子）的不同取值（水平）将反应变量分成 M 个组；

（2） 提出原假设 H_0：因子对于反应变量没有影响；备择假设 H_1：因子对于观测变量有影响；

（3） 求出样本数据中每组的样本平均值及全样本均值，算出组内均方差 MSF 和组间均方差 MSE；

（4） 构建 φ 统计量并计算 φ 值：

$$\varphi = \frac{MSF}{MSE} \sim F(M-1, N-M)$$

（5） 由显著性水平 α（通常取 0.025、0.05、0.1 等）查 F 分布表的临界值 $F_\alpha(M-1, N-M)$（或计算 φ 值对应的 p 值）来判断是接受原假设还是拒绝原假设：

- 如果 $\varphi > F_\alpha(M-1, N-M)$（或 $p < \alpha$）则拒绝原假设，可以推断认为因子变量对反应变量有影响；
- 如果 $\varphi < F_\alpha(M-1, N-M)$（或 $p > \alpha$）则接受原假设，可以推断认为因子变量对反应变量没有影响。

16.3 方差分析之 Python 实现

statsmodel 中的 anova 模块可以帮助我们进行方差分析。利用 anova 模块进行方差分析的一般途径是：先建立一个线性回归模型，然后再将该模型作为参数传入专门的函数之中，

下面，我们调用该模块分别进行单因素方差分析与多因素方差分析。

16.3.1　单因素方差分析

现在来考虑一个简单的问题，即行业对股票收益率的影响。直觉上，我们都认为行业对股票收益率有着重要的影响，不同行业的股票的平均收益率是不一样的。以美国为例，互联网等高科技行业的平均股票收益率就比其他行业要高。接下来我们用方差分析来验证一下这个根据经验形成的直觉。不过值得注意的是，方差分析的假设条件是各组别各反应变量之间是独立同分布的，这里只是为了说明 Python 实践方差分析的过程。

我们所用的数据为 2014 年的股票年收益率，如表 16.1 所示为该数据的前几项，

表 16.1　股票收益率表

编码	年份	收益率	行业
000001	2014	0.57298	货币金融服务
000002	2014	0.827567	房地产业
000003	2014	0.336481	医药制造业
000004	2014	0.64	房地产业
000005	2014	0.477997	房地产业

接下来，用 Python 编写代码进行方差分析。

```
#读取数据
In [1]: import pandas as pd
   ...: import statsmodels.stats.anova as anova
   ...: from statsmodels.formula.api import ols
   ...:
In [2]: year_return=pd.read_csv('016\\TRD_Year.csv',\
   ...:                         encoding='gbk')
   ...: year_return.head()
Out[2]:
   Code  Year    Return Industry
0     1  2014  0.572980    货币金融服务
1     2  2014  0.827567      房地产业
2     4  2014  0.336481     医药制造业
3     5  2014  0.640000      房地产业
4     6  2014  0.477997      房地产业

#接着进行方差分析：
In [3]: model=ols('Return ~ C(Industry)',\
   ...:           data=year_return.dropna()).fit()
In [4]: table1 = anova.anova_lm(model)
In [5]: print(table1)
            df      sum_sq   mean_sq         F        PR(>F)
Industry    74   60.517228  0.817800  4.177614  4.382045e-28
Residual  2302  450.634318  0.195758       NaN           NaN
```

上述结果表明，$p = 4.38e-028$，在 0.05 的显著性水平下，p 值远远小于 0.05，故我们应该拒绝原假设，认为不同行业股票 2014 年的年收益率是不一样的。因此，我们的直觉得到了验证，即行业是影响股票收益率的一个重要因素。

16.3.2 多因素方差分析

多因素方差分析的实现也很简单，我们只需要在线性回归模型里加入要研究的因素即可。下面来看一个简单的多因素方差分析的例子。PSID.csv 包含了 1993 年美国个人收入的相关数据，我们现在用其来探讨婚姻状况和受教育水平对个人收入的影响。

```
#加载数据
In [6]: PSID=pd.read_csv('016\\PSID.csv')
   ...: PSID.head()
Out[6]:
    intnum  persnum  age  educatn  earnings  hours  kids   married
0        4        4   39       12     77250   2940     2   married
1        4        6   35       12     12000   2040     2  divorced
2        4        7   33       12      8000    693     1   married
3        4      173   39       10     15000   1904     2   married
4        5        2   47        9      6500   1683     5   married

#建立模型
In [7]: model=ols('earnings ~C(married)+C(educatn)',\
   ...:               data=PSID.dropna()).fit()
In [8]: table2 = anova.anova_lm(model)
In [9]: print(table2)
              df        sum_sq       mean_sq          F         PR(>F)
C(married)     6  1.956487e+10  3.260811e+09  15.551238   9.355695e-18
C(educatn)    19  2.082990e+11  1.096311e+10  52.284500  9.947527e-180
Residual    4829  1.012553e+12  2.096818e+08        NaN            NaN
```

P 值均远小于 0.05，即婚姻状况和受教育水平的系数都是显著的，说明这两个因素对收入水平有着重要的影响。

16.3.3 析因方差分析

最后来进行析因方差分析。析因方差分析与多元素方差分析差不多，仅是多了一个因子的乘项。比如，在上面的例子中，我们可以添加 married 与 educatn 的乘项，以检验这两者对收入的影响是否与另一个因子的水平有关。

```
In [10]: model=ols('earnings ~ C(married)*C(educatn)', data=PSID.dropna()).fit()
In [17]: table3 = anova.anova_lm(model)
In [18]: print(table3)
                          df        sum_sq       mean_sq          F  \
C(married)                 6  1.956487e+10  3.260811e+09  15.444276
C(educatn)                19  2.082990e+11  1.096311e+10  51.924885
C(married):C(educatn)    114  2.312170e+10  2.028220e+08   0.960632
Residual                4745  1.001831e+12  2.111340e+08        NaN
                               PR(>F)
C(married)               1.273800e-17
C(educatn)              3.148639e-178
C(married):C(educatn)    6.006340e-01
Residual                          NaN
```

第三个系数的 P 值 $0.600 > 0.05$，即结果并不显著。所以，婚姻状况和受教育水平对收入的影响并不依赖于另一者的水平。

习题

1. 某证券公司对 5 个地区的分公司的单日开户数量（单位：个）进行分析，每个地区获取 10 个营业部的数据，得到资料如下表：

地点	单日开户数量									
D_1	16、	14、	10、	9、	15、	14、	8、	6、	13、	9
D_2	20、	15、	16、	12、	11、	10、	6、	7、	9、	11
D_3	10、	11、	13、	11、	9、	8、	13、	11、	6、	7
D_4	8、	11、	6、	7、	7、	9、	12、	15、	10、	13
D_5	7、	6、	8、	8、	13、	6、	10、	7、	5、	9

判断 5 个地区的单日开户数量是否有显著性差异，取显著性水平 $\alpha = 0.05$。

2. 为考察中央银行调息对此后一周上证宗指的影响，收集数据如下：

调息方案	指数变化				
方案 A	3.12%、	2.45%、	−1.56%、	1.13%、	0.55%
方案 B	−2.24%、	0.56%、	1.33%、	−1.05%、	1.41%
方案 C	1.53%、	2.41%、	−1.88%、	−0.31%、	−0.65%
方案 D	1.05%、	1.86%、	−0.81%、	2.34%、	0.33%

取显著性水平 $\alpha = 0.05$，判断 4 个调息方案对上证宗指是否有显著性影响。

3. 同一型号的电池委托 A、B 和 C 3 家工厂生产，为比较其质量，从各厂中随机抽取 5 节电池，试验后得出其寿命（单位：小时）如下：

工厂	电池寿命				
A	48	38	45	47	40
B	26	35	30	29	31
C	38	40	49	51	51

在显著性水平 0.05 下检验电池的平均寿命有无显著性的差异。

4. 读取文件 managers.csv，提取 HAM1、HAM3、HAM4 组成一个新的数据集 MANA。
   （a） 求 HAM1、HAM3、HAM4 三个变量的组内方差（SSE）；
   （b） 计算 MANA 3 个变量的组间方差（SSA）；
   （c） 计算 MANA 的离差平方和（SST）；
   （d） 分别求出 SST、SSA 和 SSE 的自由度，并说明他们满足的关系；

(e) 构建显著性检验的 F 统计量，求出统计量的值，比较和相应的 F 分布的分位值的大小关系，判断三者的收益率是否存在显著性的差异。

5. 使用 Python 对数据集 MANA 进行方差分析，并和第 4 题的结果进行比较。

第17章　回归分析

方差分析可以让我们知道一个因子对一个连续型的因变量有没有影响。但是，很多时候，我们更想知道连续型的自变量对连续型因变量有没有影响；如果有影响的话，那么这个影响具体有多大。也就是说，我们更想知道当一个连续型变量变化时，另外一个连续型变量会变多少。为了解决这个问题，我们需要进行回归分析（Regression Analysis）。回归分析能够将多个连续型或是离散型的变量之间的关系量化，从而找到事物之间的线性相关关系或是进行预测。

17.1　一元线性回归模型

17.1.1　一元线性回归模型

假设有两个变量：自变量（Independent Variable）X 和因变量（Dependent Variable）Y，一元线性回归模型（Simple Linear Regression Model）是指用线性模型 $\alpha+\beta X$ 来刻画 Y 的变动，其中 α 和 β 是未知的、待估计的参数。通常当变量有随机的成分在时，就不能用一个变量完全解释另一个变量，因此我们将 Y 表达为：

$$Y_i=\alpha+\beta X_i+\varepsilon_i,\quad i=1,2,\cdots,n$$

其中：

- Y_i 为变量 Y 的第 i 个样本，X_i 为变量 X 的第 i 个样本，共有 n 个样本，其中 X_i 取值不能全部相等，也就是 X 为非常数，假设所有 X 的取值都相等，则可以推断 Y 的变化肯定不是由 X 引起的，研究 X 对 Y 的影响毫无意义。
- ε_i 为随机误差项（Error）或干扰项，表示 Y_i 的变化中未被 X_i 解释的部分。
- 参数 α 和 β 都被称为回归系数（Regression Coefficient），其中 α 是截距项（Intercept）；β 为斜率项（Slope），表示 X 每增加一个单位，Y 平均会增加 β 个单位。

这里要注意的是，线性回归模型中的“线性”指模型是参数的线性函数，并不要求是变量 X 和 Y 的线性函数，比如我们认为 Y 与 X 满足：

$$Y_i=\alpha+\beta\ln X_i+\varepsilon_i$$

该模型可以转化为线性模型：

$$Y_i=\alpha+\beta Z_i+\varepsilon_i$$

其中 $Z_i=\ln X_i$ 可以通过对样本 X_i 取对数得到。因此只要是参数的线性模型，都适用于本章的分析。

17.1.2 最小平方法

在上述的线性模型中，X_i 和 Y_i 是样本数据，但还需要知道 α 与 β 的值。对于 α 与 β 的值，可以根据 X_i 和 Y_i 的数据来估计。估计的方法有很多种，比如前面讲过的矩估计法就是其中一种。很明显，采取不同的估计方法，就会得到不同的 α 与 β 的估计值。而我们想要的自然是最接近真实值的估计，那么，应该采取什么方法进行估计呢？构建线性回归模型的目的是要来解释 Y 的变动，因此我们认为 α 与 β 的估计式是令 Y_i 中未被 X_i 解释的部分 ε_i 越小越好。我们可以将误差项 ε_i 加总令其最小，但是，误差 ε_i 有时大于零有时小于零，加总时会正负抵消，这样就无法区分没有偏差和正负偏差相抵消时的情况。因此，我们选择使用误差 ε_i 之平方和并令其最小，这种估计方法被称为最小平方法（Least Squares Method）。求解 α 和 β 的方式可以用数学公式表达如下：

$$\min_{\alpha,\beta} Q(\alpha,\beta) = \frac{1}{n}\sum_{i=1}^{n}(Y_i - \alpha_i - \beta_i X_i)^2$$

根据函数最小化原则,能够令误差平方和 $Q(\alpha,\beta)$ 最小的 α、β 必须满足以下一阶条件（First Order Conditions）：

$$\frac{\partial Q(\alpha,\beta)}{\partial\alpha} = -2\frac{1}{n}\sum_{i=1}^{n}(Y_i - \alpha_i - \beta_i X_i) = 0 \tag{17.1}$$

$$\frac{\partial Q(\alpha,\beta)}{\partial\beta} = -2\frac{1}{n}\sum_{i=1}^{n}(Y_i - \alpha_i - \beta_i X_i)X_i = 0$$

根据这两条一阶条件公式，可以得到 α 与 β 的最小平方估计式（Estimator）：

$$\hat{\beta} = \frac{\sum_{i=1}^{n}(X_i - \bar{X})(Y - \bar{Y})}{\sum_{i=1}^{n}(X_i - \bar{X})^2} \tag{17.2}$$

$$\hat{\alpha} = \bar{Y} - \hat{\beta}\bar{X}$$

其中 $\bar{X}$ 和 $\bar{Y}$ 为 X 和 Y 的样本均值，注意式 (17.2) 是估计式，也就是说，样本观测值不同，我们就会得到不同的 $\hat{\alpha}$、$\hat{\beta}$。如果我们将样本观测值 $x_1, x_2, \ldots, x_n$ 和 $y_1, y_2, \ldots, y_n$ 代入估计式 (17.2) 中，即可得到 $\hat{\alpha}$ 与 $\hat{\beta}$ 之最小平方估计值（Estimate）：

$$\hat{\beta}_n = \frac{\sum_{i=1}^{n}(x_i - \bar{x})(y_i - \bar{y})}{\sum_{i=1}^{n}(x_i - \bar{x})^2}$$

$$\hat{\alpha}_n = \bar{y} - \hat{\beta}\bar{x}$$

其中 $\bar{x}$、$\bar{y}$ 是 $\bar{X}$、$\bar{Y}$ 的实现值。

将 $\hat{\alpha}$ 与 $\hat{\beta}$ 之最小平方估计值代入线性模型，可得由样本观测值 $x_1, x_2, \ldots, x_n$ 解释的 $\hat{y}_i$：

$$\hat{y}_i = \hat{\alpha}_n + \hat{\beta}_n x_i,\quad i = 1, \ldots, n$$

这个 $\hat{y}_i$ 被称为拟合值（Fitted Value），而样本观测值 y_i 与拟合值 $\hat{y}_i$ 之间的差值为残差值（Residual Value）：

$$\hat{\varepsilon}_i = y_i - \hat{y}_i,\quad i = 1, \ldots, n$$

另外根据一阶条件式 (17.1)，可得：

$$\sum_{i=1}^{n}\left(Y_i - \hat{\alpha} - \hat{\beta} X_i\right) = \sum_{i=1}^{n}\hat{\varepsilon}_i = 0$$

$$\sum_{i=1}^{n}\left(Y_i - \hat{\alpha} - \hat{\beta} X_i\right) X_i = \sum_{i=1}^{n}\hat{\varepsilon}_i X_i = 0$$

17.2　模型拟合度

在现实中，可能不同的 X 都可以用来解释 Y 之变动，比如自变量 Y 是股票收益率，有人可能用公司每股收益来解释，有人可能用公司市值来解释。因此，我们需要一个指标能够判断出模型的好坏，对此，我们引入拟合度（Goodness of Fit）的概念。拟合度是指回归直线与样本数据趋势的吻合程度，取决于估计方法和样本数据。

常用来判断线性模型拟合度的指标是 R^2（R Square），又称作可决系数（Coefficient of Determination），它刻画的是自变量与因变量关系密切的程度，由回归模型解释的变动量占 Y 总变动量的百分比来刻画。如果将因变量 Y 的波动（方差）进行分解，可以得到如下公式：

$$\sum_{i=1}^{n}\left(Y_i - \bar{Y}\right)^2 = \sum_{i=1}^{n}\left(\hat{Y}_i - \bar{\hat{Y}}\right)^2 + \sum_{i=1}^{n}\hat{\varepsilon}^2$$

其中：

- 等号左边为总平方和（Total Sum of Squares，TSS），度量了因变量 Y_i 的总波动情况；
- 等号右边第一项为回归平方和（Regression Sum of Squares，RSS），度量了模型估计出来的 $\hat{Y}_i$ 的波动情况，由于 $\hat{Y}_i$ 是根据自变量 X_i 估计的，所以这一部分可以说是总平方和中可以被自变量 X_i 解释的波动；
- 等号右边第二项为残差平方和（Error Sum of Squares，ESS），度量了残差的波动，即不能被自变量 X_i 解释的波动。

由于 TSS、RSS、ESS 均为平方和，三者的关系为：

$$TSS = RSS + ESS \tag{17.3}$$

R^2 的表达式为：

$$R^2 = \frac{RSS}{TSS}$$

根据公式 (17.3) 可知 R^2 在 $0 \sim 1$ 之间取值，其值越大说明可用模型解释的波动部分占总波动比例越高、拟合的越好。

17.3 古典假设条件下 $\hat{\alpha}$、$\hat{\beta}$ 之统计性质

最小平方法是利用误差平方和最小得出参数 α 与 β 的估计式，该估计式是样本 X_i 和 Y_i 的函数，也就是说不同的样本观测值会有不同的参数估计值 $\hat{\alpha}$、$\hat{\beta}$。一般来说，随机抽样导致的波动和选择的估计方法不同会使参数估计值与参数的真实值存在差距，因此 Y_i 和 X_i 需要满足一些随机条件，以衡量估计式的统计性质。以下为 Y_i 和 X_i 需要满足的假设条件。

（1） $X_i, i = 1, 2, \ldots, n$ 为非随机的变数。

（2） 存在参数的真实值 α_0、β_0 使得 $Y_i = \alpha_0 + \beta_0 X_i + e_i$，$i = 1, 2, \ldots, n$，其中干扰项 e_i 满足以下性质：

（a） $\mathbb{E}(e_i) = 0, i = 1, 2, \ldots, n$，基于这个条件及 X_i 非随机的假设，可以得到 $\mathbb{E}(Y_i) = \alpha_0 + \beta_0 X_i$。

（b） $\text{Var}(e_i) = \sigma_0^2$，$i = 1, 2, \ldots, n$，这个条件又被称为同方差（Homoscedasticity）条件；当 $i \neq j$ 时，$\text{Cov}(e_i, e_j) = 0$，这个条件是要求 e_i 无自相关性。在最小平方法的框架下，干扰项 e_i 的方差 σ_0^2 的估计式为：

$$\hat{\sigma}^2 = \frac{1}{n-2} \sum_{i=1}^{n} \hat{\varepsilon}_i^2$$

以上的假设条件被称为回归的古典条件（Classical Conditions）。

接下来我们来分析最小平方估计式 $\hat{\alpha}$、$\hat{\beta}$ 和 $\hat{\sigma}^2$ 的统计性质。在古典假设条件下，可以证明最小平方估计式 $\hat{\alpha}$、$\hat{\beta}$ 是 α_0、β_0 的最佳线性无偏估计式（Best Linear Unbiased Estimator），其中“线性”是之 $\hat{\alpha}$、$\hat{\beta}$ 为所有 Y_i 之线性组合；“无偏”是指 $\mathbb{E}(\hat{\alpha}) = \alpha_0$、$\mathbb{E}\left(\hat{\beta}\right) = \beta_0$；“最佳”是指任意其他线性无偏估计式 $\check{\alpha}$、$\check{\beta}$ 之方差均大于 $\hat{\alpha}$、$\hat{\beta}$ 的方差，也就是说对于所有的线性无偏估计式 $\check{\alpha}$、$\check{\beta}$，$\text{Var}(\check{\alpha}) \geqslant \text{Var}(\hat{\alpha})$、$\text{Var}(\check{\beta}) \geqslant \text{Var}\left(\hat{\beta}\right)$。

此外，我们还可以得到估计式 $\hat{\alpha}$、$\hat{\beta}$ 的概率分布。当满足古典线性回归模型假设时，最小二乘估计量 $\hat{\alpha}$、$\hat{\beta}$ 服从正态分布：

$$\hat{\alpha} \sim N\left(\alpha_0, \sigma_0^2\left(\frac{1}{n} + \frac{\bar{X}^2}{\sum_{i=1}^{n}\left(X_i - \bar{X}\right)^2}\right)\right)$$

$$\hat{\beta} \sim N\left(\beta_0, \sigma_0^2\left(\frac{1}{\sum_{i=1}^{n}\left(X_i - \bar{X}\right)^2}\right)\right)$$

另外，干扰项 e_i 的方差 σ_0^2 的估计式 $\hat{\sigma}^2=\frac{1}{n-2}\sum_{i=1}^n\hat{\varepsilon}_i^2$ 满足以下分布：

$$\frac{(n-2)\,\hat{\sigma}^2}{\sigma_0^2}\sim\chi^2\,(n-2)$$

从 $\hat{\alpha}$、$\hat{\beta}$ 的均值和方差可以看出，$\hat{\alpha}$、$\hat{\beta}$ 具有如下性质。

（1）随着样本量 n 的增加，估计式的精确度也会随之增加。每增加一个观测样本点，模型的精确度将会提高。

（2）$\sum_{i=1}^n\left(X_i-\bar{X}\right)^2$ 在 $\hat{\alpha}$、$\hat{\beta}$ 的方差估计式中都有出现，且都在分母当中，说明 $\sum_{i=1}^n(X_i-\bar{X})^2$ 越大，$\hat{\alpha}$、$\hat{\beta}$ 方差越小，估计式的精确度增加。$\sum_{i=1}^n\left(X_i-\bar{X}\right)^2$ 表示 X 变量样本与样本的离散程度。也就是说当样本在 X 取值上越离散，估计式的方差越小；在 X 取值上越集中时，方差越大。

（3）$\bar{X}^2$ 代表数据点相对于 Y 轴的平均偏离程度，当 $\bar{X}$ 离 Y 轴越远，回归估计线的截距项 $\hat{\alpha}$ 越不容易确定，$\hat{\alpha}$ 的精确度就会随之降低。

17.4　显著性检验

回想一下前面介绍的假设检验，对于一个随机变量，可以对其期望是否等于某个值进行检验。在回归分析中，我们往往会对估计出的系数进行假设检验。通常我们是对回归系数的真实值 α_0、β_0 提出原假设，然后构建计算统计量的取值，并根据 $\hat{\alpha}$、$\hat{\beta}$、$\hat{\sigma}^2$ 的分布性质判断根据样本观测点 x_i、y_i 计算出来的 $\hat{\alpha}_n$、$\hat{\beta}_n$ 是否显著异于 0，以此来判断是否接受原假设。也正因为如此，我们把这样的假设检验叫作显著性检验，即变量之间的关系是否显著。以系数 $\hat{\beta}$ 为例，显著性检验分为如下 4 个步骤。

（1）提出原假设 H_0 ：$\beta_0=b$；备择假设 H_1：$\beta_0\neq b$；

（2）确定显著性水平 0.05、0.01 等（根据具体情况而定）；

（3）构建、计算统计量 t_β——标准化的 $\hat{\beta}-b$：

$$\begin{aligned}t_\beta&=\frac{\hat{\beta}-b}{\frac{\hat{\sigma}}{\sqrt{\sum_{i=1}^n\left(X_i-\bar{X}\right)^2}}}\\&=\sqrt{\sum_{i=1}^n\left(X_i-\bar{X}\right)^2}\left(\frac{\hat{\beta}-b}{\sigma_0}\right)\bigg/\sqrt{\frac{(n-2)\,\hat{\sigma}^2/\sigma_0^2}{n-2}}\end{aligned}$$

式中 $\sqrt{\sum_{i=1}^n\left(X_i-\bar{X}\right)^2}\left(\frac{\hat{\beta}-b}{\sigma_0}\right)\sim N\,(0,1)$，$\frac{(n-2)\hat{\sigma}^2}{\sigma_0^2}\sim\chi^2\,(n-2)$，由此可得 t_β 服从 t 分布：

$$t_\beta\sim t\,(n-2)$$

（4）查自由度 $df=n-2$ 的 t 分布表得到临界值或者是计算出 t_β 对应的 p 值，做出是否拒绝或接受原假设的结论。如果接受 $\beta_0 = 0$ 的原假设，说明变量 X 对于变量 Y 的影响系数为 0，则此模型的构造没有太大意义；若拒绝 $\beta_0 = 0$ 的原假设，说明变量 X 对于变量 Y 有显著不为 0 的影响，则可根据 X 的观测值来预测随机变量 Y。对于截距 $\hat{\alpha}$，我们可以采取同样的方式进行检验。

17.5 上证综指与深证成指的回归分析与 Python 实践

上证综指与深证成指反映的都是中国股票市场的整体表现，在前面章节中，我们知道两种指数的日度收益率数据存在着相关性关系。在本章节中，我们对两种指数的日度收益率数据进行一元线性回归分析，进一步确定两者的相关关系。在分析之前，我们先来了解 Python 中的一些回归函数。

17.5.1 Python 拟合回归函数

在 Python 中，拟合线性模型主要通过 statsmodels 包中的 OLS 类完成。一般来说，我们需要先构建一个 OLS 类，然后再调用该类的 fit() 方法，从而得到线性回归的结果。

除了 fit( ) 函数以外，如表 17.1 所示列举了对拟合线性模型非常有用的其他函数。

表 17.1 拟合线性模型相关方法及属性

函数	用途
params( )	列出拟合模型的参数
conf_int( )	提供模型参数的置信区间
fittedvalues	模型的拟合值
resid	模型的残差值
aic	赤池信息统计量
predict( )	用拟合模型对新的数据集预测解释变量

下面，我们使用 Python 对上证综指和深证综指收益率数据构造一元回归模型。

```
#读取数据
In [1]: import pandas as pd
   ...: TRD_Index=pd.read_table('017/TRD_Index.txt',sep='\t')
   ...: SHindex=TRD_Index[TRD_Index.Indexcd==1]
   ...: SZindex=TRD_Index[TRD_Index.Indexcd==399106]
   ...: SHRet=SHindex.Retindex
   ...: SZRet=SZindex.Retindex
   ...: SZRet.index=SHRet.index

#构造上证综指与深证成指收益率的回归模型
In [2]: import statsmodels.api as sm
In [3]: model=sm.OLS(SHRet,sm.add_constant(SZRet)).fit()
#查看回归模型结果
In [4]: print(model.summary())
                            OLS Regression Results
==============================================================================
Dep. Variable:               Retindex   R-squared:                       0.825
Model:                            OLS   Adj. R-squared:                  0.825
```

```
Method:                 Least Squares   F-statistic:                     5698.
Date:                Wed, 18 May 2016   Prob (F-statistic):               0.00
Time:                        21:19:04   Log-Likelihood:                 4520.3
No. Observations:                1211   AIC:                            -9037.
Df Residuals:                    1209   BIC:                            -9026.
Df Model:                           1
Covariance Type:            nonrobust
==============================================================================
                 coef    std err          t      P>|t|      [95.0% Conf. Int.]
------------------------------------------------------------------------------
const         -0.0003      0.000     -1.747      0.081        -0.001  3.58e-05
Retindex       0.7603      0.010     75.487      0.000         0.741     0.780
==============================================================================
Omnibus:                      154.029   Durbin-Watson:                   1.821
Prob(Omnibus):                  0.000   Jarque-Bera (JB):              382.039
Skew:                           0.701   Prob(JB):                     1.10e-83
Kurtosis:                       5.367   Cond. No.                         60.5
==============================================================================

Warnings:
[1] Standard Errors assume that the covariance matrix of the errors is correctly
specified.
```

通过 summary( ) 这个函数，我们可以看出拟合模型的详细结果。

- R^2 为 0.825，表明模型可以解释上证综指 82.5% 的方差；
- 截距项是 -0.0003，p 值为 $0.081 > 0.05$ 无法通过置信度为 0.05 的假设检验，可以推断该模型不含截距项，即截距项为 0。
- 斜率的估计值为 0.7603，显著不为 0（其 p 值为远远小于 0.05 的显著性水平）。

根据以上结果，我们可以得到如下模型：

$$SHRet_i = -0.0003 + 0.7603SZRet_i + \varepsilon_i$$

该模型表明深圳成指日度收益率每增加 1%，上证综指日度收益率将增加约 0.76 个百分点。

此外，resid 属性为回归的残差项，fittedvalues 属性为拟合参数的预测值。比如，查看前 5 个拟合值，我们只需要输入如下指令代码：

```
#查看前5个拟合值
In [5]: model.fittedvalues[:5]
Out[5]:
0     0.024213
1     0.019940
2    -0.002401
3    -0.015390
4     0.016635
dtype: float64
```

17.5.2 绘制回归诊断图

我们可以通过调用 fit( ) 函数来拟合最小二乘回归模型，并通过回归结果的各种属性和方法来获取模型参数、相关统计量和模型的其他信息。不过根据前面线性回归模型基础知识的介绍，线性模型中参数估计值的显著性检验是建立在对误差项的一系列假设上，对模型参数推断的信心依赖于样本数据 y_i、x_i 是否满足这些假设条件。虽然 summary( ) 函数提供了对模型的整体描述，但是 summary( ) 的结果不能表明数据是否满足这些假设条件。若数据无法满足假设条件或者错误设定自变量与因变量的关系，都会使模型产生巨大的偏差，若在实际中采用存在偏差的模型，可能产生带来预测误差。因此，我们需要对回归模型进行一些检验。一般来说，我们可以绘制以下几种图来帮助我们进行检验。

- 线性（如图 17.1 所示）：若因变量与自变量线性相关，残差值应该和拟合值没有任何的系统关联，呈现出围绕着 0 随机分布的状态。从图 17.1 来看，这一假设基本上满足。

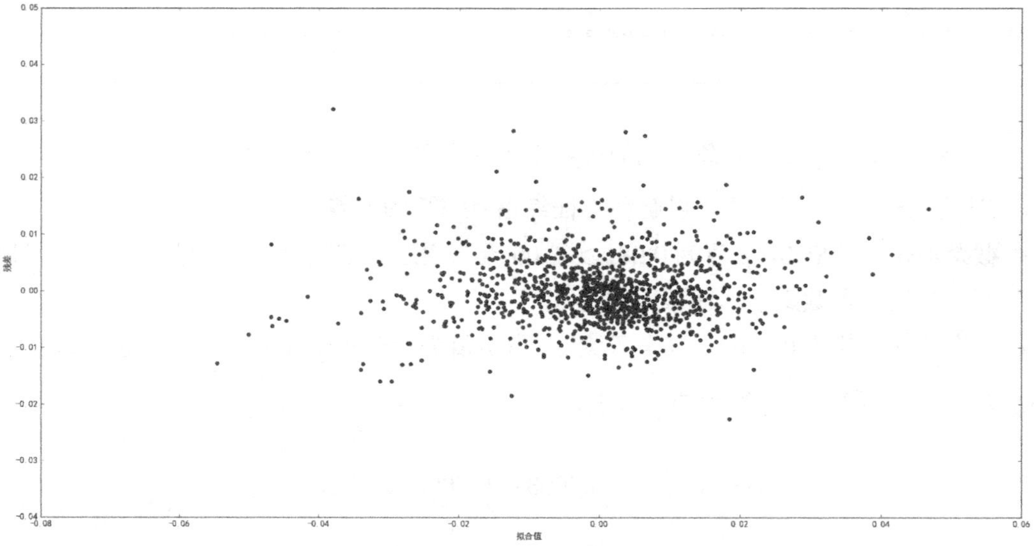

图 17.1 上证综指与深证成指日度收益率回归诊断图 1

```
In [6]: import matplotlib.pyplot as plt
In [7]: plt.scatter(model.fittedvalues,model.resid)
   ...: plt.xlabel('拟合值')
   ...: plt.ylabel('残差')
Out[8]: <matplotlib.text.Text at 0x7f1c9cf8b588>
```

- 正态性（如图 17.2 所示）：当因变量成正态分布时，那么模型的残差项应该是一个均值为 0 的正态分布。正态 Q-Q 图（Normal Q-Q）是在正态分布对应的值下，标准化残差的概率图，若满足正态性假设，那么图上的点应该落在一条直线上，若不是，则违背了正态性的假设。

```
In [9]: import scipy.stats as stats
```

```
   ...: sm.qqplot(model.resid_pearson,\
   ...:              stats.norm,line='45')
```

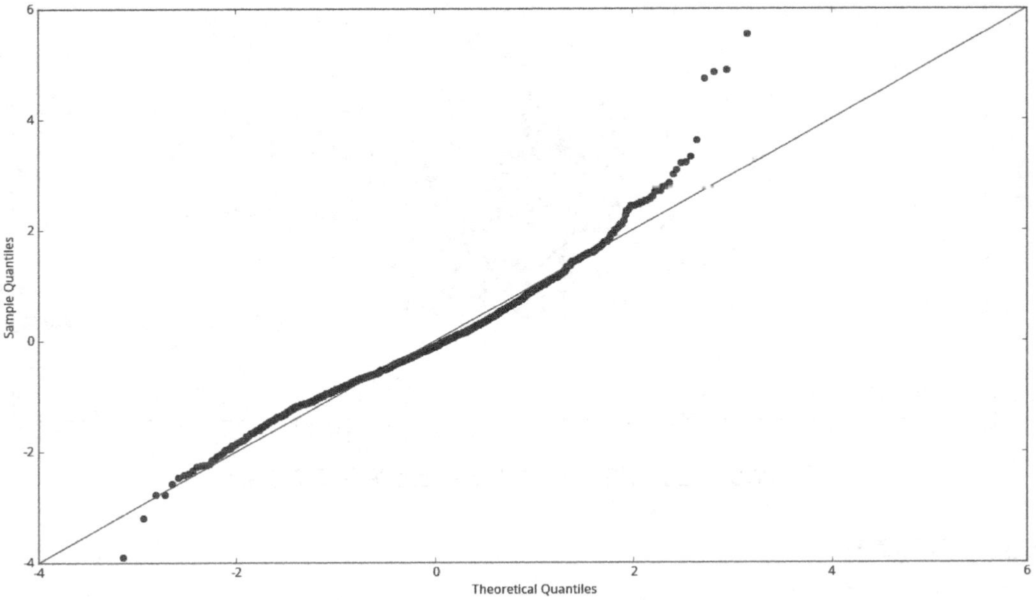

图 17.2 上证综指与深证成指日度收益率回归诊断图 2

从图 17.2 来看，残差在两端出现了较为严重的偏离。因此，数据可能并不满足正态性的假设[1]。

- 同方差性（如图 17.3 所示）：若满足不变方差假设，那么在位置尺度图上（Scale-Location Plot），各点分布应该呈现出一条水平的、宽度一致的条带形状。从图 17.3 中可以看出，我们的模型基本满足同方差性假设。

```
In [10]: plt.scatter(model.fittedvalues,\
   ...:              model.resid_pearson**0.5)
   ...: plt.xlabel('拟合值')
   ...: plt.ylabel('标准化残差的平方根')
Out[10]: <matplotlib.text.Text at 0x1fd89750c88>
```

17.6 多元线性回归模型

一元线性回归模型可以研究某一自变量与某一因变量之间关系，但是在现实世界中变量的关系错综复杂，某一现象往往由许多的因素共同影响。因此，单一自变量往往是不够的。这时候，我们就可以在一元线性回归模型的基础上拓展，使用多个自变量来解释因变量，这样的模型就是多元线性回归模型（Multiple Linear Regression Model）。

[1]实际上，在金融市场中，很多收益率的分布都与正态分布有一定的偏差。这种偏差是一种很典型的金融异象——尖峰厚尾。

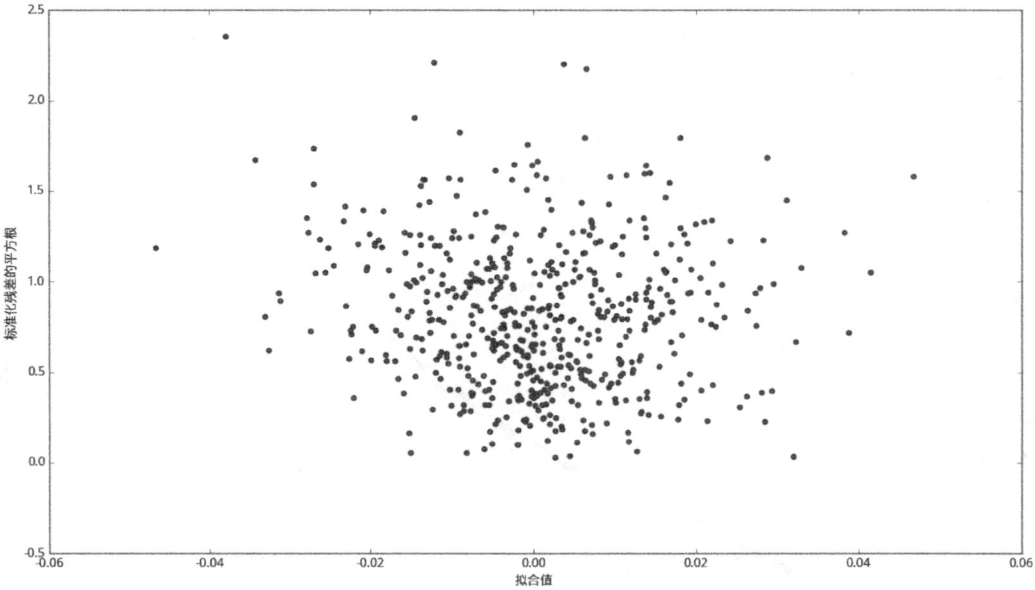

图 17.3 上证综指与深证成指日度收益率回归诊断图 3

多元线性回归模型

同一元线性回归模型类似，多元线性回归模型的形式为：

$$Y_i = \beta_0 + \beta_1 X_{1,i} + \beta_2 X_{2,i} + \cdots + \beta_k X_{k,i} + \varepsilon_i, \qquad \varepsilon = 1, 2, 3 \cdots n$$

其中，$X_{k,i}$ 为第 k 个自变量 X_k 的第 i 个样本的。

在一元线性回归模型中，我们采用最小平方法来估计参数的值，在多元线性回归模型中，同样采用最小平方法进行参数的估计。但是，为了使估计出来的参数同样具有一元线性回归模型参数估计量的性质，多元线性回归模型不仅要满足一元线性回归模型的假设，还要保证模型中的自变量不存在共线性。共线性是指一个自变量可以由其他自变量线性表示，即 $X_i = \sum_{j=1}^{k} a_j X_j$。要注意的是，即使不是完全的共线性，变量之间的强相关性仍会使得模型结果产生偏差。

在多元线性回归模型中，同样用可决系数 R^2 来表达模型的拟合度。不过对多元线性回归模型来说，随着自变量数目的增加，对因变量的解释能力也相应增加，故模型的拟合度相应增加。但是，这似乎也给我们构造模型带来一些困扰，比如在研究股市的影响因素时，应当考虑世界上所有可能的解释变量，甚至包括天气、季节等因素，这样拟合出来的模型的可决系数 R^2 会很高。但是模型的可决系数 R^2 很高不一定说明模型是一个好的模型，用一切解释变量来解释因变量时，就犹如没有解释一样，即使建立模型，也无法抓住重点因素，进而很难实现分析和研究。

因此，我们需要找一个比可决系数 R^2 更好的指标来反映多元线性回归模型的拟合优度。这个指标与 R^2 相比，要满足：不是解释变量数目的单调递增函数。也就是说，这个指标所反映出来的信息应该是：我们构建的模型确实不错，而不是因为解释变量的数目多而看上去很好。因此，这里引入了调整后的可决系数 R_c^2，其表达式为：

$$R_c^2 = 1 - \frac{n-1}{n-k-1}\left(1 - R^2\right)$$

其中 n 为样本观测量，k 为自变量个数，当可决系数 R^2 相同时，自变量个数越多，调整后的可决系数 R_c^2 就越小。因此构造模型时，需要在模型拟合度和自变量个数中做出权衡取舍。此外，调整的可决系数 R_c^2 还能用于评价不同个数自变量的回归模型的拟合效果。

多元回归模型的参数显著性检验与一元回归模型的思想和做法类似，在这里就不再赘述。不过多元回归模型中涉及多个参数，因此可以对几个参数一起做联合检验，比如我们想看模型中所有的系数是否都为 0，或者，前两个自变量的系数相加是否为 1 之类的关系。这时要建立新的统计量，不过进行这些检验的前提假设条件依旧是古典假设，而构建统计量的思想依旧是标准化，读者可参考前面的内容进行构建。

17.7　多元线性回归案例分析

17.7.1　价格水平对 GDP 的影响

下面我们通过探究价格水平对 GDP 的影响来说明如何通过 Python 实现多元回归分析。文件 Penn World Table.xlsx 中包含了我们所用的数据，该数据来自 Penn World Table，记录了世界各国 2007—2011 年的 GDP、人口、价格水平等宏观数据。我们所使用的具体变量如下。

- rgdpe: Expenditure-side real GDP at chained PPPs (in mil. 2005US$)
- pl_c: Price level of household consumption, price level of USA GDPo in 2005=1
- pl_i: Price level of capital formation, price level of USA GDPo in 2005=1
- pl_g: Price level of government consumption, price level of USA GDPo in 2005=1
- pl_x: Price level of exports, price level of USA GDPo in 2005=1
- pl_m: Price level of imports, price level of USA GDPo in 2005=1
- pl_k: Price level of the capital stock, price level of USA in 2005=1

从经济上来说，价格水平和宏观经济水平有着密不可分的关系。而 GDP 作为衡量宏观经济的一个重要指标，自然也和各种价格水平有着密不可分的关系。那么，有一个问题：这些不同类型的价格水平对 GDP 到底有着怎样的影响？现在，我们就尝试通过多元回归分析来解决这个问题。

```
#载入数据
In [11]: penn=pd.read_excel('017/Penn World Table.xlsx',2)

#我们只需要关注数据的后面几个变量即可
```

```
In [12]: penn.head(3)
Out[12]:
   countrycode country currency_unit  year         rgdpe      pl_c      pl_i  \
0          AGO  Angola        Kwanza  2007  58131.746094  1.253990  0.738191
1          AGO  Angola        Kwanza  2008  67472.859375  1.418632  0.938361
2          AGO  Angola        Kwanza  2009  59256.636719  1.681747  0.786687
       pl_g      pl_x      pl_m      pl_k
0  1.076301  0.650072  0.764166  0.617699
1  1.352946  0.774891  0.937404  0.777646
2  1.105007  0.829843  1.190549  0.657191

#假设我们先放入一个混合模型，即对变量不做过多的筛选
#将 pl_i、pl_g、pl_m 等五个变量都放到回归模型内。
#我们对GDP进行了对数变化，使其更符合正态分布
In [13]: model=sm.OLS(np.log(penn.rgdpe),
    ...:              sm.add_constant(penn.iloc[:,-6:])).fit()
    ...: print(model.summary())
    ...:
                            OLS Regression Results
==============================================================================
Dep. Variable:                  rgdpe   R-squared:                       0.291
Model:                            OLS   Adj. R-squared:                  0.286
Method:                 Least Squares   F-statistic:                     56.69
Date:                Wed, 18 May 2016   Prob (F-statistic):           9.81e-59
Time:                        21:22:58   Log-Likelihood:                -1670.2
No. Observations:                 835   AIC:                             3354.
Df Residuals:                     828   BIC:                             3388.
Df Model:                           6
Covariance Type:            nonrobust
==============================================================================
                 coef    std err          t      P>|t|      [95.0% Conf. Int.]
------------------------------------------------------------------------------
const          8.4226      0.518     16.254      0.000         7.406     9.440
pl_c           0.3963      0.313      1.268      0.205        -0.217     1.010
pl_i          -1.1044      0.207     -5.329      0.000        -1.511    -0.698
pl_g           1.4113      0.172      8.184      0.000         1.073     1.750
pl_x          -3.0689      0.521     -5.891      0.000        -4.092    -2.046
pl_m           5.9349      0.642      9.244      0.000         4.675     7.195
pl_k          -0.1917      0.144     -1.329      0.184        -0.475     0.091
==============================================================================
Omnibus:                        0.363   Durbin-Watson:                   0.447
Prob(Omnibus):                  0.834   Jarque-Bera (JB):                0.451
Skew:                           0.034   Prob(JB):                        0.798
Kurtosis:                       2.909   Cond. No.                         29.2
==============================================================================

Warnings:
[1] Standard Errors assume that the covariance matrix of the errors is correctly
specified.
```

根据回归结果，可以发现 pl_c 与 pl_k 是不显著的。这与我们的常识有点不一样，因为居民消费价格指数是我们最常见的一种价格指数，也经常被认为是 GDP 的一个重要影响因素。同样，pl_k 则是资本存量的价格水平，与 GDP 的重要组成部分——投资密切相关。

因此，按照预期，pl_k 和 GDP 应当有着一定的关系。此外，pl_i 与 pl_x 与 GDP 显著负相关，pl_g 和 pl_m 则是对 GDP 有显著的正面影响，pl_g 的正向系数可能与我们的直觉经验相反，因为一般来说，政府采购价格的升高会导致政府采购的降低，从而减少 GDP。

17.7.2　考量自变量共线性因素的新模型

由于这几个变量之间也存在着一定的关系，比如 pl_i 和 pl_k 的含义就差不多，因此这 6 个变量可能存在着共线性。现在，我们通过查看各变量的相关性来检验可能存在的共线性。

```
In [14]: penn.iloc[:,-6:].corr()
Out[14]:
          pl_c      pl_i      pl_g      pl_x      pl_m      pl_k
pl_c  1.000000  0.718931  0.636698  0.078841  0.213328  0.553757
pl_i  0.718931  1.000000  0.259183  0.072019  0.139333  0.779306
pl_g  0.636698  0.259183  1.000000  0.130729  0.256069  0.211259
pl_x  0.078841  0.072019  0.130729  1.000000  0.477304 -0.065623
pl_m  0.213328  0.139333  0.256069  0.477304  1.000000  0.000531
pl_k  0.553757  0.779306  0.211259 -0.065623  0.000531  1.000000
```

可以看到，pl_c 和多个变量之间存在着较强的相关性，而 pl_k 和 pl_i 的相关系数则达到了 0.718931。这一点违背了多元回归的第五个假设：自变量之间无共线性。自变量共线性会导致我们的结果不能反映真实情况。这也是在我们的第一个模型中 pl_c 与 pl_k 的系数不显著的原因。所以，我们剔除了 pl_c 与 pl_k 这两个变量，重新修改模型并用代码实现（模型 2）。

```
#模型2
#剔除pl_c与pl_k的回归模型
In [15]: model=sm.OLS(np.log(penn.rgdpe),\
    ...:                 sm.add_constant(penn.iloc[:,-5:-1])).fit()
In [16]: print(model.summary())
                            OLS Regression Results
==============================================================================
Dep. Variable:                  rgdpe   R-squared:                       0.288
Model:                            OLS   Adj. R-squared:                  0.285
Method:                 Least Squares   F-statistic:                     84.00
Date:                Wed, 18 May 2016   Prob (F-statistic):           6.58e-60
Time:                        21:25:10   Log-Likelihood:                -1672.0
No. Observations:                 835   AIC:                             3354.
Df Residuals:                     830   BIC:                             3378.
Df Model:                           4
Covariance Type:            nonrobust
==============================================================================
                 coef    std err          t      P>|t|      [95.0% Conf. Int.]
------------------------------------------------------------------------------
const          8.3558      0.502     16.631      0.000         7.370     9.342
pl_i          -1.1296      0.105    -10.739      0.000        -1.336    -0.923
pl_g           1.5452      0.129     11.954      0.000         1.292     1.799
pl_x          -3.0228      0.516     -5.862      0.000        -4.035    -2.011
pl_m           6.0596      0.639      9.489      0.000         4.806     7.313
```

```
==============================================================================
Omnibus:                        0.547   Durbin-Watson:                   0.450
Prob(Omnibus):                  0.761   Jarque-Bera (JB):                0.632
Skew:                           0.049   Prob(JB):                        0.729
Kurtosis:                       2.908   Cond. No.                         24.4
==============================================================================

Warnings:
[1] Standard Errors assume that the covariance matrix of the errors is correctly
specified.
```

第二个模型中各个变量的系数和第一个模型中这些变量的系数相差并不是很大，符号也都未变。这更加说明我们没有必要加入 pl_c 与 pl_k 这两个变量。

最终，我们得到的模型为：

$$\log(rgdpe_i) = 8.3558 - 1.1296pl\_i_i + 1.5452pl\_g_i + 6.0596pl\_m_i - 3.0228pl\_x_i + \varepsilon_i$$

习题

1. 下表列出了自 1952—2012 年各届奥林匹克运动会男子 10,000 米赛跑的冠军的成绩（单位：min）：

年份 (x)	1952	1956	1960	1964	1968	1972	1976	1980
成绩 (y)	29.3	28.8	28.5	28.4	29.4	27.6	27.7	27.7

年份 (x)	1984	1988	1992	1996	2000	2004	2008	2012
成绩 (y)	27.8	27.4	27.8	27.1	27.3	27.1	27.0	27.5

（a） 画出 (x, y) 的散点图；

（b） 求 y 关于 x 的线性回归方程 $\hat{y} = \hat{a} + \hat{b}x$；

（c） 取显著性水平 $\alpha = 0.05$，检验假设 H_0：$b = 0$，H_1：$b \neq 0$；

（d） 预测 2016 年里约奥运会男子 10,000 米冠军的成绩。

2. 读取 EuStockMarkets.csv，包含了欧洲 1991—1998 年 4 个主要股票指数收盘价的日度数据，绘制 1996—1998 年德国 DAX 指数和英国 FTSE 指数的散点图，大致判断两者相关关系。

3. 构造绘制 1996—1998 年德国 DAX 指数和英国 FTSE 指数的回归模型

（a） 以 FTSE 指数作为自变量，DAX 指数作为因变量构建回归模型；

（b） 使用 summary( ) 函数展示模型的详细结果，并解释输出结果；

（c） 获得该模型所有的拟合值，在散点图上绘制该回归模型的拟合曲线。

4. 绘制上题回归模型的回归诊断图，解释每一张图的结果并对该模型进行综合评价。

5. 下表给出了某种产品的单价 Y（元）与批量 X（件）之间的关系：

X	20	25	30	35	40	50	60	65	70	75	80	90
Y	1.81	1.70	1.65	1.55	1.48	1.40	1.30	1.26	1.24	1.21	1.20	1.18

（a） 画出 (x,y) 的散点图；

（b） 选取模型 $Y=b_0+b_1X+b_2X^2+\varepsilon$，$\varepsilon\sim N(0,\sigma^2)$，求出 b_0,b_1,b_2 的估计值；

（c） 取显著性水平 $\alpha=0.05$，检验假设：H_0：$b_1=b_2=0$，H_1：b_1、b_2 不全为0；

（d） 在 $x=95$ 时，Y 的预测值.

6. 导入 CPS1988.csv，该数据集是 1988 年 3 月美国人口普查局（Census Bureau）调查的当前人口调查数据：

（a） 查看该数据集的数据结构，解释每一个变量的经济意义；

（b） 构建形式如下的多元回归模型：

$$\log(wage)=\beta_1+\beta_2 experience+\beta_3 education+\beta_4 ethnicity+\varepsilon$$

（c） 使用 summary( ) 函数展示模型的详细结果，并解释输出结果；

（d） 列出模型的拟合值。

7. 构建形式如下的多元回归模型：

$$\log(wage)=\beta_1+\beta_2 experience+\beta_3 experience^2+\beta_4 education+\beta_5 ethnicity+\varepsilon$$

（a） 使用 summary( ) 函数展示模型的详细结果，并解释输出结果；

（b） 比较与上题的回归模型回归结果，比较两个模型的差异，说明哪一个模型更有效。

8. 对第 7 题的模型进行回归模型的显著性检验，即原假设 $H_0:\beta_1=\beta_2=\cdots=\beta_5=0$。

9. 对第 7 题的模型参数 β_3 进行显著性检验，即原假设 $H_0:\beta_3=0$。

第3部分

金融理论、投资组合与量化选股

第18章　资产收益率和风险

在投资实践和金融研究中，收益率是人们耳熟能详的名词。资产的收益率可以为投资者提供投资参考；在大多数金融研究中，资产的收益率被广泛应用于金融理论和统计模型研究中。资产的收益率是指投入某资产所能产生的收益与当初投资成本的比例，其计算公式如下：

$$\text{收益率} = \frac{\text{投资收益}}{\text{投资成本}}$$

从上式可知，计算收益率时需要知道投资的成本与收益。投资成本比较容易计算，通常是：

$$\text{投资成本} = \text{资产单价} \times \text{资产数量}$$

不同的资产会有不同形式的收益，其中一种形式是由资产价格变化所产生的收益，称为资本利得（Capital Gain)，资本利得并不总是正的收益，负的收益（损失）也是资本利得。在投入资产与卖出资产这段持有期间里所产生的其他形式的收益也有很多，比如房产的租金、股票的分红、债券的利息等。将投资期间所有的投资收益加总起来，即可得到期间投资收益：

$$\text{期间投资收益} = \text{期末价格} - \text{期初价格} + \text{其他收益}$$

期间投资收益除以期初投资的成本，即可得到期间收益率（Holding Period Return)：

$$\text{期间收益率} = \frac{\text{期末价格} - \text{期初价格} + \text{其他期间收益}}{\text{期初价格}}$$

以上计算收益率时并未考虑交易成本，现实中不同的资产会有不同的交易成本，比如投资房地产可能会有中介费用、认购开放式基金时支付的手续费（一般称为申购费）、买卖股票会有手续费及印花税等。将买卖资产时的交易成本扣除收益被称为净收益，通常：

$$\text{期间净收益率} = \frac{\text{期末价格} - \text{期初价格} + \text{其他期间收益} - \text{卖出交易成本}}{\text{期初价格} + \text{买入交易成本}}$$

我们知道多数资产未来的价格是不确定的，按照期间收益率的方法，期初我们购买资产时，资产的期末价格是不可知的。因此，在大多数情况下，投资人购买资产时，未来的收益率并不确定。但是作为投资人，投资的目的是获得正的收益，也就是说，购买资产时，投资人预期未来会获得正的收益。预期收益率（Expected Rate of Return）是指投资人欲购买某资产之前，预估未来可以获得的收益率水平，是一种事前（Ex ante）的收益率。由于未来价格是不确定的，因此未来的收益率很难预估。所以预期收益并不能代表投资人实际得到的收益。实际收益率是指投资人投入某资产后，实际获得的报酬率，是确定实际损益后计算的收益率，是一种事后（Ex Post）的或者已经实现（Realized）的收益率。当资产未来实际的价格与预期不同时，预期收益率就不会等于实际报酬率。

投资人往往是根据预期收益率来决定是否要购入某资产，而且不同的人对预期收益率会有不同的看法。通常，机构投资者、专业投资人等对所投资的标的物比较了解，掌握的信息比较多，在估计未来收益率时比较准确。而散户等投资人通常是根据媒体新闻、券商发布的报告等信息做出投资决策，实际收益率常常和预期收益率相去甚远。不过，不论是机构投资者还是个体投资者在估计预期收益率时，经常会参考资产的历史收益率，也就是根据过去的股价、股利资料计算出来的收益率。

18.1 单期与多期简单收益率

众所周知，资产持有期间不同，会带给投资者不同的收益，比如，我们把钱存入银行，存 10 年获得的利息会比存 1 年获得的利息多[1]。在计算单个资产的收益率或者比较不同资产的收益率时，我们需要先确定资产的持有期间。单期指收益率计算的时间间隔是一期，这里的一期可以以天为单位，也可以以月、季度或者年为单位，分别对应日收益率、月收益率、季度收益率或年收益率。多期是指时间跨度为 2 期或者 2 期以上。接下来，我们以日为单位，分别介绍单期简单收益率和多期简单收益率的计算方式。

18.1.1 单期简单收益率

如果把一段时间内每一期的资产价格按照时间先后顺序排列起来，将得到资产价格的时间序列。把最早一期的价格用 P_1 表示，之后的一期为 P_2，以此类推，就可以得到 $P_1, P_2, \ldots, P_t$ 这一时间序列。假设投资者在 $t-1$ 时投入某资产，投入价格为 P_{t-1}，持有一期后以 P_t 的价格卖掉。假设该资产在这一期的持有期间内，无其他收益、也不考虑交易成本，那么投资者的单期简单收益率（One Period Simple Return）R_t 的计算公式为：

$$R_t = \frac{P_t - P_{t-1}}{P_{t-1}} = \frac{P_t}{P_{t-1}} - 1$$

简单毛收益率（Simple Gross Return）为 $1 + R_t$：

$$1 + R_t = \frac{P_t}{P_{t-1}} \text{ 或者 } P_t = P_{t-1}(1 + R_t)$$

[1]一般情况下，利率是正的。

如果 $P_1, P_2, \ldots, P_t$ 这一价格序列是已知的，那么可以根据以上公式计算出收益率序列 R_2, R_3, …, R_t。

18.1.2 多期简单收益率

接第 18.1.1 节的设定，已知某资产的价格序列 $P_1, P_2, \ldots, P_t$。假设投资者在第 $t-2$ 期以价格 P_{t-2} 购入该资产，在第 t 期以价格 P_t 卖出。在不考虑其他收益及交易成本的情况下，2 期简单收益率 $R_t(2)$ 计算公式为：

$$R_t(2) = \frac{P_t - P_{t-2}}{P_{t-2}} = \frac{P_t}{P_{t-2}} - 1$$

若投资者在第 $t-k\ (t>k)$ 期以价格 P_{t-k} 购入该资产，在第 t 期卖出，则 k 期简单收益率 $R_t(k)$ 计算公式为：

$$R_t(k) = \frac{P_t - P_{t-k}}{P_{t-k}} = \frac{P_t}{P_{t-k}} - 1$$

当资产的价格序列 $P_1, P_2, \ldots, P_t$ 已知时，该资产对应的 k 期简单收益率 $R_{k+1}(k)$, $R_{k+2}(k)$, …, $R_t(k)$ 是可以轻松计算出来的。

如表 18.1 所示给出了 2014 年 1 月万科公司股票每日收盘价（单位：元）数据。

表 18.1 万科公司股票从 2014 年 1 月 2 日到 1 月 10 日的每日收盘价

日期	01-02	01-03	01-06	01-07	01-08	01-09	01-10
价格（元）	7.99	7.84	7.48	7.43	7.42	7.46	7.38

表 18.1 中给出万科公司 2014 年 1 月份前七个交易日的股票收盘价（1 月 4 日和 5 日为周六和周日，非交易日）。接下来我们以 1 月 9 日为例，先根据公式计算单期收益率及 2 期收益率，然后用 Python 实现自动计算。假设 2014 年 1 月 2 日为第 1 期，则 1 月 9 日为第 6 期，即 $t=6$。2014 年 1 月 9 日万科公司股票的收盘价为 7.46 元，1 月 8 日的收盘价为 7.42 元，1 月 7 日的收盘价为 7.43 元。根据公式，1 月 9 日的单期简单收益率 R_6 取值为：

$$R_6 = \frac{P_6 - P_5}{P_5} = \frac{7.46 - 7.42}{7.42} = \frac{0.04}{7.42} \approx 0.54\%$$

1 月 9 日的 2 期收益率：

$$R_6(2) = \frac{P_6 - P_4}{P_4} = \frac{7.46 - 7.43}{7.43} = \frac{0.03}{7.43} \approx 0.403\%$$

接下来我们用 Python 来实现这一过程：

```
In [1]: import pandas as pd

In [2]: stock=pd.read_csv('018/stockszA.csv',index_col='Trddt')
```

```
#读取万科公司股票数据，
#万科公司的股票代码是“000002”，stockszA文档中将其存储为“2”
In [3]: Vanke=stock[stock.Stkcd==2]

#获取万科股票的收盘价数据
In [4]: close=Vanke.Clsprc

In [5]: close.head()
Out[5]:
 Trddt
2014/1/2     7.99
2014/1/3     7.84
2014/1/6     7.48
2014/1/7     7.43
2014/1/8     7.42
Name: Clsprc, dtype: float64

#转化成带日期的格式，即时间序列
In [6]: close.index=pd.to_datetime(close.index)

In [7]: close.index.name='Date'

In [8]: close.head()
Out[8]:
 Date
2014-01-02    7.99
2014-01-03    7.84
2014-01-06    7.48
2014-01-07    7.43
2014-01-08    7.42
Name: Clsprc, dtype: float64

#将收盘价格滞后一期
In [9]: lagclose=close.shift(1)

In [10]: lagclose.head()
Out[10]:
 Date
2014-01-02    NaN
2014-01-03    7.99
2014-01-06    7.84
2014-01-07    7.48
2014-01-08    7.43
Name: Clsprc, dtype: float64

#合并close,lagclose这两个收盘价数据
In [11]: Calclose=pd.DataFrame({'close':close,'lagclose':lagclose})

In [12]: Calclose.head()
Out[12]:
             close  lagclose
Date
2014-01-02   7.99       NaN
2014-01-03   7.84      7.99
2014-01-06   7.48      7.84
```

```
2014-01-07   7.43      7.48
2014-01-08   7.42      7.43

#计算单期简单收益率
In [13]: simpleret=(close-lagclose)/lagclose

In [14]: simpleret.name='simpleret'

In [15]: simpleret.head()
Out[15]:
Date
2014-01-02          NaN
2014-01-03    -0.018773
2014-01-06    -0.045918
2014-01-07    -0.006684
2014-01-08    -0.001346
Name: simpleret, dtype: float64

In [16]: calret=pd.merge(Calclose,pd.DataFrame(simpleret),left_index=True
    ...: ,right_index=True)

In [17]: calret.head()
Out[17]:
            close  lagclose  simpleret
Date
2014-01-02   7.99       NaN        NaN
2014-01-03   7.84      7.99  -0.018773
2014-01-06   7.48      7.84  -0.045918
2014-01-07   7.43      7.48  -0.006684
2014-01-08   7.42      7.43  -0.001346

#计算2期简单收益率
In [18]: simpleret2=(close-close.shift(2))/close.shift(2)

In [19]: simpleret2.name='simpleret2'

In [20]: calret['simpleret2']=simpleret2

In [21]: calret.head()
Out[21]:
            close  lagclose  simpleret  simpleret2
Date
2014-01-02   7.99       NaN        NaN         NaN
2014-01-03   7.84      7.99  -0.018773         NaN
2014-01-06   7.48      7.84  -0.045918   -0.063830
2014-01-07   7.43      7.48  -0.006684   -0.052296
2014-01-08   7.42      7.43  -0.001346   -0.008021

#查看1月9日的数据
In [22]: calret.iloc[5,:]
Out[22]:
close         7.460000
lagclose      7.420000
simpleret     0.005391
simpleret2    0.004038
```

```
Name: 2014-01-09 00:00:00, dtype: float64
```

18.1.3 Python 函数计算简单收益率

在知晓各种收益率的含义和计算公式以后，我们可以用 Python 帮助我们来计算上述各种收益率。此时，Python 就好像是一个智能的计算器一样，可以用来编辑与计算公式相对应的代码，Python 程序执行一行行的代码，自动得出收益率结果。这种方法显得有些烦琐，求出一种收益率需要编写很多行代码。幸运的是，我们可以调用 Python 里面一些包中的函数来实现收益率的计算。

ffn 包中的 to_returns( ) 可以用来计算简单收益率, 其具体用法是：

```
to_returns(prices)
```

其中 prices 是我们要计算收益率的股票的价格数据。接下来，我们用 to_returns( ) 函数来计算万科股票收盘价的简单单期收益率：

```
In [23]: import ffn

In [24]: ffnSimpleret=ffn.to_returns(close)

In [25]: ffnSimpleret.name='ffnSimpleret'

In [26]: ffnSimpleret.head()
Out[26]:
 Date
2014-01-02          NaN
2014-01-03    -0.018773
2014-01-06    -0.045918
2014-01-07    -0.006684
2014-01-08    -0.001346
Name: ffnSimpleret, dtype: float64
```

18.1.4 单期与多期简单收益率的关系

我们分别介绍了单期收益率及多期收益率，从计算式可以看出，单期收益率的计算非常简单。如果我们现在不知道价格序列，只知道单期收益率序列，那么多期收益率可以计算出来吗？比如 2 期收益率是否等于对应的两个交易日的单期收益率之和？接下来，我们从多期收益率的公式出发来解答一下这问题。以 2 期收益率为例：

$$R_t(2) = \frac{P_t - P_{t-2}}{P_{t-2}} = \frac{P_t}{P_{t-2}} - 1$$

其中

$$\frac{P_t}{P_{t-2}} = \frac{P_t}{P_{t-1}} \cdot \frac{P_{t-1}}{P_{t-2}}$$

而且根据单期收益率的公式：

$$\frac{P_t}{P_{t-1}} = 1 + R_t, \quad \frac{P_{t-1}}{P_{t-2}} = 1 + R_{t-1}$$

因此，

$$\begin{aligned} R_t(2) &= \frac{P_t}{P_{t-2}} - 1 = \frac{P_t}{P_{t-1}} \cdot \frac{P_{t-1}}{P_{t-2}} - 1 \\ &= (1 + R_t)(1 + R_{t-1}) - 1 \\ &= R_t + R_{t-1} + R_t R_{t-1} \end{aligned}$$

这里我们看到 $R_t(2) = (1 + R_t)(1 + R_{t-1}) - 1$，其中 $(1 + R_t)(1 + R_{t-1})$ 的概念就是复利（Compound）。复利是指每一期将赚到的钱作为本金投入到下一期的资产中，以此类推，直至投资期结束获得的总收益。比较形象地说，复利就是钱滚钱。通常短时间内并不能看出复利的效果，例如日收益率 R_t 和 R_{t-1} 取值都比较小，两者的乘积 $R_t R_{t-1}$ 会更小，假设 $R_t R_{t-1} \approx 0$，则：

$$R_t(2) \approx R_t + R_{t-1}$$

不过将时间拉长一点看，复利的效果就会超出人们的想象。如果，某资产的单期收益率序列为$R_1, R_2, \ldots, R_t$，则第 t 期的 k 期收益率与单期收益率的关系为：

$$\begin{aligned} R_t(k) &= \frac{P_t - P_{t-k}}{P_{t-k}} = \frac{P_t}{P_{t-k}} - 1 = \frac{P_{t-k+1}}{P_{t-k}} \cdot \frac{P_{t-k+2}}{P_{t-k+1}} \cdots \frac{P_t}{P_{t-1}} - 1 \\ &= (1 + R_{t-k+1})(1 + R_{t-k+2}) \cdots (1 + R_t) - 1 \end{aligned}$$

即

$$R_t(k) = \prod_{j=0}^{k-1} (1 + R_{t-j}) - 1$$

为了看复利的效果，假设有不同的资产，单期收益率分别是 1%、2%、3%，在这几种资产上投资的资金都是 1 元，经过 2 期复利后，不同资产的投资资金分别变为 1.0201 元、1.0404 元、1.0609 元，对应的收益率分别为 2.01%、4.04%、6.09%，几乎依旧维持 2 倍、3 倍利差的关系；经过 30 期的复利之后，各自投资资金分别变为 1.35 元、1.81 元、2.43 元，收益率为 35%、81%、143%，原本 2 倍、3 倍的收益被拉大到 2.33 倍、4.10 倍。复利的效果非常惊人，不过依靠复利获得高报酬的前提是维持每一期获利都为正，这是很多风险性资产很难达到的。

多期收益率的计算还有一种算法，就是将单期收益率简单加总：

$$R_t(k) = \sum_{j=0}^{k-1} R_{t-j}$$

以此法计算得到的收益率与相乘计算得到的不同，相乘计算考虑到复利的效果；而加总计算是投入本金之后，每一期获得的收益没有再投入到资产中的收益。

根据单期收益率计算多期收益率操作上简单、思想上也容易理解，不过，由多期收益率计算单期收益率就没有这么直观了。由多期收益率计算单期收益率涉及平均的概念，计算的是在过去持有资产的几期里，平均每期的收益率是多少。比如，我们可以根据月收益率计算日收益率。与单期收益率相加或者相乘计算多期收益率对应，由多期计算单期也有两种方式，一种是算数平均（Arithmetric Average），另一种是几何平均（Geometric Average）。算数平均和几何平均的算法为：

$$\text{算数平均收益率} = \frac{R_t(k)}{k} = \frac{\sum_{j=0}^{k-1} R_{t-j}}{k}$$

$$\text{几何平均收益率} = \sqrt[k]{R_t(k)+1} - 1 = \sqrt[k]{\prod_{j=0}^{k-1}(1+R_{t-j})} - 1$$

几何平均有考虑复利，衡量的是过去 k 期中将每期的收益作为本金投入下期资产中这种投资方法的平均收益；而算数平均没有考虑复利的效果。

18.1.5 年化收益率

假设投资人现在面对三种资产 A、B、C，资产 A 三个月的收益率为 3%，资产 B 三年的收益率为 25%，资产 C 一年的收益率为 7%，每个资产收益率的计算时间区间都不同。作为投资人，我们该如何判断资产的投资表现呢？很显然，只要将各种收益率换算成相同时间区间的收益率即可比较。年化收益率（Annualized Return）是把当前收益率（日收益率、周收益率、月收益率等）换算成年收益率来计算的，方便投资人比较不同期限的投资。现实生活中，投资人经常可以接触到“年化收益率”这个词，比如建设银行七天存款的年化利率为 1.35%，工商银行推出一款 60 天理财产品，预期年化收益率为 4.6%~4.65%，阿里巴巴推出的余额宝七日年化收益率为 3.636%。年化收益率只是一种理论上的收益率，并不是投资人真正能够获得的收益率。比如最近特别流行的各种货币基金都会提供七日年化收益率供投资人参考，不过，七日年化收益率是货币基金最近 7 日的平均收益水平，进行年化以后得出的收益率，并不代表该基金之后的表现。年化收益率与年收益率不同，年收益率是指投资一笔资产一年的实际收益率，比如投资人购买基金时常常会参考过去一年的收益率，这个收益率就是年收益率，是投资人过去一年实际获得的报酬，也是基金经理人资产管理的一个表现。年化收益率在低风险性的资产市场中应用十分广泛，而年收益率可以应用于任何资产。接下来介绍如何计算年化收益率。

年化收益率的计算与复利相关，假设投资人持有资产时间为 T 期，获得的（或将要获得的）收益率为 R_T，一年一共有 m 个单期（比如以月为单期，一年有 12 个月），则该资产的年化收益率为：

$$年化收益率 = \frac{R_T}{T} \times m$$

或

$$年化收益率 = \left[(1+R_T)^{1/T} - 1\right] \times m$$

其中 $\frac{R_T}{T}$ 和 $(1+R_T)^{1/T}-1$ 分别是根据 T 期收益率计算的算数平均收益率、几何平均收益率（即单期收益率），之后将单期收益率转化成年化收益率时是直接乘以一年的期数 m，也就是将单期行为复制 m 次得到的收益率。年化收益率也可以根据下面的公式进行计算：

$$年化收益率 = (1+R_T)^{1/(T/m)} - 1$$

其中 T/m 是 T 期对应的年数，这种方法是将 T 时段获得的收益复利 m/T 次，与上一个方法有本质上的不同，结果也很不一样。

如果 R_T 不是直接给出的，而是由 T 期里的单期收益率（此单期时间长度可以与 T 期的单期时间长度不同）计算得出，则计算就会多出一步。假设现在知道某资产 T 个月内的日收益率序列 $r_1, r_2, \ldots, r_N$（N 为 T 个月中包含的天数），如何将其转化成以月为频率进行复利的年化收益率呢？根据上面的公式，R_T 要根据 $r_1, r_2, \ldots, r_N$ 计算出来，如果 R_T 是用简单加总的方式计算，则：

$$年化收益率 = \frac{\sum_{i=1}^{N} r_i}{T} \times m$$

如果 R_T 是用复利的方式计算，则：

$$年化收益率 = \left[(1+r_1)(1+r_2)\ldots(1+r_N)\right]^{1/(T/m)} - 1$$

Python 计算年化简单收益率：在 Python 中，我们可以根据上述公式依情况自己编写代码来计算年化收益率。

```
#假设一年有245个交易日
In [27]: annualize=(1+simpleret).cumprod()[-1]**(245/311)-1

In [28]: annualize
Out[28]: 0.56606148743496409
```

当然，也可以编写一个专门计算年化收益率的函数，该函数可以针对不同的单期计算年化收益率。

```
def annualize(returns,period):
    if period=='day':
```

```
        return((1+returns).cumprod()[-1]**(245/len(returns))-1)
    elif period=='month':
        return((1+returns).cumprod()[-1]**(12/len(returns))-1)
    elif period=='quarter':
        return((1+returns).cumprod()[-1]**(4/len(returns))-1)
    elif period=='year':
        return((1+returns).cumprod()[-1]**(1/len(returns))-1)
    else:
        raise Exception("Wrong period")
```

18.1.6 考虑股利分红的简单收益率

前面在计算资产收益率时只计算了资本利得，并未考虑其他的现金流，但在实务操作时，我们往往会遇到如股利分红等其他现金。股票是比较常见的资产，因此，我们详细介绍一下股利。公司发放股利的方式一般有两种：现金股利和股票股利。现金股利是公司将盈余以现金的方式发放给股东，而股票股利则是用送股的方式，将股票配发给股东。送股俗称送“红股”，是上市公司将留存收益（包括盈余公积和未分配利润）用股票股利形式进行的分配，送股是对股东的分红回报的一种方式，因此送股要纳税。提到送股，就要谈到另一个很容易与送股混淆的行为——转增股本。转增股本是公司将资本公积金[1]转化为股本，不受公司本年度可分配利润的多少及时间的限制。从严格意义上来说，转增股本并不是对股东的分红回报，因此资本公积金转增股本也不需要纳税。目前，很多公司会采用部分现金、部分股票的方式发放股利。股票股利的优点是能够将现金/盈余留在公司，但是会造成股本膨胀、稀释之后的获利。现金股利不会改变股本，但是将盈余/现金发放出去，会减少公司的价值。通常公司会依自身发展情况来选择发放股利的方式，像创业板公司在发展之初比较需要现金，通常会选择用股票的形式来发放股利；而像万科等发展比较成熟、不缺现金的传统公司，会以现金股利为主。

谈到这里，大家一定会好奇发放股利当天，股票价格是如何变动的、对应的收益率该如何计算。在答案揭晓之前，我们先了解一下公司是如何发放股利的。公司发放股利主要涉及以下几个重要日期。

1. 股利宣告日。在这一天，董事会将公告股利支付情况，包括：股利发放的数目、股利发放的形式，同时宣布股权登记日、除息日、股利支付日以及股东分红资格等。
2. 股权登记日。股权登记日是有权领取股利的股东资格登记截止日期，通常在股利宣告日以后的两周至 1 个月之内。股份制公司最大的优点是所有权与经营权分离，代表公司所有权的股票可以自由买卖，公司的持有者经常变换。股权登记日可以明确领取股利的股东名单：在股权登记日之前（包含股权登记日这一天）持有公司股票的股东才有权分享股利，也就是说，在股权登记日这一天收市后仍持有该公司股票的投资者有

[1]资本公积金是在公司的生产经营之外，由资本、资产本身及其他原因形成的股东权益收入。股份公司的资本公积金，主要来源于的股票发行的溢价收入、接受的赠与、资产增值、因合并而接受其他公司资产净额等。其中，股票发行溢价是上市公司最常见、最主要的资本公积金来源。

权利参与此次股利发放，证券交易所的中央清算登记系统会为股票登记提供服务。

3. 除权除息日。当上市公司向股东分派股息时，就要对股票进行除息；当上市公司向股东送红股时，就要对股票进行除权。进行股权登记后，股票将要除权除息，也就是将股票中含有的分红权利予以解除。通常股权登记日的下一个交易日即是除权除息日，因此在除权除息日当天买进的股票不再享有股利公告中所登载的各种分红权利。

4. 股利发放日。股利发放日是公司向股东正式发放股利的日期。在这一天，公司将股利支票寄给有资格获得股利的股东，或者通过中央清算登记系统直接将股利打入股东的现金账户，由股东向其证券代理商领取；同时，抵冲资产负债表中的股利负债金额。在除权除息日当天，股票会根据股权登记日收盘价与分红现金的数量、送配股的数量和配股价的高低等结合起来算出调整后的前日收盘价。具体算法如下。

（a） 除息价：

$$\text{除息价} = \text{股息登记日的收盘价} - \text{每股红利现金额}$$

比如 2014 年 3 月 28 日，万科的股东大会上决定 2013 年度股利发放方案为：每股派 0.3895 元（税后）、股权登记日为 5 月 7 日、除权除息日和红利发放日为 5 月 8 日。5 月 7 日，万科 A 收盘价为 7.87 元，因此，其除息价格为：

$$7.87 - 0.3895 = 7.4805 \text{（元）}$$

而万科 A 在 5 月 8 日的开盘价也调整为 7.48 元。

（b） 除权价：

$$\text{送红股后的除权价} = \text{股权登记日的收盘价} \div (1 + \text{每股送红股数或转增股数})$$

比如 2011 年 9 月庞大集团（601258）决议每股转增 1.5 股、相应的股权登记日为 10 月 11 日、除权除息日为 10 月 12 日、送转股上市日为 10 月 13 日。10 月 11 日当天，庞大集团收盘价为 27.42 元，因此，其除权价格为：

$$27.42 \div (1 + 1.5) = 10.968 \text{（元）}$$

10 月 12 日庞大集团开盘价调整到 10.80 元。

（c） 除权除息价：

$$\text{除权除息价} = \frac{\text{股权登记日的收盘价} - \text{每股红利现金额}}{1 + \text{每股送红股数或转增股数}}$$

比如云南城投（600239）2011 年 5 月决定 2010 年度的分红方案为：每股送 0.3

股、派 0.0006 元（税后）现金，股权登记日为 6 月 10 日，除权除息日为 6 月 13 日，送转股上市日为 6 月 14 日，红利发放日为 6 月 17 日。6 月 10 日当天，云南城投收盘价为 14.40 元，因此，其对应的除权除息价格为：

$$\frac{14.40 - 0.0006}{1 + 0.3} \approx 10.77 \text{（元）}$$

6 月 13 日，云南城投的开盘价调整为 11.03 元。

假设某投资者在 2014 年 5 月 7 日以收盘价购买万科股票，8 日以收盘价卖出股票。5 月 7 日是股权登记日，因此在这一天购入股票是有权利分得股利的，考虑到价格变动及红利，从 5 月 7 日到 8 日，投资人的单期简单收益率为：

$$R_{May8th} = \frac{P_{May8th} - P_{May7th} + Div}{P_{May7th}} = \frac{7.35 - 7.87 + 0.3895}{7.87} \approx -1.658\%$$

一般来说，设第 $t-1$ 期为股权登记日，第 t 期为除权除息日，股利分红为 D_t，则第 t 期的单期收益率：

$$R_t = \frac{P_t - P_{t-1} + D_t}{P_{t-1}} = \frac{P_t + D_t}{P_{t-1}} - 1$$

股票作为一种重要的投资工具，股利是很重要的收益，对长期的股票持有者来说，股利是挑选价值型股票的重要指标之一。那么，我们怎么去判断一只股票的股利是多是少呢？股息率（Dividend Yield Ratio）是股息与股票价格的比率：

$$\text{股息率} = \frac{\text{Div}}{\text{Price}} \times 100\%$$

股息率是判断股利高低的重要参考，也是衡量公司是否具有投资价值的重要指标。挑选价值性股票另一个很重要的指标是市盈率（也被称为本益比，Price-to-Earning Ratio）：

$$\text{本益比} = \frac{\text{每股市价}}{\text{每股盈利}}$$

其中每股盈利（Earning per Share）一般是以公司在过去一年的净利润除以总发行已售出股数。市盈率衡量的是如果公司未来能够维持过去一年的盈利水平，投资人以市场价格购入该公司股票，多长时间可以赚回本金。理论上来讲，股票的市盈率越低代表该股票的风险越低，但是在实务操作上，不同行业、不同国家、不同时期、不同股票的市盈率变动是非常大的。通常，传统产业公司获利比较稳定、成长性不大，市盈率比较低；而高科技公司，未来前景比较好，股票价格已经包含了未来成长的预期，而每股盈利还处在初期比较低的阶段，因此成长型股票的市盈率都比较高。

18.2 连续复利收益率

本文要介绍的是复利的一个特例——连续复利（Continuous Compounding），连续复利的概念是投资期数趋于无穷大、而不同期之间的时间间隔无穷小，分分秒秒都在复利，也就是说刚刚获得的收益马上就获得收益的收益，几乎没有时间间隔。如果单期简单收益率（未考虑复利）是 R，该段期间有 n 个复利结算周期，对应的 T 期收益率为：

$$\left(1+\frac{R}{n}\right)^{nT}-1$$

根据连续复利的思想，当 $n \to \infty$ 时即得 T 期连续复利的收益率：

$$\lim_{n\to\infty}\left(1+\frac{R}{n}\right)^{nT}-1=e^{RT}-1$$

在连续复利下，期初投资 A_0 元持有到 T 期结束，资产会变成 A_0e^{RT} 元。现在假设单期简单收益率是 R_t，通过连续复利产生与 R_t 相同收益的单期复利收益率叫作连续复利收益率（Continuous Compounded Rate of Return），该收益率（标记为 r_t）应该满足：

$$1+R_t=e^{r_t}$$

即：

$$r_t=\ln(1+R_t)$$

如果 $1+R_t$ 是用资产的期初价格 P_{t-1} 及期末价格 P_t 求得，则：

$$r_t=\ln\left(\frac{P_t}{P_{t-1}}\right)=\ln P_t-\ln P_{t-1}$$

即资产的单期连续复利收益率等于资产期初期末价格的自然对数之差。

我们继续以万科股票为例，2014 年 1 月 9 日的收盘价为 7.46 元，1 月 8 日的收盘价为 7.42 元，1 月 7 日的收盘价为 7.43 元。假设 2014 年 1 月 2 日为第 1 天，则 1 月 9 日为第 6 天，即 $t=6$。通过计算，得知 1 月 9 日单期简单收益率为：

$$R_6=\frac{7.46-7.42}{7.42}=0.539\%$$

对应的单期连续复利收益率为：

$$r_6=\ln(1+R_6)=\ln(1+0.5391\%)=0.537\%$$

或

$$r_6 = \ln(P_6) - \ln(P_5) = \ln(7.46) - \ln(7.42) = 0.537\%$$

若用 Python 来计算单期连续复利收益率，可以根据公式自己写代码：

```
In [29]: import numpy as np

In [30]: comporet=np.log(close/lagclose)

In [31]: comporet.name='comporet'

In [32]: comporet.head()
Out[32]:
Date
2014-01-02          NaN
2014-01-03    -0.018952
2014-01-06    -0.047006
2014-01-07    -0.006707
2014-01-08    -0.001347
Name: comporet, dtype: float64

In [33]: comporet[5]
Out[33]: 0.0053763570363804958
```

也可以调用 ffn 包中计算复利收益率的函数 to_log_returns( )，具体操作方法为：

```
to_log_returns(prices)
```

其中 prices 是我们要计算收益率的股票的价格。仍以万科公司 2014 年的股票数据为例进行说明。

```
In [34]: ffnComporet=ffn.to_log_returns(close)

In [35]: ffnComporet.head()
Out[35]:
Date
2014-01-02          NaN
2014-01-03    -0.018952
2014-01-06    -0.047006
2014-01-07    -0.006707
2014-01-08    -0.001347
Name: Clsprc, dtype: float64
```

18.2.1 多期连续复利收益率

在计算 k 期连续复利收益率之前，我们先用 2 期来示范如何计算连续复利收益率。与单期的计算方式 $r_t = \ln(1 + R_t)$ 类似，假设 2 期连续复利收益率为 $r_t(2)$，则：

$$\lim_{n\to\infty}\left(1+\frac{r_t(2)}{n}\right)^n = \frac{P_t}{P_{t-2}} = 1 + R_t(2)$$

即

$$\exp\left(r_t(2)\right) = \frac{P_t}{P_{t-2}} = 1 + R_t(2)$$

可得 2 期连续复利收益率 $r_t(2)$ 为：

$$\begin{aligned} r_t(2) &= \ln\left(1 + R_t(2)\right) \\ &= \ln\left(\frac{P_t}{P_{t-2}}\right) \\ &= \ln\left(P_t\right) - \ln\left(P_{t-2}\right) \end{aligned}$$

当 k 期时，我们可以知道 k 期连续复利收益率 $r_t(k)$ 的计算公式为：

$$\begin{aligned} r_t(k) &= \ln\left(1 + R_t(k)\right) \\ &= \ln\left(P_t/P_{t-k}\right) \\ &= \ln\left(P_t\right) - \ln\left(P_{t-k}\right). \end{aligned}$$

继续以万科股票为例，2014 年 1 月 9 日的收盘价为 7.46 元，1 月 8 日的收盘价为 7.42 元，1 月 7 日的收盘价为 7.43 元。假设 2014 年 1 月 2 日为第 1 期，则 1 月 9 日为第 6 期，即 $t = 6$。根据股价资料，万科股票在 1 月 9 日的 2 期连续复利收益率 $r_6(2)$ 为：

$$\begin{aligned} r_6(2) &= \ln\left(P_6\right) - \ln\left(P_4\right) \\ &= \ln(7.46) - \ln(7.43) \\ &\approx 0.40\% \end{aligned}$$

用 Python 进行计算，可以参考以下代码：

```
In [36]: comporet2=np.log(close/close.shift(2))

In [37]: comporet2.name='comporet2'

In [38]: comporet2.head()
Out[38]:
Date
2014-01-02          NaN
2014-01-03          NaN
2014-01-06    -0.065958
2014-01-07    -0.053713
2014-01-08    -0.008054
Name: comporet2, dtype: float64

In [39]: comporet2[5]
Out[39]: 0.0040295554860016423
```

18.2.2 单期与多期连续复利收益率的关系

不论是在业界还是在学术界，连续复利收益率的应用都非常广泛，其中一个原因是单期与多期连续复利收益率之间优良的性质。先以 2 期连续复利收益率为例：

$$
\begin{aligned}
r_t(2) &= \ln\left(\frac{P_t}{P_{t-2}}\right) \\
&= \ln\left(\frac{P_t}{P_{t-1}} \cdot \frac{P_{t-1}}{P_{t-2}}\right) \\
&= \ln\left(\frac{P_t}{P_{t-1}}\right) + \ln\left(\frac{P_{t-1}}{P_{t-2}}\right) \\
&= r_t + r_{t-1}
\end{aligned}
$$

即，2 期连续复利收益率等于前一天和当天的单期复利收益率之和。进而推知，k 期连续复合收益率 $r_t(k)$ 为连续 k 天的单期连续复合收益率 $r_{t-(k-1)}, r_{t-(k-2)}, \cdots, r_{t-1}, r_t$ 之和，用公式表达为：

$$
r_t(k) = \sum_{j=0}^{k-1} r_{t-j}
$$

这个关系式体现了连续复利收益率的优良性质：单期加总即得多期。

下面我们用万科股票的单期复利收益率数据进行验证：

```
In [40]: comporet=comporet.dropna()

In [41]: comporet.head()
Out[41]:
Date
2014-01-03   -0.018952
2014-01-06   -0.047006
2014-01-07   -0.006707
2014-01-08   -0.001347
2014-01-09    0.005376
Name: comporet, dtype: float64

In [42]: sumcomporet=comporet+comporet.shift(1)

In [43]: sumcomporet.head()
Out[43]:
 Date
2014-01-03         NaN
2014-01-06   -0.065958
2014-01-07   -0.053713
2014-01-08   -0.008054
2014-01-09    0.004030
Name: comporet, dtype: float64
```

18.3　绘制收益图

计算出收益率序列之后，可以绘制收益图。收益图有两种：一种是将计算得到的收益率序列绘制出来，另一种则是绘制出累积收益率曲线。第一种方法，要借用前文已经计算出来的收益率序列，调用 DataFrame 对象的 plot( ) 方法即可，如图 18.1 所示，具体的代码为：

```
In [44]: simpleret.plot()
Out[44]:
```

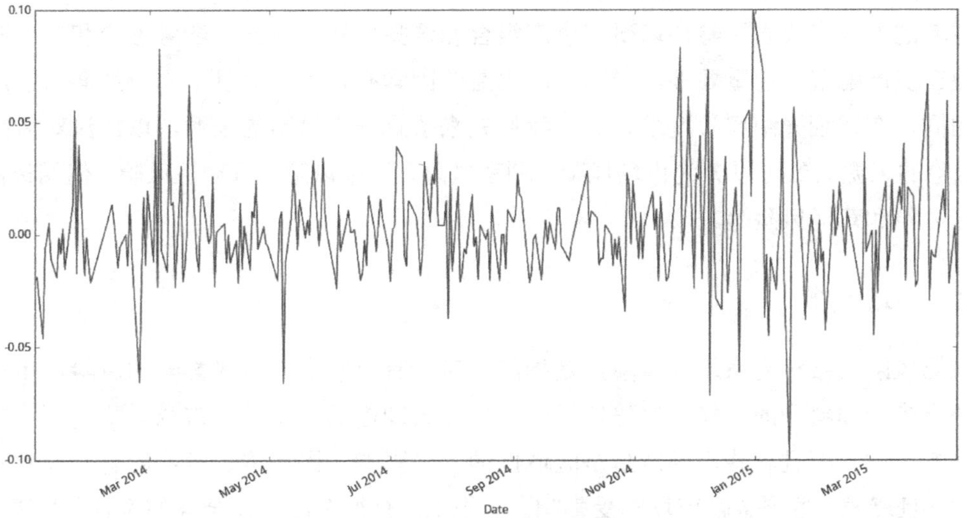

图 18.1　万科股票简单收益率曲线图

绘制累积收益率曲线的代码如下，曲线如图 18.2 所示。

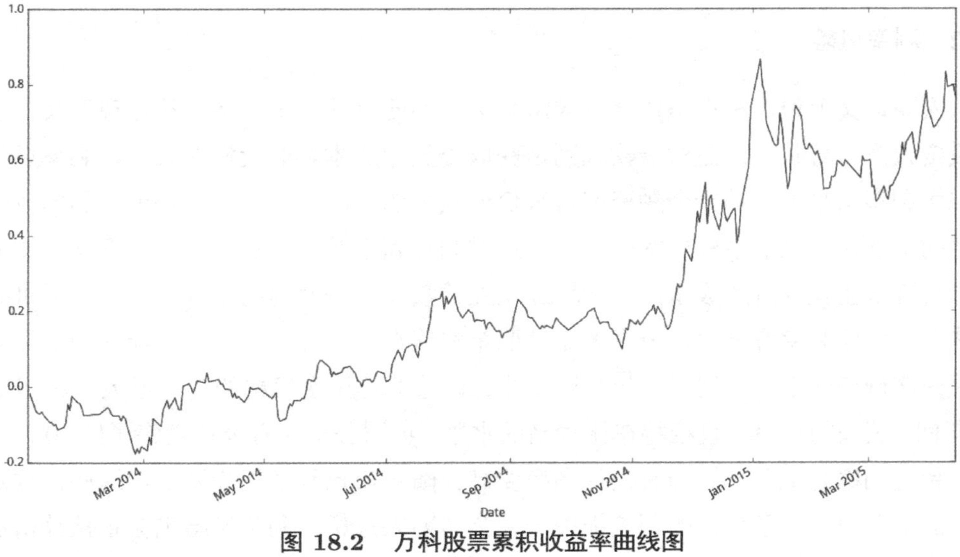

图 18.2　万科股票累积收益率曲线图

```
In [45]: ((1+simpleret).cumprod()-1).plot()
Out[45]:
```

18.4 资产风险的来源

风险是指事件发生与否的不确定性，用在金融资产上，风险指的是获得收益的不确定性，通常以实际收益与期望收益的偏离来表示。1952 年，Harry Markowitz 在 *The Journal of Finance* 上发表了堪称现代金融理论里程碑的 *Portfolio Selection* 一文，该论文以风险资产收益率的方差来代表风险，以研究资产组合和选择问题。从此，金融理论和实务开始重视风险在资产配置上的重要性。影响资产收益的因素有很多，而且不同资产面对的风险也不尽相同，在详细介绍风险度量之前，我们先来了解一下风险的来源，以加深对风险的理解。风险的来源大致可以分为市场风险、利率风险、汇率风险、流动性风险、信用风险、通货膨胀风险和营运风险等。

18.4.1 市场风险

市场风险又被称为系统性风险，是指能够对所有金融资产造成影响的风险，市场风险通常源自未能预料到的、能够对整体经济产生巨大冲击的大事件。市场风险对不同的金融工具影响不同，而且有些市场风险是区域性的，只影响一国经济金融；而有些风险是全球性的，一旦爆发，各国金融市场都受影响。历史上，有很多次波及全球的“著名”事件，比如 1929 年美国经济大萧条、1998 年亚洲金融危机、2001 年美国 911 事件、2008 年全球金融海啸等，都对各国金融市场造成不同程度的影响。

18.4.2 利率风险

从宏观意义上说，利率是资金供求总量达到均衡时的借贷价格。从微观意义上看，利率对投资人意味着收益；而对借款人则是获取资金的成本。对投资人来说，利率风险是指由于市场利率水平的变动给金融资产带来价值损失的风险；对借款人来说，利率风险是由于利率的变动而带来的融资成本的波动。通常利率和金融资产的价格反向变动，比如利率的下降会降低企业的融资成本，间接增加企业的收益，进而提高企业的价值，促进企业股票价格上升；而利率升高时，投资者比较愿意将钱存进银行，降低对风险资产的需求，导致风险资产价格的下降。利率风险对银行业、保险业等金融机构的影响很大，比如 1960—1988 年间，英国的利率一直维持在比较高的水平，英国公平人寿公司销售了约 10 万份年金产品，预定利率为 11%，比当时银行利率要高。随着市场利率逐步降低，这些高预定利率年金产品给公司带来了巨大的利差损失，使公司陷入危机。利率风险也会直接冲击房地产行业，比如 2008 年次贷危机的一个原因就是美国的不断升息造成房地产行业不景气。

18.4.3 汇率风险

汇率是两国货币之间兑换的比例，也可以说是用一国货币表示的另一国货币的价格。汇率风险是指由于汇率变动而造成资产价格波动的风险。汇率风险会直接影响到部分投资者，比如专门投资外汇赚取价差的投资者。汇率风险对其他金融资产的影响主要是由于进出口贸易造成的，现在以人民币和美元之间的汇率为例，如果人民币升值（美元贬值），中国出口商品到美国的公司收到的美元可以换到的人民币变少；反之，如果人民币贬值（美元升值），中国从美国进口商品的公司需要用更多人民币才能支付同样数量的美元，这些就是由于汇率风险而造成的损失。进出口公司的利润会由于汇率风险而波动，进而，与这些公司相关的金融资产（股票、公司债等）的价格也会随之起伏，因此，投资者在投资有进出口业务的公司时要尤为注意汇率风险。如果一国货币对其他币种持续升值，会对本国经济产生巨大的影响。例如，1985 年美日德法英 5 个发达经济国家签订了的“广场协议”导致美元持续大幅度贬值，到 1988 年，美元对日元贬值了 50%，最低曾跌到 1 美元兑 120 日元。美元的下跌对日本的影响巨大，首当其冲的就是日本以出口为主导的产业；日元升值的另一个影响是国际上很多热钱涌入日本股市和房市，造成其严重的泡沫经济。1989 年，日本政府开始实施紧缩的货币政策，股价和地价极速下跌 50%，银行形成大量坏账，随后，日本经济进入十多年低迷期，被称为“失落的十年”。

18.4.4 流动性风险

“流动性”这个词用在不同的地方会有不同的含义，这里我们指的是金融资产能够以一个公平的价格顺利变现的能力，流动性风险是指由于金融资产的变现能力不同而对投资者造成损失的可能性。不同的金融资产具有不同的流动性，比如现金的流动性最强，长期债务的流动性相对较差，而房地产等不动产变现能力最差。如果投资者持有流动性差的资产，当急需变现时，可能不能及时脱手；若要加速变现，可能要付出很大的价格折扣，因此承受的风险较大。通常，资产的价格与其流动性呈反比关系，以债券市场为例，国债的发行者是政府，信用程度高、流动性比较好，因此国债的价格较高、利率相对较低；而公司债流动性相对较差，甚至有些公司债因为发行量太小且缺乏信用评级等机构评估其信用水平而丧失流动性。比如，当某家上市公司出现财务状况濒临破产时，它的股票可能会天天跌停而没有人买，出现有价无市的现象，这个时候，这只股票的流动性就非常差，投资人想变现而不能。

18.4.5 信用风险

信用风险又称违约风险，指的是债务人由于财务状况出现问题或失信问题不能及时按合同规定偿还投资人本金和利息，致使投资者蒙受损失。在商业银行的信贷业务中，信用风险是较为重要的风险因素，应该给予重点考虑。债券投资人在购买债券时，尤其购买公司债券时应该具有风险意识，防范违约风险。例如，2014 年以前中国债券市场是“零违约”

的，2014 年“11 超日债”[1]宣布利息违约以来，陆续出现了几起公司债券事件，企业的信用风险逐渐分化和暴露，作为投资人，在选择债券时，要仔细研读公司的财务报表，判断其经营状况。

18.4.6 通货膨胀风险

通货膨胀是指一国物价水平普遍上涨的经济现象，通货膨胀风险是因为通货膨胀的变动对金融资产的价值造成的影响。当通货膨胀率非预期增高时，金融投资者的投资标的的价值就会因为物价水平的上升而下降。而且当投资人的收入增加速度赶不上通货膨胀率时，其购买力就会下降，因此通货膨胀也会影响到投资人对金融资产的需求。不过，相对而言，通货膨胀风险对长期投资者的影响更大一些。

18.4.7 营运风险

对企业来说，营运风险是指企业在运行过程中，由于其管理、经营能力而导致的利润损失的可能性。对于金融投资者来说，营运风险是指在投资过程中因为知识能力的局限对未来预期不准确，从而导致决策的不合理或操作不恰当使投资收益面临损失的风险。营运风险主要表现有两种：一是因为信息不对称或信息流通渠道不通畅，导致决策者判断失误造成损失；二是操作上的失误，比如操作人员由于疏忽大意或偶然原因没能执行决策者的意愿造成损失。例如，2013 年 8 月 16 日的“光大证券乌龙指”事件，由于光大证券的订单生成系统存在缺陷，导致在 8 月 16 日 11 时 05 分 08 秒之后的 2 秒内，瞬间重复生成 26082 笔预期外的市价委托订单（价值 234 亿元人民币的错误买盘），成交约 72 亿元，造成上证综指瞬间上涨 5.96%，对市场产生了巨大冲击，也使光大证券蒙受了巨大损失。

18.5 资产风险的测度

18.5.1 方差

用方差度量风险是由 Markowitz 在 1952 年发表其均值-方差投资组合理论中提出的，在他的理论中，金融资产的风险用该资产收益的不确定性来度量，他借用统计学中方差的概念来描述这种不确定性，这就是所谓的方差风险度量方法。从此以后，风险这种主观的感受可以用量化的方式表现出来。单个资产的风险具体可以表达为：

$$\sigma^2(R) = \mathbb{E}\left\{[R - \mathbb{E}(R)]^2\right\}$$

[1] *ST 超日 2014 年 3 月 4 日晚间公告称，“11 超日债”本期利息将无法于原定付息日 2014 年 3 月 7 日按期全额支付，仅能够按期支付共计人民币 400 万元。至此，“11 超日债”正式宣告违约，并成为国内首例违约债券。

其中，R 是所有可能发生的（或者已经实现的）收益率（随机变量），$\mathbb{E}(R)$ 为期望收益率。若收益率 R 是离散分布，则：

$$\sigma^2(R) = \sum_K p_k [R_k - \mathbb{E}(R)]$$

其中 $\{R_1, R_2, \ldots, R_K\}$ 是收益率 R 所有可能取值结果的集合，p_k 是 R 取值 R_k 的概率。若 R 服从连续分布，则：

$$\sigma^2(R) = \int [R - \mathbb{E}(R)]^2 f(R)\, dR$$

其中 $f(R)$ 为 R 的概率密度函数。方差风险度量法的优点是观念简单、为大多数人所理解，因此应用非常广泛。不过随着金融风险理论的发展和经济金融实务面临的问题日益复杂，这种方法也显示出很大的弊端，主要表现在如下两个方面。

1. 这一定义偏离了风险的本意，风险往往被认为是潜在的损失，而方差是一个中性的概念，只有向下的波动才和风险的本意相契合，向上的波动反而会使投资者获益，无法反映风险的经济性质，有违于投资者对风险的真实心理感受。
2. Markowitz 在构建均值-方差投资组合时，将收益率看作服从正态分布，这样才能忽略到收益率更高阶的统计特性（比如偏度、峰度等），只需要考虑均值、方差即可。但现实中很多金融产品的收益率具有明显的偏度和峰度，继续使用方差度量风险而对高阶不予考虑的话可能会产生较大的误差。

方差（标准差）常用来描述统计变量的性质，在 Python 中我们并不需要特别的包即可计算方差。下面比较两只股票风险的大小，具体的实现方法如下：

```
#数据日期为2014年1月1日到2014年12月31日
#SAPower代表“航天动力”股票，股票代码为“600343”
#DalianRP代表“大橡塑”股票，股票代码为“600346”

In [46]: SAPower=pd.read_csv('001/SAPower.csv',index_col='Date')

In [47]: SAPower.index=pd.to_datetime(SAPower.index)

In [48]: DalianRP=pd.read_csv('001/DalianRP.csv',index_col='Date')

In [49]: DalianRP.index=pd.to_datetime(DalianRP.index)

In [50]: returnS=ffn.to_returns(SAPower.Close).dropna()

In [51]: returnD=ffn.to_returns(DalianRP.Close).dropna()

#比较，600343风险更大
In [52]: returnS.std()
Out[52]: 0.041511404614033375

In [53]: returnD.std()
Out[53]: 0.020319411733180383
```

18.5.2 下行风险

西方历史哲学家 R.G. Collingwood 曾说过："一切历史都是思想史。" 历史总是会铭记"第一"，不过尽善尽美都是在"第一"之后。在金融理论发展过程中，第二篇关于投资组合理论的论文由 Roy 于 1952 年发表，文中 Roy 用下行偏差（Downside Deviation）来度量风险的方法。下行偏差法与方差法类似，不过更贴近现实中投资者对风险的理解（相较于目标收益率以上的变动，投资者担忧的是低于目标收益率的变动）。计算下行偏差时，一个最重要的变量就是目标收益率，通常用可接受的最低收益率（Minimum Acceptable Rate of Return，MARR）代表，MARR 可以是无风险收益率，或者 0，或者资产收益率的平均值。下行偏差描述的是低于 MARR 的收益率的发散程度，总体的下行偏差公式如下：

$$\delta(R, MARR) = \sqrt{\mathbb{E}\left\{[\min(R - MARR, 0)]^2\right\}}$$

若我们有 $R_1, R_2, \ldots, R_T$ 作为 R 的随机样本，则样本的下行偏差为：

$$\delta(R, MARR) = \sqrt{\frac{1}{T}\sum_{t=1}^{T}[\min(R - MARR, 0)]^2}$$

用下行偏差描述的风险被称为下行风险（Downside Risk）。下行风险提出以后得到很多认可，比如 Markowitz （1959）[1]意识到用下行风险衡量风险比用标准差更为贴切：一是因为下行风险比较符合"风险"的含义；二是因为当资产的收益率不满足正态分布时，用下行风险来衡量风险，才能帮助投资者做出正确的决策。

接下来，我们将用 Python 来计算并比较两只股票的下行风险，例子中我们用收益率的均值来作为 MARR。

```
#Downside risk
In [54]: def cal_half_dev(returns):
    ...:     mu=returns.mean()
    ...:     temp=returns[returns<mu]
    ...:     half_deviation=(sum((mu-temp)**2)/len(returns))**0.5
    ...:     return(half_deviation)

#比较，600343在收益均值之下的波动性更大
In [55]: cal_half_dev(returnS)
Out[55]: 0.035524938559771263

In [56]: cal_half_dev(returnD)
Out[56]: 0.013673338707193379
```

[1]Markowitz, Harry M. Portfolio Selection. (First Edition). New York: John Wiley and Sons, 1959.

18.5.3 风险价值

用风险价值（Value at Risk，VaR）度量风险最早由摩根大通公司（J. P. Morgan）在 1994 年通过网络公开发表。该方法传播开以后很快得到了金融机构和学术界的认同，并被广泛采用。根据 Jorion（2005）[1]的定义："VaR 是给定的置信水平和目标时段下预期的最大损失（或最坏情况下的损失）"。换句话说，在市场正常波动的条件下、在一定概率水平 $\alpha\%$ 下，某一金融资产或金融资产组合的 $\mathrm{VaR}(\alpha, \Delta t)$ 是在未来特定的一段时间 Δt 内的最大可能损失，可用数学公式表达为：

$$\Pr\{X_t < -\mathrm{VaR}(\alpha, \Delta t)\} = \alpha\%$$

其中随机变量 X_t 为金融资产或金融资产组合在风险估计期间 Δt 内的价值变动量（取负值为损失，取正值为收益），$1-\alpha\%$ 为置信水平。举个例子，若只考虑一天的波动情况且置信水平为 95%，某金融机构计算出它持有的某一投资组合的 VaR 为 X，这就意味着该机构有 95% 的把握相信它所持有的这份投资组合在未来一天的最大损失金额不会超过 X。从 VaR 定义中我们可以看出，有两个重要的参数可以影响到 VaR 值的大小：投资组合的评估期 Δt 及置信水平 $1-\alpha\%$。通常，投资者会根据资产的特性和自己对风险的承受水平自行决定这两个参数。

VaR 的估算关键在于描述投资组合在评估期间收益的概率分布，估算 VaR 常见的方法有三种：历史模拟法（Historical Simulation Approach）、协方差矩阵法（Variance-Covariance Approach）、和蒙特卡罗模拟法（Monte Carlo Simulation Approach）。

历史模拟法以历史数据为依据来预测将来，即借助过去一段时间内的投资组合收益频数分布，找到在既定置信水平 $1-\alpha\%$ 下的最低收益率，将这个最低收益率作为 VaR 估算值。该方法本质上是将未来收益的分布用历史分布来替代，因此该方法简单方便，不需要对收益的分布做出假设，也不用对资产收益的波动性、相关性等参数进行估计。不过该方法的优点也带来了它的缺点，该方法假定风险因子的未来波动与历史情况完全一致，投资组合收益的概率密度函数不随时间变化，这与实际金融市场的情况并不一致。如果某些风险因子并未在历史上出现过或发生的天数太少，历史模拟法的结果可能就不具有代表性，容易造成误差。比如 2000 年前后在美国市场上发生的"互联网泡沫"，由于互联网属于新兴科技，在历史上出现的时间比较短，金融市场并没遭遇过这样的泡沫，若要拿以前的数据来预测未来，结果可能会损失惨重。历史模拟法需要的样本数据一般不能少于 1500 个，若数据太少可能会遗失重要信息，导致 VaR 估计的波动性和不精确性；不过如果数据太多、时间太久远，则在预测未来上没有说服力。

协方差矩阵法估算 VaR 时用的也是历史数据，该方法假设各资产的收益率服从正态分布且投资组合的收益率与各资产的收益率呈线性关系，这样投资组合的收益率也服从正态分布。然后用历史数据计算出各收益率的均值、方差以及协方差矩阵，以此为根据估计出的投资组合的均值及方差，就得到了投资组合的收益分布。如果投资者的初始财富为 W，持有的投资组合之收益率为 R，R 的均值为 μ，标准差为 σ，在正态分布的假设下，投资组

[1] Jorion, Philippe (2005), Financial Risk Manager Handbook, 3rd edition, Wiley.

合的 VaR 满足：

$$\Pr(RW < -\text{VaR}) = \Pr\left(\frac{R-\mu}{\sigma} < \frac{-\text{VaR}/W-\mu}{\sigma} = Z_\alpha\right) = \alpha\%$$

其中 $1-\alpha$ 为置信水平，Z_α 是标准正态分布下 $\alpha\%$ 对应的分位数，由此我们得到：

$$\text{VaR} = -\left(Z_\alpha\sigma + \mu\right)W. \tag{18.1}$$

根据公式 (18.1)，只要估计出资产组合收益率的均值和标准差，VaR 的值也就可知了。协方差矩阵法的优点在于原理简单、计算快捷。不过与历史模拟法相似，该方法一样依赖于历史数据，对极端事件的预测能力较差。另外，该方法假设资产收益率服从正态分布，但是金融市场中一些资产的收益率分布并不符合正态分布，这样会导致实际风险被错估。

蒙特卡罗方法，又称随机抽样或统计试验方法，是一种随机模拟方法。相对通过复制历史的方法获取市场变化序列的历史模拟法而言，蒙特卡罗模拟法采用的是随机的方法来获得市场变化序列。该方法是通过随机的方式产生大量情景，由此得到投资组合的收益分布。如果模型构建合理、参数选择准确，蒙特卡罗模拟法会更加精确和可靠，而且可以处理非线性、收益率非正态分布等问题。不过由于蒙特卡罗模拟法依赖于特定的随机过程和所选择的历史数据，并且随机产生的数据序列是伪随机数，可能会导致结果误差较大。而且与其他两种方法相比，该方法计算量大、计算时间较长，准确性不高。

VaR 将风险以具体的数字表现出来，使投资者能够清晰直观地认识到风险的大小程度；并且投资者可以通过设置不同的置信区间和评估区间管理风险。因为 VaR 方法具备这些优点，所以被许多银行、证券公司、基金公司采用，现在越来越多的企业也将 VaR 应用到风险管理上。在 Python 中，我们可以通过以下代码计算 VaR：

```
#历史模拟法
In [57]: returnS.quantile(0.05)
Out[57]: -0.043192456894806296

In [58]: returnD.quantile(0.05)
Out[58]: -0.034085963081058657

#协方差矩阵法
In [59]: from scipy.stats import norm

In [60]: norm.ppf(0.05,returnS.mean(),returnS.std())
Out[60]: -0.066210862160221484

In [61]: norm.ppf(0.05,returnD.mean(),returnD.std())
Out[61]: -0.03274944602236822
```

历史模拟法的结果表明，航天动力（600343）有 5% 的可能下跌超过 4.319246%，而大橡塑（600346）有 5% 的可能下跌超过 3.408596%。协方差矩阵法得到了相似的结果。因此，600343 的风险更大，这个结果与使用标准差、半离差得到的结果相一致。

18.5.4　期望亏空

VaR 在金融业得到了广泛的应用，不过随着学术界对其深入的研究，VaR 理论上的缺陷也逐渐显现出来。为了弥补 VaR 理论上的缺点，学者们提出用期望亏空（Expected Shortfall，ES）来衡量风险。与 VaR 衡量风险的思想类似，期望亏空考虑的是超过 VaR 水平的损失的期望值，也就是最坏的 $\alpha\%$ 损失的平均值，可以用数学公式表达为：

$$ES = \mathbb{E}\left[X|_{X\leqslant -\mathrm{VaR}}\right]$$

期望亏空是 VaR 的变形，因此继承了 VaR 的优缺点。

```
#可以看到，ES得到的损失水平大于VaR，
#但是在进行比较时，两者的结论仍是一致的。
In [62]: returnS[returnS<=returnS.quantile(0.05)].mean()
Out[62]: -0.09673316088802106

In [63]: returnD[returnD<=returnD.quantile(0.05)].mean()
Out[63]: -0.045367282385701486
```

18.5.5　最大回撤

实务上经常会用最大回撤（Maximum Drawdown，MDD）来衡量投资（特别是基金）的表现，在介绍最大回撤之前，我们先来了解什么是回撤（Drawdown）。某资产（或投资组合）在时刻 T 的回撤是指资产在 $(0,T)$ 的最高峰值与现在价值 P_T 之间的回落值，用数学公式可以表达为：

$$D(T) = \max\left\{0, \max_{t\in(0,T)} P_t - P_T\right\}$$

对应的回撤率为：

$$d(T) = \frac{D(T)}{\max_{t\in(0,T)} P_t}$$

知晓回撤的含义之后，最大回撤就比较好理解了，资产在 T 时刻的最大回撤 $MDD(T)$，就是资产在时段 $(0,T)$ 内回撤的最大值，对应的数学公式为：

$$MDD(T) = \max_{\tau\in(0,T)} D(\tau) = \max_{\tau\in(0,T)}\left[\max_{t\in(0,\tau)} P_t - P_\tau\right]$$

相应的最大回撤率为：

$$mdd(T) = \max_{\tau\in(0,T)} d(\tau) = \frac{MDD(T)}{\max_{t\in(0,T)} P_t}$$

直观地讲，$MDD(T)$ 对应的是在 $(0,T)$ 时段内资产价值从最高峰值回落到最低谷底的幅度。最大回撤常用来描述投资者在持有资产时可能面临的最大亏损，比如某投资人在投资

时不够理性，以高位价格 X 追买了基金 A，之后基金 A 价格回落，曾一度到达最低价格 Y，并再没有回到 X 的价位，如果该投资人一直持有这只基金，那么他在持有这只基金期间，面临的最大损失为 $X-Y$，即最大回撤。因此，最大回撤对追高的投资人特别有指导意义。

在上述定义中我们是用资产的价值来确定最大回撤，当手边的资料是收益率时，该如何计算回撤和最大回撤呢？如果某资产的收益率序列为 $R_1, R_2, \ldots, R_T$，在初始时刻 0 时，我们投资 1 元在该资产上并一直持有到 T 时刻，这初始值为 1 元的资产价值就会随时间变为：$(1+R_1), (1+R_1)(1+R_2), (1+R_1)(1+R_2)(1+R_3), \ldots, \prod_{k=1}^{T}(1+R_k)$。时点 T 对应的回撤值为：

$$D(T) = \max\left\{0, \max_{t\in(0,T)} \prod_{k=1}^{t}(1+R_k) - \prod_{k=1}^{T}(1+R_k)\right\}$$

相应的回撤率为：

$$d(T) = \frac{D(T)}{\max_{t\in(0,T)} \prod_{k=1}^{t}(1+R_k)}$$

最大回撤为：

$$MDD(T) = \max_{\tau\in(0,T)} D(\tau) = \max_{\tau\in(0,T)}\left[\max_{t\in(0,\tau)} \prod_{k=1}^{t}(1+R_k) - \prod_{k=1}^{\tau}(1+R_k)\right]$$

相应的最大回撤率为：

$$mdd(T) = \max_{\tau\in(0,T)} d(\tau) = \frac{MDD(T)}{\max_{t\in(0,T)} \prod_{k=1}^{t}(1+R_k)}$$

这个计算过程可以举个简单的例子，用 Python 来实现。假设某资产从第 1 期到第 6 期的收益率分别为：0，0.10，−0.10，−0.01，0.01，0.02，要计算各期的回撤及第 6 期的最大回撤。

```
In [64]: import datetime


In [65]: r=pd.Series([0,0.1,-0.1,-0.01,0.01,0.02],index=[datetime.date(2015,7,x)
for x in range(3,9)])


In [66]: r
Out[66]:
2015-07-03    0.00
2015-07-04    0.10
2015-07-05   -0.10
2015-07-06   -0.01
2015-07-07    0.01
2015-07-08    0.02
dtype: float64


In [67]: value=(1+r).cumprod()
```

```
In [68]: value
Out[68]:
2015-07-03    1.000000
2015-07-04    1.100000
2015-07-05    0.990000
2015-07-06    0.980100
2015-07-07    0.989901
2015-07-08    1.009699
dtype: float64

In [69]: D=value.cummax()-value

In [70]: D
Out[70]:
2015-07-03    0.000000
2015-07-04    0.000000
2015-07-05    0.110000
2015-07-06    0.119900
2015-07-07    0.110099
2015-07-08    0.090301
dtype: float64

In [71]: d=D/(D+value)

In [72]: d
Out[72]:
2015-07-03    0.000000
2015-07-04    0.000000
2015-07-05    0.100000
2015-07-06    0.109000
2015-07-07    0.100090
2015-07-08    0.082092
dtype: float64

In [73]: MDD=D.max()

In [74]: MDD
Out[74]: 0.11990000000000001

In [75]: mdd=d.max()

In [76]: mdd
Out[76]: 0.109
```

也可调用 ffn 包中的 calc_max_drawdown( ) 函数来验证刚刚的计算过程是否正确，该函数的具体用法如下：

```
calc_max_drawdown(prices)
```

其中 prices 为收益率序列。

```
In [77]: ffn.calc_max_drawdown(value)
Out[77]: -0.10899999999999999
```

结果表明，我们计算的过程是正确的。接下来，我们还是用航天动力（600343）和大橡塑（600346）为例，来计算最大回撤率。

```
#与之前的几个指标相同，最大回撤同样表明600343的风险更大。
In [78]: ffn.calc_max_drawdown((1+returnS).cumprod())
Out[78]: -0.56763925729442977

In [79]: ffn.calc_max_drawdown((1+returnD).cumprod())
Out[79]: -0.24797570850202422
```

习题

1. 下表给出阿巴巴上市前8个交易日的收盘价，按要求计算其收益率（非交易日的单期简单收益率视为0）：

阿里巴巴股票从2014年9月19日～30日的每日收盘价

日期	09-19	09-22	09-23	09-24	09-25	09-26	09-29	9-30
价格	93.89	89.89	87.17	90.57	88.92	90.46	88.75	88.85

（a） 计算第4天的单期收益率，即 R_4；

（b） 计算第5天的2期收益率，即 $R_5(2)$；

（c） 计算第12天的8期收益率，即 $R_{12}(8)$。

2. 将多期简单收益率 $R_{12}(8)$ 用单期简单收益率 $R_1, R_2, \ldots, R_{11}$ 表示出来。
3. 长园集团（SH600525）2015年6月1日公告向其股东每股派发红利0.11875（除税），股权登记日为7月1日。已知长园集团前日收盘价为20.57元，7月1日收盘价为18.98元，请计算7月1日的单期收益率。
4. 2015年7月5日查询到的余额宝7月4日的年化收益率为3.4160%，假设余额宝计算收益率天数为365天，计算余额宝2015年7月4日单期收益率为多少（为便于计算可假设每天收益率相等）？
5. 某互联网P2P金融平台展示一个3月期借款项目，承诺借款利率为1.5%，求这个借款项目的年化收益率是多少？
6. 试用微积分知识，推导出单期简单收益率和连续复合收益率关系公式，即 $R_t = e^{r_t} - 1$。
7. 已知某一金融产品的连续复合年收益率为6%，求该年的单期收益率是多少？
8. 已知每月的连续复合收益率是0.5%，求年化连续复合收益率是多少？
9. 用Python计算收益率。

（a） 获取奇虎360股票2014年日交易数据；

（b） 计算奇虎360 2014年的每个交易日的简单收益率；

（c） 计算奇虎360 2014年的每个交易日的复合收益率；

（d） 计算奇虎360 2014年复合收益率；

（e） 绘制奇虎360 2014年简单收益率曲线；

(f) 绘制奇虎 360 2014 年累积收益率曲线。

10. 查阅资料或互联网了解下面的几个风险事件并判断对应的资产风险来源的类型。

(a) 巴林银行倒闭事件;

(b) 无锡尚德破产重组事件;

(c) "ST 湘鄂债" 违约事件;

(d) 美国储贷协会破产事件。

第19章　投资组合理论及其拓展

400 多年前，西班牙文学大师塞万提斯在其巨作《唐吉珂德》中提出了一个被投资界奉为经典的思想：“智者不会把所有的鸡蛋放在同一个篮子里。”早在《战国策 • 齐策四》的名篇《冯谖客孟尝君》里，冯谖也提出类似的概念：“狡兔三窟，仅得免其死耳。今有一窟，未得高枕而卧也。”这两句广为流传的话都在强调不要把所有的家当放在同一处，要分散风险。用在投资上，就意味着要把财富分配到不同的资产上，即理财时要进行分散投资。目前在投资领域中，可供投资的金融工具十分丰富，常见的包括银行存款、基金、债券、股票，还有发展比较慢的期货、期权等。大多数人在不知不觉中就进行了分散投资，比如，现在很多人会把原本放在银行的存款转出一部分到余额宝（货币基金），也有很多人会买银行的理财产品（不同的理财产品投资标的物不同，通常标的物包括信托、债券、基金、股票等，投资人购买理财产品就间接地将财富分散到不同金融工具中），还有一些投资人在外汇、商品、期货、期权等市场进行交易。除了金融资产以外，有些人会在实物资产市场中进行投资，比如房地产市场、古董市场等。

那么如何分散投资才能实现最大程度地获取收益而最小程度地承担风险呢？资产配置（Asset Allocation）主要就是解决这个问题。资产配置是将财富分散到各种不同的资产之中，目的是为了在未来某个时点达成某个收益目标，通过合理的配置，能够在达成收益目标的过程中，将财富的波动程度控制在个人可以接受的范围之内，并有很大的几率能够达成目标。显然，在资产未来的价格充满不确定性的前提下，资产配置有其必要性。

本章先以两种风险资产为例，来说明分散投资的优点；然后将其拓展至多种资产的情境，来说明为什么分散化投资能够降低风险。之后为读者介绍经典的 Markowitz 均值-方差投资组合模型，该模型能够提供最优资产配置比例，使得在预期的收益水平下达到风险最小。最后将介绍更加符合现实的扩展模型：Black-Litterman 模型。

19.1　投资组合的收益率与风险

在拓展到 N 种风险资产之前，先来看两种风险资产的情形。假设现在市场有资产 A 和 B，其随机收益率分别为 R_A 和 R_B，若投资人将其财富的一部分投入到资产 A，剩下的投入到资产 B，投资比例分别为 ω_A 和 ω_B，且 $\omega_A+\omega_B=1$。如果投资人初期资本为 W_0，则在资产 A 上的收益为 $W_0\omega_A R_A$，在资产 B 上的收益为 $W_0\omega_B R_B$，总的收益为 $W_0\omega_A R_A+W_0\omega_B R_B$，知道初始资本、收益即可求得投资组合的收益率 R_p：

$$\begin{aligned} R_p &= \frac{\text{总收益}}{\text{初始投入资本}} = \frac{W_0\omega_A R_A + W_0\omega_B R_B}{W_0} \\ &= \omega_A R_A + \omega_B R_B \end{aligned}$$

特定资产的风险可以用很多种方式来衡量，不过考虑到方便性和易解性，本章延续用收益率的方差（标准差）来指代风险。单个资产收益率的方差为：

$$\sigma^2(R_i) = \mathbb{E}\left\{[R_i - \mathbb{E}(R_i)]^2\right\}$$

两个资产组成的投资组合的方差为：

$$\begin{aligned} \sigma^2(R_p) &= \mathbb{E}\left\{[R_p - \mathbb{E}(R_p)]^2\right\} \\ &= \mathbb{E}\left\{[\omega_A R_A + \omega_B R_B - \mathbb{E}(\omega_A R_A + \omega_B R_B)]^2\right\} \\ &= \mathbb{E}\left\{\{\omega_A[R_A - \mathbb{E}(R_A)] + \omega_B[R_B - \mathbb{E}(R_B)]\}^2\right\} \\ &= \mathbb{E}\left\{\omega_A^2[R_A - \mathbb{E}(R_A)]^2 + \omega_B^2[R_B - \mathbb{E}(R_B)]^2 + \right. \\ &\quad \left. 2\omega_A\omega_B[R_A - \mathbb{E}(R_A)][R_B - \mathbb{E}(R_B)]\right\} \\ &= \omega_A^2\sigma^2(R_A) + \omega_B^2\sigma^2(R_B) + 2\omega_A\omega_B\sigma(R_A, R_B) \end{aligned}$$

标准差为：

$$\sigma(R_p) = \sqrt{\omega_A^2\sigma^2(R_A) + \omega_B^2\sigma^2(R_B) + 2\omega_A\omega_B\sigma(R_A, R_B)}$$

其中 $\sigma(R_A, R_B)$ 为资产 A 与资产 B 的协方差：

$$\sigma(R_A, R_B) = \mathbb{E}\{[R_A - \mathbb{E}(R_A)][R_B - \mathbb{E}(R_B)]\} \tag{19.1}$$

从公式 (19.1) 可以看出，如果资产 A 与资产 B 收益率变化趋势是一致的（比如资产 A 的收益率高于期望值时，资产 B 的收益率也高于期望值），则其协方差为正；反之，若变化趋势相反，则协方差为负。协方差常常用来判断两个变量之间的相关性，不过由于协方差会受比例影响（比如把 R_A 和 R_B 同时扩大 10 倍，协方差会放大 100 倍），因此统计学家引入相关系数来刻画两变量之间的相关性。资产 A 和资产 B 收益率之间的相关系数为：

$$\rho_{A,B} = \frac{\sigma(R_A, R_B)}{\sigma(R_A)\sigma(R_B)}$$

该值处在 $[-1,+1]$ 区间内，若取 $[-1,0)$，则说明两资产收益率变化趋势相反；若取 $(0,1]$，则说明两资产收益率同向变化；若取 0，则说明两资产收益率在线性关系上不相关。接下来，我们举个例子来看不同投资比例、不同相关系数对投资组合收益率的标准差的影响。

比如，市场有资产 A 和资产 B，收益率分别为 R_A 和 R_B，收益率的期望值 $\mathbb{E}(R_A)$、$\mathbb{E}(R_B)$ 分别为8% 和 15%，标准差 $\sigma(R_A)$、$\sigma(R_B)$ 分别为 12% 和 25%。当两资产的相关系数分别为 −1、−0.5、0、+0.5、+1 时，不同的投资比例下投资组合的期望收益率及风险分别是如何变化的？根据公式，资产组合的期望收益率为：

$$\begin{aligned}\mathbb{E}(R_p) &= \omega_A\mathbb{E}(R_A) + \omega_B\mathbb{E}(R_B) \\ &= 0.08\omega_A + 0.15(1-\omega_A) \\ &= 0.15 - 0.07\omega_A\end{aligned}$$

风险（收益率的标准差）为：

$$\begin{aligned}\sigma(R_p) &= \sqrt{\omega_A^2\sigma^2(R_A) + \omega_B^2\sigma^2(R_B) + 2\omega_A\omega_B\sigma(R_A,R_B)} \\ &= \sqrt{0.0144\omega_A^2 + 0.0625(1-\omega_A)^2 + 2\omega_A(1-\omega_A)\rho_{A,B}\times 0.03}\end{aligned}$$

当变动 ω_A 的值时，可以得到如表 19.1 所示内容。

表 19.1 不同相关系数对投资组合风险的影响

A 资产投资比	B 资产投资比	R_p 之期望值	两种资产之相关系数 $\rho_{A,B}$				
			−1	−0.5	0	+0.5	+1
0%	100%	15.0%	25.00%	25.00%	25.00%	25.00%	25.00%
10%	90%	14.3%	21.30%	21.92%	22.53%	23.12%	23.70%
20%	80%	13.6%	17.60%	18.91%	20.14%	21.30%	22.40%
30%	70%	12.9%	13.90%	16.01%	17.87%	19.55%	21.10%
40%	60%	12.2%	10.20%	13.27%	15.75%	17.89%	19.80%
50%	50%	11.5%	6.50%	10.83%	13.87%	16.35%	18.50%
60%	40%	10.8%	2.80%	8.94%	12.32%	14.96%	17.20%
70%	30%	10.1%	0.90%	7.99%	11.26%	13.78%	15.90%
80%	20%	9.4%	4.60%	8.32%	10.82%	12.85%	14.60%
90%	10%	8.7%	8.30%	9.79%	11.09%	12.24%	13.30%
100%	0%	8.0%	12.00%	12.00%	12.00%	12.00%	12.00%

从表 19.1 的横向看，当投资比例维持不变时，两资产的相关系数越高，风险越大，这个结果很符合直觉：若两资产收益率同向变动，当收益大于其期望值的情境发生时，两资产的收益均大于各自的期望值，反之均小于各自的期望值，总的收益变动比较剧烈；若两资产收益率反向变动，两资产的收益一个会高于期望值，一个会低于期望值，一高一低会使总的收益变动幅度减小，达到降低风险的作用。

从这个例子我们可以推断出这样一个结论：分散化投资（Diversification）可以降低风险。通常，我们认为证券投资的风险由两部分组成：系统性风险（Systematic Risk）和非系统风险（Idiosyncratic Risk / Nonsystematic Risk）。非系统性风险又被称为可分散风险，是指只对特定行业或特定公司的证券产生影响的风险，比如油价的调整会影响到石油行业的公司，也会影响到运输行业的个股股价，但是也有很多股票可能不受影响。不同的公司在同一段时间内所遭受的非系统性风险可能不同，比如 A 公司可能由于研发活动成功而股价大增，B 公司可能由于丢失订单而股价大减，若共同持有两只股票，损益会相互抵消，从而降低收益率的波动，减小风险，因此非系统性风险是可以通过分散化投资消除的。系统性风险是对整个股票市场普遍产生不利影响的风险，该类风险的来源多是政治环境、整体经济等关系全局的因素。系统性风险是无法通过分散化投资降低的，比如 2008 年金融海啸发生时，所有的股票价格都下跌，投资人无法通过分散化投资来获得稳定的收益。

从表 19.1 的纵向看，不同的相关系数，风险的变动情况是不同的。我们可以用 Python 画出不同相关系数下，投资组合标准差随投资比例变动的情况。

```
In [1]: import numpy as np

In [2]: import math

In [3]: import matplotlib.pyplot as plt

In [4]: def cal_mean(frac):
   ...:     return(0.08*frac+0.15*(1-frac))
   ...:

In [5]: mean=list(map(cal_mean,[x/50 for x in range(51)]))

In [6]: sd_mat=np.array([list(map(lambda x: math.sqrt((x**2)*0.12**2+
   ...: ((1-x)**2)*0.25**2+2*x*(1-x)*(-1.5+i*0.5)*0.12*0.25),[x/50 for x in range(51)])
   ...: ) for i in range(1,6)])

In [7]: plt.plot(sd_mat[0,:],mean,label='-1')
   ...: plt.plot(sd_mat[1,:],mean,label='-0.5')
   ...: plt.plot(sd_mat[2,:],mean,label='0')
   ...: plt.plot(sd_mat[3,:],mean,label='0.5')
   ...: plt.plot(sd_mat[4,:],mean,label='1')
   ...: plt.legend(loc='upper left')
Out[7]: <matplotlib.legend.Legend at 0x7fd118b72b00>
```

结果如图 19.1 所示。

我们已经了解到两种风险资产构成的投资组合之收益率与风险如何度量，接下来我们将投资情境一般化。假设市场上有 N 种风险资产，资产的收益率分别为 $R_1, R_2, \ldots, R_N$，投资人在各个资产上的投资比重分别为 $\omega_1, \omega_2, \ldots, \omega_N$，则投资组合的收益率 R_p 为：

$$R_p = \omega_1 R_1 + \omega_2 R_2 + \cdots + \omega_N R_N \tag{19.2}$$

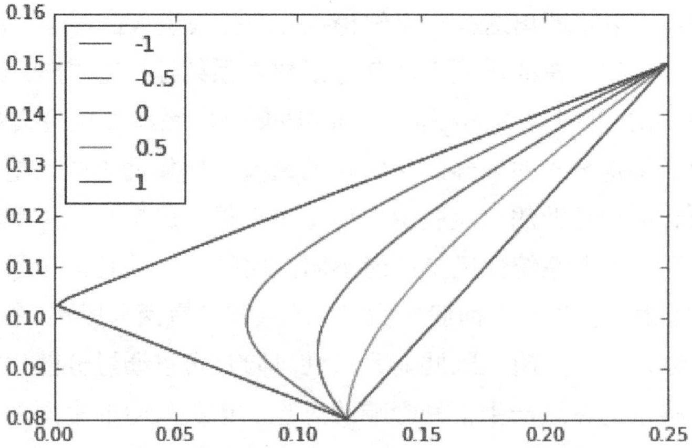

图 19.1　不同相关系数均值标准差关系图

$$= \sum_{i=1}^{N} \omega_i R_i$$

公式 (19.2) 中资产 i 的投资比重 ω_i 是投资人在资产 i 中的投资金额与总投资金额之比，各资产的投资比重之和应为 1，即 $\sum_{i=1}^{N} \omega_i = 1$。若 N 种资产期望收益率分别是 $\mathbb{E}(R_1), \mathbb{E}(R_2), \ldots, \mathbb{E}(R_N)$，则投资组合的期望收益率为：

$$\begin{aligned}\mathbb{E}\left(R_p\right) &= \omega_1 \mathbb{E}\left(R_1\right) + \omega_2 \mathbb{E}\left(R_2\right) + \cdots + \omega_N \mathbb{E}\left(R_N\right) \\ &= \sum_{i=1}^{N} \omega_i \mathbb{E}\left(R_i\right)\end{aligned}$$

该投资组合收益率 $R_p = \sum_{i=1}^{N} \omega_i R_i$ 的方差为：

$$\begin{aligned}\sigma^2\left(R_p\right) &= \sigma^2\left(\sum_{i=1}^{N} \omega_i R_i\right) \\ &= \sum_{i=1}^{N} \omega_i^2 \sigma^2\left(R_i\right) + \sum_{i \neq j} \omega_i \omega_j \sigma\left(R_i, R_j\right)\end{aligned}$$

投资人规划资产配置的前提是对未来形成预期（也就是已知未来各资产 $R_1, R_2, \ldots, R_N$ 的概率分布），也知晓自己的投资目标，然后在自己财务状况允许的基础上决定各资产的投资比重 $\omega_1, \omega_2, \ldots, \omega_N$，尽可能达成投资目标。

19.2　Markowitz 均值-方差模型

经济金融领域分析个人行为时往往会谈到效用（Utility），在研究投资人资产配置行为时也不例外。延续第 19.1 节的市场状况，假定现在投资人初始的财富为 W_0，在 N 种资产上的投资比重分别为 $\omega_1, \omega_2, \ldots, \omega_N$，未来收益为 R_p，则投资人的未来财富水平 $W = W_0(1+R_p)$，由于 R_p 是随机变量，未来财富水平 W 也是一个随机变量。如果投资人的效用水平仅与财富状况相关，则效用水平 $U(R_p)$ 也是随机变量，其期望值为 $\mathbb{E}[U(R_p)]$。通常在经济金融领域，我们认为个人决策的出发点是为了最大化效用（或期望效用），投资决策过程就可以精简成以下公式：

$$\begin{aligned}
&\max_{\omega_i}\ \mathbb{E}[U(W_0R_p)] = \mathbb{E}\left[U\left(\sum_{i=1}^{N}\omega_iR_iW_0\right)\right] \\
&s.t.\ \sum_{i=1}^{N}\omega_i = 1
\end{aligned} \tag{19.3}$$

也就是说投资人在投资初期要决定各个资产的投资比重，期待该行为能够达到最大化的投资期望值。由于公式 (19.3) 中 W_0 是确定值，不会影响到决策变量，因此以上公式可以简化成：

$$\begin{aligned}
&\max_{\omega_i}\ \mathbb{E}[U(R_p)] = \mathbb{E}\left[U\left(\sum_{i=1}^{N}\omega_iR_i\right)\right] \\
&s.t.\ \sum_{i=1}^{N}\omega_i = 1
\end{aligned} \tag{19.4}$$

其中 $\mathbb{E}[U(R_p)]$ 可以用泰勒展开式（Taylor expansion）公式为：

$$\begin{aligned}
\mathbb{E}[U(R_p)] = {} & U(\mathbb{E}(R_p)) + \mathbb{E}[R_p - \mathbb{E}(R_p)]U'(\mathbb{E}(R_p)) \\
& + \frac{1}{2}\mathbb{E}\left\{[R_p - \mathbb{E}(R_p)]^2\right\}U''(\mathbb{E}(R_p)) + \ldots \\
& + \frac{1}{n!}\mathbb{E}\{[R_p - \mathbb{E}(R_p)]^n\}U^{(n)}(\mathbb{E}(R_p)) + \cdots
\end{aligned} \tag{19.5}$$

若 $R_1, R_2, \ldots, R_N$ 均服从正态分布，则 (19.5) 仅依赖于投资组合收益率 R_p 的期望值与方差[1]。我们进一步假定，投资人的效用函数 $U(\cdot)$ 是常见的凹函数（Concave Function），则投资人的决策问题公式可以简化为：

$$\begin{aligned}
&\min_{\omega_i}\ \sigma^2(R_p) = \sum_{i=1}^{N}\omega_i^2\sigma^2(R_i) + \sum_{i\neq j}\omega_i\omega_j\sigma(R_i, R_j) \\
&s.t.\ \bar{R}_p = \sum_{i=1}^{N}\omega_i\mathbb{E}(R_i)
\end{aligned} \tag{19.6}$$

[1] 当效用函数为二次形式（Quadratic）时，期望效用也仅依赖 $R_1, R_2, \ldots, R_N$ 的期望值及方差，不过二次形式的效用函数太过于特殊，且不大符合现实，故在此不做详述。

$$\sum_{i=1}^{N} \omega_i = 1$$

其中 $\bar{R}_p$ 为投资人的投资目标，即投资人期待投资组合的期望值达到 $\bar{R}_p$，公式 (19.6) 说明投资人资产分配的原则是在达成投资目标 $\bar{R}_p$ 的前提下，要将资产组合的风险最小化，这个公式就是 Markowitz 在 1952 年发表的“Portfolio Selection”一文的精髓，该文奠定了现代投资组合理论的基础，也为 Markowitz 赢得了 1990 年的诺贝尔经济学奖。公式 (19.6) 的决策变量为 $\omega_i, i = 1, \ldots, N$，整个数学形式是二次规划（Quadratic Programming）问题，可以用拉格朗日（Lagrange）方法求解。由于求解过程比较冗长，我们只给出一阶条件（之后借助 Python 直接解）：

$$\begin{bmatrix} \Sigma & e & \bar{R} \\ e' & 0 & 0 \\ \bar{R}' & 0 & 0 \end{bmatrix} \begin{bmatrix} \omega^* \\ \lambda_1 \\ \lambda_2 \end{bmatrix} = \begin{bmatrix} 0 \\ 1 \\ \bar{R}_p \end{bmatrix} \tag{19.7}$$

其中 $\bar{R}$ 为 N 种资产收益率期望值构成的列向量，Σ 为 $N \times N$ 维收益率的协方差矩阵（Covariance Matrix），e 为 $N \times 1$ 的单位列向量。最终投资比重最优解形式满足：

$$\omega^* = a + b\bar{R}_p \tag{19.8}$$

其中 a 和 b 与 N 种资产收益率的期望值、方差、协方差有关，具体形式也较为复杂[1]。从公式 (19.8) 可以看出，决策量的最优解 ω^* 与投资目标 $\bar{R}_p$ 呈线性关系，而风险 $\sigma^2(R_p)$ 是 ω 的二次函数形式，因此，当达到最优解时，风险水平 $\sigma^2(R_p)$ 是投资目标 $\bar{R}_p$ 的二次函数形式。如果用图形表示投资目标 $\bar{R}_p$ 与最优解下标准差的关系，即得到图 19.2。

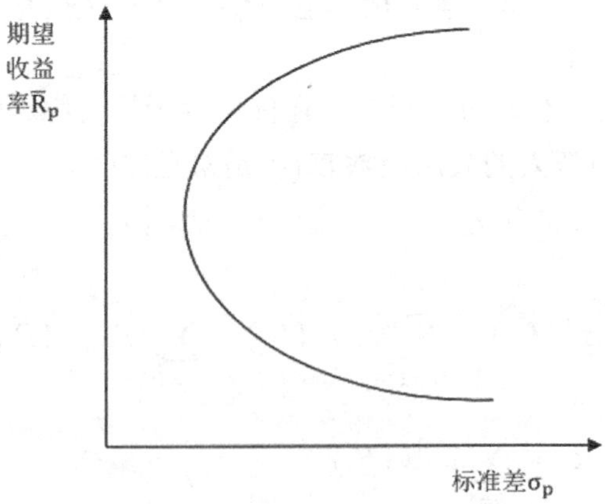

图 19.2 只考虑风险资产的效率前缘

[1] $a \equiv \frac{\varsigma\Sigma^{-1}e - \alpha\Sigma^{-1}\bar{R}}{\varsigma\delta - \alpha^2}$，$b \equiv \frac{\delta\Sigma^{-1}\bar{R} - \alpha\Sigma^{-1}e}{\varsigma\delta - \alpha^2}$，其中 $\alpha \equiv \bar{R}'\Sigma^{-1}e$，$\varsigma \equiv \bar{R}'\Sigma^{-1}\bar{R}$，$\delta \equiv e'\Sigma^{-1}e$。

图 19.2 中的曲线为最小方差前缘（Minimum-Variance Frontier），即在特定的投资目标 $\bar{R}_p$ 下能够令投资组合收益率方差（标准差）最小的资产配置比例。该线的上半段曲线被称为效率前缘（Efficient Frontier），效率前缘上的资产配比既可以在特定的投资目标 $\bar{R}_p$ 下达到风险最小，又可以在特定的风险水平下达到期望收益率最大。整个资产配置流程的计算量很大，不过借助 python，我们能够方便快捷地求得想要的结果，在第 19.3 节我们将用 python 来实现 Markowitz 模型之资产配比过程。

行文至此，我们已经了解到 N 种风险资产下的资产配置过程。不过实务上，还有一个非常重要的、每个投资人都接触过的资产——无风险资产，无风险资产是指无违约风险、收益率确定的资产，比较常见的如银行存款、政府债券等。如果将无风险资产考虑进投资组合，则投资人面对的决策问题可以表达为：

$$\min_{\omega_i} \ \sigma^2(R_p) = \sum_{i=1}^{N} \omega_i^2 \sigma^2(R_i) + \sum_{i \neq j} \omega_i \omega_j \sigma(R_i, R_j) \tag{19.9}$$
$$s.t. \ \bar{R}_p = R_f + \sum_{i=1}^{N} \omega_i \left[\mathbb{E}(R_i) - R_f\right]$$

此时，投资人在风险资产上的投资比例依旧是 $\omega_1, \omega_2, \ldots, \omega_N$，不过 $\sum_{i=1}^{N} \omega_i$ 不一定为 1，投资人会将 $1 - \sum_{i=1}^{N} \omega_i$ 部分资本投资在无风险资产。公式模型 (19.9) 的求解过程与只有风险资产的情况类似，也是用拉格朗日解法，其最优解依旧是投资目标 $\bar{R}_p$ 的线性函数形式：

$$\omega^* = \frac{\bar{R}_p - R_f}{\varsigma - 2\alpha R_f + \delta R_f^2} \Sigma^{-1} \left(\bar{R} - R_f e\right)$$

各参数在前面都有提及，这里不再重述。将 ω^* 代入最优投资组合的风险表达式 $\sigma_p^2 = \omega^{*\prime} V \omega^*$ 中，经过简化可以发现，最优投资组合的标准差 σ_p 与投资目标 $\bar{R}_p$ 呈线性关系。若用图形画出（纵轴为 $\bar{R}_p$，横轴为 σ_p），则可以得到一条线性的效率前缘；而且经过严格推导可以发现，考虑无风险资产的效率前缘恰好与忽略无风险资产的效率相切，如图 19.3 所示。

如果所有的投资人对各资产未来收益率的估计是一致的，那么理性投资人持有风险资产的相对比例应该是一样的，风险偏好水平不同只会影响到持有无风险资产的比例。每个投资人持有的相同的相对投资比例的风险资产组合即为市场投资组合（Market Portfolio），即图 19.3 中切点的位置对应的投资组合，该投资组合中各资产的投资比例为 ω_m，收益率为 R_m，收益率的期望值和方差分别为 $\mathbb{E}(R_m)$ 和 σ_m^2。当然，现实中每个投资人对未来收益率的估计不同，自然每个人持有的风险资产组合的投资比例也不尽相同。图中的切线，即市场投资组合与无风险资产之间的连线，被称为资本市场线（Capital Market Line），可以表达为：

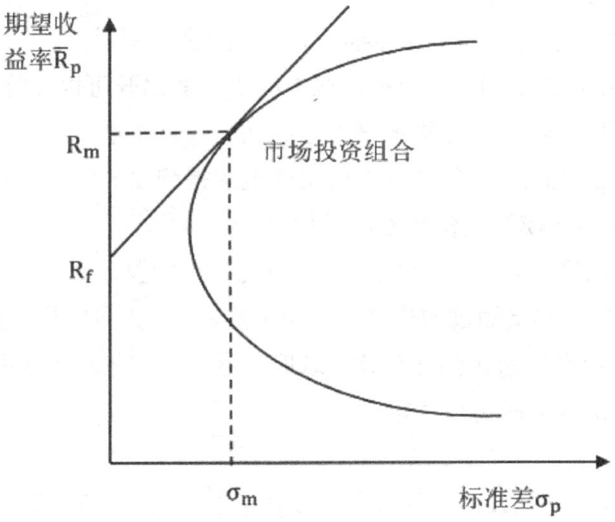

图 19.3 考虑无风险资产时的效率前缘

$$\mathbb{E}(R_p) = R_f + \frac{\mathbb{E}(R_m) - R_f}{\sigma_m}\sigma_p \tag{19.10}$$

公式 (19.10) 可以清楚地表达出投资组合的期望收益率与风险之间的线性关系，风险越高，对应的收益率应该越高。

深入探索 Markowitz 模型的最优解，可以得到一个奠定资本资产定价模型（Capital Asset Pricing Model，CAPM）的结论：对于任意的资产组合 q，其收益率 R_q 满足以下关系式：

$$\mathbb{E}(R_q) = R_f + \beta_{qm}\left[\mathbb{E}(R_m) - R_f\right]$$

其中 $\beta_{qm} = \frac{\sigma(R_q,R_m)}{\sigma^2(R_m)}$，$\sigma(R_q, R_m)$ 为资产组合收益率与市场投资组合收益率之间的协方差。任意资产组合 q 可以是单个资产 i，这样我们就可以得到 CAPM 模型的表达式：

$$\mathbb{E}(R_i) = R_f + \beta_{im}\left[\mathbb{E}(R_m) - R_f\right]$$

其中 $\beta_{im} = \frac{\sigma(R_i,R_m)}{\sigma^2(R_m)}$ 可以反应出单个资产的系统风险水平，若 $\beta_{im} = 1$，则资产 i 的价格和市场投资组合的价格波动性是一致的；若 $|\beta_{im}| < 1$，则资产 i 的价格波动程度小于市场投资组合；若 $|\beta_{im}| > 1$，则资产 i 的价格波动更大一些。β 值为正说明资产 i 的价格与市场投资组合价格同方向变动，反之则反向变动。CAPM 模型在现实中应用非常广泛，很多券商会提供个股的 β 值。

19.3　Markowitz 模型之 Python 实现

数据读取与整理

假设我们已经筛选了若干只目标股票，应该如何利用 Markowitz 模型进行数量化的资产配置？本小节我们将随机选择上证 50 指数的 5 只成分股作为研究对象，对如何通过 Python 实现资产配置做一个系统的介绍。这里所选择的 5 只股票如表 19.2 所示，数据时间为 2014 年初至 2015 年上半年。

表 19.2　随机选择的上证 50 成份股

股票代码	股票名称
600004	白云机场
600015	华夏银行
600023	浙能电力
600033	福建高速
600183	生益科技

我们先来了解一下表 19.2 中股票的数据结构：

```
#读取数据
In [7]: import pandas as pd

In [8]: stock=pd.read_table('019/stock.txt',sep='\t',index_col='Trddt')
   ...: stock.index=pd.to_datetime(stock.index)
In [9]: fjgs=stock.ix[stock.Stkcd==600033,'Dretwd']
   ...: fjgs.name='fjgs'
   ...: zndl=stock.ix[stock.Stkcd==600023,'Dretwd']
   ...: zndl.name='zndl'
   ...: sykj=stock.ix[stock.Stkcd==600183,'Dretwd']
   ...: sykj.name='sykj'
   ...: hxyh=stock.ix[stock.Stkcd==600015,'Dretwd']
   ...: hxyh.name='hxyh'
   ...: byjc=stock.ix[stock.Stkcd==600004,'Dretwd']
   ...: byjc.name='byjc'
In [10]: sh_return=pd.concat([byjc,fjgs,hxyh,sykj,zndl],axis=1)
In [11]: sh_return.head()
Out[11]:
                byjc       fjgs       hxyh       sykj       zndl
Trddt
2014-01-02 -0.001439  0.000000 -0.031505  0.002024  0.008876
2014-01-03 -0.008646  0.004673 -0.028916 -0.012121 -0.013196
2014-01-06 -0.018895 -0.023256 -0.023573 -0.026585  0.005944
2014-01-07 -0.007407  0.004762 -0.003812  0.021008 -0.013294
2014-01-08  0.005970 -0.014218  0.021684 -0.014403  0.008982
```

在正式做资产配置之前，先大致了解一下各股票的收益率状况。如 19.4 图和图 19.5 所示。

```
#查看各股的累积回报率
In [12]: sh_return=sh_return.dropna()
```

```
In [13]: cumreturn=(1+sh_return).cumprod()

In [14]: sh_return.plot()
    ...: plt.title('Daily Return of 5 Stocks(2014-2015)')
    ...: plt.legend(loc='lower center',bbox_to_anchor=(0.5,-0.3),
    ...:            ncol=5, fancybox=True, shadow=True)
Out[14]: <matplotlib.text.Text at 0x7fd118acb470>
In [15]: cumreturn.plot()
    ...: plt.title('Cumulative Return of 5 Stocks(2014-2015)')
Out[15]: <matplotlib.text.Text at 0x7fd1189e33c8>
```

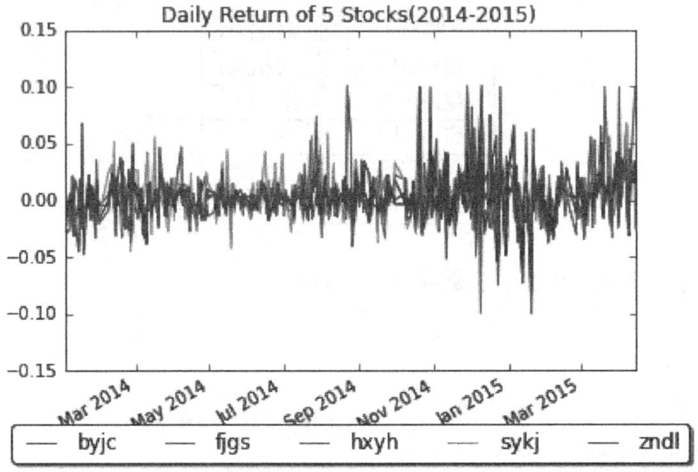

图 19.4　5 只股票的日收益率时序图

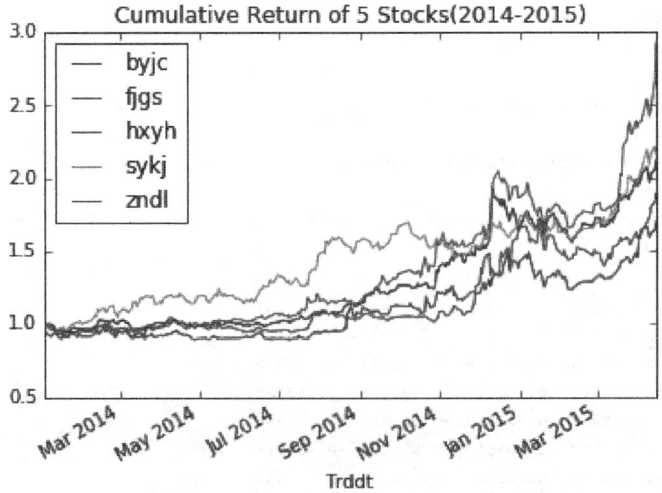

图 19.5　5 只股票的累计收益率时序图

接下来，我们大致看一下各只股票之间的相关性，若股票之间的相关性太高，投资组合降低风险的效果就比较有限。

```
#查看各股回报率相关性
In [16]: sh_return.corr()
```

```
Out[16]:
          byjc      fjgs      hxyh      sykj      zndl
byjc  1.000000  0.591674  0.327680  0.372088  0.429905
fjgs  0.591674  1.000000  0.282111  0.361442  0.397685
hxyh  0.327680  0.282111  1.000000  0.207656  0.369259
sykj  0.372088  0.361442  0.207656  1.000000  0.302859
zndl  0.429905  0.397685  0.369259  0.302859  1.000000
```

从相关系数矩阵可以看出，5 只股票之间都是正向相关的，白云机场（600004）和福建高速（600033）同属交通运输，相关性最高。接下来我们将求解资产配置比例以期待在达到目标期望收益率时将风险最小化。根据前文的阐述，投资者的资产配置问题最终可以用一个二次规划问题来表达，该问题在数学上的一阶条件形式如下：借助 Python 构建一个 MeanVariance 类，该类可以根据输入的收益率序列，求解上述的二次规划问题，计算出最优资产比例，并绘制最小方差前缘曲线。如图 19.6 所示。

```
#定义MeanVariance类
from scipy import linalg
class MeanVariance:
    #定义构造器，传入收益率数据
    def __init__(self,returns):
        self.returns=returns
    #定义最小化方差的函数，即求解二次规划
    def minVar(self,goalRet):
        covs=np.array(self.returns.cov())
        means=np.array(self.returns.mean())
        L1=np.append(np.append(covs.swapaxes(0,1),[means],0),
                     [np.ones(len(means))],0).swapaxes(0,1)
        L2=list(np.ones(len(means)))
        L2.extend([0,0])
        L3=list(means)
        L3.extend([0,0])
        L4=np.array([L2,L3])
        L=np.append(L1,L4,0)
        results=linalg.solve(L,np.append(np.zeros(len(means)),[1,goalRet],0))
        return(np.array([list(self.returns.columns),results[:-2]]))
    #定义绘制最小方差前缘曲线函数
    def frontierCurve(self):
        goals=[x/500000 for x in range(-100,4000)]
        variances=list(map(lambda x: self.calVar(self.minVar(x)[1,:].astype(np.float)),
        goals))
        plt.plot(variances,goals)
    #给定各资产的比例，计算收益率均值
    def meanRet(self,fracs):
        meanRisky=ffn.to_returns(self.returns).mean()
        assert len(meanRisky)==len(fracs), 'Length of fractions must be equal to
        number of assets'
        return(np.sum(np.multiply(meanRisky,np.array(fracs))))
    #给定各资产的比例，计算收益率方差
    def calVar(self,fracs):
        return(np.dot(np.dot(fracs,self.returns.cov()),fracs))
```

上面一段代码是将整个求解过程写在 MeanVariance 类里，我们只需要将目标期望收益代入即可得到最优解及相应的风险水平。接下来，我们将调用这个函数来构建 5 只股票下的效率前缘。

```
#绘制最小方差前缘曲线
In [17]: minVar=MeanVariance(sh_return)

In [18]: minVar.frontierCurve()
```

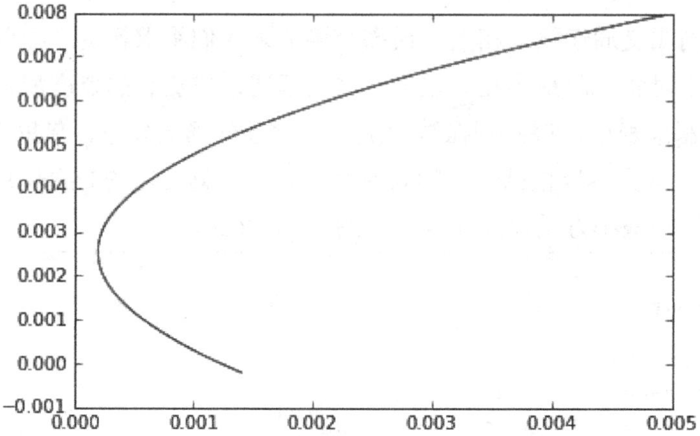

图 19.6　5 只股票构成的效率前缘

现在假设我们的目标期望收益率（日期望收益率）是 0.003，然后将整个数据集分为训练集和测试集，用训练集的数据来得到最优资产配置比，用测试集来看我们的资产配置是否有效。从结果（如图 19.7 所示）可以看出，用 Markowitz 模型解出的最优资产配置在开始时并未显示出其优势，不过在后面时段要比随机配置的投资组合更胜一筹。

```
#选取训练集和测试集
In [19]: train_set=sh_return['2014']

In [20]: test_set=sh_return['2015']

#选取组合
In [21]: varMinimizer=MeanVariance(train_set)

In [22]: goal_return=0.003

In [23]: portfolio_weight=varMinimizer.minVar(goal_return)

In [24]: portfolio_weight
Out[24]:
array([['byjc', 'fjgs', 'hxyh', 'sykj', 'zndl'],
       ['-0.10970733137287947', '0.8121632841002371',
        '0.34747305363072123', '0.4301821962925993', '-0.4801112026506782']],
      dtype='<U32')

#计算测试集收益率
In [60]: test_return=np.dot(test_set,
    ...:             np.array([portfolio_weight[1,:].astype(np.float)]).swapaxes(0,1))
```

```
In [26]: test_return=pd.DataFrame(test_return,index=test_set.index)

In [27]: test_cum_return=(1+test_return).cumprod()

#与随机生成的组合进行比较
In [28]: sim_weight=np.random.uniform(0,1,(100,5))

In [29]: sim_weight=np.apply_along_axis(lambda x: x/sum(x),1,sim_weight)

In [30]: sim_return=np.dot(test_set,sim_weight.swapaxes(0,1))

In [31]: sim_return=pd.DataFrame(sim_return,index=test_cum_return.index)

In [32]: sim_cum_return=(1+sim_return).cumprod()

In [33]: plt.plot(sim_cum_return.index,sim_cum_return,color='green')
    ...: plt.plot(test_cum_return.index,test_cum_return)
Out[33]: [<matplotlib.lines.Line2D at 0x7fd1188d1c50>]
```

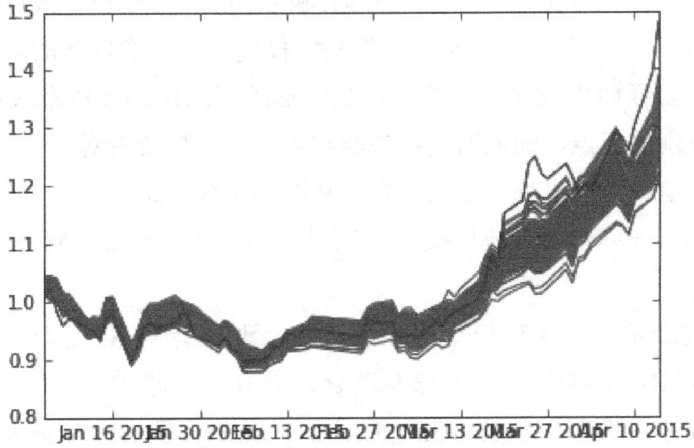

图 19.7 最优配置与随机配置的绩效比较

19.4 Black-Litterman模型

前文我们提到投资人做资产配置的前提是对未来形成预期（也就是已知未来各资产 $R_1, R_2, \ldots, R_N$ 的概率分布），然后利用 Markowitz 模型求得最优资产配比。Markowitz 模型输入参数包括历史数据法和情景分析法两种方法。情景分析法的缺点是主观因素、随意性太强，因此在实务上，绝大多数人用各资产的历史收益率资料来替代未来的预期收益率资料。整个资产配置过程基本上与 Python 实现的流程类似：先获取各资产的历史收益率，根据历史资料得到各资产的收益率均值和方差协方差矩阵，作为 Markowitz 模型的输入变量，最后得出最优资产配置比。整个过程仔细琢磨起来显然有不足之处：基于历史资料进行计算的基础是，我们相信未来各资产的收益率分布与过去相同，但是在现实中，过去收益率高的股票可能由于突发事件面临破产，债券收益率可能会由于央行对利息的调控而发生变化。简言之，历史并不一定完全重演。

尤有甚者，历史数据法，对样本区间非常敏感。比如在 2003 年年底时估计中国股市的预期收益率，如果从 2002—2003 年采样，估计的预期收益率为 10.3%；如果从 2001—2003 年采样，则估计的预期收益率为 −4.63%，究竟何者具有代表性值得存疑；又如果从 1998—2003 年采样，则估计的预期收益率为 5.3%；如果从 1990—2003 年采样，则估计的预期收益率为 23.2%。由此可见，历史数据得到的参数会因为样本区间不同而大不相同，如果参数不一样，那么模型的输出结果将有很大的差异。

1992 年，在高盛（Goldman Sachs）工作的 Fischer Black 和 Robert Litterman 对全球债券投资组合研究时发现，当对德国债券预期报酬率做 0.1% 小幅修正之后，该类资产的投资比例竟然由原来的 10.0% 提高至 55.0%。这个发现说明 Markowitz 模型得到的最优资产配比对输入参数过于敏感。

从以上叙述可以看出，根据历史信息进行现在的资产配置，并期待未来的投资收益达到某个水平，这整个过程有需要改善之处。Black 和 Litterman 提出了改进的模型——Black-Litterman 模型（简称 BL 模型），其核心思想是将投资者对大类资产的观点（主观观点）与市场均衡收益（先验预期收益率）相结合，从而形成新的预期收益率（后验预期收益率）。如果投资者没有特别的观点，则依旧使用先验收益；如果投资者对某些资产有特别的观点，则根据主观观点的信心水平来调整后验收益，从而影响投资组合配置。Black-Litterman 模型自提出以来，逐渐被华尔街主流所接受，现已成为高盛公司资产管理部门在资产配置上的一个主要工具。

现在我们简要介绍一下 BL 模型的求解过程。现在有 N 种资产，其收益率为 $R = \{R_1, R_2, \ldots, R_N\}$，BL 模型中假设 R 服从联合正态分布，即 $R \sim N(\mu, \Sigma)$，其中 μ 和 Σ 为各资产预期收益率的期望值和协方差的估计值。现在假设估计向量 μ 本身也是随机的，并且服从正态分布：

$$\mu \sim N(\pi, \tau\Sigma)$$

其中 π 为先验预期收益率之期望值，τ 在后文会详细解释。BL 模型的特色是允许考虑投资者个人的观点（Investor Views），处理的方式是用各资产收益率之线性方程组来代表主观观点，比如一条观点可以用以下公式表达：

$$p_{i1}\mu_1 + p_{i2}\mu_2 + \cdots + p_{iN}\mu_N = q_i + \epsilon_i$$

其中 ϵ_i 为这条观点的误差项，$\epsilon_i \sim N(0, \sigma_i^2)$，$\sigma_i^2$ 受投资人对此条观点的信心水平（Confidence Level）影响。投资者表达总体观点可以用：

$$P\mu \sim N(Q,\Omega)$$

其中：

- P（被称为“Pick Matrix”）为 $K \times N$ 矩阵，即对 N 个资产有 K 个观点；
- q 为看法向量（$K \times 1$ 列向量）；
- Ω 为看法向量 q 的误差项的协方差矩阵，表示投资者的观点与真实情况有所差别，Ω 为 $K \times K$ 的对角矩阵。不同的文献对其构造方式不同，常见的方法有以下四种。

◊ 与先验预期收益率之方差成正比，比如 He 和 Litterman (1999) 设定：

$$\omega_{ij} = \begin{cases} p(\tau\Sigma)p^T & \forall i = j \\ 0 & \forall i \neq j \end{cases}$$

或者

$$\Omega = diag\left(P(\tau\Sigma)P^T\right)$$

这种方法在很多文献中都很常见，这里就采用该方法来确定 Ω；

◊ 使用信心水平；

◊ 利用因子模型的残差项的方差；

◊ 用 Idzorek（2005）[1] 的方法来确定信心水平；

比如现在市场有五种资产 A、B、C、D、E，投资人基于自己的经验及分析，形成以下判断：

- 资产 A 的收益率为 15%；
- 资产 B 比资产 D 的收益率高 5%；
- 资产 B 和 C 比资产 A 的收益率低 6%。

据此，可以写出反应投资人主观观点的矩阵：

$$P = \begin{bmatrix} 1 & 0 & 0 & 0 & 0 \\ 0 & 1 & 0 & -1 & 0 \\ 1 & -1/2 & -1/2 & 0 & 0 \end{bmatrix}$$

看法向量：

$$q = [15\%, 5\%, 6\%]^T$$

[1] Idzorek, Thomas M. "A step-by-step guide through the Black-Litterman model, incorporating user specified confidence levels." Chicago: Ibbotson Associates (2005): 1-32.

看法向量误差项的协方差矩阵：

$$\Omega = diag\left(P\left(\tau\Sigma\right)P^T\right)$$

根据贝叶斯法则，结合先验信息与投资者观点的各资产预期收益率的期望值 $\mu|_{q;\Omega}$ 服从正态分布：

$$\mu|_{q;\Omega} \sim N\left(\mu_{BL}, \Sigma_{BL}^{\mu}\right)$$

其中期望值 μ_{BL}（$N \times 1$ 列向量）和协方差矩阵 Σ_{BL}^{μ} 为：

$$\begin{aligned}\mu_{BL} &= \left[(\tau\Sigma)^{-1} + P^T\Omega^{-1}P\right]^{-1}\left[(\tau\Sigma)^{-1}\pi + P^T\Omega^{-1}q\right] \\ \Sigma_{BL}^{\mu} &= \left[(\tau\Sigma)^{-1} + P^T\Omega^{-1}P\right]^{-1}\end{aligned}$$

其中 τ 为比例系数（常数），反应主观观点相对于先验信息的比重。最后，我们可以得到结合先验信息与投资者观点的各资产后验预期收益率分布（Posterior distribution）为：

$$R|_{q;\Omega} = \mu|_{q;\Omega} + Z$$

其中 Z 为误差项，$Z \sim N(0, \Sigma)$。因此最后各资产后验预期收益率的期望值和方差分别为：

$$\begin{aligned}\mathbb{E}\left(R|_{q;\Omega}\right) &= \mu_{BL} \\ \Sigma_{BL} &= \Sigma + \Sigma_{BL}^{\mu}\end{aligned}$$

有了各资产之预期收益分布，特别是预期收益率之期望值与方差，就可以根据最小化风险，或者最大化收益率来求解各资产的配比状况。总的说来，BL 模型求解过程包括以下几步。

（1） 使用历史数据估计预期收益率的协方差矩阵，假设根据 N 种资产过去 T 期的收益率资料，则协方差矩阵为：

$$\hat{\Sigma} = \begin{bmatrix} \hat{\sigma}_{11} & \hat{\sigma}_{12} & \cdots & \hat{\sigma}_{1N} \\ \hat{\sigma}_{21} & \hat{\sigma}_{22} & \cdots & \hat{\sigma}_{2N} \\ \vdots & \vdots & \ddots & \vdots \\ \hat{\sigma}_{N1} & \hat{\sigma}_{N2} & \cdots & \hat{\sigma}_{NN} \end{bmatrix}$$

式中 $\hat{\sigma}_{ij}$ 是根据样本数据估计出来的资产 i 与 j 的协方差，表达式为 $\hat{\sigma}_{ij} = \mathbb{E}[(R_{i,t} - \hat{\mu}_i)(R_{j,t} - \hat{\mu}_j)]$，其中 $\hat{\mu}_i$ 为资产 i 的历史平均收益率，$\hat{\mu}_i = \frac{\sum_{t=1}^{T} R_{i,t}}{T}$。

（2） 确定市场预期之收益率向量（$N \times 1$ 列向量），也就是先验预期收益之期望值。我们可以用历史收益率均值作为先验预期收益之期望值，即 $\pi = \hat{\mu}$。也可以根据市场现有的价格、市场组合构成反推出市场隐含的均衡收益率（Implied Equilibrium Return Vector）来作为先验预期收益之期望：

$$\pi = \lambda\hat{\Sigma}\omega^m$$

其中 $\lambda = \frac{\mathbb{E}[R_m]-R_f}{\sigma_m^2}$ 为市场组合单位风险的超额收益，反应了市场对风险趋避的程度（R_m 为市场组合之收益率，R_f 为无风险收益，σ_m^2 为市场组合收益率之方差），ω^m 为市场组合各资产的投资比例，$\hat{\Sigma}$ 为估计出来的协方差矩阵。还可以根据 CAPM 模型中的 Alpha（历史超额收益率）来估计 π 。

（3） 融合投资人的个人观点，即确定 P、q、Ω。

（4） 修正后验收益。

（5） 投资组合优化：通过 Black-Litterman 模型，我们可以获得后验收益的期望值与协方差矩阵。根据这些信息，我们可以进行资产配置，比如利用 Markowitz 模型进行资产配置。

Black-Litterman 模型之 Python 实现

Python 并未向我们提供实现 Black-Litterman 模型的函数，但是，我们可以自己写函数来实现 Black-Litterman 模型。我们以五只股票（白云机场、华夏银行、浙能电力、福建高速和生益科技）作为投资标的物，根据 BL 模型对求解过程做以下设定。

（1） 计算出历史收益率之均值 $\hat{\mu}$ 及协方差矩阵 $\hat{\Sigma}$；

（2） 用历史收益率均值作为先验预期收益之期望值，即 $\pi = \hat{\mu}$；

（3） 结合投资者个人的观点（由 P、Q、Ω 代表，其中 P、Q 为已知的输入变量，Ω 要自己计算）；

（4） 根据公式计算出后验分布之期望值、协方差。

现在我们自己定义函数 blacklitterman( ) 来计算后验分布之期望值、协方差，该函数的输入变量有股票的历史收益率（returns），反应主观观点相对于先验信息的比重（tau），以及代表投资人看法的 P 和 Q。首先我们以历史收益率均值（mu）和协方差矩阵（sigma）作为先验预期收益之期望值和协方差，然后根据前文的公式计算后验分布之期望值（er）和协方差（posteriorSigma）。

```
#定义函数
In [34]: def blacklitterman(returns,tau, P, Q):
    ...:     mu=returns.mean()
    ...:     sigma=returns.cov()
    ...:     pi1=mu
    ...:     ts = tau * sigma
    ...:     Omega = np.dot(np.dot(P,ts),P.T) * np.eye(Q.shape[0])
    ...:     middle = linalg.inv(np.dot(np.dot(P,ts),P.T) + Omega)
    ...:     er = np.expand_dims(pi1,axis=0).T + np.dot(np.dot(np.dot(ts,P.T),middle),
```

```
   ...:                          (Q - np.expand_dims(np.dot(P,pi1.T),axis=1)))
   ...:     posteriorSigma = sigma + ts - np.dot(ts.dot(P.T).dot(middle).dot(P),ts)
   ...:     return [er, posteriorSigma]
```

我们延续 Markowitz 模型的 5 只股票资产分配的例子，在这里要加上投资者的个人观点进行分析。现在假设某股票分析师认为白云机场、华夏银行、浙能电力、生益科技四只股票的日均收益率将达到 0.3%；两只交通类股票白云机场和福建高速的日均收益将比浙能电力高 0.1%。以此为根据构建个人观点。

```
#构造投资人的个人观点
#构建资产选择矩阵P，假设分析师认为
#1.前4只股票收益率为日均0.3%
#2.两只交通股日均收益比浙能电力高0.1%

In [35]: pick1=np.array([1,0,1,1,1])
In [36]: q1=np.array([0.003*4])
In [37]: pick2=np.array([0.5,0.5,0,0,-1])
In [38]: q2=np.array([0.001])
In [39]: P=np.array([pick1,pick2])
In [40]: Q=np.array([q1,q2])

In [41]: P
Out[41]:
array([[ 1. ,  0. ,  1. ,  1. ,  1. ],
       [ 0.5,  0.5,  0. ,  0. , -1. ]])

In [42]: Q
Out[42]:
array([[ 0.012],
       [ 0.001]])

#修正后验收益
In [43]: res=blacklitterman(sh_return,0.1, P, Q)

In [44]: p_mean=pd.DataFrame(res[0],index=sh_return.columns,columns=['posterior_mean'])

In [45]: p_mean
Out[45]:
      posterior_mean
byjc        0.002857
fjgs        0.003931
hxyh        0.002629
sykj        0.002921
zndl        0.002337

In [46]: p_cov=res[1]

In [47]: p_cov
Out[47]:
          byjc      fjgs      hxyh      sykj      zndl
byjc  0.000353  0.000246  0.000134  0.000132  0.000180
fjgs  0.000246  0.000506  0.000138  0.000155  0.000201
hxyh  0.000134  0.000138  0.000515  0.000085  0.000179
```

```
sykj  0.000132  0.000155  0.000085  0.000385  0.000127
zndl  0.000180  0.000201  0.000179  0.000127  0.000494
```

得到了后验收益的期望值与协方差矩阵之后，就可以利用 Markowitz 模型进行资产的配置。这里我们定义新的函数 blminVar( ) 以求解资产配置权重。该函数的输入变量是上面自定义函数 blacklitterman( ) 的输出结果（blres），以及投资人的目标收益率（goalRet），其中 blres 包含的信息是资产的后验分布之均值和协方差。

```
In [48]: def blminVar(blres,goalRet):
    ...:         covs=np.array(blres[1])
    ...:         means=np.array(blres[0])
    ...:         L1=np.append(np.append((covs.swapaxes(0,1)),[means.flatten()],0),
    ...:                         [np.ones(len(means))],0).swapaxes(0,1)
    ...:         L2=list(np.ones(len(means)))
    ...:         L2.extend([0,0])
    ...:         L3=list(means)
    ...:         L3.extend([0,0])
    ...:         L4=np.array([L2,L3])
    ...:         L=np.append(L1,L4,0)
    ...:         results=linalg.solve(L,np.append(np.zeros(len(means)),[1,goalRet],0))
    ...:         return(pd.DataFrame(results[:-2],
    ...:                        index=blres[1].columns,columns=['p_weight']))
```

将前面加入投资人观点的资产后验分布结果 res 及投资人目标收益率（年收益率为 75%）作为 blminVar( ) 函数的输入变量，可得最优资产配置比。

```
In [49]: blminVar(res,0.75/252)
Out[49]:
      p_weight
byjc  0.226360
fjgs  0.172357
hxyh  0.201557
sykj  0.321434
zndl  0.078292
```

习题

1. 已知有下表所示的 5 种不同资产组合的风险和收益率的信息。哪种资产组合不是有效的资产组合？

资产组合	预期收益率	风险
A	0.05	0
B	0.07	0.12
C	0.07	0.06
D	0.07	0.04
E	0.05	0.06

2. 现在有四只股票，分别为 A、B、C、D。它们之间的相关系数如下：

	A	B	C	D
A	1	0.7	0.4	−0.7
B	0.7	1	0.5	−0.2
C	0.4	0.5	1	0.1
D	−0.7	−0.2	0.1	1

如果投资者想通过构建一个两只股票的组合来抵消风险，那么哪两只股票是最好的选择？为什么？

3. 现在有两只股票，分别为 A 和 B。假设 A 的预期收益率为 8%、标准差为 0.02，B 的预期收益率为 6%、标准差为 0.03，两者收益率的相关系数为 0.5。求：

（a） 30% 为 A、70% 为 B 的投资组合的预期收益率与标准差；

（b） 60% 为 A、40% 为 B 的投资组合的预期收益率与标准差。

4. 现在有三只股票，分别为 A、B、C。假设 A 的预期收益率为 4%、标准差为 0.015，B 的预期收益率为 6%，标准差为 0.022，C 的预期收益率为 5%，标准差为 0.027。三者的相关系数如下：

	A	B	C
A	1	0.7	0.4
B	0.7	1	0.35
C	0.4	0.35	1

现在，一名投资者想利用其中的两只股票构建一个预期收益率为 4.8% 的最小方差投资组合，找到该组合。

5. 对于以下 5 只股票，获取其 2009—2012 年的股价数据并绘制最小方差前缘曲线。

股票代码	股票名称
600039	四川路桥
600054	黄山旅游
600173	卧龙地产
600256	广汇能源
600252	中恒集团

6. 对于第 5 题中的 5 只股票，利用 Markowitz 模型构建资产组合，观察构建的资产组合是否在最小方差前缘曲线上。

7. 现在市场有 4 种资产 A、B、C、D，根据以下条件判断写出选择矩阵 P、看法向量 Q：

（a） 资产 A 的收益率为 6%；

（b） 资产 B 的收益率比资产 D 低 2%；

（c） 资产 C 的收益率比 A 低 3%。

8. 假设第 7 题中的资产 A、B、C、D 分别为浪潮信息、浦发银行、华泰证券、中青宝。获取这四只股票从 2012—2014 年的股价数据并利用 BL 模型构建资产组合。

9.（可选）假设投资人的投资目标为 5%，利用第 5 题中 5 只股票 2009 年—2012 年的价格数据，求解方差最小化的二次规划问题。

第20章 资本资产定价模型（CAPM）

20.1 资本资产定价模型的核心思想

回顾第19章，Markowitz模型用严谨的数理工具告诉投资者应该如何构建自己的投资组合，不过，在20世纪50年代该模型提出时，电脑并未普及，而且计算能力非常有限，在实际投资中应用Markowitz模型是一项计算量大、难度强、成本高的工作。基于这些问题，学者们开始试图从实证的角度出发，深入挖掘Markowitz模型，希望能够简化Markowitz模型，并将其应用在现实投资中。在20世纪60年代初，三位学者Sharpe（1964）、Lintner（1965）、Mossin（1966）[1]在Markowitz模型框架下不约而同推导出奠定现代投资学的经典模型：资本资产定价模型（Capital asset pricing model，CAPM）。三位学者经过严格的推导都得到以下结论：对于任意的资产组合 q，其收益率 R_q 满足以下关系式：

$$\mathbb{E}\left(R_q\right)-R_f=\beta_{qm}\left[\mathbb{E}\left(R_m\right)-R_f\right] \tag{20.1}$$

公式(20.1)被称为传统的CAPM模型，式中：

- R_m 是市场投资组合之收益率，该组合是市场上所有风险资产的组合，包括股票等金融资产，也包括黄金等实物资产，在现实中构建这样的投资组合是不大可能实现的，因此在实务上常以大盘指数来指代市场投资组合，根据大盘指数计算出来的收益率被看作 R_m；
- $\beta_{qm}=\frac{\sigma(R_q,R_m)}{\sigma^2(R_m)}$ 为投资组合 q 的Beta值，其中 $\sigma\left(R_q,R_m\right)$ 为资产组合收益率与市场投资组合收益率之间的协方差，$\sigma^2\left(R_m\right)$ 为市场投资组合的方差，Beta值反应出资产组合 q 的系统性风险；
- $\mathbb{E}\left(R_q\right)-R_f$ 为风险投资组合 q 比无风险资产高出的期望收益率，高出来的部分是因为投资人在持有风险组合 q 时承担了更多的风险，因此 $\mathbb{E}\left(R_q\right)-R_f$ 被称为风险溢酬（Risk premium）。

---

[1]详见 Sharpe, William F. “Capital asset prices: A theory of market equilibrium under conditions of risk*.” The journal of finance 19.3 (1964): 425-442.

Mossin, Jan. “Equilibrium in a capital asset market.” Econometrica: Journal of the econometric society (1966): 768-783.

Lintner, John. “The valuation of risk assets and the selection of risky investments in stock portfolios and capital budgets.” The review of economics and statistics (1965): 13-37.

传统CAPM模型中投资组合q可以是任意投资组合，因此可以是单只股票i，这样我们就可以得到现在广为流布的CAPM模型之表达式：

$$\mathbb{E}\left(R_i\right)=R_f+\beta_i\left[\mathbb{E}\left(R_m\right)-R_f\right] \tag{20.2}$$

其中$\beta_i=\frac{\sigma(R_i,R_m)}{\sigma^2(R_m)}$，可以反应出单只股票的系统风险水平，若$\beta_i=1$，则股票$i$的价格和大盘指数的波动性是一致的；若$|\beta_i|<1$，则股票$i$的价格波动程度小于大盘指数；若$|\beta_i|>1$，则股祟$i$的价格波动更大一些。$\beta$值为正说明股票$i$的价格与大盘指数同方向变动，反之则反向变动。CAPM模型说明，单只股票的期望收益是无风险收益加上系统性风险溢酬，非系统风险可以通过分散化投资消除，因此没有对应的风险溢酬。如果将公式(20.2)用图形表示出来，纵轴为不同股票或投资组合收益率之期望值，横轴为对应的Beta值，则可以得到一条直线，这条直线被称为证券市场线（Security Market Line），该直线截距为R_f、斜率为$\mathbb{E}\left(R_m\right)-R_f$。如图20.1所示。

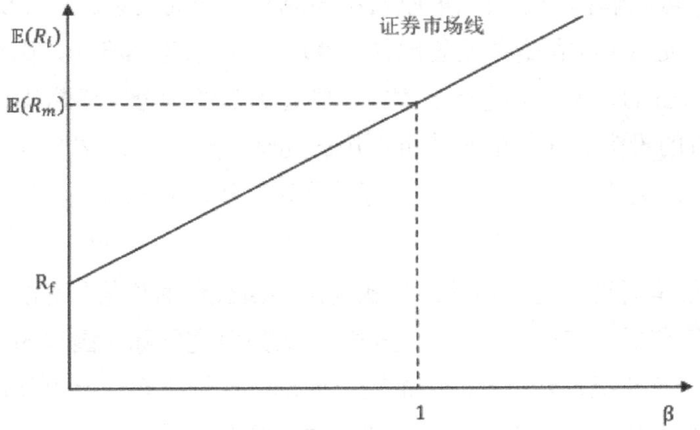

图 20.1 证券市场线

20.2 CAPM模型的应用

CAPM模型一经提出，就迅速在学术界和实务界得到广泛应用。在学术界，CAPM模型在研究公司金融（Corporate Finance）方面已经成为学者们必用的检测模型；在投资（Investment）方面的研究中，CAPM模型也被用来验证新的投资策略是否有效；也有学者从模型本身出发，试图让CAPM模型进一步贴近现实。在投资界，CAPM模型可谓经久不衰，很多券商会提供个股的β值以供投资者参考；Alpha策略也成为专业投资人必备的技能。在公司财务管理领域，CAPM的流行程度可以从Graham和Harvery（2001）[1]的问卷调查结果中看出，他们对392位CFO发放了调查问卷，结果发现有73%的CFO总是或者

[1]Graham, John R., and Campbell R. Harvey. "The theory and practice of corporate finance: Evidence from the field." Journal of financial economics 60.2 (2001): 187-243.

经常使用CAPM模型来作为融资成本的参考。在金融界著名的特许金融分析师（Chartered Financial Analyst，CFA）考试中，CAPM模型是必考的内容。综上所述，CAPM模型在其首次被提出后的50年里，理论发展和实务应用都没有退出历史的浪潮。接下来，我们重点介绍投资界中CAPM模型的应用。

CAPM模型公式中个股与大盘指数的收益率都是期望值，Jensen（1968）[2]在研究共同基金表现时将CAPM模型写成如下形式：

$$R_{it} - R_{ft} = \alpha_i + \beta_i (R_{mt} - R_{ft}) + \varepsilon_{it} \tag{20.3}$$

进行实证分析，R_{it}、R_{ft}、R_{mt}对应的是个股i、无风险资产（通常用银行存款、国债）、市场指数（大盘指数）的收益率之时间序列资料，对这些资料进行线性回归分析，得到未知参数α_i和β_i的估计值$\hat{\alpha}_i$和$\hat{\beta}_i$。式(20.3)中的α是由Jensen引入的，所以又被称为Jensen's Alpha。根据CAPM模型之假设，R_{it}是服从正态分布的随机数，这样就可以判断$\hat{\alpha}_i$和$\hat{\beta}_i$之统计显著性。$\hat{\beta}_i$可以解释个股过去的收益率与风险之间的关系。从CAPM模型来看，所有资产的$\hat{\alpha}$都应该是0（或者是不显著地异于0），若$\hat{\alpha}$显著异于0，则称个股i有异常收益（Abnormal Return），Alpha值代表收益率胜过大盘的部分，常常用来衡量基金经理人的绩效。现在所有的投资者在做的事情可以用一句话归纳总结：试图利用各种分析方法创造显著的正Algpha。这些分析方法大致上可以分为：基本面分析、消息面分析、技术面分析、Alpha 策略。

- 基本面分析就是通过研究公司的财务状况来判断公司的价值，可以从三个层面进行研究：经济环境分析、产业分析、公司分析，比如研究国际、国内的经济发展状况，产业的周期及竞争状况，公司的财务报表及内部运作情况等。运用基本面分析的投资策略很简单，买入被低估的股票，卖出被高估的股票，通常基本面分析结果比较适合作为中长期投资参考，基本面投资获得超额收益的诀窍在于比市场更早地发现被低估或者被高估的股票，在股价上涨之前买入，然后在股价上涨后卖出以获取利润。
- 技术面分析的基本信仰是“历史会重演”，只分析市场价格行为（股价走势、成交量、主力资金等），由此来判断股价的走势。由于技术面分析缺少理论上的支持而备受争议，比如著名的投资大师巴菲特曾说过：“当我把图表上下颠倒却得不出一个不同的答案后，我知道技术分析不会有用”。尽管如此，技术分析界也不乏传奇人物，比如20世纪技术分析大师威廉·江恩（William Delbert Gann）在投资市场纵横45年，经历了第一次世界大战、1929年美国股市大崩溃、30年代大萧条、第二次世界大战，在这样动荡的年代中，他赚取了5000多万美元利润，相当于现在的5亿多美元。
- 消息面分析是关注市场上的各种消息，包括宏观政策、行业政策、公司财务、经营状

[2]详见 Jensen, Michael C. “The performance of mutual funds in the period 1945–1964.” The Journal of finance 23.2 (1968): 389-416.

况等各类消息，然后分析股票的价格是否受消息的影响和受怎样的影响，然后根据分析结果进行相关操作，消息面分析运用的方法主要是基于 CAPM 模型的事件研究法。消息面分析很容易与基本面分析混淆，因为市场上的消息通常都是关于宏观政策、行业政策、公司状况的，这些消息都是关于公司基本面的，不过基本面分析者不会看到消息就有所反应，而是会先进行研究，判断消息的真假、消息是否会实现、是否会影响到公司的内在价值，然后与现在的股价相比较之后再决定是否要买进。

- Alpha 策略的出发点是 CAPM 模型，核心思想是通过构建投资组合对冲掉系统风险，锁定 Alpha 超额收益。若在有卖空机制的市场[1]，对冲投资组合比较好构建：首先明确整个投资组合的资金，然后确定出具有较高 Alpha 收益的、需要做多的证券组合（股票或者 ETF）和具有市场指数特征的、用来对冲掉系统性风险的、需要做空的证券组合，其次分配好资金的比重，最终获得稳定的 Alpha 收益。另外也可以用证券和股指期货结合进行操作，比如投资者预测出未来会跑赢大盘的证券，则可以在证券市场将其买入，同时在期货市场卖空股指期货合约，以对冲系统性风险，这样市场的涨跌不会影响到投资组合的收益。

接下来，我们先举例说明如何用 Python 估计 CAPM 模型的参数 α、β。

20.3　Python 计算单资产 CAPM 实例

我们以 2014 年的新安股份（600596.SH）的收益率作为 CAPM 模型中的 R_i，中证流通指数（000902.SH）[2]收益率作为 R_m，来计算新安股份的 Beta 值。另外，无风险利率为 2014 年一年期的国债利率，其年化利率为 3.6%，则日无风险利率为：

$$
\begin{aligned}
R_f &= (1+0.036)^{1/360}-1 \\
&= 9.824689\times 10^{-5}
\end{aligned}
$$

我们先来获取中证流通指数的收益率，将其命名为“mktret”：

```
#获取指数数据
In [1]: import pandas as pd
In [2]: indexcd=pd.read_csv('020/TRD_Index.csv',index_col='Trddt')

In [3]: mktcd=indexcd[indexcd.Indexcd==902]

In [4]: mktcd.head()
Out[4]:
           Indexcd  Daywk  Opnindex   Hiindex   Loindex  Clsindex  Retindex
```

[1]现在 A 股市场已经逐渐放松融资融券的限制，目前融资融券的门槛是投资者在开户券商开立账户时间满 6 个月，个人资产大于等于 10 万元人民币。可供融资融券的股票也逐渐增多，现在上交所融资融券标的证券（包括 ETF）共 508 只，深交所的有 405 只。

[2]中证流通指数是继上证新综指、深证新指数、中小板指数之后，综合反映沪深两市全流通 A 股的跨市场指数。该指数的样本由已经实施股权分置改革、股改前已经全流通以及新上市全流通的沪深两市 A 股股票组成，以综合反映我国沪深 A 股市场中全流通股票的股价变动的整体情况，为投资者提投资分析工具和业绩评价基准，为推进和深化股权分置改革提供服务。

```
Trddt
2014/1/2      902      4  3014.540  3029.042  3006.146  3028.749  0.002563
2014/1/3      902      5  3019.490  3022.980  2988.794  3001.462 -0.009009
2014/1/6      902      1  2995.242  2995.242  2922.058  2927.477 -0.024650
2014/1/7      902      2  2911.057  2943.681  2905.071  2938.602  0.003800
2014/1/8      902      3  2942.276  2972.339  2933.970  2950.733  0.004128

In [5]: mktret=pd.Series(mktcd.Retindex.values,index=pd.to_datetime(mktcd.index))

In [6]: mktret.name='mktret'

In [7]: mktret.head()
Out[7]:
 Trddt
2014-01-02    0.002563
2014-01-03   -0.009009
2014-01-06   -0.024650
2014-01-07    0.003800
2014-01-08    0.004128
Name: mktret, dtype: float64

In [8]: mktret=mktret['2014-01-02':'2014']

In [9]: mktret.tail()
Out[9]:
 Trddt
2014-12-25    0.024282
2014-12-26    0.020379
2014-12-29   -0.005938
2014-12-30   -0.008057
2014-12-31    0.015834
Name: mktret, dtype: float64
```

接下来，我们获取新安股份的股价数据，并计算其收益率。

```
#获取新安股份股票数据
In [10]: xin_an=pd.read_csv('020/xin_an.csv',index_col='Date')

In [11]: xin_an.index=pd.to_datetime(xin_an.index)

In [12]: xin_an.head()
Out[12]:
            Unnamed: 0   Open   High    Low  Close    Volume
Date
2014-01-01           1  10.59  10.59  10.59  10.59         0
2014-01-02           2  10.62  10.99  10.58  10.96  10984100
2014-01-03           3  10.89  11.04  10.71  10.85   7629900
2014-01-06           4  10.83  10.83  10.00  10.10  14364700
2014-01-07           5  10.05  10.22   9.95  10.11   5219100

#yahoo的数据中包含了一些非交易日(Volume=0)的数据，
#需要将这些数据删除，以免造成干扰
In [13]: xin_an=xin_an[xin_an.Volume!=0]
#直接用收盘价计算收益率，也可以用调整后的收盘价
In [14]: xin_anret=(xin_an.Close-xin_an.Close.shift(1))/xin_an.Close.shift(1)
```

```
In [15]: xin_anret.name='returns'

In [16]: xin_anret=xin_anret.dropna()

In [17]: xin_anret.head()
Out[17]:
Date
2014-01-03   -0.010036
2014-01-06   -0.069124
2014-01-07    0.000990
2014-01-08   -0.004946
2014-01-10   -0.047571

In [18]: xin_anret.tail()
Out[18]:
Date
2014-12-25    0.000000
2014-12-26    0.003724
2014-12-29   -0.027829
2014-12-30   -0.015267
2014-12-31    0.005814
```

然后将新安股份和市场指数收益率合并在一起，并计算各自的风险溢酬：

```
#将新安股份和市场指数收益率合并在一起，将没有交易的数据删除
In [19]: Ret=pd.merge(pd.DataFrame(mktret),
    ...:              pd.DataFrame(xin_anret),
    ...: left_index=True,right_index=True,how='inner')

#计算无风险收益率
In [20]: rf=1.036**(1/360)-1

In [21]: rf
Out[21]: 9.824689212445392e-05

#计算股票超额收益率和市场风险溢酬
In [22]: Eret=Ret-rf
In [23]: Eret.head()
Out[23]:
              mktret    returns
2014-01-03 -0.009107 -0.010135
2014-01-06 -0.024748 -0.069223
2014-01-07  0.003702  0.000892
2014-01-08  0.004030 -0.005044
2014-01-09 -0.011597 -0.017991
```

接下来我们先绘制两者之间的散点图，来看新安股份与中证流通收益率之间大致的关系，散点图的绘制可调用 scatter( ) 函数，如图 20.2 所示。不过我们需要先解除 Eret 的 Series 数据类型，这里用其 values 属性提取出数据。

```
#画出散点图
In [24]: import matplotlib.pyplot as plt
```

```
In [25]: plt.scatter(Eret.values[:,0],Eret.values[:,1])
    ...: plt.title('XinAnGuFen return and market return')
Out[25]: <matplotlib.text.Text at 0x7fdfc774de10>
```

图 20.2　2014 年新安股份收益率与市场收益率对比散点图

接下来拟合 CAPM 模型，即：

$$R_i - R_f = \alpha_i + \beta_i (R_m - R_f) + \varepsilon_i$$

该过程用 statsmodels 包中的 OLS( ) 函数实现，分析的对象是之前生成的 xts 数据集 Eret。

```
In [26]: import statsmodels.api as sm

In [27]: model=sm.OLS(Eret.returns[1:],sm.add_constant(Eret.mktret[1:]))

In [28]: result=model.fit()

In [29]: result.summary()
Out[29]:
<class 'statsmodels.iolib.summary.Summary'>
"""
                            OLS Regression Results
==============================================================================
Dep. Variable:                returns   R-squared:                       0.240
Model:                            OLS   Adj. R-squared:                  0.237
Method:                 Least Squares   F-statistic:                     75.99
Date:                Mon, 21 Mar 2016   Prob (F-statistic):           4.78e-16
Time:                        19:24:34   Log-Likelihood:                 575.64
No. Observations:                 242   AIC:                            -1147.
Df Residuals:                     240   BIC:                            -1140.
Df Model:                           1
Covariance Type:            nonrobust
```

```
==============================================================================
                 coef    std err          t      P>|t|      [95.0% Conf. Int.]
------------------------------------------------------------------------------
const         -0.0017      0.001     -1.154      0.250        -0.005     0.001
mktret         1.1299      0.130      8.717      0.000         0.875     1.385
==============================================================================
Omnibus:                       46.845   Durbin-Watson:                   1.983
Prob(Omnibus):                  0.000   Jarque-Bera (JB):              213.834
Skew:                           0.658   Prob(JB):                     3.69e-47
Kurtosis:                       7.413   Cond. No.                         89.5
==============================================================================
```

根据 OLS( ) 的拟合结果，2014 年新安股份与中证流通指数的关系为：

$$R_i - R_f = -0.0017 + 1.1299\,(R_m - R_f) + \varepsilon_i$$

不过 Alpha 值并不显著地异于 0，从 Beta 值来看，新安股份的波动率大于整个大盘。

20.4　CAPM 模型的评价

CAPM 模型形式上简单明了、思想上易于理解，它把任何一种风险证券的价格都划分为三个因素：无风险收益率、风险的价格和风险的计算单位，并把这三个因素有机结合在一起。CAPM 简单的线性结构令其在学术界和业界被广泛使用，并成为现代金融市场价格理论的基础。

CAPM 建立在 Markowitz 投资组合模型基础之上，也建立在 Markowitz 模型的假设之上。总结起来，CAPM 模型需要满足如下假设。

1. 投资者希望财富越多越好，效用是财富的函数，财富又是投资收益率的函数，因此可以认为效用为收益率的函数；
2. 投资者能事先知道投资未来收益率的概率分布为正态分布，且所有投资者对资产未来收益率概率分布的看法是一致的，投资风险用投资收益率的方差或标准差度量，影响投资决策的主要因素为期望收益率和风险两项；
3. 所有投资者具有相同的投资期限；
4. 所有的证券投资可以无限制地细分，在任何一个投资组合里都可以含有非整数股份；
5. 投资者都遵守占优准则（Dominance Rule），即在同一风险水平下选择收益率较高的证券，在同一收益率水平下选择风险较低的证券；
6. 可以在无风险折现率的水平下无限制地借入或贷出资金，买卖证券时没有税负及交易成本；
7. 所有投资者可以及时免费获得充分的市场信息；
8. 不存在通货膨胀，且折现率不变。

总结分析上述假设，我们可以再次看出投资者是理性的，且严格按照马科威茨模型的规则进行多样化的投资，并将从有效边界的某处选择投资组合；此外，资本市场是完全有效的市场，没有任何磨擦阻碍投资。可以看出，CAPM 的假设前提是难以实现的，不过与任何理论模型相似，只要理论模型重点强调的内容可以代表现实，其他部分用假设来简化是无伤大雅的。不过，CAPM 中的 Beta 值是非常不确定的，相同股票在不同时期估计 Beta 值会得到截然不同的结果，特别是现在几乎都在用历史数据进行计算 Beta 值，这样的 Beta 对投资的指导意义并不是很大。

习题

1. 假设市场投资组合的收益率为 10%，无风险利率为 4%：
   （a） 当 A 公司的 β 值为 1 时，A 公司股票的预期收益率为多少？
   （b） 当 A 公司的 β 值为 1.5 时，A 公司股票的预期收益率为多少？
   （c） 当 A 公司的 β 值为 0.7 时，A 公司股票的预期收益率为多少？
2. 假设市场资产组合的收益率为 0.11，同时无风险利率为 0.07，利用资本资产模型确定下述证券是否被错误定价：

股票	预期收益率	Beta 系数
A	0.105	0.75
B	0.115	1.2
C	0.12	1.35

3. 说明下列事件对公司 β 值的影响：
   （a） 无风险利率提高；
   （b） 公司所处行业逐渐衰退；
   （c） 公司负债比重降低。
4. 证券 i 的 Beta 系数可以写成：$\beta_i = \frac{\sigma_{im}}{\sigma_m^2}$，其中 σ_{im} 为证券 i 的收益率与市场组合收益率的协方差。我们知道协方差是相关系数与标准差的乘积，即 $\sigma_{im} = \rho_{im}\sigma_i\sigma_m$。
   （a） Beta 系数为 1 的证券的风险特征是什么？
   （b） Beta 系数为 0 的证券的风险特征是什么？
5. 假设两家公司的 β 值分别为 0.7 和 1.6，那么，一个风险厌恶的投资者应该选择哪只股票？为什么？
6. 下面是 A 公司股票的收益率与市场组合的收益率的数据，据此计算 A 公司的 β 值。

R_A	8.6	5.3	7.2	8.8	6.4	5.9	7.7
R_m	7.1	5.2	5.8	6.3	5.3	4.9	6.6

7. CAPM 模型中的 Alpha 值经常被投资者作为投资决策的依据。一般来说，投资者会选择持有 Alpha 值较大的股票。现在，假设市场投资组合的收益率为 10%，无风险利

率为 4%，A 公司的 β 值为 1.2、预期收益率为 9%，而 B 公司的 β 值为 1.3、预期收益率为 12%。那么，投资者应该选择哪只股票？

8. 获取农业银行 2014 年的股价数据并建立 CAPM 模型，市场组合收益率为本章所使用的数据。
9. 获取乐视网 2014 年的股价数据：
    （a） 建立 CAPM 模型；
    （b） 使用该模型估计乐视 2015 年 1 月份的预期收益率并与实际收益率进行比较。
10. 从 Stock.accdb 文件中获取所有券商的股价数据，建立 CAPM 模型并根据 Alpha 值选出 3 只股票，市场组合收益率为本章所使用的数据。

第21章 Fama-French三因子模型

21.1 Fama-French三因子模型的基本思想

自提出CAPM模型以后，不断有学者对其进行实证验证和应用。有证据表明，市场风险溢酬因子不能充分解释个别风险资产的收益率，因此学者们不断探寻影响资产定价的其他因子。Banz（1981）[1]指出公司股票的市值（Market Equity，股票价格×在外流通股数）会影响到股票的收益率，投资市值小的公司之绩效表现优于投资市值大的公司。Banz把市值与股票收益率相关的现象称为规模效应（Size Effect）。Basu（1977）[2]发现低本益比（Price to Earnings Ratio，P/E Ratio）的股票之收益率会有比较高的Alpha值；他在1983年[3]综合考虑规模效应之后，依旧发现投资低本益比的股票回报更高。Bhandari（1988）[4]在考虑了市场风险和规模效应之后，发现杠杆比例（Leverage）高的公司收益率较大。也有很多学者[5]发现股票的收益率与股票的账面市值比（Book to Market Equity Ratio，B/M Ratio）[6]有关，高B/M Ratio的股票会得到更高的报酬，学者们将这种现象称为价值效应（Value Effect）。从这些实证结果来看，CAPM模型并不足以充分解释资产的收益率，而且有很多因子看起来都可以用在资产定价模型里。

Fama和French于1992年[7]和1993年[8]对美国股票市场中股票收益率的决定因素进行了全面性的研究分析，他们发现单独使用Beta或者分别与市值、P/E比、杠杆比例、B/M比结合在一起来解释股票收益率时，Beta的解释能力很弱。而市值、P/E比、杠杆比例、B/M比各因子单独用来解释收益率时，每个因子的解释能力都很强，当把这些因子组合起来时，市值、B/M比会弱化杠杆比例和P/E比的解释能力。因此，Fama和French从可以解释股票收益率的众多因素中提取出3个重要的影响因子，即市场风险溢酬因子、市值

[1]Banz, Rolf W. "The relationship between return and market value of common stocks." Journal of financial economics 9.1 (1981): 3-18.

[2]Basu, Sanjoy. "Investment performance of common stocks in relation to their price-earnings ratios: A test of the efficient market hypothesis." The journal of Finance 32.3 (1977): 663-682.

[3]Basu, Sanjoy. "The relationship between earnings' yield, market value and return for NYSE common stocks: Further evidence." Journal of financial economics 12.1 (1983): 129-156.

[4]Bhandari, Laxmi Chand. "Debt/equity ratio and expected common stock returns: Empirical evidence." Journal of finance (1988): 507-528.

[5]比如（1）Stattman, Dennis. "Book values and stock returns." The Chicago MBA: A Journal of Selected Papers 4, 25-45.（2）Rosenberg, Barr, Kenneth Reid, and Ronald Lanstein. "Persuasive evidence of market inefficiency." The Journal of Portfolio Management 11.3 (1985): 9-16.（3）Chan, Louis KC, Yasushi Hamao, and Josef Lakonishok. "Fundamentals and stock returns in Japan." The Journal of Finance 46.5 (1991): 1739-1764.

[6]计算：B/M Ratio = 股票的账面价值/市场价值，是市净率（Price to Book Ratio，P/B Ratio的倒数）

[7]Fama, Eugene F., and Kenneth R. French. "The cross-section of expected stock returns." the Journal of Finance 47.2 (1992): 427-465.

[8]Fama, Eugene F., and Kenneth R. French. "Common risk factors in the returns on stocks and bonds." Journal of financial economics 33.1 (1993): 3-56.

因子和账面市值比因子，仿照 CAPM 模型用这 3 个因子建立起线性模型来解释股票的收益率，这就是著名的 3 因子模型（Fama-French Three Factor Model）。

三因子模型中的 3 个因子均为投资组合的收益率：市场风险溢酬因子对应的是市场投资组合的收益率，市值因子对应的做多市值较小公司、做空市值较大公司的投资组合之收益率，账面市值比因子对应的是做多高 B/M 比公司、做空低 B/M 比公司的投资组合之收益率。三因子模型的具体形式如下：

$$\mathbb{E}\left(R_{it}\right)-R_{ft}=b_i\left[\mathbb{E}\left(R_{mt}\right)-R_{ft}\right]+s_i\mathbb{E}\left(SMB_t\right)+h_i\mathbb{E}\left(HML_t\right)$$

其中 SMB（Small Minus Big）为市值因子，也就是小公司比大公司高出的收益率；HML（High Minus Low）代表账面市值比因子，用高 B/M 比股票收益率减去低 B/M 比公司的收益率得到；b_i、s_i 和 h_i 分别为投资组合（或单只股票）的收益率对 3 个因子的敏感系数。实证上常常用：

$$R_{it}-R_{ft}=\alpha_i+b_i\left(R_{mt}-R_{ft}\right)+s_iSMB_t+h_iHML_t+\varepsilon_{it}$$

来做回归检验，公式中 α_i 为超额收益率。在进行实证研究应用时，投资组合（或个股）收益率 R_{it}、无风险收益率 R_{ft}、市场投资组合 R_{mt}、市值因子组合 SMB_t 和账面市值比因子组合 HML_t 的数据都是已知的，通过线性回归拟合最小化残差平方和我们可以得到参数 α_i、b_i、s_i 和 h_i 的估计值，检验超额收益及 3 个因子的系数是否显著地异于 0，也就是检验 3 个因子是否能够解释收益率。接下来，我们来了解一下各因子数据是如何计算和获得的。

- R_{it} 和 R_{mt} 的数值获取：国泰安数据库、中国证券市场交易数据库 CSMAR 等有提供股票交易及收益率数据，市场投资组合收益率 R_{mt} 可以直接从数据库中获取。关于 R_{it}：若研究对象为个股，R_{it} 可以直接从数据库中获取；若研究对象为投资组合，R_{it} 需要用个股收益率经过加权平均计算，加权平均有两种方式：一种是等比例加权平均（Equal Weighted Average）、另一种是按市值比例加权平均（Value Weighted Average），两种加权方式都很常见。
- R_{ft} 的数值获取：无风险利率 R_{ft} 可以取值为中国人民银行公布的人民币利率，也可以参考政府债券的利率。投资组合（或个股）i 的风险溢酬 $R_{it}-R_{ft}$ 和市场风险溢酬 R_{mt}-R_{ft} 即可计算出。
- SMB_t 和 HML_t 的计算（参考 Fama 和 French（1993））及获取：
  - ◇ SMB_t 对应的是做多市值较小公司、做空市值较大公司的投资组合之收益率，因此我们需要确定什么是“市值较小”和“市值较大”公司。这里的市值对应的是公司股票的市值（之后称为 Size），等于股票价格 P 乘以在外流通股数 Q。上市公司 k 在时点 t 的市值即为 $ME_{kt}=P_{kt}\times Q_{kt}$。将所有上市公司的 Size 计算出来以后，按照从小到大的顺序排序，找出 Size 的中位数，将 Size 低于中位数的公司定义为 Small 组，高于中位数的公司定义为 Big 组。

◊ HML_t 对应的是做多高 B/M 比公司、做空低 B/M 比公司的投资组合之收益率，所以也是要确定"B/M 比高低"的公司。首先，上市公司 k 在时点 t 的 B/M $\text{Ratio}_{kt} = BE_{kt}/ME_{kt}$，其中 BE_{kt} 为公司 k 在时点 t 股权的账面价值（Book Common Equity），可以从财务报表相关数据库获得。计算出所有上市公司的 B/M 比之后，按照从小到大的顺序排序，然后将排在前 30% 的公司划为 Low 组，将后 30% 的公司划为 High 组，将中间 40% 的公司定义为 Medium 组。

◊ 我们根据 Size 和 B/M 比划分的组别可以得到 6 组投资组合，分别是 S/L、S/M、S/H、B/L、B/M、B/H，其中两个字母代表同时属于两个组别，比如 S/L 是指由 Size 上属于 Small 组、B/M 比上属于 Low 组的上市公司组成的投资组合。得到 6 个投资组合后，我们用按市值比例加权平均的方式来计算每组的平均收益率，具体做法为：用每个投资组合中每只股票的市值除以整个组内所有公司的市值总和得到个股权重，再对整个组内所有个股收益率加权平均即可以得到该组的收益率。比如 B/M 组由 K 个公司组成，t 时点时每个公司的市值分别为 $M_{1t}, M_{2t}, \ldots, M_{Kt}$，各公司的股票收益率分别为 $R_{1t}, R_{2t}, \ldots, R_{Kt}$，那么 B/M 投资组合的收益率为：

$$
\begin{aligned}
BM_t &= \frac{M_{1t}}{\sum_K M_{kt}} R_{1t} + \frac{M_{2t}}{\sum_K M_{kt}} R_{2t} + \cdots + \frac{M_{Kt}}{\sum_K M_{kt}} R_{Kt} \\
&= \sum_K M_{kt} R_{kt} / \sum_K M_{kt}
\end{aligned}
$$

我们将 6 个投资组合的收益率标识为：SL、SM、SH、BL、BM、BH。

◊ 根据 Fama 和 French（1993）的设定：

$$
\begin{aligned}
SMB_t &= \frac{1}{3}(SL_t + SM_t + SH_t) - \frac{1}{3}(BL_t + BM_t + BH_t) \\
HML_t &= \frac{1}{2}(SL_t + BL_t) - \frac{1}{2}(SH_t + BH_t)
\end{aligned}
$$

从整个过程来看，SMB_t 和 HML_t 的计算稍稍有些复杂，因此现在一些数据库厂商会计算好这三个因子提供给使用者，在接下来的例子中，为了重点突出三因子模型的实证应用，我们就不把重点放在计算因子上，直接应用下载好的数据。

21.2 三因子模型之 Python 实现

下面我们以个股为例来说明三因子模型中参数的估计过程，这里以华夏银行（600015.SH）为例，第一步是获取该股票的收益率数据。收益率时序图如图 21.1 所示。

```
In [1]: import pandas as pd

In [2]: stock=pd.read_table('021/stock.txt',sep='\t',index_col='Trddt')

In [3]: stock.head(n=3)
Out[3]:
            Stkcd  Opnprc  Hiprc  Loprc  Clsprc  Dnshrtrd     Dnvaltrd  \
Trddt
2014/3/19    2599   14.15  14.30  13.50   13.73   2364472  32498977.36
2014/3/20    2599   13.68  13.79  12.86   12.93   1274364  17163807.82
2014/3/21    2599   12.90  13.22  12.63   13.18   1431518  18536799.51
            Dsmvosd    Dsmvtll    Dretwd     Dretnd    Adjprcwd   Adjprcnd  \
Trddt
2014/3/19  576660.0  1812360.0 -0.028996 -0.028996  14.016574  13.729988
2014/3/20  543060.0  1706760.0 -0.058267 -0.058267  13.199876  12.929989
2014/3/21  553560.0  1739760.0  0.019335  0.019335  13.455094  13.179989
           Markettype   Capchgdt  Trdsta
Trddt
2014/3/19           4  2012/7/16       1
2014/3/20           4  2012/7/16       1
2014/3/21           4  2012/7/16       1



#获取华夏银行的股票数据
#股票代码是"600015.SH"，华夏银行的英文是"Hua Xia Bank "
In [4]: HXBank = stock[stock.Stkcd==600015]

In [5]: HXBank.head(n=3)
Out[5]:
            Stkcd  Opnprc  Hiprc  Loprc  Clsprc  Dnshrtrd     Dnvaltrd  \
Trddt
2014/1/2   600015    8.51   8.51   8.24    8.30  37610633  312566002.0
2014/1/3   600015    8.25   8.25   8.00    8.06  29878459  241173977.0
2014/1/6   600015    8.10   8.15   7.81    7.87  34358547  272247252.0
              Dsmvosd      Dsmvtll    Dretwd     Dretnd   Adjprcwd   Adjprcnd  \
Trddt
2014/1/2  53847800.53  73908541.12 -0.031505 -0.031505  21.201796  16.832287
2014/1/3  52290755.70  71771426.68 -0.028916 -0.028916  20.588732  16.345570
2014/1/6  51058095.20  70079544.42 -0.023573 -0.023573  20.103390  15.960253
          Markettype   Capchgdt  Trdsta
Trddt
2014/1/2           1  2013/7/24       1
2014/1/3           1  2013/7/24       1
2014/1/6           1  2013/7/24       1

In [6]: HXBank.index=pd.to_datetime(HXBank.index)


#提取华夏银行的收益率数据
In [7]: HXRet=HXBank.Dretwd

In [8]: HXRet.name='HXRet'
```

```
In [9]: HXRet.head()
Out[9]:
Trddt
2014-01-02    -0.031505
2014-01-03    -0.028916
2014-01-06    -0.023573
2014-01-07    -0.003812
2014-01-08     0.021684
Name: HXRet, dtype: float64

In [10]: HXRet.tail()
Out[10]:
Trddt
2015-04-08     0.018235
2015-04-09     0.000000
2015-04-10     0.045129
2015-04-13     0.019191
2015-04-14     0.031607
Name: HXRet, dtype: float64

In [11]: HXRet.plot()
Out[11]: <matplotlib.axes._subplots.AxesSubplot at 0x7f63789e40b8>
```

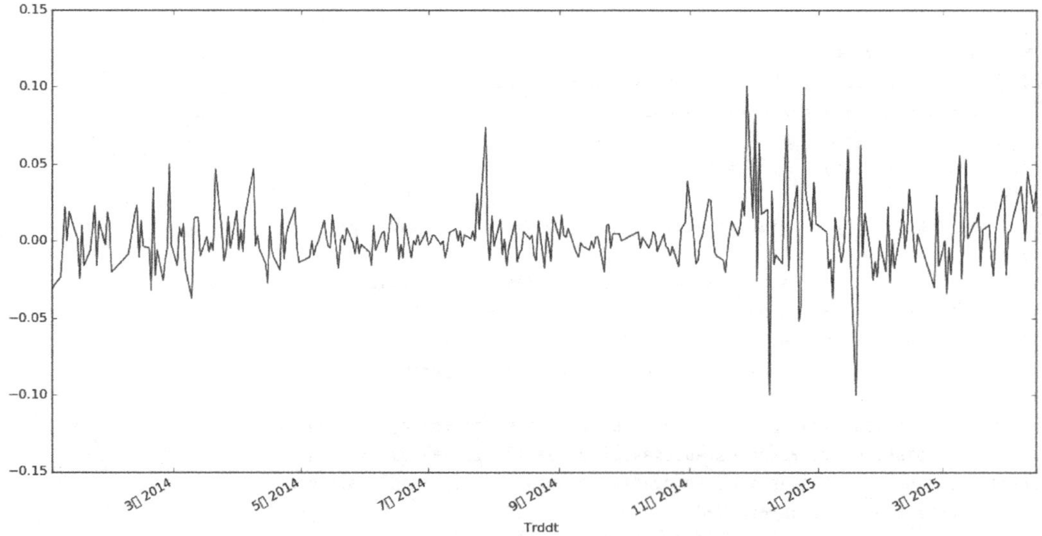

图 21.1　2014 年华夏银行收益率时序图

接下来,我们读取三因子模型中的市场投资组合风险溢酬因子、市值因子(SMB)、账面市值比因子(HML)数据,该数据包含以下几种:股票市场类型编码(MarkettypeID),其中 P9710 代表综合 A、B 股和创业板市场;交易日期(TradingDate);市场投资组合风险溢酬因子(RiskPremium)、市值因子(SMB)、账面市值比因子(HML),其中 RiskPremium1、SMB1、HML1 中投资组合收益率是将个股收益率用流通市值加权平均计算得到;RiskPremium2、SMB2、HML2 中投资组合收益率是将个股收益率用总市值加权平均计算得到。

```
#获取三因子数据
```

```
In [12]: ThreeFactors=pd.read_table('021/ThreeFactors.txt',sep='\t',
    ...:                            index_col='TradingDate')

In [13]: ThreeFactors.head(n=3)
Out[13]:
           MarkettypeID  RiskPremium1  RiskPremium2       SMB1      SMB2  \
TradingDate
1992/1/30         P9710        0.0098        0.0068  -0.000193 -0.003945
1992/1/31         P9710        0.0138        0.0098   0.007597  0.006065
1992/2/1          P9710        0.0058        0.0058   0.011516  0.009544
                HML1      HML2
TradingDate
1992/1/30   0.001878  0.001132
1992/1/31  -0.003275 -0.002141
1992/2/1   -0.006743 -0.006776

#将三因子数据转化成时间序列格式
In [14]: ThreeFactors.index=pd.to_datetime(ThreeFactors.index)

#截取2014年1月2日以后的数据
In [15]: ThrFac=ThreeFactors['2014-01-02':]

#获取三个因子变量
In [16]: ThrFac=ThrFac.iloc[:,[2,4,6]]

In [17]: ThrFac.head()
Out[17]:
             RiskPremium2      SMB2      HML2
TradingDate
2014-01-02       0.000919 -0.014747 -0.019279
2014-01-03      -0.009081 -0.005061 -0.015440
2014-01-06      -0.020081  0.015898  0.009018
2014-01-07       0.001919 -0.007034 -0.015003
2014-01-08       0.001919 -0.001121 -0.019687

#合并收益率数据与三因子数据
In [18]: HXThrFac=pd.merge(pd.DataFrame(HXRet),pd.DataFrame(ThrFac),
    ...:                   left_index=True,right_index=True)

In [19]: HXThrFac.head(n=3)
Out[19]:
               HXRet  RiskPremium2      SMB2      HML2
2014-01-02 -0.031505      0.000919 -0.014747 -0.019279
2014-01-03 -0.028916     -0.009081 -0.005061 -0.015440
2014-01-06 -0.023573     -0.020081  0.015898  0.009018

In [20]: HXThrFac.tail(n=3)
Out[20]:
               HXRet  RiskPremium2      SMB2      HML2
2015-04-09  0.000000     -0.008068  0.004602 -0.008750
2015-04-10  0.045129      0.022932 -0.010130 -0.002671
2015-04-13  0.019191      0.023932 -0.007518  0.009513
```

然后，我们用作图函数查看股票收益率和三个因子之间的相关性。如图 21.2 所示。

```
In [22]: plt.subplot(2,2,1)
    ...: plt.scatter(HXThrFac.HXRet,HXThrFac.RiskPremium2)
    ...: plt.subplot(2,2,2)
    ...: plt.scatter(HXThrFac.HXRet,HXThrFac.SMB2)
    ...: plt.subplot(2,2,3)
    ...: plt.scatter(HXThrFac.HXRet,HXThrFac.HML2)
Out[22]: <matplotlib.collections.PathCollection at 0x7f6378770978>
```

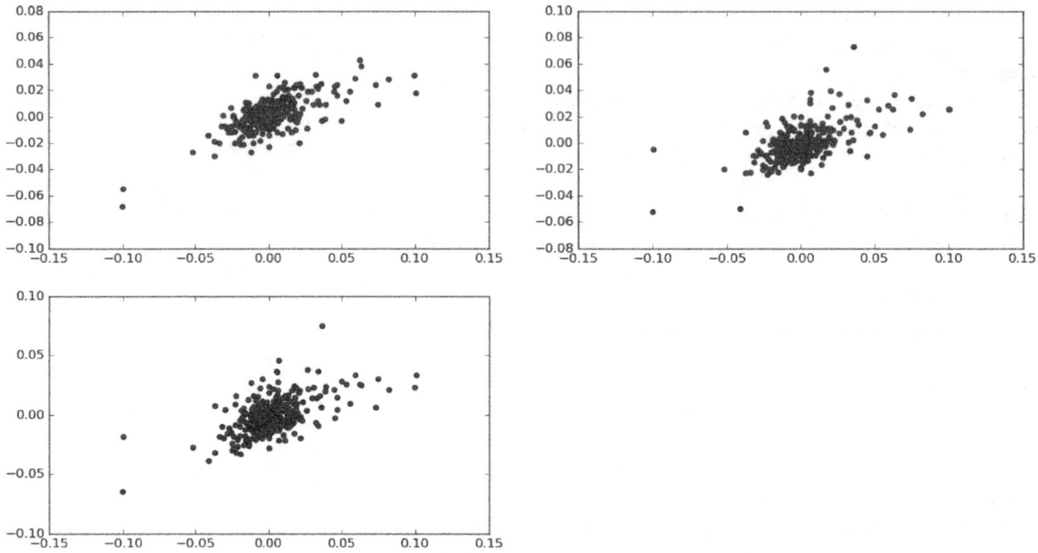

图 21.2　华夏银行三因子模型配对图

接下来，我们将华夏银行的股票收益率与三个因子变量建立多元回归模型。从回归结果来看，华夏银行 2014 年 1 月至 2015 年 4 月股票的收益率对三因子模型中的市场投资组合风险溢酬因子、账面市值比因子是敏感的，也就是说这两个因子可以部分解释华夏银行的收益率变动，而市值因子的系数不显著地异于 0，解释能力不够强。

```
In [23]: import statsmodels.api as sm

In [24]: regThrFac=sm.OLS(HXThrFac.HXRet,sm.add_constant(HXThrFac.iloc[:,1:4]))

In [25]: result=regThrFac.fit()

In [26]: result.summary()
Out[26]:
<class 'statsmodels.iolib.summary.Summary'>
"""
                            OLS Regression Results
==============================================================================
Dep. Variable:                  HXRet   R-squared:                       0.695
Model:                            OLS   Adj. R-squared:                  0.692
Method:                 Least Squares   F-statistic:                     232.5
Date:                Mon, 21 Mar 2016   Prob (F-statistic):           1.43e-78
Time:                        19:29:29   Log-Likelihood:                 929.94
No. Observations:                 310   AIC:                            -1852.
```

```
Df Residuals:                     306   BIC:                         -1837.
Df Model:                           3
Covariance Type:            nonrobust
==============================================================================
                 coef    std err          t      P>|t|      [95.0% Conf. Int.]
------------------------------------------------------------------------------
const          0.0003      0.001      0.444      0.657        -0.001     0.002
RiskPremium2   1.0459      0.057     18.438      0.000         0.934     1.158
SMB2           0.1899      0.104      1.820      0.070        -0.015     0.395
HML2           0.5659      0.091      6.236      0.000         0.387     0.744
==============================================================================
Omnibus:                       56.500   Durbin-Watson:                   1.917
Prob(Omnibus):                  0.000   Jarque-Bera (JB):              270.229
Skew:                           0.637   Prob(JB):                     2.09e-59
Kurtosis:                       7.393   Cond. No.                         194.
==============================================================================
```

我们可以用 params 属性提取模型的系数。

```
In [27]: result.params
Out[27]:
const           0.000313
RiskPremium2    1.045921
SMB2            0.189923
HML2            0.565870
dtype: float64
```

21.3 三因子模型的评价

在建模时，我们一般把数据分成两组，即历史建模数据和预测数据。

以 2012 年为例，我们可以把 2001—2012 年每年的 6 月份月数据作为历史建模数据，通过把某投资组合（包括单只股票）的预期收益率与无风险收益率的差值 $R_i - R_f$、市场投资组合因子 $R_M - R_f$、市值因子 R_{SMB} 和账面市值比因子 R_{HML} 数据带入三因子模型公式，求出系数 b_i、s_i、h_i 和截距项 α_i。

再用这些系数和 2013 年与 2014 年每年的 6 月份市场投资组合因子 $R_M - R_f$、市值因子 R_{SMB} 和账面市值比因子 R_{HML} 数据求出 2013 年和 2014 年 6 月份的某投资组合（包括单只股票）的预期收益率与无风险收益率的差值 $R_i - R_f$，进而可以预测该投资组合（包括单只股票）的预期收益率 R_i。

在预测投资组合收益方面，CAPM 模型只考虑了市场风险，三因子模型除了市场风险以外，还考虑了不同公司本身的运营情况和在市场中的价值等因素，更加多方面考虑了股票收益率的影响因素。在投资界和学术研究中，三因子模型建模稳定，能较准确预测股票的收益率，Fama-French 三因子模型受到很多投资者和学者青睐。

习题

1. 找出一个你认为会影响股票价格的因素，并以万科（股票代码：000002）为例，建立单因子模型。并用 R 进行分析，验证这一假设的真伪。
2. 简述资本资产定价模型与三因子模型的异同。
3. 假设某市场各组股票的收益率为：

	High	Medium	Low
Small	6	4.7	5.4
Big	5	5.4	5.8

计算 R_{SMB} 与 R_{HML}。

4. 假设某股票的三因子模型为：

$$R_i - R_f = 0.01 + 1.2(R_M - R_f) + 0.5SMB + 0.1HML$$

（1）该股票的异常收益率为多少？

（2）当 R_f 为 0.5% 且 R_M、R_{SMB}、R_{HML} 分别为 2%、2.4%、1.8% 时，该股票的预期收益率为多少？

5. 读取 problem 21.txt 文件中中远航运的 2014 年股价数据以及 ThreeFactors.txt 文件中的 2014 年三因子数据，按照文中的步骤建立三因子模型。
6. 读取 problem 21.txt 文件中中信证券的 2014 年股价数据以及 ThreeFactors.txt 文件中的 2014 年三因子数据：

（1）建立 CAPM 模型；

（2）建立三因子模型；

（3）分别使用构建的 CAPM 模型和三因子模型估计中信证券 2015 年 1 月的收益率，比较两者的结果。

7. 文件 Bank.csv 中包含了银行板块各只股票的 2014 年股价数据，读取这些数据以及 ThreeFactors.txt 文件中的 2014 年三因子数据：

（1）对各只股票建立 CAPM 模型并根据 Alpha 值选出三只股票；

（2）对各只股票建立三因子模型并根据 Alpha 值选出三只股票；

（3）比较两种模型选股的结果。

第4部分

时间序列简介与配对交易

第22章 时间序列基本概念

22.1 认识时间序列

在实际的金融数据分析中最常见的数据类型有三类，即横截面数据（Cross Section Data）、时间序列数据（Time Series Data）、面板数据（Panel Data）。

- 横截面数据描述的是不同个体在同一时间的属性或特征变量，比如从不同公司在同一时间发布的财务报表中，我们可以得到同一年度这些公司的净收益（Net Income）。
- 时间序列数据记录的是同一个个体的某个特征随着时间的推移不断发展的过程，比如每天的存款利率、股票的日收盘价、公司每年发放的股利等。
- 面板数据刻画的是不同个体的某个特征随着时间的推移各自变化的经过，比如所有上市公司股票的日收益率、所有公司的年销售额（Total Sales）等。

在金融市场中，我们面对的很多数据都是时间序列数据。举一个简单的例子，将上证综指每天的收盘指数按照时间先后顺序汇总在一起就构成一组时间序列数据，如果将这组数据的时间设为横坐标、对应的收盘指数设为纵坐标，即可得到一张描述上证综指随时间变动的图，这样的图一般被称为时间序列图（简称时序图）。如图 22.1 所示，描述的是 2014 年 1 月 2 日到 2015 年 4 月 14 日期间上证综指每天收盘指数随时间的变动情况。

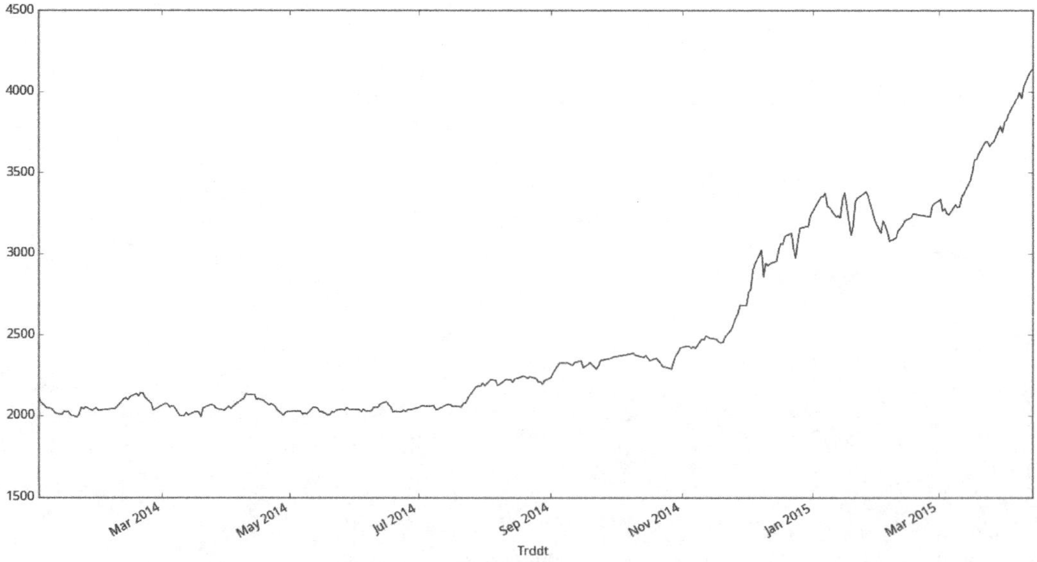

图 22.1 上证综指收盘指数时序图

随着计算机技术的发展及普及，储存和获取资料变得越来越容易，投资人面对的数据也越来越多，而且许多数据都以时间序列的形式出现，比如记录宏观层面整个经济体的数据，如每年 GDP 成长率、每月 CPI 指数等；揭露中观层面行业发展状况的数据，如整个行业每年的总体销售额、消费者数量等；描述微观层面个体特征的数据，如公司每年的销售额、净利润，基金公司每年的表现等。作为投资人，与财富最直接相关的是资产价格序列，当我们观察这些不断变动的价格序列时，可能会有一些疑问，比如资产价格的波动是否存在一定的规律，是否可以抓住这些规律并从中获利等。如果我们关注资产价格的波动幅度时，会发现不同的时间段价格的波动幅度并不相同，在某些时间段里价格可能会有剧烈波动，而另一些时间则运行比较平稳。价格波动的幅度与风险息息相关，那么我们能否捕捉到价格波动幅度的变化规律来更好地进行风险控制？当面对多个资产的价格序列时，我们可能会好奇这些价格序列之间是否存在某些关系，又能否发现它们之间的关联并用于交易。作为敏锐的投资人，在面对时间序列数据时提出以上问题是自然的且具有代表性的。

时间序列数据从本质上看，是用量化的方式描述个体特征的历史记录。法国文豪雨果曾给“历史”这个词做了一个定义：“What is history? An echo of the past in the future; a reflex from the future on the past.”（什么是历史？历史是过去传到未来的回声，是未来对过去的反映。）英国哲学家弗兰西斯·培根曾说过：“读史可以明智。”这些说明历史与未来是紧密相连的，借鉴历史可以帮助人做出明智选择。时间序列分析的本质就是量化地分析历史、预测未来，以指导分析者做出更好的判断和决策。总的来说，时间序列分析的主要任务就是通过观察和分析，找到数据序列中的规律以预测未来。一般来讲，时间序列分析涉及以下几个主要内容。

- 数据序列有哪些基本特征？
- 数据序列是否有规律可循？
- 如果序列存在某种规律，我们如何通过统计模型找到并描述这种规律？
- 多个时间序列之间是否存在某种关联？如何刻画这种关联？
- 如何利用历史数据表现出来的规律对未来进行预测？

在进行时间序列数据分析之前，我们加深理解一下时间序列的定义。通常我们把按照某一顺序排列起来的一组随机变量叫作随机序列（Random Sequence），如果随机变量依据时间排序，则称这组依照时间排序的随机序列为时间序列。亦即，按时间顺序排列的一组随机变量称为时间序列，可以用数学符号表达为：$X_1, X_2, \ldots, X_t, \ldots$。按照时间顺序把随机变量的实现值记录下来就构成了一个时间序列，时间序列是随机序列的实现值序列，可以记录为：$x_1, x_2, \ldots, x_t, \ldots$。时间序列和时间序列的实现值看上去相似，但有着本质的区别。比如，X_1 是一个随机变量，它的取值是随机的、可能取 1、也可能取 100；而 x_1 是一个数值，它是 X_1 的一个实现值。通常我们面对的数据都是时间序列的实现值，之后不再加以强调。

22.2 Python 中的时间序列数据

图 22.1 上证综指收盘指数时序图是用 Python 画出的，下面我们介绍画出时序图的具体 Python 代码。

```
In [1]: import pandas as pd

In [2]: Index=pd.read_table('TRD_Index.txt',sep='\t',index_col='Trddt')

In [3]: SHindex=Index[Index.Indexcd==1]
#查看前3期数据
In [4]: SHindex.head(n=3)
Out[4]:
           Indexcd  Daywk  Opnindex   Hiindex   Loindex  Clsindex  Retindex
Trddt
2014/1/2         1      4  2112.126  2113.110  2101.016  2109.387 -0.003115
2014/1/3         1      5  2101.542  2102.167  2075.899  2083.136 -0.012445
2014/1/6         1      1  2078.684  2078.684  2034.006  2045.709 -0.017967
```

首先我们读取上证综指数据。查看上证综指的数据前 3 行，可以看到该数据的一些基本变量信息。各变量的含义简述如下。

- Indexcd：指数代码（Index code），000001 表示上证综合指数；
- Trddt：交易日期（Trading date），以 YYYY-MM-DD 表示；
- Daywk：星期，1= 星期一，2= 星期二，3= 星期三，4= 星期四，5= 星期五，6= 星期六，0= 星期天；
- Opnindex：开盘指数（Open index），每日交易中的第一条指数；
- Hiindex：最高指数（Highest index），每日交易中的最高一条指数；
- Loindex：最低指数（Lowest index），每日交易中的最低一条指数；
- Clsindex：收盘指数（Closed index），每日交易中的最后一条指数；
- Retindex：指数收益率（Index return）。

```
#查看数据SHindex的类型
In [5]: type(SHindex)
Out[5]: pandas.core.frame.DataFrame
#提取上证综指的收盘指数数据
In [6]: Clsindex=SHindex.Clsindex

In [7]: Clsindex.head(n=3)
Out[7]:
 Trddt
2014/1/2     2109.387
2014/1/3     2083.136
2014/1/6     2045.709
Name: Clsindex, dtype: float64

In [8]: type(Clsindex)
Out[8]: pandas.core.series.Series

In [9]: type(Clsindex.index)
```

```
Out[9]: pandas.core.index.Index
```

上证综指的交易信息数据（SHindex）在 Python 中读取后是 DataFrame 类型，上证综指的收盘指数数据（Clsindex）则是 Series 类型。这些数据形式不能直观体现时间序列的基本性质。为了更好地分析上证综指收盘指数的一些特性，我们需要将其转化成时间序列类型。在 Python 中，时间序列数据同样是 pandas 包中的 DataFrame 或是 Series，但其索引为日期类型。

```
#将收盘指数转换成时间序列格式
In [10]: Clsindex.index=pd.to_datetime(Clsindex.index)

In [11]: Clsindex.head()
Out[11]:
 Trddt
2014-01-02     2109.387
2014-01-03     2083.136
2014-01-06     2045.709
2014-01-07     2047.317
2014-01-08     2044.340
Name: Clsindex, dtype: float64

#查看Clsindex的类型
In [12]: type(Clsindex)
Out[12]: pandas.core.series.Series

#Clsindex的index是日期数据
In [13]: type(Clsindex.index)
Out[13]: pandas.tseries.index.DatetimeIndex
#最后，绘制时间序列图
In [14]: Clsindex.plot()
Out[14]: <matplotlib.axes._subplots.AxesSubplot at 0x7f76be6986d8>
```

22.3 选取特定日期的时间序列数据

对于一些时间序列数据，我们有时候只需要研究其中某一时间段的数据，并不一定要分析处理所有时间段的数据。如果原始数据为长达 20 年的日度数据，而我们只需要研究 2015 年 1 月 1 日以后的数据，那么我们就可以根据特定条件从时间序列数据中提取出子集。pandas 包为我们筛选数据子集提供了很多方便，接下来将举例说明如何根据需求快速有效地筛选出所需数据。

（1） 筛选出某一时间段内的数据，比如如果我们想要筛选出上证综指从 2014 年 10 月 8 日到 2014 年 11 月 1 日区间内的数据，可以在 Python 中输入如下的代码：

```
#截取2014年10月8日到11月1日的数据
In [15]: SHindex.index=pd.to_datetime(SHindex.index)

In [16]: SHindexPart=SHindex['2014-10-08':'2014-10-31']
#查看前两期数据
In [17]: SHindexPart.head(n=2)
```

```
Out[17]:
            Indexcd  Daywk  Opnindex   Hiindex   Loindex  Clsindex  Retindex
Trddt
2014-10-08        1      3  2368.576  2382.794  2354.290  2382.794  0.008006
2014-10-09        1      4  2383.859  2391.348  2367.111  2389.371  0.002760

#查看后两个交易数据
In [18]: SHindexPart.tail(n=2)
Out[18]:
            Indexcd  Daywk  Opnindex   Hiindex   Loindex  Clsindex  Retindex
Trddt
2014-10-30        1      4  2371.891  2397.256  2365.919  2391.076  0.007605
2014-10-31        1      5  2393.178  2423.596  2384.483  2420.178  0.012171
```

（2） 筛选某一特定年份的数据，可以直接以某一年为索引值，代码如下：

```
#截取2015年数据
In [19]: SHindex2015=SHindex['2015']

#查看2015年前2期交易数据
In [20]: SHindex2015.head(n=2)
Out[20]:
            Indexcd  Daywk  Opnindex   Hiindex   Loindex  Clsindex  Retindex
Trddt
2015-01-05        1      1  3258.627  3369.281  3253.883  3350.519  0.035813
2015-01-06        1      2  3330.799  3394.224  3303.184  3351.446  0.000277

#查看后2期交易数据
In [21]: SHindex2015.tail(n=2)
Out[21]:
            Indexcd  Daywk  Opnindex   Hiindex   Loindex  Clsindex  Retindex
Trddt
2015-04-13        1      1  4072.723  4128.072  4057.293  4121.715  0.021665
2015-04-14        1      2  4125.782  4168.346  4091.257  4135.565  0.003360
```

（3） 选取某个时间点之前或者之后的数据，如果我们想要选取 2015 年以前的数据或者是 2015 年以后的数据，可以按照上面介绍的第一种方法找到时间的起点和终点进行筛选。此外，我们还可以采用一种更简单的办法，即只用一个“:”来实现筛选。比如要选取 2015 年以前的数据或选取 2015 年以后的数据，就可以输入如下代码：

```
#选取2015年初以后的数据
In [22]: SHindexAfter2015=SHindex['2015':]

In [23]: SHindexAfter2015.head(n=2)
Out[23]:
            Indexcd  Daywk  Opnindex   Hiindex   Loindex  Clsindex  Retindex
Trddt
2015-01-05        1      1  3258.627  3369.281  3253.883  3350.519  0.035813
2015-01-06        1      2  3330.799  3394.224  3303.184  3351.446  0.000277

#选取2015年以前的数据
In [24]: SHindexBefore2015=SHindex[:'2014-12-31']
```

```
In [25]: SHindexBefore2015.tail(n=2)
Out[25]:
            Indexcd  Daywk  Opnindex   Hiindex   Loindex  Clsindex  Retindex
Trddt
2014-12-30        1      2  3160.801  3190.299  3130.353  3165.815 -0.000695
2014-12-31        1      3  3172.597  3239.357  3157.259  3234.677  0.021752
```

（4） 选取某一年中某几个月的数据，“:”除了可以筛选出某一时刻之前和之后的数据以外，还可以筛选出某几个月的数据。下面的代码是选取从 2014 年 9 月到 2014 年年底的数据：

```
#选取2014年9月到年底的数据
In [26]: SHindex9End=SHindex['2014-09':'2014']

In [27]: SHindex9End.head(n=2)
Out[27]:
            Indexcd  Daywk  Opnindex   Hiindex   Loindex  Clsindex  Retindex
Trddt
2014-09-01        1      1  2220.129  2236.286  2217.685  2235.511  0.008259
2014-09-02        1      2  2239.684  2267.509  2234.378  2266.046  0.013659

In [28]: SHindex9End.tail(n=2)
Out[28]:
            Indexcd  Daywk  Opnindex   Hiindex   Loindex  Clsindex  Retindex
Trddt
2014-12-30        1      2  3160.801  3190.299  3130.353  3165.815 -0.000695
2014-12-31        1      3  3172.597  3239.357  3157.259  3234.677  0.021752
```

22.4　时间序列数据描述性统计

通过前面的介绍，我们对时间序列数据已经有了一些基本印象，接下来我们对时间序列进行一些简单的分析。首先，我们来绘制频数分布直方图，来观察收盘指数自 2014 年至 2015 年 4 月的分布情况。

```
In [29]: Clsindex.head()
Out[29]:
Trddt
2014-01-02    2109.387
2014-01-03    2083.136
2014-01-06    2045.709
2014-01-07    2047.317
2014-01-08    2044.340
Name: Clsindex, dtype: float64

In [30]: Clsindex.tail(n=1)
Out[30]:
Trddt
2015-04-14    4135.565
Name: Clsindex, dtype: float64

In [31]: Clsindex.hist()
```

```
Out[31]: <matplotlib.axes._subplots.AxesSubplot at 0x7f76bca10320>
```

如图 22.2 所示，从 2014 年 1 月 2 日到 2015 年 4 月 14 日，上证综指主要分布在 2000 点到 2500 点之间。

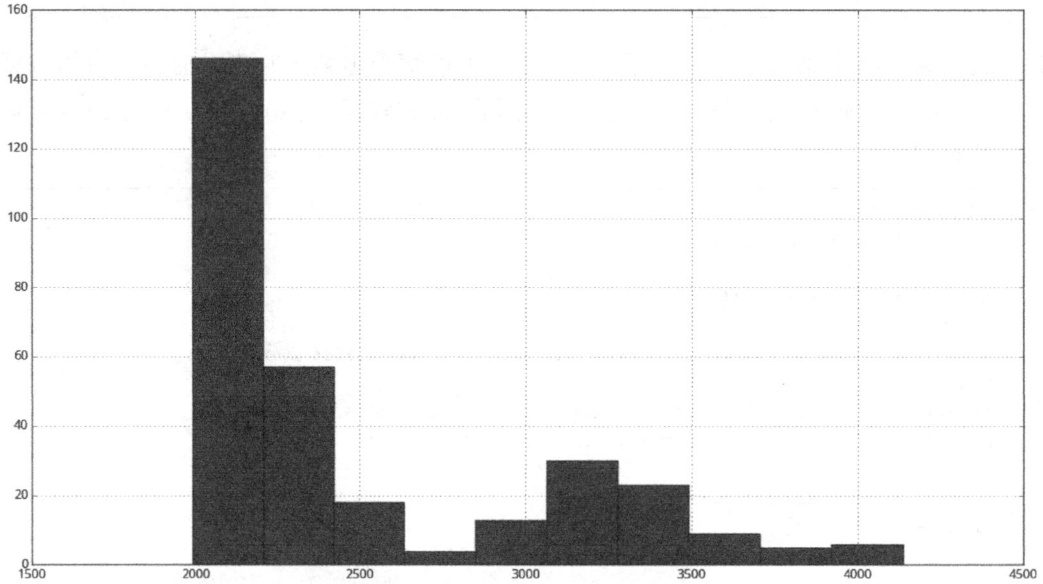

图 22.2 收盘指数的频数分布直方图

接下来，计算收盘指数的最大值、最小值、平均数、中位数等描述性统计量，观察收盘指数的集中度和分散度。

```
#求最大值
In [32]: Clsindex.max()
Out[32]: 4135.5649999999996

#求最小值
In [33]: Clsindex.min()
Out[33]: 1991.2529999999999

#求均值
In [34]: Clsindex.mean()
Out[34]: 2490.0011607717042

#求中位数
In [35]: Clsindex.median()
Out[35]: 2224.654

#求标准差
In [36]: Clsindex.std()
Out[36]: 563.70097966362346

#总结数据分布情况
In [37]: Clsindex.describe()
Out[37]:
```

```
count      311.000000
mean      2490.001161
std        563.700980
min       1991.253000
25%       2052.140500
50%       2224.654000
75%       2996.395000
max       4135.565000
Name: Clsindex, dtype: float64
```

我们研究时间序列数据主要是为了找出个体特征的发展规律，仅一个直方图和几个简单的描述性统计量对预测未来所提供的线索相对有限；我们需要更精细的模型来提供更多的信息，而这些模型就是我们在下面几章要学习的内容。

习题

1. 列举几个现实生活中常见的时间序列，并想想这些时间序列是否有一定的规律。
2. 读取汇率数据 exchange.csv，将其转换成时间序列数据。
3. 绘制习题 2 中数据的时间序列图，并观察其存在的模式。
4. 在金融分析中，我们常常需要对收益率进行研究，观察其是否存在特定的模式，然后进行建模读取浦发银行的日度交易数据，绘制出浦发银行的收益率的时间序列图，并观察其存在的模式。

第23章 时间序列的基本性质

古希腊历史学家修昔底德曾这样说过："历史会重演"。在投资界，历史也总是一再重演，举几个例子我们便可以看出人心的一成不变。1630年左右荷兰发生了著名的"郁金香泡沫"事件，当时由奥斯曼土耳其引进的郁金香球根供需不平衡，这种现象引起了投机者的注意，他们开始囤积郁金香球根以期价格提高，投机者的行为吸引了普通大众的抢购，最终导致郁金香球根价格疯狂飙高，到1637年时，一株郁金香居然可以换得一栋豪宅，然而在泡沫化过后，郁金香价格仅剩下高峰时的百分之一，许多人家财尽失。类似的事情在1711年又发生在英国，当时年英国有一家南海公司成立，这家公司表面上经营英国与南美洲等地贸易，实际上做的是协助政府融资的业务，后来南海虚报其业务前景，其股票大受追捧，股价从1720年年初约120英镑急升至同年7月的1000英镑以上，全民疯狂炒股，这种现象导致很多"泡沫公司"散布虚假消息浑水摸鱼，之后英国国会在6月颁布法令规管这些不法公司，全民炒股热潮随之减退，南海公司股价也急挫下跌，至9月暴跌到190英镑以下的水平，很多人（包括科学家牛顿）血本无归。近300年过去之后，泡沫经济这样极端的事件依旧发生着，比如20世纪80年代日本经历的泡沫经济，2000年前后美国发生的互联网泡沫。

历史以重现与过去相似场景的方式不断重演，因此我们才能够鉴往知来。我们进行时间序列分析也是基于同样的思想，我们假设要分析的对象从过去到未来，都维持了相同的特性，所以我们才能够根据过去的规律来预测未来。在本章，我们将详细介绍时间序列数据的一些性质，并依据这些性质来判断要研究的时间序列是否有维持不变的特性。

23.1 自相关性

相关性一般是指两个变量之间是否具有某种关联，自相关性则指一个时间序列的两个不同时间点的变量是否相关联。时间序列具有自相关性是我们能够进行分析的前提，若时间序列的自相关性为0，也就是说各个时点的变量不相互关联，那么未来与现在和过去就没有联系，也就是说，根据过去推测未来毫无根据和意义。

时间序列的自相关性一般用时间序列的自协方差函数（Autocovariance Function）、自相关系数函数（Autocorrelation Coefficient Function，ACF）和偏自相关系数函数（Partial Autocorrelation Coefficient Function，PACF）等统计量来体现。序列的自相关性常常用来解释经济金融系统中经济行为在时间上的惯性，比如在经济高涨时期，较高的经济增长率会持续一段时间，而在经济衰退期，较高的失业率也会持续一段时间；也可以用来解释经济活动的滞后效应，比如人们消费或者投资行为会受到习惯的影响，并不会由于收入增加或减少而立刻调整，而是呈现一定程度的自我相关。

23.1.1　自协方差

随机变量 X_t 在时点 k、$k-l$ 取值分别为 X_k、X_{k-l}，序列的 l 阶自协方差（Autocovariance）是变量 X_k 与其滞后 l 期的随机变量 $X_{k\text{-}l}$ 之间的协方差，由定义可知自协方差本质上仍然是协方差，“自”字只是为了重点突出变量与其自身滞后值的关系。如果 X_t 在不同时点分别有对应的均值 μ_t，则 l 阶自协方差的数学表达式为：

$$\gamma_l = \mathbb{E}\left[(X_k - \mu_k)(X_{k-l} - \mu_{k-l})\right] = \operatorname{Cov}(X_k, X_{k-l}), \quad l = 0, 1, 2 \ldots \tag{23.1}$$

当 l 取值不同时可以得到不同 γ_l，所以 γ_l 是时间差 l 的函数，所以公式 (23.1) 被称为自协方差函数，后面的自相关系数函数、偏自相关系数函数也是如此，之后为了方便起见，我们会把这些统计量简称为自协方差、自相关系数、偏自相关系数。当 $l=0$ 时，公式 (23.1) 退化为 $\gamma_0 = \mathbb{E}\left[(X_k - \mu_k)^2\right]$，即 X_k 的方差。

23.1.2　自相关系数

从公式 (23.1) 可以看出，当 X_t 放大 n 倍时，γ_l 会放大至 n^2 倍，因此自协方差会与变量的度量单位有关系，其大小并不足以说明变量与其滞后项的关联性的大小。与相关系数类似，自相关系数（Autocorrelation Coefficient）的引入是为了消除变量的度量单位，更好地刻画关联性的大小。自相关系数由自协方差除以变量的方差而得到，若用 ρ_l 表示 X_k 与滞后 l 期的 $X_{k\text{-}l}$ 之间 l 阶自相关系数，则：

$$\rho_l = \frac{\operatorname{Cov}(X_k, X_{k-l})}{\operatorname{Var}(X_k)} = \frac{\gamma_l}{\gamma_0}$$

式中变量的自协方差 γ_l 和方差 γ_0 的度量单位是相同的，两者比值的度量单位为 1，因此自相关系数不依赖于时间序列 X_t 的度量单位。一般意义的协方差和相关系数，度量的是描述两个不同事物特征的变量之间的相互影响，而自协方差和自相关系数度量的是描述同一个事物特征的变量在不同时期取值的相关程度。通俗地说，自协方差和自相关系数刻画的是自己过去的行为对自己现在的影响。

23.1.3　偏自相关系数

假设资产价格 $p_1, p_2, \ldots, p_t, \ldots$ 的一阶自相关系数 $\rho_1 > 0$，也就是今天的价格 p_t 与昨天的价格 p_{t-1} 相关，不过 p_{t-1} 又与 p_{t-2} 相关，p_{t-2} 也会受到 p_{t-3} 的影响，所以当我们计算 p_t 与 p_{t-1} 的自相关系数时，我们捕捉到了 $t-1$ 期信息对 t 期的影响，也考虑了 $t-2$ 期信息透过 $t-1$ 期对 t 期的影响，以此类推，总的说来，p_t 与 p_{t-1} 的自相关系数刻画的不单纯是昨天对今天的直接影响，也包含了更早之前所有各期的信息对今天的间接影响，衡量的是前面所有期加总的影响效果。为了衡量过去单期对现在的影响效果，剔除其他期的作用，我们引入偏自相关系数（Partial Autocorrelation Coefficient）。变量 X_t 的 l 阶偏自相关系数 ρ_{ll} 是 X_k 与 X_{k-l} 的条件自相关系数，即：

$$\rho_{ll} = \text{Corr}\left(X_k, X_{k-l} \,|X_{k-1}, X_{k-2}, \ldots, X_{k-l+1}\right)$$

它的计算方式比较复杂，在这里仅介绍期观念。在实际应用中，自相关系数和偏自相关系数常用来刻画时间序列自相关性的高低，若相关系数比较大，说明未来、现在与过去的关联性比较强。

23.1.4 acf( ) 函数与 pacf( ) 函数

在 Python 中，我们可以分别用 statsmodels 包中的 acf( ) 和 pacf( ) 这两个函数来计算时间序列的自相关系数和偏自相关系数。acf( ) 具体的调用形式如下：

```
acf(x, unbiased=False, nlags=40, qstat=False, fft=False, alpha=None)
```

- x 为一个时间序列对象；
- unbiased 的值是一个逻辑值。如果该参数的值为 True，Python 在计算自相关系数时会对分母进行调整，使得结果为无偏的估计值；
- nlags 是数值型参数，表示计算自相关系数的最大滞后期数；
- qstat 表示 acf( ) 函数是否会返回 Ljung-Box 检验的结果，我们会在后面介绍关于 Ljung-Box 检验的知识；
- fft 是逻辑型参数，默认是 False，表明要使用的算法；
- alpha 参数表示计算自相关系数的置信区间所用的置信水平，默认为 None，即不计算置信区间。

pacf( ) 的用法与 acf( ) 的用法类似：

```
pacf(x, nlags=40, method='ywunbiased', alpha=None)
```

23.1.5 上证综指的收益率指数的自相关性判断

现在调用 acf( ) 和 pacf( ) 这两个函数对上证综指的收益率数据进行自相关性判断。

```
In [1]: from statsmodels.tsa import stattools


In [2]: import pandas as pd

#读取数据
In [3]: data=pd.read_table('TRD_Index.txt',sep='\t',index_col='Trddt')

#提取上证综指数据
```

```
In [4]: SHindex=data[data.Indexcd==1]

#转换成时间序列类型
In [5]: SHindex.index=pd.to_datetime(SHindex.index)

In [6]: SHRet=SHindex.Retindex

In [7]: type(SHRet)
Out[7]: pandas.core.series.Series

In [8]: SHRet.head()
Out[8]:
Trddt
2014-01-02   -0.003115
2014-01-03   -0.012445
2014-01-06   -0.017967
2014-01-07    0.000786
2014-01-08   -0.001454
Name: Retindex, dtype: float64

In [9]: SHRet.tail()
Out[9]:
Trddt
2015-04-08    0.008440
2015-04-09   -0.009331
2015-04-10    0.019400
2015-04-13    0.021665
2015-04-14    0.003360
Name: Retindex, dtype: float64

#计算自相关系数
In [10]: acfs=stattools.acf(SHRet)

In [11]: acfs[:5]
Out[11]: array([ 1.        ,  0.03527714, -0.01178861, -0.02953388,  0.16043181])

#计算偏自相关系数
In [12]: pacfs=stattools.pacf(SHRet)

In [13]: pacfs[:5]
Out[13]: array([ 1.        ,  0.03539094, -0.01313388, -0.02897258,  0.16483494])
```

虽然能够计算自相关系数与偏自相关系数，但是这样的输出结果显然不够直观，我们难以发现自相关系数与偏自相关系数变化的趋势。可以通过绘制自相关系数图与偏自相关系数图来解决这个问题。如图 23.1 所示。

```
#绘制自相关系数图
In [14]: from statsmodels.graphics.tsaplots import *

In [15]: plot_acf(SHRet,use_vlines=True,lags=30)
Out[15]:
```

图 23.1 反映的是上证指数日收益率序列的各阶自相关系数 $\rho_0, \rho_1, \rho_2, \ldots$ 的大小，该图

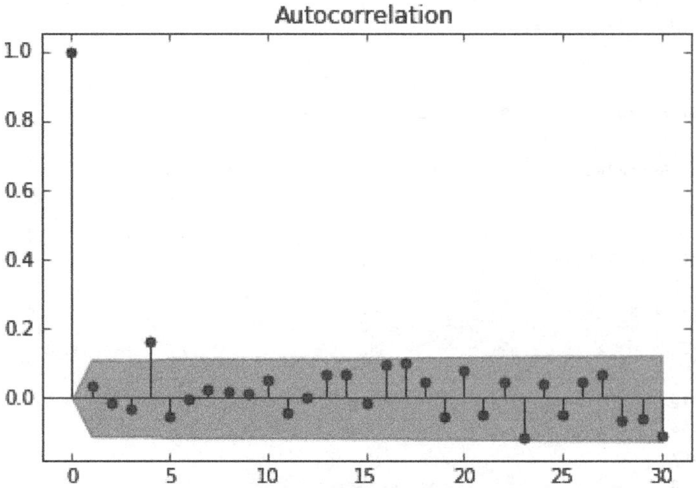

图 23.1 2014 年上证指数日收益率的自相关系数（ACF）图

的柱形高度值对应的是各阶自相关系数的值。根据自相关系数的计算公式，$\rho_0 = \frac{\gamma_0}{\gamma_0} = 1$，故任何时间序列的 ACF 图中第一个柱条高度均为 1。图中的蓝色区域的上界与下界对应的是 95% 置信区间，也就是 $\left[-1.96/\sqrt{N}, +1.96/\sqrt{N}\right]$，其中 N 为时间序列观测值的个数，这两条界线是检验自相关系数是否为 0 时所用的判别标准：当代表自相关系数的柱条超过这两条界线时，可以认定自相关系数显著不为 0。观察图 23.1 可知，绝大部分的自相关系数都落在 95% 置信区间内，而 4 阶自相关系数落在了 95% 置信区间外，所以初步判断该序列可能存在短期自相关性。

我们还可以绘制出序列的偏自相关系数图，如图 23.2 所示。

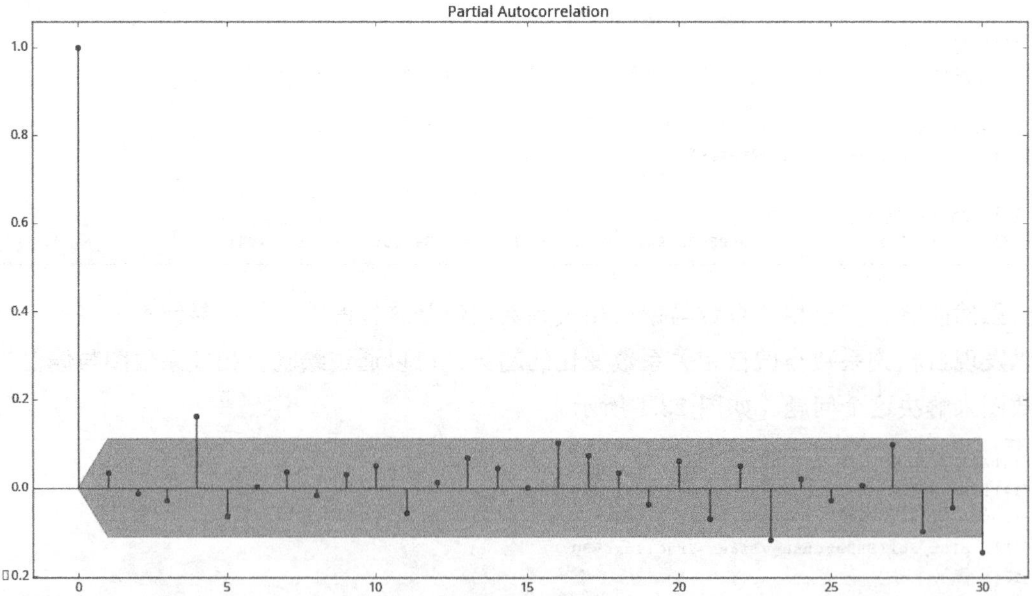

图 23.2 2014 年上证指数日收益率的偏自相关系数（PACF）图

```
#绘制偏自相关图
In [16]: plot_pacf(SHRet,use_vlines=True,lags=30)
Out[16]:
```

偏自相关系数图反映了序列的各阶偏自相关系数的大小，图中的柱形高度对应的是各阶偏自相关系数的值。同样地，观察图 23.2 可知，序列绝大部分的偏自相关系数都落在 95% 置信区间的范围内，只有 4 阶偏自相关系数落在 95% 置信区间外。因此，剔除了其他期信息的影响，4 阶滞后收益率与当期收益率的相关性是显著的。

23.2　平稳性

前文提到，时间序列分析的主要目的是要利用事物特征变量的历史和现状来推测其在未来可能出现的状况，能做如此分析的前提是“历史可以重演”，也就是说时间序列的历史和现状具有代表性和可延续性，即时间序列的基本特性必须能从过去维持到我们欲推测的时期。否则，基于历史和现状来预测未来的想法便是没有依据的。

如果时间序列的基本特性维持不变，我们就称该时间序列是平稳的（Stationary），相反，若时间序列的基本特性只存在于所发生的当期，并不会延续到未来，那么这样一个时间序列则不足以昭示未来，我们便称这样的样本时间序列是非平稳的。形象地理解，平稳性就是要求经由样本时间序列所得到的曲线在未来的一段期间内仍能顺着现有的形态“惯性”地延续下去。金融领域很多变量之所以难以估计，就是因为这些变量经常突变，根本就不是平稳的。

时间序列平稳是经典时间序列分析得以进行的基本假设；只有基于平稳时间序列的预测才是有效的。如果我们要研究的对象是非平稳的，那么我们通常会将它转为平稳的时间序列，再进行研究。接下来，我们来了解时间序列平稳性的严格定义。平稳性有强平稳和弱平稳之分。由于强平稳的条件过于严格，所以在一般情况下，我们所说的平稳时间序列指的是弱平稳时间序列。

23.2.1　强平稳

设 $\{X_t\}$ 为一时间序列，对于任意正整数 n，任取 $t_1, t_2, \cdots, t_n \in T$，对任意整数 τ 有：

$$F_X(x_{t_1}, \ldots, x_{t_n}) = F_X(x_{t_1+\tau}, \ldots, x_{t_n+\tau})$$

即 $X_{t_1}, X_{t_2}, \cdots, X_{t_n}$ 的联合分布 $F_X(x_{t_1}, \ldots, x_{t_n})$ 与 $X_{t_1+\tau}, X_{t_2+\tau}, \cdots, X_{t_n+\tau}$ 的联合分布 $F_X(x_{t_1+\tau}, \ldots, x_{t_n+\tau})$ 相同，那么我们就称时间序列 $\{X_t\}$ 是强平稳的（Strictly Stationary）。从定义上来看，强平稳是一个很强的条件，若一个时间序列满足强平稳性，则该序列的任何统计性质都不会随时间改变。不过强平稳性的条件过于严苛，在理论上不易证明一个序列是强平稳的，在实际应用中也很难检验。

23.2.2 弱平稳

不论是理论还是实际应用，强平稳性都不具有可用性。弱平稳性（Weakly Stationary）依然要求时间序列的基本特性维持不变，只不过是将平稳的条件放宽，将序列的基本特性用几个常见的、比较好衡量的统计量来代表，因此弱平稳性又被称为宽平稳性。弱平稳性是将序列的基本特性用序列的低阶矩来代表，只要保证序列低阶矩平稳，就可以认为序列的主要性质近似稳定。假设 $\{X_t\}$ 是一个时间序列，如果 $\{X_t\}$ 满足如下三个条件。

（1） 任取 $t \in T$，有 $\mathbb{E}(X_t) = \mu$，即序列的均值为常数；

（2） 任取 $t \in T$，有 $\mathbb{E}(X_t^2) < \infty$，即存在二阶矩；

（3） 任取 $t \in T$，对任意整数 h，任意阶数 l，有 $\gamma_l(t) = \gamma_l(t+h)$，即 t 时点 l 阶自协方差 $\gamma_l(t)$ 与 $t+h$ 时点 l 阶自协方差 $\gamma_l(t+h)$ 相等，换句话说，l 阶自协方差 $\gamma_l(t)$ 的大小不随 t 值变动，只与 l 的取值有关。则称 $\{X_t\}$ 为弱平稳时间序列，也称宽平稳或二阶平稳。在第三个条件中，当 $l=0$ 时可以得到：弱平稳时间序列的方差不随时间的改变而改变。弱平稳性的三个条件与强平稳性相比，更具有实用性，因此通常我们谈到时间序列的平稳性时，一般都是指弱平稳性。

如图 23.3 和图 23.4 所示，2009—2015 年上证综指指数收益率序列看起来是平稳的，而 2009—2015 年上证综指收盘指数序列则是非平稳的。我们会在后文学习如何判断时间序列是否平稳。

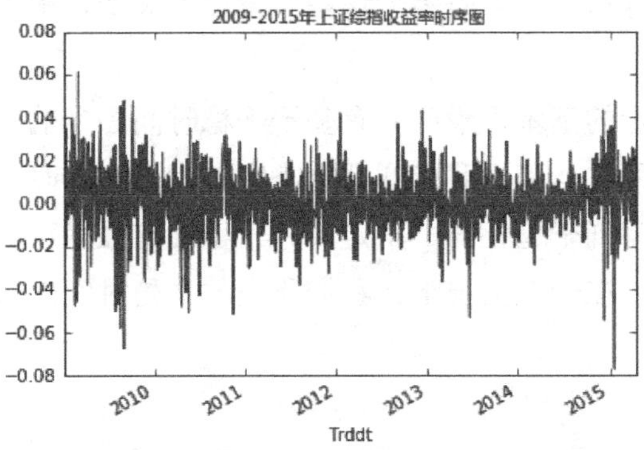

图 23.3 2009—2015 年上证综指指数收益率序列（平稳）

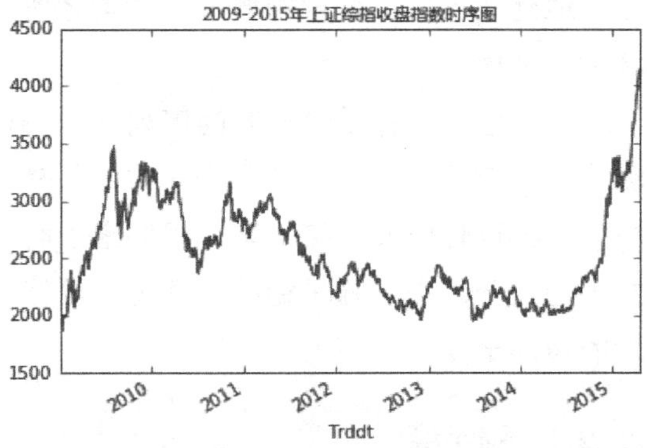

图 23.4 2009—2015 年上证综指收盘指数序列（非平稳）

23.2.3 强平稳与弱平稳的区别

强平稳与弱平稳这两种平稳过程并没有包含关系，即弱平稳不一定是强平稳，强平稳也不一定是弱平稳。一方面，虽然强平稳的要求比弱平稳更要严格一些，但强平稳并不一定是弱平稳，因为强平稳的时间序列的矩不一定存在。例如，柯西分布不存在一、二阶矩，所以服从柯西分布的强平稳时间序列就不是弱平稳时间序列。另一方面，弱平稳不一定是强平稳，因为二阶矩性质并不能确定分布的性质。但是有一个特例：服从正态分布的时间序列，由于正态分布的均值（一阶矩）和方差（二阶矩）决定了其整个分布，因此服从正态分布的弱平稳序列也是强平稳的。一般情况下，当序列的一阶矩和二阶矩存在时，强平稳序列一定是弱平稳的。

23.3　上证综指的平稳性检验

时间序列的平稳性是许多时间序列分析方法的前提，在构建模型预测时间序列未来取值的情况之前，需要检验该时间序列的平稳性。接下来我们要系统地探讨如何判断一个时间序列的平稳性。

23.3.1　观察时间序列图

首先，我们可以通过观察时间序列图的形状来大致辨别其平稳性。

```
In [17]: SHclose=SHindex.Clsindex

In [18]: SHclose.plot()
    ...: plt.title('2014-2015 年上证综指收盘指数时序图')
Out[18]: <matplotlib.text.Text at 0x7fef622c2160>
```

我们可以依据时间序列平稳性的特点，从时序图的形态来大致判断其平稳性。依据弱平稳性的定义，序列的均值和方差是一个常数。简单地讲，假定我们有 n 个观察数据，平稳性意味着时序图中的 n 个值在一个常数水平上下以相同的幅度波动。因此，如果数据的时序图围绕一个水平线上下以大致相同的幅度波动，那么该时间序列可能具备弱平稳性。如果时序图有着明显递增、递减趋势或周期性波动的形态，那么该时间序列很有可能是不平稳的。让我们来分析上证综指收盘指数的时序图，如图 23.5 所示是上证综合指数的收盘指数日度数据的时序图。我们可以看到，2014 年 1 月 $\sim$ 7 月，收盘指数价格变化不大，大致在一条水平直线上；2014 年 8 月之后，上证综指的收盘指数则呈现出明显的上升趋势。从整体上看，该时序图有明显的上升趋势，我们可以判断其不是平稳性时间序列，但是该时间序列在 2014 年 1 月 $\sim$ 7 月大致呈现出平稳性。

再观察 2014—2015 年上证综指的收益率时序图（如图 23.6 所示），可以发现收益率大致围绕在一个水平线上，以相同的幅度上下波动，所以我们可以初步认为上证综指的收益率指数具有平稳性。

```
In [19]: SHRet.plot()
    ...: plt.title('2014-2015 年上证综指收益率指数时序图')
Out[19]: <matplotlib.text.Text at 0x7fef6223bc88>
```

23.3.2　观察序列的自相关图和偏自相关图

观察自相关图与偏自相关图是判断时间序列平稳性的第二种方法。自相关系数和偏自相关系数分别反映了两类时间序列的自相关性质。一般对于平稳性时间序列来说，其自相

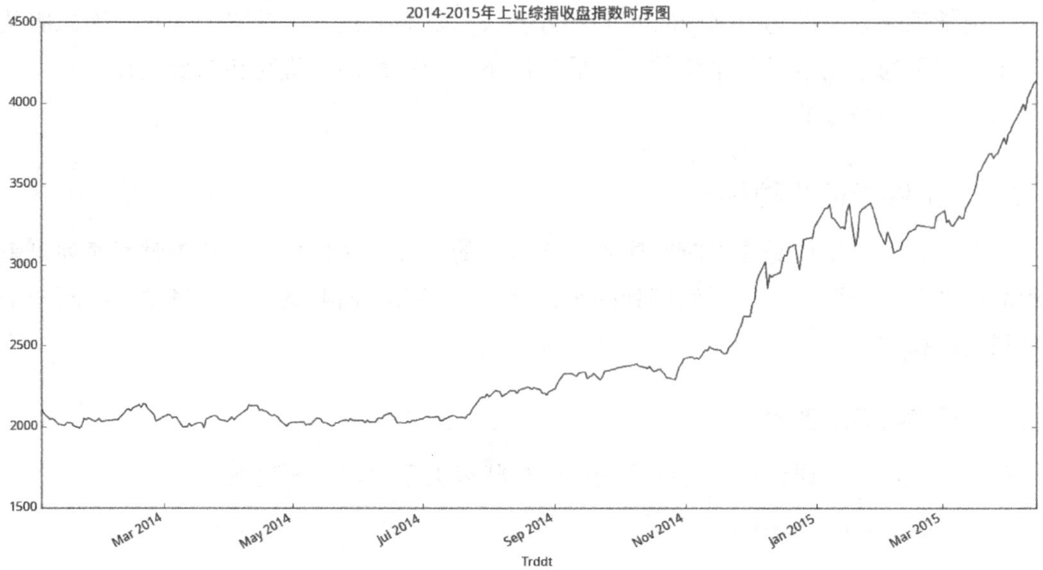

图 23.5 2014—2015 年上证综指的收盘指数时序图

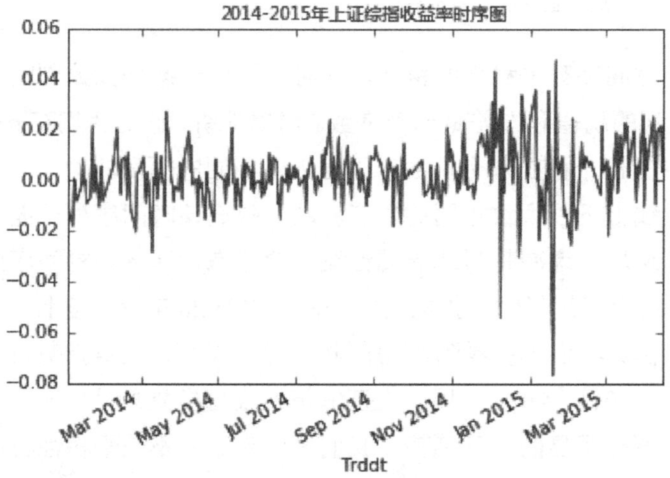

图 23.6 2014—2015 年上证综指的收益率时序图

关系数或者偏自相关系数大都快速减小至 0 附近或者在某一阶段后变为 0。很多非平稳时间序列则没有这样的特征，其自相关系数多数会呈现出缓慢下降的趋势，而不是快速减小。

```
In [20]: plot_acf(SHRet,use_vlines=True,lags=30)
Out[20]:

>In [21]: plot_pacf(SHRet,use_vlines=True,lags=30)
Out[21]:

In [22]: plot_acf(SHclose,use_vlines=True,lags=30)
Out[22]:
```

观察上证综指的收益率指数 ACF 图（如图 23.7 所示），可以看出指数收益率序列的自相关系数很快变为 0[1]。同样地，从如图 23.8 所示也可以看出，上证综指的收益率指数的偏自相关系数一直在 0 附近。从如图 23.9 所示可以看到，收盘价指数的自相关系数较大，而且衰减的速度比较慢。综合这两张图，我们就大致可以推断出上证综指的收益率指数序列具有平稳性，而收盘指数序列不具有平稳性。

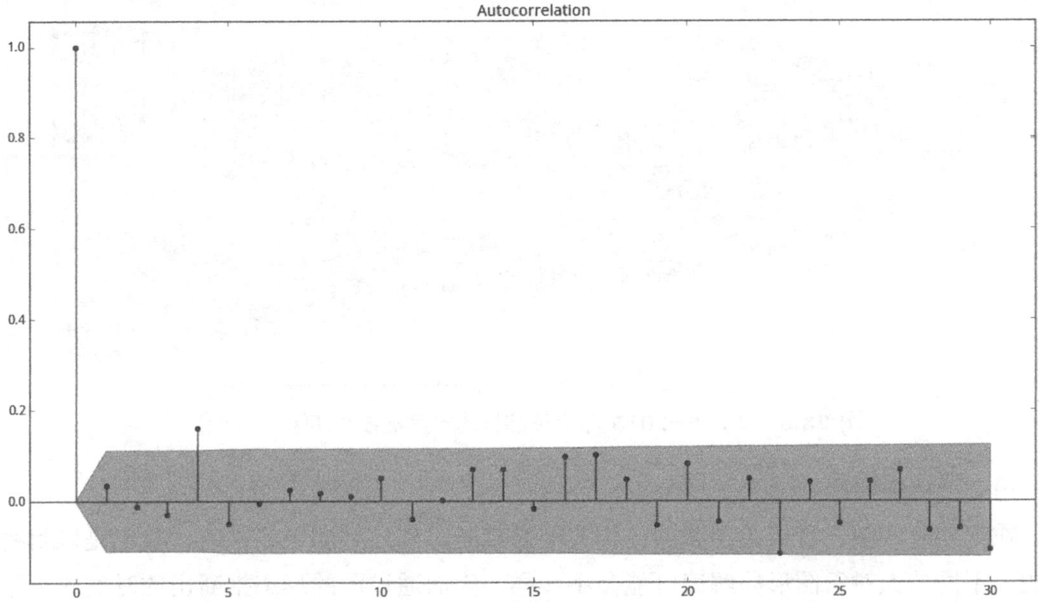

图 23.7　2014—2015 年上证综指的收益率 ACF 图（40 期）

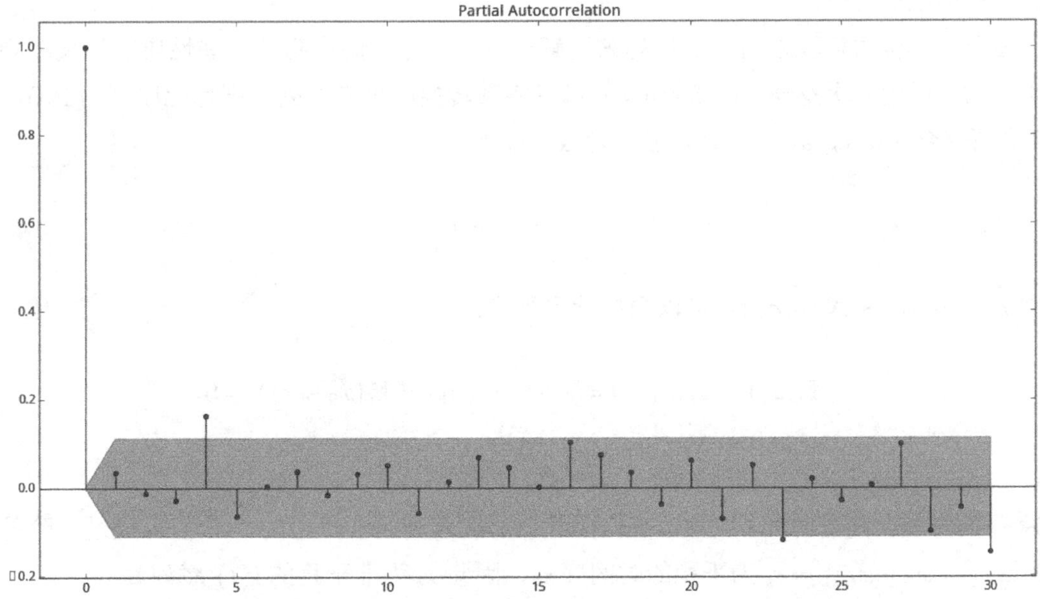

图 23.8　2014—2015 年上证综指的收益率指 PACF 图（40 期）

[1] 需要注意的是，由于样本的随机性，自相关系数不可能完全等于 0。这里说的变为 0 指的是自相关系数与 0 没有显著性差异，即对其是否为 0 进行统计检验得到的 p 值大于 5%。

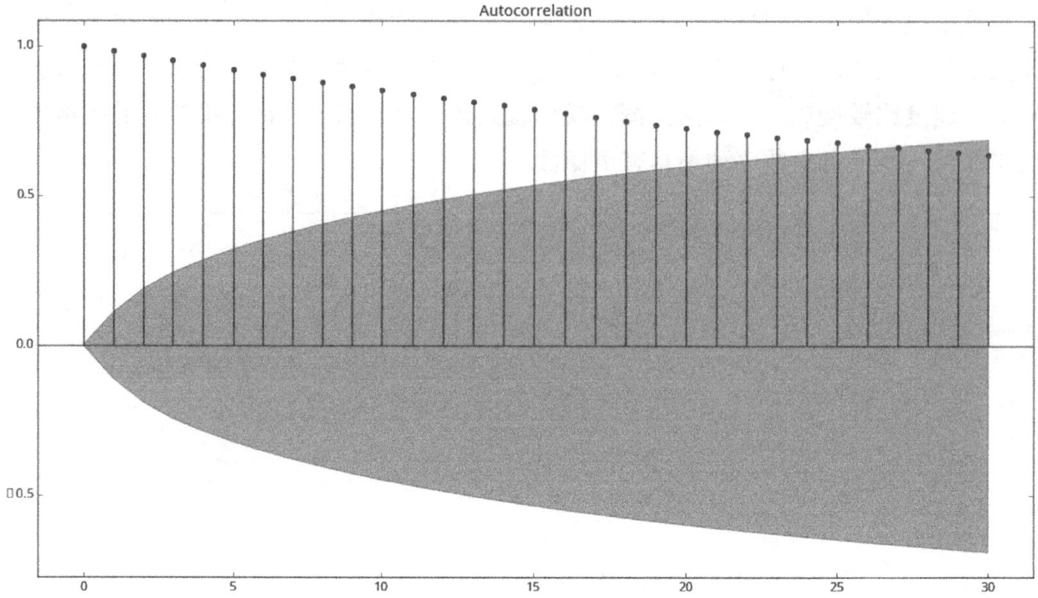

图 23.9 2014—2015 年上证综指的收盘指数时序图（40 期）

23.3.3 单位根检验

在观察时序图、自相关图和偏自相关图来判断时间序列的平稳性时，我们是以目视判断的，不同的人对于图形的解读可能会不一样，因而通过图的形态推断出的时间序列平稳性的结论就会有差异。为了使序列平稳性的检验更加客观、有说服力，我们介绍一种统计检验——单位根检验。

在介绍单位根检验之前，我们先来了解一下非平稳时间序列的一些性质。如果序列是非平稳的，经过 d 次差分（Difference）可以将其转换成平稳序列，则称此序列为 I(d)，其中 I 是指整合（Integrated），d 为整合阶数。比如：

$$x_t = x_{t-1} + \epsilon_t$$

其中 $x_0 = 0$，$\epsilon_t \sim N\left(0, \sigma_\epsilon^2\right)$。可以根据计算得到：

$$\mathbb{E}\left(x_t\right) = \mathbb{E}\left(x_{t-1}\right) = \cdots = \mathbb{E}\left(x_1\right) = \mathbb{E}\left(x_0 + \epsilon_1\right) = 0$$
$$\operatorname{Var}\left(x_t\right) = \operatorname{Var}\left(x_{t-1}\right) + \sigma_\epsilon^2 = \cdots = t\sigma_\epsilon^2$$

因为 x_t 的方差会随着时间 t 发生改变，因此该时间序列是非平稳的。不过 x_t 经过一阶差分后，$\Delta x_t = x_t - x_{t-1} = \epsilon_t$ 为平稳的时间序列，因此 x_t 为非平稳的 I(1) 序列。

一个时间序列是否平稳可借助滞后算子（Lag Operator）多项式方程的根来判断，滞后算子是将一个时间序列的前一期值转化为当期值的算子，通常用 L 来表示，比如对时间序列 $\{x_t\}$ 运用滞后算子可得 $Lx_t = x_{t-1}$，$L^2x_t = x_{t-2}, \ldots$。接下来我们来了解为什么可以借助滞后算子多项式的根来判断时间序列的平稳性，这里依然沿用最简单的例子：$x_t = x_{t-1} + \epsilon_t$，其中 $x_0 = 0$，$\epsilon_t \sim N(0, \sigma_\epsilon^2)$，这样的序列又被称为随机游走过程。我们可以把 $x_t = x_{t-1} + \epsilon_t$ 改写为 $x_t = \sum_{i=1}^t \epsilon_i$，也就是说，离当前时间 t 很久之前的随机冲击（比如 ϵ_1）对现在的影响仍然没有衰减。$x_t = x_{t-1} + \epsilon_t$ 还可以改写为：

$$(1 - L)\, x_t = \epsilon_t$$

其中 $1 - L$ 即为滞后算子多项式（因序列特殊故这里是单项式），令 $1 - L = 0$，可得单位根 $L = 1$，因此 $\{x_t\}$ 也可以被称为单位根过程。总结起来，时间序列 $\{x_t\}$ 是随机游走过程，其滞后算子多项式的根有单位根，是一个非平稳的时间序列。

上面的例子虽然可以帮助我们理解，但是过于特殊。我们再举一个例子，比如非平稳时间序列 $\{y_t\}$ 满足[1]：

$$y_t = (1 + \rho_2)\, y_{t-1} - \rho_2 y_{t-2} + u_t \tag{23.2}$$

其中 $|\rho_2 < 1|$，u_t 为独立同分布过程，$u_t \sim IID(0, \sigma_u^2)$，公式 (23.2) 可以改写为：

$$y_t - (1 + \rho_2)\, L y_t + \rho_2 L^2 y_t = u_t$$

可得滞后算子多项式方程：

$$1 - (1 + \rho_2)\, L + \rho_2 L^2 = 0$$

该方程的两个根为 $L = 1$ 和 $L = \frac{1}{\rho_2} > 1$。y_t 的表达式可以改写为：

$$y_t = y_{t-1} + u_t + \rho_2\, (y_{t-1} - y_{t-2})$$

从公式的前半部分来看，$\{y_t\}$ 包含了随机游走的成分，换句话说，如果时间序列具有单位根，也就包含了随机趋势。一般来说，单位根与随机趋势被视为相同的概念。

现在我们将情况一般化，假设时间序列 y_t 满足以下公式：

$$\begin{aligned} y_t &= \gamma + \rho_1 y_{t-1} + \rho_2 y_{t-2} + \cdots + \rho_p y_{t-p} + \varepsilon_t \\ \varepsilon_t &\sim IID\left(0, \sigma_\varepsilon^2\right) \end{aligned}$$

借助于滞后算子，可以将上面的模型改写成：

$$\begin{aligned} y_t &= \gamma + \rho_1 L y_t + \rho_2 L^2 y_t + \cdots + \rho_p L^p y_t + \varepsilon_t \\ \gamma + \varepsilon_t &= \left(1 - \rho_1 L - \rho_2 L^2 - \cdots - \rho_p L^p\right) y_t \end{aligned}$$

[1]读者可根据弱平稳性的定义自行对其检验，即检查均值、方差、协方差是否维持不变。

对应的滞后算子多项式方程为：

$$1-\rho(L)=1-\rho_1L-\rho_2L^2-\cdots-\rho_pL^p=0$$

如果 $1-\rho(L)=0$ 所有根的绝对值都大于 1，那么时间序列 y_t 为平稳的时间序列。如果 $1-\rho(L)=0$ 存在单位根，那么时间序列 y_t 就是非平稳，对该时间序列的未来值的预测就难以进行。

常见的单位根检验的方法有 DF 检验（Dickey-Fuller Test）、ADF 检验（Augmented Dickey-Fuller Test）和 PP 检验（Phillips-Perron Test）。我们这里使用 ADF（Augmented Dickey–Fuller）检验来确认序列是否有单位根，ADF 检验的模型为：

$$\Delta y_t=\alpha+\beta t+\gamma y_{t-1}+\delta_1\Delta y_{t-1}+\cdots+\delta_p\Delta y_{t-p}+\varepsilon_t$$

其中 α 对应截距，β 对应趋势，$\delta_1\Delta y_{t-1}+\cdots+\delta_p\Delta y_{t-p}$ 被称为 ADF 检验的增广项（Augmented Part），增广项的期数 p 可用 AIC 或 BIC 来决定。ADF 的原假设为序列有单位根（非平稳）$H_0:\gamma=0$，备择假设为序列是平稳的 $H_1:\gamma<0$。该检验对应的统计量为：

$$DF=\frac{\hat{\gamma}}{\mathrm{SE}(\hat{\gamma})}$$

其中 SE 是标准误（Standard Error）。该统计量的实际抽样分布不是 t 分布，其极限分布也不是标准正态分布。如果该统计量比临界值（Critical Value）来的小，则拒绝原假设，也就是说序列是平稳的，否则认为该序列是非平稳的。

在 Python 中，我们可以使用 arch 包中的 ADF 函数来进行 ADF 单位根检验，该函数具体用法为：

```
ADF(y,lags,trend,max_lags,method)
```

- y 是要进行单位根检验的序列；
- trend 用来控制检验模型类型："nc" 表示模型不含截距项，即 $\alpha=0$；"c" 表示带有截距项，即 $\alpha\neq 0$；"ct" 则表示包含截距项及线性的趋势项；"ctt" 则是在"ct" 的基础上加入了二次趋势项；
- lags 表示一阶差分 Δy_t 的滞后阶数，lags = 1 表示包含至 Δy_{t-1} 项；如果该项参数的值为 None，Python 会使用 method 参数所指定的方法选择滞后阶数；
- max_lags 为使用 method 参数所指定的方法选择滞后阶数时所选择的阶数上限；
- method 为选择阶数时所用的方法, 包括"aic"、"bic" 及"t_stat" 这三种[1]。

[1]AIC（Akaike Information Criterion）和 BIC （Bayesian Information Criterion ）是评估统计模型的复杂度和衡量统计模型“拟合”资料之优良性的标准，通常是在有限个数的模型中选择 AIC 或 BIC 比较小的模型。

我们在调用 ADF( ) 函数之前再来回顾一下 ADF 检验的原假设：序列有单位根（序列是非平稳的）。现在，我们对上证综指的收益率指数进行单位根检验。

```
#导入ADF函数
In [23]: from arch.unitroot import ADF

#单位根检验
In [24]: adfSHRet=ADF(SHRet)

#ADF()函数返回的是一个ADF类对象，不能直接输出
#而是要借助其summary()方法
In [25]: print(adfSHRet.summary().as_text())
   Augmented Dickey-Fuller Results
=====================================
Test Statistic                 -7.559
P-value                         0.000
Lags                                3
-------------------------------------
Trend: Constant
Critical Values: -3.45 (1%), -2.87 (5%), -2.57 (10%)
Null Hypothesis: The process contains a unit root.
Alternative Hypothesis: The process is weakly stationary.
```

上证综指 ADF 检验的模型是：

$$\Delta r_t = \gamma r_{t-1} + \delta_1 \Delta r_{t-1} + \varepsilon_t$$

由于我们的统计量为 -7.559，小于 1% 显著性水平下的临界值，所以我们要拒绝序列非平稳的原假设，从而判断出 SHRet 序列是平稳的。

我们也可以对上证综指收盘指数序列进行 ADF 检验：

```
In [26]: adfSHclose=ADF(SHclose)

In [27]: print(adfSHclose.summary().as_text())
   Augmented Dickey-Fuller Results
=====================================
Test Statistic                  2.549
P-value                         0.999
Lags                                4
-------------------------------------
Trend: Constant
Critical Values: -3.45 (1%), -2.87 (5%), -2.57 (10%)
Null Hypothesis: The process contains a unit root.
Alternative Hypothesis: The process is weakly stationary.
```

检验结果显示，Test Statistic 是 2.549，大于 Critical Values 给出的 1%、5%、10% 显著性水平下的临界值，因此无法拒绝原假设，也就是说上证综指收盘指数序列是非平稳的。

23.4 白噪声

金融领域传统理论的基石——市场有效性假说认为，在弱式有效市场中资产收益率序列 $\{r_t\}$ 不存在自相关性。现在我们用讨论式的反证法来说明这一结论：假设收益率存在稳定的相关性，投资者就可以根据历史信息估计出相关性的大小、进而预测未来收益率，然后利用这些信息进行套利。如果投资者是理性的，就都会发现这一机会，那么都会进行套利行为，市场的价格发现机制就会改变资产的“未来”价格，也就是会改变资产“未来”的收益率，进而消除掉原本有的相关性。举个例子，假设资产 A 的收益率序列存在自相关性，投资者根据历史信息预测出明天该资产的期望收益率是 2%，决定买入资产 A，当有很多人都要买入资产 A 时，它的价格就会上涨，进而降低收益率，消除原本存在的自相关性。因此，正常情况下，资产收益率序列不存在自相关性，这个结论可以用来检验市场是否为弱式有效。在金融领域，不论是构建理论模型还是实际操作应用，不存在自相关性的序列都是非常重要的序列，比如白噪声序列（White Noise）。

23.4.1 白噪声

如果一个随机过程中任意时点 t 的变量 X_t 的均值和方差、协方差分别满足以下公式：

$$\begin{aligned}&\mathbb{E}\left(X_t\right)=0\\&\operatorname{Var}\left(X_t\right)=\sigma^2\\&\gamma_l=0, \qquad l>0\end{aligned}$$

则称这个随机过程为白噪声过程。从上述表达式也可以看出，白噪声过程中各期变量之间的协方差为 0，也就是说白噪声过程是没有相关性的。这种时间序列也可以称为纯随机序列（Pure Random Sequence）。白噪声序列一定是平稳的时间序列，白噪声序列的均值为常数、方差为常数；其间隔大于 0 的自协方差都恒等于 0，这满足平稳性序列的自协方差只与时间间隔相关，而不与时间的起始点相关的要求。不过白噪声过程只要求各期变量之间无相关性，但是无相关性不代表各期之间相互独立。

如果白噪声过程中各变量独立同分布，且都服从正态分布，即：

$$X_t \sim N\left(0, \sigma^2\right)$$

则该序列被称为高斯白噪声过程（Gussian White Noise）。根据定义，可以判断出高斯白噪声过程是强平稳的时间序列，而且各期之间不仅不相关，还互相独立，也就是说如果一个序列是高斯白噪声过程，则无法根据过去信息推测未来。前文介绍单位根检验时，曾经举了一个非平稳时间序列的例子：

$$x_t=x_{t-1}+\epsilon_t$$

其中 $x_0 = 0$，$\epsilon_t \sim N(0, \sigma_\epsilon^2)$，这里的随机扰动项 $\{\epsilon_t\}$ 即是服从正态分布的纯随机序列，x_t 可以改写成 $x_t = \sum_{i=1}^{t} \epsilon_i$，是 t 期纯随机变量的加总，所以被称为随机游走（Random Walk）过程。弱式有效市场假说认为，股票的价格是随机游走的，因此是无法被预测的。

在 Python 里面，可以用 numpy 包中的 standard_normal 函数生成一个纯随机序列，并将该序列画出来。

```
#生成纯随机序列
In [28]: whiteNoise=np.random.standard_normal(size=500)

#绘制该序列图
In [29]: plt.plot(whiteNoise,c='b')
    ...: plt.title('White Noise')
Out[29]: <matplotlib.text.Text at 0x7fef61c6e320>
```

- 第一行代码表示生成一组均值为 0、方差为 1 的正态分布随机序列，该序列中一共有 500 个（随机）数。
- 第二行代码表示画出该序列的线图。

如图 23.10 所示是第二行代码生成的图形。纯随机序列（或白噪声序列）在时间序列分析中有很强的理论意义。

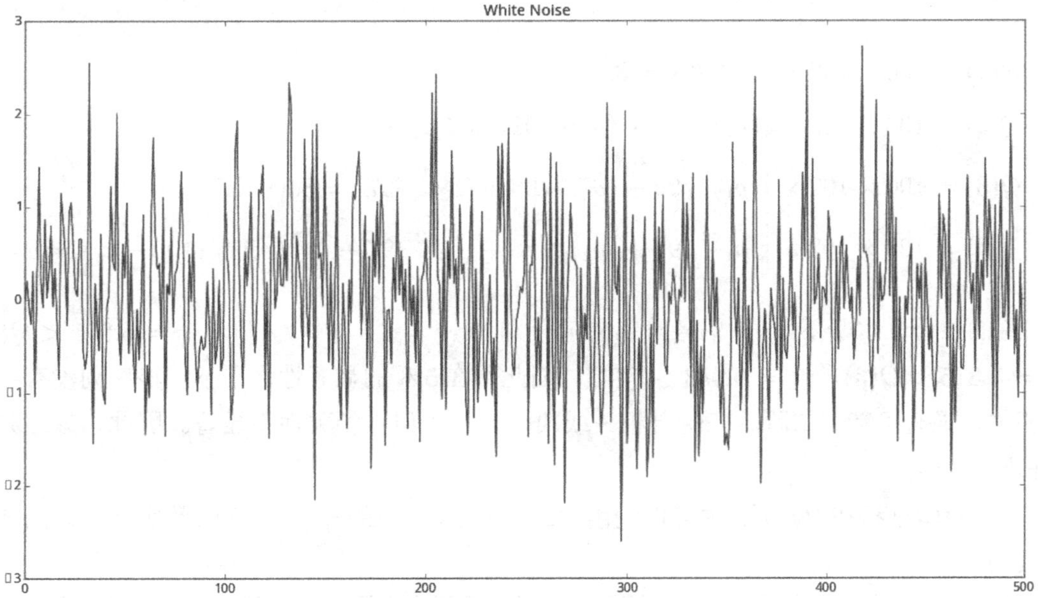

图 23.10　白噪声

23.4.2　白噪声检验——Ljung-Box 检验

如果一个序列是纯随机的就意味着它每一次新的变化都无迹可寻，我们无法从中挖掘对预测有益的信息。一旦我们发现某个序列是纯随机序列，则说明这个序列已经没有什么可以挖掘的有用信息，因而可以停止对它分析。既然纯随机序列这么重要，那么我们如何检验一个序列是否为纯随机或近似纯随机的序列呢？

通常我们使用 Ljung-Box 检验，简单来说 LB 检验的原假设为所检验序列是纯随机序列（白噪声过程），该检验的统计量为 Q 统计量：

$$Q(m) = n\,(n+2)\sum_{k=1}^{m}\frac{\rho_k^2}{n-k} \sim \chi_m^2$$

其中，ρ_k^2 是序列的 k 阶自相关系数，n 是整个序列中观测值的个数，m 是设定的滞后阶数。根据 $Q(m)$ 的计算公式可知 $Q(m)$ 均为正、大小与序列的自相关系数成正向关系，当序列有自相关性时，其自相关系数较大、对应的 $Q(m)$ 也较大；相反，当序列为随机序列、无自相关性时，序列的自相关系数不会显著地异于 0，计算出来的 $Q(m)$ 也会很小。

检验一个时间序列在 m 阶内是否是白噪声，只有当 $Q(1), Q(2), \ldots, Q(m)$ 这 m 个 Q 统计量都小于对应的 χ^2 分布的临界值时（即统计量的值与 0 没有显著差别），才能说明这个序列在所检验的 m 阶内是纯随机的。若有一个 Q 不满足要求，即大于 χ^2 分布的临界值，则这个序列就是非纯随机序列。我们举例来看 LB 检验的过程。假设某序列样本容量 $n = 100$，各阶自相关系数为 $\rho_1 = 0.1732$，$\rho_2 = 0.2$，$\rho_3 = 0.1$，$\rho_i = 0$，$i \geqslant 4$。将它们分别带到 Q 统计量的计算公式中去，得到：

$$\begin{aligned}
Q(1) &= 100 \times 102 \times (\rho_1)^2/99 = 3.1\\
Q(2) &= 100 \times 102 \times \left[(\rho_1)^2/99 + (\rho_2)^2/98\right] = 7.3\\
Q(3) &= 100 \times 102 \times \left[(\rho_1)^2/99 + (\rho_2)^2/98 + (\rho_3)^2/97\right] = 8.3\\
Q(m) &= 100 \times 102 \times \left[(\rho_1)^2/99 + (\rho_2)^2/98 + (\rho_3)^2/97 + \sum (\rho_i)^2/(100-k)\right] = 8.3
\end{aligned}$$

在 5% 的显著性水平下，χ_m^2 的各阶临界值分别为 $\chi_1^2 = 3.841 > Q(1)$，$\chi_2^2 = 5.991 < Q(2)$，$\chi_3^2 = 7.815 < Q(3)$，$\chi_4^2 = 9.488 > Q(4)$。因此，在 5% 的显著性水平下，该序列没有一阶自相关，很有可能有二阶、三阶自相关或四阶以上的但自相关性不显著。因此，该序列不是白噪声序列。

LB 检验过程在 Python 中可以调用 statsmodels 包中的 q_stat( ) 函数实现，该函数的形式为：

```
q_stat(x, nobs, type='ljungbox')
```

- x 为所检验的自相关系数序列；
- nobs 表示计算自相关系数序列 x 所用的样本数，即公式中的 n；
- type 选择所用的检验类型。

该函数会返回两个 array 对象，分别是检验的统计量与 p 值。一般来说，我们只需要关注 p

值就好。需要注意的是，该函数会对每一阶进行 LB 检验，而不仅仅是对所有的自相关系数进行 LB 检验。也就是说，当我们输入前三阶的自相关系数时，该函数会先对一阶的自相关系数进行 LB 检验，然后对一阶和二阶自相关系数进行 LB 检验，最后对所有共三阶的自相关系数进行 LB 检验。因此，当我们想要对前三阶的自相关系数进行 LB 检验时，只需要输入前三阶的自相关系数，然后查看得到的 p 值序列中的最后一个值。

23.4.3　上证综合指数的白噪声检验

```
In [30]: LjungBox1=stattools.q_stat(stattools.acf(SHRet)[1:13],len(SHRet))

In [31]: LjungBox1
Out[31]:
 (array([  0.39077768,   0.43455722,   0.7102307 ,   8.87130492,
          9.68869854,   9.69861023,   9.90782614,  10.00770409,
         10.05187169,  10.90544768,  11.41474472,  11.41630878]),
 array([ 0.53189091,  0.80470574,  0.87079499,  0.06439799,  0.08455194,
         0.13793151,  0.19385734,  0.26448561,  0.34630225,  0.36493184,
         0.40919934,  0.4936175 ]))

In [32]: LjungBox1[1][-1]
Out[32]: 0.49361749645029285

In [33]: LjungBox2=stattools.q_stat(stattools.acf(SHclose)[1:13],len(SHRet))

In [34]: LjungBox2[1][-1]
Out[34]: 0.0
```

LB 检验的原假设为所检验序列是纯随机序列，当 LB 检验统计量对应的 p 值大于所设定的显著性水平（比如 5%）时，接受原假设，认为所检验序列为白噪声序列。反之则拒绝原假设，认为序列是非白噪声序列。由结果可知：对上证综指收益率序列进行 LB 检验时，Q 统计量的 p 值为 0.4936>0.05，从而要接受原假设，也就是说在某种程度上上证指数收益率序列是随机的。而对上证综指收盘指数序列进行 LB 检验时，Q 统计量对应的 p 值很小，小于显著性水平 5%，故该序列是存在自相关性的。

习题

1. 判断下列时间序列是否平稳：

   （a）　$X_t = \epsilon_t - \epsilon_{t-1}$，$\epsilon_t$ 是白噪声；

   （b）　$X_t = 3t$；

   （c）　$X_t = (-1)^t \epsilon_t$，ϵ_t 是白噪声。

2. $\{X_t\}$ 是一个时间序列，Y 是一个均值为 μ、方差为 σ^2 的随机变量，假设 $X_t = Y$，证明 $\{X_t\}$ 同时满足严平稳和弱平稳的条件。

3. $\{X_t\}$ 是一个时间序列且 $X_t = \epsilon_t - 0.4\epsilon_{t-1} + 0.3\epsilon_{t-2}$，$\{\epsilon_t\}$ 是白噪声过程。证明该时间序列弱平稳并且求出其各阶自相关系数。

4. $\{X_t\}$ 是一个时间序列且 $X_t = 0.5X_{t-1} + \epsilon_t$。证明该时间序列平稳并且求出其各阶自相关系数。与上一题相比较，你有什么发现？
5. 读取 IBM 的日回报率数据。
   (a) 绘制其时间序列图；
   (b) 绘制 ACF 图并判断其是否是白噪声；
   (c) 使用 Ljung-Box 检验判断 IBM 的日回报率是不是白噪声。
6. 读取通用电气的日回报率数据：
   (a) 绘制其时间序列图；
   (b) 绘制 ACF 图并判断其是否是白噪声；
   (c) 使用 Ljung-Box 检验判断日回报率是不是白噪声，并将 lag 参数设为 2；
   (d) 再进行一次 Ljung-Box 检验，但是将 lag 参数设为 9；
   (e) 对比两次检验的结果。
7. 读取标普 500 指数日回报率数据：
   (a) 绘制时间序列图，并判断其是否平稳；
   (b) 绘制 ACF 图与 PACF 图；
   (c) 进行 ADF 检验以验证（a）中的判断。

第24章 时间序列预测

我们再来回顾一下时间序列分析的思想：根据序列的历史信息来预测未来，进行预测的前提是序列是平稳的，即序列的基本特性不发生大的改变。不过若时间序列是特殊的平稳序列——纯随机过程（白噪声过程），也就是无自相关性，那么预测也无法进行。因此，我们将要对平稳的、非随机序列进行分析，以预测未来。预测的方式通常是建立预测模型，预测模型的一般表达形式为：

$$x_{t+1} = f(x_i), \quad i \leqslant t$$

也就是说，当位于 t 时点时，是利用 t 期和 t 期之前的信息对下一期的变量取值进行预测。

24.1 移动平均预测

若时间序列具有稳定性或规则性，那么时间序列有可能会在未来保持过去几期的发展态势。时间序列分析中最简单的预测模型就是将过去期的变量取值进行平均，将平均值作为下一期的预测值。由于在取平均数时，数值的随机波动成分在一定程度上会被消除掉，所以得到的预测值受过去极端值的干扰减少，从而达到平滑的效果，因此这种平均数预测法被称为移动平均预测法（Moving Average）。根据“取平均”方式之不同，可以将移动平均法分为简单移动平均法（Simple Moving Average）、加权移动平均法（Weighted Moving Average）和指数加权移动平均法（Exponential Moving Average）等。

24.1.1 简单移动平均

简单移动平均是用某一时点前 n 期的数值之简单平均数来预测该时点的数值，以达到平滑的效果。简单地说，我们用 $x_t, x_{t-1}, x_{t-2}, \dots, x_{t-n+1}$ 这 n 个数的简单平均数来预测 x_{t+1}，可以用数学公式表达为：

$$\hat{x}_{t+1} = \frac{x_t + x_{t-1} + x_{t-2} + \ldots + x_{t-n+1}}{n}$$

式中各变量的含义如下。

- $\hat{x}_{t+1}$：对下一期的预测值，或者当期的简单移动平均数；
- x_t：当期随机变量的实现值；
- x_{t-i}：前 i 期随机变量的实现值；
- n：平均值的计算中包括过去观察值的个数。每出现一个新观察值，就要从移动平均中减去一个最早观察值，再加上一个最新观察值。

24.1.2 加权移动平均

简单移动平均对每一期的数值都赋予相同的权重，也就是说，它认为每一个时期的数据对于新的预测值或者平滑值的影响是一样的。但现实生活中可能并非如此，即有时候简单移动平均对于信息的利用不是很充分。加权移动平均法则是根据同一个时间段内不同时间的数据对预测值的影响程度，分别给予不同的权重，其计算公式为：

$$\hat{x}_{t+1} = w_0 x_t + w_1 x_{t-1} + ... + w_n x_{t-n+1}$$

- $\hat{x}_{t+1}$：对下一期的预测值，或者当期的加权移动平均数；
- x_t：当期随机变量的实现值；
- x_{t-i}：前 i 期随机变量的实现值；
- w_0：当期实现值的权重；
- w_i：前 i 期实现值的权重，如 w_1 为前一期实现值的权重；余类推。

24.1.3 指数加权移动平均

指数加权移动平均兼具全期平均和移动平均所长：不舍弃过去的数据，但是随着数据时间点的远离，其权重逐渐递减。指数加权移动平均法的基本思想是：考虑时间间隔对事件发展的影响，各期权重随时间间隔的增大而呈指数衰减。其计算公式如下：

$$\hat{x}_{t+1} = \alpha x_t + \alpha (1-\alpha) x_{t-1} + \alpha (1-\alpha)^2 x_{t-2} + \ldots$$

其中，α 为平滑系数，满足 $0 < \alpha < 1$。经验表明，α 的值介于 $0.05 \sim 0.3$ 之间，修匀效果比较好。同理可得：

$$\hat{x}_t = \alpha x_{t-1} + \alpha (1-\alpha) x_{t-2} + \alpha (1-\alpha)^2 x_{t-3} + \ldots$$

所以结合上述两个公式我们可以得到：

$$\hat{x}_{t+1} = \alpha x_t + (1-\alpha) \hat{x}_t$$

- $\hat{x}_{t+1}$：对下一期的预测值，或者当期的指数加权移动平均数；
- x_t：当期随机变量的实现值；
- $\hat{x}_t$：$t-1$ 期对 t 期的预测值，或 $t-1$ 期的指数加权移动平均数；
- α：为平滑系数。

从整理后的公式我们可以发现，任一期的指数加权移动平均数都是本期实际观察值 x_t 与前一期指数加权移动平均数的加权平均 $\hat{x}_t$。确定 $\hat{x}_t$ 的初值 $\hat{x}_1$ 通常有两种方法：一种是取第一期的实现值为初值；另一种是最初几期的平均值为初值。

24.2　ARMA 模型预测

使用移动平均能够简单、快速地对时间序列做出预测。但是，移动平均中的参数（比如，选取过去实现值的期数、加权平均的权重值、指数加权平均的平滑系数等）往往是我们主观设置的，这种主观设置很容易偏离实际情况，因此在实际应用中，我们很少将移动平均得到的结果直接作为变量未来取值的预测。移动平均常常用在技术分析中，作为判断股价走势的技术指标。

为了更好地对时间序列做出预测，学者们发展出各种各样的时间序列模型。这些时间序列模型意图刻画时间序列背后的统计规律，并根据这些规律来对时间序列做出更为精准的预测。以这种方式进行的时间序列分析之理论建构过程大致可以分为三个阶段。

开展时间序列分析的理论研究的时间比较早，20 世纪 30 年代前后是理论模型构建的基础阶段，在此期间提出的模型研究对象多是平稳的时间序列。Udny Yule 在 1927 年提出了著名的自回归模型（Autoregressive Model，AR 模型）[1]；移动平均模型（Moving Average Model，MA 模型）也随之出现。之后学者们将 AR 模型和 MA 模型结合在一起，发展出 ARMA（Autoregressive Moving Average）模型。1970 年，当 ARMA 模型被 Box 和 Jenkins 写进教科书时[2]，这个模型逐渐流行起来，并被广泛应用在学术界和实务界。与此同时，Box 和 Jenkins 也在同一本书中提出了 ARIMA（Autoregressive Integrated Moving Average）模型，该模型的处理对象为非平稳的时间序列，ARIMA 模型的提出标志着时间序列分析理论构建进入成熟阶段，在此阶段，时间序列模型被大量地应用在实证研究中。不过以上模型都是假设干扰项的方差是固定不变的，在实证研究中，学者们发现金融经济数据很多都存在异方差（Heteroskedasticity）现象，因此应用传统的模型无法获得可靠的估计结果。时间序列分析的理论构建随后进入完善阶段，Engle 在 1982 年提出 ARCH（Autoregressive Conditional Heteroskedasticity）模型，允许条件方差发生变动。之后，Bollerslov 延伸了 ARCH 模型，提出应用范围更广的 GARCH（Generalized Autoregressive Conditional Heteroskedasticity）模型，ARCH 和 GARCH 模型的提出很好地解决了刻画金融资产收益率序列波动聚集的难题。也有学者从其他角度来完善时间序列分析模型，比如 Granger 在 1987 年提出了协整（Cointegration）理论，将时间序列分析对象拓展到多变量的场景。

本章将重点介绍时间序列分析基础模型，AR 模型、MA 模型和 ARMA 模型。在后面的章节中，我们会陆续介绍 ARCH 模型、GARCH 模型、协整理论及其应用。

[1] Yule, G. Udny. "On a method of investigating periodicities in disturbed series, with special reference to Wolfer's sunspot numbers." Philosophical Transactions of the Royal Society of London. Series A, Containing Papers of a Mathematical or Physical Character (1927): 267-298.

[2] Box, George EP, and Gwilym M. Jenkins. "Time series analysis: forecasting and control." (1976).

24.2.1 自回归模型

AR 模型是一个线性模型，将时间序列变量当期的实现值作为被解释变数、过去期的历史资料当作解释变数，因此被称作自回归模型。p 阶自回归模型（Auto Regressive Model，AR(p)）的一般表达式为：

$$x_t = \phi_0 + \phi_1 x_{t-1} + \phi_2 x_{t-2} + \ldots + \phi_p x_{t-p} + \varepsilon_t \tag{24.1}$$

其中 $\{\varepsilon_t\}$ 是一个白噪声序列，即满足：

$$\mathbb{E}\left(\varepsilon_t\right) = 0;\quad \mathrm{Var}\left(\varepsilon_t\right) = \sigma_\varepsilon^2;\quad \mathbb{E}\left(\varepsilon_t \varepsilon_s\right) = 0,\ \forall s \neq t$$

且解释变数 x_s 与残差项 ε_t 无相关性，即 $\mathbb{E}\left(x_s \varepsilon_t\right) = 0,\ \forall s < t$。为了研究 AR 模型的统计性质，我们先举个简单的例子，假设平稳的时间序列 x_t 可以用 AR(2) 模型来刻画：

$$x_t = \phi_0 + \phi_1 x_{t-1} + \phi_2 x_{t-2} + \varepsilon_t,\quad |\phi_1| < 1, |\phi_2| < 1 \tag{24.2}$$

因为平稳的时间序列之均值不随时间发生改变，所以：

$$\mu = \mathbb{E}\left(x_t\right) = \phi_0 + \phi_1 \mathbb{E}\left(x_{t-1}\right) + \phi_2 \mathbb{E}\left(x_{t-2}\right) + \mathbb{E}\left(\varepsilon_t\right)$$

即：

$$\begin{aligned} \mu &= \phi_0 + \phi_1 \mu + \phi_2 \mu + 0 \\ \mu &= \frac{\phi_0}{1 - \phi_1 - \phi_2} \end{aligned}$$

然后我们将公式左右两边分别去掉均值 μ 可得：

$$\begin{aligned} x_t - \mu &= \phi_0 + \phi_1\left(x_{t-1} - \mu\right) + \phi_2\left(x_{t-2} - \mu\right) + \left(\phi_1 + \phi_2 - 1\right)\mu + \varepsilon_t \\ &= \phi_1\left(x_{t-1} - \mu\right) + \phi_2\left(x_{t-2} - \mu\right) + \varepsilon_t \end{aligned} \tag{24.3}$$

将公式 (24.3) 左右两边分别乘以 $(x_{t-1} - \mu)$ 再除以方差 γ_0 之后，可以得到以下公式：

$$\frac{\gamma_1}{\gamma_0} = \phi_1 \frac{\gamma_0}{\gamma_0} + \phi_2 \frac{\gamma_1}{\gamma_0}$$

即：

$$\rho_1 = \phi_1 + \phi_2 \rho_1$$

可以解得：

$$\rho_1 = \frac{\phi_1}{1-\phi_2}$$

用同样的方式乘以 $(x_{t-2}-\mu)$ 可得：

$$\rho_2 = \phi_1\rho_1 + \phi_2$$

这样可以计算出：

$$\begin{aligned}\rho_1 &= \frac{\phi_1}{1-\phi_2} \\ \rho_2 &= \phi_1\rho_1 + \phi_2\end{aligned}$$

公式 (24.3) 左右两边同时乘以 $(x_{t-k}-\mu)$,$\forall k \geqslant 3$，可得三阶以上（包含三阶）的自相关系数 $\rho_k = \phi_1\rho_{k-1} + \phi_2\rho_{k-2}$，可以看出符合 AR 模型的时间序列之自相关系数会随着阶数的增加而减小，但是很多阶数之后仍不等于 0，会呈现出所谓拖尾的现象。

现在我们将分析拓展至 AR(p) 模型，如果时间序列是平稳的，可得：

$$\mu = \frac{\phi_0}{1-\phi_1-\phi_2-\cdots-\phi_p}$$

将公式 (24.1) 左右两边减去均值 μ，可得：

$$x_t - \mu = \phi_1(x_{t-1}-\mu) + \phi_2(x_{t-2}-\mu) + \ldots + \phi_p(x_{t-p}-\mu) + \varepsilon_t \tag{24.4}$$

将公式 (24.4) 左右两边分别乘以 $(x_t-\mu)$、$(x_{t-1}-\mu)$、...、并除以方差 γ_0 可得：

$$\begin{aligned}1 &= \phi_1\rho_1 + \phi_2\rho_2 + \ldots + \phi_p\rho_p \\ \rho_1 &= \phi_1 + \phi_2\rho_1 + \phi_3\rho_2 + \cdots + \phi_p\rho_{p-1} \\ \rho_2 &= \phi_1\rho_1 + \phi_2 + \phi_3\rho_1 + \cdots + \phi_p\rho_{p-2} \\ &\vdots \\ \rho_p &= \phi_1\rho_{p-1} + \phi_2\rho_{p-2} + \phi_3\rho_{p-3} + \cdots + \phi_p\end{aligned}$$

根据这些线性关系式，我们可以解得 $\rho_1, \rho_2, \ldots, \rho_p$，对于大于 p 阶的自相关系数 ρ_k，也有：

$$\rho_k = \phi_1\rho_{k-1} + \phi_2\rho_{k-2} + \ldots + \phi_p\rho_{k-p}$$

因此，符合 AR(p) 模型的平稳时间序列，其自相关系数在 p 阶之后依然可能不为 0。

24.2.2 移动平均模型

MA(q) 模型认为因变量序列 x_t 与随机冲击项的当前值 ε_t 及 q 期滞后值 ε_{t-1}, ε_{t-2}, $\ldots$, ε_{t-q} 有关，而且是随机冲击项的加权平均，因此被称作移动平均模型。一个 q 阶移动平均模型 MA(q) 可以用数学表达为：

$$x_t = \mu + \varepsilon_t + \theta_1\varepsilon_{t-1} + \theta_2\varepsilon_{t-2} + \ldots + \theta_q\varepsilon_{t-q}$$

其中 $\{\varepsilon_t\}$ 是白噪声序列，满足：

$$\mathbb{E}\left(\varepsilon_t\right) = 0;\quad \mathrm{Var}\left(\varepsilon_t\right) = \sigma_\varepsilon^2;\quad \mathbb{E}\left(\varepsilon_t\varepsilon_s\right) = 0,\ \forall s \neq t$$

由于 MA(q) 仅仅是白噪声过程的线性组合，因此有：

$$\begin{aligned}
\mathbb{E}\left(x_t\right) &= \mu, \\
\mathrm{Var}\left(x_t\right) &= \gamma_0 = \left(1 + \theta_1^2 + \theta_2^2 + \ldots + \theta_q^2\right)\sigma_\varepsilon^2, \\
\rho_l &= \begin{cases} 1, & l = 0 \\ \dfrac{\left(\theta_l + \theta_{l+1}\theta_1 + \theta_{l+2}\theta_2 + \ldots + \theta_q\theta_{q-l}\right)}{\left(1 + \theta_1^2 + \theta_2^2 + \ldots + \theta_q^2\right)}, & \forall l = 1, 2, \ldots, q \\ 0, & \forall l > q \end{cases}
\end{aligned}$$

由以上公式我们可以得知 MA(q) 模型一个很重要的统计性质：MA(q) 模型自相关系数 q 阶截尾。所谓的 q 阶截尾是指，在 q 阶以后 MA(q) 模型的自相关系数马上截止，$q+1$ 阶起就等于 0（即上式 $\gamma_l = 0, \forall l > q$ 所表达的内容）。考虑 AR 模型和 MA 模型自相关系数的性质，我们可以根据自相关图，来初步判断所研究的时间序列大致符合什么类型的模型。

24.3 自回归移动平均模型

AR(p) 模型认为时间序列中 x_t 的值与过去 p 期的滞后值有关，MA(q) 模型则用滞后 q 期的随机扰动项来解释当期的 x_t，不过在金融经济领域中，很多变量的值既会与自己过去期的表现有关系，又受到过去随机冲击的影响，ARMA 模型表达的就是这个思想。ARMA 模型是研究时间序列的重要方法，由 AR 模型与 MA 模型混合构成。ARMA(p,q) 模型的一般表达式为：

$$x_t = \phi_0 + \phi_1 x_{t-1} + \phi_2 x_{t-2} + \ldots + \phi_p x_{t-p} + \varepsilon_t + \theta_1\varepsilon_{t-1} + \theta_2\varepsilon_{t-2} + \ldots + \theta_q\varepsilon_{t-q}$$

其中 $\{\varepsilon_t\}$ 是零均值白噪声序列，满足：

$$\mathbb{E}(\varepsilon_t)=0;\quad \mathrm{Var}(\varepsilon_t)=\sigma_\varepsilon^2;\quad \mathbb{E}(\varepsilon_t\varepsilon_s)=0,\ \forall s\neq t$$

很显然，相较于 AR(p) 和 MA(q) 模型，ARMA(p,q) 更具有普适性，AR(p) 是 $q=0$ 时的 ARMA(p,q) 模型，MA(q) 模型是当 $p=0$ 时的 ARMA(p,q) 模型。

24.4　ARMA 模型的建模过程

如前所述，我们分析的对象是平稳非白噪声的序列。现在我们要构建 ARMA 模型以便预测未来，构建一个 ARMA 模型通常需要以下 3 个步骤。

1. 序列识别
   (a) 判断我们需要建模分析的数据是否为平稳序列，若为非平稳序列需对其进行变换处理，使其成为平稳序列。
   (b) 接着再判断平稳的序列是否为白噪声序列，若为白噪声序列则建模结束（白噪声过程无法构建 ARMA 模型）；若为非白噪声序列，则进行下一步。
2. 模型识别与估计：决定 p 和 q 的值，选出相对最优的模型结构。通过时间序列的自相关函数 ACF 和偏自相关函数 PACF 大致决定。一般规则如表 24.1 所示。

表 24.1　模型识别表

模型	ACF	PACF
AR(p)	拖尾（几何型或震荡型）	p 阶结尾
MA(q)	q 阶截尾	拖尾（几何型或震荡型）
ARMA(p,q)	拖尾（几何型或震荡型）	拖尾（几何型或震荡型）

   如果序列的 ACF 和 PACF 不是很明确的话，则可以尝试着建立若干个备选模型，然后根据 AIC 或是 BIC 指标来选择。AIC 是一种用于模型选择的指标，同时考虑了模型的拟合程度以及简单性，而 BIC 则是对 AIC 的一个改进。一般而言，较小的 AIC 或者 BIC 表明模型在保持简单的同时能够很好地对时间序列进行拟合。因此，我们往往会选择具有最小的 AIC 或 BIC 的模型作为相对最优的模型。
3. 模型诊断：对模型残差进行检验，确保其为服从正态分布的白噪声序列。当模型的残差是白噪声时，说明我们已经将序列的信息充分提取到模型中。

24.5　CPI 数据的 ARMA 短期预测

本节我们将建立一个完整的 ARMA 模型，并用其对序列进行短期的预测，以帮助读者更好地理解 ARMA 模型。我们使用 2001 年 1 月到 2014 年 2 月的月度 CPI（Consumer Price Index，物价指数）数据建立 ARMA 模型。

24.5.1　序列识别

我们先读取数据，对数据进行预处理，并判断其平稳性。

```
#加载pandas包
In [1]: import pandas as pd

#读取数据
In [2]: CPI=pd.read_csv('003/CPI.csv',index_col='time')

# 将数据转换成时间序列格式便于之后的处理
In [3]: CPI.index=pd.to_datetime(CPI.index)

#查看前三期数据
In [4]: CPI.head(n=3)
Out[4]:
              CPI
time
2014-05-01  100.1
2014-04-01   99.7
2014-03-01   99.5

#查看后三行数据
In [5]: CPI.tail(n=3)
Out[5]:
              CPI
time
2001-03-01   99.4
2001-02-01  100.2
2001-01-01  101.9

In [6]: CPI.shape
Out[6]:
(161, 1)
```

为了能够评价模型的好坏，看看模型预测的精准度如何，我们选出序列的后面三个样本作为预测对照，除此以外序列前面的部分作为估计拟合模型参数的样本（即训练数据集），命名为“CPItrain”。亦即，我们用训练集中的 158 个数据进行建模，然后预测第 159、160、161 这三个数（2014 年 3 月、4 月和 5 月这三个月份的月度 CPI 数据），然后再和这三个月份的实际月度 CPI 数据进行比较，以判断评价模型的预测能力。

```
#剔除最后3期数据，构造用于建模的数据子集
In [7]: CPItrain=CPI[3:]

#查看训练数据集的后三期数据
In [8]: CPItrain.head(n=3)
Out[8]:
              CPI
time
2014-02-01  100.5
2014-01-01  101.0
2013-12-01  100.3

#绘制时序图，直观了解数据情况
In [9]: CPI.sort().plot(title='CPI 2005-2014')
Out[9]:
```

```
<matplotlib.axes._subplots.AxesSubplot at 0x7fd06496fdd8>
```

通过观察序列的时序图（如图 24.1 所示），我们发现序列看上去还算平稳，并未呈现出明显的递增、递减趋势。接下来，对序列进行 ADF 单位根检验，判断其平稳性。

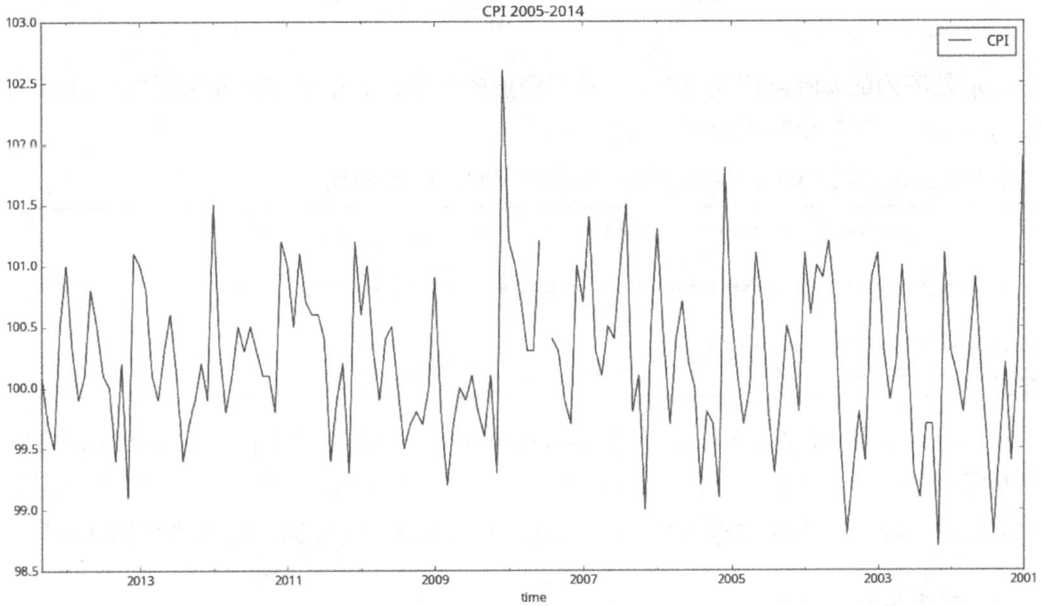

图 24.1　CPI 的时序图

```
#加载ADF函数
In [10]: from arch.unitroot import ADF

#进行ADF单位根检验，并查看结果
#最大滞后阶数设为10
#防止使用的滞后阶数过多导致p-value偏低

In [11]: CPItrain=CPItrain.dropna().CPI

In [12]: print(ADF(CPItrain,max_lags=10).summary().as_text())
   Augmented Dickey-Fuller Results
=====================================
Test Statistic                 -2.900
P-value                         0.045
Lags                               10
-------------------------------------
Trend: Constant
Critical Values: -3.48 (1%), -2.88 (5%), -2.58 (10%)
Null Hypothesis: The process contains a unit root.
Alternative Hypothesis: The process is weakly stationary.
```

由于统计量等于 −2.900，小于 5% 显著性水平下的临界值 −2.88，因而我们可以拒绝原假设，接受备择假设，认为序列是平稳的。接下来，我们需要判断 CPI 序列是否为白噪声序列，我们采用第 23 章介绍过的 Ljung-Box 检验（简称为 LB 检验）来确定 CPI 序列是否为白噪声。我们再次回顾一下它的检验统计量。

Ljung-Box 检验采用的统计量是 Q 统计量，其表达式为：

$$Q(m) = n\,(n+2)\sum_{k=1}^{m}\frac{\rho_k^2}{n-k} \sim \chi_m^2$$

其中，ρ_k 是序列的 k 阶自相关系数，n 是观测值的个数，m 是设定的滞后阶数。Ljung-Box 检验的原假设为“所检验序列是白噪声序列”。

用 Python 实现“CPI 序列是否为白噪声”的检验过程如下所示：

```
In [13]: from statsmodels.tsa import stattools

In [14]: LjungBox=stattools.q_stat(stattools.acf(CPItrain)[1:12],len(CPItrain))

In [15]: LjungBox[1][-1]
Out[15]: 0.0005560128948515668
```

从上述结果得知，检验的 p 值为 $0.000556 < 0.05$（常见的显著性水平），所以我们应该拒绝原假设，接受备择假设，认为 CPI 序列不是白噪声序列。至此，我们已经完成了序列的识别工作，确认即将参与建模的 CPI 序列是平稳非白噪声序列，进入模型构建阶段。

24.5.2 模型识别与估计

我们已确定采用的模型为 ARMA 模型，还需要识别模型的参数 p 和 q。此处，我们将利用 ACF 和 PACF 来判断模型的具体形式。

```
In [16]: from statsmodels.graphics.tsaplots import *

#将画面一分为二
#在第一个画面中画出序列的自相关系数图
#在第二个画面中画出序列的偏自相关系数图
In [17]: axe1=plt.subplot(121)
    ...: axe2=plt.subplot(122)
    ...: plot1=plot_acf(CPItrain,lags=30,ax=axe1)
    ...: plot2=plot_pacf(CPItrain,lags=30,ax=axe2)
Out[17]:
```

通过 CPI 训练集序列的 ACF 和 PACF 图（如图 24.2 所示），我们发现序列的自相关系数和偏自相关系数都呈现出拖尾的性质，因此可以初步判断 $p > 0$、$q > 0$。至于 p 和 q 的具体取值现在还无法判断。因此，我们考虑建立起低阶 p、q 的各种组合情况下的 ARMA 模型，并运用 AIC 准则进行比较，选出 AIC 值最小的模型。模型建立的代码如下：

```
In [18]: from statsmodels.tsa import arima_model

In [19]: model1=arima_model.ARIMA(CPItrain,order=(1,0,1)).fit()

In [20]: model1.summary()
```

```
Out[20]:
<class 'statsmodels.iolib.summary.Summary'>
"""
                              ARMA Model Results
==============================================================================
Dep. Variable:                    CPI   No. Observations:                  157
Model:                     ARMA(1, 1)   Log Likelihood                -150.339
Method:                       css-mle   S.D. of innovations              0.630
Date:                Tue, 10 May 2016   AIC                            308.678
Time:                        20:57:35   BIC                            320.903
Sample:                    02-01-2014   HQIC                           313.643
                         - 01-01-2001
==============================================================================
                 coef    std err          z      P>|z|      [95.0% Conf. Int.]
------------------------------------------------------------------------------
const        100.2373      0.066   1516.140      0.000       100.108   100.367
ar.L1.CPI      0.0934      0.248      0.377      0.707        -0.392     0.579
ma.L1.CPI      0.1932      0.240      0.805      0.422        -0.277     0.664
                                    Roots
=============================================================================
                 Real           Imaginary           Modulus         Frequency
-----------------------------------------------------------------------------
AR.1          10.7070           +0.0000j           10.7070            0.0000
MA.1          -5.1771           +0.0000j            5.1771            0.5000
-----------------------------------------------------------------------------
"""
#同理，我们建立起其它阶数的模型
In [21]: model2=arima_model.ARIMA(CPItrain,order=(1,0,2)).fit()

In [22]: model2.summary()
Out[22]:
<class 'statsmodels.iolib.summary.Summary'>
"""
                              ARMA Model Results
==============================================================================
Dep. Variable:                    CPI   No. Observations:                  157
Model:                     ARMA(1, 2)   Log Likelihood                -148.889
Method:                       css-mle   S.D. of innovations              0.621
Date:                Tue, 10 May 2016   AIC                            307.779
Time:                        21:00:13   BIC                            323.060
Sample:                    02-01-2014   HQIC                           313.985
                         - 01-01-2001
==============================================================================
                 coef    std err          z      P>|z|      [95.0% Conf. Int.]
------------------------------------------------------------------------------
const        100.2366      0.063   1582.038      0.000       100.112   100.361
ar.L1.CPI     -0.9394      0.034    -27.485      0.000        -1.006    -0.872
ma.L1.CPI      1.2414      0.084     14.829      0.000         1.077     1.406
ma.L2.CPI      0.2414      0.081      2.970      0.003         0.082     0.401
                                    Roots
=============================================================================
                 Real           Imaginary           Modulus         Frequency
-----------------------------------------------------------------------------
AR.1          -1.0645           +0.0000j            1.0645            0.5000
MA.1          -1.0000           +0.0000j            1.0000            0.5000
```

```
MA.2           -4.1419          +0.0000j          4.1419          0.5000
-----------------------------------------------------------------------------
"""
In [23]: model3=arima_model.ARIMA(CPItrain,order=(2,0,1)).fit()

In [24]: model4=arima_model.ARIMA(CPItrain,order=(2,0,2)).fit()

In [25]: model5=arima_model.ARIMA(CPItrain,order=(3,0,1)).fit()

In [26]: model6=arima_model.ARIMA(CPItrain,order=(3,0,2)).fit()
```

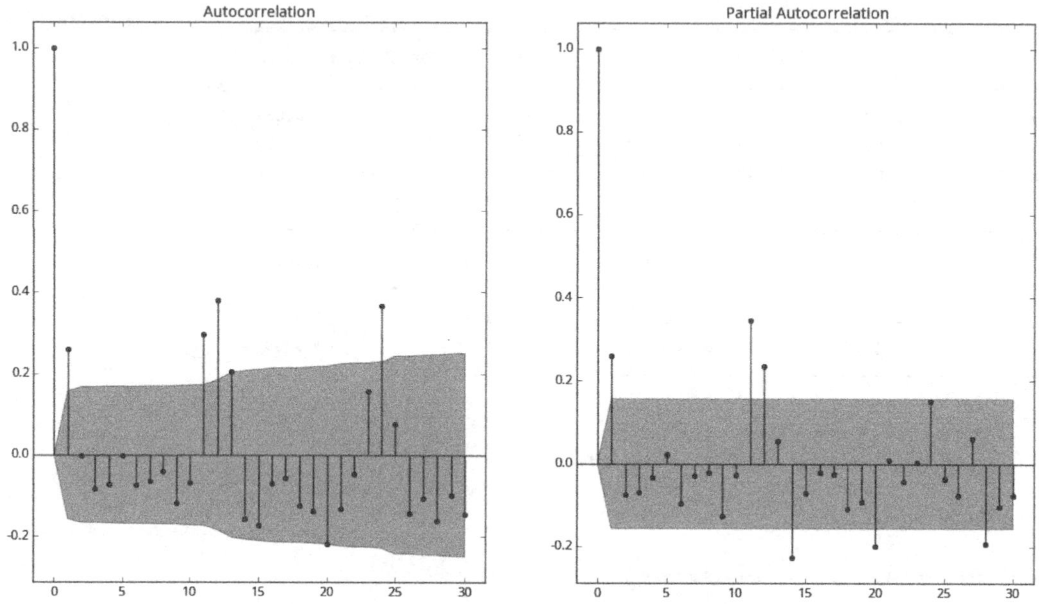

图 24.2 CPItrain 的自相关和偏自相关系数图

如 24.2 表所示，将上述 9 个模型的 AIC 值汇总，可以得知，ARMA(3,2) 模型的 AIC 值最小，是备选模型中最好的模型。故我们将最终的模型确定为 ARMA(3,2)。

表 24.2 9 个模型的 AIC 值

模型	mod1	mod2	mod3	mod4	mod5	mod6
(p, q)	$(1,1)$	$(1,2)$	$(2,1)$	$(2,2)$	$(3,1)$	$(3,2)$
AIC 值	308.678	307.779	309.013	309.271	310.972	299.759

24.5.3 模型诊断

建立好模型以后，我们需要对模型进行评价。这里的评价不仅包括系数显著性的检验，还包括对残差序列是否为白噪声的检验。如果残差序列是白噪声序列，则说明我们的模型已充分提取了序列的信息，无法再通过调整模型从数据中获取更多的信息，因而模型的建立是成功的。如果残差序列是非白噪声序列，则说明我们的模型是不完善的，需要对其进行修正。

首先我们运用 confint( ) 函数计算模型中系数的置信区间，可以看到，所有系数的置信区间都不包含 0，因此我们可以说在 5% 的置信水平下，所有系数都是显著的。

```
In [27]: model6.conf_int()
Out[27]:
                   0           1
const     100.093869  100.379722
ar.L1.CPI   1.301692    1.609373
ar.L2.CPI  -1.478539   -1.109157
ar.L3.CPI   0.205484    0.503178
ma.L1.CPI  -1.313938   -1.183402
ma.L2.CPI   0.946969    1.053031
```

接下来是对于残差序列的纯随机性的检验。如图 24.3 所示。残差基本在 ±3 之内，没有偏差值。但是，如图 24.4 所示，第 11 阶和第 12 阶的自相关系数是显著的。因此，我们还不能确定残差是白噪声序列。为了验证残差是不是白噪声序列，我们增加了 Ljung-Box 检验的滞后阶数。可以看到，在 12 阶之后，检验的 p 值都小于 5%。因此，模型的残差并不是一个白噪声序列。实际上，这是因为我们并没有考虑到数据的季节性。如果将系自相关系数图的最大滞后阶数设为 40 的话，则可以很明显地看到每隔 12 阶自相关系数就会变得显著（如图 24.5 所示）。该结果表明我们的模型并没有很好地拟合原数据，需要一个季节性 ARIMA 模型。

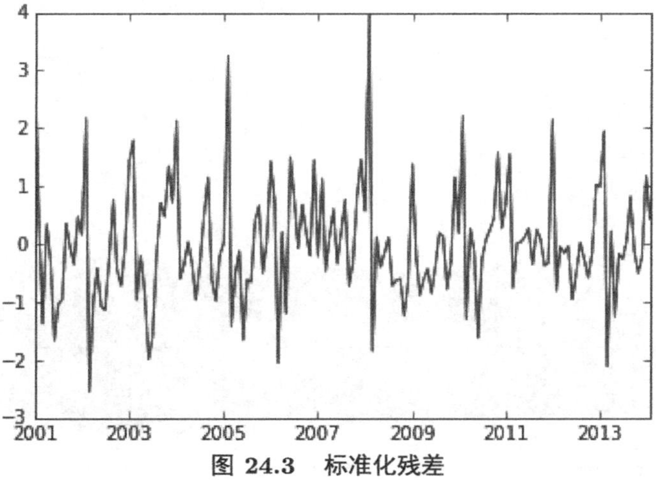

图 24.3　标准化残差

```
#绘制时间序列模拟的诊断图
In [28]: stdresid=model6.resid/math.sqrt(model6.sigma2)

In [29]: plt.plot(stdresid)
Out[29]: [<matplotlib.lines.Line2D at 0x7f9bd0a69d68>]

In [30]: plot_acf(stdresid,lags=20)
Out[30]:

In [31]: LjungBox=stattools.q_stat(stattools.acf(stdresid)[1:13],len(stdresid))
```

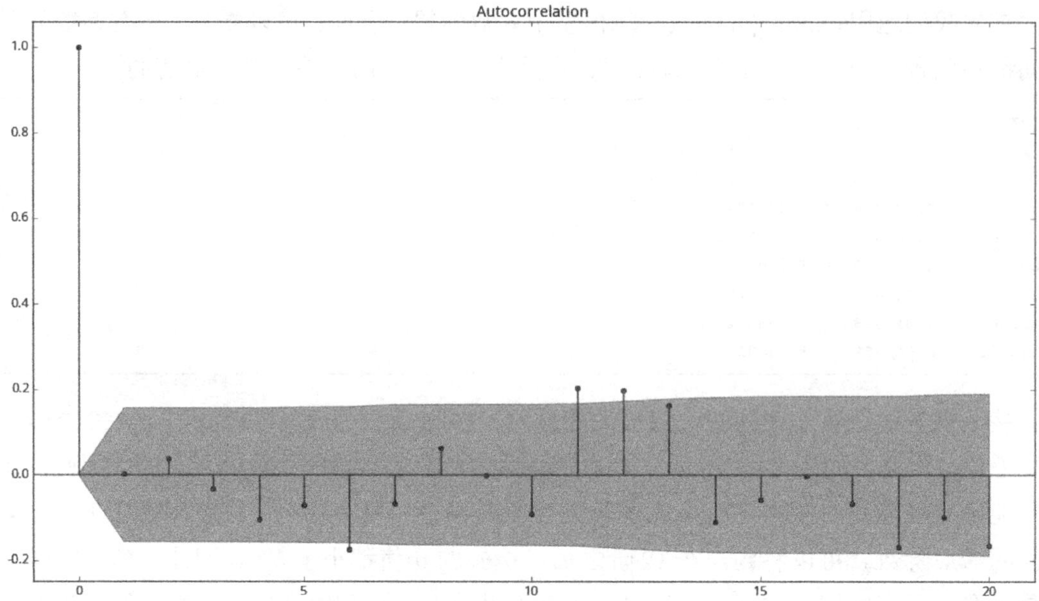

图 24.4　标准化残差的 ACF

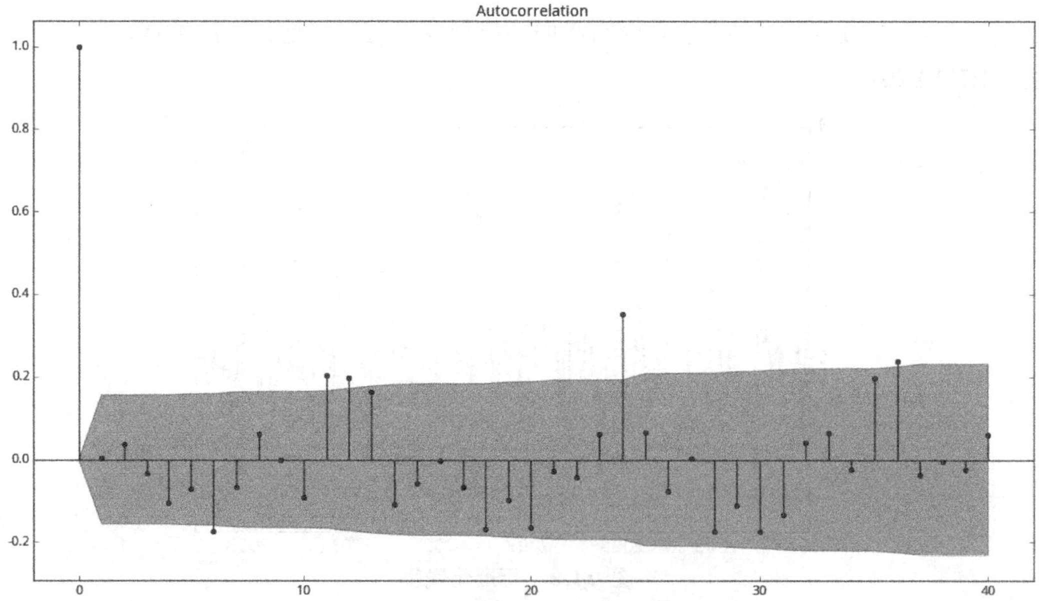

图 24.5　调整后的自相关系数图

```
In [32]: LjungBox[1][-1]
Out[32]: 0.015721991173160064

#增加Ljung-Box检验的滞后阶数
In [33]: LjungBox=stattools.q_stat(stattools.acf(stdresid)[1:20],len(stdresid))

In [34]: LjungBox[1][-1]
Out[34]: 0.0034127263644974696
```

```
#绘制最大滞后阶数为40的自相关系数图
In [35]: plot_acf(stdresid,lags=40)
Out[35]:
```

24.5.4　运用模型进行预测

我们用 forecast( ) 函数基于以上估计的模型对未来的序列值进行预测，所用的代码如下所示：

```
In [36]: model6.forecast(3)[0]
Out[36]: array([ 100.49999751,  100.1310292 ,  100.33163106])
```

通过代码结果可知，2014 年 3 月、4 月和 5 月的月度 CPI 预测值分别为 100.2715、100.2404、100.2376。为了比较预测结果，可以查看一下原数据集中 2014 年 3 月、4 月和 5 月的月度环比 CPI 的实际值。

```
In [37]: CPI.head(3)
Out[37]:
                CPI
time
2014-05-01   100.1
2014-04-01    99.7
2014-03-01    99.5
```

24.6　股票收益率的平稳时间序列建模

为了加深读者的印象，我们再举一个平稳时间序列建模的例子：2014—2015 年的大唐电信（600198）日收益率序列的时间序列建模。这次，我们将采取另一种方法来确定模型，即利用 statsmodels 包里的 arma_order_select_ic( ) 函数来识别最优模型，同时估计模型参数。建模代码如下所示：

```
#读取数据
In [38]: Datang=pd.read_csv('024/Datang.csv',index_col='time')

In [39]: Datang.index=pd.to_datetime(Datang.index)

In [40]: returns=Datang.datang['2014-01-01':'2016-01-01']

In [41]: returns.head(n=3)
Out[41]:
time
2014-01-29    -1.3388
2014-03-03    -1.9717
2014-03-04     7.1171
Name: datang, dtype: float64

In [42]: returns.tail(n=3)
Out[42]:
```

```
time
2015-12-29     6.1665
2015-12-30     6.8643
2015-12-31    -6.2334
Name: datang, dtype: float64

#检验序列是平稳的
In [43]: ADF(returns).summary()
Out[43]:
<class 'statsmodels.iolib.summary.Summary'>
"""
   Augmented Dickey-Fuller Results
=====================================
Test Statistic                -18.288
P-value                         0.000
Lags                                0
-------------------------------------

Trend: Constant
Critical Values: -3.44 (1%), -2.87 (5%), -2.57 (10%)
Null Hypothesis: The process contains a unit root.
Alternative Hypothesis: The process is weakly stationary.
"""

#检验序列是否为白噪声

In [44]: stattools.q_stat(stattools.acf(returns)[1:12],len(returns))[1]
Out[44]:
array([ 0.00203329,  0.00734689,  0.01341783,  0.01713763,  0.02968939,
        0.04376739,  0.0415143 ,  0.008257  ,  0.01109367,  0.00375598,
        0.00635125])
```

从 ADF 检验及 LB 检验的结果来看，大唐电信 2014—2015 年的日收益率序列是平稳的、且不是白噪声过程。接下来，我们考虑建立 ARMA 模型。

```
##arima建模
#max_ma参数用于指定最大ma滞后阶数

In [45]: stattools.arma_order_select_ic(returns,max_ma=4)
Out[45]:
{'bic':             0            1            2            3            4
 0  2648.315604  2644.994667  2651.064144  2655.513492  2660.083396
 1  2644.849429  2650.947706  2656.760317  2660.365910  2666.157088
 2  2650.956398  2655.141359  2660.643964  2664.360669  2668.440765
 3  2656.355363  2660.463073  2661.424396  2664.708086  2672.073642
 4  2660.392132  2665.919443  2668.487693  2673.671346  2677.733091,
 'bic_min_order': (1, 0)}

#根据上述结果，选择ARMA(1,0)模型
#查看模型结果
In [46]: model=arima_model.ARIMA(returns,order=(1,0,0)).fit()

In [47]: model.summary()
```

```
Out[47]:
<class 'statsmodels.iolib.summary.Summary'>
"""
                              ARMA Model Results
==============================================================================
Dep. Variable:                 datang   No. Observations:                  453
Model:                     ARMA(1, 0)   Log Likelihood               -1313.251
Method:                       css-mle   S.D. of innovations              4.393
Date:                Wed, 11 May 2016   AIC                           2632.502
Time:                        14:56:40   BIC                           2644.849
Sample:                    01-29-2014   HQIC                          2637.367
                         - 12-31-2015
================================================================================
                   coef    std err          z      P>|z|      [95.0% Conf. Int.]
--------------------------------------------------------------------------------
const            0.1417      0.241      0.587      0.557        -0.331     0.615
ar.L1.datang     0.1449      0.047      3.112      0.002         0.054     0.236
                                    Roots
=============================================================================
                 Real           Imaginary           Modulus         Frequency
-----------------------------------------------------------------------------
AR.1           6.9032           +0.0000j            6.9032            0.0000
-----------------------------------------------------------------------------
"""

In [48]: model.conf_int()
Out[48]:
                     0         1
const        -0.331197  0.614627
ar.L1.datang  0.053630  0.236092

#残差诊断
In [49]: stdresid=model.resid/math.sqrt(model.sigma2)

In [50]: plt.plot(stdresid)
Out[50]: [<matplotlib.lines.Line2D at 0x7f39ff9b4208>]

In [48]: plot_acf(stdresid,lags=12)
Out[48]:

In [49]: LjungBox=stattools.q_stat(stattools.acf(stdresid)[1:12],len(stdresid))

In [50]: LjungBox[1]
Out[50]:
array([ 0.99403623,  0.9995103 ,  0.77556433,  0.53779995,  0.60674716,
        0.69723691,  0.70864821,  0.21276688,  0.22902475,  0.10008502,
        0.1410863 ])
```

结果如图 24.6 和图 24.7 所示。从图中可以看出，残差项之间没有显著的自相关性。针对自相关性的 LB 检验也有足够高的 p 值，即残差序列白噪声的原假设不能被拒绝。基于以上结果，可基本得出结论，我们的模型满足要求。

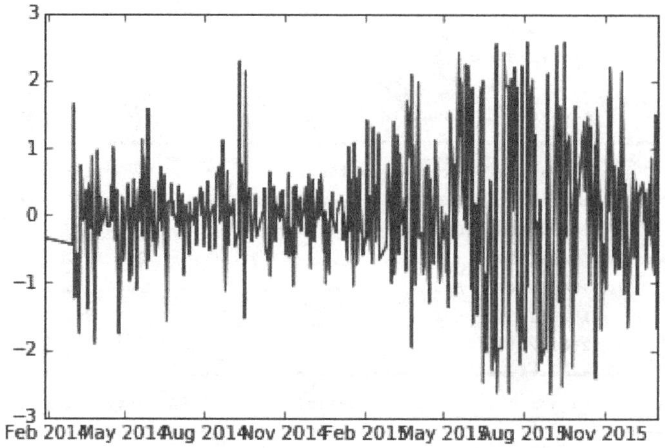

图 24.6 标准化残差– 大唐电信

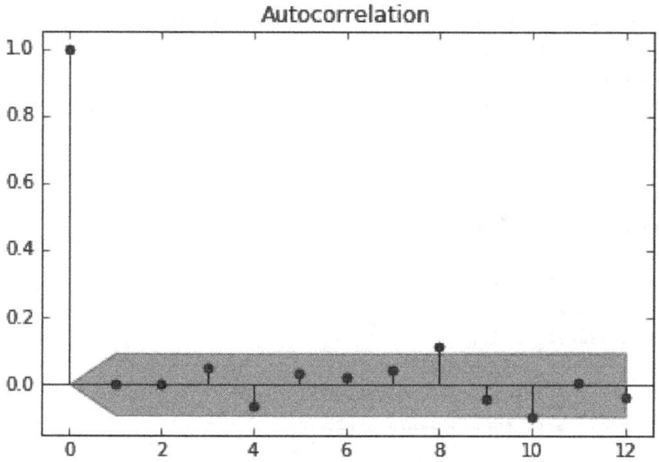

图 24.7 标准化残差的 ACF–大唐电信

习题

1. 判断下列模型是 AR 模型、MA 模型还是 ARMA 模型，并指出其阶数：

   （a） $X_t = \epsilon_t - \epsilon_{t-1} + 0.3\epsilon_{t-2}$，$\{\epsilon_t\}$ 是白噪声；

   （b） $X_t = \epsilon_t - 0.2\epsilon_{t-1} + 0.5\epsilon_{t-4}$，$\{\epsilon_t\}$ 是白噪声；

   （c） $X_t = 0.4X_{t-2} + \epsilon_t - 0.8\epsilon_{t-1} + 0.1\epsilon_{t-2} + 0.45\epsilon_{t-3}$，$\{\epsilon_t\}$ 是白噪声；

   （d） $X_t = 0.6X_{t-1} - 0.08X_{t-2} + \epsilon_t$，$\{\epsilon_t\}$ 是白噪声。

2. 证明当 $k > q$ 时，服从 MA(q) 的时间序列的自相关系数 ρ_k 等于 0。

3. 指数加权移动平均法在预测均值随时间增长或减少的时间序列时会产生较大的误差。对此，Charles Holt （1957）提出了一种改进方法，即二重指数平均法。其公式如下：

$$
\begin{cases}
s_t = \alpha x_t + (1-\alpha)(s_{t-1} + b_{t-1}) \\
b_t = \beta(s_t - s_{t-1}) + (1-\beta) b_{t-1} \\
x_{t+m} = s_t + m b_t
\end{cases}
$$

上述公式中，$\alpha = 0.5$，$\beta = 0.5$，初始值为：$s_1 = x_1$、$b_1 = x_2 - x_1$。下表给出了一个时间序列的前 4 期数据，请利用二重指数平滑法预测第 5 期的数据。

1	2	3	4
1.22	3.22	3.92	5.63

4. 用 Python 模拟一个长度为 200 期的 AR(1) 模型：$X_t = 0.6X_{t-1} + \epsilon_t$。绘制其 ACF 图与 PACF 图，并根据这两幅图选择模型。
5. 用 Python 模拟一个 100 期的 MA(1) 的时间序列：$X_t = \epsilon_t - 0.4\epsilon_{t-1}$。绘制其 ACF 图与 PACF 图并根据这两幅图判断应该选择什么模型。提示：在 R 中，MA(q) 的表达式为 $x_t = \mu + \varepsilon_t + \theta_1\varepsilon_{t-1} + \theta_2\varepsilon_{t-2} + \ldots + \theta_q\varepsilon_{t-q}$，因此 Model 参数中的 MA 系数应为 -0.4。
6. 用 Python 生成 100 个随机数，然后将其转换成时间序列：
   （a） 判断得到的数据是否是白噪声；
   （b） 尝试对其进行建模，看看得到的结果如何。
7. 获取中国石油 2013 年的收盘价数据：
   （a） 绘制时间序列图与 ACF 图，判断其是否平稳；
   （b） 进行 ADF 检验，进一步验证（a）中的结论；
   （c） 计算中国石油的连续复利收益率序列并绘制时间序列图；
   （d） 进行 ADF 检验，判断收益率序列是不是平稳序列；
   （e） 如果收益率序列是平稳序列的话，绘制 ACF 图与 PACF 图以选择模型；
   （f） 估计模型中的系数，并写出拟合的模型。
8. 获取白云机场 2012 年的收盘价数据：
   （a） 计算收益率序列并绘制时间序列图；
   （b） 进行 ADF 检验，判断收益率序列是否平稳；
   （c） 绘制 ACF 图与 PACF 图，根据 AIC 选择出最佳模型；
   （d） 对模型进行诊断；
   （e） 预测未来 10 期的收盘价数据，并与真实的数据进行比较。

第25章 GARCH 模型

25.1 资产收益率的波动率与 ARCH 效应

我们在第 24 章结尾处提到，不能排除上证综指日收益率序列是白噪声过程的可能，因此用 ARMA 模型对其建模是不科学的。既然如此，那是否就意味着我们无法从过去收益率序列提取信息呢？学者们对金融时间序列（特别是资产收益率序列）深入挖掘，发现了几个普遍的现象：

- 一组时间序列本身可能只有非常微弱的自相关性，而这组时间序列的函数（比如取平方、绝对值等）呈现很强的自相关性。
- 有些资产收益率序列的条件方差（Conditional Variance）会随着时间发生改变，也就是呈现条件异方差（Conditional Heteroskedasticity）的特征。
- 资产收益率序列的波动会有持续的现象，即大波动跟着大波动，小波动伴随着小波动，也就是波动聚集（Volatility Clustering）现象。
- 许多资产收益率序列，并不服从正态分布，其极端值较多，具有厚尾（Heavy Tail）现象。

因此统计学家和计量学家想法设法建立模型来捕捉时间序列的上述现象，这就是 ARCH 和 GARCH 模型诞生的过程。从 ARCH （AutoRegressive Conditional Heteroskedasticity）、GARCH（Generalized AutoRegressive Conditional Heteroskedasticity）模型的名字可以看出，这两类模型主要用来刻画时间序列波动率（也就是条件方差）统计规律的模型。

在金融领域，对收益率序列的波动建模预测是非常有意义的。首先看看期权交易的例子，在著名的 Black-Scholes-Merton 欧式看涨期权定价公式中就包含波动率项。一般而言，波动率越高，则定价公式计算得出的期权价格也越高。因此，精确的预测波动率则对期权价格的预测至关重要。其次，在经典的 Markowitz 均值-方差框架下的资产配置理论中，波动率也扮演了重要角色，资产波动率的准确性直接影响利用该资产配置理论选择的投资组合表现的好坏。另外，对于给定时间序列，对其波动率的适当建模可以改进该时间序列参数估计的有效性，以及区间预测的精确度。最后，对波动率建模最直接的需要可能在于波动率本身已经成为一种金融工具并在美国芝加哥期权交易所交易。这些例子表明，对波动率建模在金融领域有其重要性。下面我们将介绍 ARCH 模型和 GARCH 模型的主要思想。

25.2 ARCH 模型和 GARCH 模型

25.2.1 ARCH 模型

ARCH 模型的全称为自回归条件异方差模型(Autoregressive Conditional Heteroskedastic Model)，经常简称为条件异方差模型。它是 Engle 在 1982 年分析英国通货膨胀率序列时提出的残差平方自回归模型。ARCH 模型主要是用来刻画波动率的统计特征的，因此我们先要弄清楚如何衡量波动率。一般先假设收益率序列 $\{y_t\}$ 满足某个均数方程式，比如 AR(p)、MA(q) 或者 ARMA(p,q) 模型，这里用简单的 AR(1) 模型：

$$y_t = a_0 + a_1 y_{t-1} + \varepsilon_t$$

这样收益率 y_t 的波动率（条件方差）就可以用残差项 ε_t 的波动来刻画：

$$\operatorname{Var}\left(y_t | y_{t-1}\right) = \operatorname{Var}\left(\varepsilon_t | y_{t-1}\right)$$

波动聚集是指大波动跟随大波动、小波动跟随小波动，也就是说现期的波动会跟之前的波动有关，所以一个很自然的想法就是令 ε_t 的条件方差与过去残差项的平方有关。具体的，一个 ARCH(p) 模型可以表达为：

$$\begin{aligned}\varepsilon_t &= \sigma_t u_t \\ \sigma_t^2 &= \alpha_0 + \alpha_1 \varepsilon_{t-1}^2 + \ldots + \alpha_p \varepsilon_{t-p}^2\end{aligned}$$

其中 $\{u_t\}$ 是均值为 0、方差为 1 的独立同分布随机变量序列，即 $u_t \sim IID(0,1)$；$\alpha_0 > 0$，$\alpha_i \geqslant 0$，且假定 α_i 满足一定条件使得 ε_t 的无条件方差有限，即 $\mathbb{E}\left(\varepsilon_t^2\right) < \infty$。这样我们可以计算 ε_t 的条件均值（Conditional Mean）为：

$$\mathbb{E}\left(\varepsilon_t | \mathcal{F}^{t-1}\right) = \sigma_t \mathbb{E}\left(u_t | \mathcal{F}^{t-1}\right) = \sigma_t \mathbb{E}\left(u_t\right) = 0$$

其条件方差为：

$$\begin{aligned}\mathbb{E}\left(\varepsilon_t^2 | \mathcal{F}^{t-1}\right) &= \sigma_t^2 \mathbb{E}\left(u_t^2 | \mathcal{F}^{t-1}\right) = \sigma_t^2 \mathbb{E}\left(u_t^2\right) = \sigma_t^2 \qquad (25.1) \\ &= \alpha_0 + \alpha_1 \varepsilon_{t-1}^2 + \ldots + \alpha_p \varepsilon_{t-p}^2\end{aligned}$$

从公式 (25.1) 可以看出，满足 ARCH(p) 模型的序列之波动（条件方差）与其过去 p 期的波动有关，而且会随着时间改变，这就是“自回归条件异方差”这几个字的含义，ARCH 模型刻画的这种现象被称作 ARCH 效应。可以验证 $\{\varepsilon_t\}$ 是白噪声过程，满足：

$$
\begin{aligned}
\mathbb{E}\left(\varepsilon_t\right) &= \mathbb{E}\left[\mathbb{E}\left(\varepsilon_t \middle| \mathcal{F}^{t-1}\right)\right] = 0 \\
\operatorname{Var}\left(\varepsilon_t\right) &= \mathbb{E}\left[\mathbb{E}\left(\varepsilon_t^2 \middle| \mathcal{F}^{t-1}\right)\right] = \mathbb{E}\left(\sigma_t^2\right) \\
&= \alpha_0 + \alpha_1 \mathbb{E}\left(\varepsilon_{t-1}^2\right) + \ldots + \alpha_p \mathbb{E}\left(\varepsilon_{t-p}^2\right) \\
&= \frac{\alpha_0}{1-\alpha_1-\cdots-\alpha_p} \\
\operatorname{Cov}\left(\varepsilon_t \varepsilon_{t-j}\right) &= \mathbb{E}\left(\varepsilon_t \varepsilon_{t-j}\right) = \mathbb{E}\left[\sigma_t \sigma_{t-j} u_{t-j} \mathbb{E}\left(u_t \middle| \mathcal{F}^{t-1}\right)\right] = 0
\end{aligned}
$$

而且 ε_t^2 有自相关性、并可用 AR(p) 模型刻画，ε_t 满足厚尾现象，读者有兴趣可以自行验证。综合来看，ARCH(p) 模型很好地刻画了资产收益率序列表现出来的特征，不过需要注意的是，ARCH （或 GARCH）模型是完全单纯的统计模型，它们只是捕捉到金融序列的特征，而不能用来解释金融序列为何有这些特征。

ARCH(p) 模型的估计过程如下。

- 估计一个 ARCH 模型，首先需要设定一个合适的阶数 p。为确立 ARCH(p) 模型中的阶数，在检验得知时间序列 $\{\varepsilon_t\}$ 确实存在显著的 ARCH 效应的条件下，我们可以用 ε_t^2 的偏自相关函数（PACF）来确定 p。
- 设定好阶数以后，为估计模型参数，我们常常假定 u_t 服从以下三种分布中的一种来进行估计：标准正态分布、标准化的学生 t 分布和广义误差分布。然后用最大似然法（Maximum Likelihood）[1]对模型参数进行估计。
- 对模型进行参数估计以后，需要检验模型设定。最常见的检验依赖于以下事实：一个正确设定的 ARCH 模型，标准化残差 $\hat{u}_t = \frac{\hat{\varepsilon}_t}{\hat{\sigma}_t}$ 是独立同分布的随机过程。因此 $\{\hat{u}_t\}$ 和 $\{\hat{u}_t^2\}$ 的 Ljung-Box 统计量可以分别用来检验均值方程和波动率方程的正确性。

25.2.2 GARCH 模型

从前面介绍可以看到，ARCH 模型中波动率 σ_t^2 仅与 ε_t^2 的滞后项有关，即 ARCH(p) 模型的实质是,用残差平方序列的 p 阶移动平均拟合当期条件方差函数值,也就是说 ARCH(p) 模型是将 AR(p) 模型的思想用在估计条件方差。Bollerslev（1986）提出了 ARCH 模型的推广形式，称为广义自回归条件异方差模型（Generalized AutoRegressive Conditional Heteroskedastic Model)，简称 GARCH 模型。GARCH(p,q) 类似于 ARMA(p,q) 的设定，认为时间序列每个时间点变量的波动率是最近 p 个时间点残差平方的线性组合，与最近 q 个时间点变量波动率的线性组合加起来得到：

$$
\begin{aligned}
\varepsilon_t &= \sigma_t u_t \\
\sigma_t^2 &= \alpha_0 + \sum_{i=1}^{p} \alpha_i \varepsilon_{t-i}^2 + \sum_{j=1}^{q} \beta_j \sigma_{t-j}^2 .
\end{aligned}
$$

[1]最大似然法是用来估计一个概率模型的参数的一种方法，这里就不展开详细说明，有兴趣的读者可读计量经济学相关的书。

其中，$\{u_t\}$ 是一个均值为 0、方差为 1 的独立同分布随机变量序列，即 $u_t \sim IID(0,1)$；$\alpha_0 > 0$，$\alpha_i,\beta_j \geqslant 0$，$\sum_{i=1}^{p}\alpha_i + \sum_{j=1}^{p}\beta_j < 1$，且假定 α_i 与 β_j 满足一定条件使得 ε_t 的条件方差随时间变化、无条件方差有限。

令 $\eta_t = \varepsilon_t^2 - \sigma_t^2 = \sigma_t^2\left(u_t^2 - 1\right)$，在 ARCH 模型中我们已知：

$$\operatorname{Var}\left(\varepsilon_t\right) = \mathbb{E}\left(\varepsilon_t^2\right) = \mathbb{E}\left(\sigma_t^2\right)$$

则：

$$\mathbb{E}\left(\eta_t\right) = 0$$

且对于 $j \geqslant 1$，

$$\operatorname{Cov}\left(\eta_t, \eta_{t-j}\right) = \mathbb{E}\left(\eta_t\eta_{t-j}\right) = \mathbb{E}\left[\sigma_t^2\sigma_{t-j}^2\left(u_t^2 - 1\right)\left(u_{t-j}^2 - 1\right)\right] = 0$$

也就是说 η_t 是一个白噪声过程。将 $\eta_t = \varepsilon_t^2 - \sigma_t^2$ 改为 $\sigma_t^2 = \varepsilon_t^2 - \eta_t$ 并代入 ε_t^2 中，规定当 $i > p$ 时 $\alpha_i = 0$，且当 $j > s$ 时 $\beta_j = 0$，可得：

$$\begin{aligned}
\varepsilon_t^2 &= \sigma_t^2 + \varepsilon_t^2 - \sigma_t^2 \\
&= \alpha_0 + \sum_{i=1}^{p}\alpha_i\varepsilon_{t-i}^2 + \sum_{j=1}^{q}\beta_j\left(\varepsilon_{t-j}^2 - \eta_{t-j}\right) + \eta_t \\
&= \alpha_0 + \left(\sum_{i=1}^{p}\alpha_i\varepsilon_{t-i}^2 + \sum_{j=1}^{q}\beta_j\varepsilon_{t-j}^2\right) + \eta_t - \sum_{j=1}^{q}\beta_j\eta_{t-j} \\
&= \alpha_0 + \sum_{i=1}^{\max(p,q)}\left(\alpha_i + \beta_i\right)\varepsilon_{t-i}^2 + \eta_t - \sum_{j=1}^{q}\beta_j\eta_{t-j}
\end{aligned}$$

满足 ARCH(p) 模型的序列 $\{\varepsilon_t\}$ 的变化序列 $\{\varepsilon_t^2\}$ 可用 AR(p) 模型刻画，而 GARCH 模型相当于在变换后的 ε_t^2 方程中添加了 MA 项（即 $\eta_t, \eta_{t-1}, \ldots, \eta_{t-j}$ 项），以作为 ARCH 模型的推广。通过计算也可以得到 GARCH 模型中波动率聚集以及厚尾特性，在此略过细节，有兴趣的读者可自行推导。GARCH 模型的估计与 ARCH 模型类似，在假设扰动的分布之后常采用条件最大似然估计，具体过程请参阅计量经济学相关书籍。

ARCH 与 GARCH 模型的不足之处很类似。首先，这两种模型都认为波动是对称的，也就是不论何时，过去期的波动对现期间条件方差的影响是相同的，而实证结果并非如此，比如有学者发现，当坏（好）消息发布时，股票收益率的波动会增加（减小）。其次，两个模型对参数的限制都较强，特别是高阶模型，参数需要满足的约束会非常复杂。最后，作为统计模型，两个模型并没有提供关于波动率变化的更进一步的解释，而仅仅是拟合波动率变化的统计行为，要进一步理解波动率的动态变化还需要其他理论。

25.3 ARCH 效应检验

对资产收益率序列 $\{y_t\}$ 建立波动率模型一般需要下列 5 个步骤。

1. 先检验收益率序列 $\{y_t\}$ 是否是平稳的时间序列，并对根据其相关性建立合适的均值方程（比如 ARMA 模型），描述收益率的 y_t 如何随时间演进。根据拟合的模型和实际值，可以得到残差序列 $\{\hat{\varepsilon}_t\}$。
2. 对拟合的均值方程得到的残差序列 $\{\hat{\varepsilon}_t\}$ 进行 ARCH 效应检验，也就是检验收益率围绕着均值的偏差是否看起来时大时小，而并非几乎同样规模的偏差。检验序列 $\{\hat{\varepsilon}_t\}$ 是否具有 ARCH 效应有两种常用方法。

   (a) 用 Ljung-Box 检验残差平方序列 $\{\hat{\varepsilon}_t^2\}$ 的自相关性，即将序列的平方值作为波动率的代理变量，若残差序列有自相关性，则说明当期波动与过去期波动有关，初步判别序列 $\{\hat{\varepsilon}_t\}$ 有 ARCH 效应。

   (b) 用 Engle（1982）提出的 Lagrange Multiplier 检验（LM 检验）。LM 检验的公式为：

$$\hat{\varepsilon}_t^2 = \hat{\alpha}_0 + \sum_{i=1}^{p} \hat{\alpha}_i \hat{\varepsilon}_{t-i}^2 \tag{25.2}$$

   检验的原假设为：序列 $\{\hat{\varepsilon}_t\}$ 无 ARCH 效应，即 $\alpha_i = 0, i = 1, \ldots, q$。备择假设为序列 $\{\hat{\varepsilon}_t\}$ 具有 ARCH 效应，即至少有一个 α_i 显著不为 0。

3. 若第 2 步中 ARCH 效应在统计上显著，也就是收益率关于其均值的偏差也有动态变化，那么我们就需要再设定一个波动率模型试图刻画这种波动率的动态变化；
4. 对均值方程和波动率方程进行联合估计，也就是假设实际数据服从前面设定的均值方程和波动率方程后，计算出均值方程和波动率方程中的参数的估计值是多少，以及参数估计的误差是多少；
5. 检验所拟合的模型，并在必要时进行改进。这一步非常重要，因为第 4 步中假定实际数据服从第 1 步设定的均值方程和第 3 步设定的波动率方程，然而这一假定并不一定合理。如果估计结果（特别是残差）不满足模型本身的假设，那么模型的可用性就很值得怀疑。所以我们需要在估计完参数后对模型的假设再进行检验。

下面，我们以上证指数为例来讲解如何判断是否具有 ARCH 效应。我们从上证指数 2009 年 1 月到 2013 年 4 月的日收益率序列的平方以及绝对值这两个序列的图形上来识别原序列是否具有 ARCH 效应。

```
In [1]: import pandas as pd

#读取上证综指收益率指数数据
In [2]: SHret=pd.read_table('025/TRD_IndexSum.txt',index_col='Trddt',sep='\t')

In [3]: SHret.index=pd.to_datetime(SHret.index)

In [4]: SHret=SHret.sort()
```

```
#绘制收益率平方序列图
In [5]: import matplotlib.pyplot as plt

In [6]: import numpy as np

In [7]: plt.subplot(211)
   ...: plt.plot(SHret**2)
   ...: plt.xticks([])
   ...: plt.title('Squared Daily Return of SH Index')
   ...:
   ...: plt.subplot(212)
   ...: plt.plot(np.abs(SHret))
   ...: plt.title('Absolute Daily Return of SH Index')
Out[7]: <matplotlib.text.Text at 0x7fe5bdeb4eb8>
```

如图 25.1 所示，可以大致观察出上证指数收益率序列存在着很明显的波动聚集的现象。因此我们可以初步判断出上证指数日收益率序列存在着 ARCH 效应。

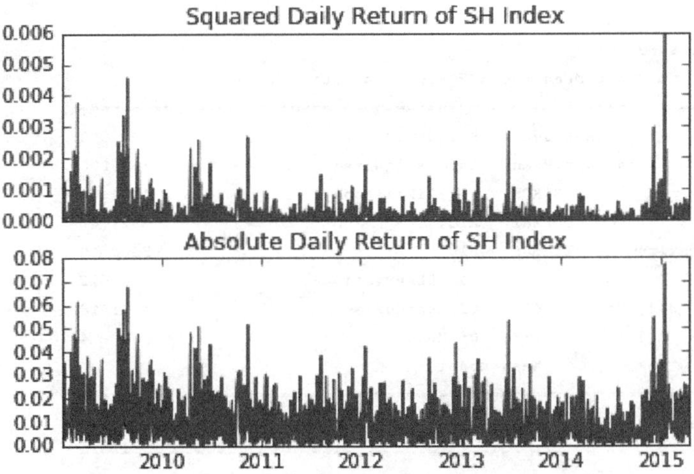

图 25.1 上证指数收益率序列的平方与绝对值

接着我们用 LB 检验来检验收益率平方的自相关性（取 13 阶滞后）:

```
In [8]: from statsmodels.tsa import stattools

In [9]: LjungBox=stattools.q_stat(stattools.acf(SHret**2)[1:13],len(SHret))

In [10]: LjungBox[1][-1]
Out[10]: 2.2324582490602526e-43
```

由于检验的 p 值明显小于 0.05，所以可以拒绝上证指数收益率的平方序列是白噪声（无自相关）的原假设，即原序列（上证指数收益率序列）存在 ARCH 效应。

25.4 GARCH模型构建

最常使用且通常也很适合金融时间序列的 GARCH 模型是 GARCH(1,1)。在 Python 中，我们可以使用 arch 包来对 GARCH 模型进行建模。接下来，我们就以 2009—2015 年上证指数的收益率为研究对象，建立 GARCH 模型。具体代码如下所示：

```
#导入arch包中的arch_model模块
In [11]: from arch import arch_model

#设定模型
#arch_model默认建立GARCH(1,1)模型
In [12]: am = arch_model(SHret)

#估计参数
#update_freq=0表示不输出中间结果，只输出最终结果
In [13]: model = am.fit(update_freq=0)
Positive directional derivative for linesearch    (Exit mode 8)
            Current function value: -4464.73582193
            Iterations: 9
            Function evaluations: 61
            Gradient evaluations: 5

#查看结果
In [14]: print(model.summary())
                     Constant Mean - GARCH Model Results
==============================================================================
Dep. Variable:                Retindex   R-squared:                      -0.000
Mean Model:              Constant Mean   Adj. R-squared:                 -0.000
Vol Model:                       GARCH   Log-Likelihood:                4464.74
Distribution:                   Normal   AIC:                          -8921.47
Method:             Maximum Likelihood   BIC:                          -8900.16
                                         No. Observations:                 1522
Date:                 Wed, May 11 2016   Df Residuals:                     1518
Time:                         21:56:56   Df Model:                            4
                               Mean Model
==============================================================================
                 coef    std err          t      P>|t|       95.0% Conf. Int.
------------------------------------------------------------------------------
mu         3.3362e-04  1.012e-07   3296.428      0.000  [3.334e-04,3.338e-04]
                            Volatility Model
==============================================================================
                 coef    std err          t      P>|t|       95.0% Conf. Int.
------------------------------------------------------------------------------
omega      3.7169e-06  6.660e-27  5.581e+20      0.000  [3.717e-06,3.717e-06]
alpha[1]       0.0500  1.120e-07  4.464e+05      0.000  [5.000e-02,5.000e-02]
beta[1]        0.9300  1.025e-05  9.070e+04      0.000      [  0.930,  0.930]
==============================================================================

Covariance estimator: robust
```

根据函数的返回值，模型结果为：

$$r_t = -0.00033362 + \varepsilon_t$$

其中：

$$\varepsilon_t = \sigma_t u_t$$
$$\sigma_t^2 = 3.7169 \times 10^{-6} + 0.05\varepsilon_{t-1}^2 + 0.93\sigma_{t-1}^2$$

习题

1. 证明 GARCH 模型中的 ε_t 的自相关系数为 0。
2. 将 ARCH 模型转换为 $\{\varepsilon_t^2\}$ 的 AR 模型，并对比两者的阶数。
3. 获取 IBM 的日回报率数据，检验其是否存在 ARCH 效应：
   （a） 绘制收益率平方的时间序列图，看看是否存在波动聚集现象；
   （b） 绘制收益率平方的 ACF 图，检验其是否存在自相关；
   （c） 用 LB 检验其是否存在 ARCH 效应。
4. 获取 Google 股票月度收益率数据：
   （a） 绘制其时间序列图，并判断其是否平稳；
   （b） 绘制 ACF 图以及 PACF 图；
   （c） 进行 Ljung-Box 检验，判断其是否是白噪声；
   （d） 绘制其平方的时间序列图，并判断是否存在波动聚集效应；
   （e） 绘制其平方的 ACF 图以及 PACF 图；
   （f） 用 Ljung-Box 检验是否存在 ARCH 效应；
   （g） 若存在 ARCH 效应，使用 GARCH(1,1) 模型拟合数据，并写出拟合的模型。
5. 获取人民币对美元的汇率数据：
   （a） 绘制其时间序列图，并判断其是否平稳；
   （b） 计算该汇率的日变动百分比序列并绘制其时间序列图；
   （c） 绘制该汇率的日变动百分比序列的 ACF 图以及 PACF 图；
   （d） 进行 Ljung-Box 检验，判断其是否是白噪声；
   （e） 绘制该汇率日变动百分比序列的平方的时间序列图，并判断是否存在波动聚集效应；
   （f） 绘制其 ACF 图以及 PACF 图；
   （g） 检验该汇率的日变动百分比序列是否存在 ARCH 效应；
   （h） 使用 GARCH 模型拟合数据，并写出拟合的模型。

第26章　配对交易策略

26.1　什么是配对交易

在单边做多的市场行情中，投资者的资产收益往往容易受到市场波动较大的影响。在非理性的市场中，这种波动所带来的风险尤其难以规避。

配对交易（Pairs Trading）思想为这种困境提供了一种既能避险又盈利的策略，其又被称之为价差交易或者统计套利交易[1]，是一种风险小、收益较稳定的市场中性策略。一般的做法，是在市场中寻找两只历史价格走势有对冲效果的股票，组成配对，使得股票配对的价差（Spreads）大致在一个范围内波动。一种可能的操作方式是，当股票配对价差正向偏离时，因预计价差在未来会回复，做空价格走势强势的股票同时做多价格走势较弱的股票。当价差收敛到长期正常水平时，即走势较强的股票价格回落，或者走势较弱的股票价格转强，平仓赚取价差收敛时的收益；当股票配对价差负向偏离时，反向建仓，在价差增回复至正常范围时再平仓，同样也可赚取收益。

如图 26.1 所示是中国银行与浦发银行在 2014 年到 2015 年 6 月底的价格走势曲线，虚线（浦发银行股价曲线图）与实线（中国银行曲线图）的整体走势大致相同，可以构建配对交易策略。

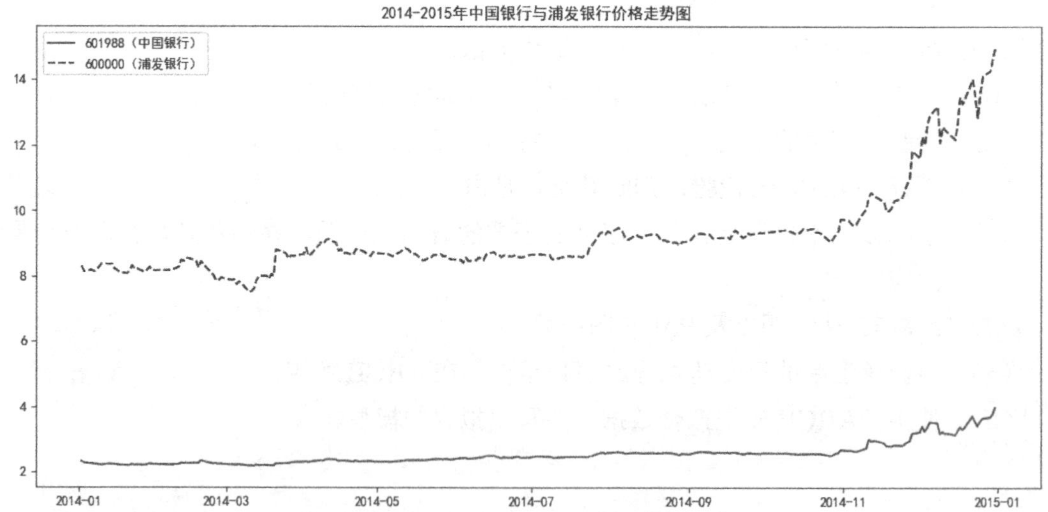

图 26.1　浦发银行与中国银行价格走势图

[1]统计套利交易并不仅限于配对交易。

26.2　配对交易的思想

配对交易投资者甚少关注单只股票价格的绝对高低，也不受股票市场的走势方向左右；其投资标的在于股票对的价差，挑选出价格差异长期稳定，并且可能有机会被高估或被低估的股票对，获取价差扩张再收敛而产生的波动收益。多空配对的投资组合减低了整体股市未来走势不确定的市场风险，其主要风险来自于配对股票未来发展的不确定性。因此，多空部位同时建仓的配对交易策略被视为一种市场中性策略。

配对交易的思想最早起源于 20 世纪 20 年代，华尔街交易员 Jesse Lauriston Livermore 在投资实战中采用的姐妹对（Sister Stocks）交易策略。他发现两只同行业内业务相似的股票，其价格波动趋势有某种规律，即两者的价差会构成一种均衡关系。若在两只股票价格偏离较大时建仓，价差回复时平仓，便会赚取价差由发散至收敛带来的收益。随着数理金融学和计算机技术的不断发展，到了 20 世纪 80 年代，配对交易策略在华尔街得到巨大关注。1985 年，华尔街投资银行摩根士丹利（Morgan Stanley）的天体物理学家努齐奥·塔塔里亚（Nunzio Tartaglia）组建了一个由著名物理学家、计算机学家和数学家构成的数量化分析团队，该团队以数学模型计算股票买卖组合，并开发计算机自动交易程序，在当时华尔街投资实战中大获成功。该程序运用的买卖组合策略即是配对交易策略，与传统的主观技术分析不同，摩根士丹利的交易程序对于股票对的选择、交易参数的设定与交易规则的制定，都采取量化分析的手段并由计算机程序自动完成，自此以后，这种量化投资策略逐渐广为人知并流传开来。时至今日，配对交易已经衍生出众多模型和交易规则，并为各种避险基金和股票投资者使用。

关于配对交易的学术研究也不胜枚举，Gatev，Goetzmann 和 Rouwenhorst （1999）[1]对 1962 年 6 月到 1997 年 12 月的美国股市进行配对交易研究，他们采用最小距离法寻找历史价格最近的 20 组股票对，得到每一配对的标准化股票价差（$\hat{p}$）。进场交易的时机为标准化价差 $\hat{p}$ 超过两倍标准差（$\sigma_{\hat{p}}$），即 $\hat{p} > 2\sigma_{\hat{p}}$ 之时；运用买进低价股卖出高价股的策略，年化报酬率可达到 11% 以上。Hong and Susmel（2003）[2]选择亚洲 64 只股票与其在美国挂牌之 ADRs，以相对价值为交易指标，在 1991 年第一季到 2000 年最后一季中，分别以 3、6、12 个月作为交易期间，结果显示，随着持有期间由 3 个月增加到 12 个月，年化报酬亦从 8.5% 上升到 33.8%。Vidyamurthy（2004）[3]把协整理论运用到配对交易的股票对选择中，并将平稳性作为配对好坏的判断标准。从股票基本面或历史资料挑选出潜在具有协整关系之配对股票，并以协整系数及均衡值两种指标來建构两种股票价格之线性关系。而 Agarwal、Madhogaria 等（2004）[4]在跨产业股票池中，先用各股价之平均数与标准差将股

[1]Gatev, Evan G., Goetzmann, William and Rouwenhorst, K., (1999). *Pairs Trading: Performance of a Relative Value Arbitrage Rule*, No 7032, NBER Working Papers, National Bureau of Economic Research, Inc.

[2]Hong, Gwangheon, and Raul Susmel. "*Pairs-trading in the Asian ADR market.*" University of Houston, Unpublished Manuscript (2003).

[3]Vidyamurthy, Ganapathy. *Pairs Trading: quantitative methods and analysis.* Vol. 217. John Wiley & Sons, 2004.

[4]Agarwal, Nikesh, Vikash Madhogaria, and Supreena Narayanan. *Simulated Trading-An Analysis of Pairs Trading.*

票价格标准化，再将标准化价格相关系数高的股票配对，随后构造交易指标，以交易指标偏离其历史平均值的程度來判断交易进出时机，该文章发现在 2004 年 10 月 11 日到 2004 年 12 月 3 日这 55 个交易日中，配对交易策略的平均年化报酬为 7.17。

配对交易中一个重要环节是多空操作同时进行。中国证监会于 2010 年 3 月 31 日正式启动证券公司融资融券业务试点。做空证券业务的开放，使得配对交易策略在中国证券市场的应用实践成为可能。此策略除了被投资机构广为应用以外，相关的学术研究和验证也逐渐增多。例如，崔方达和吴亮（2011）[1]以上证 50 指数成分股为样本，运用最小距离法进行配对交易，最终得出配对交易与市场风险无关并可获利。王春峰、林碧波和朱琳（2013）[2]对沪深 300 指数成分股的众多股票进行配对，按照配对价差由低到高分成前 5 个配对、前 10 个配对和前 20 个配对，在 2006—2009 年进行配对交易，最终发现这三种配对的累积收益率均在 $45 \sim 50$。丁涛（2013）[3]将中国银行和中信银行股票进行基于协整关系的配对交易，时间跨度为 2008 年 1 月 2 日到 2010 年 12 月 31 日，采用传统开仓策略的年收益率高达 42.27%，将开仓时机改进为延后开仓，年收益率达到 42.61%。

26.3 配对交易的步骤

配对交易策略的时期分为形成期（Formation Period）和交易期（Trading Period）。在形成期挑选历史价格走势存在规律的股票对，并制定交易策略；在交易期模拟开仓平仓交易，而后计算收益。在整个配对交易策略过程中，我们需要考虑如下问题。

（1） 如何挑选进行配对的股票？

（2） 挑选好股票对以后，如何制定交易策略？开仓点如何设计？

（3） 开仓时，两只股票如何进行多空仓配比？

接下来，我们分别阐述并解决这些问题。

26.3.1 股票对的选择

配对交易的第一步是要在形成期寻找历史价差走势大致稳定的股票对。目前据统计，中国沪深两市共有 2780 只股票，若要对这 2780 只股票两两配对，则一共可以配出 3,862,810 个股票对。如果要从这 3,862,810 个股票对中，挑选出历史价差走势稳定的股票对，势必耗费不少计算资源。折中的方法是将市场划分为多个子空间分别进行检索[4]。下面介绍几种子空间配对的方法。

1. 行业内匹配

No. 0412018. EconWPA, 2004.

[1]崔方达、吴亮.《配对交易的投资策略》[J]. 统计与决策，2011 年，156-159。

[2]王春峰、林碧波和朱琳.《基于股票价格差异的配对交易策略》[J]. 北京理工大学学报（社会科学版）2013 年 2 月。

[3]丁涛.《配对交易策略在股市场的应用与改进》[J]. 中国商贸，2013 年 2 月。

[4]划分子空间固然省时，却不免有顾此失彼之虑。

选取同行业公司规模相近的股票进行配对，比如将银行业的上市公司股票进行两两配对。

2. 产业链配对

根据产业链，将同一条产业链内的上市公司股票进行配对，例如将某一手机生产公司与其上游手机摄像头生产公司进行配对。

3. 财务管理配对

从基本面分析的角度切入，挑选上市公司市盈率、负债率、产品种类等相近的股票进行配对，进而减少一些不必要的搜索成本。

此外，沪深 300 指数、上证 50 指数、创业板指数的成分股票也常常被业界和学者作为配对交易的股票池。同一公司发行的不同种类股票进行配对也是一种配对选择[1]。另一种情况是同一公司在不同的市场分别发行股票，比如，沪深股市万科 A 和万科 B 股票都是万科有限公司发行的股票，业绩表现、财务和管理相同，但万科 A 股是人民币普通股，以人民币交易，而万科 B 股虽然同样在境内（上海、深圳）证券交易所上市交易，但以外币进行认购和买卖。据此推测万科 A 与万科 B 股票有稳定的价差趋势并不为过。

运用定性分析的手段，初步挑选好配对的股票池以后，在配对池众多股票对中，如何运用定量的方法，来挑选可以用于配对交易的股票对？最小距离法和协整方法是常用的两种方法。

- **最小距离法**

配对交易的一个选择标准在于寻找历史价价差稳定的股票对。为了客观衡量两只股票价格的距离，首先需要对股票价格进行标准化处理。假设 $P_t^i(t=0,1,2\cdots T)$ 表示股票 i 在第 t 天的价格。那么，股票 i 的在第 t 天的单期收益率可以表达为：

$$r_t^i = \frac{P_t^i - P_{t-1}^i}{P_{t-1}^i}, \quad t = 1,2,3\cdots T$$

用 $\hat{p}_t^i$ 表示股票 i 在第 t 天的标准化价格，学界和业界认为 $\hat{p}_t^i$ 可由这 t 天内的累积收益率来计算，即：

$$\hat{p}_t^i = \sum_{\tau=1}^{t} \left(1 + r_\tau^i\right)$$

假设有股票 X 和股票 Y，则我们可以计算二者之间的标准化价格偏差之平方和 $SSD_{X,Y}$：

$$SSD_{X,Y} = \sum_{t=1}^{T} \left(\hat{p}_t^X - \hat{p}_t^Y\right)^2$$

接下来，我们挑选上证 50 指数的两只成分股浦发银行和中国银行股票从 2014 年 1 月 1

[1]例如，股票的持有者对于公司的投票权有可能不同。

日到 2014 年 12 月 31 日的价格数据，演示如何以 Python 计算 SSD。

1. 读取上证 50 指数调整后收盘价数据，并从中挑选出中国银行和浦发银行股票从 2014 年 1 月 1 日到 2014 年 12 月 31 日的调整后收盘价格数据。

```
In [1]: import pandas as pd

#sh50p文件中整理了50只股票的调整后的收盘价数据；
#50只股票均为上证 50 指数成分股；
In [2]: sh=pd.read_csv('026/sh50p.csv',index_col='Trddt')

#将sh转换成时间序列类型

In [3]: sh.index=pd.to_datetime(sh.index)

#定义配对形成期 (formation period)
In [4]: formStart='2014-01-01'
In [5]: formEnd='2015-01-01'

#形成期数据
In [6]: shform=sh[formStart:formEnd]

#查看这50只股票形成期的前2期价格数据
In [7]: shform.head(n=2)
Out[7]:
            600000  600010  600015  600016  600018  600028  600030  600036  \
Trddt
2014-01-02   8.307   2.360   6.371   6.183   5.031   4.117  12.288   9.719
2014-01-03   8.138   2.594   6.187   6.087   4.906   4.043  11.937   9.520

            600048  600050   ...    601688  601766  601800  601818  601857  \
Trddt                        ...
2014-01-02   5.156   3.146   ...     8.534   4.869   3.781   2.383   7.245
2014-01-03   5.112   3.088   ...     8.293   4.791   3.725   2.356   7.217

            601901  601985  601988  601989  601998
Trddt
2014-01-02    5.91       -   2.333   5.617   3.634
2014-01-03    5.91       -   2.289   5.517   3.578

[2 rows x 50 columns]

#提取中国银行股票的调整后收盘价数据；
#中国银行的股票代码是“601988”；
In [8]: PAf=shform['601988']

#提取浦发银行股票的调整后收盘价数据；
#浦发银行的股票代码是“600000”；
In [9]: PBf=shform['600000']

#将两只股票数据合在一起形成DataFrame
In [10]: pairf=pd.concat([PAf,PBf],axis = 1)

#求形成期长度
In [11]: len(pairf)
```

```
Out[11]: 245
```

2. 构造标准化价格之差平方累积 SSD 函数，并计算中国银行与浦发银行标准化价格的距离。

```
In [12]: def SSD(priceX,priceY):
    ...:         if priceX is None or priceY is None:
    ...:             print('缺少价格序列.')
    ...:         returnX=(priceX-priceX.shift(1))/priceX.shift(1)[1:]
    ...:         returnY=(priceY-priceY.shift(1))/priceY.shift(1)[1:]
    ...:         standardX=(returnX+1).cumprod()
    ...:         standardY=(returnY+1).cumprod()
    ...:         SSD=np.sum((standardX-standardY)**2)
    ...:         return(SSD)
    ...:


#求中国银行和浦发银行价格的距离
In [13]: dis=SSD(PAf,PBf)

In [14]: dis
Out[14]: 0.47481704588389073
```

将上证 50 指数的 50 只股票两两配对，一共可以产生 1225 个股票对，形成期（Formation Period）为 245 天，则 X、Y 股票的价格距离：

$$SSD_{X,Y}=\sum_{t=1}^{245}\left(\hat{p}_t^X-\hat{p}_t^Y\right)^2$$

按照上面的代码思路，可以算出 1225 个 SSD，将这些 SSD 由小到大的方式进行排序，我们可以从中选出前 5 组作为配对交易策略的 5 个股票对。如果只挑选 1 个股票对，则从 1225 个 SSD 中选择最小的一个，即挑选标准化价格序列距离最近的两只股票。

- **协整模型**

选择配对交易股票对另一种常用的方法是选择两只股票价格序列存在协整关系的股票对。金融资产的对数价格一般可以视为一阶单整序列。用 P_t^X 表示 X 股票在第 t 日的价格，如果 X 股票的对数价格 $\{\log(P_t^X)\}(t=0,1,2,\cdots T)$ 是非平稳时间序列，且 $\{\log(P_t^X)-\log(P_{t-1}^X)\}$，$t=1,2,\cdots T$，构成的时间序列是平稳的，则称 X 股票的对数价格 $\{\log(P_t^X)\}$，$t=1,2,\cdots T$，是一阶单整序列。而 X 股票对数价格的差分序列可表达如下：

$$\log\left(P_t^X\right)-\log\left(P_{t-1}^X\right)=\log\left(\frac{P_t^X}{P_{t-1}^X}\right)$$

又 X 股票在 t 期的单期简单收益率为：

$$r_t^X=\frac{P_t^X-P_{t-1}^X}{P_{t-1}^X}$$

$$= \frac{P_t^X}{P_{t-1}^X} - 1$$

则：

$$\begin{aligned}\log\left(P_t^X\right) - \log\left(P_{t-1}^X\right) &= \log\left(\frac{P_t^X}{P_{t-1}^X}\right) \\ &= \log\left(1 + r_t^X\right) \\ &\approx r_t^X\end{aligned}$$

即 X 股票的简单单期收益率序列 $\left\{r_t^X\right\}$ 是平稳的。

要判断两只股票的历史价格是否具有协整关系，需要先检验两只股票的对数价格序列是否是一阶单整序列，或者说先检验两只股票的收益率序列 $\{r_t\}$ 是否是平稳性时间序列。

接下来，我们分别对中国银行和浦发银行对数价格数据进行一阶单整检验。arch 包的 ADF( ) 函数可以使用 ADF 单位根方法对序列的平稳性进行检验，ADF 单位根检验的原假设是“序列存在单位根”，如果我们不能拒绝原假设，则说明我们检查的序列可能存在单位根，序列是非平稳的；如果我们拒绝原假设，则序列不存在单位根，即序列是平稳性时间序列。

```
#导入ADF函数和numpy包
In [15]: from arch.unitroot import ADF

In [16]: import numpy as np

#检验中国银行对数价格的一阶单整性
#将中国银行股价取对数
In [17]: PAflog=np.log(PAf)

#对中国太保对数价格进行单位根检验

In [18]: adfA=ADF(PAflog)

In [19]: print(adfA.summary().as_text())
   Augmented Dickey-Fuller Results
=====================================
Test Statistic                  3.409
P-value                         1.000
Lags                               12
-------------------------------------

Trend: Constant
Critical Values: -3.46 (1%), -2.87 (5%), -2.57 (10%)
Null Hypothesis: The process contains a unit root.
Alternative Hypothesis: The process is weakly stationary.

#将中国银行对数价格差分
In [20]: retA=PAflog.diff()[1:]
In [21]: adfretA=ADF(retA)
```

```
In [22]: print(adfretA.summary().as_text())
   Augmented Dickey-Fuller Results
=====================================
Test Statistic                 -4.571
P-value                         0.000
Lags                               11
-------------------------------------

Trend: Constant
Critical Values: -3.46 (1%), -2.87 (5%), -2.57 (10%)
Null Hypothesis: The process contains a unit root.
Alternative Hypothesis: The process is weakly stationary.
```

summary( ) 函数可以返回 ADF( ) 函数进行单位根检验的详尽计算结果。Test Statistic 是 ADF 检验的统计量计算结果，Critical Values 是该统计量在原假设下的 1、5 和 10 分位数。对中国银行的对数价格 PAflog 进行单位根检验，结果为“Test Statistic: 3.409”，而“Critical Values: −3.46 (1%), −2.87 (5%), −2.57 (10%)”，也就是说 3.409 大于原假设分布下的 1、5 和 10 分位数，从而不能拒绝原假设，进而说明中国银行的对数价格序列是非平稳的。对中国银行的对数价格的差分 retA 变量进行单位根检验，Test Statistic 为 −4.571，从分析结果中可以拒绝原假设，即中国银行的对数价格的差分不存在单位根，是平稳的。综上所述，说明中国银行的对数价格序列是一阶单整序列。

按照同样的分析思路，我们再对浦发银行的对数价格进行一阶单整检验。

```
#对浦发银行价格数据取对数
In [23]: PBflog=np.log(PBf)

#浦发银行对数价格单位根检验
In [24]: adfB=ADF(PBflog)

In [25]: print(adfB.summary().as_text())
   Augmented Dickey-Fuller Results
=====================================
Test Statistic                  2.392
P-value                         0.999
Lags                               12
-------------------------------------

Trend: Constant
Critical Values: -3.46 (1%), -2.87 (5%), -2.57 (10%)
Null Hypothesis: The process contains a unit root.
Alternative Hypothesis: The process is weakly stationary.

#将浦发银行对数价格进行差分
In [26]: retB=PBflog.diff()[1:]

#对浦发银行对数价格的差分序列进行单位根检验
In [27]: adfretB=ADF(retB)

In [28]: print(adfretB.summary().as_text())
   Augmented Dickey-Fuller Results
```

```
=====================================
Test Statistic                 -3.888
P-value                         0.002
Lags                               11
-------------------------------------

Trend: Constant
Critical Values: -3.46 (1%), -2.87 (5%), -2.57 (10%)
Null Hypothesis: The process contains a unit root.
Alternative Hypothesis: The process is weakly stationary.
```

根据两个单位根检验结果 Test Statistic 的取值分别 2.392 和 −3.888 可知，浦发银行的对数价格是非平稳的，其对数价格的差分（收益率）是平稳性时间序列。

```
In [29]: import matplotlib.pyplot as plt

In [30]: PAflog.plot(label='601988',style='--')
    ...: PBflog.plot(label='600000',style='-')
    ...: plt.legend(loc='upper left')
    ...: plt.title('中国银行与浦发银行的对数价格时序图')
Out[30]: <matplotlib.text.Text at 0x7f9eaf606f28>
```

如图 26.2 所示的虚线和实线，可以看出中国银行股票的对数价格与浦发银行股票的对数价格有一定的趋势，不是平稳的。

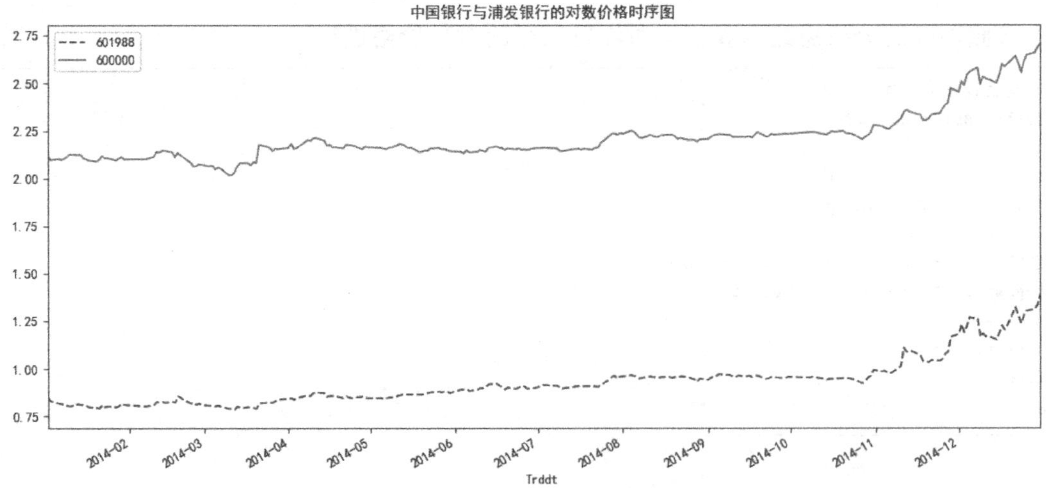

图 26.2 中国银行与浦发银行股票对数价格时序图

```
#绘制股票对数价格差分的时序图
In [31]: retA.plot(label='601988')
    ...: retB.plot(label='600000')
    ...: plt.legend(loc='lower left')
    ...: plt.title('中国银行与浦发银行对数价格差分(收益率)')
Out[31]: <matplotlib.text.Text at 0x7f9eaf4d2780>
```

如图 26.3 所示可以看出，中国银行与中国联通股票对数价格的差分序列是平稳的，整体上都在 0 附近上下波动。

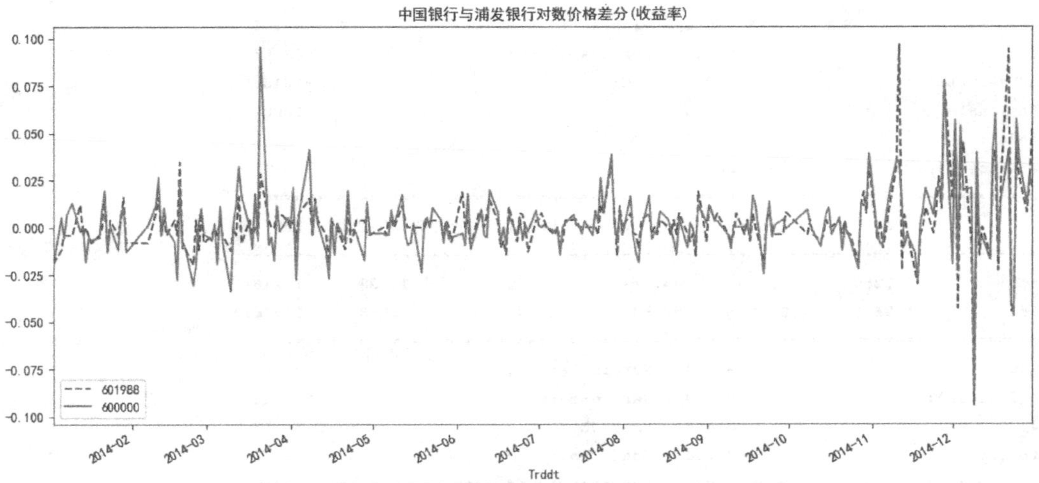

图 26.3 中国银行与浦发银行股票对数价格差分的时序图

假设 $\{\log(P_t^X)\}$, $t=1,2\cdots T$ 和 $\{\log(P_t^Y)\}$, $t=1,2\cdots T$,分别表示 X 股票和 Y 股票的对数价格序列,则 Engle 和 Granger 两步法可以对时间序列 $\{\log(P_t^X)\}$ 和 $\{\log(P_t^Y)\}$ 协整关系进行检验。在 $\{\log(P_t^X)\}$ 和 $\{\log(P_t^Y)\}$ 都是一阶单整的前提下,用最小二乘法构造回归方程:

$$\log(P_t^Y)=\alpha+\beta\log(P_t^X)+\varepsilon_t$$

得到回归系数 $\hat{\alpha}$ 和 $\hat{\beta}$,构造残差估计值:

$$\hat{\varepsilon_t}=\log(P_t^Y)-\left(\hat{\alpha}+\hat{\beta}\log(P_t^X)\right)$$

并检验 $\{\hat{\varepsilon_t}\}$ 序列的平稳性。如果 $\{\hat{\varepsilon_t}\}$ 序列是平稳的,则说明 $\{\log(P_t^X)\}$ 和 $\{\log(P_t^Y)\}$ 具有协整关系。运用协整理论和协整检验模型,挑选出满足价格序列具有协整关系的股票对进行配对交易。

下面 Python 代码对浦发银行和中国银行的对数价格进行协整检验。

```
#回归分析
#因变量是中国银行(A)股票的对数价格
#自变量是浦发银行(B)股票的对数价格
In [32]: import statsmodels.api as sm

In [33]: model=sm.OLS(PBflog,sm.add_constant(PAflog))

In [34]: results=model.fit()

In [35]: print(results.summary())
                            OLS Regression Results
==============================================================================
Dep. Variable:                 600000   R-squared:                       0.949
Model:                            OLS   Adj. R-squared:                  0.949
Method:                 Least Squares   F-statistic:                     4560.
```

```
Date:                 Sun, 15 May 2016   Prob (F-statistic):          1.83e-159
Time:                         23:09:48   Log-Likelihood:                 509.57
No. Observations:                  245   AIC:                            -1015.
Df Residuals:                      243   BIC:                            -1008.
Df Model:                            1
Covariance Type:             nonrobust
==============================================================================
                 coef    std err          t      P>|t|      [95.0% Conf. Int.]
------------------------------------------------------------------------------
const          1.2269      0.015     83.071      0.000         1.198     1.256
601988         1.0641      0.016     67.531      0.000         1.033     1.095
==============================================================================
Omnibus:                    19.538   Durbin-Watson:                   0.161
Prob(Omnibus):               0.000   Jarque-Bera (JB):               13.245
Skew:                        0.444   Prob(JB):                      0.00133
Kurtosis:                    2.286   Cond. No.                         15.2
==============================================================================

Warnings:
[1] Standard Errors assume that the covariance matrix of the errors is correctly specified.
```

将浦发银行股票的对数价格与中国银行股票的对数价格做线性回归，从回归结果中，可以看出系数与截距项均统计显著。接着，对回归残差进行平稳性检验。

```
#提取回归截距项
In [36]: alpha=results.params[0]

#提取回归系数
In [37]: beta=results.params[1]

#求残差
In [38]: spread=PBflog-beta*PAflog-alpha

In [39]: spread.head()
Out[39]:
Trddt
2014-01-02   -0.011214
2014-01-03   -0.011507
2014-01-06    0.006511
2014-01-07    0.005361
2014-01-08    0.016112
dtype: float64

#绘制残差序列时序图
In [40]: spread.plot()
    ...: plt.title('价差序列')
Out[40]: <matplotlib.text.Text at 0x7f9eaf4489e8>

#价差序列单位根检验
#因为残差的均值为0，所以trend设为c
In [41]: adfSpread=ADF(spread,trend='c')

In [41]: print(adfSpread.summary().as_text())
Augmented Dickey-Fuller Results
```

```
=====================================
Test Statistic                 -3.199
P-value                         0.001
Lags                                0
-------------------------------------

Trend: No Trend
Critical Values: -2.57 (1%), -1.94 (5%), -1.62 (10%)
Null Hypothesis: The process contains a unit root.
Alternative Hypothesis: The process is weakly stationary.
```

根据检验的结果，在 5% 显著性水平下，我们可以拒绝原假设，即残差序列不存在单位根，残差序列是平稳的。通过上述分析，我们得知浦发银行与中国银行股票的对数价格序列具有协整关系。如图 26.4 所示。

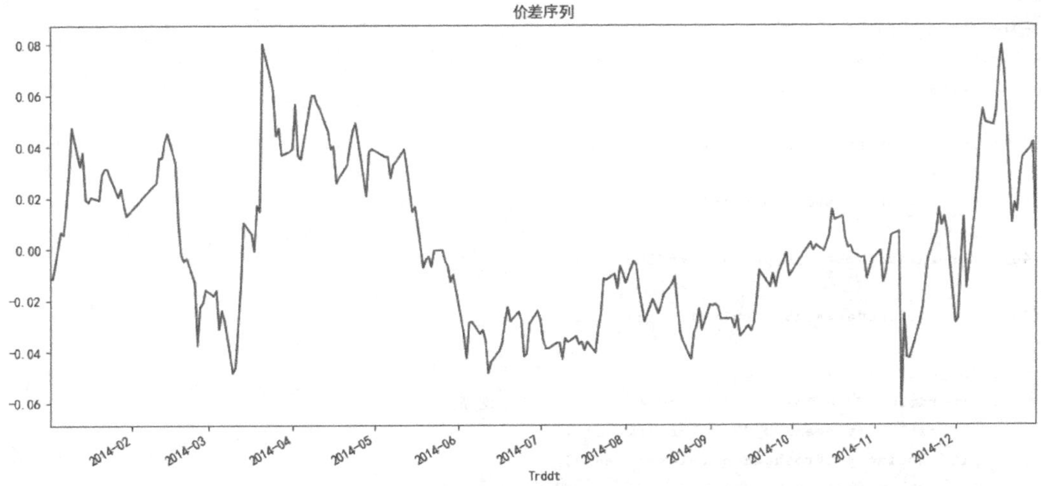

图 26.4　中国联通与中国银行配对残差时序图

26.3.2　配对交易策略的制定

- **最小距离法**

运用最小距离法可以挑选出股票对，计算形成期（Formation Period）内标准化的价格序列差 $\hat{p}_t^X - \hat{p}_t^Y$ 的平均值 u 和标准差 σ。然后，选定交易期（Trading Period）进行交易。Gatev 等学者运用最小距离法选出股票对，设定交易信号触发点为 $u \pm 2\sigma$，交易期的适用期限为 6 个月。当交易期超过 6 个月以后，重新设定形成期和选取股票对。此处，由于浦发银行与中国银行同为银行业股票，且银行业股票股价比较稳定，因此我们设定交易期内价差超过 $u + 1.2\sigma$ 或者 $u - 1.2\sigma$ 时，将触发交易信号进行交易。

当交易期的标准化价差又回复到均值 u 附近时，反向操作平仓，从而赚取价差收益。

（1）在形成期中计算浦发银行与中国银行股票标准化价格序列差 SSD_pair，并求出价差的平均值 meanSSD_pair 和标准差 sdSSD_pair，并设定开仓、平仓条件。如图 26.5 所示。

```
#最小距离法交易策略
#中国银行标准化价格
In [42]: standardA=(1+retA).cumprod()

#浦发银行标准化价格
In [43]: standardB=(1+retB).cumprod()

#求中国银行与浦发银行标准化价格序列的价差
In [44]: SSD_pair=standardB-standardA

In [45]: SSD_pair.head()
Out[45]:
Trddt
2014-01-03    -0.001514
2014-01-06     0.015407
2014-01-07     0.013962
2014-01-08     0.024184
2014-01-09     0.037629
dtype: float64

In [46]: meanSSD_pair=np.mean(SSD_pair)

In [47]: sdSSD_pair=np.std(SSD_pair)

In [48]: thresholdUp=meanSSD_pair+1.2*sdSSD_pair

In [49]: thresholdDown=meanSSD_pair-1.2*sdSSD_pair

In [50]: SSD_pair.plot()
    ...: plt.title('中国银行与浦发银行标准化价差序列(形成期)')
    ...: plt.axhline(y=meanSSD_SP,color='black')
    ...: plt.axhline(y=thresholdUp,color='green')
    ...: plt.axhline(y=thresholdDown,color='green')
Out[50]: <matplotlib.lines.Line2D at 0x7f9eaf3c2a20>
```

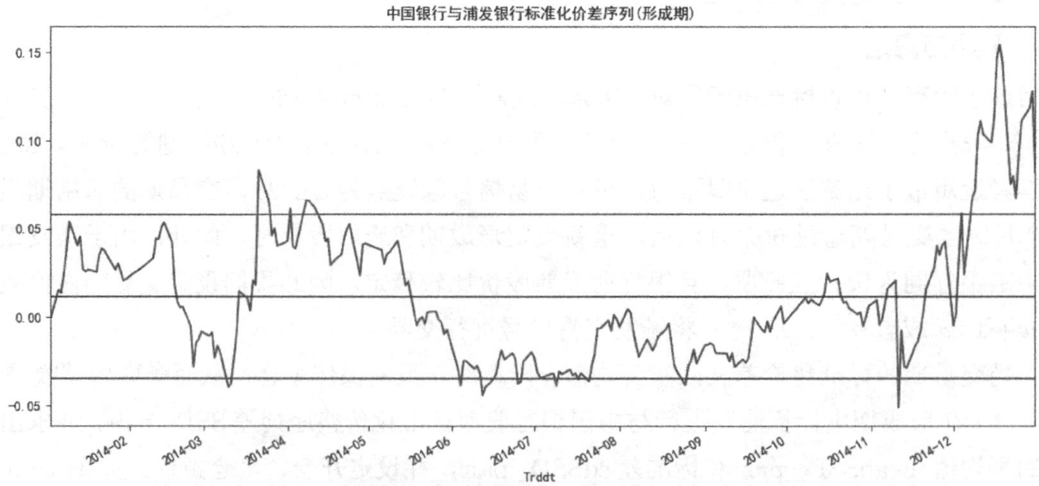

图 26.5 中国银行与浦发银行标准化价差序列(形成期)

（2）设定交易期（Trading Period）时间，选取交易期数据，寻找配对交易开仓和平仓位点。当价差上穿 $u+1.2\sigma$ 线时，反向开仓，当价差线回复到均线附近时，进行平仓。当价差线下穿 $u-1.2\sigma$ 线时，正向开仓，当价差线再次回复到均线附近时，平仓。

```
In [51]: tradStart='2015-01-01'

In [52]: tradEnd='2015-06-30'

In [53]: PAt=sh.loc[tradStart:tradEnd,'601988']

In [54]: PBt=sh.loc[tradStart:tradEnd,'600000']

In [55]: def spreadCal(x,y):
    ...:     retx=(x-x.shift(1))/x.shift(1)[1:]
    ...:     rety=(y-y.shift(1))/y.shift(1)[1:]
    ...:     standardX=(1+retx).cumprod()
    ...:     standardY=(1+rety).cumprod()
    ...:     spread=standardX-standardY
    ...:     return(spread)

In [56]: TradSpread=spreadCal(PBt,PAt).dropna()

In [57]: TradSpread.describe()
Out[57]:
count     118.000000
mean        0.001064
std         0.054323
min        -0.127050
25%        -0.028249
50%         0.005682
75%         0.041375
max         0.100249
dtype: float64

In [58]: TradSpread.plot()
    ...: plt.title('交易期价差序列')
    ...: plt.axhline(y=meanSSD_SP,color='black')
    ...: plt.axhline(y=thresholdUp,color='green')
    ...: plt.axhline(y=thresholdDown,color='green')
Out[58]: <matplotlib.lines.Line2D at 0x7f9eaf3b1be0>
```

如图 26.6 所示，价差序列多在 1.2 倍标准差范围内，从 2015 年 1 月 1 日至 2015 年 6 月 30 日，价差序列向上突破 1.2 倍标准差线 3 次，向下突破 1.2 倍标准差线 3 次，共有 6 次开仓机会，且价差序列比较稳定，开仓后均有平仓机会。

- **协整模型（Cointegration Model）**

运用协整检验选择的股票对，选定新的交易期，设形成期的定价差序列为：

$$Spread_t = \log\left(P_t^Y\right) - \left[\hat{\alpha} + \hat{\beta}\log\left(P_t^X\right)\right]$$

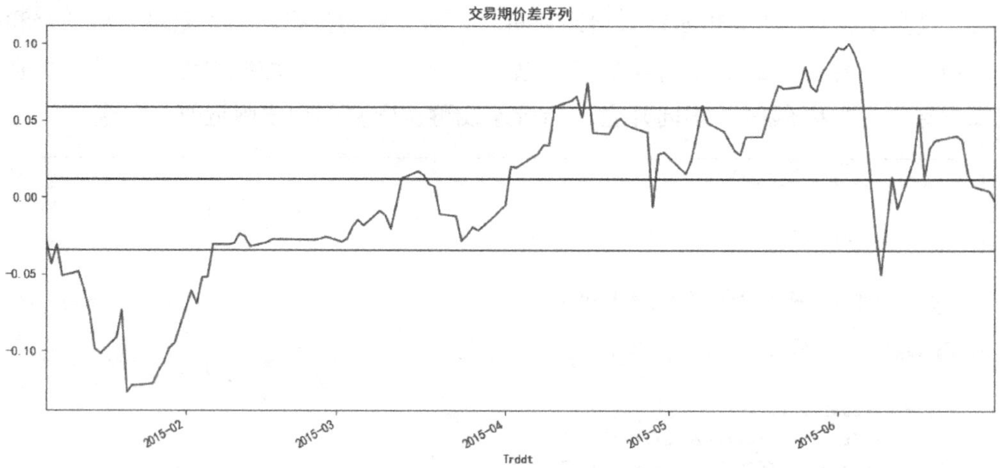

图 26.6　中国银行与浦发银行股票价差序列（交易期）

其中 P_t^X、P_t^Y 是 X、Y 股票的对数价格；$\hat{\alpha}$ 和 $\hat{\beta}$ 是在形成期对 $\log\left(P_t^Y\right)$、$\log\left(P_t^X\right)$ 进行线性回归得到的系数值。根据 $\hat{\alpha}$ 和 $\hat{\beta}$，我们可以计算形成期价差 $Spread_t$ 的均值 u 和标准差 σ，选择均值 u 加减一定倍数 σ 作为交易期价差的阈值。比如，当交易期的价差超过 $u+1.2\sigma$ 时，进行开仓。当交易期的价差又回复到 u 附近时，进行平仓。当 σ 的倍数设定较小时，会频繁触发交易信号，但是赚取的收益较小。当 σ 的倍数设定较大时，会赚取较高收益，然而触发信号则相对较少。

```
In [59]: spreadf=PBflog-beta*PAflog-alpha

In [60]: mu=np.mean(spreadf)

In [61]: sd=np.std(spreadf)

#形成期
In [62]: CoSpreadT=np.log(PBt)-beta*np.log(PAt)-alpha

In [63]: CoSpreadT.describe()
Out[63]:
count     119.000000
mean       -0.037295
std         0.052204
min        -0.163903
25%        -0.063038
50%        -0.033336
75%         0.000503
max         0.057989
dtype: float64

In [64]: CoSpreadT.plot()
    ...: plt.title('交易期价差序列(协整配对)')
    ...: plt.axhline(y=mu,color='black')
    ...: plt.axhline(y=mu+1.2*sd,color='green')
    ...: plt.axhline(y=mu-1.2*sd,color='green')
Out[64]: <matplotlib.lines.Line2D at 0x7f9eaf2c6358>
```

如图 26.7 所示，并对比图 26.7 和图 26.6，同样应用中国银行和浦发银行股票进行配对交易，运用最小距离法和协整关系模型进行配对交易策略，释放出的交易信号买卖点有所不同。

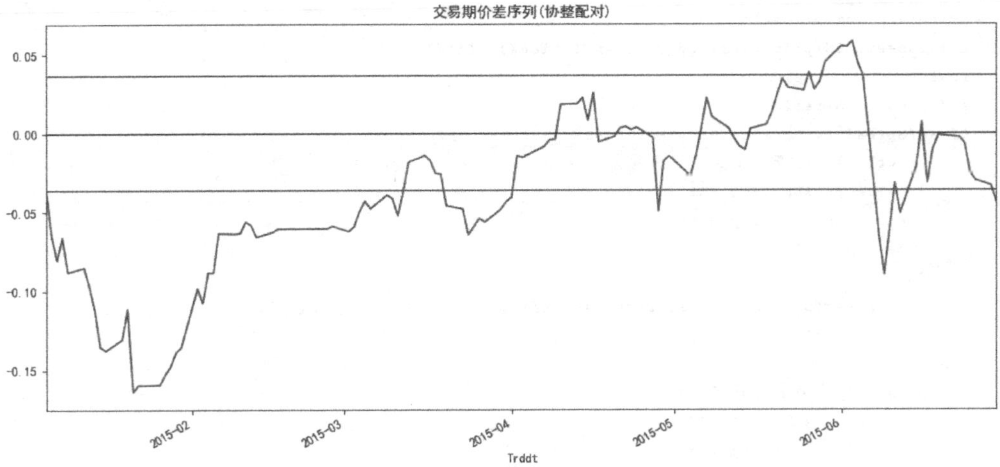

图 26.7 中国银行与浦发银行协整配对价差序列图

26.4 构建 PairTrading 类

Python 是一种面向对象的语言，我们可以构建各种各样的类来完成我们所需要的任务。对于上文中进行配对的代码，我们可以将其编写为一个类。这样，在以后需要的时候，就可以随时调用该类，而不需要再重新编写上面的那些代码。

```
import re
import pandas as pd
import numpy as np
from arch.unitroot import ADF
import statsmodels.api as sm
class PairTrading:
    def SSD(self,priceX,priceY):
        if priceX is None or priceY is None:
            print('缺少价格序列.')
        returnX=(priceX-priceX.shift(1))/priceX.shift(1)[1:]
    returnY=(priceY-priceY.shift(1))/priceY.shift(1)[1:]
        standardX=(returnX+1).cumprod()
        standardY=(returnY+1).cumprod()
        SSD=np.sum((standardY-standardX)**2)
        return(SSD)
    def SSDSpread(self,priceX,priceY):
        if priceX is None or priceY is None:
            print('缺少价格序列.')
        retx=(priceX-priceX.shift(1))/priceX.shift(1)[1:]
        rety=(priceY-priceY.shift(1))/priceY.shift(1)[1:]
        standardX=(1+retx).cumprod()
        standardY=(1+rety).cumprod()
        spread=standardY-standardX
```

```
        return(spread)
    def cointegration(self,priceX,priceY):
        if priceX is None or priceY is None:
            print('缺少价格序列.')
        priceX=np.log(priceX)
        priceY=np.log(priceY)
        results=sm.OLS(priceY,sm.add_constant(priceX)).fit()
        resid=results.resid
        adfSpread=ADF(resid)
        if adfSpread.pvalue>=0.05:
            print('''交易价格不具有协整关系.
            P-value of ADF test: %f
            Coefficients of regression:
            Intercept: %f
            Beta: %f
             ''' % (adfSpread.pvalue, results.params[0], results.params[1]))
            return(None)
        else:
            print('''交易价格具有协整关系.
            P-value of ADF test: %f
            Coefficients of regression:
            Intercept: %f
            Beta: %f
             ''' % (adfSpread.pvalue, results.params[0], results.params[1]))
            return(results.params[0], results.params[1])
    def CointegrationSpread(self,priceX,priceY,formPeriod,tradePeriod):
        if priceX is None or priceY is None:
            print('缺少价格序列.')
        if not (re.fullmatch('\d{4}-\d{2}-\d{2}:\d{4}-\d{2}-\d{2}',formPeriod)
                or re.fullmatch('\d{4}-\d{2}-\d{2}:\d{4}-\d{2}-\d{2}',tradePeriod)):
            print('形成期或交易期格式错误.')
        formX=priceX[formPeriod.split(':')[0]:formPeriod.split(':')[1]]
        formY=priceY[formPeriod.split(':')[0]:formPeriod.split(':')[1]]
        coefficients=self.cointegration(formX,formY)
        if coefficients is None:
          print('未形成协整关系,无法配对.')
        else:
            spread=(np.log(priceY[tradePeriod.split(':')[0]:tradePeriod.split(':')[1]])
            -coefficients[0]-coefficients[1]*np.log(priceX[tradePeriod.split(':')[0]:
            tradePeriod.split(':')[1]]))
            return(spread)
    def calBound(self,priceX,priceY,method,formPeriod,width=1.5):
        if not (re.fullmatch('\d{4}-\d{2}-\d{2}:\d{4}-\d{2}-\d{2}',formPeriod)
                or re.fullmatch('\d{4}-\d{2}-\d{2}:\d{4}-\d{2}-\d{2}',tradePeriod)):
            print('形成期格式错误.')
        if method=='SSD':
            spread=self.SSDSpread(priceX[formPeriod.split(':')[0]:
                                  formPeriod.split(':')[1]],
                                  priceY[formPeriod.split(':')[0]:
                                  formPeriod.split(':')[1]])
            mu=np.mean(spread)
            sd=np.std(spread)
            UpperBound=mu+width*sd
            LowerBound=mu-width*sd
            return(UpperBound,LowerBound)
```

```
        elif method=='Cointegration':
            spread=self.CointegrationSpread(priceX,priceY,formPeriod,formPeriod)
            mu=np.mean(spread)
            sd=np.std(spread)
            UpperBound=mu+width*sd
            LowerBound=mu-width*sd
            return(UpperBound,LowerBound)
        else:
            print('不存在该方法. 请选择"SSD"或是"Cointegration".')
```

现在我们调用上述构建的类 PairTrading，来快速计算中国银行与浦发银行的最小距离、价差序列、协整配对系数、协整配对价差以及交易期价差的阈值。

```
In [65]: formPeriod='2014-01-01:2015-01-01'
In [66]: tradePeriod='2015-01-01:2015-06-30'
In [67]: priceA=sh['601988']
In [68]: priceB=sh['600000']
In [69]: priceAf=priceA[formPeriod.split(':')[0]:formPeriod.split(':')[1]]
In [70]: priceBf=priceB[formPeriod.split(':')[0]:formPeriod.split(':')[1]]
In [71]: priceAt=priceA[tradePeriod.split(':')[0]:tradePeriod.split(':')[1]]
In [72]: priceBt=priceB[tradePeriod.split(':')[0]:tradePeriod.split(':')[1]]
In [73]: pt=PairTrading()

#SSD的结果与前面结果（dis）一致
In [74]: SSD=pt.SSD(priceAf,priceBf)
In [75]: SSD
Out[75]: 0.47481704588389073

#形成期SSD spread 结果与前面(SSD_pair)一致
In [76]: SSDspread=pt.SSDSpread(priceAf,priceBf)
In [77]: SSDspread.describe()
Out[77]:
count    244.000000
mean       0.011894
std        0.038873
min       -0.051061
25%       -0.018754
50%        0.003221
75%        0.036397
max        0.154407
dtype: float64

In [78]: SSDspread.head()
Out[78]:
Trddt
2014-01-03   -0.001514
2014-01-06    0.015407
2014-01-07    0.013962
2014-01-08    0.024184
2014-01-09    0.037629
dtype: float64

#协整关系之系数与前文(alpha beta)一致
In [79]: coefficients=pt.cointegration(priceAf,priceBf)
```

```
交易价格具有协整关系.
            P-value of ADF test: 0.020415
            Coefficients of regression:
            Intercept: 1.226852
            Beta: 1.064103

In [80]: coefficients
Out[80]: (1.2268515742404369, 1.0641034525888164)

#形成期协整配对后价差序列与前文(spread)一致
In [81]: CoSpreadF=pt.CointegrationSpread(priceA,priceB,formPeriod,formPeriod)
交易价格具有协整关系.
            P-value of ADF test: 0.020415
            Coefficients of regression:
            Intercept: 1.226852
            Beta: 1.064103

In [82]: CoSpreadF.head()
Out[82]:
Trddt
2014-01-02   -0.011214
2014-01-03   -0.011507
2014-01-06    0.006511
2014-01-07    0.005361
2014-01-08    0.016112
dtype: float64

#交易期价差序列与前文结果(CoSpreadT)一致
In [83]: CoSpreadTr=pt.CointegrationSpread(priceA,priceB,formPeriod,tradePeriod)
交易价格具有协整关系.
            P-value of ADF test: 0.020415
            Coefficients of regression:
            Intercept: 1.226852
            Beta: 1.064103

In [84]: CoSpreadTr.describe()
Out[84]:
count    119.000000
mean      -0.037295
std        0.052204
min       -0.163903
25%       -0.063038
50%       -0.033336
75%        0.000503
max        0.057989
dtype: float64

#根据形成期协整配对后价差序列得到的阈值与前文 (mu+1.2*sd, mu-1.2*sd) 一致
In [85]: bound=pt.calBound(priceA,priceB,'Cointegration',formPeriod,width=1.2)
交易价格具有协整关系.
            P-value of ADF test: 0.020415
            Coefficients of regression:
            Intercept: 1.226852
            Beta: 1.064103
```

```
In [86]: bound
Out[86]: (0.03627938704534012, -0.036279387045340034)
```

26.5 Python 实测配对交易交易策略

在本小节中，我们将运用中国银行和浦发银行股票的交易数据自行设计配对交易策略，这一次我们将 2014 年 1 月 1 日到 2014 年 12 月 31 日作为配对形成期，以及将 2015 年 1 月 1 日到 2015 年 6 月 30 日作为交易期。用 Python 实现配对交易策略大致有如下 4 个步骤。

（1） 在形成期内，将中国银行和浦发银行两只股票的对数价格进行协整检验。

（2） 找出配对比例 beta 和配对价差，计算价差的平均值和标准差。

（3） 在交易期内，设定 $u \pm 1.5\sigma$ 和 $u \pm 0.2\sigma$ 为开仓与平仓的阈值，将 $u \pm 2.5\sigma$ 视为协整关系可能破裂强制平仓的阈值，具体交易规则如下：

- 当价差上穿 $u + 1.5\sigma$ 时，做空配对股票，反向建仓（卖出浦发银行股票，同时买入中国银行股票，中国银行与浦发银行股票资金比值为 beta）；
- 当价差下穿 $u + 0.2\sigma$ 之间时，做多配对股票，反向平仓；
- 当价差下穿 $u - 1.5\sigma$ 时，做多配对股票，正向建仓（买入浦发银行股票，同时卖出中国银行股票，中国银行与浦发银行股票资金比值为 beta）；
- 当价差又回复到 $u - 0.2\sigma$ 上方时，做空配对股票，正向平仓；
- 当价差突破 $u \pm 2.5\sigma$ 时，及时平仓。

（4） 配对交易策略绩效评价。

接下来我们用 Python 编写代码，对浦发银行和中国银行股票进行从头到尾的配对交易策略实测。

（1）获取数据，在形成期内，将浦发银行和中国银行两只股票的对数价格进行协整检验，找出配对比例和配对价差。

```
#配对交易实测
#提取形成期数据
In [1]: formStart='2014-01-01'
   ...: formEnd='2015-01-01'

In [2]: PA=sh['601988']
   ...: PB=sh['600000']

In [3]: PAf=PA[formStart:formEnd]
In [4]: PBf=PB[formStart:formEnd]

#形成期协整关系检验

#中国银行一阶单整检验
In [5]: log_PAf=np.log(PAf)
In [6]: adfA=ADF(log_PAf)
In [7]: print(adfA.summary().as_text())
   Augmented Dickey-Fuller Results
```

```
=====================================
Test Statistic                  3.409
P-value                         1.000
Lags                               12
-------------------------------------

Trend: Constant
Critical Values: -3.46 (1%), -2.87 (5%), -2.57 (10%)
Null Hypothesis: The process contains a unit root.
Alternative Hypothesis: The process is weakly stationary.

In [8]: adfAd=ADF(log_PAf.diff()[1:])
In [9]: print(adfAd.summary().as_text())
   Augmented Dickey-Fuller Results
=====================================
Test Statistic                 -4.571
P-value                         0.000
Lags                               11
-------------------------------------

Trend: Constant
Critical Values: -3.46 (1%), -2.87 (5%), -2.57 (10%)
Null Hypothesis: The process contains a unit root.
Alternative Hypothesis: The process is weakly stationary.

#浦发银行一阶单整检验
In [10]: log_PBf=np.log(PBf)
In [11]: adfB=ADF(log_PBf)
In [12]: print(adfB.summary().as_text())
   Augmented Dickey-Fuller Results
=====================================
Test Statistic                  2.392
P-value                         0.999
Lags                               12
-------------------------------------

Trend: Constant
Critical Values: -3.46 (1%), -2.87 (5%), -2.57 (10%)
Null Hypothesis: The process contains a unit root.
Alternative Hypothesis: The process is weakly stationary.

In [13]: adfBd=ADF(log_PBf.diff()[1:])
In [14]: print(adfBd.summary().as_text())
   Augmented Dickey-Fuller Results
=====================================
Test Statistic                 -3.888
P-value                         0.002
Lags                               11
-------------------------------------

Trend: Constant
Critical Values: -3.46 (1%), -2.87 (5%), -2.57 (10%)
Null Hypothesis: The process contains a unit root.
Alternative Hypothesis: The process is weakly stationary.
```

```
#协整关系检验
In [15]: model=sm.OLS(log_PBf,sm.add_constant(log_PAf)).fit()
In [16]: model.summary()
Out[16]:
<class 'statsmodels.iolib.summary.Summary'>
"""
                            OLS Regression Results
==============================================================================
Dep. Variable:                 600000   R-squared:                       0.949
Model:                            OLS   Adj. R-squared:                  0.949
Method:                 Least Squares   F-statistic:                     4560.
Date:                Mon, 16 May 2016   Prob (F-statistic):          1.83e-159
Time:                        15:23:58   Log-Likelihood:                 509.57
No. Observations:                 245   AIC:                            -1015.
Df Residuals:                     243   BIC:                            -1008.
Df Model:                           1
Covariance Type:            nonrobust
==============================================================================
                 coef    std err          t      P>|t|      [95.0% Conf. Int.]
------------------------------------------------------------------------------
const          1.2269      0.015     83.071      0.000         1.198     1.256
601988         1.0641      0.016     67.531      0.000         1.033     1.095
==============================================================================
Omnibus:                       19.538   Durbin-Watson:                   0.161
Prob(Omnibus):                  0.000   Jarque-Bera (JB):               13.245
Skew:                           0.444   Prob(JB):                      0.00133
Kurtosis:                       2.286   Cond. No.                         15.2
==============================================================================

Warnings:
[1] Standard Errors assume that the covariance matrix of the errors is correctly
specified.
"""

In [17]: alpha=model.params[0]
In [18]: alpha
Out[18]: 1.2268515742404369

In [19]: beta=model.params[1]
In [20]: beta
Out[20]: 1.0641034525888164

#残差单位根检验
In [21]: spreadf=log_PBf-beta*log_PAf-alpha
In [22]: adfSpread=ADF(spreadf)
In [23]: print(adfSpread.summary().as_text())
   Augmented Dickey-Fuller Results
=====================================
Test Statistic                 -3.193
P-value                         0.020
Lags                                0
-------------------------------------

Trend: Constant
Critical Values: -3.46 (1%), -2.87 (5%), -2.57 (10%)
```

```
Null Hypothesis: The process contains a unit root.
Alternative Hypothesis: The process is weakly stationary.
```

从上述结果中，价差在 5 的置信水平下拒绝原假设，是平稳性序列，最终推出浦发银行和中国银行股票对数价格具有协整关系。将两者进行线性回归，回归系数统计显著。

（2）接下来，将两只股票进行配对，计算价差平均数和标准差。

```
In [24]: mu=np.mean(spreadf)
In [25]: sd=np.std(spreadf)
```

（3）选取交易期价格数据，构造开仓平仓区间。如图 26.8 所示。

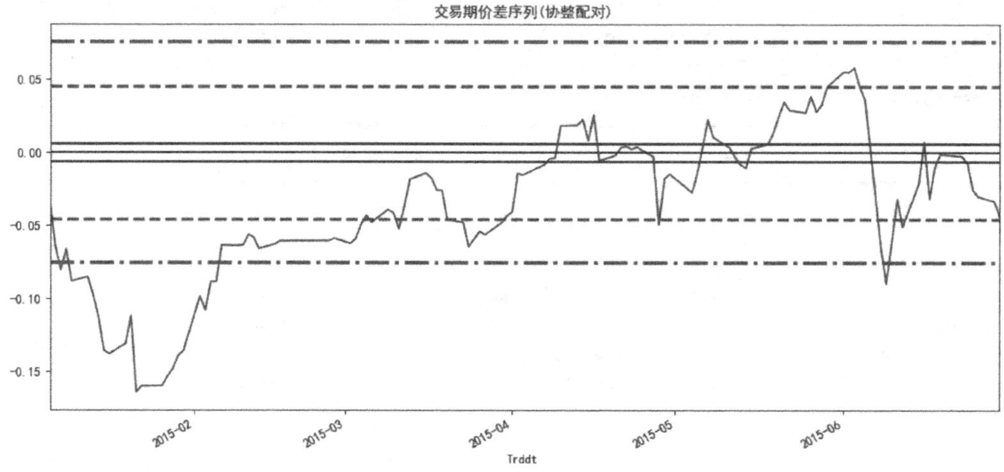

图 26.8　交易期价差序列

```
#设定交易期
In [26]: tradeStart='2015-01-01'
    ...: tradeEnd='2015-06-30'
In [27]: PAt=PA[tradeStart:tradeEnd]
  ...: PBt=PB[tradeStart:tradeEnd]
In [28]: CoSpreadT=np.log(PBt)-beta*np.log(PAt)-alpha
In [29]: CoSpreadT.describe()
Out[29]:
count     119.000000
mean       -0.037295
std         0.052204
min        -0.163903
25%        -0.063038
50%        -0.033336
75%         0.000503
max         0.057989
dtype: float64

#绘制价差区间图
In [30]: CoSpreadT.plot()
     ...: plt.title('交易期价差序列(协整配对)')
     ...: plt.axhline(y=mu,color='black')
     ...: plt.axhline(y=mu+0.2*sd,color='blue',ls='-',lw=2)
```

```
   ...: plt.axhline(y=mu-0.2*sd,color='blue',ls='-',lw=2)
   ...: plt.axhline(y=mu+1.5*sd,color='green',ls='--',lw=2.5)
   ...: plt.axhline(y=mu-1.5*sd,color='green',ls='--',lw=2.5)
   ...: plt.axhline(y=mu+2.5*sd,color='red',ls='-.',lw=3)
Out[30]: <matplotlib.lines.Line2D at 0x7f9eaf1b8630>
```

（4）根据开仓平仓点制定交易策略，并模拟交易账户。如图 26.9 所示。

```
In [31]: level=(float('-inf'),mu-2.5*sd,mu-1.5*sd,mu-0.2*sd,mu+0.2*sd
   ...: ,mu+1.5*sd,mu+2.5*sd,float('inf'))
In [32]: prcLevel=pd.cut(CoSpreadT,level,labels=False)-3
In [33]: prcLevel.head()
Out[34]:
Trddt
2015-01-05   -1
2015-01-06   -2
2015-01-07   -3
2015-01-08   -2
2015-01-09   -3
dtype: int64

#构造交易信号函数
In [35]: def TradeSig(prcLevel):
    ...:     n=len(prcLevel)
    ...:     signal=np.zeros(n)
    ...:     for i in range(1,n):
    ...:         if prcLevel[i-1]==1 and prcLevel[i]==2:
    ...:             signal[i]=-2
    ...:         elif prcLevel[i-1]==1 and prcLevel[i]==0:
    ...:             signal[i]=2
    ...:         elif prcLevel[i-1]==2 and prcLevel[i]==3:
    ...:             signal[i]=3
    ...:         elif prcLevel[i-1]==-1 and prcLevel[i]==-2:
    ...:             signal[i]=1
    ...:         elif prcLevel[i-1]==-1 and prcLevel[i]==0:
    ...:             signal[i]=-1
    ...:         elif prcLevel[i-1]==-2 and prcLevel[i]==-3:
    ...:             signal[i]=-3
    ...:     return(signal)
    ...:

In [36]: signal=TradeSig(prcLevel)
In [37]: position=[signal[0]]
In [38]: ns=len(signal)

In [39]: for i in range(1,ns):
    ...:     position.append(position[-1])
    ...:     if signal[i]==1:
    ...:         position[i]=1
    ...:     elif signal[i]==-2:
    ...:         position[i]=-1
    ...:     elif signal[i]==-1 and position[i-1]==1:
    ...:         position[i]=0
    ...:     elif signal[i]==2 and position[i-1]==-1:
    ...:         position[i]=0
```

```
    ...:     elif signal[i]==3:
    ...:         position[i]=0
    ...:     elif signal[i]==-3:
    ...:         position[i]=0
    ...:

In [40]: position=pd.Series(position,index=CoSpreadT.index)
In [41]: position.tail()
Out[42]:
Trddt
2015-06-24    0
2015-06-25    0
2015-06-26    0
2015-06-29    0
2015-06-30    0
dtype: float64

In [53]: def TradeSim(priceX,priceY,position):
    ...:     n=len(position)
    ...:     size=1000
    ...:     shareY=size*position
    ...:     shareX=[(-beta)*shareY[0]*priceY[0]/priceX[0]]
    ...:     cash=[2000]
    ...:     for i in range(1,n):
    ...:         shareX.append(shareX[i-1])
    ...:         cash.append(cash[i-1])
    ...:         if position[i-1]==0 and position[i]==1:
    ...:             shareX[i]=(-beta)*shareY[i]*priceY[i]/priceX[i]
    ...:             cash[i]=cash[i-1]-(shareY[i]*priceY[i]+shareX[i]*priceX[i])
    ...:         elif position[i-1]==0 and position[i]==-1:
    ...:             shareX[i]=(-beta)*shareY[i]*priceY[i]/priceX[i]
    ...:             cash[i]=cash[i-1]-(shareY[i]*priceY[i]+shareX[i]*priceX[i])
    ...:         elif position[i-1]==1 and position[i]==0:
    ...:             shareX[i]=0
    ...:             cash[i]=cash[i-1]+(shareY[i-1]*priceY[i]+shareX[i-1]*priceX[i])
    ...:         elif position[i-1]==-1 and position[i]==0:
    ...:             shareX[i]=0
    ...:             cash[i]=cash[i-1]+(shareY[i-1]*priceY[i]+shareX[i-1]*priceX[i])
    ...:     cash = pd.Series(cash,index=position.index)
    ...:     shareY=pd.Series(shareY,index=position.index)
    ...:     shareX=pd.Series(shareX,index=position.index)
    ...:     asset=cash+shareY*priceY+shareX*priceX
    ...:     account=pd.DataFrame({'Position':position,'ShareY':shareY,'ShareX':shareX,
             'Cash':cash,'Asset':asset})
    ...:     return(account)
    ...:
    ...:

In [54]: account=TradeSim(PAt,PBt,position)

In [55]: account.tail()
Out[55]:
               Asset      Cash  Position  ShareX  ShareY
Trddt
2015-06-24  5992.514  5992.514         0       0       0
```

```
2015-06-25   5992.514   5992.514        0        0        0
2015-06-26   5992.514   5992.514        0        0        0
2015-06-29   5992.514   5992.514        0        0        0
2015-06-30   5992.514   5992.514        0        0        0

In [56]: account.iloc[:,[0,1,4]].plot(style=['--','-',':'])
Out[56]: <matplotlib.text.Text at 0x7f98f5538198>
```

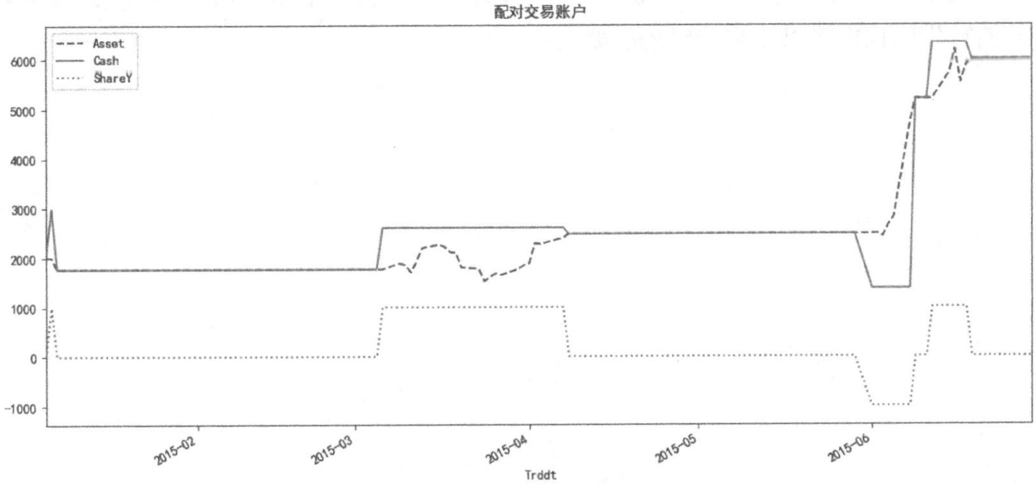

图 26.9　配对交易策略账户曲线图

分析图 26.9 中的曲线，ShareY 这条线可以表示配对仓位（1000 倍）（正反向持仓与不持仓），Cash 曲线表示现金的变化，初始现金为 2000 元。Asset 曲线表示资产的变化。观察交易仓位曲线图，可以看出从 2015 年 1 月 1 日到 2015 年 6 月底这 6 个月内，配对交易信号触发不多（共 4 次）。观察现金曲线图，由于开仓可能需要现金，现金曲线有升有降，而第三次平仓之后获利很多，现金曲线大幅上涨，到 6 月底，现金部位达到了 5992.514 元。再观察资产曲线图，配对资产整体呈现上升趋势，资产由 2000 元转变成 5992.514 元。整体而言，对中国银行和浦发银行两只股票进行配对交易的策略绩效表现不错。

习题

1. 获取中国银行（股票代码为“601988”）与中信银行（股票代码为“601998”）两只股票在 2009 年 1 月 2 日到 2012 年 12 月 31 日之间的交易数据。
   (a) 选取两只股票在 2009 年 1 月 2 日到 2011 年 12 月 31 日作为训练集，对两只股票的价格序列进行相关性检验；
   (b) 如果两只股票价格序列相关性较大，对两只股票进行配对，求出价差，并对价差进行平稳性检验；
   (c) 求出价差的分位数区间状态；
2. 继续分析第 1 题的两只股票，运用本章介绍的标准差配对交易策略进行交易实测。划测，观察交易有什么变化？

3. 上证 50 指数于 2004 年 1 月 2 日起正式发布，挑选上海证券市场规模较大、流动性较好的有代表性的 50 只股票作为样本股，并经过一定的客观科学方法计算得到上证 50 指数。上证 50 指数成交活跃、规模较大，能够综合反映上海证券市场一批龙头企业的整体状况。上证 50 指数每半年调整一次成分股，每次调整的比例一般不超过 10%。挑选 2015 年上半年发布的上证 50 指数成分股中的排名前 20 名的股票进行配对检验，编写代码找出可以用来配对的股票对数。

第5部分

技术指标与量化投资

第27章 K线图

27.1 K线图简介

K线图（Candlestick Charts）又被称为“蜡烛图”、“阴阳线”等，它起源于17世纪日本德川幕府时代。18世纪，日本技术分析中的重要人物本间宗久在进行大米期货交易时，记录并研究大米期货的历史价格信息，同时将战争的策略应用于商场上的交易，在这一过程中所发展出来的交易策略逐渐演变成今日技术分析的K线形态哲学。在数百年的洗炼与修正的过程中，日本投资者一直将K线图的投资技术奉为圭臬，长期以来，K线一直是投资者进行技术分析必看的内容。19世纪，美国的K线大师Steve Nison将K线引进西方，将西方传统的量化技术工具跃升至融合哲学与兵法的崭新视野，引起普遍的注意。目前K线分析已成为各式量化工具不可或缺的一环，其重要性可见一般。

K线图一个重要的特色是它以清晰的视觉效果凸显出多空情势，让投资者据以拟定交易决策。K线图主要通过开盘价（Open Price）、最高价（High Price）、最低价（Low Price）和收盘价（Close Price）这四个数据值来勾勒交易市场的轮廓，根据这四个数值相对关系的不同，可以绘制成数种不同的单一柱形结构，而不同的柱形结构又各自蕴含独特的市场信息。

在K线作图的时间选择上，常见的时间跨度有小时、日、周以及月。如图27.1所示是上证综指2015年3月份的日K线图。K线图上会呈现出一个个长短不等、状似蜡烛、红色或绿色柱形图，这些图形也称为蜡烛图。

如图27.2所示，无论颜色是红色还是绿色，每一个蜡烛图都由“矩形实体（Real Body）”和“竖直线段的影线（Shadow）”两大部分构成。矩形实体的两端分别表示收盘价和开盘价。如果当天的收盘价大于开盘价，则矩形为红色实体，即红色矩形实体的上端表示收盘价，实体下端表示开盘价。同理，如果当天的收盘价低于开盘价，则矩形实体为绿色。实心矩形的上端表示开盘价，实心矩形下端表示收盘价。矩形实体的高度表示收盘价与开盘价的大小差值。

蜡烛图的影线（Shadow）可以分为上影线（Upper Shadow）和下影线（Lower Shadow）两部分。从矩形实体向上延伸的线表示上影线，上影线的上端点表示最高价，上影线的长度代表最高价与收盘价（红色实体）或者开盘价（绿色实体）的差值。下影线指矩形实体向下延伸的那条直线，下影线的下端点表示最低价。下影线的长度表示开盘价（绿色实体）或者收盘价（红色实体）与最低价的差值。

蜡烛图记录了资产（比如股票）的四种价格，开盘价表示开市时多空双方对于该股票

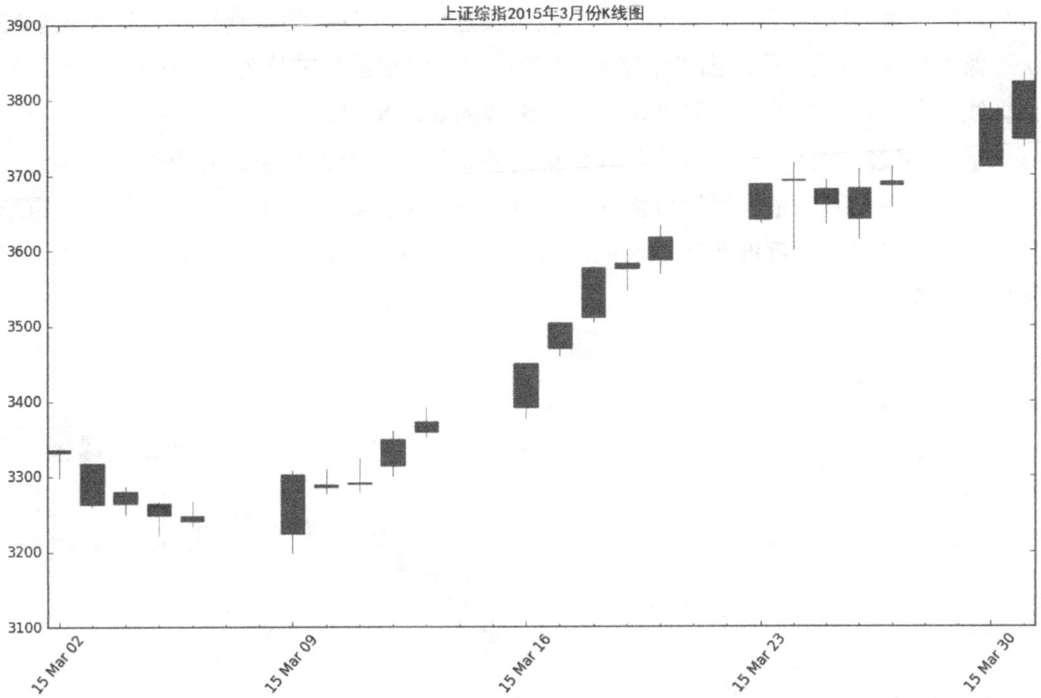

图 27.1　上证综指 2015 年 3 月份的日 K 线图

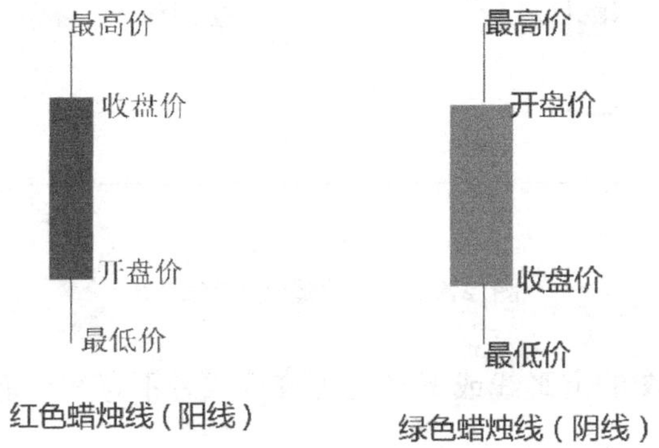

图 27.2　蜡烛图

价格的预估；最高价体现出市场中的多头（买方）的最大能量；最低价代表该股票的空头（卖方）的最大能量；收盘价则消化吸收了当个交易日期的所有信息，体现出一个交易日期快结束时股票价格的状态。

在上证综指 2015 年 3 月份的日 K 线图中，红色实体占据大多数，说明在当月，上证综指大多数交易日的收盘价都高于开盘价，此时上证综指也正处在“牛市”中。再观察蜡烛图的形状，不同蜡烛图的实体长度大小不一。比如，蜡烛图的颜色为红色，说明当日的收盘价高于开盘价，若实体部分较大，则说明收盘价与开盘价的差别较大，当日市场可能处于多头强势的状态。

十字星：如图 27.3 所示，观察图中右侧第 3 个蜡烛图，可以看出该蜡烛图的实体部分非常小，矩形被压缩成近似一条水平线，说明收盘价与开盘价的差别较小。这个蜡烛图的形状不像“蜡烛”，反而呈现出“十字形”，因此这种蜡烛图也被称为“十字星”。十字星的上下影线也有一定的要求，一般来说，上下影线的长度相似。

十字星的较短实体表明收盘价与开盘价的差别较小，当期交易日开市以后，买方市场和卖方市场试图均衡力量。尽管价格在一天中上下波动，最终由于买方市场和卖方市场的力量较量，闭市时的收盘价和开盘价很接近。在实际分析时，十字星会有一些变体，但其基本形态不变。

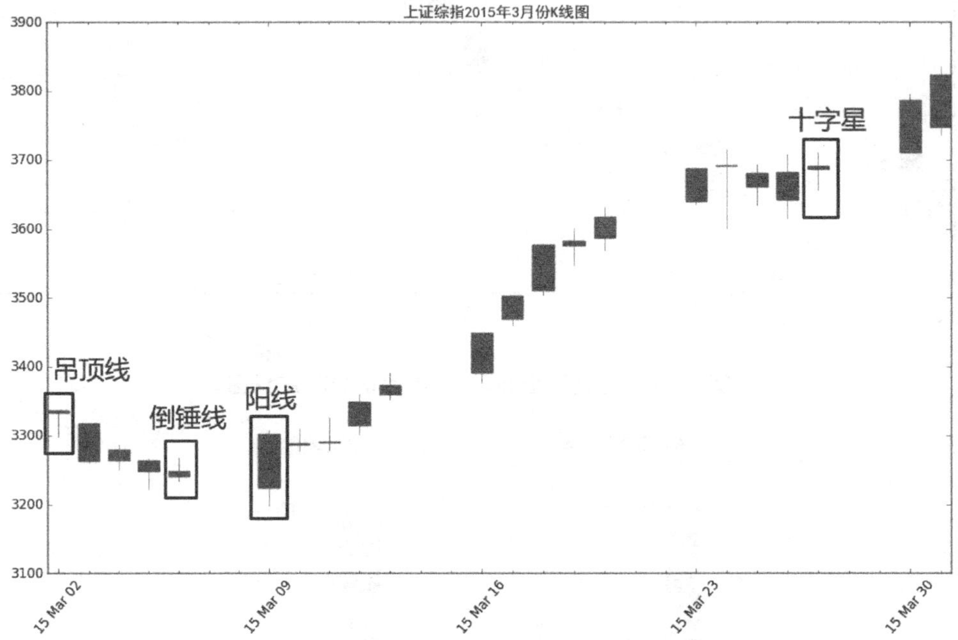

图 27.3 修改蜡烛形态27.3

锤子线：有些蜡烛图的上影线或下影线比较短或者不存在，而呈现出一种“锤子”的形态。

吊顶线：还有一种“锤子”形态的蜡烛图上影线较短或者不存在，有时把这种形状的蜡烛图称为“吊顶线”。吊顶线一般出现在价格顶部，其没有上影线或者上影线很短，下影线较长（一般为实体的两倍以上）。观察图 27.3 左边第 1 个蜡烛图（对应于 2015 年 3 月 2 日的交易数据），从蜡烛图的形态上可以看出其没有上影线，实体部分也较短，而下影线较长，近似符合吊顶线的要求。3 月 2 日的蜡烛图为绿色实体，说明收盘价高于开盘价，而其上影线不存在，说明最高价和收盘价很接近。我们可以解读为，3 月 2 日开市以后，上证综指的价格上下波动，在快闭市时才达到价格的最高点，则收盘价近似等于最高价。或者上证综指在交易期间达到最高点后价格又下跌，而在闭市时价格又反弹回最高点，最终收盘价近似等于最高价。与十字星一样，锤子线与吊顶线亦有很多变体，但其基本形态是一致的。

K 线图是技术分析的基石，有经验的技术分析师可以从 K 线形态中抓取出股价运动有用的信息。本章主要介绍如何用 Python 捕捉常见的 K 线形态。

27.2　Python 绘制上证综指 K 线图

Python 的第三方库 matplotlib 中 finance 模组中设有一些绘制 K 线图的相关函数，如 candlestick2_ochl( )、candlestick2_ohlc( )、candlestick_ochl( ) 以及 candlestick_ohlc( ) 等函数，candlestick2_ochl( ) 和 candlestick2_ohlc( ) 函数用于 K 线图，而 candlestick_ochl( ) 和 candlestick_ohlc( ) 函数用于绘制蜡烛图，下面以 candlestick_ohlc( ) 函数为例，演示上证综指 2015 年 3 月份日 K 线图的画法。

- 首先，利用 pandas 第三方库中的 read_csv( ) 函数读取外部 csv 文件，ssec2015.csv 文件内存储了上证综指 2015 年 3 月份的日交易数据。

```
#导入相关包
In [1]: import pandas as pd

#读取外部csv数据

In [2]: ssec2015=pd.read_csv('ssec2015.csv') #读取外部csv数据
In [3]: ssec2015=ssec2015.iloc[:,1:] #删除第1列的冗杂数据
In [4]: ssec2015.head(n=3)
Out[4]:
         Date         Open         High          Low        Close  Volume
0  2015-03-02  3332.720947  3336.760010  3298.668945  3336.284912  346400
1  2015-03-03  3317.695068  3317.695068  3260.428955  3263.052002  382000
2  2015-03-04  3264.181885  3286.587891  3250.483887  3279.532959  293600

In [5]: ssec2015.iloc[-3:,:] #查看最后三行数据
Out[5]:
          Date         Open         High          Low        Close  Volume
19  2015-03-27  3686.134033  3710.477051  3656.831055  3691.095947  408900
20  2015-03-30  3710.612061  3795.935059  3710.612061  3786.568115  564700
21  2015-03-31  3822.987061  3835.566895  3737.042969  3747.898926  561700
```

我们已经获取上证综指 2015 年 3 月份的日期（Date）、开盘价 (Open)、最高价（High）、最低价（Low）和收盘价（Close）的日度数据。日期数据 Date 为字符串类型，在绘制蜡烛图时，candlestick_ohlc( ) 需要用到的日期数据必须为浮点类型，即需要将时间由字符串格式转换成浮点格式（秒数数据）。日期数据转换成浮点型数据通过 date2num( ) 函数实现，该函数位于 matplotlib 第三方库的 dates 模组内，而 datetime.strptime( ) 函数将日期字符串按照年、月、日进行切分。

```
In [6]: from matplotlib.dates import DateFormatter,\
   ...: WeekdayLocator,DayLocator, MONDAY,date2num
In [7]: from datetime import datetime
In [8]: ssec2015.Date=[date2num(datetime.strptime(date,\
   ...:           "%Y-%m-%d")) for date in ssec2015.Date]
```

此外，用 pandas 库中的 read_csv( ) 函数读进来的数据存储为数据框（DataFrame）形式，即 ssec2015 的数据类型为 DataFrame 形式。

```
In [9]: type(ssec2015)
Out[9]: pandas.core.frame.DataFrame
```

而 candlestick_ohlc( ) 函数所传入的数据对象类型为序列类型，需要将 DataFrame 类型的 ssec2015 转换成列表 ssec15list。

```
In [10]: ssec15list=list()
    ...: for i in range(len(ssec2015)):
    ...:     ssec15list.append(ssec2015.iloc[i,:])
    ...:
```

- 设定图像参数并绘制蜡烛图

Python 中的一张 picture 为一个对象，通过对对象的属性进行赋值来设定图像的各种特征，最终绘制成精美的图形。

```
In [11]: from matplotlib.finance import  candlestick_ohlc
In [12]: ax= plt.subplot()
    ...: mondays = WeekdayLocator(MONDAY)
    ...: weekFormatter = DateFormatter('%y %b %d')
    ...: ax.xaxis.set_major_locator(mondays)
    ...: ax.xaxis.set_minor_locator(DayLocator() )
    ...: ax.xaxis.set_major_formatter(weekFormatter)
    ...: plt.rcParams['font.sans-serif'] = ['SimHei']
    ...: plt.rcParams['axes.unicode_minus'] = False
    ...: ax.set_title("上证综指2015年3月份K线图")
    ...: candlestick_ohlc(ax, ssec15list, width=0.7,\
    ...:                  colorup='r', colordown='g')
    ...: plt.setp(plt.gca().get_xticklabels(),\
    ...:          rotation=50,\
    ...:          horizontalalignment='center')
    ...: plt.show()
    ...:
```

由于 Python 的第三方库 matplotlib 中 finance 模组中设有一些绘制 K 线图的相关函数，在绘制 K 线图时，需要将数据转换成 Sequence 类型。此外，在绘制 K 线图时，也需要对时间格式、坐标轴、标题等进行设定。再读入股票交易数据时，一般存储成 DataFrame 类型而不是 Sequence 类型，为了更方便地对 DataFrame 类型的数据绘制 K 线图，我们将上述代码整合到一个函数中，创建 candlePlot 函数，并存储在 candle.py 模组中，下次绘制 K 线图时，通过导入 candle 模组调用 candlePlot 函数来进行绘制。函数定义如下：

```
#导入相关模组
import matplotlib.pyplot as plt
from matplotlib.dates import DateFormatter, WeekdayLocator,\
DayLocator, MONDAY,date2num
from matplotlib.finance import  candlestick_ohlc
```

```
#设定字体类型，用于正确显示中文
plt.rcParams['font.sans-serif'] = ['SimHei']
plt.rcParams['axes.unicode_minus'] = False

def candlePlot(seriesData,title="a"):
  #设定日期格式
    Date=[date2num(date) for date in seriesData.index]
    seriesData.loc[:,'Date']=Date

  #将DataFrame数据转换成List类型
    listData=[]
    for i in range(len(seriesData)):
        a=[seriesData.Date[i],\
        seriesData.Open[i],seriesData.High[i],\
        seriesData.Low[i],seriesData.Close[i]]
        listData.append(a)

  #设定绘图相关参数
    ax = plt.subplot()
    mondays = WeekdayLocator(MONDAY)
    #日期格式为‘15-Mar-09’形式
    weekFormatter = DateFormatter('%y %b %d')
    ax.xaxis.set_major_locator(mondays)
    ax.xaxis.set_minor_locator(DayLocator())
    ax.xaxis.set_major_formatter(weekFormatter)

  #调用candlestick_ohlc函数
    candlestick_ohlc(ax,listData, width=0.7,\
                     colorup='r',colordown='g')
    ax.set_title(title) #设定标题
    #设定x轴日期显示角度
    plt.setp(plt.gca().get_xticklabels(), \
    rotation=50,horizontalalignment='center')
    return(plt.show())
```

27.3　Python 捕捉 K 线图的形态

观察股票的历史价格数据，从这些历史价格中寻找规律，进而预测股票未来价格。股票未来价格有两种情况：第一种是继续保持原来上涨或者下跌的趋势，即单边持续状态；第二种是双边整理状态，股票的价格走向在未来可能会出现反转，由下跌的趋势经过一些整盘调整逐渐转向上涨的趋势，或者由上涨的趋势通过调整转成下跌的趋势。

将 1 ~ 5 个蜡烛图排列组合在一起，往往可以形成一些特殊"形态"。一般而言，K 线形态（Candlestick Pattern）可分为"持续形态（Continuation Patterns）"和"反转形态（Reversal Patterns）"。K 线图充分代表了股票的价格数据，分析 K 线图的形态有助于我们推测未来股价是继续保持原有的趋势还是会出现反转状态。接下来，介绍几种常见的 K 线图反转形态，以便读者初步了解 K 线形态。

27.3.1 Python 捕捉“早晨之星”

1. “早晨之星”与“黄昏之星”

“早晨之星”和“黄昏之星”是反转形态分析中较为常用的形态，它们分别释放出下跌趋势的反转信号与上涨趋势的反转信号。“早晨之星”又称“黎明之星”、“希望之星”，它一般会释放出下跌行情趋势反转的信号。如图 27.4 所示。

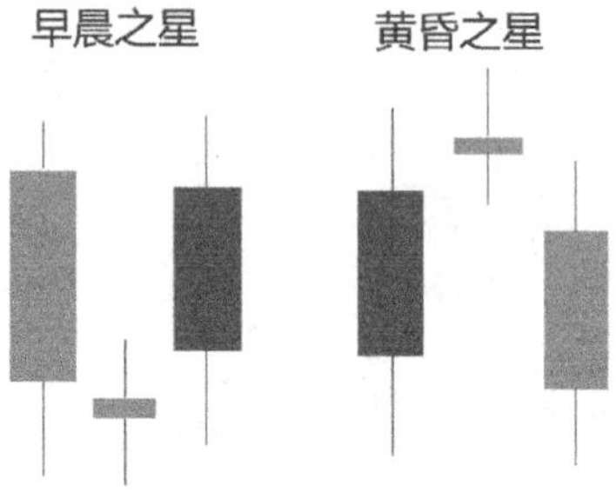

图 27.4 “早晨之星”与“黄昏之星”的形态

“早晨之星”一般由连续 3 根蜡烛图组成。第 1 个蜡烛图具有较长的绿色实体（阴线）；紧接着第 2 个蜡烛图是十字星线；第 3 个蜡烛图有红色实体（阳线），且其实体长度一般要求大于等于第 1 个蜡烛图的实体长度的一半。此外，第 2 个蜡烛图的实体部分一般落在第 1 个和第 3 个蜡烛图实体的下方，即十字星的实体部分要低于前一期的收盘价和其后一期的开盘价。

如果在下跌行情中，出现“早晨之星”形态，则可以将其解释为股票的买方市场的力量在逐渐增大，股价可能有利好的趋势，股市可能由原来的下跌行情慢慢转变成上涨行情。

“黄昏之星”的形态与“早晨之星”形态相反，“黄昏之星”一般出现在上涨行情中。该形态由 3 个蜡烛图组成。第 1 个蜡烛图具有较长的红色实体，第 2 个蜡烛图为十字星线，第 3 个蜡烛图是阴线，且第 3 个蜡烛图的实体长度一般要大于等于第 1 个蜡烛图的红色实体长度的一半。同时，第 2 个蜡烛图的实体部分一般落在第 1 个和第 3 个蜡烛图实体的上方，即十字星的实体部分一般要高于前一期的收盘价和其后一期的开盘价。黄昏之星的出现预示着股票市场由买方市场逐渐转变成卖方市场，股票未来可能有下跌的趋势，说明股票的上涨行情有可能处于“黄昏阶段”。此处请注意，“早晨之星”和“黄昏之星”只是反转形态的一个信号，并不能作为反转形态的唯一依据。

2. Python 捕捉上证综指 2012 年的“早晨之星”形态

在一般技术分析中，人们观察分析 K 线图，寻找 K 线图中“早晨之星”或“黄昏之星”形态，并参考这些形态来预测股票未来的走势情况。这种分析方法有一定程度的个人主观性，不同的人在 K 线图中寻找出的“早晨之星”或“黄昏之星”形态的日期可能会不同。若事先定义好形态的特征，并尝试编写代码让计算机自动捕捉此形态，则会减少一定的人为主观性。以“早晨之星”为例，先规定和量化“早晨之星”形态的要求，并尝试用 Python 来捕捉“早晨之星”。接下来，以上证综指 2012 年日 K 线图为分析依据，用 Python 捕捉上证综指 K 线图中出现的“早晨之星”形态。

（1） **确定“早晨之星”的形态**

对连续 3 天的日度数据进行如下分析。

- **刻画蜡烛实体**：第 1 天（前两期）的收盘价低于开盘价，即描述蜡烛绿色实体；第 2 天（前一期）的收盘价和开盘价大致相等，两者差别控制在一个范围内；第 3 天（当期）蜡烛红色实体用收盘价高于开盘价来定义，两者的差值要大于等于第 1 天（前两期）开盘价与收盘价差值的一半。
- **定义十字星实体位置**：第 2 天（前一期）的收盘价和开盘价均须小于第 1 天（前两期）的收盘价和第 3 天（当期）的开盘价。
- **定义下跌趋势**：用收盘价来计算股票的收益率，收益率为负表示下跌。

（2） **Python 捕捉“早晨之星”的形态**

- 首先，获取上证综指 2012 年的日度交易数据。

```
#获取上证综指2012年日度交易数据
#日期为2012年1月1日到2012年12月31日
In [1]: ssec2012=pd.read_csv('ssec2012.csv')
In [2]: ssec2012.index=ssec2012.iloc[:,1]
In [3]: ssec2012.index=pd.to_datetime(ssec2012.index,\
   ...:                               format='%Y-%m-%d')
In [4]: ssec2012=ssec2012.iloc[:,2:]
In [5]: ssec2012.head(2)
Out[5]:
                   Open         High          Low        Close  Volume
Date
2012-01-04  2211.995117  2217.520020  2168.644043  2169.389893   49200
2012-01-05  2160.896973  2183.404053  2145.555908  2148.451904   58800

In [6]: ssec2012.iloc[-2:,:]
Out[6]:
                   Open         High          Low        Close  Volume
Date
2012-12-28  2207.913086  2234.868896  2204.002930  2233.251953  116000
2012-12-31  2236.460938  2269.511963  2236.460938  2269.127930  128000

#提取收盘价数据
In [7]: Close=ssec2012.Close
#提取开盘价数据
In [8]: Open=ssec2012.Open
```

- 接着，用 python 捕捉蜡烛绿色实体、红色实体和十字星的实体部分，为此需要计算每一个交易日期的收盘价与开盘价的差值 ClOp。

```
#计算每一个交易日期的收盘价与开盘价的差值CL_OP
In [9]: ClOp=Close-Open
   ...: ClOp.head()
Out[9]:
```

```
Date
2012-01-04    -42.605224
2012-01-05    -12.445069
2012-01-06     15.248047
2012-01-09     61.148926
2012-01-10     63.911865
dtype: float64

#简要总结收盘价与开盘价差值的分布情况
In [10]: ClOp.describe()
Out[10]:
count    243.000000
mean       2.244368
std       22.884043
min      -73.685059
25%      -11.442016
50%        1.513183
75%       14.296997
max       91.843994
dtype: float64

#捕捉绿色实体、十字星和红色实体
In [11]: Shape=[0,0,0]

In [12]: lag1ClOp=ClOp.shift(1)
    ...: lag2ClOp=ClOp.shift(2)

In [13]: for i in range(3,len(ClOp)):
    ...:     if all([lag2ClOp[i]<-11,abs(lag1ClOp[i])<2,\
    ...:     ClOp[i]>6,abs(ClOp[i])>abs(lag2ClOp[i]*0.5)]):
    ...:
    ...:         Shape.append(1)
    ...:
    ...:     else:
    ...:         Shape.append(0)
    ...:
    ...:
#查看Shape中元素第一次取值为1所在的index
In [14]: Shape.index(1)
Out[14]: 165
```

- 然后，定义十字星实体的位置，十字星实体要在其前后绿色实体和红色实体的下方。

```
#准备数据
In [15]: lagOpen=Open.shift(1)
    ...: lagClose=Close.shift(1)
    ...: lag2Close=Close.shift(2)

#捕捉符合十字星位置的蜡烛图
In [16]: Doji=[0,0,0]
In [17]: for i in range(3,len(Open),1):
    ...:     if all([lagOpen[i]<Open[i],lagOpen[i]<lag2Close[i],\
    ...:     lagClose[i]<Open[i],(lagClose[i]<lag2Close[i])]):
```

```
    ...:            Doji.append(1)
    ...:        else:
    ...:            Doji.append(0)
    ...:
    ...:
In [18]: Doji.count(1)
Out[18]: 12
```

- 接下来，我们尝试刻画下跌趋势。

```
#定义下跌趋势
#先计算收益率
In [19]: ret=Close/Close.shift(1)-1
In [20]: lag1ret=ret.shift(1)
    ...: lag2ret=ret.shift(2)

#寻找向下趋势
In [21]: Trend=[0,0,0]
    ...: for i in range(3,len(ret)):
    ...:     if all([lag1ret[i]<0,lag2ret[i]<0]):
    ...:         Trend.append(1)
    ...:     else:
    ...:         Trend.append(0)
```

- 上述 3 个条件刻画完以后，用 python 自动寻找“早晨之星”形态。

```
In [22]: StarSig=[]
    ...: for i in range(len(trend)):
    ...:     if all([Shape[i]==1,Doji[i]==1,Trend[i]==1]):
    ...:         StarSig.append(1)
    ...:     else:
    ...:         StarSig.append(0)

#捕捉上证综指2012年出现“早晨之星”形态的日期
In [23]: for i in range(len(StarSig)):
    ...:     if StarSig[i]==1:
    ...:         print(ssec2012.index[i])
    ...:
    ...:
2012-09-06 00:00:00
```

对上证综指 2012 年的交易信息的“早晨之星”形态进行捕捉，从代码结果中可以看出，2012 年上证综指的 K 线图上只出现了 1 次“早晨之星”形态，日期为 2012 年 9 月 6 日，我们绘制出 2012 年 9 月 6 日附近的 K 线图。如图 27.5 所示。

```
#提取交易数据
In [24]: ssec201209=ssec2012['2012-08-21':'2012-09-30']

#绘制K线图
In [25]: import candle
In [26]: candle.candlePlot(ssec201209,\
...:                    title='上证综指2012年9月份的日K线图')
```

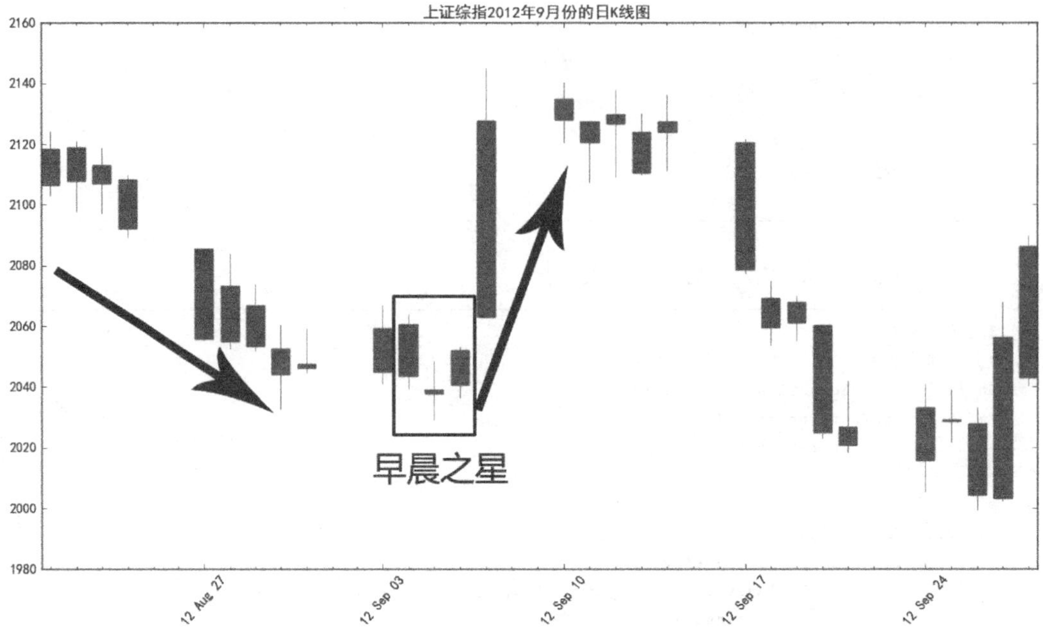

图 27.5　上证综指 2012 年 9 月份的日 K 线图

观察图 27.5，股价先处于短期下跌趋势，又经过了短期的盘整，接着在 9 月 6 日附近出现了“早晨之星”形态，该形态释放出市场反转的信号。然后，9 月 6 日以后的几个交易日，股价处于上涨趋势。

27.3.2 Python 语言捕捉“乌云盖顶”形态

1.“乌云盖顶”与“抱线”

“乌云盖顶”形态一般由两个不同矩形实体的蜡烛图组成。第 1 个蜡烛图属于上升趋势的阳线，当日收盘时的价格比开盘时的价格高。红色蜡烛实体较长表明收盘价比开盘价高很多；第 2 个蜡烛图也有一个较长的实体，且实体上端（开盘价）一般要高于前一个蜡烛图的实体上端（收盘价）。第二天开市时价格较高，说明多头市场可能依旧强势，如果开盘价比前一天的最高价还高，说明开市时多头力量更大。而闭市时，价格却大幅下跌，收盘价低于开盘价。价格下跌的一个可能情景是市场上出现了不利消息，股价受到不利影响，多头力量削弱，空头力量强势起来。一般来说，第二天的收盘价要深入到第一天蜡烛图红色实体的内部，第二天的收盘价向下穿入第一个红色实体的内部越低，市场下跌趋势的信号就越明显。

“抱线”有很多种形态，如图 27.6 所示的抱线仅是抱线众多形态中的一种，是“阴抱阳”形态。这种形态的抱线也常被叫作“看跌吞没”形态。“看跌吞没”形态一般要求第二个绿色蜡烛实体包裹着第一个红色蜡烛实体。从价格角度来看，第二天的收盘价要低于前一天的开盘价，第二天的开盘价高于前一天的收盘价。

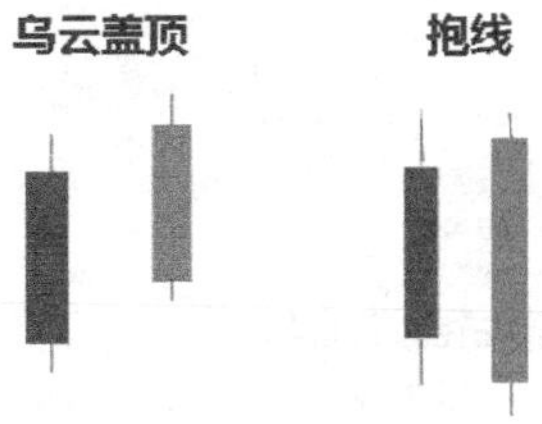

图 27.6　乌云盖顶与抱线

2. Python 捕捉上证综指“乌云盖顶”形态

以“乌云盖顶”形态为例，我们尝试运用 Python 捕捉上证综指 2011 年的 K 线图中的“乌云盖顶”形态。

（1）　定义“乌云盖顶”形态

- 第 1 个（前一期）红色蜡烛实体：收盘价高于开盘价；第 2 个（当期）绿色蜡烛实体：收盘价低于开盘价；
- 第 2 天（当期）的开盘价高于第 1 天（前一期）的收盘价；第 2 天（当期）收盘价位于第 1 天（前一期）实体的下半部分范围内，即第 2 天（当期）收盘价低于第 1 天（前一期）收盘价与开盘价之和的一半，且大于第 1 天（前一期）的开盘价；
- 定义前期上升趋势：连续两期的收益率为正。

（2）　Python 捕捉“乌云盖顶”形态

使用上证综指 2011 年的日交易数据，编写 Python 代码捕捉“乌云盖顶”形态。

```
#提取读入上证综指年的日交易数据
In [1]: import pandas as pd
In [2]: ssec2011=pd.read_csv('ssec2011.csv')
   ...: ssec2011.index=ssec2011.iloc[:,1]
   ...: ssec2011.index=pd.to_datetime(ssec2011.index,\
   ...: format='%Y-%m-%d')
   ...: ssec2011=ssec2011.iloc[:,2:]

#提取价格数据
In [3]: Close11=ssec2011.Close
   ...: Open11=ssec2011.Open

#刻画捕捉符合“乌云盖顶”形态的连续两个蜡烛实体
In [4]: lagClose11=Close11.shift(1)
    ...: lagOpen11=Open11.shift(1)
    ...: Cloud=pd.Series(0,index=Close11.index)
    ...: for i in range(1,len(Close11)):
    ...:     if all([Close11[i]<Open11[i],\
    ...:             lagClose11[i]>lagOpen11[i],\
    ...:     Open11[i]>lagClose11[i],\
    ...:     Close11[i]<0.5*(lagClose11[i]+lagOpen11[i]),\
    ...:     Close11[i]>lagOpen11[i]]):
    ...:         Cloud[i]=1
    ...:
```

```
#定义前期上升趋势
In [5]: Trend=pd.Series(0,index=Close11.index)
    ...: for i in range(2,len(Close11)):
    ...:     if Close11[i-1]>Close11[i-2]>Close11[i-3]:
    ...:         Trend[i]=1

#寻找“乌云盖顶”形态
In [6]: darkCloud=Cloud+Trend
    ...: darkCloud[darkCloud==2]
Out[6]:
Date
2011-05-19    2
2011-08-16    2
dtype: int64
```

代码结果显示，在 2011 年上证综指日 K 线图中，“乌云盖顶”形态出现两次，交易日分别为 2011 年 5 月 19 日和 8 月 16 日。然后，分别绘制这两个交易日的 K 线图并进行分析。

```
#绘制上证综指2011年5月19日附近的K线图
In [7]: ssec201105=ssec2011['2011-05-01':'2011-05-30']
In [8]: import candle
    ...: candle.candlePlot(ssec201105,\
    ...: title='上证综指2011年5月份的日K线图')
```

如图 27.7 所示，2011 年 5 月 8 日开始，上证综指处于上升趋势，经过短暂调整（连续几个交易日的价格变化不大），然后 2011 年 5 月 19 日出现了“乌云盖顶”形态。“乌云盖顶”形态预示着市场中空头力量的强势，市场可能要处于下跌行情。再观察 5 月 20 日以后的价格走势，可以看出价格一直下跌。

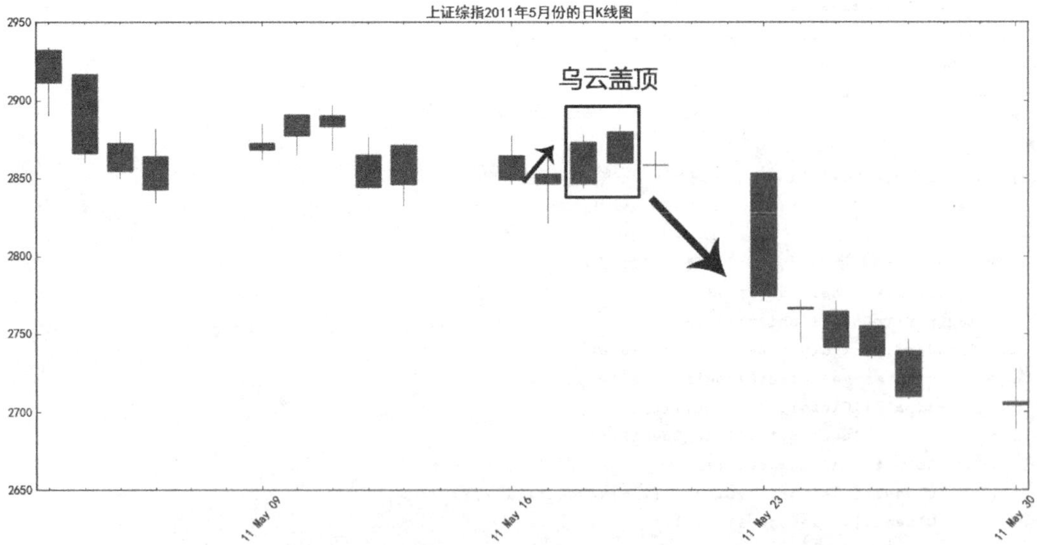

图 27.7　上证综指 2011 年 5 月 19 日附近的 K 线图

然后，绘制 2011 年 8 月 16 日附近的 K 线图，并进行简要分析。

```
#绘制上证综指2011年8月16日附近的K线图
In [9]: ssec201108=ssec2011['2011-08-01':'2011-08-30']
In [10]: candle.candlePlot(ssec201108,\
    ...: title='上证综指2011年8月份的日K线图')
```

如图 27.8 所示，2011 年 8 月 15 日的蜡烛图的上影线很短，说明当期价格达到最高价以后，价格不断波动，收市时价格也没有从高位下跌。出现这种情景的一个可能是：多头市场的力量较大，将价格推到最高价以后继续保持较大力量与空头力量进行博弈，多空双方力量抗衡，结果收市时价格并没有从高位下来。8 月 16 日开市时，价格依然较高，表明开盘时多头力量依然很强大，多头方看好市场。而大阴线表明收市时价格大幅下跌，我们可以理解为由于某种原因，市场的强势力量由多头方转变为空头方，市场的行情可能由原来的上升趋势转向为下跌趋势。8 月 17 日以后的几天，市场价格呈现出下跌趋势，其与“乌云盖顶”形态释放出反转行情的信号表现一致。

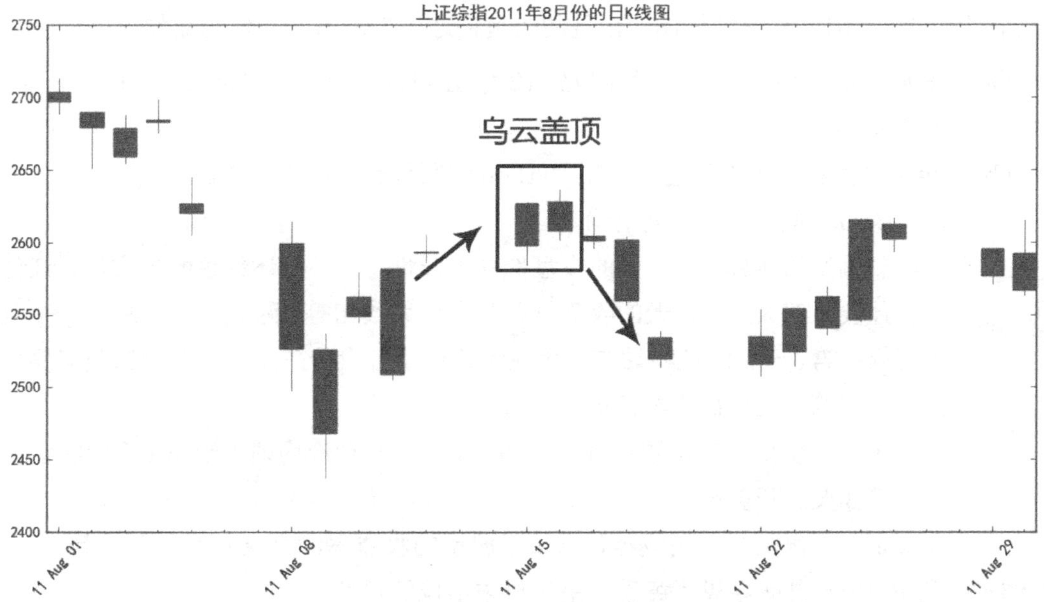

图 27.8　上证综指 2011 年 8 月 16 日附近的 K 线图

K 线图中的“乌云盖顶”形态并不经常出现，“乌云盖顶”形态一旦形成，往往能够释放出较为强烈的反转信号。同理，“抱线”或者“看跌吞没”形态的分析思路与“乌云盖顶”形态大致相同。

我们还需要注意，很多初学者可能会认为这些形态一旦出现，市场行情就会反转。这种想法过于简单，仅依据单一形态来预测市场走势可能会有较大失误。实际上，这些形态只是释放出市场反转的一个信号，市场反转的具体判断还需要参照前期的市场走势以及这些形态所处的位置等综合分析。

识别 K 线形态，除了掌握各种形态的具体形状以外，还要注意其使用条件，根据使用条件和形态推测出市场的动向和多空双方力量博弈情况等。只有不断了解形态、识别形态、总结形态失灵原因，才能在形态分析市场行情中做到举一反三、融会贯通。我们在此提供一种新的形态分析思路：将计算机程序与形态分析结合在一起，量化形态形状并运用 Python 代码自动捕捉一些形态。此外，技术分析中的反转形态数量庞杂，读者可以按照本书的分析思路，自行用 Python 编写代码捕捉感兴趣的形态。

习题

1. （从 problem27-1.csv 获取数据）绘制上证综指 2013 年 3 月 1 日到 5 月 1 日的日 K 线图和成交量图。
2. （从 problem27-2.csv 获取数据）绘制上证综指 2013 年上半年的日 K 线图，并编写代码找出“十字星”形态出现的日期。
3. 本章介绍了如何运用 Python 捕捉了“早晨之星”形态，在本习题中，请用 Python 捕捉上证综指 2012 年日 K 线图中出现的“黄昏之星”形态。具体思路如下：
   (a) 获取上证综指 2012 年 1 月 1 日到 12 月 31 日的交易数据（从 problem27-3.csv 获取数据）；
   (b) 定义“黄昏之星”形态，并用 Python 编写代码刻画该形态。
   对连续 3 天的日度数据进行分析。
      - 刻画蜡烛实体：第 1 天的收盘价高于开盘价，即描述红色蜡烛实体，红色实体要足够大；第 2 天的收盘价和开盘价大致相等，两者差别控制在一个范围内；第 3 天，绿色蜡烛实体用收盘价低于开盘价来定义，两者的差值要大于等于第 1 天收盘价与开盘价差值的一半；
      - 定义十字星实体位置：第 2 天的收盘价和开盘价均须大于第 1 天的收盘价和第 3 天的开盘价；
      - 定义上涨趋势：用收盘价来表示股票的收益率，收益率为正表示上涨。
   (c) 用 Python 自动寻找“黄昏之星”形态出现的日期。
4. 本章介绍了 Python 捕捉“乌云盖顶”形态，请编写代码，实现自动捕捉上证综指 2011 年日 K 线图中出现的“看跌吞没”形态。具体代码思路如下：
   (a) 获取上证综指 2011 年 1 月 1 日到 12 月 31 日的交易数据（从 problem27-4.csv 获取数据）；
   (b) 定义“看跌吞没”形态，并运用 Python 编写代码刻画。
   对连续两天的日度交易数据进行分析。
      - 第 1 个红色蜡烛实体：收盘价高于开盘价，收盘价与开盘价的差值大于 0；第 2 个绿色蜡烛实体：收盘价低于开盘价，收盘价与开盘价的差值小于 0；

- 第 2 天的开盘价高于第 1 天的收盘价；第 2 天收盘价低于第 1 天的开盘价；
- 定义上升趋势：连续 2 期的收益率为正。

(c) 编写 Python 代码自动寻找上证综指 2011 年日 K 线图中“看跌吞没”形态出现的日期。

5.（从 problem27-5.csv 获取数据）“倾盆大雨”形态是上涨趋势中的见顶信号，与“乌云盖顶”形态相比，它释放出的见顶信号更加强烈。“倾盆大雨”形态由两根 K 线组成，第一根 K 线是一根中阳线或大阳线，表明还保持着上涨趋势，第二根 K 线是一根中阴线或大阴线，收盘价要低于其前一天的开盘价。收盘价越低，见顶信号越明显。

(a) 用 Python 捕捉上证综指 2011 年出现的“倾盆大雨”形态。“倾盆大雨”形态定义如下。

对连续两天的日度交易数据进行分析。

- 第 1 个红色蜡烛实体：收盘价高于开盘价，收盘价与开盘价的差值足够大；第 2 个绿色蜡烛实体：收盘价低于开盘价，收盘价与开盘价的差值小于 0；
- 第 2 天的收盘价要低于第 1 天的开盘价；
- 定义上升趋势：连续两期的收益率为正。

(b) 绘制“倾盆大雨”形态出现的日期附近的 K 线图，分析 K 线图走势并检验 (a) 中捕捉到的“倾盆大雨”形态信号的真假。

第28章　动量交易策略

28.1　动量概念介绍

动量交易策略的英文名称是 Momentum Trading Strategy。在经典力学里，动量（Momentum）指的是物体的质量和速度的乘积。牛顿当初在创造动量这个概念时，意图捕捉的是“运动的量”这个概念。所以我们可以理解为物体必须有运动才会有动量。背后的直觉是：当物体有运动，就会有速度；速度加上物体本身的质量，就决定了动量。速度和质量一方面描述了物体的运动状态，另一方面也刻画出其保持已有运动状态的趋势，即惯性大小。

类比于证券市场上，如果我们把“证券的价格”类比成“运动中的物体”，证券价格的“上涨或者下跌”则是可以视为物体运动。依据惯性的原理，证券价格上涨，则其具有继续上涨的动能，也可以说证券价格保持着上涨的动量；同理，证券价格下跌，则其可能有继续下跌的动量。我们可以通过研究证券价格的动量来分析证券价格的变化趋势，进而制定交易策略，获取收益。在投资实践中，动量交易已有了广泛的应用，例如美国价值线排名。在学术研究上，早在 1993 年，Jegadeesh 与 Titman 研究时便发现股票资产组合的中期收益存在延续性，即中期价格具有向某一方向连续变动的动量效应。

28.2　动量效应产生的原因

对于证券市场上动量效应的产生原因，传统金融学与行为金融学有截然不同的看法。传统金融学在保留期望效用与理性人假设的前提下，试图引入更多的风险因子，以便产生新的风险溢酬来捕捉动量效应产生的超额收益。一般而言，这些尝试并没有获得广泛的认可，同时也存在是否过度拟合的疑虑。与传统金融理论相悖，行为金融学则认为投资人在复杂的市场环境中无法完美地预期与判断，故有“非理性”的行为与随之而来的定价偏差；同时，套利者受限于市场机制与风险承担能力，也不一定能及时纠正偏差的价格。不过，真正的原因何在，说法却不一而足。较为人所熟知的有“反应不足”、“正反馈模式”和“过度反应”等见解。

举例来说，当上市公司出现利好信息时，其证券价格会随之上涨，但由于投资者没有及时地接收、消化这一信息，价格对此信息的反应无法一步到位。如百度公司发布其年中财报，财报显示百度公司运营很好。投资者 A 可能是在财报发布当下即购买百度股票，投资者 B 在五天后才看到这个财报，其又观望了一天，然后再去购买百度股票。对于百度的股价来说，这个利好信息本身应导致百度股价上涨；市场上 A 类的投资者，会使百度股价在财报发布的当下做出反应；但由于市场上还有很多信息反应不足的 B 类投资者，百度股价上涨会持续一段时间，因而产生百度股价的动量效应。

另一种说法，“正反馈模式”，借由羊群效应来说明动量产生的原因。大多数投资人有从众心理，认知或判断倾向于公众舆论或行为，证券市场即有“赢者恒赢，输者恒输”的现象。

第三种说法“过度反应”，是指投资人对私有信息的预测性，自身的投资判断能力等高估而产生的过度反应。更甚者，短期的趋势变化“不出所料”这个心理、行为现象会被进一步强化。

上述三种行为金融的理论除了解释的角度有所差异外,其预测的现象也不尽然相同。“反应不足”预测动量效应只存在于短期,会随着时间的延长而逐渐消失。“正反馈模式”与“过度反应”则认为动量为短期偏离基本价值的泡沫，当泡沫随着时间拉长而有朝一日破裂时，股价便会反转。

28.3　价格动量的计算公式

28.3.1　作差法求动量值

第一种计算方式是作差法，即今天的价格减去一段时间间隔（m 期）以前的价格，用公式表示 t 时期的 m 期动量 Momentum_t 为：

$$\text{Momentum}_t = P_t - P_{t-m}$$

其中，P_t 为股票 t 时期的价格，m 表示时间间隔，P_{t-m} 为股票在 $t-m$ 期的价格。

比如，以万科股票为例，我们运用作差法来计算万科股票收盘价的 5 期动量值。

1. 先获取万科股票数据，提取收盘价 Close 数据，定义滞后 5 期收盘价的变量 lag5Close，进行作差。

```
#导入相关包
In [1]: import pandas as pd
   ...: import matplotlib.pyplot as plt
   ...:

#获取万科股票日度数据
In [2]: Vanke=pd.read_csv('Vanke.csv')
   ...: Vanke.index=Vanke.iloc[:,1]
   ...: Vanke.index=pd.to_datetime(Vanke.index, format='%Y-%m-%d')
   ...: Vanke=Vanke.iloc[:,2:]
   ...: Vanke.head(2)
Out[2]:
            Open  High   Low  Close    Volume
Date
2014-01-01  8.03  8.03  8.03   8.03         0
2014-01-02  7.99  8.07  7.92   7.99  48529900
```

```
#提取收盘价
In [3]: Close=Vanke.Close
   ...: Close.describe()
Out[3]:
count    344.000000
mean       9.846337
std        2.268338
min        6.570000
25%        7.987500
50%        9.250000
75%       11.967500
max       14.910000
Name: Close, dtype: float64

#求滞后5期的收盘价变量
In [4]: lag5Close=Close.shift(5)

#求5日动量
In [5]: momentum5=Close-lag5Close
   ...: momentum5.tail()
Out[5]:
Date
2015-04-22    0.98
2015-04-23    0.46
2015-04-24   -0.25
2015-04-27    0.49
2015-04-28   -0.29
Name: Close, dtype: float64
```

2. 绘制万科收盘价曲线图和 5 日动量曲线图。

```
#绘制收盘价和5日动量曲线图
In [6]: plt.rcParams['font.sans-serif'] = ['SimHei']
   ...: plt.subplot(211)
   ...: plt.plot(Close,'b*')
   ...: plt.xlabel('date')
   ...: plt.ylabel('Close')
   ...: plt.title('万科股价5日动量图')
   ...:
   ...: plt.subplot(212)
   ...: plt.plot(momentum5,'r-*')
   ...: plt.xlabel('date')
   ...: plt.ylabel('Momentum5')
Out[6]: <matplotlib.text.Text at 0xa9ce128>
```

图形如图 28.1 所示。

28.3.2 做除法求动量值

动量的另一种计算方式是做除法，即 t 期的价格 P_t 减去其 m 期以前的价格 P_{t-m}，再除以 P_{t-m}。做除法求出的动量值衡量的是价格变化的比率，用公式表示 t 时期的 ROC（Rate

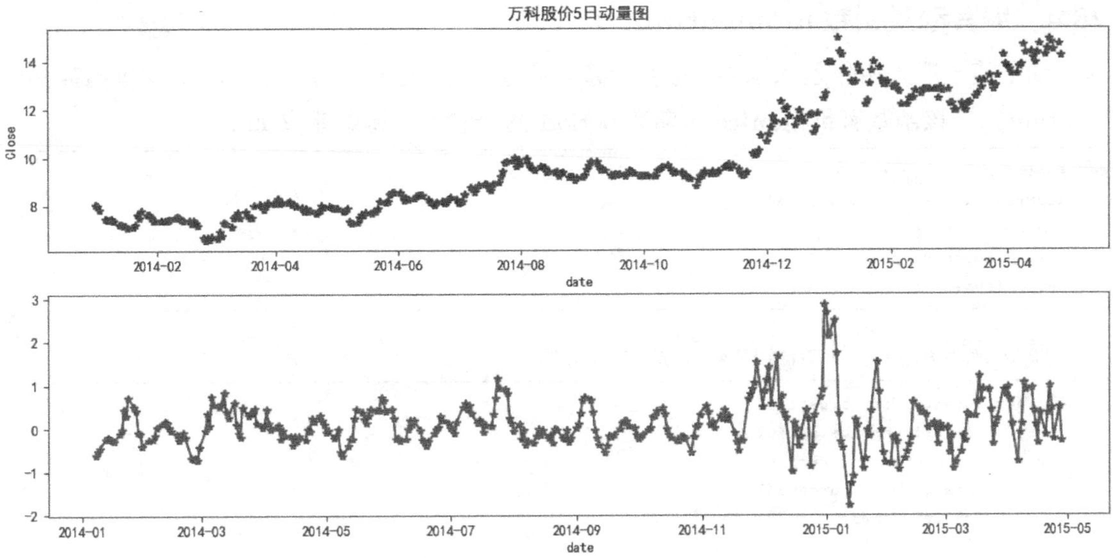

图 28.1　万科股票收盘价与 5 日动量图

of Change）为：

$$\mathrm{ROC}_t = \frac{P_t - P_{t-m}}{P_{t-m}}$$

其中，ROC_t 表示股票 t 时期的 m 期动量值（价格变化率），P_t 表示股票 t 时期的价格，m 表示时间间隔，P_{t-m} 表示股票在 $t-m$ 期的价格。

对于时间间隔 m 的单位，有天、周、月或者年等。在投资实践和金融研究中，较为常用的时间跨度有 1 个月、3 个月、6 个月、9 个月或者 12 个月。以 10 天、20 天、25 天为时间间隔的动量一般被看作短期动量，以 6 个月、9 个月为时间跨度的动量一般被看作中期动量，而长期动量的时间间隔一般在 1 年以上或者更久。

比如，以万科股票为例，运用做除法来计算万科股票日度收盘价的 5 日动量值。

```
#作除法，求万科股票的5日动量值
In [7]: Momen5=Close/lag5Close-1
   ...: Momen5=Momen5.dropna();
   ...: Momen5[:5]
Out[7]:
Date
2014-01-08    -0.075965
2014-01-09    -0.066333
2014-01-10    -0.058673
2014-01-13    -0.032086
2014-01-14    -0.026918
Name: Close, dtype: float64
```

28.4 编写动量函数 momentum( )

动量值一般采用作差法求得，为了计算动量值方便，此处编写一个简单的动量函数 momentum( )，该函数有价格 price 和期数 period 两个参数，函数定义如下：

```
def momentum(price,periond):
    lagPrice=price.shift(periond)
    momen=price-lagPrice
    momen= momen.dropna()
    return(momen)
```

通过调用 momentum( ) 函数即可求动量值。

```
In [8]: def momentum(price,periond):
   ...:     lagPrice=price.shift(periond)
   ...:     momen=price-lagPrice
   ...:     momen= momen.dropna()
   ...:     return(momen)
   ...:
   ...: momentum(Close,5).tail(n=5)
Out[8]:
Date
2015-04-22    0.98
2015-04-23    0.46
2015-04-24   -0.25
2015-04-27    0.49
2015-04-28   -0.29
Name: Close, dtype: float64
```

28.5 万科股票 2015 年走势及 35 日动量线

为了直观了解动量指标的涵义和具体用法，以中期动量值 35 日动量为例，如图 28.2 所示绘制出万科股票 2015 年的蜡烛图和 35 日动量线。

观察图 28.2 中万科收盘价格曲线和 35 日动量线，可以看出动量线在 0 值下方时，万科股票价格大致处于下跌趋势。当动量线在 0 值以上时，股票价格走势整体处于上升趋势。此外，动量线的走势和蜡烛线的价格走势方向大致类似，但动量线变化的趋势可能会比蜡烛图的走势提前。

```
#计算35日动量值
In [1]: momen35=momentum(Close,35)
```

在绘制 K 线图上，可以使用 candlePlot( ) 函数，但是此函数不能增加子图。下面，我们对 candlePlot( ) 函数进行修改和补充，再定义一个新的函数 candleLinePlots( )，该函数返回的图形中包含两个子图，第一个子图为蜡烛图，第二个子图为线形图。在定义函数时，使用了不定长参数 **kwargs。函数定义如下：

```
In [6]: def candleLinePlots(candleData, candleTitle='a', **kwargs):
   ...:     Date = [date2num(date) for date in candleData.index]
   ...:     candleData.loc[:,'Date'] = Date
```

图 28.2 万科股票 2015 年的蜡烛图和 35 日动量线

```
...:        listData = []
...:
...:        for i in range(len(candleData)):
...:            a = [candleData.Date[i],\
...:                candleData.Open[i],candleData.High[i],\
...:                candleData.Low[i],candleData.Close[i]]
...:            listData.append(a)
...:        # 如 果 不 定 长 参 数 无 取 值 ， 只 画 蜡 烛 图
...:        ax = plt.subplot()
...:
...:        # 如 果 不 定 长 参 数 有 值 ， 则 分 成 两 个 子 图
...:        flag=0
...:        if kwargs:
...:            if kwargs['splitFigures']:
...:                ax = plt.subplot(211)
...:                ax2= plt.subplot(212)
...:                flag=1;
...:            # 如 果 无 参 数 splitFigures ， 则 只 画 一 个 图 形 框
...:            # 如 果 有 参 数 splitFigures ， 则 画 出 两 个 图 形 框
...:
...:            for key in kwargs:
...:                if key=='title':
...:                    ax2.set_title(kwargs[key])
...:                if key=='ylabel':
...:                    ax2.set_ylabel(kwargs[key])
...:                if key=='grid':
```

```
   ...:                 ax2.grid(kwargs[key])
   ...:             if key=='Data':
   ...:                 plt.sca(ax)
   ...:                 if flag:
   ...:                     plt.sca(ax2)
   ...:
   ...:                 #一维数据
   ...:                 if kwargs[key].ndim==1:
   ...:                     plt.plot(kwargs[key],\
   ...:                              color='k',\
   ...:                              label=kwargs[key].name)
   ...:                     plt.legend(loc='best')
   ...:                 #二维数据有两个columns
   ...:                 elif all([kwargs[key].ndim==2,\
   ...:                           len(kwargs[key].columns)==2]):
   ...:                     plt.plot(kwargs[key].iloc[:,0], color='k',
   ...:                              label=kwargs[key].iloc[:,0].name)
   ...:                     plt.plot(kwargs[key].iloc[:,1],\
   ...:                              linestyle='dashed',\
   ...:                              label=kwargs[key].iloc[:,1].name)
   ...:                     plt.legend(loc='best')
   ...:
   ...:         mondays = WeekdayLocator(MONDAY)
   ...:         weekFormatter = DateFormatter('%y %b %d')
   ...:         ax.xaxis.set_major_locator(mondays)
   ...:         ax.xaxis.set_minor_locator(DayLocator())
   ...:         ax.xaxis.set_major_formatter(weekFormatter)
   ...:         plt.sca(ax)
   ...:
   ...:         candlestick_ohlc(ax,listData, width=0.7,\
   ...:                          colorup='r',colordown='g')
   ...:         ax.set_title(candleTitle)
   ...:         plt.setp(ax.get_xticklabels(),\
   ...:                  rotation=20,\
   ...:                  horizontalalignment='center')
   ...:         ax.autoscale_view()
   ...:
   ...:         return(plt.show())
   ...:
```

为了方便调用此 candleLinePlots( ) 函数，我们将 candleLinePlots( ) 放置到之前创建的 candle 模组中，通过调用 candle 模组来调用此函数。

```
In [2]: import candle
In [3]: candle.candleLinePlots(Vanke['2015'],\
   ...:             candleTitle='万科股票2015年日K线图',\
   ...:             Data=momen35['2015'],title='35日动量',\
   ...:             ylabel='35日动量')
```

28.6 动量交易策略的一般思路

运用动量指标制定交易策略，常用的交易策略可以总结为下面的四个步骤。

（1） 获取股票价格（一般为收盘价）数据；

（2）　确定时间跨度和动量表达式，计算股票的动量值；

（3）　根据动量指标制定交易策略；在动量指标运用上，最直觉的交易策略是动量大于 0，说明股票可能还具备上涨的能量，释放出买入的信号；当股票的动量值小于 0，说明股票可能有下跌的能量，释放出卖出信号。简而言之，若动量大于 0，则买入股票；若动量小于 0，则卖出股票。

（4）　交易策略的回测与评价。

运用动量指标交易万科股票

结合动量指标的交易思想，用 Python 编写代码来捕捉市场中的可能买卖点。从动量的计算公式可以看出，动量值的大小与时间跨度 m 有很大的关系，在时间跨度 m 的设定上，见仁见智，没有统一标准。在本次的动量指标计算中，将时间跨度设定为 35 日，根据 35 日动量的取值情况来捕捉买卖点。

- 当 35 日动量为正值时，市场可能还存在上升的能量，我们推断第 2 期可以进行买入操作；
- 当 35 日动量为负值时，我们预期未来价格可能要下跌，第 2 期可以进行卖出操作。

还请注意，在投资实战中，投资者会综合多种指标和形态来确定买入点和卖出点。为了着重体现动量指标的交易思想，这里假定买卖操作的确定只依据动量这一个指标。

（1）首先提取出万科股票的收盘价数据，计算 35 日动量值。

```
In [1]: Close=Vanke.Close
   ...: momen35=momentum(Close,35)
   ...: momen35.head()
Out[1]:
Date
2014-02-20    -0.71
2014-02-21    -0.83
2014-02-24    -1.15
2014-02-25    -0.91
2014-02-26    -0.75
Name: Close, dtype: float64
```

（2）结合 35 日动量值的取值情况来判断买卖点，35 日动量释放的买卖点信号用 signal 表示。

```
#当35日动量值为负值时，signal取值为-1，表示卖出；
#当35日动量值为非负值时，signal取值为1，表示买入；

In [2]: signal=[]
   ...: for i in momen35:
   ...:     if i>0:
   ...:         signal.append(1)
   ...:     else:
   ...:         signal.append(-1)
   ...:
   ...:
```

```
In [3]: signal=pd.Series(signal,index=momen35.index)
   ...: signal.head()
Out[3]:
Date
2014-02-20   -1
2014-02-21   -1
2014-02-24   -1
2014-02-25   -1
2014-02-26   -1
dtype: int64
```

（3）根据买卖点制定买入和卖出交易，并计算收益率。

```
In [4]: tradeSig=signal.shift(1)
In [5]: ret=Close/Close.shift(1)-1

In [6]: Mom35Ret=(ret*tradeSig).dropna()
   ...: Mom35Ret[:5]
Out[6]:
Date
2014-02-21    0.021858
2014-02-24    0.065642
2014-02-25    0.017937
2014-02-26   -0.016743
2014-02-27    0.013473
dtype: float64
```

（4）35 日动量指标交易策略评价。

35 日动量指标交易策略确捕捉到买卖点信号以后，我们来计算一下该 35 日动量指标买卖点预测的准确率。当出现买入信号时，signal 取值为 1，当我们预计的价格上涨这件事发生了（也就是预测准确，收益率大于 0），则 signal 与 ret 的乘积大于 0。当出现卖出信号时，signal 取值为 -1，且预测准确时，收益率小于 0，signal（取值为 -1）与 ret（负值）的乘积也是大于 0。当 35 日动量值交易的收益率大于 0 时，则说明买卖点预测正确。

```
#计算指标交易获胜率
In [7]: Mom35Ret[Mom35Ret==-0]=0
    ...: win=Mom35Ret[Mom35Ret>0]
    ...: winrate=len(win)/len(Mom35Ret[Mom35Ret!=0])
    ...: winrate
Out[7]: 0.5211267605633803
```

然后，我们可以绘制出万科股票收益率与动量指标交易策略收益率的时序图，查看收益率的分布情况。如图 28.3 所示。

```
#绘制收益率时序图
        #显示中文；坐标轴显示负号
In [8]: plt.rcParams['font.sans-serif'] = ['SimHei']
   ...: plt.rcParams['axes.unicode_minus'] = False

In [9]: plt.subplot(211)
```

```
   ...: plt.plot(ret[-len(Mom35Ret):],'b')
   ...: plt.ylabel('return')
   ...: plt.ylim(-0.13,0.10)
   ...: plt.title('收益率时序图')
   ...: plt.subplot(212)
   ...: plt.plot(Mom35Ret,'r')
   ...: plt.ylabel('Mom35Ret')
   ...: plt.ylim(-0.13,0.10)
   ...: plt.title('动量交易收益率时序图')
Out[9]: <matplotlib.text.Text at 0xaa92da0>
```

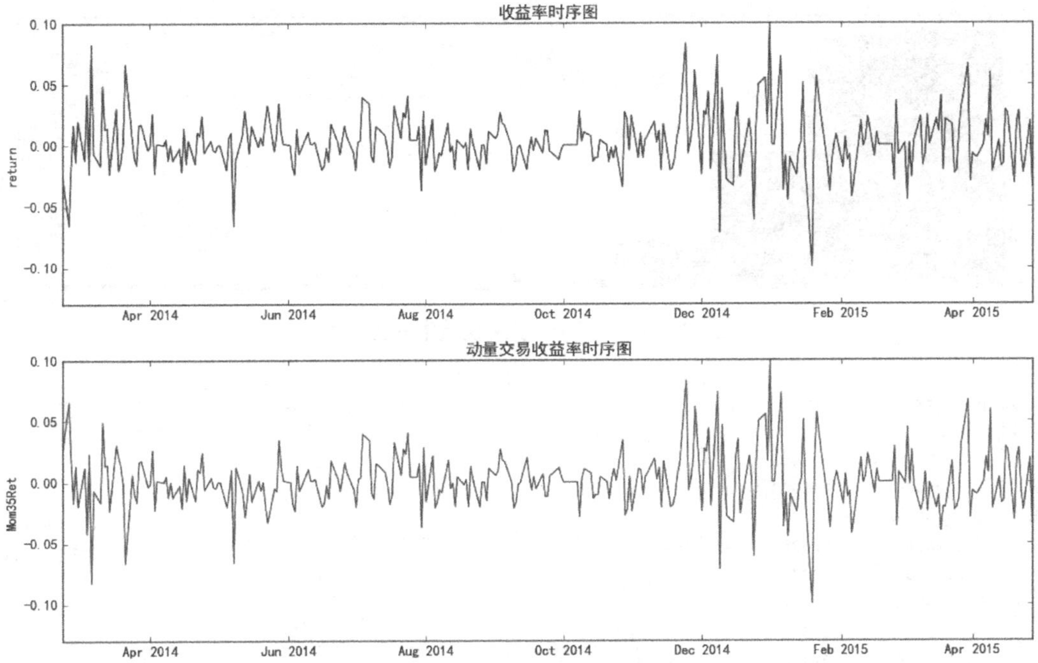

图 28.3　收益率时序图

下面我们提取出 35 日动量指标预测正确时的收益率与预测失败时的收益率，并进行比较分析。如图 28.4 所示。

```
In [10]: loss=-Mom35Ret[Mom35Ret<0]

In [11]: plt.subplot(211)
    ...: win.hist()
    ...: plt.title("盈利直方图")
    ...:
    ...: plt.subplot(212)
    ...: loss.hist()
    ...: plt.title("损失直方图")
Out[11]: <matplotlib.text.Text at 0xade84a8>
```

接着，我们计算两种收益率的平均值与分位数值。

```
In [12]: performance=pd.DataFrame({"win":win.describe(),\
   ...: "loss":loss.describe()})
```

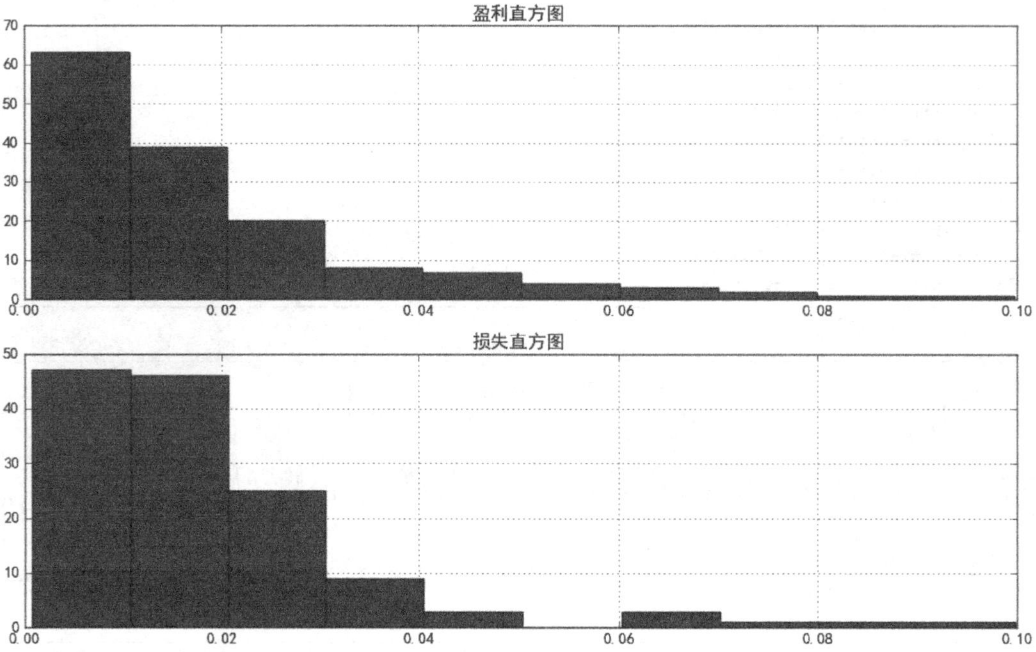

图 28.4 盈利与损失收益率的直方图

```
   ...: performance
Out[12]:
             loss          win
count  136.000000  148.000000
mean     0.018514    0.018646
std      0.015860    0.018261
min      0.000805    0.000769
25%      0.008214    0.005472
50%      0.015996    0.013444
75%      0.022360    0.024786
max      0.099852    0.099684
```

从两种收益率的分位数分布情况可以看出，尽管万科股票 35 日动量指标交易策略预测准确率高于 0.5，但是动量指标预测错误时损失的收益率整体比预测准确时盈利的收益率大。

习题

1. （从 problem28-1.csv 获取数据）获取“浦发银行”股票（股票代码为“600000”）2014 年的日度交易数据。
   （a） 本章知识点中运用的动量指标是 1 期动量值，不同时间跨度的动量指标代表的市场含义不同，请用两种不同的方法分别计算 6 日动量值、30 日动量值和 90 日动量值；
   （b） 用 Python 编写动量指标交易策略，交易策略如下：

- 若当期动量值大于 0，市场的上涨趋势较大，signal 为 1，第 2 期买入股票（信号出现时为第 1 期）；
- 若动量值小于 0 时，市场的下跌趋势较明显，signal 为 −1，卖出股票；

  分别用 6 日动量值、30 日动量值和 90 日动量值制定上述交易策略，计算并比较这 3 个动量值买卖点预测准确率。

2. 价格“动量”代表价格变化的动能，动量指标释放出的信号不一定立即在第 2 期体现出来，在信号释放与确定的买卖点时间上可能会有一定的间隔。我们把第 1 题中的交易策略进行适当变形，并比较交易策略的表现。交易策略的制定如下：

   (a) 若 6 日和 90 日动量值都大于 0 时，说明市场在长短期都具有上升的趋势，释放出买入信号，signal 为 1；在买入点上，设定一定的时间间隔，释放信号后在第 3 期才买入股票（信号出现时为第 1 期）；

   (b) 若 6 日和 90 日动量值都小于 0 时，说明市场在长短期都具有下跌的趋势，释放出买入信号，signal 为 −1；在卖出点上，设定一定的时间间隔，释放信号后在第 3 期才卖出股票；

   用 Python 编写上述交易策略，计算该交易策略的预测准确率。

3. （从 problem28-3.csv 获取数据）“动量”是衡量价格变化的能量的一种概念，“动量”概念可以运用收益率来衡量。在学术研究中，“动量”也常常运用于市场选股与资产配置，下面我们介绍一种运用动量指标选股与轮动投资策略。

   (a) 分别获取 2011 年到 2013 年“浦发银行”股票（股票代码为“600000”）、“中国银行”股票（股票代码为“601988”）、“民生银行”股票（股票代码为“600016”）、“工商银行”股票（股票代码为“601398”）和“建设银行”股票（股票代码为“601939”）日度交易数据，运用 3 个月的收益率来衡量 3 个月的“动量”概念，分别计算这 5 种银行 3 个月的收益率。

   (b) 运用动量指标选股与轮动投资策略：从 2011 年 1 月开始，在每一期，比较这 5 种银行股票的 3 个月的收益率大小，选出收益率最大的股票，下一期购买 100 手该股票，进行轮动投资，即每一期持有的股票均是其前一期 3 个月动量值最大的股票，到 2013 年 1 月计算该投资策略的平均收益率大小。

第29章　RSI相对强弱指标

29.1　RSI基本概念

在股票市场上，买方和卖方力量的消长会影响股票的价格。如果股票的买入力量大于卖出力量，则股票的价格会上涨；如果股票的卖出力量大于买入力量，则股票的价格会下跌。如何运用一种巧妙的方法来判断股票的买入力量与卖出力量的强弱？这个问题早在20世纪70年代被一位投资者提出并最终找到一个解决方案。韦尔斯·威尔德（Wells Wilder）于1978年6月在Commodities（现称为Future杂志）月刊上发表了一种衡量证券自身内在相对强度的指标，即Relative Strength Index，简称“RSI”[1]，中文名为“相对强弱指标”。RSI是用一种特定公式计算出来的值，投资者可以通过RSI的取值来判断股票的买入和卖出情况，进而预测未来股票的价格走势。例如，如果股票的买入力量大于股票的卖出力量，则可以预测股票未来价格可能会上涨。

29.2　Python计算RSI值

相对强弱指标RSI的值的计算公式如下：

$$\mathrm{RSI} = 100 - \frac{100}{1+\mathrm{RS}}$$

或者

$$\mathrm{RSI} = 100 \times \frac{\mathrm{RS}}{1+\mathrm{RS}}$$

又

$$\mathrm{RS} = \frac{\mathrm{UP}}{\mathrm{DOWN}}$$

将 $\mathrm{RS} = \frac{\mathrm{UP}}{\mathrm{DOWN}}$ 带入 $\mathrm{RSI} = 100 \times \frac{\mathrm{RS}}{1+\mathrm{RS}}$ 可以推出：

$$\begin{aligned}\mathrm{RSI} &= 100 \times \frac{\mathrm{UP}/\mathrm{DOWN}}{1+\mathrm{UP}/\mathrm{DOWN}} \\ &= 100 \times \frac{\mathrm{UP}}{\mathrm{UP}+\mathrm{DOWN}}\end{aligned}$$

即

$$\mathrm{RSI} = 100 \times \frac{\mathrm{UP}}{\mathrm{UP}+\mathrm{DOWN}}$$

[1]Wilder J W. New concepts in technical trading systems. Trend Research, 1978.

其中，RSI 表示相对强弱指标值，若 t 表示所参考数据的期数，UP 表示 t 期内股价上涨幅度的平均值，DOWN 表示 t 天期内股价下跌幅度的平均值。

比如，用一个简单的例子来说明 RSI 的计算过程。为了简单方便，本例子将股价取值为整数，单位为“元”。假设某股票的 1 日到 5 日的日收盘价分别为 18 元、23 元、21 元、20 元、19 元。该股票第 2 天上涨 5 元，第 3 天下跌 2 元，第 4 天下跌 1 元，第 5 天下跌 1 元。

如表 29.1 所示，我们利用 5 日的股票收盘价数据来求 4 日 RSI 值，即 $t = 4$。

表 29.1　收盘价数据表

日期	收盘价（元）	UP	DOWN
1 日	18	-	-
2 日	23	5	-
3 日	21		2
4 日	20		1
5 日	19		1

股价上涨幅度平均值为：

$$\text{UP} = \frac{5}{4} = 1.25$$

股价下跌幅度平均值为：

$$\text{DOWN} = \frac{2+1+1}{4} = 1$$

用 UP 和 DOWN 的值来计算 RS 的值：

$$\begin{aligned}\text{RS} &= \frac{\text{UP}}{\text{DOWN}} \\ &= \frac{1.25}{1} \\ &= 1.25\end{aligned}$$

进而可以求 RSI 的值：

$$\begin{aligned}\text{RSI} &= 100 \times \frac{1.25}{1+1.25} \\ &= 55.56\end{aligned}$$

在计算 UP 和 DOWN 的值时，需要求出上涨幅度的平均值和下跌幅度的平均值，一般使用算术平均值来求 UP 和 DOWN。均值可分为简单移动平均值（SMA）、加权移动平均值（WMA）和指数移动平均值（EMA）。在计算上涨幅度和下跌幅度的平均值时，使用不同的均值计算方式求得的平均值大小有差异，最终会使 RSI 的取值不同。

除了先通过 UP 和 DOWN 求出 RS，由 RS 的值再求 RSI 的值以外，我们也可以直接运用 UP 和 DOWN 来计算 RSI，即：

$$\begin{aligned}\text{RS} &= \frac{\text{UP}}{\text{UP}+\text{DOWN}} \times 100 \\ &= \frac{1.25}{1+1.25} \times 100 \\ &= 55.56\end{aligned}$$

从 RSI 的计算公式可以看出，RSI 的取值范围为 $0 \sim 100$。

- 当 RSI 取值接近于 0 时，由 $\text{RSI} = 100 \times \frac{\text{UP}}{\text{UP+DOWN}}$ 可得：

$$\text{UP} \ll \text{DOWN}$$

  上涨的幅度远远小于下跌的幅度，即跨度时间为 t 时，股票价格下跌的力量远远大于上涨力量。
- 当 RSI 取值接近于 100 时，由 $\text{RSI} = 100 \times \frac{\text{UP}}{\text{UP+DOWN}}$ 可得：

$$\text{UP} \gg \text{DOWN}$$

  上涨的幅度远远大于下跌的幅度，即跨度时间为 t 时，股票价格上涨的力量远远大于下跌力量。
- 当 RSI 取值为 50 时，由 $\text{RS} = \frac{\text{UP}}{\text{DOWN}}$ 可得：

$$\text{UP} = \text{DOWN}$$

  即股票上涨的力量等于下跌的力量。

总而言之，RSI 的取值大于 50 越多，则表明股票上涨的力量超过下跌的力量更大。当 RSI 的取值小于 50 越多，则股票的下跌力量超过上涨力量更大。

比如，用 Python 编写代码计算中国交通银行股价 6 日 RSI 值。

用中国交通银行（Bank of Communications）的股票交易数据作为分析的对象，根据交通银行收盘价求 6 日 RSI，其大致思路如下。

- 首先，读取交通银行的收盘价日度数据，计算出收盘价的变化量；
- 然后，构造包含收盘价（BOCMclp）、价格变化（clprcChange）、价格上升量（upPrc）、价格下降量（downPrc）这 4 列数据的数据框；
- 最后求 6 日 RSI 的值。

按照这种思路，运用 Python 一步一步计算交通银行的 6 日 RSI 值。

（1）读取交通银行的收盘价日度数据，计算出收盘价的变化量。

```
#导入相关包
In [1]: import pandas as pd
   ...: import numpy as np
   ...: import matplotlib.pyplot as plt
   ...:

#获取交通银行股票交易数据
In [2]: BOCM=pd.read_csv('BOCM.csv')
   ...: BOCM.index=BOCM.iloc[:,1]
   ...: BOCM.index=pd.to_datetime(BOCM.index, format='%Y-%m-%d')
   ...: BOCM=BOCM.iloc[:,2:]
   ...: BOCM.head()
   ...:
Out[2]:
            Open  High   Low  Close    Volume
Date
2014-01-02  3.82  3.84  3.80   3.82  57317900
2014-01-03  3.81  3.83  3.76   3.79  64039600
2014-01-06  3.79  3.79  3.72   3.75  73494700
2014-01-07  3.73  3.79  3.72   3.77  48477500
2014-01-08  3.77  3.84  3.76   3.80  47952000
```

（2）构造包含收盘价（BOCMclp）、价格变化（PrcChange）、价格上升量（upPrc）、价格下降量（downPrc）的数据框 rsidata。

```
In [3]: BOCMclp=BOCM.Close
   ...: clprcChange=BOCMclp-BOCMclp.shift(1)
   ...: clprcChange=clprcChange.dropna()
   ...: clprcChange[0:6]
Out[3]:
Date
2014-01-03   -0.03
2014-01-06   -0.04
2014-01-07    0.02
2014-01-08    0.03
2014-01-09   -0.01
2014-01-10    0.01
Name: Close, dtype: float64

#upPrc表示价格上涨;
#downPrc表示价格下跌;
In [4]: indexprc=clprcChange.index
   ...: upPrc=pd.Series(0,index=indexprc)
   ...: upPrc[clprcChange>0]=clprcChange[clprcChange>0]
   ...: downPrc=pd.Series(0,index=indexprc)
   ...: downPrc[clprcChange<0]=-clprcChange[clprcChange<0]
   ...: rsidata=pd.concat([BOCMclp,clprcChange,upPrc,downPrc],axis=1)
   ...: rsidata.columns=['Close','PrcChange','upPrc','downPrc']
   ...: rsidata=rsidata.dropna();
   ...: rsidata.head()
Out[4]:
            Close  PrcChange  upPrc  downPrc
Date
2014-01-03   3.79      -0.03   0.00     0.03
```

```
2014-01-06    3.75     -0.04   0.00     0.04
2014-01-07    3.77      0.02   0.02     0.00
2014-01-08    3.80      0.03   0.03     0.00
2014-01-09    3.79     -0.01   0.00     0.01
```

（3）接下来用简单平均数计算交通银行收盘价 6 日的上涨力度 SMUP 和下跌力度 SMDOWN，然后计算 6 日 RSI 的值。

```
In [5]: SMUP=[]
   ...: SMDOWN=[]
   ...: for i in range(6,len(upPrc)+1):
   ...:     SMUP.append(np.mean(upPrc.values[(i-6):i],dtype=np.float32))
   ...:     SMDOWN.append(np.mean(downPrc.values[(i-6):i],dtype=np.float32))
   ...:
#计算6日RSI的值
   ...: rsi6=[100*SMUP[i]/(SMUP[i]+SMDOWN[i]) for i in range(0,len(SMUP))]

In [6]: indexRsi=indexprc[5:]
   ...: Rsi6=pd.Series(rsi6,index=indexRsi)
   ...: Rsi6.head()
Out[6]:
Date
2014-01-10     42.857141
2014-01-13     61.538465
2014-01-14     66.666665
2014-01-15     46.153845
2014-01-16     30.000001
dtype: float64
```

（4）对 6 日 RSI 的值进行描述性统计分析。如图 29.1 所示。

```
In [7]: Rsi6.describe()
Out[7]:
count     327.000000
mean       51.742495
std        27.787794
min         0.000000
25%        30.000001
50%        51.298706
75%        74.547477
max       100.000000
dtype: float64

In [8]: UP=pd.Series(SMUP,index=indexRsi)
    ...: DOWN=pd.Series(SMDOWN,index=indexRsi)
    ...: plt.rcParams['font.sans-serif'] = ['SimHei']
    ...: plt.subplot(411)
    ...: plt.plot(BOCMclp,'k')
    ...: plt.xlabel('date')
    ...: plt.ylabel('Close')
    ...: plt.title('RSI相关指标')
    ...:
    ...: plt.subplot(412)
    ...: plt.plot(UP,'b')
```

```
   ...: plt.ylabel('UP')
   ...:
   ...: plt.subplot(413)
   ...: plt.plot(DOWN,'y')
   ...: plt.ylabel('DOWN')
   ...:
   ...: plt.subplot(414)
   ...: plt.plot(DOWN,'g')
   ...: plt.ylabel('Rsi6')
Out[8]: <matplotlib.text.Text at 0xac65908>
```

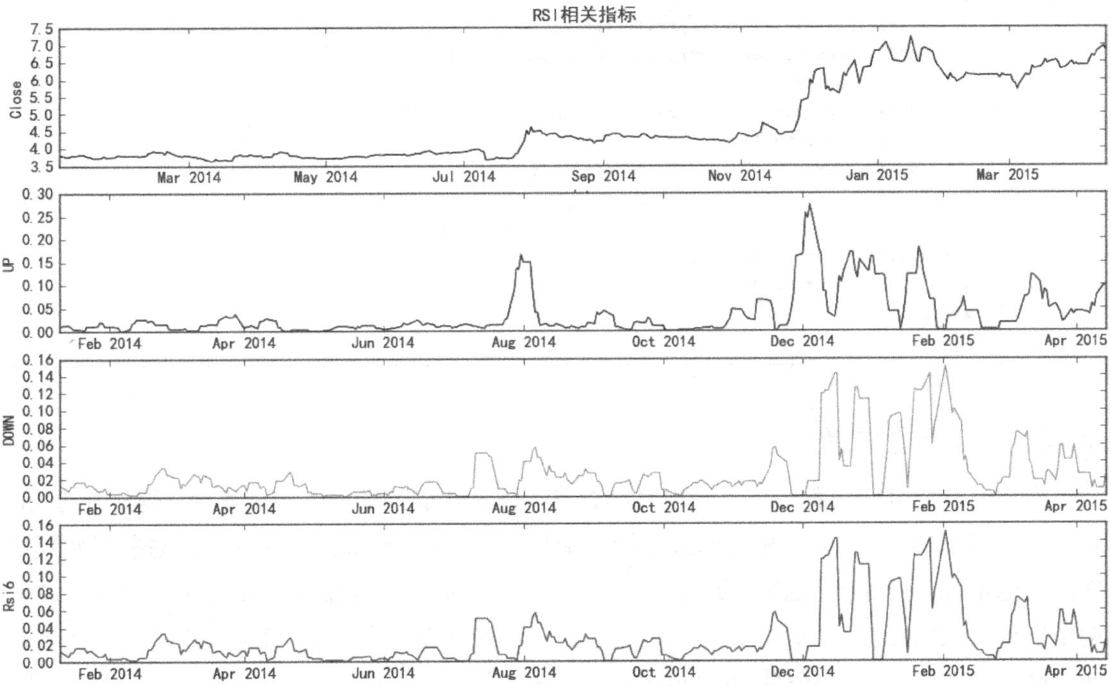

图 29.1　RSI 指标

29.3　Python 编写 rsi( ) 函数

前面演示了 RSI 值的代码编写步骤，若要获取不同期数的 RSI 或者对其他股票求 RSI 值，可以按照上面的求解步骤一步一步求解，但是不免麻烦了一些。我们不妨编写一个专门求解 RSI 值的函数，通过调用函数来求不同价格序列或者不同期数的 RSI 值。此处将此函数命名为“rsi”，函数有两个参数，分别为价格序列 price，类型为 Series 和期数 perio，默认值为 6。rsi( ) 函数定义如下：

```
In [9]: def rsi(price,period=6):
   ...:     import pandas as pd
   ...:     clprcChange=price-price.shift(1)
   ...:     clprcChange=clprcChange.dropna()
   ...:
   ...:     indexprc=clprcChange.index
```

```
   ...:        upPrc=pd.Series(0,index=indexprc)
   ...:        upPrc[clprcChange>0]=clprcChange[clprcChange>0]
   ...:
   ...:        downPrc=pd.Series(0,index=indexprc)
   ...:        downPrc[clprcChange<0]=-clprcChange[clprcChange<0]
   ...:        rsidata=pd.concat([price,clprcChange,upPrc,downPrc],\
   ...:        axis=1)
   ...:        rsidata.columns=['price','PrcChange','upPrc','downPrc']
   ...:        rsidata=rsidata.dropna();
   ...:
   ...:        SMUP=[]
   ...:        SMDOWN=[]
   ...:        for i in range(period,len(upPrc)+1):
   ...:            SMUP.append(np.mean(upPrc.values[(i-period):i],\
   ...:            dtype=np.float32))
   ...:            SMDOWN.append(np.mean(downPrc.values[(i-period):i],\
   ...:            dtype=np.float32))
   ...:            rsi=[100*SMUP[i]/(SMUP[i]+SMDOWN[i]) \
   ...:            for i in range(0,len(SMUP))]
   ...:
   ...:        indexRsi=indexprc[(period-1):]
   ...:        rsi=pd.Series(rsi,index=indexRsi)
   ...:        return(rsi)
   ...:
```

29.4 RSI 天数的差异

根据 RSI 的计算过程，可以看出时间跨度 t 是 RSI 取值的一个重要影响因素。韦尔斯·威尔德（Wells Wilder）指出，通过运用月周期 28 日的一半来计算 RSI 的值进行预测是有效的，他推荐 RSI 的时间跨度默认值为 14 日。一些常用的看盘软件设有 6 日 RSI、12 日 RSI 和 24 日 RSI 这三个 RSI 指标。6 日近似一周的时间周期，12 日可以看作半个月的时间跨度，而 24 日约为一个月的时间跨度。此外，也有人用 RSI1 来代指 6 日相对强度指标，RSI2 表示 12 日相对强度指标，RSI3 表示 24 日相对强度指标。

```
#计算交通银行股价的12日RSI值
In [10]: Rsi12=rsi(BOCMclp,12)
    ...: Rsi12.tail()
Out[10]:
Date
2015-04-08     57.894739
2015-04-09     59.782604
2015-04-10     77.777780
2015-04-13     80.582524
2015-04-14     73.636363
dtype: float64

#计算交通银行股价的24日RSI
In [11]: Rsi24=rsi(BOCMclp,24)
    ...: Rsi24.tail()
Out[11]:
Date
```

```
2015-04-08     72.522525
2015-04-09     68.867922
2015-04-10     66.666665
2015-04-13     70.334930
2015-04-14     66.976744
dtype: float64
```

RSI 时间跨度的设定不是一成不变的，它可以根据股价情况来进行相应调整，也可以根据我们研究分析的需要来设定，不同时间跨度计算出来的 RSI 值自然会有所不同。例如，可以将 RSI 时间跨度设定为 10 日、25 日、30 日、60 日等；如果股价数据是月数据，我们可以把 RSI 计算的时间跨度设定为 1 个月、9 个月、12 个月、24 个月等。短期 RSI 分析可以用日数据、周数据，长期 RSI 分析可以选择月数据。在投资分析中，投资者可以参考短期 RSI 和长期 RSI 进行投资决策。短期 RSI 对于价格的变化情况反应比较灵敏，RSI 的值波动较大；长期 RSI 值反应相对迟钝，其波动相对较小。

29.5　RSI 指标判断股票超买和超卖状态

回顾本章开头提出的问题，投资者如何判断股票的买入程度和卖出程度？韦尔斯・威尔德（Wells Wilder）通过 RSI 指标提供了一个解决方案。我们知道，股票的价格是股票市场供求关系的直接体现。股票价格上涨，我们可以推测股票买入的力量大于卖出的力量。股票价格下跌，则卖出力量超过买入力量。从 RSI 计算公式可知，RSI 值的大小可用于表明股票超买和超卖状态。

- 当 RSI 取值为 50 时，UP 和 DOWN 的取值相同，股票的买入力量等于股票的卖出力量；
- RSI 取值越大，说明 UP 的取值超过 DOWN 取值的程度越大，股票的买入热度大于卖出热度的程度越大；
- RSI 取值越小，可以推出说明 DOWN 的取值超过 UP 取值的程度越大，股票的卖出热度大于买入热度的程度越大。

超买线、超卖线和中心线：

RSI 取值等于 80 或 20 分别为较常用的“超买线”和“超卖线”的刻画。RSI 为 80 是股票超买的临界点，RSI 为 20 是股票超卖的临界点，RSI 取值为 50 设定为“中心线”，该线表明股票的买入力量等于卖出力量。如图 29.2 所示。

当 RSI 大于 80 时，股票出现超买信号。股票买入力量过大，买入力量在未来可能会减小，所以股票未来价格可能会下跌，此时卖出股票，未来下跌后再买入股票，从而赚取价差。

当 RSI 小于 20 时，股票出现超卖信号。股票卖出力量过大，卖出力量在未来终归回到正常，因此股票未来价格可能会上涨，投资者此时可以做多股票，未来价格上涨后再卖出。

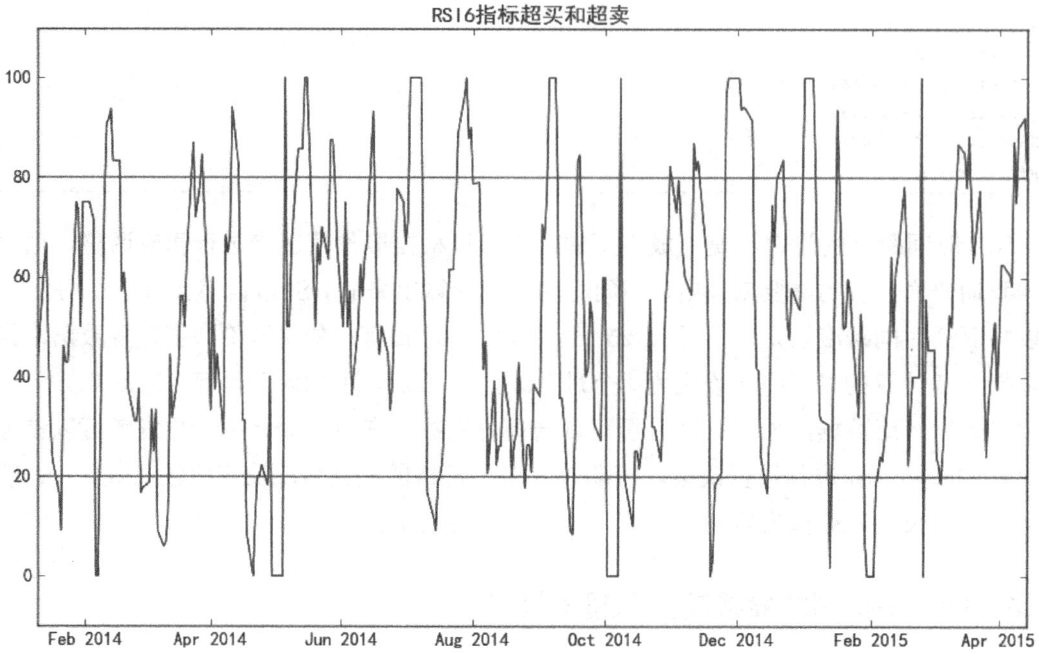

图 29.2　RSI6 的超买线和超卖线

超买线和超卖线的制定可以有所变化，RSI 值为 90 和 10 也可以作为股票超买线和超卖线的制定标准。此外，RSI 值为 70 和 30 的超卖线和超买线已被验证能有效预测未来股价的走势，并为投资者和学者广泛使用。

29.6 RSI 的"黄金交叉"与"死亡交叉"

在股票市场使用 RSI 指标时，一般会定义不同时间跨度的 RSI 值。当短期 RSI 线向上穿过长期 RSI 线时，股票近期买入的力量较强，价格上涨的力量很大，其释放出一个较强的买入信号，这个信号被称为"黄金交叉"。当短期 RSI 线向下跌破长期 RSI 线时，股票近期卖出的力量较强，价格下跌的力量很大，其释放出一个较强的卖出信号，被称为"死亡交叉"。

比如，以交通银行股价为例，用 Python 绘制出 RSI 的黄金交叉和死亡交叉线。

```
In [12]: plt.plot(Rsi6['2015-01-03':],label="Rsi6")
    ...: plt.plot(Rsi24['2015-01-03':],\
    ...:          label="Rsi24",color='red',\
    ...:          linestyle='dashed')
    ...: plt.title("RSI的黄金交叉与死亡交叉")
    ...: plt.ylim(-10,110)
    ...: plt.legend()
Out[12]: <matplotlib.legend.Legend at 0x29c4c9f8b00>
```

如图 29.3 所示，我们定义 6 日 RSI 为短期 RSI，24 日 RSI 为长期 RSI。观察 RSI6（实线）和 RSI24（虚线）走势图，可以看出 RIS6 曲线在 0 ~ 100 之间上下波动，且波动相对较大。RSI24 在 20 ~ 80 之间取值，曲线较为平滑。从超买和超卖的角度来分析，当 RSI6 取值超过 80 时，股价处于超买区，预期股票价格将要下跌。对比交通银行收盘价时序图与 RSI6 曲线图，当 RSI6 取值在 80 以上时，收盘价大致处于下降阶段。当 RSI6 取值低于 20 时，股票处于超卖区，卖出的力量过大，股票价格可能要回升。从 RSI 的长短线来分析，从图 29.3 上可以看出，RSI6 曲线（实线）在很多情况下都向上穿过 RSI24 曲线（虚线），出现不少“黄金交叉”信号。对照收盘价的时序图，可以看出“黄金交叉”信号附近股价大致处于上涨行情。图 29.3 也有不少“死亡交叉”信号出现，RSI6 曲线（实线）从上向下穿过 RSI24 曲线（虚线）。

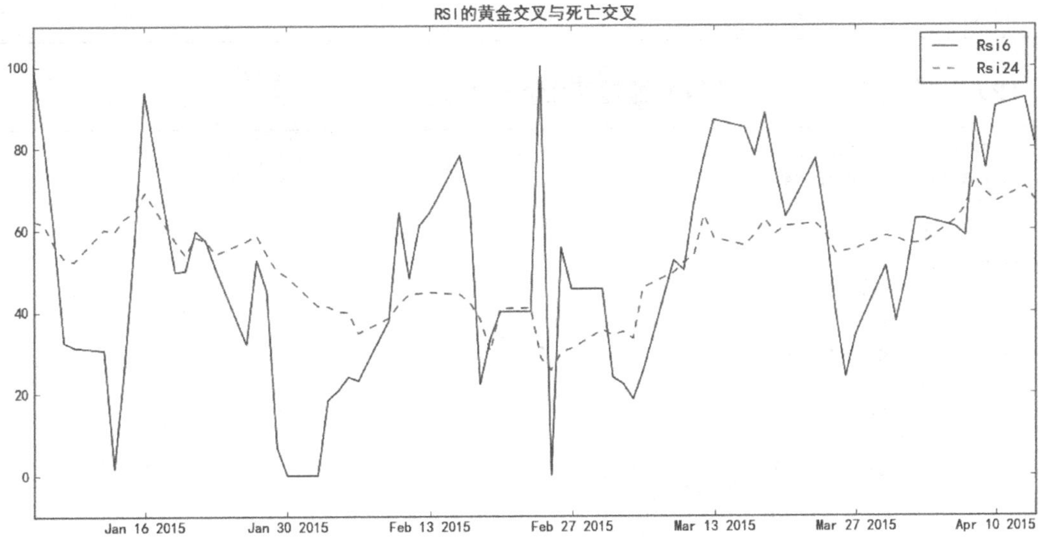

图 29.3 RSI 的黄金交叉和死亡交叉

29.7 交通银行股票 RSI 指标交易实测

以交通银行股票为例，用 Python 编写代码计算出 RSI 值，并运用 RSI 值制定交易策略。编写代码的主要思路如下。

- **数据准备**：获取交通银行股票数据，提取出收盘价数据。
- **捕捉买卖点**：计算 RSI6 和 RSI24 的值，当 RSI6 > 80 或者 RSI6 向下穿过 RSI24 时，为卖出信号。当 RSI6 < 20 或者 RSI6 向上穿过 RSI24 时，为买入信号。
- **交易策略执行**：按照 RSI 的买卖点买入或者卖出股票。
- **回测**：对交易策略进行投资评价。

29.7.1 RSI 捕捉交通银行股票买卖点

（1）在如下代码中，股票交易数据是计算 RSI 指标并且制定交易策略的基础。在数据准备方面，本章的前面内容已经提取出收盘价数据。我们再次重新梳理一遍读取交通银行股票交易数据以及收盘价的代码。

```
#提取交通银行股票的交易数据
In [1]: BOCM=pd.read_csv('BOCM.csv')
    ...: BOCM.index=BOCM.iloc[:,1]
    ...: BOCM.index=pd.to_datetime(BOCM.index, format='%Y-%m-%d')
    ...: BOCMclp=BOCM.Close
    ...: BOCMclp[0:4]
Out[1]:
Date
2014-01-02    3.82
2014-01-03    3.79
2014-01-06    3.75
2014-01-07    3.77
Name: Close, dtype: float64
```

（2）计算交通银行 RSI 的值并捕捉买卖点信号。

```
In [2]: rsi6=rsi(BOCMclp,6)
   ...: rsi24=rsi(BOCMclp,24)

#rsi6的超买与超卖
In [3]: Sig1=[]
   ...: for i in rsi6:
   ...:     if i>80:
   ...:         Sig1.append(-1)
   ...:     elif i<20:
   ...:         Sig1.append(1)
   ...:     else:
   ...:         Sig1.append(0)
   ...:
   ...:

In [4]: date1=rsi6.index
   ...: Signal1=pd.Series(Sig1,index=date1)

In [5]: Signal1[Signal1==1].head(n=3)
Out[5]:
Date
2014-01-20    1
2014-01-21    1
2014-02-06    1
dtype: int64

In [6]: Signal1[Signal1==-1].head(n=3)
Out[6]:
Date
2014-02-11   -1
2014-02-12   -1
2014-02-13   -1
dtype: int64

#交易信号二： 黄金交叉与死亡交叉
In [7]: Signal2=pd.Series(0,index=rsi24.index)
    ...: lagrsi6= rsi6.shift(1)
    ...: lagrsi24= rsi24.shift(1)
```

```
...: for i in rsi24.index:
...:     if (rsi6[i]>rsi24[i]) & (lagrsi6[i]<lagrsi24[i]):
...:         Signal2[i]=1
...:     elif (rsi6[i]<rsi24[i]) & (lagrsi6[i]>lagrsi24[i]):
...:         Signal2[i]=-1
...:
```

Signal1 的值取 1 表明 rsi6 低于超卖线，预测未来价格要回升，释放出买入信号；Signal2 的值取 1 时，表明短期 rsi6 从下向上穿过长期 rsi24，价格可能有上升的趋势，释放出买入的信号；Signal1 取值 −1 时，表示 rsi6 的值高出超买线，价格可能有回落的趋势，释放出卖出信号；Signal2 取值 −1 时，表示表明短期 rsi6 从上向下穿过长期 rsi24，释放出卖出的信号。

（3）将这两种交易信号结合起来，进而确定中国交通银行股票的最终买卖信号。

```
#合并交易信号
In [8]: signal=Signal1+Signal2
    ...: signal[signal>=1]=1
    ...: signal[signal<=-1]=-1
    ...: signal=signal.dropna()
```

29.7.2 RSI 交易策略执行及回测

运用 RSI 指标捕捉交通银行的买卖点，RSI 指标无法对每个交易日数据进行买入或者卖出的判断。在大部分交易日中，RSI 取值在正常范围内，只有个别交易日期 RSI 突破超买线或者超卖线，这些交易日期有可能间隔时间较长。接下来，根据 RSI 释放的买入和卖出信号执行 RSI 交易策略，并评价交易策略。

```
In [9]: tradSig=signal.shift(1)

#求交通银行股票收益率
In [10]: ret=BOCMclp/BOCMclp.shift(1)-1
    ...: ret.head()
Out[10]:
Date
2014-01-02         NaN
2014-01-03   -0.007853
2014-01-06   -0.010554
2014-01-07    0.005333
2014-01-08    0.007958
Name: Close, dtype: float64

#求买入交易收益率
In [11]: ret=ret[tradSig.index]
    ...: buy=tradSig[tradSig==1]
    ...: buyRet=ret[tradSig==1]*buy

#求卖出交易收益率
In [12]: sell=tradSig[tradSig==-1]
    ...: sellRet=ret[tradSig==-1]*sell
```

```
   ...: tradeRet=ret*tradSig

#求出买卖交易合并的收益率
In [13]: tradeRet=ret*tradSig
```

- 绘制三种交易收益率的时序图，展现收益率的分布情况，如图 29.4 所示。

```
In [14]: plt.rcParams['font.sans-serif'] = ['SimHei']
   ...: plt.rcParams['axes.unicode_minus'] = False
   ...: plt.subplot(211)
   ...: plt.plot(buyRet,label="buyRet",color='g')
   ...: plt.plot(sellRet,label="sellRet",color='r',linestyle='dashed')
   ...: plt.title("RSI指标交易策略")
   ...: plt.ylabel('strategy return')
   ...: plt.legend()
   ...: plt.subplot(212)
   ...: plt.plot(ret,'b')
   ...: plt.ylabel('stock return')
Out[14]: <matplotlib.text.Text at 0x29c4caccbe0>
```

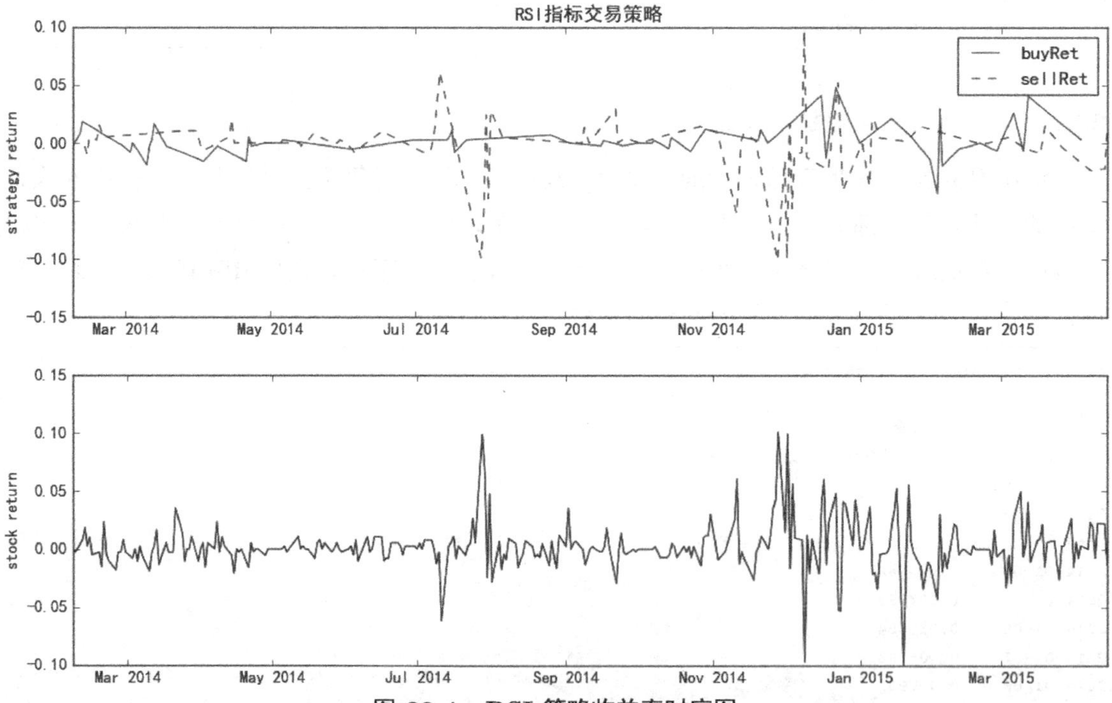

图 29.4 RSI 策略收益率时序图

- 计算信号点预测准确率情况，求预测正确时的平均收益率与预测失败时的平均收益率。

```
In [15]: def strat(tradeSignal,ret):
   ...:      indexDate=tradeSignal.index
   ...:      ret=ret[indexDate]
   ...:      tradeRet=ret*tradeSignal
```

```
   ...:        tradeRet[tradeRet==(-0)]=0
   ...:        winRate=len(tradeRet[tradeRet>0])/len(\
   ...:        tradeRet[tradeRet!=0])
   ...:        meanWin=sum(tradeRet[tradeRet>0])/len(\
   ...:        tradeRet[tradeRet>0])
   ...:        meanLoss=sum(tradeRet[tradeRet<0])/len(\
   ...:        tradeRet[tradeRet<0])
   ...:        perform={'winRate':winRate,\
   ...:        'meanWin':meanWin,\
   ...:        'meanLoss': meanLoss}
   ...:        return(perform)
   ...:
   ...:


#计算买入点、卖出点和整个交易点的
#预测获胜率、平均获胜收益率与平均损失收益率
In [16]: BuyOnly=strat(buy,ret)
   ...: SellOnly=strat(sell,ret)
   ...: Trade=strat(tradSig,ret)
   ...: Test=pd.DataFrame({"BuyOnly":BuyOnly,\
   ...:         "SellOnly":SellOnly,"Trade":Trade})
   ...: Test
Out[16]:
           BuyOnly  SellOnly     Trade
meanLoss -0.009230 -0.028476 -0.019797
meanWin   0.012996  0.015883  0.014691
winRate   0.530612  0.569231  0.547826
```

- 比较 RSI 指标交易策略的累计收益率。

```
In [17]: cumStock=np.cumprod(1+ret)-1
   ...: cumTrade=np.cumprod(1+tradeRet)-1
   ...:

In [18]: plt.subplot(211)
   ...: plt.plot(cumStock)
   ...: plt.ylabel('cumStock')
   ...: plt.title('股票本身累计收益率')
   ...: plt.subplot(212)
   ...: plt.plot(cumTrade)
   ...: plt.ylabel('cumTrade')
   ...: plt.title('rsi策略累计收益率')
   ...:
```

如图 29.5 所示，该绩效不是很理想，我们可以考虑调整制定交易策略时所用的各种参数来改进 RSI 交易策略之绩效表现。在前文中，RSI 指标释放出的买卖点信号 1 天后执行买卖操作；然而，当 RSI 指标释放出买卖点信号以后，我们观察到价格没有及时上涨或者下跌。下面据此修正买卖信号执行点，即 RSI 指标释放出的买卖点信号，再隔 3 天以后进行执行买卖操作，然后进行交易回测。

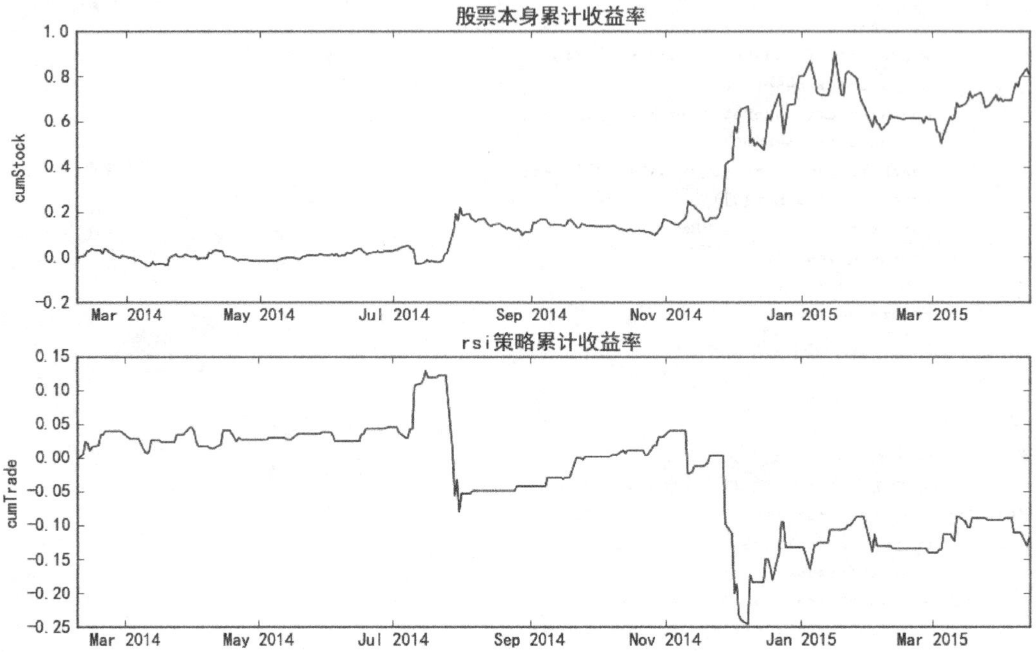

图 29.5 RSI 指标交易策略表现

```
#计算修正后交易策略的收益率表现
In [19]: tradSig2=signal.shift(3)
    ...: ret2=ret[tradSig2.index]
    ...: buy2=tradSig[tradSig2==1]
    ...: buyRet2=ret2[tradSig2==1]*buy2
    ...: sell2=tradSig2[tradSig2==-1]
    ...: sellRet2=ret2[tradSig2==-1]*sell2
    ...: tradeRet2=ret2*tradSig2
    ...: BuyOnly2=strat(buy2,ret2)
    ...: SellOnly2=strat(sell2,ret2)
    ...: Trade2=strat(tradSig2,ret2)
    ...: Test2=pd.DataFrame({"BuyOnly":BuyOnly2,\
    ...:       "SellOnly":SellOnly2,"Trade":Trade2})
    ...: Test2

Out[19]:
           BuyOnly  SellOnly     Trade
meanLoss -0.013085 -0.016942 -0.015167
meanWin   0.018347  0.017260  0.016922
winRate   0.523810  0.537313  0.537815

In [20]: cumStock2=np.cumprod(1+ret2)-1
    ...: print(cumStock2[-1])
0.809523809524

In [21]: cumTrade2=np.cumprod(1+tradeRet2)-1
    ...: print(cumTrade2[-1])
0.299171578139
```

对比图 29.6 和图 29.5 中的累计收益率（Cumulative Return）可以看出，修正的 RSI

指标交易策略的累计收益率也比原 RSI 指标交易策略的收益率要大很多。

本章介绍的 RSI 指标交易策略相对简捷，着重运用 Python 来阐述 RSI 指标的概念与交易思想。在实际分析运用中，读者可以从以下 4 个角度来综合运用 RSI 指标。

（1） 根据 RSI 的取值大小判断市场的超买和超卖热度；

（2） RSI 线的形态分析也是一个考量因素，RSI 曲线在高位区或者低位区出现不同的形态，会释放出不同的买卖信号。

（3） 长短线 RSI 的黄金交叉与死亡交叉。

（4） RSI 线的走势与价格线走势的背离也是一大考虑因素。

此外，在运用 RSI 指标分析市场行情时，还需要考虑 RSI 指标有可能会"钝化"，比如，当市场处于疯狂牛市时，RSI 突破超买线释放出的卖出信号则没有太大意义。

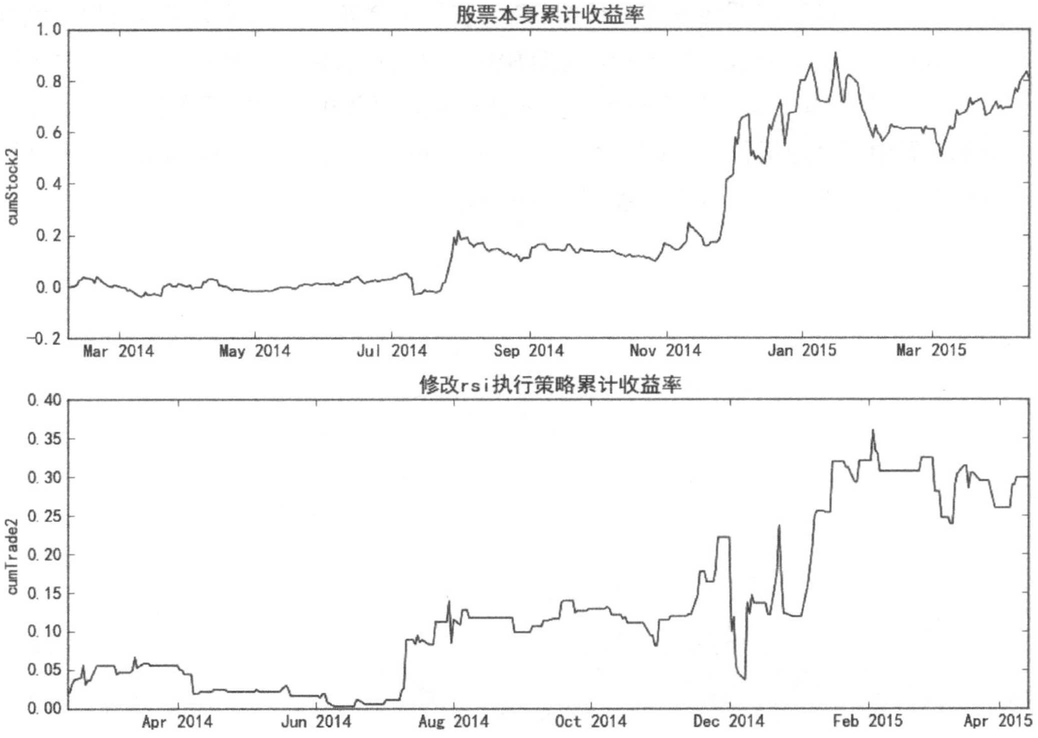

图 29.6　修正的 RSI 指标交易策略

习题

1. （从 problem29-1.csv 获取数据）选取中国交通银行股票（股票代码为"601328"）2013 年 1 月 1 日到 2013 年 12 月 31 日的日度交易数据，编写 Python 代码分别计算 5 日、6 日、7 日、8 日、9 日、10 日、12 日 RSI 的值，并将这些值合并到一个数据框中。
2. （从 problem29-2.csv 获取数据）选取中国交通银行股票（股票代码为"601328"）2013 年 1 月 1 日到 2014 年 12 月 31 日的日度交易数据。

(a) 绘制中国交通银行股票的 K 线图；

(b) 计算 6 日 RSI、30 日 RSI 的值，并绘制出两者的曲线图；

(c) 设定 6 日 RSI 取值大于 90，为超买区，释放出卖出信号；6 日 RSI 取值小于 10 时，为超卖区，释放出买入信号。编写 Python 代码计算这种买卖信号预测的准确率；

(d) 当 6 日 RSI 线向上穿过 30 日 RSI 线时，为“黄金交叉”，释放出买入信号；当 6 日 RSI 线向下穿过 30 日 RSI 线时，为“死亡交叉”，释放出卖出信号。根据长短线的“黄金交叉”与“死亡交叉”策略，编写 Python 代码实现这一策略，并进行回测；

3. “RSI 将叉不叉买入策略”：当短期 RSI 第一次向上穿过长期 RSI 时，为“黄金交叉”，此后，短期 RSI 可能要向下突破长期 RSI，在短期 RSI 即将向下突破 RSI 时，没有向下突破长期 RSI 而是反转向上走，短期 RSI 线再次在长期 RSI 线的上方，此时出现了“将叉不叉”现象，此处表明市场向上走势较强，释放出强烈的买入信号；

以第 2 题中国交通银行 6 日 RSI 和 30 日 RSI 为短线和长线，用 Python 捕捉上文所描述的现象，并计算其买入信号预测的准确率。

第30章 均线系统策略

做投资的朋友大概都不会反对“趋势是我们的朋友”这句话。趋势交易策略长期以来被认为具有良好的获利能力，因此，交易员常围绕它思考两个问题：如何判断趋势和如何利用它进行交易。捕捉趋势最普遍的方法为移动平均线，根据求平均的方式不同，可以有简单移动平均数（Simple Moving Average，SMA）、指数加权移动平均数（Weighted Moving Average，WMA）和指数移动平均数（Exponential Moving Average，EXPMA 或 EMA）。

30.1 简单移动平均

30.1.1 简单移动平均数

回顾一下求解算术平均数的方法，即先对一组数据的值求和，再用这个总和除以这组数据的个数来得到算术平均数。同理，股价的简单移动平均数就是将一组股价值相加，再除以股价的个数。因此，需要先确定对哪几个数求平均数，即确定股价的个数 n。一般来说，我们以日、周为单位，比如求 5 日的平均数，10 日的平均数，20 日的平均数或者 3 周的平均数。此外，还请注意，为了体现“移动”两个字的作用，在求得第一个平均数以后，若要求第二个平均数，就要把原来的一组数的最早一项股价减去，再加上一项新的股价，求和后再除以股价的个数，以得到第二个平均数。

根据定义，股票在第 1 天到第 4 天无法求出 5 日价格简单移动平均数。第 5 天的简单平均数为：

$$\mathrm{SMA}_{t=5} = \frac{p_1 + p_2 + p_3 + p_4 + p_5}{5}$$

式中，p_1、p_2、p_3、p_4、p_5 分别表示股票第 1 天、第 2 天、第 3 天、第 4 天、第 5 天的价格。

第 6 天的 5 日简单移动平均数则为：

$$\mathrm{SMA}_{t=6} = \frac{p_2 + p_3 + p_4 + p_5 + p_6}{5}$$

即去掉第一天的价格，加上第 6 天的价格 p_6，然后除以 5。同理，计算出第 7 天及之后的简单移动平均数，再用这些数据绘制时间序列图，就可以得到股价的简单移动平均曲线。

首先，读取青岛啤酒 2014 年以来的交易数据，提取收盘价，并绘制收盘价时序图。如图 30.1 所示。

```
#获取青岛啤酒交易数据
In [1]: import pandas as pd
   ...: import numpy as np
```

```
   ...: import matplotlib.pyplot as plt

In [2]: TsingTao=pd.read_csv('TsingTao.csv')
   ...: TsingTao.index=TsingTao.iloc[:,1]
   ...: TsingTao.index=pd.to_datetime(TsingTao.index, format='%Y-%m-%d')
   ...: TsingTao=TsingTao.iloc[:,2:]
   ...: TsingTao.head(n=3)
Out[2]:
             Open   High    Low  Close   Volume
Date
2014-01-02  48.80  48.98  46.90  47.81  2592800
2014-01-03  47.60  48.38  47.01  47.59  1560700
2014-01-06  47.63  47.79  46.62  46.70  1860900

#提取收盘价数据
In [3]: Close=TsingTao.Close


#绘制收盘价数据时序图
In [4]: plt.rcParams['font.sans-serif'] = ['SimHei']
   ...: plt.subplot(111)
   ...: plt.plot(Close,'k')
   ...: plt.xlabel('date')
   ...: plt.ylabel('Close')
   ...: plt.title('2014年青岛啤酒股票收盘价时序图')
Out[4]: <matplotlib.text.Text at 0x1d52bc53b70>
```

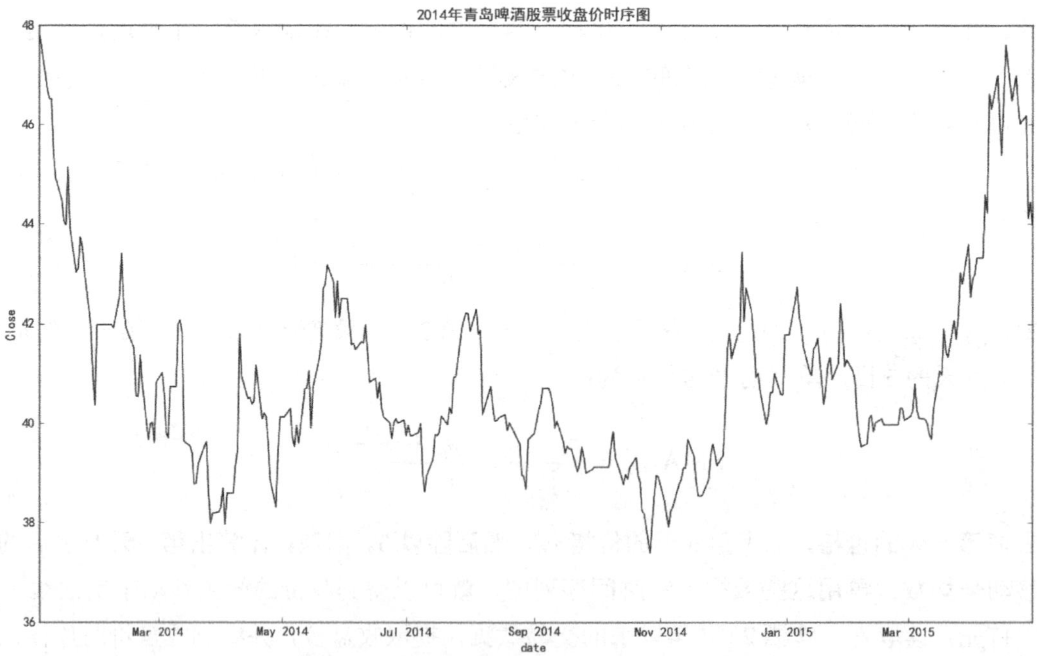

图 30.1 2014 年青岛啤酒股票收盘价时序图

接下来，用 Python 编写代码演示青岛啤酒收盘价的简单移动平均数的求值过程。如图 30.2 所示。

```
In [5]: Sma5=pd.Series(0.0,index=Close.index)

In [6]: for i in range(4,len(Close)):
   ...:     Sma5[i]=sum(Close[(i-4):(i+1)])/5
   ...:
   ...:

In [7]: Sma5.tail()
Out[7]:
Date
2015-04-24    46.522
2015-04-27    46.462
2015-04-28    45.936
2015-04-29    45.430
2015-04-30    44.950
dtype: float64

In [8]: plt.plot(Close[4:],label="Close",color='g')
   ...: plt.plot(Sma5[4:],label="Sma5",color='r',linestyle='dashed')
   ...: plt.title("青岛啤酒收盘价与简单移动平均线")
   ...: plt.ylim(35,50)
   ...: plt.legend()
Out[8]: <matplotlib.legend.Legend at 0xbf9aa20>
```

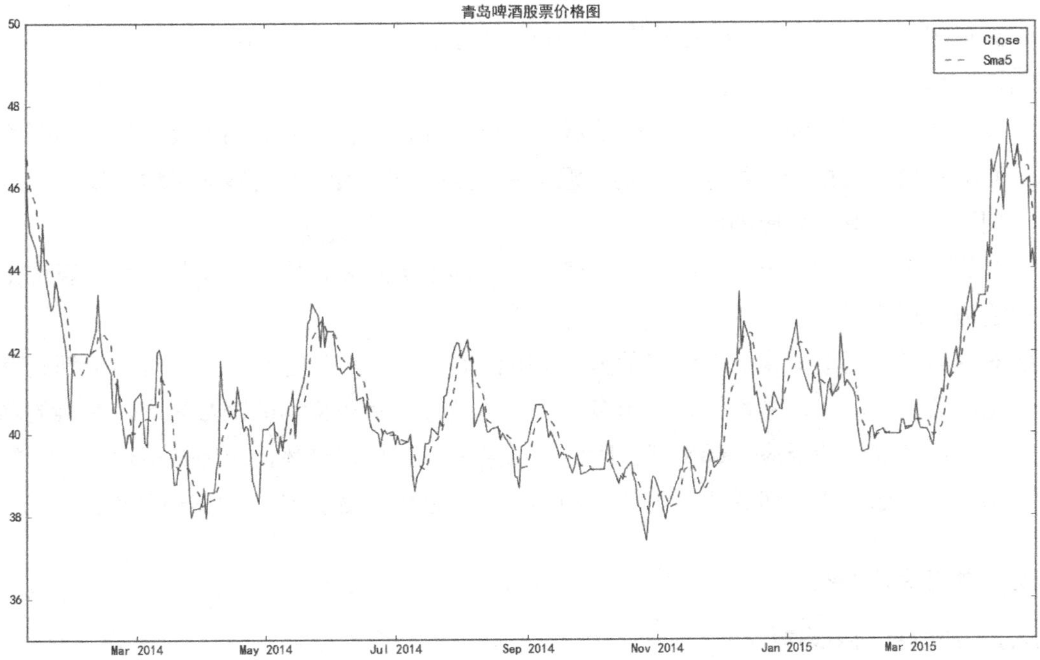

图 30.2　青岛啤酒 5 日简单移动平均线

30.1.2　简单移动平均函数

用 Python 编写一个计算k 期简单移动平均函数 smaCal( )，以实现数据的简单移动平均。具体代码如下：

```
In [1]: def smaCal(tsPrice,k):
   ...:     import pandas as pd
   ...:     Sma=pd.Series(0.0,index=tsPrice.index)
   ...:     for i in range(k-1,len(tsPrice)):
   ...:         Sma[i]=sum(tsPrice[(i-k+1):(i+1)])/k
   ...:     return(Sma)
   ...:
```

运用 smaCal( ) 函数计算简单移动平均价格。

```
In [2]: sma5=smaCal(Close,5)
In [3]: sma5.tail()
Out[3]:
Date
2015-04-24    46.522
2015-04-27    46.462
2015-04-28    45.936
2015-04-29    45.430
2015-04-30    44.950
dtype: float64
```

30.1.3 期数选择

移动平均的期数的选择对简单移动平均的修匀效果影响很大，要确定移动平均的期数，一般需要从以下三个方面考虑。

1. 事件发展的周期性。如果事件的发展具有周期性，一般应以周期长度作为移动平均的间隔长度。比如研究每年的平均气温变化趋势，对其做 12 期移动平均，以便通过周期平均消除季节效应的影响。
2. 对趋势平均性的要求。一般来说，移动平均的期数越多，修匀效果越平均，表现出的趋势就越清晰。
3. 对趋势反映近期变化敏感程度的要求。用移动平均方法确定事件的发展趋势都具有一定的滞后性。移动平均的期数越多，滞后性越大，移动平均的期数越少，所得的趋势图对近期变化的反应就越敏感。因此，如果想得到长期趋势，最好做期数比较大的移动平均；如果想密切关注序列的短期趋势，最好做期数比较小的移动平均。

30.2 加权移动平均

30.2.1 加权移动平均数

加权移动平均数与简单移动平均数不同，其并不是简单地把股票价格相加，而是对股价赋予一定的权重再相加。为什么会有加权移动平均线呢？回想一下，对股票价格求平均的目的即是得到一条能够代表股票价格的相对平均的曲线。根据人们对股票市场的一般认知，昨天的数据会比 10 天前的价格更能反映今天的股价情况。离当前时间越近的数据越具有代表性，越久远的数据越没有代表性。因此，在预测股价时，不同时期的股价数据具有不同的代表性。为了表示其代表性的高低，可以考虑先对股价赋予一定的权重，再求平均值。至于数据的选择，加权移动平均与简单移动平均采用了相同的方法。还是以 5 日的时间长度为例，5 日加权移动平均值的计算公式为：

$$\text{WMA}_{t=5} = w_1p_1 + w_2p_2 + w_3p_3 + w_4p_4 + w_5p_5$$

式中，w_1、w_2、w_3、w_4、w_5 为股价数据的权重且 $w_1 + w_2 + w_3 + w_4 + w_5 = 1$。同理，得出第 6 天及以后的加权移动平均数，再用这些数据绘制时间序列图，即可得到股价的加权移动平均曲线。

继续以青岛啤酒股票数据为例，求 5 日加权移动平均值。前面已经获取青岛啤酒的收盘价数据，接下来定义权重，进而求加权移动平均值。如图 30.3 所示。

```
#定义权重
In [1]: b=np.array([1,2,3,4,5])
   ...: w=b/sum(b)
   ...: w
Out[1]: array([0.06666667,0.13333333,0.2,0.26666667,0.33333333])


#根据青岛啤酒前5日收盘价来演示第5个交易日的加权平均数的求法
In [2]: m1Close=Close[0:5]
    ...: wec=w*m1Close
    ...: sum(wec)
Out[2]: 46.778666666666666

In [3]: Wma5=pd.Series(0.0,index=Close.index)
    ...: for i in range(4,len(Close)):
    ...:     Wma5[i]=sum(w*Close[(i-4):(i+1)])
    ...:
    ...: Wma5[2:7]
Out[3]:
Date
2014-01-06     0.000000
2014-01-07     0.000000
2014-01-08    46.778667
2014-01-09    46.250667
2014-01-10    45.710667
dtype: float64

In [4]: plt.rcParams['font.sans-serif'] = ['SimHei']
    ...: plt.plot(Close[4:],label="Close",color='g')
    ...: plt.plot(Wma5[4:],label="Swma5",color='r',linestyle='dashed')
    ...: plt.title("青岛啤酒收盘价加权移动平均线")
    ...: plt.ylim(35,50)
    ...: plt.legend()
Out[4]: <matplotlib.legend.Legend at 0x1d52be83ba8>
```

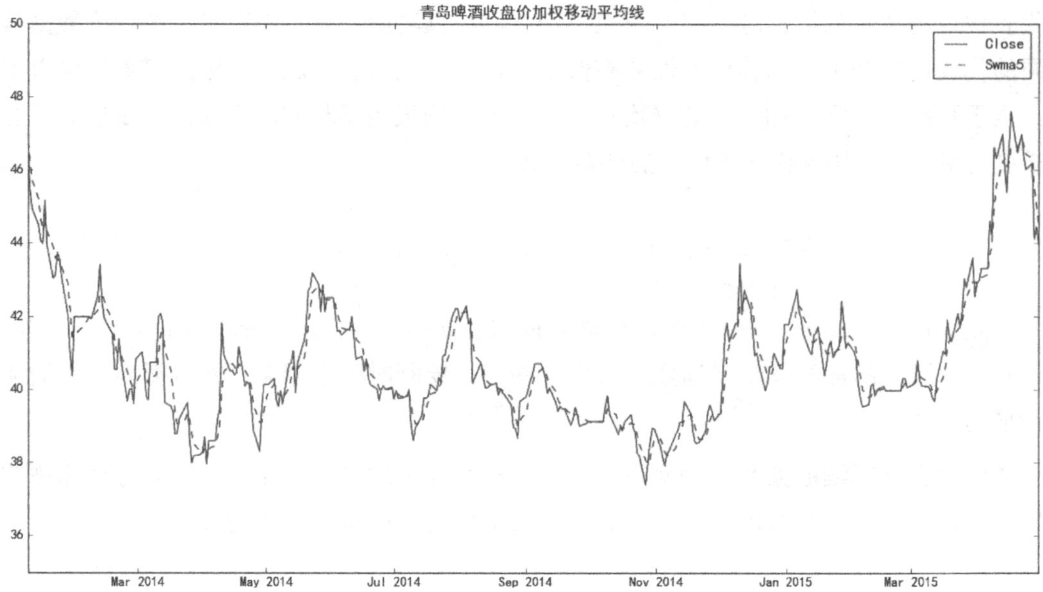

图 30.3 青岛啤酒 5 日加权移动平均线

30.2.2 加权移动平均函数

用 Python 编写一个加权移动平均的函数 wmaCal( )，以实现数据的加权移动平均。wmaCal( ) 函数定义代码如下：

```
In [1]: def wmaCal(tsPrice,weight):
   ...:     import pandas as pd
   ...:     import numpy as np
   ...:     k=len(weight)
   ...:     arrWeight=np.array(weight)
   ...:     Wma=pd.Series(0.0,index=tsPrice.index)
   ...:     for i in range(k-1,len(tsPrice.index)):
   ...:         Wma[i]=sum(arrWeight*tsPrice[(i-k+1):(i+1)])
   ...:     return(Wma)
   ...:
   ...:
```

用青岛啤酒股票的日收盘价数据来说明一下 wmaCal( ) 函数的使用方法。

```
#计算青岛啤酒价格的加权移动平均值
In [2]: wma5=wmaCal(Close,w)
   ...: wma5.head()
Out[2]:
Date
2014-01-02     0.000000
2014-01-03     0.000000
2014-01-06     0.000000
2014-01-07     0.000000
2014-01-08    46.778667
dtype: float64

In [3]: wma5_weight=wmaCal(Close,[0.1,0.15,0.2,0.25,0.3])
```

```
   ...: wma5_weight.tail()
Out[3]:
Date
2015-04-24    46.4585
2015-04-27    46.3580
2015-04-28    45.6385
2015-04-29    45.1405
2015-04-30    44.6605
dtype: float64
```

30.3　指数加权移动平均

30.3.1　指数加权移动平均数

实际上，指数加权移动平均数相当于一种特别的加权移动平均。在此仍以 5 日指数移动平均为例。我们先给定一个权重值，比如 0.2。由加权移动平均的定义可知，我们无法得到前 4 期的 5 日加权移动平均数，而只能得到从 5 期开始的平均数。假设第 5 期的 5 日加权移动平均数为 56.00，第 6 天的股票价格为 67.00，第 7 天的股价为 60.00。如果我们在计算第 6 期的加权移动平均数时，将第 5 期的加权移动平均数与第 6 期的股价作为加权的变数，将 0.8 和 0.2 作为二者的权重值，则第 6 期的加权移动平均数为 $0.8\times 56.00+0.2\times 67.00=58.20$。运用同样的方法，第 7 天的加权平均数为 $0.8\times 58.20+0.2\times 60.00=58.56$，如表 30.1 所示。

表 30.1　EWMA 计算表

日期	股价	权重	EWMA
5		0.2	56.00
6	67.00	0.2	$0.8\times 56.00+0.2\times 67.00=58.20$
7	60.00	0.2	$0.8\times 58.20+0.2\times 60.00=58.56$

将上述计算方法一般化，假设 p_t 表示股票第 t 期的价格，我们从第 k 期开始计算股价的加权移动平均数，且第 k 期的平均数计算非常简单，比如用前 k 期的股价之简单平均数求得，即：

$$\mathrm{EWMA}_{t=k}=\frac{p_1+p_2+\cdots+p_k}{k}$$

从第 $k+1$ 期开始，每一期的移动平均数为当期股价与上一期移动平均数之加权平均，权重分别为 α 和 $1-\alpha$，即：

$$\mathrm{EWMA}_{t=k+1}=p_{k+1}\times\alpha+\mathrm{EWMA}_{t=k}\times(1-\alpha)$$

第 $k+2$ 期指数加权移动平均数为：

$$\mathrm{EWMA}_{t=k+2}=p_{k+2}\times\alpha+\mathrm{EWMA}_{t=k+1}\times(1-\alpha)$$

$$= p_{k+2} \times \alpha + [p_{k+1} \times \alpha + \text{EWMA}_{t=k} \times (1-\alpha)] \times (1-\alpha)$$
$$= p_{k+2} \times \alpha + p_{k+1} \times \alpha(1-\alpha) + \text{EWMA}_{t=k} \times (1-\alpha)^2$$

依此类推，我们可以得出之后各期加权移动平均数。总的来说，当 $t \geqslant k+1$ 时，有：

$$\text{EWMA}_t = \alpha \left[p_t + p_{t-1} \times (1-\alpha) + \cdots + p_{k+1}(1-\alpha)^{t-k-1}\right] + \text{EWMA}_{t=k} \times (1-\alpha)^{t-k}$$

式中，$\text{EWMA}_{t=k} = \frac{p_1+p_2+\cdots+p_k}{k}$。在公式中，我们可以看到加权移动平均数是权重 $(1-\alpha)$ 的指数函数，因此这种计算移动平均数的方法被称为指数加权移动平均。而且根据公式还可以看出，股价的指数加权移动平均数 EWMA_t 是过去所有期的价格（$p_1, p_2, \cdots, p_t$）之加权平均，从当期往过去价格之权重呈现指数递减现象。若将各期指数加权移动平均数用折线图绘制出来，则可以得到股价的指数移动平均曲线。

还是以青岛啤酒股票为例，计算该股票收盘价的指数移动平均。再把指数移动平均用折线图绘制出来，就可以得到股价的指数移动平均曲线。如图 30.4 所示。

```
In [1]: Ema5_number1=np.mean(Close[0:5])

#计算第6天的指数移动平均数
In [2]: Ema5_number2=0.2* Close[5]+(1-0.2)*Ema5_number1
In [3]: Ema5=pd.Series(0.0,index=Close.index)
   ...: Ema5[4]=Ema5_number1
   ...: Ema5[5]=Ema5_number2

#计算第7天及以后的指数移动平均数
In [4]: for i in range(6,len(Close)):
   ...:     expo=np.array(sorted(range(i-4),reverse=True))
   ...:     w=(1-0.2)**expo
   ...:     Ema5[i]=sum(0.2*w*Close[5:(i+1)])+Ema5_number1*0.2**(i-5)
   ...:
   ...:
In [5]: Ema5.tail()
Out[5]:
Date
2015-04-24    46.283839
2015-04-27    46.263071
2015-04-28    45.832457
2015-04-29    45.555965
2015-04-30    45.242772
dtype: float64

In [6]: plt.rcParams['font.sans-serif'] = ['SimHei']
   ...: plt.plot(Close[4:],label="Close",color='k')
   ...: plt.plot(Ema5[4:],label="Ema5",\
   ...:          color='g',linestyle='-.')
   ...: plt.title("青岛啤酒收盘价指数移动平均线")
   ...: plt.ylim(35,50)
   ...: plt.legend()
Out[6]: <matplotlib.legend.Legend at 0x1d52bedb908>
```

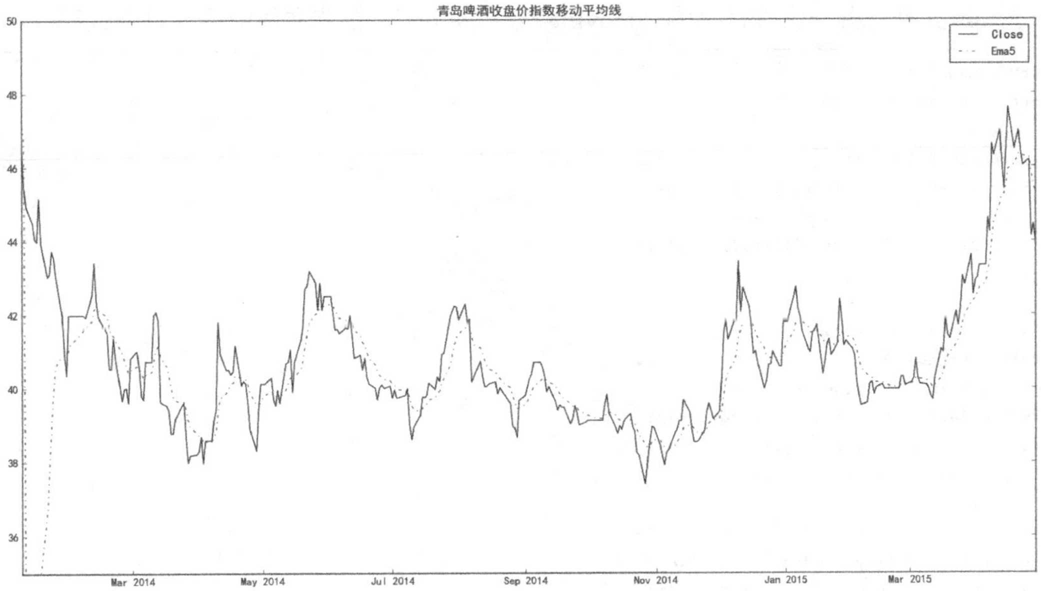

图 30.4　青岛啤酒 5 日指数移动平均线

30.3.2　指数加权移动平均函数

用 Python 定义指数加权移动平均函数 ewmaCal( )，函数定义及使用代码如下：

```
#指数加权移动平均函数
In [1]: def ewmaCal(tsprice,period=5,exponential=0.2):
   ...:     import pandas as pd
   ...:     import numpy as np
   ...:     Ewma=pd.Series(0.0,index=tsprice.index)
   ...:     Ewma[period-1]=np.mean(tsprice[:period])
   ...:     for i in range(period,len(tsprice)):
   ...:         Ewma[i]=exponential*tsprice[i]+(1-exponential)*Ewma[i-1]
   ...:     return(Ewma)
   ...:
   ...:
In [2]: Ewma=ewmaCal(Close,5,0.2)
In [3]: Ewma.head()
Out[3]:
Date
2014-01-02      0.000
2014-01-03      0.000
2014-01-06      0.000
2014-01-07      0.000
2014-01-08     47.024
dtype: float64
```

30.4　创建 movingAverage 模组

在介绍简单移动平均、加权移动平均和指数加权移动平均的相关求法时，分别定义了求这三种均值的函数。为了以后方便调用这些函数，我们将其综合在一个新的模组中。创建一个.py 文件，并将文件命名为“movingAverage.py”，在该文件中输入以下代码：

```
import pandas as pd
import numpy as np

def smaCal(tsPrice,k):
    Sma=pd.Series(0.0,index=tsPrice.index)
    for i in range(k-1,len(tsPrice)):
        Sma[i]=sum(tsPrice[(i-k+1):(i+1)])/k
    return(Sma)

def wmaCal(tsPrice,weight):
   k=len(weight)
   arrWeight=np.array(weight)
   Wma=pd.Series(0.0,index=tsPrice.index)
   for i in range(k-1,len(tsPrice.index)):
       Wma[i]=sum(arrWeight*tsPrice[(i-k+1):(i+1)])
   return(Wma)

def ewmaCal(tsprice,period=5,exponential=0.2):
   Ewma=pd.Series(0.0,index=tsprice.index)
   Ewma[period-1]=np.mean(tsprice[:period])
   for i in range(period,len(tsprice)):
       Ewma[i]=exponential*tsprice[i]+\
              (1-exponential)*Ewma[i-1]
   return(Ewma)
```

并将该文件保存到当前工作路径下。通过导入 movingAverage 模组来调用这些函数。若要求青岛啤酒收盘价的 10 日加权移动平均价，则可以通过以下代码实现：

```
In [1]: import movingAverage as ma
In [2]: Ewma10=ma.ewmaCal(Close,10,0.2)
In [3]: Ewma10.tail(n=3)
Out[3]:
Date
2015-04-28    45.832457
2015-04-29    45.555965
2015-04-30    45.242772
dtype: float64
```

30.5 常用平均方法的比较

以上几种平均方法的区别主要体现在以下两个方面。

1. **使用全局数据还是局部数据**

   对于移动平均法（包括简单移动平均和加权移动平均）所利用的数据都是局部的，即使用过去 n 期的数据进行平均。而指数加权移动平均法，则使用的是全局（全部）数据。对于计算方式的差别，读者再回顾一下这两种方法的公式，便能一目了然。

   - 简单移动平均：$a_t = \dfrac{x_t + x_{t-1} + x_{t-2} + \ldots + x_{t-n+1}}{n}$；
   - 加权移动平均法：$a_t = w_0 x_t + w_1 x_{t-1} + \ldots + w_n x_{t-n+1}$；

- 指数加权移动平均法：$a_t = \alpha x_t + \alpha(1-\alpha)x_{t-1} + \alpha(1-\alpha)^2 x_{t-2} + \dots$。

2. **使用同等权重还是差别权重。**

   加权移动平均法和指数加权移动平均法，皆对不同时点的数据赋予不同的权重：比如对于较近的数据赋予较大的权重，而对于时间间隔较远的数据则赋予较小的权重。因此，上述两种方法更加重视对近期信息的利用。虽然两者都可以对近期数据赋予较大的权重，但其权重的生成方法还是有差别的。在指数加权移动平均法中，各期权重随时间间隔的增大而呈指数衰减。而加权移动平均法权重的确定则相对主观一些，通常根据专家建议或者历史经验而确定。简单移动平均法则对每一个数据都赋予相同的权重，即平均期数的倒数，简单移动平均法对于每个时点的历史数据都采取相同的重视程度。

30.6　中国银行股价数据与均线分析

了解完几种均线的计算过程和求值方法以后，我们另选中国银行股票交易数据进行均线分析，用 Python 编写代码绘制出中国银行股票日度交易数据。

1. 提取出收盘价数据，并对收盘价进行总结分析。

```
# 获取中国银行的股票数据
In [1]: import pandas as pd
   ...: import numpy as np
   ...: import matplotlib.pyplot as plt
   ...: import movingAverage as ma
   ...:

In [2]: ChinaBank=pd.read_csv('ChinaBank.csv')
   ...: ChinaBank.index=ChinaBank.iloc[:,1]
   ...: ChinaBank.index=pd.to_datetime(ChinaBank.index, format='%Y-%m-%d')
   ...: ChinaBank=ChinaBank.iloc[:,2:]

In [3]: CBClose=ChinaBank.Close
   ...: CBClose.describe()
Out[3]:
count    345.000000
mean       3.145739
std        0.775868
min        2.450000
25%        2.600000
50%        2.700000
75%        3.890000
max        5.060000
Name: Close, dtype: float64
```

2. 提取出中国银行 2015 年的收盘价数据，以 10 天为时间跨度，计算中国银行股价的 10 日简单移动平均价（sma10）、加权移动平均价（wma10）和指数移动平均价（ema10）。

```
In [4]: Close15=CBClose['2015']
```

```
In [5]: Sma10=ma.smaCal(Close15,10)
   ...: Sma10.tail(n=3)
Out[5]:
Date
2015-04-28    4.815
2015-04-29    4.841
2015-04-30    4.845
dtype: float64

In [6]: weight=np.array(range(1,11))/sum(range(1,11))
   ...: Wma10=ma.wmaCal(Close15,weight)
   ...: Wma10.tail(n=3)
Out[6]:
Date
2015-04-28    4.834364
2015-04-29    4.862545
2015-04-30    4.862364
dtype: float64

In [7]: expo= 2/(len(Close15)+1)
   ...: Ema10=ma.ewmaCal(Close15,10,expo)
   ...: Ema10.tail(n=3)
Out[7]:
Date
2015-04-28    4.427053
2015-04-29    4.439534
2015-04-30    4.448741
dtype: float64
```

3. 绘制出中国银行股价、简单移动平均价、加权移动平均价和指数移动平均价的曲线图，直观展示均线走势、波动情况和差异性。如图 30.5 所示。

```
In [8]: plt.rcParams['font.sans-serif'] = ['SimHei']
   ...: plt.plot(Close15[10:],label="Close",color='k')
   ...: plt.plot(Sma10[10:],label="Sma10",color='r',linestyle='dashed')
   ...: plt.plot(Wma10[10:],label="Wma10",color='b',linestyle=':')
   ...: plt.plot(Ema10[10:],label="Ema10",color='G',linestyle='-.')
   ...: plt.title("中国银行价格均线")
   ...: plt.ylim(3.5,5.5)
   ...: plt.legend()
Out[8]: <matplotlib.legend.Legend at 0x1e8fa578cc0>
```

简单移动平均数（SMA）是对前 n 期的价格求算术平均，随着时间点的推移加入新的价格，并剔除原有价格序列的第一个价格。简单移动平均数对不同时间点的价格序列赋予了同等的权重。加权移动平均数（WMA）则在计算平均数时，赋予个别价格数据不同权重，一般近期的数据权重大，远期的数据权重低。指数移动平均数类似于加权移动平均数，是以指数式递减加权的移动平均。

从图 30.5 可以看到，3 条均线对原有的收盘价曲线都进行了一定程度的平均。就 10 日均线来说，简单移动平均线、加权移动平均线和指数移动平均线这三条曲线走势类似，而且几乎重合。在上升或者下降趋势上，这 3 条均线对收盘价曲线都有一定的滞后性。

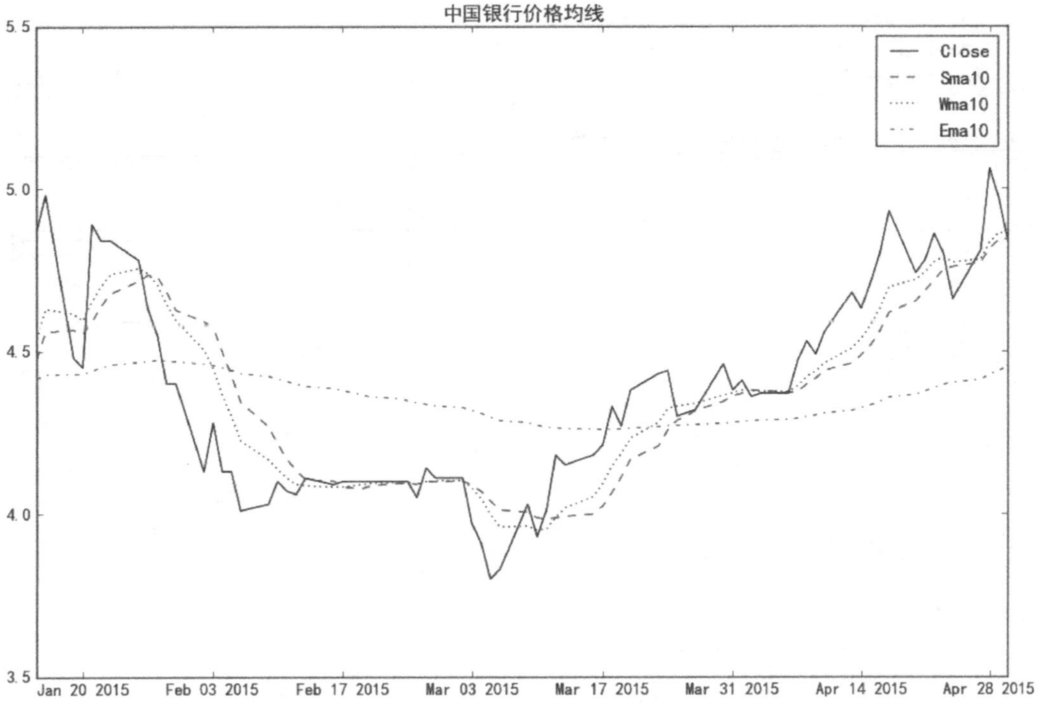

图 30.5　中国银行股票收盘价的均线时序图

30.7　均线时间跨度

无论是简单移动平均线、加权移动平均线还是指数移动平均线，时间跨度的选择都很重要。股票数据可以是实时数据，也可以是以日为单位的数据。在时间跨度选择上，可以选择以分为单位，也可以选择以日、周、月、季度甚至年为单位。以日为单位，可以刻画 5 日均线、10 日均线、20 日均线、25 日均线等；以周为单位，可以有 5 周均线、10 周均线等；以月为单位，可以有 3 个月均线、12 个月均线、24 个月均线等。均线的时间跨度选择根据实际要分析的问题来确定。不同时间跨度的均线对于价格趋势的刻画和敏感度会有差别。均线一般分为短期均线和长期均线，但所谓的短期和长期并没有明确的区分界限。与 18 个月的均线相比，20 日均线可以看作短期均线。如果只在 5 日均线和 20 日均线中区分短期均线和长期均线，我们往往会把 5 日均线叫作短期均线，20 日均线称作长期均线。

定义 5 日简单移动平均线为短期均线，30 日简单移动平均线为长期均线，然后运用中国银行 2015 年的价格数据，画出中国银行 2015 年收盘价的短期均线与长期均线。如图 30.6 所示。

```
In [9]: Sma5=ma.smaCal(Close15,5)
   ...: Sma30=ma.smaCal(Close15,30)

In [10]: plt.rcParams['font.sans-serif'] = ['SimHei']
    ...: plt.plot(Close15[30:],label="Close",color='k')
    ...: plt.plot(Sma5[30:],label="Sma5",color='b',linestyle='dashed')
    ...: plt.plot(Sma30[30:],label="Sma30",color='r',linestyle=':')
```

```
   ...: plt.title("中国银行股票价格的长短期均线")
   ...: plt.ylim(3.5,5.5)
   ...: plt.legend()
   ...:
Out[10]: <matplotlib.legend.Legend at 0x1e8f94055c0>
```

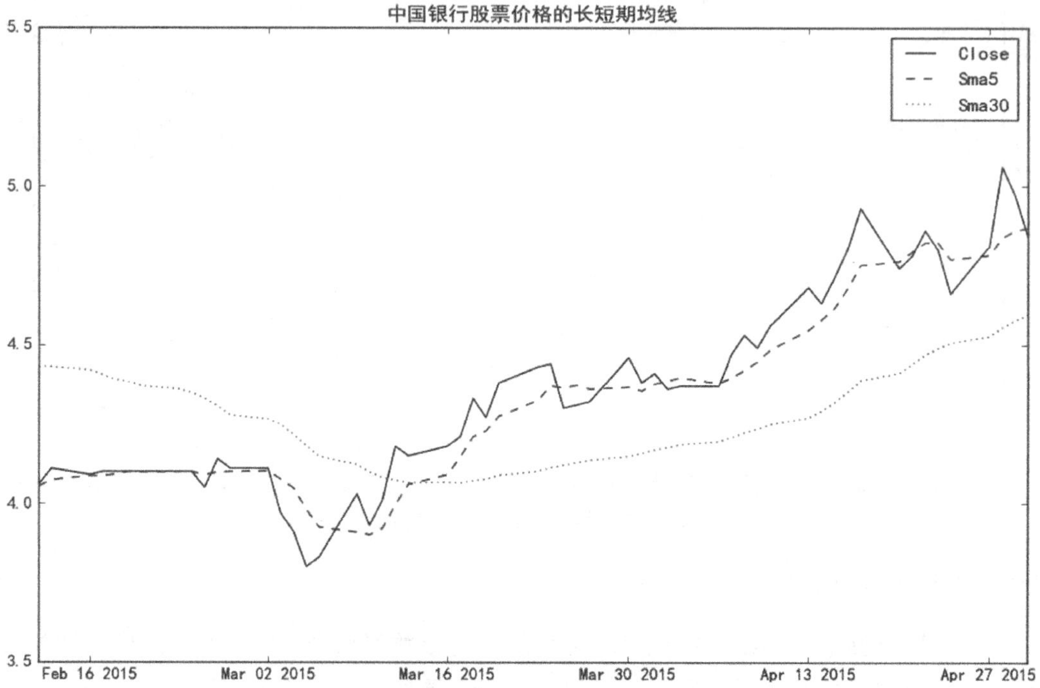

图 30.6 中国银行收盘价的短期与长期均线图

从中国银行收盘价的短期与长期均线图中发现，Sma5 线对收盘价进行简单平均，刻画出收盘价的周趋势，5 日简单移动平均线对收盘价线较为敏感，Sma5 和收盘价线的上下走势基本上一致。而 Sma30 较为平均，刻画的是收盘价的月度趋势。与 Sma5 相比，Sma30 对于收盘价的敏感性比较小，波动率也较小。Sma5 线相对于价格线有压力与支撑的意义；当价格线向下突破 Sma5 线时，价格短期处于向下趋势。当价格线向上突破 Sma5 线时，价格短期处于上升趋势。如果价格线向下没有突破 Sma5 线，则价格未来可能有上涨的趋势。

30.8 中国银行股票均线系统交易

均线系统策略的直觉是短期趋势与长期趋势的消长，不同的消长变化对交易有不同的指导意义，下面分别演示一些简单的例子。

30.8.1 简单移动平均线制定中国银行股票的买卖点

价格的移动平均线可以解读为价格的压力线和支撑线。一般而言，当股票处于上涨行情中，若均线处于价格线的上方，均线起到压力线的作用。如果价格曲线向上穿过压力线，则表明价格有较强的上涨趋势，这个穿越释放出买入信号。反之，在下跌行情中，在价格线的下方的均线起到支撑的作用。如果价格线向下穿越均线，说明价格下跌趋势较强烈，则释放出卖出信号。

比如，根据价格线与 10 日简单移动平均线来寻找中国银行股票 2014 年—2015 年 4 月份的买卖点。

```
In [1]: CBSma10=ma.smaCal(CBClose,10)

In [2]: SmaSignal=pd.Series(0,index=CBClose.index)
   ...: for i in range(10,len(CBClose)):
   ...:     if all([CBClose[i]>CBSma10[i],CBClose[i-1]<CBSma10[i-1]]):
   ...:         SmaSignal[i]=1;
   ...:     elif all([CBClose[i]<CBSma10[i],CBClose[i-1]>CBSma10[i-1]]):
   ...:          SmaSignal[i]=-1;
   ...:
   ...:

In [3]: SmaTrade=SmaSignal.shift(1).dropna()
   ...: SmaTrade.head(n=3)
Out[3]:
Date
2014-01-03    0
2014-01-06    0
2014-01-07    0
dtype: float64
```

运用 Python 来捕捉价格线从下向上穿 10 日均线和从上向下穿 10 日均线的日期，当价格线向上突破 10 日均线时，释放出买入信号；当向下突破 10 日均线时，释放出卖出信号。具体执行买卖交易的时点设为买卖信号出现后的第 2 期，然后评价此交易策略的好坏。

```
In [4]: SmaBuy=SmaTrade[SmaTrade==1]
   ...: SmaBuy.head(n=3)
Out[4]:
Date
2014-01-23    1
2014-01-29    1
2014-02-11    1
dtype: float64

In [5]: SmaSell=SmaTrade[SmaTrade==-1]
   ...: SmaSell.head(n=3)
Out[5]:
Date
2014-01-24   -1
2014-02-10   -1
2014-02-25   -1
dtype: float64

#计算单期日收益率
In [6]: CBRet=CBClose/CBClose.shift(1)-1
   ...: SmaRet=(CBRet*SmaTrade).dropna()
```

```
#累积收益率表现
In [7]: cumStock=np.cumprod(1+CBRet[SmaRet.index[0]:])-1
   ...: cumTrade=np.cumprod(1+SmaRet)-1
   ...: cumdata=pd.DataFrame({'cumTrade':cumTrade,\
   ...:                       'cumStock':cumStock})
   ...: cumdata.iloc[-6:,:]
Out[7]:
            cumStock  cumTrade
Date
2015-04-23  0.839080 -0.100261
2015-04-24  0.785441 -0.100261
2015-04-27  0.842912 -0.129223
2015-04-28  0.938697 -0.083964
2015-04-29  0.904215 -0.083964
2015-04-30  0.854406 -0.083964

#绘制累积收益率图
In [8]: plt.plot(cumStock,label="cumStock",color='k')
   ...: plt.plot(cumTrade,label="cumTrade",color='r',linestyle=':')
   ...: plt.title("股票本身与均线交易的累积收益率")
   ...: plt.legend()
Out[8]: <matplotlib.legend.Legend at 0x1e8fae9e7b8>
```

如图 30.7 所示，可以看出简单均线交易策略的累计收益率较小。接下来，计算 10 日简单均线交易策略买卖点预测的准确率。

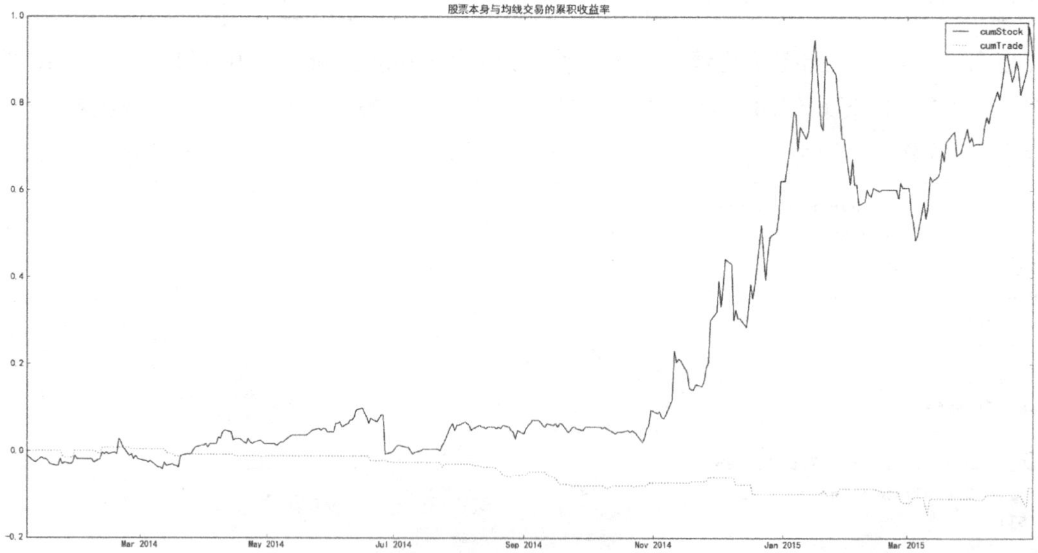

图 30.7 简单均线交易绩效表现

```
#求买卖点预测准确率
In [9]: SmaRet[SmaRet==(-0)]=0
   ...: smaWinrate=len(SmaRet[SmaRet>0])/len(SmaRet[SmaRet!=0])
   ...: smaWinrate
Out[9]: 0.3157894736842105
```

从代码结果可以看出，单纯从中国银行股票来说，10 日简单均线交易策略的买卖点预测准确率较低。

30.8.2 双均线交叉捕捉中国银行股票的买卖点

双均线交叉策略的思想是利用长短期均线的相对关系，来识别价格趋势的变化。其策略制定过程有三个步骤。

（1） 先求出短期均线和长期均线；

（2） 当短期均线从下向上穿过长期均线时，释放出买入信号；

（3） 当短期均线从上向下穿过长期均线时，释放出卖出信号。

再次提醒读者，短期和长期的时间跨度是因人而异的。

比如，选择 5 日简单移动平均线为短期线，30 日简单移动平均线为长期线。运用长短期均线交叉策略的思想，用 Python 捕捉长短期均线突破点，并且制定中国银行股票 2014 年 1 月到 2015 年 4 月份的买卖交易点。

```
#计算5日sma
#计算30日sma
In [10]: Ssma5=ma.smaCal(CBClose,5);
    ...: Lsma30=ma.smaCal(CBClose,30);
```

接下来，寻找买卖交易信号并制定交易执行日期。

```
In [11]: SLSignal=pd.Series(0,index=Lsma30.index)
    ...: for i in range(1,len(Lsma30)):
    ...:     if all([Ssma5[i]>Lsma30[i],Ssma5[i-1]<Lsma30[i-1]]):
    ...:         SLSignal[i]=1
    ...:     elif all([Ssma5[i]<Lsma30[i],Ssma5[i-1]>Lsma30[i-1]]):
    ...:          SLSignal[i]=-1
    ...:
    ...:

In [12]: SLSignal[SLSignal==1]
Out[12]:
Date
2014-03-26    1
2014-05-13    1
2014-07-29    1
2014-09-05    1
2014-10-06    1
2014-10-31    1
2015-03-16    1
dtype: int64

In [13]: SLSignal[SLSignal==-1]
Out[13]:
Date
2014-03-03   -1
2014-05-02   -1
2014-06-27   -1
```

```
2014-08-29    -1
2014-09-23    -1
2014-10-08    -1
2015-02-03    -1
dtype: int64

In [14]: SLTrade=SLSignal.shift(1)

In [15]: Long=pd.Series(0,index=Lsma30.index)
    ...: Long[SLTrade==1]=1
    ...: CBRet=CBClose/CBClose.shift(1)-1
    ...: LongRet=(Long*CBRet).dropna()
    ...: winLrate=len(LongRet[LongRet>0])/len(LongRet[LongRet!= 0] )
    ...: winLrate
Out[15]: 0.5
#从winLrate的值为0.5可以看出，
#双均线交叉捕捉买入点的预测准确率为50%。

#计算卖出点的预测获胜率
In [16]: Short= pd.Series(0,index=Lsma30.index)
    ...: Short[SLTrade==-1]=-1
    ...: ShortRet=(Short*CBRet).dropna()
    ...: winSrate=len(ShortRet[ShortRet>0])/len(ShortRet[ShortRet!=0])
    ...: winSrate
Out[16]: 0.4
#双均线交叉捕捉卖出点的预测准确率为40%

#计算所有买卖点的预测获胜率
In [17]: SLtradeRet=(SLTrade*CBRet).dropna()
    ...: winRate= len(SLtradeRet[SLtradeRet>0])/len(\
    ...: SLtradeRet[SLtradeRet!=0])
    ...: winRate
Out[17]: 0.4444444444444444
```

根据上述双均线交易策略发现的买卖点日期，制定三种交易策略，即只进行买入点交易、卖出交易，以及既有买入交易又有卖出交易，对比分析这三种交易策略的绩效表现，结果如图 30.8 所示。

```
In [18]: cumLong=np.cumprod(1+LongRet)-1
    ...: cumShort=np.cumprod(1+ShortRet)-1
    ...: cumSLtrade=np.cumprod(1+SLtradeRet)-1

In [19]: plt.rcParams['axes.unicode_minus'] = False
    ...: plt.plot(cumSLtrade,label="cumSLtrade",color='k')
    ...: plt.plot(cumLong, label="cumLongtrade",\
    ...:          color='b',linestyle='dashed')
    ...: plt.plot(cumShort,label="cumShorttrade",\
    ...:          color='r',linestyle=':')
    ...: plt.title("长短期均线交易累计收益率")
    ...: plt.legend(loc='best')
Out[19]: <matplotlib.legend.Legend at 0x1e8fb011e48>
```

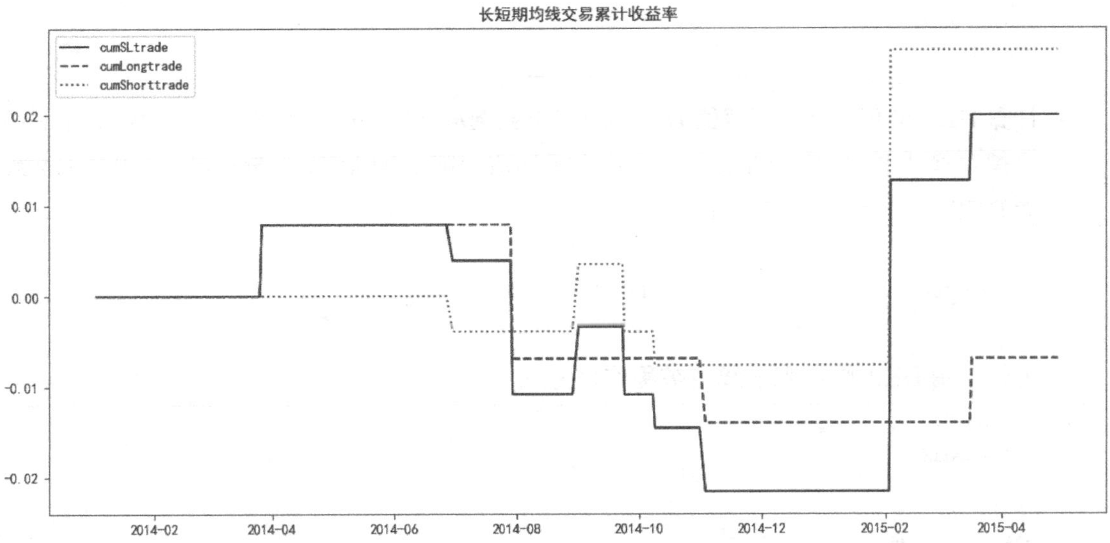

图 30.8 长短期均线交易绩效表现

30.9 异同移动平均线（MACD）

异同均线（Moving Average Convergence / Divergence）是由指数均线演变过来，由 Gerald Appel 在 20 世纪 70 年代提出，是股票分析中一种常见的指标。MACD 指标由两线一柱组合起来形成，快速线为 DIF，慢速线为 DEA，柱状图为 MACD。快速线 DIF 一般由 12 日指数加权移动平均值减掉 26 日指数加权移动平均值得到，慢速线 DEA 是 DIF 的 9 日指数加权移动平均值。柱状图 MACD 由快速线 DIF 与慢速线 DEA 作差得到。MACD 指标可以反映出股票近期价格走势的能量和变化强度，通过分析快慢速线和柱状图来把握股票的买入和卖出点。一般默认 MACD 的求值参数为 12、26 和 9，在投资实践中，可以对这些参数进行优化。

30.9.1 MACD 的求值过程

- 计算离差值 DIF，DIF 的计算方式为 12 日指数移动平均值 $\text{EMA}_{(close,\ 12)}$ 减去 26 日指数移动平均值 $\text{EMA}_{(close,\ 26)}$，数学公式表达为：

$$\text{DIF} = \text{EMA}_{(close,\ 12)} - \text{EMA}_{(close,\ 26)}$$

以中国银行股票交易数据为例，用 Python 来计算离差值 DIF。

```
In [1]: DIF=ma.ewmaCal(CBClose,12,2/(1+12))\
   ...:          -ma.ewmaCal(CBClose,26,2/(1+26))
   ...: DIF.tail(n=3)
Out[1]:
Date
2015-04-28    0.150903
2015-04-29    0.155585
```

```
2015-04-30    0.147109
dtype: float64
```

- 计算 DEA 的值。求出离差值 DIF 以后，一般选取 9 日为时间跨度，求离差值 DIF 的 9 日指数移动平均值 $\text{EMA}_{(DIF,\ 9)}$，这个平均值也就是 MACD 的衡量指标。用 DEA 或者 DEF 来表示这一均值，即：

$$\text{DEA} = \text{EMA}_{(DIF,\ 9)}$$

另外，由 DEA 画出来的线也被称作信号线。

```
In [2]: DEA=ma.ewmaCal(DIF,9,2/(1+9))
   ...: DEA.tail()
Out[2]:
Date
2015-04-24    0.133966
2015-04-27    0.133887
2015-04-28    0.137290
2015-04-29    0.140949
2015-04-30    0.142181
dtype: float64
```

- 计算 MACD 的值：

$$\text{MACD} = \text{DIF} - \text{DEA}$$

```
In [3]: MACD=DIF-DEA
   ...: MACD.tail(n=3)
Out[3]:
Date
2015-04-28    0.013613
2015-04-29    0.014636
2015-04-30    0.004928
dtype: float64
```

- 绘制两条信号线 DIF 和 DEA 与一个柱状图 MACD。如图 30.9 所示。

```
In [4]: plt.rcParams['font.sans-serif'] = ['SimHei']
   ...: plt.subplot(211)
   ...: plt.plot(DIF['2015'],\
   ...:       label="DIF",color='k')
   ...: plt.plot(DEA['2015'], label="DEA",\
   ...:         color='b',linestyle='dashed')
   ...: plt.title("信号线DIF与DEA")
   ...: plt.legend()
   ...: plt.subplot(212)
   ...: plt.bar(left=MACD['2015'].index,\
   ...:         height=MACD['2015'],\
   ...:         label='MACD',color='r')
   ...: plt.legend()
Out[4]: <matplotlib.legend.Legend at 0x1e8fb2e1b70>
```

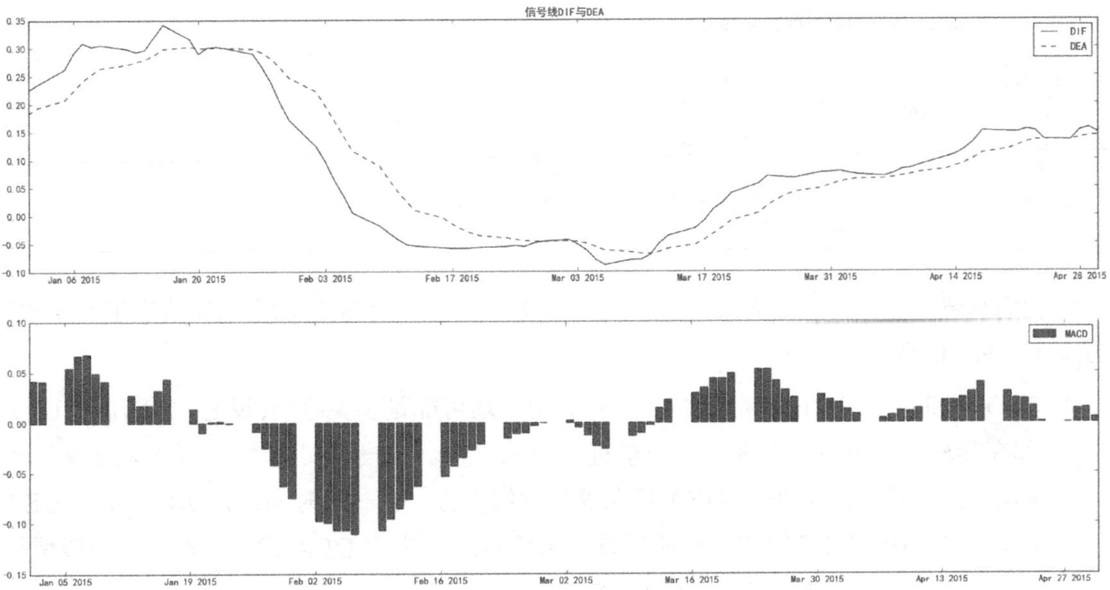

图 30.9 信号线与 MACD

30.9.2 异同均线（MACD）捕捉中国银行股票的买卖点

MACD 是投资实战中被投资者广泛使用的指标，由双移动平均线发展变化而来，再引入一个新的指标（DIF）来刻画短期和长期移动平均线的聚合与差离，并对双均线的差离再次平均，得到一条信号线（DEA）。如图 30.10 所示。

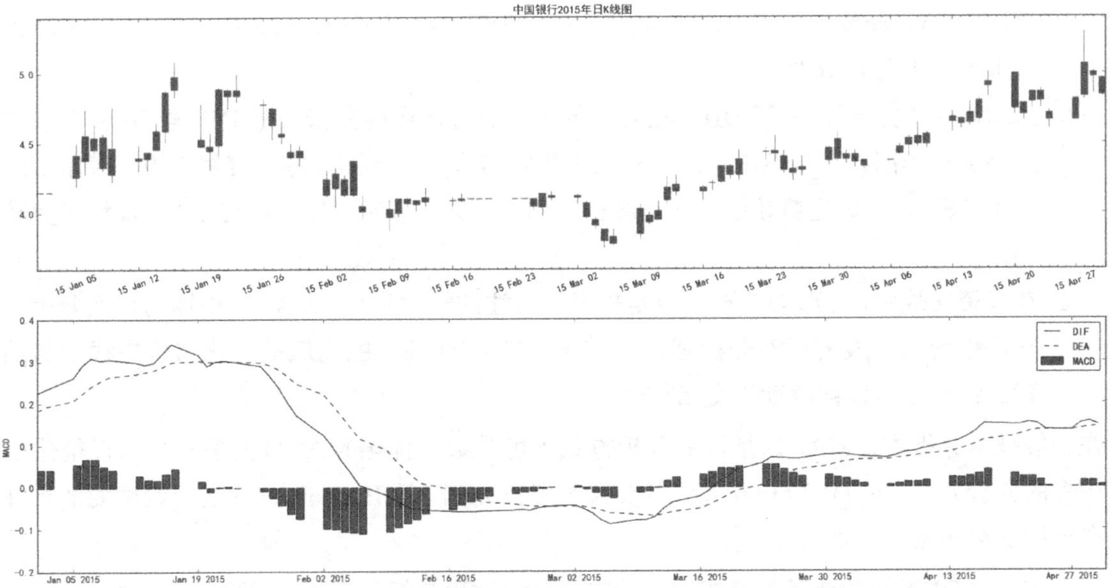

图 30.10 中国银行股票 2015 年的 K 线图与 MACD

```
In [5]: macddata=pd.DataFrame()
   ...: macddata['DIF']= DIF['2015']
   ...: macddata['DEA']= DEA['2015']
```

```
   ...: macddata['MACD']= MACD['2015']

#candle模组是本书自定义模组，在前面章节有介绍
In [6]: import candle
   ...: candle.candleLinePlots(ChinaBank['2015'],\
   ...:                candleTitle='中国银行2015年日K线图',\
   ...:                splitFigures=True,Data=macddata,\
   ...:                ylabel='MACD')
```

我们阐述一些常用的 MACD 交易思想。图 30.10 下方 MACD 图中的实线表示 DIF，虚线表示 DEA 信号线。

1. 当 DIF 和 DEA 都在零刻度线上方时，表明市场可能是多头行情；反之，当 DIF 和 DEA 都在零刻度下方时，表明市场可能处于空头行情。在投资实战中，“零上双金叉”策略广为人们使用。DIF 和 DEA 都在零刻度线上方，在一段时间内，DIF 先上穿 DEA 线，不久 DIF 下跌到 DEA 线的下方，然后 DIF 又上穿 DEA 线，此时，说明股票价格上升趋势较强，市场处于上涨行情中。
2. 当 DIF 下穿信号线 DEA 时，释放出买入信号；当 DIF 向上穿过信号线 DEA 时，释放出卖出信号。在中国银行 2015 年交易行情中，DIF 几乎都处于 DEA 的上方，两条线相交的次数较少，释放出的买卖信号也较少。在 2015 年 3 月 4 日附近，DIF （实线）从上向下穿越 DEA（虚线），DIF 和 DEA 的取值都小于 0；观察 K 线图，可以推测市场可能处于下跌行情。在 3 月 9 日附近，两条线都呈现上升趋势，DIF 从下向上穿越 DEA，释放出市场慢慢走强的信号。观察 K 线图可知，从 3 月 9 日以后，市场大体上处于上升行情中。
3. MACD 中的柱形图表示 DIF 与 DEA 的差值。柱形图的高低表示 DIF 与 DEA 差值的大小。柱形图在零刻度附近时，释放出买卖信号。柱形图在零刻度线上方，表示 DIF 大于 DEA，市场走势较强；柱形图在零刻度下方，表示 DIF 小于 DEA，市场走势较弱。
4. 在投资实战中，柱形图的形态也是投资者关注的一大焦点，MACD 指标的形态分析方法可以套用一般的形态分析理论与方法。MACD 柱形图高低的变化与价格线走势的背离情况也可以被解读为交易信号。

在一般技术分析中，MACD 指标的分析方式不可悉数，优化 MACD 的参数也可以衍生出更多的分析方式。以 DIF 与 DEA 线的交叉与背离为例，用 Python 刻画这一策略的情景并自动捕捉买卖点。

DIF 与 DEA 线的交叉与背离这一策略的分析过程包括如下 3 个步骤。

（1） 先求出 DIF（差离值，快线）、DEA（信号线，慢线）的值；

（2） DIF、DEA 均为正，DIF 向上突破 DEA，买入信号；

（3） DIF、DEA 均为负，DIF 向下跌破 DEA，卖出信号。

DIF 和 DEA 两条线向上穿越或者向下穿越与短期均线 sma5 和长期均线 sma30 的交叉的 Python 代码编写思路大致相同。

```
In [7]: macdSignal=pd.Series(0,index=DIF.index[1:])
   ...: for i in range(1,len(DIF)):
   ...:     if all([DIF[i]>DEA[i]>0.0,DIF[i-1]<DEA[i-1]]):
   ...:         macdSignal[i]=1
   ...:     elif all([DIF[i]<DEA[i]<0.0,DIF[i-1]>DEA[i-1]]):
   ...:         macdSignal[i]=-1
   ...:
      .

In [8]: macdSignal.tail()
Out[8]:
Date
2015-04-24    0
2015-04-27    0
2015-04-28    1
2015-04-29    0
2015-04-30    0
dtype: int64

In [9]: macdTrade=macdSignal.shift(1)

In [10]: CBRet=CBClose/CBClose.shift(1)-1
   ...: macdRet=(CBRet*macdTrade).dropna()
   ...: macdRet[macdRet==-0]=0
   ...: macdWinRate=len(macdRet[macdRet>0])/len(macdRet[macdRet!=0])
   ...: macdWinRate
Out[10]: 0.5
```

30.10 多种均线指标综合运用模拟实测

通过前面小节的叙述可知，简单移动平均线、双均线交叉和异同移动平均线均可用于捕捉买卖点。现在将这 3 个交易策略综合在一起，共同捕捉买卖点。尝试运用多种指标捕捉买卖点，一方面可以捕捉到更多的买卖点[1]；另一方面，在买卖点信号方面，不同指标释放的交易信号甚至可能会相反。比如，简单移动平均线是在某一交易日期放出买入信号，而双均线交叉策略在当期释放出卖出信号。多种指标分析有助于我们多方面研判市场行情，交易决策的制定会更加谨慎，进而有可能提高交易策略的获胜率。

在实际交易时，我们会有交易资金、购买股票的份额等方面的考虑。在综合运用多种均线指标制定交易策略时，除了捕捉买卖点以外，还可以把交易资金、购买股票的份额等实际因素考虑进去。在以下交易策略的制定上，我们考虑下面的三大问题。

（1） 计算指标，制定买卖交易信号。

（2） 设定初始资金，有交易信号时，进行买卖交易。

（3） 投资交易的回测与评价。

[1]注意，不同指标捕捉的买卖点信号不一定一致；而有信号也并不代表我们可以不假思索就据以买卖。

接下来，计算 3 种均线指标、刻画交易思想、捕捉买卖点信号并实践交易模型。

- 首先，将上述 3 种策略捕捉的买卖点信号综合在一起，计算新的买卖交易信号；

```
#合并交易信号
In [1]: AllSignal=SmaSignal+SLSignal+macdSignal

In [2]: for i in AllSignal.index:
   ...:     if AllSignal[i]>1:
   ...:         AllSignal[i]=1
   ...:     elif AllSignal[i]<-1:
   ...:         AllSignal[i]=-1
   ...:     else:
   ...:         AllSignal[i]=0
   ...:
   ...:

In [3]: AllSignal[AllSignal==1]
Out[3]:
Date
2014-05-13    1
2015-01-21    1
dtype: int64

In [4]: AllSignal[AllSignal==-1]
Out[4]:
Date
2014-06-27   -1
2014-10-08   -1
2015-03-03   -1
dtype: int64
In [5]: tradSig=AllSignal.shift(1).dropna()
```

- 设定初始资产 20,000 元，根据买卖点讯号，进行中国银行模拟交易。

```
In [6]: Close=CBClose[-n1:]
   ...: asset=pd.Series(0.0,index=Close.index)
   ...: cash=pd.Series(0.0,index=Close.index)
   ...: share=pd.Series(0,index=Close.index)

#当价格连续两天上升且交易信号没有显示卖出时，
#第一次开账户持有股票

In [7]: entry=3
   ...: cash[:entry]=20000
   ...: while entry<len(CBClose):
   ...:     cash[entry]=cash[entry-1]
   ...:     if all([CBClose[entry-1]>=CBClose[entry-2],\
   ...:             CBClose[entry-2]>=CBClose[entry-3],\
   ...:             AllSignal[entry-1]!=-1]):
   ...:         share[entry]=1000
   ...:         cash[entry]= cash[entry]-1000*CBClose[entry]
   ...:         break
   ...:     entry+=1
   ...:
   ...:
```

```
In [8]: i=entry+1
   ...: while i<len(tradSig):
   ...:     cash[i]=cash[i-1]
   ...:     share[i]=share[i-1]
   ...:     if tradSig[i]==1:
   ...:         share[i]= share[i]+3000
   ...:         cash[i]=cash[i]-3000*CBClose[i]
   ...:
   ...:     if all([tradSig[i]==-1,share[i]>=1000]):
   ...:         share[i]= share[i]-1000
   ...:         cash[i]=cash[i]+1000*CBClose[i]
   ...:     i+=1
   ...:
   ...:
 In [9]: asset=cash+share*CBClose
```

- 最后，对我们的交易进行一些评价，绘制交易账户的曲线图并计算总资产收益率。如图 30.11 所示。

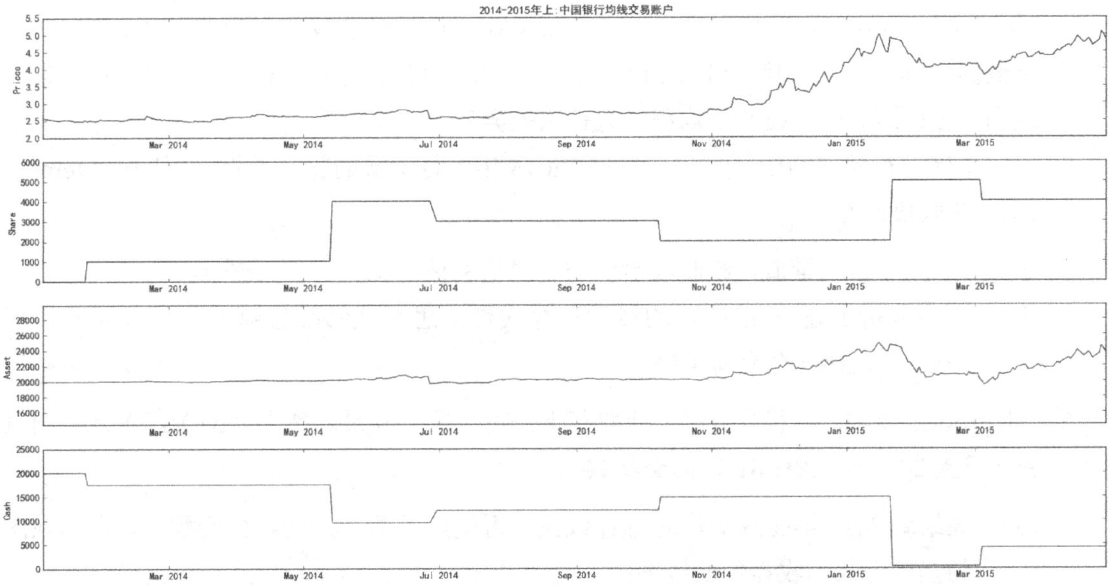

图 30.11 2014 年中国银行交易账户的时序图

```
#绘制交易账户曲线图
In [11]: plt.subplot(411)
   ...: plt.title("2014-2015年上:中国银行均线交易账户")
   ...: plt.plot(CBClose, color='b')
   ...: plt.ylabel("Pricce")
   ...: plt.subplot(412)
   ...: plt.plot(share, color='b')
   ...: plt.ylabel("Share")
   ...: plt.ylim(0,max(share)+1000)
   ...:
   ...: plt.subplot(413)
```

```
   ...: plt.plot(asset,label="asset",color='r')
   ...: plt.ylabel("Asset")
   ...: plt.ylim(min(asset)-5000,max(asset)+5000)
   ...:
   ...: plt.subplot(414)
   ...: plt.plot(cash, label="cash",color='g')
   ...: plt.ylabel("Cash")
   ...: plt.ylim(0,max(cash)+5000)

#计算资产收益率率（不考虑交易成本）
In [12]: TradeReturn=(asset[-1]-20000)/20000
   ...: TradeReturn
   ...:
Out[12]: 0.17849999999999999
```

从代码中可以看出，在不考虑交易成本的情况下，该交易策略的资产收益率为 17.85%。

习题

1. （从 problem30-1.csv 获取数据）对道琼斯指数（股票名称为“DJIA”）2011 年—2014 年数据进行分析，计算 30 日 SMA、30 日 WMA 和 30 日 EMA 的值，绘制这 3 条均线图，分析这 3 种均线的平均程度有什么差异？
2. 获取中国银行股票 2010 年 1 月 1 日到 2014 年 1 月 1 日的交易数据。（从 problem30-2.csv 获取数据）
   (a) 计算 14 日动量值，绘制收盘价与动量值的曲线图；
   (b) 观察分析上述 K 线图、均线和动量线图，思考能够探索哪些交易策略？请用 Python 设计一个交易策略。
3. （从 problem30-3.csv 获取数据）获取苹果公司股票（股票名称为“APPL”）2014 年 1 月 1 日到 2014 年 12 月 31 日的交易数据。
   (a) 先绘制 2014 年前两个月的日 K 线图，再提取前两个月的收盘价数据，在蜡烛图的基础上绘制收盘价曲线图；
   (b) 提取前 5 个月的数据，求离差值 DIF、信号线 DEA 和 MACD 的值，绘制 DIF 和 DEA 的曲线图和 MACD 的柱状图；
   (c) 根据本文介绍的 DIF 与 DEA 线的交叉与背离策略，用 Python 编写代码对苹果公司股价数据进行交易实测，并设置 asset、cash 和 share 这三种账户。
4. （从 problem30-4.csv 获取数据）乖离率（Bias Ratio，BIAS）是一种衡量股价偏离其均线程度的指标，当股价与均线偏离较大，乖离率越大时，股价修正偏离的可能性越大。
   (a) n 日乖离率刻画了当期股票收盘价与 n 期简单移动平均线之间的差距，计算公式为：

$$\mathrm{nBIAS} = \frac{\mathrm{Close} - \mathrm{SMA}_n}{\mathrm{SMA}_n} \times 100$$

其中，$Close$ 表示当期收盘价；n 表示求平均的期数，一般取值为 6 天；SMA_n 表示 n 期简单移动平均值。运用题 4 的苹果股价数据，Python 编写代码计算苹果股价的 6 日乖离率（即 $n = 6$）；

（b）　均线乖离率代表了长短期均线的差值情况，计算公式为：

$$\mathrm{BIAS}_{(\mathrm{MA})} = \frac{\mathrm{EMA}_n - \mathrm{SMA}_m}{\mathrm{SMA}_m}$$

其中，n 为短周期，一般取值为 7、9、12 等；m 为中长周期，取值为 38、57、256 等；EMA_n 表示 n 期指数移动平均数，SMA_m 表示 m 期简单移动平均数。继续运用苹果股价数据，令 $n = 9$，$m = 38$，使用 Python 编写代码计算苹果股价的均线乖离率。

第31章 通道突破策略

31.1 通道突破简介

股票市场的行情是随机而起的，价格线的走势往往给人一种“横看成岭侧成峰，远近高低各不同”的感觉。一个震荡到底是隐含了趋势还是只是杂讯，那可真是言人人殊。通道模型适度解决了这一难题。它利用过去一定时间段内的价格信息，绘制出上下两条通道线（上、下轨），以此设定股价的相对高、低界限。通道线可以包容市场波动行情的部分信息，过滤震荡行情中均线系统“假”突破的信号。通道线除了涵盖市场价格高低的信息以外，两条通道线的距离也体现了股票价格震荡的幅度；当价格波动幅度较小时，通道的带宽较小，当价格震荡较大时，通道的带宽也相应变大。通道突破模型将价格高低与价格震荡的幅度融合在一起，成为判断市场中长期趋势的常用技术分析指标。对于价格通道的刻画，根据数据期数的不同和计算方式的迥异，模型的设定可以有诸多变化。本书在此介绍唐奇安通道（Donchian Channel）和布林带通道（Bollinger Band）两种技术分析常用的通道形式，并演示通道突破的思想。

31.2 唐奇安通道

唐奇安通道流行于20世纪70年代，由著名的海龟交易员Richard Donchian发明，最早用于日内交易。其主要思想是寻找一定时间内（比如20日）出现的最高价和最低价，将最高价和最低价分布作为通道的上下轨道。当价格突破通道的上轨道时，说明股价运动较为强势，则释放出买入信号；当价格线向下突破通道的下轨道时，空头市场较为强势，市场下跌趋势较为明显，则释放出卖出信号。

31.2.1 唐奇安通道刻画

唐奇安通道由三条轨道线构成，上下轨道分别由20日的最高价和最低价来刻画，中轨道是上下轨道的平均线，具体计算过程如下。

通道上界由20日的蜡烛图的最高点构成，即：

$$\text{通道上界} = \text{过去20日内的最高价}$$

通道下界由20日的蜡烛图的最低点构成，即：

$$\text{通道下界} = \text{过去20日内的最低价}$$

中轨道计算公式为：

$$中轨道 = \frac{通道上界 + 通道下界}{2}$$

运用中国联通（股票代码为“600050”）2010 年 1 月 4 日到 2013 年 12 月 31 日股票交易的日度数据，用 Python 来计算唐奇安通道的上中下三条轨道线。

```
#读取中国联通的股票数据
In [1]: import pandas as pd
   ...: import numpy as np
   ...: import matplotlib.pyplot as plt

In [2]: ChinaUnicom=pd.read_csv('ChinaUnicom.csv')
   ...: ChinaUnicom.index=ChinaUnicom.iloc[:,1]
   ...: ChinaUnicom.index=pd.to_datetime(ChinaUnicom.index, format='%Y-%m-%d')
   ...: ChinaUnicom=ChinaUnicom.iloc[:,2:]
#提取收盘价、最高价和最低价数据
In [3]: Close=ChinaUnicom.Close
   ...: High=ChinaUnicom.High
   ...: Low=ChinaUnicom.Low

#设定上、下、中通道线初始值
In [4]: upboundDC=pd.Series(0.0,index=Close.index)
   ...: downboundDC=pd.Series(0.0,index=Close.index)
   ...: midboundDC=pd.Series(0.0,index=Close.index)

#求唐奇安上、中、下通道
In [5]: for i in range(20,len(Close)):
   ...:     upboundDC[i]=max(High[(i-20):i])
   ...:     downboundDC[i]=min(Low[(i-20):i])
   ...:     midboundDC[i]=0.5*(upboundDC[i]+downboundDC[i])
   ...:

In [6]: upboundDC=upboundDC[20:]
   ...: downboundDC=downboundDC[20:]
   ...: midboundDC= midboundDC[20:]

#绘制2013年中国联通价格唐奇安通道上中下轨道线图
In [7]: plt.rcParams['font.sans-serif'] = ['SimHei']
   ...: plt.plot(Close['2013'],label="Close",color='k')
   ...: plt.plot(upboundDC['2013'],label="upboundDC",color='b',linestyle='dashed')
   ...: plt.plot(midboundDC['2013'],label="midboundDC",color='r',linestyle='-.')
   ...: plt.plot(downboundDC['2013'],label="downboundDC",color='b',linestyle='dashed')
   ...: plt.title("2013年中国联通股价唐奇安通道")
   ...: plt.ylim(2.9,3.9)
   ...: plt.legend()
Out[7]: <matplotlib.legend.Legend at 0x21d506c0c18>
```

如图 31.1 所示，在 2013 年，中国联通股价线基本上都在唐奇安上下通道之内运动，只有个别日期突破上下通道。相比之下，价格线则比较频繁地上下突破中间轨道线，2013 年 11 月到 12 月股价线上下波动较频繁，价格线与中间轨道交叉的次数也越多。

以价格运动的趋势来观察，2013 年 1 月价格整体呈现向上趋势，三条通道线也呈现出向上运动的形态；2013 年 6 月，股价大幅下滑，三条轨道线也有明显的向下运动的趋势。

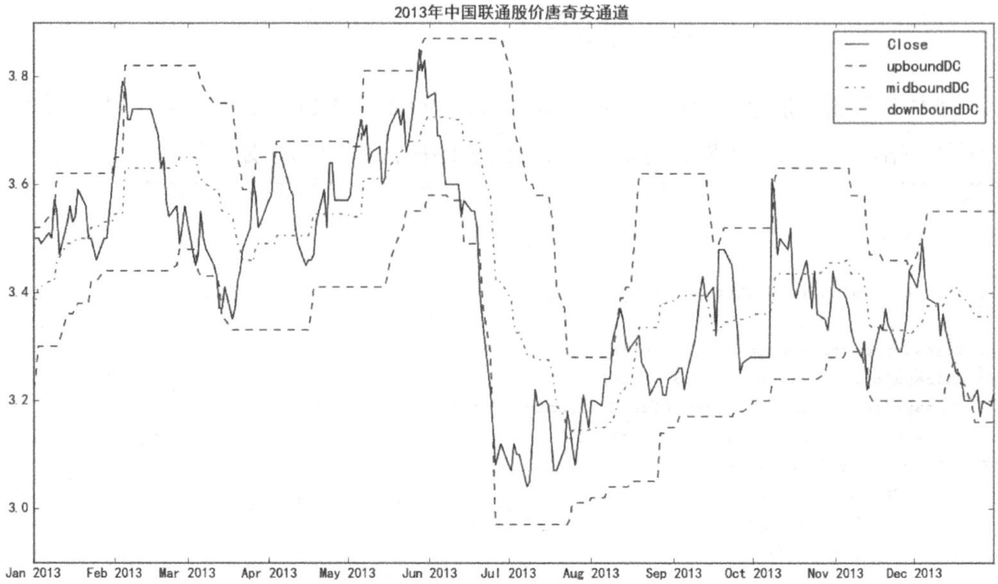

图 31.1　2013 年中国联通股价唐奇安通道线

从曲线的平滑程度来看，价格线的上下波动较频繁，而三条轨道线相对较平滑。另外，从上下通道的间距情况可以大致看出股价的震荡情况。比如，2013 年 6 月股价几乎成直线下滑，尽管有明显的下降趋势，但股价波动较小。再观察上下两条通道线，可以看出两条线相对位置较稳定，间距大致相同。2013 年 7 月以后，股价虽然呈现整体上升趋势，但是在上升过程中波动较大，上下两条通道线的间距大小不断变化，带宽也时大时小。

为了看到更多的价格信息和股票价格运动情况，我们在 K 线图中绘制唐奇安的上下通道线，如图 31.2 所示，具体实现代码如下所示：

图 31.2　中国联通 K 线图与唐奇安通道线

```
#绘制中国联通2013年上半年的K线图及唐奇安通道
In [8]: upDownDC=pd.DataFrame({'upboundDC':upboundDC,\
   ...:                        'downboundDC':downboundDC})
   ...: ChinaUnicom13=ChinaUnicom['2013-01-01':'2013-06-28']
   ...: upDownDC13=upDownDC['2013-01-01':'2013-06-28']
In [9]: import candle
In [10]: candle.candleLinePlots(candleData=ChinaUnicom13,\
   ...:         candleTitle='中国联通2013年上半年K线图及唐奇安通道',\
   ...:         Data=upDownDC13)
```

31.2.2 Python 捕捉唐奇安通道突破

在选定一个时间段后，唐奇安通道突破的主要规则是，当价格线走强而突破前 n 期的最高价时做多；当价格线向下运动，价格低于前 n 期的最低价时做空。一般而言，$n=20$ 是投资者较为常用时间段设定。

通过对图 31.1 的观察分析，我们发现价格线突破上下通道线的期数较少，故通道突破的信号较少。现在我们以中国联通 2010—2013 年股价数据为例，设定时间段 $n=20$，捕捉唐奇安通道突破日期，设定买卖点交易，并计算交易获胜率。

首先，先定义向上突破函数 upbreak( ) 和向下突破函数 downbreak( )。

```
#upbreak()函数
In [1]: def upbreak(tsLine,tsRefLine):
   ...:     n=min(len(tsLine),len(tsRefLine))
   ...:     tsLine=tsLine[-n:]
   ...:     tsRefLine=tsRefLine[-n:]
   ...:     signal=pd.Series(0,index=tsLine.index)
   ...:     for i in range(1,len(tsLine)):
   ...:         if all([tsLine[i]>tsRefLine[i],tsLine[i-1]<tsRefLine[i-1]]):
   ...:             signal[i]=1
   ...:     return(signal)
   ...:
   ...:
#downbreak()函数
In [2]: def downbreak(tsLine,tsRefLine):
   ...:     n=min(len(tsLine),len(tsRefLine))
   ...:     tsLine=tsLine[-n:]
   ...:     tsRefLine=tsRefLine[-n:]
   ...:     signal=pd.Series(0,index=tsLine.index)
   ...:     for i in range(1,len(tsLine)):
   ...:         if all([tsLine[i]<tsRefLine[i],tsLine[i-1]>tsRefLine[i-1]]):
   ...:             signal[i]=1
   ...:     return(signal)
   ...:
   ...:
```

用 Python 编写代码模拟唐奇安通道策略。

```
#唐奇安通道突破策略
In [3]: UpBreak=upbreak(Close[upboundDC.index[0]:],upboundDC)
   ...: DownBreak=downbreak(Close[downboundDC.index[0]:],\
```

```
   ...:            downboundDC)

#制定交易策略
#上穿，signal为1;
#下穿，signal为-1。
#合并上下穿破总信号
In [4]: BreakSig=UpBreak-DownBreak
#计算预测获胜率
In [5]: tradeSig=BreakSig.shift(1)
   ...: ret=Close/Close.shift(1)-1
   ...: tradeRet=(ret*tradeSig).dropna()
   ...: tradeRet[tradeRet==-0]=0
   ...: winRate=len(tradeRet[tradeRet>0]\
   ...:              )/len(tradeRet[tradeRet!=0])
   ...: winRate
Out[5]: 0.45614035087719296
```

唐奇安通道突破策略的规则相对较简单，但要注意，时间段 n 的选择尤为重要；在同一市场中 n 取不同的值，则会绘制出不同的通道线，买卖点的捕捉结果随之改变，因而绩效也会彼此有差异。例如，如果把时间段 n 设定为 40，预测获胜率会有什么变化？用 Python 计算 40 日唐安奇通道突破策略预测获胜率。如图 31.3 所示。

```
#时间周期设定为40
#唐奇安通道突破策略
#计算上中下三条轨道线
In [1]: upboundDC2=pd.Series(0.0,index=Close.index)
   ...: downboundDC2=pd.Series(0.0,index=Close.index)
   ...: midboundDC2=pd.Series(0.0,index=Close.index)
   ...:
   ...: for i in range(40,len(Close)):
   ...:     upboundDC2[i]=max(High[(i-40):i])
   ...:     downboundDC2[i]=min(Low[(i-40):i])
   ...:     midboundDC2[i]=0.5*(upboundDC2[i]+downboundDC2[i])
   ...:
   ...:
   ...: upboundDC2=upboundDC2[40:]
   ...: downboundDC2=downboundDC2[40:]
   ...: midboundDC2= midboundDC2[40:]

#绘制K线图及上下通道线
In [2]: upDownDC2=pd.DataFrame({'upboundDC':upboundDC2,\
   ...:                        'downboundDC':downboundDC2})
   ...: ChinaUnicom13=ChinaUnicom['2013-01-01':'2013-06-28']
   ...: upDownDC2=upDownDC2['2013-01-01':'2013-06-28']
   ...:

In [3]: import candle
   ...: candle.candleLinePlots(candleData=ChinaUnicom13,\
   ...:         candleTitle='中国联通2013年上半年K线图及40日唐奇安通道',\
   ...:         Data=upDownDC2)
```

对比图 31.1 和图 31.3，可以发现 20 日通道与 40 日通道的形状不同，40 日通道线更加

图 31.3 40 日唐奇安通道线

平缓，上下通道的带宽也更大。对比 20 日通道与 40 日通道策略交易获胜率情况。

```
In [4]: UpBreak2=upbreak(Close[upboundDC2.index[0]:],upboundDC2)
   ...: DownBreak2=downbreak(Close[downboundDC2.index[0]:],downboundDC2)
   ...: BreakSig2=UpBreak2-DownBreak2
   ...: tradeSig2=BreakSig2.shift(1)
   ...: tradeRet2=(ret*tradeSig2).dropna()
   ...: tradeRet2[tradeRet2==-0]=0
   ...: winRate2=len(tradeRet2[tradeRet2>0]\
   ...:          )/len(tradeRet2[tradeRet2!=0])
   ...: winRate2
Out[4]: 0.5
```

从代码运行结果可以看出，40 日通道突破策略的获胜率是 0.5，比 20 日通道突破策略的获胜率要大。对于一只特定的股票，通道线的时间段设定，会影响通道的形状和交易策略绩效；相同的时间段也不见得适用于很多股票。寻找出最适合的时间段设定显然是唐奇安通道突破策略的关键。

31.3 布林带通道

“布林通道”又称布林带状（Bollinger Bands，BBands）或者保力加通道，是通道的形式之一；与唐奇安通道类似，布林带通道也有刻画股票价格变化情况和波动幅度大小的作用。布林带通道是美国投资者约翰·布林格（John Bollinger）在 20 世纪后期结合统计学理论发明的一种技术分析指标。在分析股价运动情况时，一般以股价平均线作为参照线，而布林带在均线的基础上增添上下两条“股价通道”线。布林带的中轨线是股价的平均线，上通道为股价的均线加上一定倍数的标准差，而下通道则由均线减去一定倍数的标准差得到。

布林带通道的趋势主要由中轨道平均线决定，当平均线呈现向上趋势时，布林带通道也会向上走，当平均线走低时，布林带通道也会有向下趋势。布林带通道的带宽由股价的标准差决定；而股价的标准差刻画了股价波动范围的大小，当股价波动较大时，标准差较大，进而布林带上下通道的带宽越大；反之，当股价波动幅度较小时，标准差越小，布林带带宽则会相应变窄。

布林带通道的计算方式

令 $p_{t+1-n}, p_{t+2-n}, \cdots, p_t$ 表示股票在第 t 期观测到的前 n 期（包括第 t 期）的股票价格，据此数据，可以计算股票的 n 期均值（即布林带的中轨线 u_t) 为：

$$u_n = \frac{1}{n}\sum_{i=1}^{n} p_i$$

用 $\bar{B}_n$ 表示布林带的上轨线值，其可由以下公式计算而得：

$$\bar{B}_n = u_n + a \times \sigma_n$$

同理，用 $\underline{B}_n$ 表示布林带的下轨线值，则：

$$\underline{B}_n = u_n - a \times \sigma_n$$

其中，σ_n 表示股票价格在过去 n 期的标准差，计算公式为：

$$\sigma_n = \sqrt{\frac{1}{n}\sum_{i=1}^{n}(p_i - u_n)^2}$$

而 a 表示标准差的倍数。

从上述计算公式可以看出，时间区间 n 和标准差倍数 a 的取值会影响到布林带三条通道的计算结果。一般而言，n 取值为 20 天，a 取值为 2，依此设定，布林带通道线的计算如下。

- 中轨道：

  均值 = 过去 20 天股价的算数平均值

  数学式可写为：

  $$u_{20} = \frac{1}{20}\sum_{i=1}^{20} p_i$$

  股价的标准差为：

$$\sigma_{20} = \sqrt{\frac{1}{20}\sum_{i=1}^{20}(p_i - u_{20})^2}$$

- 上通道线：

$$\text{通道上界} = \text{均值} + 2\times\text{过去 20 天股价的标准差}$$

计算公式为：

$$\bar{B}_{20} = u_{20} + 2 \times \sigma_{20}$$

- 下通道线：

$$\text{通道下界} = \text{均值} - 2\times\text{过去 20 天股价的标准差}$$

计算公式为：

$$\underline{B}_{20} = u_{20} - 2 \times \sigma_{20}$$

接下来，运用中国联通股价数据，设定 $n = 20$，$a = 2$，用 Python 编写代码绘制中国联通股价的布林带通道线。首先定义布林带通道函数 bbands( )。

```
In [1]: def bbands(tsPrice,period=20,times=2):
    ...:     upBBand=pd.Series(0.0,index=tsPrice.index)
    ...:     midBBand=pd.Series(0.0,index=tsPrice.index)
    ...:     downBBand=pd.Series(0.0,index=tsPrice.index)
    ...:     sigma=pd.Series(0.0,index=tsPrice.index)
    ...:     for i in range(period-1,len(tsPrice)):
    ...:         midBBand[i]=np.nanmean(tsPrice[i-(period-1):(i+1)])
    ...:         sigma[i]=np.nanstd(tsPrice[i-(period-1):(i+1)])
    ...:         upBBand[i]=midBBand[i]+times*sigma[i]
    ...:         downBBand[i]=midBBand[i]-times*sigma[i]
    ...:     BBands=pd.DataFrame({'upBBand':upBBand[(period-1):],\
    ...:                          'midBBand':midBBand[(period-1):],\
    ...:                          'downBBand':downBBand[(period-1):],\
    ...:                          'sigma':sigma[(period-1):]})
    ...:     return(BBands)
    ...:
    ...:
```

接下来，计算 20 日布林带通道线。

```
In [2]: UnicomBBands=bbands(Close,20,2)
    ...: UnicomBBands.head()
Out[2]:
            downBBand  midBBand     sigma   upBBand
Date
2010-01-29   6.757043    7.2775  0.260228  7.797957
2010-02-01   6.688927    7.2575  0.284286  7.826073
2010-02-02   6.602137    7.2215  0.309682  7.840863
2010-02-03   6.545001    7.1975  0.326250  7.849999
2010-02-04   6.487599    7.1790  0.345701  7.870401

#绘制2013年布林带上下通道线
```

```
In [3]: upDownBB=UnicomBBands[['downBBand','upBBand']]
   ...: upDownBB13=upDownBB['2013-01-01':'2013-06-28']

In [4]: import candle
In [5]: candle.candleLinePlots(candleData=ChinaUnicom13,\
   ...:            candleTitle='中国联通2013年上半年布林带通道线',\
   ...:            Data=upDownBB13)
```

如图 31.4 所示，从整体上而言，2013 年上半年 K 线图大都在布林带通道内部运动，在 2013 年 6 月，市场处于明显的下跌趋势，价格下跌过大，均跌破布林带下通道线。2013 年 2 月，蜡烛图上下波动较大，布林带通道的带宽相对较大。2013 年 4 月到 5 月市场处于短期盘整期，股价上下波动较频繁，K 线图在布林带中轨道平均线附近上下运动，交叉次数较多，而股价波动幅度较小，布林带通道的带宽相对较小。虽然 K 线图与布林带中轨道均线多次交叉，但价格基本上在布林带上下通道内部运动，布林带通道过滤了部分价格线穿破均线的“虚假信号”。

图 31.4 中国联通 2013 年上半年布林带通道线

31.4 布林带通道与市场风险

布林带通道的设定蕴含着统计学原理，假设股票价格走势呈现正态分布[1]，正态分布是关于均值呈对称分布的，如图 31.5 所示，均值加减两倍标准差范围内的数据大概占据了整个数据的 95.44%。布林带通道以价格的平均值加减两个标准差来设定上下通道，从正态分布的角度来看，布林带通道刻画了股票价格的主要变化范围，即大部分情况下股票价格应

[1]这个假设是否合理，从逻辑的角度而言并不重要，重点在于读者视它为“有待验证的假设（Refutable Hypothesis）”。

该在布林带通道内部运动，股价只有大约 5% 的概率会突破布林带通道的上轨道或者下轨道。因此在正常情况下，当价格线超出布林带通道上下线时，可以认为价格线有偏离，未来价格很有可能回落到布林带通道的内部。

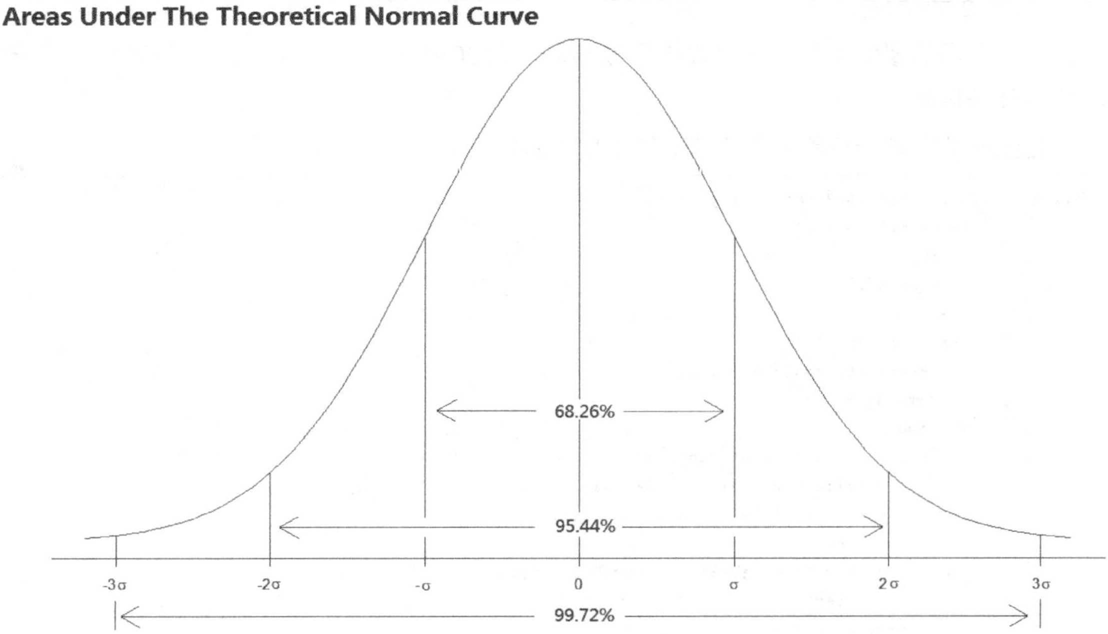

图 31.5　正态分布域

由于布林带通道的设定与标准差的倍数相关，有学者[1]将布林带通道与股市风险联系在一起分析市场行情。在股价运动分布情况呈现出正态分布的前提下，布林带通道由平均线加减 2 倍标准差刻画，由图 31.5 可推知，在正常情况下，股价有 95.44% 的概率在正负两倍标准差内部运动，当股价突破布林带上下界时，说明股价出现了异常波动，异常波动的概率为 4.56%。将股价异常波动到布林带上下通道外部的情况定义成“布林带风险”（Bollinger Risk）。

根据统计学原理，在置信水平为 α 的条件下，布林带风险 BR_α 的计算公式为：

$$BR_\alpha = \frac{d_m}{d_t} \times 100\%$$

其中，d_t 表示观察的股价数据总期数，d_m 表示观察期内股价在布林带上下通道外部的总期数。一般而言，置信水平 α 的可以取值为 1%、5% 或者 10%。在不同的置信水平下，布林带上下通道的界定不同。

- 当 $\alpha = 10\%$ 时，布林带上通道线为 $\bar{B}_n = u_n + 1.65 \times \sigma_n$，布林带的下通道为 $\underline{B}_n = u_n - 1.65 \times \sigma_n$；

[1]陈慧艺，宴春宁《采用布林带分析比较股市风险》. 当代经济，2008 年第 2 期

- 当 $\alpha = 5\%$ 时，布林带上通道线为 $\bar{B}_n = u_n + 1.96 \times \sigma_n$，布林带的下通道为 $\underline{B}_n = u_n - 1.96 \times \sigma_n$；
- 当 $\alpha = 1\%$ 时，布林带上通道线为 $\bar{B}_n = u_n + 2.58 \times \sigma_n$，布林带的下通道为 $\underline{B}_n = u_n - 2.58 \times \sigma_n$。

下面设定不同的置信水平，来比较中国联通股市在 2010 年、2011 年、2012 年和 2013 年的年度布林带风险。

首先构造布林带风险函数 CalBollRisk( ) 函数。

```
In [1]: def CalBollRisk(tsPrice,multiplier):
    ...:     k=len(multiplier)
    ...:     overUp=[]
    ...:     belowDown=[]
    ...:     BollRisk=[]
    ...:     for i in range(k):
    ...:         BBands=bbands(tsPrice,20,multiplier[i])
    ...:         a=0
    ...:         b=0
    ...:         for j in range(len(BBands)):
    ...:             tsPrice=tsPrice[-(len(BBands)):]
    ...:             if tsPrice[j]>BBands.upBBand[j]:
    ...:                 a+=1
    ...:             elif tsPrice[j]<BBands.downBBand[j]:
    ...:                 b+=1
    ...:         overUp.append(a)
    ...:         belowDown.append(b)
    ...:         BollRisk.append(100*(a+b)/len(tsPrice))
    ...:     return(BollRisk)
    ...:
    ...:
```

接下来，计算中国联通股市不同年份的布林带风险。

```
#设定标准差的倍数向量
 In [2]:multiplier=[1,1.65,1.96,2,2.58]

#计算不同年度的布林带风险
#2010年
In [3]: price2010=Close['2010-01-04':'2010-12-31']
    ...: CalBollRisk(price2010,multiplier)
Out[3]:
[51.98237885462555,
 22.596153846153847,
 12.698412698412698,
 11.764705882352942,
 3.9735099337748343]

#2011年
In [4]: price2011=Close['2011-01-04':'2011-12-31']
    ...: CalBollRisk(price2011,multiplier)
Out[4]:
[53.57142857142857,
 22.4390243902439,
```

```
 9.67741935483871,
 9.580838323353293,
 3.3783783783783785]
#2012年
In [5]: price2012=Close['2012-01-04':'2012-12-31']
   ...: CalBollRisk(price2012,multiplier)
Out[5]:
[57.5,
 30.316742081447963,
 16.831683168316832,
 16.39344262295082,
 1.829268292682927]

#2013年
In [6]: price2013=Close['2013-01-04':'2013-12-31']
   ...: CalBollRisk(price2013,multiplier)
Out[6]:
[53.78151260504202,
 20.091324200913242,
 10.5,
 9.94475138121547,
 1.8518518518518519]
```

在不同置信水平下，中国联通股市不同年度的布林带风险数据整理成如表 31.1 所示。

表 31.1 中国联通股市年度布林带风险

	2010 年	2011 年	2012 年	2013 年
$\alpha = 31.74\%$，sd=1	51.9824	53.5714	57.5	53.7815
$\alpha = 10\%$，sd=1.65	22.5962	22.4390	30.3167	20.0913
$\alpha = 5\%$，sd=1.96	12.6984	9.6774	16.8317	10.5
$\alpha = 4.56\%$，sd=2	11.7647	9.5808	16.3934	9.9448
$\alpha = 1\%$，sd=2.58	3.9735	3.3783	1.8293	1.8519

分析表 31.1 中的数据，对于年度布林带风险数据，置信水平 α 取值越大，对应的布林带越窄，股价突破布林带上下界的机会就越大，因此呈现出来的布林带风险也随之变大。

31.5 通道突破交易策略的制定

31.5.1 一般布林带上下通道突破策略

布林带通道最常见的策略就是根据价格线突破布林带通道上下界来制定交易策略。

- 当股价向上突破布林带上通道时，股票可能产生了异常上涨，未来股价会跌落到到布林带通道内部，此时宜做空；
- 当股价向下突破布林带上通道时，股票可能产生了异常跌势，未来股价会上升到布林带通道内部，此时宜做多。

运用中国联通股票的交易数据，用 Python 编写代码来捕捉价格突破布林带上下通道日期，制定交易策略并计算平均获胜收益率。

```
#布林带上下通道突破策略
In [1]: BBands=bbands(Close,20,2)

In [2]: upbreakBB1=upbreak(Close,BBands.upBBand)
   ...: downbreakBB1=downbreak(Close,BBands.downBBand)

#信号出现2天后进行交易
In [3]: upBBSig1=-upbreakBB1.shift(2)
   ...: downBBSig1=downbreakBB1.shift(2)

In [4]: tradSignal1=upBBSig1+downBBSig1
   ...: tradSignal1[tradSignal1==-0]=0
```

进行交易评价之前，先构造交易评价函数，设定函数参数为价格和交易信号。

```
In [5]: def perform(tsPrice,tsTradSig):
   ...:     ret=tsPrice/tsPrice.shift(1)-1
   ...:     tradRet=(ret*tsTradSig).dropna()
   ...:     ret=ret[-len(tradRet):]
   ...:     winRate=[len(ret[ret>0])/len(ret[ret!=0]),\
   ...:              len(tradRet[tradRet>0])/len(tradRet[tradRet!=0])]
   ...:     meanWin=[np.mean(ret[ret>0]),\
   ...:              np.mean(tradRet[tradRet>0])]
   ...:     meanLoss=[np.mean(ret[ret<0]),\
   ...:              np.mean(tradRet[tradRet<0])]
   ...:     Performance=pd.DataFrame({'winRate':winRate,'meanWin':meanWin,\
   ...:                              'meanLoss':meanLoss})
   ...:     Performance.index=['Stock','Trade']
   ...:     return(Performance)
   ...:
   ...:
```

接下来运用绩效表现函数来计算布林带交易的绩效表现和股票本身的绩效表现。下列代码结果的第一行（row）表示布林带交易策略的绩效表现，第二行（row）表示股票本身的绩效表现。

```
#计算平均损失收益率、平均获胜收益率以及交易获胜率
In [6]: Performance1= perform(Close,tradSignal1)
   ...: Performance1
Out[6]:
       meanLoss   meanWin   winRate
Stock -0.012599  0.013320  0.458525
Trade -0.011710  0.014709  0.557692
```

31.5.2 特殊布林带通道突破策略

布林带通道的上下轨道线的刻画，由选取的时间周期和标准差倍数两部分决定。不同的时间周期参数和标准差倍数可以刻画出不同的上下轨道线，进而股价穿破布林带上下轨道线的情形则会不同。如果布林带通道线设定不合理，股票价格向上穿过布林带上通道线以后，中短期内一直处于上升趋势，而不会回落到通道线内部，或者股价跌破布林带下通

道线以后可能会比较晚回升到下通道线上方。为了降低“回落到通道内部”这个期望落空的风险，可以改变布林带通道突破交易策略。交易规则如下。

- 当价格线由布林带上通道线的上方下穿到布林带通道内部时，说明股价从异常上升行期将要恢复到正常波动行期，股价短期有下跌趋势，此时做空；
- 当价格线由布林带下通道线的下方上穿到布林带通道内部时，说明股价从异常下跌行期将要恢复到正常波动行期，股价短期有上升趋势，此时做多；

运用中国联通股票的交易数据，编写 Python 代码模拟此策略，并计算策略绩效。

```
#另一种布林带通道突破策略
#价格向上穿下通道，做多
#价格向下穿上通道，做空
upbreakBB2=upbreak(Close,BBands.downBBand)
downbreakBB2=downbreak(Close,BBands.upBBand)
#交易执行
In [1]: upBBSig2=upbreakBB2.shift(2)
   ...: downBBSig2=-downbreakBB2.shift(2)
   ...: tradSignal2=upBBSig2+downBBSig2
   ...: tradSignal2[tradSignal2==-0]=0

%交易策略表现
In [2]: Performance2= perform(Close,tradSignal2)
   ...: Performance2
Out[2]:
       meanLoss   meanWin   winRate
Stock -0.012599  0.013320  0.458525
Trade -0.010517  0.014584  0.529412
```

从表现结果看，针对该股票，此交易策略的绩效表现与前面一般布林带策略的绩效表现差异不大，但是其为我们提供了一种新的布林带交易策略的思考方向，如果用此策略测试其他股票或者设定不同的布林带间隔日期，说不定会获得很好的效果。

习题

1. （从 problem31-1.csv 获取数据）获取标普 500 指数（Standard & Poor’s 500 Index，股票名称为“^GSPC”）2014 年 1 月 1 日到 2014 年 12 月 31 日的日度交易数据：
   (a) 绘制标普 500 指数在 2014 年前两个月的 K 线图，并在 K 线图中绘制收盘价曲线；
   (b) 计算布林带通道，在 K 线图中添加布林带线，分析收盘价与布林带线之间的关系；
   (c) 以 10 天为时间跨度，运用唐奇安通道策略，绘制标普 500 指数的上下两条通道线；
   (d) 以 10 天为时间跨度计算简单移动平均数，作为布林带通道的中间线取值；再以前 10 日收盘价 1.5 倍标准差为依据，求出布林带上下通道值，最后绘制布林带通道的三条线；

(e) 比较上述包络线与布林带通道线之间的异同点。

2. $\%b$ 指标（Percent b，PB）是由布林带指标衍生出的一种指标，其主要刻画收盘价曲线在布林带通道中的相对位置，计算公式为：

$$b = \frac{\text{收盘价} - \text{布林带下轨道值}}{\text{布林带上轨道值} - \text{布林带下轨道值}}$$

- 当 $\%b$ 取值范围在 $0 \sim 1$ 之间时，收盘价曲线在布林带内部波动；
- 当 $\%b$ 取值为 0.5 时，收盘价曲线在布林带通道的中间位置；
- 当 $\%b$ 取值大于 1 时，收盘价处于布林带上轨道上方；
- 当 $\%b$ 取值小于 0 时，收盘价在布林带下轨道下方波动。

(a) 继续沿用第 1 题中的标普 500 指数数据，计算 $\%b$ 的值并绘制线图；

(b) 结合布林带线交易策略的思想与 $\%b$ 的取值情况，制定关于 $\%b$ 指标的交易策略，并用 Python 编写代码实现。

3. 带宽指标（Bandwidth，BW）是由布林带指标衍生出的另一种指标，其主要刻画出布林带通道的宽度情况，计算公式为：

$$\text{BW} = \frac{\text{布林带上轨道值} - \text{布林带下轨道值}}{\text{布林带中轨道值}}$$

布林带中轨道值由股价的移动平均值来刻画，其可以看作股价的平均成本；布林带上下轨道之间的宽度反映出股票价格的波动幅度，股价波动幅度越大，布林带上下轨道之间的跨度越大。带宽指标刻画了股价波动幅度相对于股票的平均成本的比率，带宽指标可以看作股价波动率的一种体现。

(a) 运用第 1 题中的标普 500 指数与 2014 年的交易数据，计算其带宽指标；

(b) 总结带宽指标取值的分布情况，并结合布林带线和股价线简要分析市场走势。

4. 多空布林线（BBI Boll）与布林线（Bollinger Band）类似，也是由上中下三条轨道构成，多空布林线的中轨道计算方式为：

$$\text{中轨道 BBI } = \frac{3\text{日 SMA}+6\text{ 日 SMA}+12\text{ 日 SMA}+24\text{ 日 SMA}}{4}$$

上轨道计算方式为：

$$\text{上轨道 UPR} = BBI + M \times BBI\text{的}N\text{日估算标准差}$$

下轨道计算方式为：

$$\text{下轨道 DWN} = BBI - M \times BBI\text{的}N\text{日估算标准差}$$

其中，M 一般取值为 6，N 一般取值为 11。

继续沿用标普 500 数据，运用 Python 编写代码计算 BBI Boll 上中下三条轨道取值，绘制出多空布林带线，并与布林带线进行比较分析。

第32章 随机指标交易策略

32.1 什么是随机指标（KDJ）

随机指标（KDJ）又称为随机指数（The Random Index），是一种用来分析市场中超买或者超卖现象的指标，它最早运用于期货市场，后来在股票分析中被众多投资者广泛使用。

从交易原理上来看，KDJ 指标最基础的交易思想建立在威廉指标（Williams %R，简称 W%R）基础之上，威廉指标由拉里・威廉斯（Larry R. Williams）在其著作《我如何赚得一百万》[1]中提出。在分析资产的价格时，除了考虑资产每天闭市时的价格（收盘价）以外，还要综合分析资产从开市到收市期间价格的变化情况。威廉指标的计算首先选定一个特定的时间跨度（比如 14 日），然后找出这一特定区间的最高价和最低价，构成一个价格变化区间；然后分析这一时间跨度最后一个时间点的收盘价与期间最高价和最低价的相对位置，再根据此相对位置来衡量市场的超买或者超卖现象。W%R 指标可以用公式表达为：

$$W\%R = \frac{\text{最近}n\text{天内的最高价} - \text{第}n\text{天的收盘价}}{\text{最近 }n\text{ 天内的最高价} - \text{最近 }n\text{ 天内的最低价}} \times 100\%$$

事实上，KDJ 指标的最早雏形是由芝加哥期货交易商 George Lane 提出的 KD 指标，该指标又被称为随机震荡指标（Stochastic Oscillator Indicator）。KD 指标的分析思想与威廉指标类似，均使用特定时间跨度中的最后收盘价与该时间跨度内的最高价和最低价的相对位置来推测市场的超买和超卖情况。与威廉指标不同的地方在于，随机震荡指标在收盘价与最高价和最低价的相对位置的比值上，又融合了移动平均的思想，用更多的信息来捕捉市场的超买、超卖现象。

KDJ 指标则是在随机震荡指标 K 线和 D 线的基础上增添一条 J 线，进一步提高了随机震荡指标对市场买卖信号捕捉的周延。

32.2 随机指标的原理

随机指标（KDJ）综合考虑特定时间段的最高价、最低价和收盘价数据，运用一种巧妙的思路分析最高价、最低价和收盘价之间的关系，根据收盘价在最高价、最低价构成的区间相对位置来反映价格的走势和波动幅度，使用随机波动的观念来捕捉市场的超买或者超卖现象；KDJ 指标又结合统计学原理和移动平均的思想绘制出 K 线、D 线和 J 线，综合运

[1]Williams, Larry R. How I Made One Million Dollars ... Last Year ... Trading Commodities. 3rd edition. S.l.: Windsor Books, 1998.

用相对强度指标、动量指标和移动平均值的特点来直观、清晰地刻画股票的走势情况，对市场短期行期的预测有较高的准确性。

32.3 KDJ 指标的计算公式

KDJ 指标由 K 线、D 线和 J 线这三条线组成，根据特定的周期（通常为 9 天、9 周等）内资产的最高价、最低价、最后一个计算时点的收盘价以及这 3 种价格的比例关系，来计算最后一个时点的未成熟随机值 RSV（Raw Stochastic Value，RSV），进而通过移动平均法来计算 K 值、D 值和 J 值。将各时点的值 K 值、D 值和 J 值在坐标轴上描点，连接这些点即形成 K 线、D 线和 J 线。和其他指标计算方式一样，KDJ 指标的计算周期以日、周、月或年为时间单位，也可以计算分钟 KDJ 指标。下面以日 KDJ 指标为例，分别介绍 RSV 值、K 值、D 值和 J 值的计算过程。

32.3.1 未成熟随机指标 RSV

计算 RSV 的值是求 KDJ 指标的第一步，RSV 的计算公式为：

$$\text{RSV} = \frac{\text{第}\,n\,\text{天的收盘价} - \text{最近}\,n\,\text{天内的最低价}}{\text{最近}\,n\,\text{天内的最高价} - \text{最近}\,n\,\text{天内的最低价}} \times 100$$

其中 n 为时间跨度。如果设定 $n = 9$，当期的收盘价为 50 元，9 日内的最高价为 90 元，最低价为 10 元，则当期 RSV 的取值为：

$$\begin{aligned}\text{RSV} &= \frac{50-10}{90-10} \times 100 \\ &= 50\end{aligned}$$

若用 Close_t 表示 t 时期的收盘价，$\text{High}_{[t-n+1,t]}$ 表示 $t-n+1$ 日到第 t 日这 n 日内的最高价，$\text{Low}_{[t-n+1,t]}$ 表示 $t-n+1$ 日到第 t 日这 n 日内的最低价，则 t 时期 RSV_t 的计算公式为：

$$\text{RSV}_t = \frac{\text{Close}_t - \text{Low}_{[t-n+1,t]}}{\text{High}_{[t-n+1,t]} - \text{Low}_{[t-n+1,t]}}$$

其中，n 为时间跨度，一般取 9 日或者 9 周。

如图 32.1 所示，若以 9 日为时间跨度，RSV 的分子是第 9 日收盘价减去 9 日内的最低价，分母是 9 日内的最高价与最低价的差值；RSV 藉由分子和分母的比例，刻画出第 9 日收盘价在 9 日内最高价和最低价所构成的区间中的相对位置。RSV 也因此被解读为市场中买盘力量的相对强弱。很显然 RSV 的取值范围在 $0 \sim 100$ 之间，RSV 的取值越大，说明收盘价在价格区间中的相对位置越高，市场中可能出现超买现象；RSV 取值较低时，收盘价的相对位置偏低，市场中可能出现超卖行情。

比如，运用标准普尔 500 指数（S&P 500 Index）在 2014 年 1 月 1 日到 2015 年 4 月 30

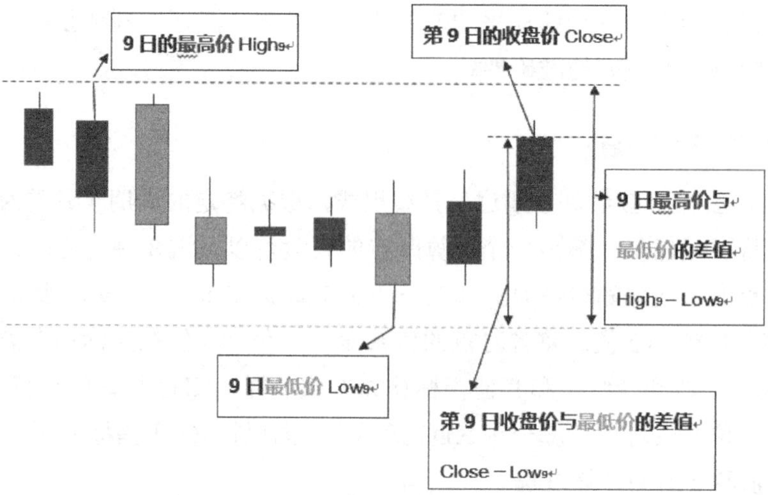

图 32.1　RSV 的直观展现图

日的日度交易数据，以 9 天为时间跨度，用 Python 来计算其 RSV 值。

```
In [1]: import pandas as pd
   ...: import numpy as np
   ...: import matplotlib.pyplot as plt

#读取标普500的交易数据
In [2]: GSPC=pd.read_csv('GSPC.csv',index_col='Date')
   ...: GSPC=GSPC.iloc[:,1:]
   ...: GSPC.index=pd.to_datetime(GSPC.index)
   ...: GSPC.head()
Out[2]:
                   Open         High          Low        Close      Volume
Date
2014-01-02  1845.859985  1845.859985  1827.739990  1831.979980  3080600000
2014-01-03  1833.209961  1838.239990  1829.130005  1831.369995  2774270000
2014-01-06  1832.310059  1837.160034  1823.729980  1826.770020  3294850000
2014-01-07  1828.709961  1840.099976  1828.709961  1837.880005  3511750000
2014-01-08  1837.900024  1840.020020  1831.400024  1837.489990  3652140000

#提取收盘价、最高价、最低价数据
In [3]: close=GSPC.Close
   ...: high=GSPC.High
   ...: low=GSPC.Low

#获取日期数据
In [4]: date=close.index.to_series()
   ...: ndate=len(date)

#定义初始变量最高价High，取值均为0
In [5]: periodHigh=pd.Series(np.zeros(ndate-8),\
   ...:                  index=date.index[8:])

#定义初始变量最低价Low，取值均为0
In [6]: periodLow=pd.Series(np.zeros(ndate-8),\
   ...:                    index=date.index[8:])
```

```
#定义初始变量RSV，取值均为0
In [7]: RSV=pd.Series(np.zeros(ndate-8),\
   ...:                 index=date.index[8:])

#计算9日未成熟随机指标RSV的值
In [8]: for j in range(8,ndate):
     ...:     period=date[j-8:j+1]
     ...:     i=date[j]
     ...:     periodHigh[i]=high[period].max()
     ...:     periodLow[i]=low[period].min()
     ...:     RSV[i]=100*(close[i]-periodLow[i])\
     ...:            /(periodHigh[i]-periodLow[i])
     ...:     periodHigh.name='periodHigh'
     ...:     periodLow.name='periodLow'
     ...:     RSV.name='RSV'
     ...:
     ...:

#查看前3期最高价和最低价数据
In [9]: periodHigh.head(3)
Out[9]:
Date
2014-01-14    1845.859985
2014-01-15    1850.839966
2014-01-16    1850.839966
Name: periodHigh, dtype: float64

In [10]: periodLow.head(3)
Out[10]:
Date
2014-01-14    1815.52002
2014-01-15    1815.52002
2014-01-16    1815.52002
Name: periodLow, dtype: float64

#查询RSV前6期取值
In [11]: RSV.head()
Out[11]:
Date
2014-01-14    76.994107
2014-01-15    93.035207
2014-01-16    85.985395
2014-01-17    65.628444
2014-01-21    80.068155
Name: RSV, dtype: float64
```

对标普 500 指数 9 日 RSV 数据进行简要的描述性分析。

```
In [12]: RSV.describe()
Out[12]:
count    326.000000
mean      63.558226
std       31.525472
min        0.000000
```

```
25%         37.323359
50%         72.580422
75%         91.854801
max        100.000000
Name: RSV, dtype: float64

#绘制标普500指数收盘价曲线图和RSV曲线图
In [13]: close1=close['2015']
    ...: RSV1=RSV['2015']

In [14]: Cl_RSV=pd.DataFrame([close1,RSV1]).transpose()
In [15]: Cl_RSV.plot(subplots=True,
    ...:                 title='未成熟随机指标RSV')
Out[15]:
array([<matplotlib.axes._subplots.AxesSubplot \
       object at 0x000001F58A43D5F8>,
       <matplotlib.axes._subplots.AxesSubplot object \
        at 0x000001F58A708710>], dtype=object)
```

如图 32.2 所示，RSV 取值范围在 0 ~ 100 之间，并且波动范围较大。此外，很多时候 RSV 取值接近于 0 或者 100。接下来，再绘制标普 500 指数 2015 年日 K 线图，从蜡烛图中综合分析日度数据的最高价、最低价和收盘价数据，进一步对照 RSV 的取值情况。

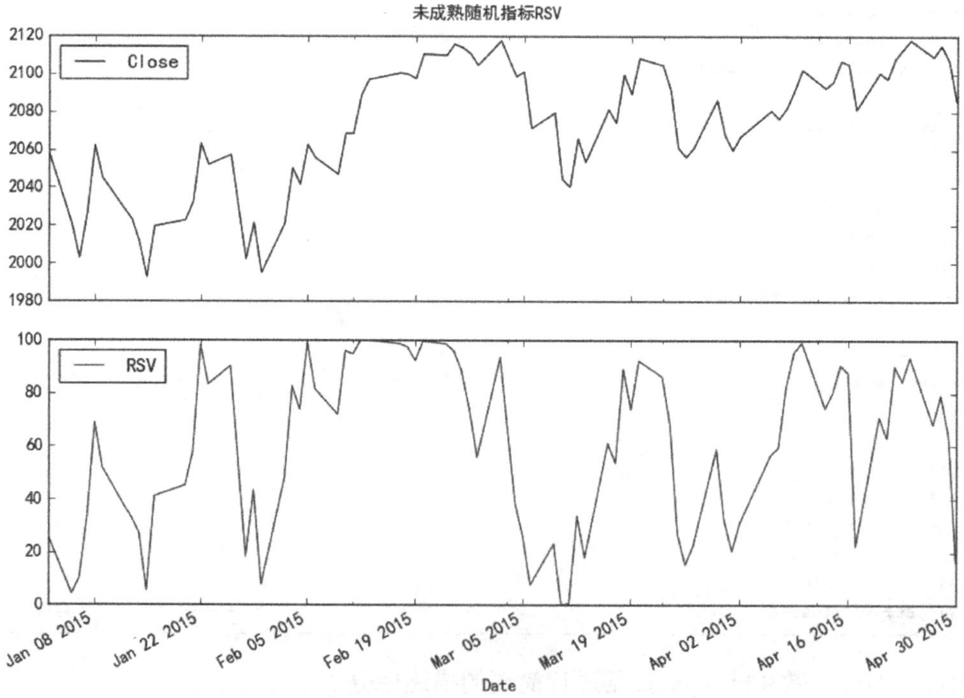

图 32.2 标普 500 指数收盘价与 RSV 曲线图

```
#截取2015年交易数据
In [16]: GSPC2015=GSPC['2015']

#绘制标普500指数2015年日K线图
```

```
In [17]: import candle
    ...: candle.candlePlot(GSPC2015,\
    ...:                     '标普500指数2015年日K线图')
```

如图 32.3 所示，2015 年 2 月市场处于上涨行期中，蜡烛图的上影线较短或者没有上影线，在部分交易日中标普 500 指数的收盘价等于 9 日的最高价，由 RSV 的计算公式：

$$\text{RSV}=\frac{\text{第}\,n\,\text{天的收盘价}-\text{最近}\,n\,\text{天内的最低价}}{\text{最近}\,n\,\text{天内的最高价}-\text{最近}\,n\,\text{天内的最低价}}\times 100$$

和 $n=9$ 可推知，若收盘价等于 9 日的最高价，RSV 的取值则为 100。在 3 月初期，市场处于下跌行期，绿色蜡烛图的下影线较短或者几乎没有，收盘价很有可能等于 9 日的最低价，若当期收盘价接近于 9 日的最低价，则可推知当期 RSV 的取值接近于 0。

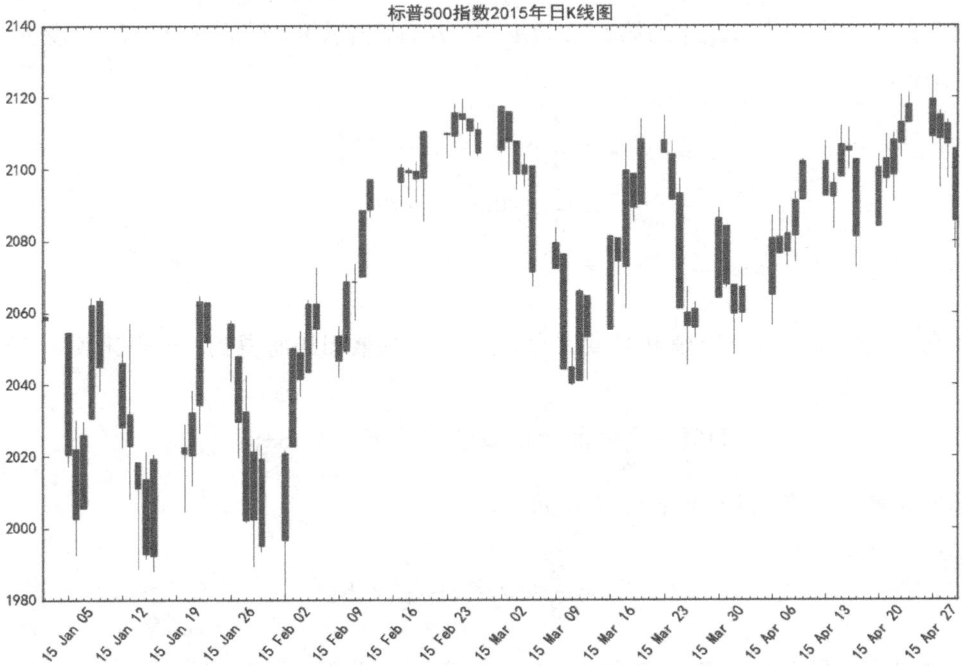

图 32.3　标普 500 指数日 K 线图

从上可以归纳出一个规律，当市场处于连续上涨行期时，未成熟随机指标 RSV 取值也逐渐增大，而且可能在较多日期中取值为 100；当市场处于连续下跌行期时，RSV 取值可能在较多日期中取值为 0。当 RSV 连续多期取值 100 或者 0 时，RSV 则会出现所谓“钝化”的现象，例如，当收盘价在上涨行情高位变化时，RSV 在一段时间内取值均为 100，不随收盘价的变化而波动，则失去了捕捉收盘价变化的作用。此外，从图 32.2 中可以观察到，RSV 值的波动幅度较大，也可能会造成“假信号”。其中一种可能状况是，在上涨行期中收盘价上涨幅度稍微增大，则可能造成 RSV 取值过大，进而释放出市场处于“超买”行期的“假信号”。

为了解决 RSV 波动幅度较大的问题，我们引入 K 指标，它是对 RSV 值进行平滑得到的结果。

32.3.2 K、D 指标计算

K 值由前一日的 K 值和当期 RSV 值经过一定权重调整后相加而得到，一般来说，K 值的计算为：

$$\text{K值} = \frac{2}{3} \times \text{前一日 K 值} + \frac{1}{3} \times \text{当日 RSV}$$

用数学公式表达，第 t 日 K 值计算公式为：

$$K_t = \frac{2}{3} \times K_{t-1} + \frac{1}{3} \times RSV_t$$

其中，K_t 为第 t 日 K 值，K_{t-1} 为第 $t-1$ 日 K 值，RSV_t 表示第 t 日的 RSV 值。假设 $K_1 = 30$，$RSV_2 = 60$，则：

$$\begin{aligned} K_2 &= \frac{2}{3} \times K_1 + \frac{1}{3} \times RSV_1 \\ &= \frac{2}{3} \times 30 + \frac{1}{3} \times 60 \\ &= 40 \end{aligned}$$

D 值则是由前一日的 D 值和当期 K 值经过一定权重相加而得到。一般来说，D 值的计算为：

$$\text{D值} = \frac{2}{3} \times \text{前一日 D 值} + \frac{1}{3} \times \text{当日 K 值}$$

用数学公式表达，第 t 日 D 值计算公式为：

$$D_t = \frac{2}{3} \times D_{t-1} + \frac{1}{3} \times K_t$$

其中，D_t 为第 t 日 D 值，D_{t-1} 为第 $t-1$ 日 D 值，K_t 为第 t 日 K 值。

此外，在计算第 1 期的 K 值和 D 值时，如果没有指定，则 K 值和 D 值默认取值为 50。在 K 值和 D 值的求解过程中，平滑权重 2/3 和 1/3 是较为常用的权重，这两个权重也可以根据股价走势的特点进行适当修改。

令 $K_1 = 50$，$D_1 = 50$，通过递归和迭代，可以推出 K 值是由未成熟随机指标 RSV 通过指数移动平均（Exponential Moving Average，EMA）而得到。同理，D 值是 K 值的指数移动平均数（EMA）。接下来，我们用 Python 编写代码求算 K 值和 D 值。

```
#在RSV基础上增加前2期的数据50;
In [18]: RSV1=pd.Series([50,50],index=date[6:8]).append(RSV)
    ...: RSV1.name='RSV'
    ...: RSV1.head()
```

```
Out[18]:
Date
2014-01-10     50.000000
2014-01-13     50.000000
2014-01-14     76.994107
2014-01-15     93.035207
2014-01-16     85.985395
Name: RSV, dtype: float64

#计算K值
In [19]: KValue=pd.Series(0.0,index=RSV1.index)
In [20]: KValue[0]=50
    ...: for i in range(1,len(RSV1)):
    ...:     KValue[i]=2/3*KValue[i-1]+RSV1[i]/3
    ...:
    ...:
In [21]: KValue.name='KValue'
    ...: KValue.head()
Out[21]:
Date
2014-01-10     50.000000
2014-01-13     50.000000
2014-01-14     58.998036
2014-01-15     70.343759
2014-01-16     75.557638
Name: KValue, dtype: float64
```

接着，利用 K 值求解 D 值。

```
#求DValue
In [22]: DValue=pd.Series(0.0,index=RSV1.index)
In [23]: DValue[0]=50
    ...: for i in range(1,len(RSV1)):
    ...:     DValue[i]=2/3*DValue[i-1]+KValue[i]/3
    ...:

In [24]: DValue.name='DValue'
    ...: KValue=KValue[1:]
    ...: DValue=DValue[1:]
    ...: DValue.head()
Out[24]:
Date
2014-01-13     50.000000
2014-01-14     52.999345
2014-01-15     58.780817
2014-01-16     64.373090
2014-01-17     66.998029
Name: DValue, dtype: float64
```

以标普 500 指数 2015 年数据为例，绘制曲线图，直观展示 RSV、K 值和 D 值的取值情况。

```
In [25]: plt.subplot(211)
    ...: plt.title('2015年标准普尔500的收盘价')
```

```
   ...: plt.plot(close['2015'])
   ...: plt.subplot(212)
   ...: plt.title('2015年标准普尔500的RSV与KD线')
   ...: plt.plot(RSV['2015'])
   ...: plt.plot(KValue['2015'],linestyle='dashed')
   ...: plt.plot(DValue['2015'],linestyle='-.')
Out[25]: [<matplotlib.lines.Line2D at 0x1f58b0f3eb8>]
```

如图 32.4 所示，可以看出 RSV 曲线波动最大，K 线在 RSV 基础上进行适当平滑，而 D 线波动幅度最小。结合收盘价曲线分析，可以看出当收盘价曲线上涨时，RSV 曲线、KD 线也呈现上升趋势；当收盘价在高位段上涨时，观察 2015 年 2 月 17 日前后的曲线走势，RSV、K 值和 D 值的取值也较高，并且在取值较高位处波动。

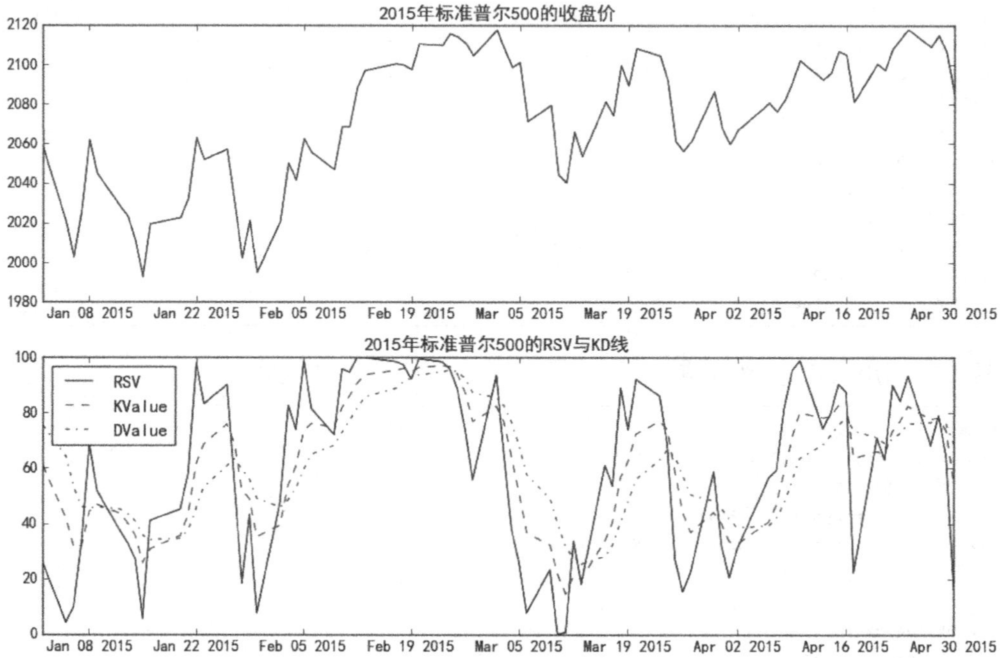

图 32.4　RSV 与 KD 线

32.3.3 J 指标计算

J 指标是 KD 指标的辅助指标，进一步反映了 K 指标和 D 指标的乖离程度。第 t 日 J 值计算公式为：

$$J_t = 3 \times K_t - 2 \times D_t$$

其中，J_t 为第 t 日 J 值，K_t 为第 t 日 K 值，D_t 为第 t 日 D 值。

```
#计算J值
#J=3K-2D
In [26]: JValue=3*KValue-2*DValue
   ...: JValue.name='JValue'
   ...: JValue.head()
```

```
Out[26]:
Date
2014-01-13     50.000000
2014-01-14     70.995416
2014-01-15     93.469645
2014-01-16     97.926733
2014-01-17     82.747662
Name: JValue, dtype: float64
```

32.3.4 KDJ 指标简要分析

经过前面几步的计算，已经得出 RSV 值、K 值、D 值和 J 值，接下来，绘制标普 500 数据 KDJ 指标曲线图，比较价格与 KDJ 指标的取值情况。

```
In [1]: plt.subplot(211)
   ...: plt.title('2015年标准普尔500的收盘价')
   ...: plt.plot(close['2015'])
   ...: plt.subplot(212)
   ...: plt.title('2015年标准普尔500的RSV与KDJ线')
   ...: plt.plot(RSV['2015'])
   ...: plt.plot(KValue['2015'],linestyle='dashed')
   ...: plt.plot(DValue['2015'],linestyle='-.')
   ...: plt.plot(JValue['2015'],linestyle='--')
   ...: plt.legend(loc='upper left')
Out[40]: <matplotlib.legend.Legend at 0x1f58a82f588>
```

如图 32.5 所示，KDJ 指标的四种线图与收盘价曲线走势大致相同，在 KDJ 指标的四种线图中，RSV 线的波动幅度较大，K 线与 D 线的走势很类似，J 线与 K 线、D 线走势相比波动略大。在四种指标的取值上，RSV、K 值和 D 值的取值范围都在 0 ~ 100 之间；而 J 值的取值可以超过 100，也可以低于 0，例如，从 J 线图中可以看出 J 值的取值范围为

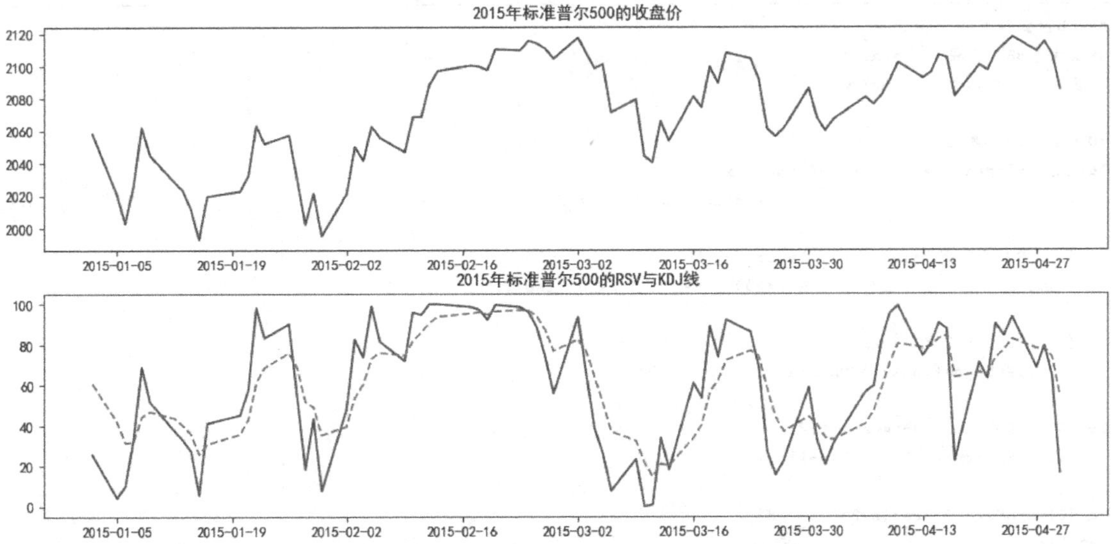

图 32.5 标普 500 指数蜡烛图与 KDJ 指标线图

而 J 值的取值可以超过 100，也可以低于 0，例如，从 J 线图中可以看出 J 值的取值范围为 $-20 \sim 120$。

32.4 KDJ 指标的交易策略

总结随机指标 KDJ 的思想，首先计算最高价、最低价、和收盘价之间的比例关系，再运用均线平滑和乖离的思想，来捕捉动量及超买、超卖等现象，在实务上对快捷直观的研判行情很有助益。为了让读者对 KDJ 的应用有初步体会，接下来介绍 3 种简单的 KDJ 指标交易策略。

（1） 在 KDJ 指标的取值上，K 值与 D 值的取值范围是 $0 \sim 100$。
依据 K 值与 D 值可以划分出超买、超卖区，一般而言，K 值或者 D 值取值在 80 以上为超买区；K 值或者 D 值取值在 20 以下为超卖区。

（2） 对于 J 值，当 J 值大于 100，可以视为超买区，当 J 值小于 0，视为超卖区。

（3） 此外，在 K 线、D 线的交叉情况也可以释放出买入、卖出信号。
当 K 线由下向上穿过 D 线时，即出现所谓“黄金交叉”现象，隐含股票价格上涨的动量较大，释放出买入信号；当 K 线由上向下穿过 D 线时，出现“死亡交叉”现象，股票有下跌的趋势，释放出卖出信号。

32.5 KDJ 指标交易实测

32.5.1 KD 指标交易策略

本节将 KDJ 指标运用于标普 500 中，通过 K 线、D 线分别捕捉超买点和超卖点，构造交易策略函数，计算 KD 指标交易策略的收益率，再对 KD 指标交易策略进行评价。

1. 计算 KD 指标释放的买卖信号。

```
#K、D捕捉超买、超卖信号
#K值大于85，超买，signal为-1;
#K值小于20，超卖，signal为1;
#D值大于80，超买,signal为-1;
#D值小于20，超卖,signal为1;
In [1]: KSignal=KValue.apply(lambda x:\
   ...:                     -1 if x>85 else 1 if x<20 else 0)

In [2]: DSignal=DValue.apply(lambda x: \
   ...:                  -1 if x>80 else 1 if x<20 else 0)

In [3]: KDSignal=KSignal+DSignal
   ...: KDSignal.name='KDSignal'

In [4]: KDSignal[KDSignal>=1]=1
   ...: KDSignal[KDSignal<=-1]=-1

In [5]: KDSignal.head(n=3)
Out[5]:
Date
```

```
2014-01-13     0
2014-01-14     0
2014-01-15     0
Name: KDSignal, dtype: int64

In [6]: KDSignal[KDSignal==1].head(n=3)
Out[6]:
Date
2014-02-03     1
2014-02-04     1
2014-02-06     1
Name: KDSignal, dtype: int64
```

2. 定义交易策略函数，用 KD 指标交易信号进行交易实测。

```
#定义交易策略函数
In [7]: def trade(signal,price):
   ...:     ret=((price-price.shift(1))/price.shift\
   ...:          (1))[1:]
   ...:     ret.name='ret'
   ...:     signal=signal.shift(1)[1:]
   ...:     tradeRet=ret*signal+0
   ...:     tradeRet.name='tradeRet'
   ...:     Returns=pd.merge(pd.DataFrame(ret),\
   ...:                      pd.DataFrame(tradeRet),
   ...:                      left_index=True,\
   ...:                      right_index=True).dropna()
   ...:     return(Returns)
   ...:
   ...:

In [8]: KDtrade=trade(KDSignal,close)

In [9]:  KDtrade.rename(columns={'ret':'Ret',\
    ...:                 'tradeRet':'KDtradeRet'},\
    ...:                 inplace=True)
    ...: KDtrade.head()
Out[9]:
                 Ret  KDtradeRet
Date
2014-01-14  0.010818           0
2014-01-15  0.005166           0
2014-01-16 -0.001347           0
2014-01-17 -0.003895           0
2014-01-21  0.002774           0
```

3. KD 指标交易策略回测及评价。

```
In [10]: import ffn

#构造回测函数
In [11]: def backtest(ret,tradeRet):
    ...:     def performance(x):
    ...:         winpct=len(x[x>0])/len(x[x!=0])
    ...:         annRet=(1+x).cumprod()[-1]**(245/len(x))-1
```

```
   ...:          sharpe=ffn.calc_risk_return_ratio(x)
   ...:          maxDD=ffn.calc_max_drawdown((1+x).cumprod())
   ...:          perfo=pd.Series([winpct,annRet,sharpe,maxDD],\
   ...:          index=['win rate','annualized return',\
   ...:          'sharpe ratio','maximum drawdown'])
   ...:          return(perfo)
   ...:      BuyAndHold=performance(ret)
   ...:      Trade=performance(tradeRet)
   ...:      return(pd.DataFrame({ret.name:BuyAndHold,\
   ...:          tradeRet.name:Trade}))
   ...:
   ...:

#对KD指标交易策略进行回测
In [12]: backtest(KDtrade.Ret,KDtrade.KDtradeRet)
Out[12]:
                   KDtradeRet       Ret
win rate             0.490566  0.549080
annualized return    0.017613  0.108128
sharpe ratio         0.017315  0.060163
maximum drawdown    -0.097439 -0.074015

In [13]: cumRets1=(1+KDtrade).cumprod()
    ...: plt.plot(cumRets1.Ret,label='Ret')
    ...: plt.plot(cumRets1.KDtradeRet,'--',\
    ...:          label='KDtradeRet')
    ...: plt.title('KD指标交易策略绩效表现')
    ...: plt.legend()
Out[13]: <matplotlib.legend.Legend at 0x1f58cc78978>
```

如图 32.6 所示，从 2014 年年初到 10 月份，KD 指标交易的累计收益率表现很好，但从 2014年11 月开始到 2015 年，该指标表现不佳。整体而言，从 2014 年到 2015 年 4 月的获胜率（win rate）、年化收益率（annualized return）和夏普比率（sharpe ratio）方面，KD 指标交易策略绩效不如原标普 500 指数本身的绩效。KD 指标交易的回撤反而较大。但如果我们截取 2014 年 10 月 10 日以前的数据，再进行交易后测，则 KD 指标的绩效会明显变好。

```
In [14]: backtest(KDtrade.Ret[:'2014-10-10'],\
    ...:          KDtrade.KDtradeRet[:'2014-10-10'])
Out[14]:
                   KDtradeRet       Ret
win rate             0.500000  0.569149
annualized return    0.073788  0.062719
sharpe ratio         0.074971  0.039369
maximum drawdown    -0.030184 -0.057613

In [15]: cumRets2=(1+KDtrade[:'2014-10-10']).cumprod()
    ...: plt.plot(cumRets2.Ret,\
    ...:          label='''Ret[:'2014-10-10']''')
    ...: plt.plot(cumRets2.KDtradeRet,'--',\
    ...:          label='''KDtradeRet[:'2014-10-10']''')
    ...: plt.title('KD指标交易策略10月10日之前绩效表现')
```

```
   ...: plt.legend(loc='upper left')
Out[15]: <matplotlib.legend.Legend at 0x1f58cce9fd0>
```

汉代散文家桓宽曾提出：“明者因时而变，知者随事而制”。在金融市场投资实战中，更是如此。对比图 32.6 和图 32.7 可以看出，KD 指标在 2014 年上半年绩效表现优秀，但在 2014 年下半年和 2015 年表现较差。在实际运用 KD 指标时，除了谨记指标有一定的适用情境以外，更要因时制宜，才能趋利避害。

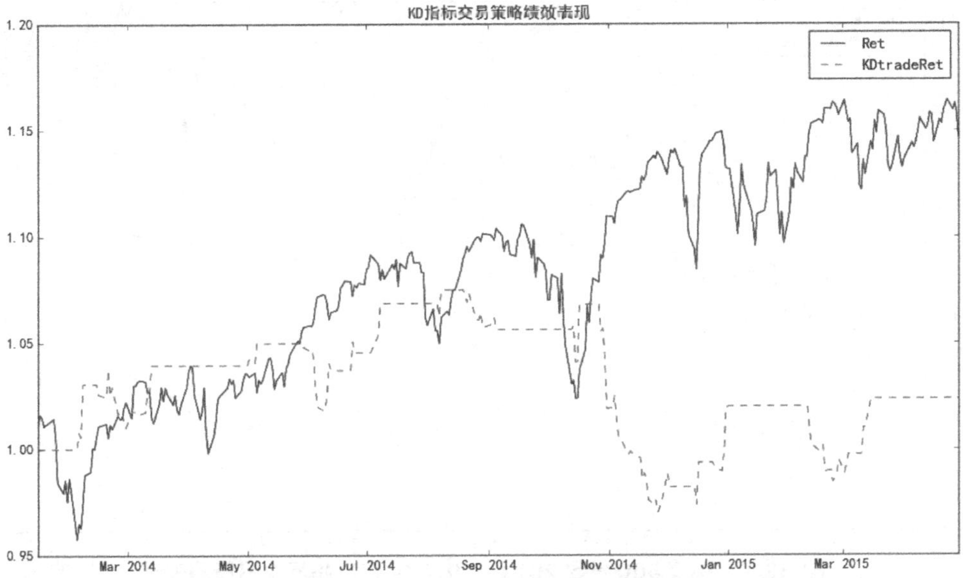

图 32.6　标普 500 指数 2014—2015 年 KD 指标交易策略表现

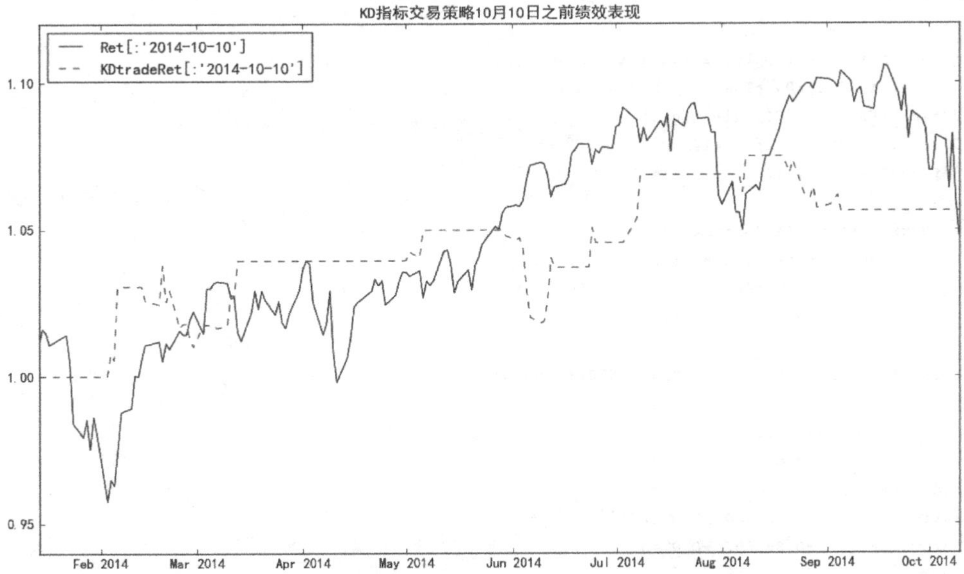

图 32.7　标普 500 指数 2014 上半年 KD 指标交易策略表现

32.5.2 KDJ 指标交易策略

J 线综合了 K 线和 D 线的信息，对于市场超买、超卖行情的判断也有一定的作用。J 值取值范围不局限于 0 ~ 100 之间，但 J 值低于 0 或者高于 100 出现的时机不多，当 J 值低于 0 时或者高于 100 时，预示着市场多空双方的力量可能会出现一些微妙的变化，该指标往往会有较高的可靠程度。接下来，在 KD 指标的基础上，加入 J 指标交易策略，修改买卖点交易信号，并进行交易后测。如图 32.8 所示。

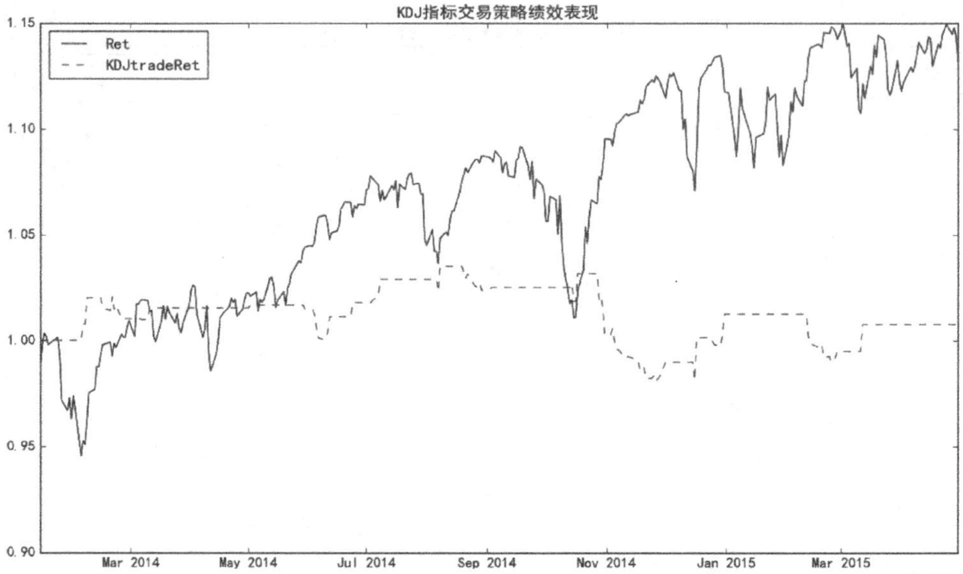

图 32.8　标普 500 指数 2014—2015 年 KD 指标交易策略表现

```
##J值定义超买超卖
#J值大于100，超买；
#J值小于0，超卖
In [16]: JSignal=JValue.apply(lambda x:\
...:          -1 if x>100 else 1 if x<0 else 0)
...: KDJSignal=KSignal+DSignal+JSignal
...: KDJSignal=KDJSignal.apply(lambda x:\
...:  1 if x>=2 else -1 if x<=-2 else 0)
...:
In [17]: KDJtrade=trade(KDJSignal,close)
    ...: KDJtrade.rename(columns={'ret':'Ret',\
    ...:                'tradeRet':'KDJtradeRet'},\
    ...:                inplace=True)

In [18]: backtest(KDJtrade.Ret,KDJtrade.KDJtradeRet)
Out[18]:
                  KDJtradeRet       Ret
win rate             0.506024  0.549080
annualized return    0.005666  0.108128
sharpe ratio         0.009630  0.060163
maximum drawdown    -0.052597 -0.074015

In [19]: KDJCumRet=(1+KDJtrade).cumprod()
```

```
    ...: plt.plot(KDJCumRet.Ret,label='Ret')
    ...: plt.plot(KDJCumRet.KDJtradeRet,'--',\
    ...:          label='KDJtradeRet')
    ...: plt.title('KDJ指标交易策略绩效表现')
    ...: plt.legend(loc='upper left')
Out[19]: <matplotlib.legend.Legend at 0x1f58d3158d0>

#将交易时间缩短到2014年10月10日之前
In [20]: backtest(KDJtrade.Ret[:'2014-10-10'],\
   ...:               KDJtrade.KDJtradeRet[:'2014-10-10'])
Out[20]:
                   KDJtradeRet       Ret
win rate              0.538462  0.569149
annualized return     0.032922  0.062719
sharpe ratio          0.063196  0.039369
maximum drawdown     -0.020006 -0.057613
```

32.5.3 K 线、D 线“金叉”与“死叉”

K 值、D 值和 J 值的取值情况可以释放出市场的买卖信号。在前面的分析中，我们观察到K 线、D 线与市场价格曲线的走势大致相同，K 线与 D 线的价格走势也蕴含着市场买卖双方力量的博弈。一般而言，在上涨行情中，K 线向上突破 D 线，即出现 KD 线“黄金交叉”的现象，此时，说明市场中多头力量在加强，可以解读为市场继续处于多头行情。另一方面，在下跌行情中，K 线又向下跌破 D 线，即出现 KD 线“死亡交叉”的现象，说明市场中多头力量减弱，市场继续处于空头下跌行情中。

接下来，继续以标普 500 指数为分析对象，来探究 KD 线“黄金交叉”与“死亡交叉”策略。

```
##KD线“黄金交叉”

#定义向上突破函数
In [21]: def upbreak(Line,RefLine):
   ...:     signal=np.all([Line>RefLine,\
   ...:                    Line.shift(1)<RefLine.shift(1)],\
   ...:                    axis=0)
   ...:     return(pd.Series(signal[1:],\
   ...:                      index=Line.index[1:]))
   ...:
   ...:

#KD黄金交叉捕捉
In [22]: KDupbreak=upbreak(KValue,DValue)*1

#查看KD“黄金交叉”信号出现的前6个交易日期
In [23]: KDupbreak[KDupbreak==1].head()
Out[23]:
Date
2014-02-06    1
2014-03-04    1
2014-03-20    1
```

```
2014-03-31     1
2014-04-16     1
dtype: int64

##KD线“死亡交叉”

#定义向下突破函数
In [24]: def downbreak(Line,RefLine):
    ...:     signal=np.all([Line<RefLine,\
    ...:                    Line.shift(1)>RefLine.shift(1)],\
    ...:                    axis=0)
    ...:     return(pd.Series(signal[1:],\
    ...:            index=Line.index[1:]))
    ...:
    ...:

#KD死亡交叉捕捉
In [25]: KDdownbreak=downbreak(KValue,DValue)*1

#查看KD“死亡交叉”信号出现的前6个交易日期
In [26]: KDdownbreak[KDdownbreak==1].head()
Out[26]:
Date
2014-01-23     1
2014-02-21     1
2014-03-11     1
2014-03-24     1
2014-04-07     1
dtype: int64

#计算收盘价变化量
In [27]: close=close['2014-01-14':]
In [28]: difclose=close.diff()

#价格上涨用1表示，价格下跌用-1表示
In [29]: prctrend=2*(difclose[1:]>=0)-1
In [30]: prctrend.head()
Out[30]:
Date
2014-01-15     1
2014-01-16    -1
2014-01-17    -1
2014-01-21     1
2014-01-22     1
Name: Close, dtype: int64

#制定KD黄金交叉的交易信号
#上涨行情中，K向上突破D，做多
In [31]: KDupSig=(KDupbreak[1:]+prctrend)==2
    ...: KDupSig.head(n=3)
Out[31]:
Date
2014-01-15     False
2014-01-16     False
2014-01-17     False
```

```
dtype: bool

#制定KD死亡交叉的交易信号
#下跌行情中，K向下突破D，做空
In [32]: KDdownSig=pd.Series(np.all([KDdownbreak[1:]==1,prctrend==-1],\
    ...:                         axis=0),\
    ...:                       index=prctrend.index)

#综合“黄金交叉”与“死亡交叉”信号
In [33]: breakSig=KDupSig*1+KDdownSig*-1
    ...: breakSig.name='breakSig'
    ...: breakSig.head()
Out[33]:
Date
2014-01-15    0
2014-01-16    0
2014-01-17    0
2014-01-21    0
2014-01-22    0
Name: breakSig, dtype: int32

#KD交叉策略实测
In [34]: KDbreak=trade(breakSig,close)

In [35]: KDbreak.rename(columns={'ret':'Ret',\
    ...:                 'tradeRet':'KDbreakRet'},\
    ...:                 inplace=True)
    ...: KDbreak.head()
Out[35]:
                 Ret  KDbreakRet
Date
2014-01-16 -0.001347           0
2014-01-17 -0.003895           0
2014-01-21  0.002774           0
2014-01-22  0.000575           0
2014-01-23 -0.008890           0
```

最后，对 KD 线“黄金交叉”与“死亡交叉”策略进行后测与评价。

```
In [36]: backtest(KDbreak.Ret,KDbreak.KDbreakRet)
Out[36]:
                    KDbreakRet       Ret
win rate              0.433962  0.546296
annualized return    -0.024988  0.095568
sharpe ratio         -0.034377  0.053920
maximum drawdown     -0.086469 -0.074015

In [37]: KDbreakRet=(1+KDbreak).cumprod()
    ...: plt.plot(KDbreakRet.Ret,label='Ret')
    ...: plt.plot(KDbreakRet.KDbreakRet,'--',\
    ...:          label='KDbreakRet')
    ...: plt.title('KD"金叉"与"死叉"交易策略绩效表现')
    ...: plt.legend(loc='upper left')
Out[37]: <matplotlib.legend.Legend at 0x1f58ce97a58>
```

如图 32.9 所示，从 2014 年年初到 2015 年，以上述策略对标普 500 指数进行交易，表现并不理想。以上交易策略的演示揭示一个重要的事实，即无论是 K 值、D 值、J 值的取值范围策略还是 K 线与 D 线的突破策略，都只是从特定角度研判市场并给出交易信号；此种判断方式固然有其依据，却也不免有失偏颇。这诚然是大部分指标的局限，但我们若能熟悉指标原理并审时度势，指标的运用之妙，其实是存乎一心的。

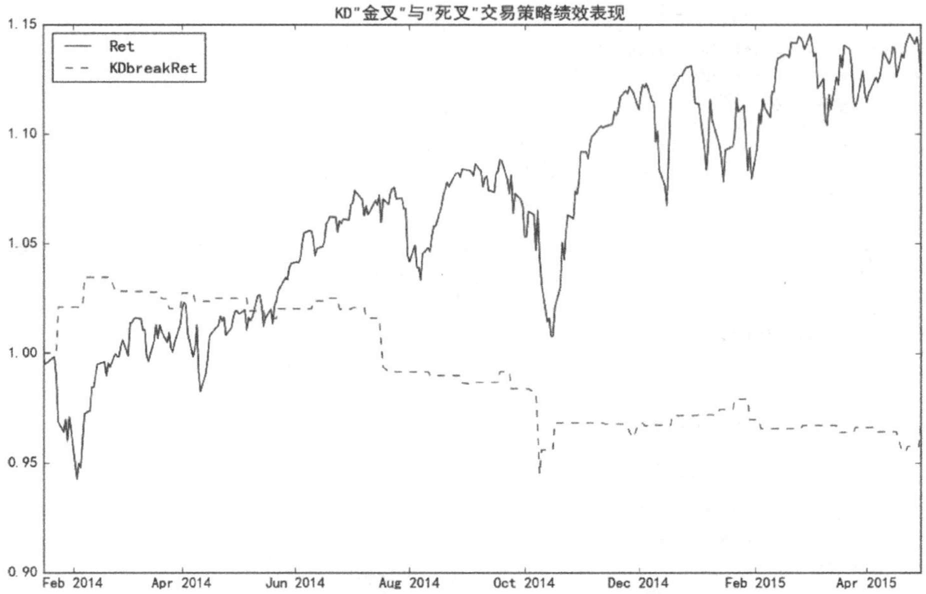

图 32.9　标普 500 指数 2014—2015 年 KD 线交叉策略表现

习题

1. 对于日度 KDJ 来说，一般默认时间跨度为 9 日。在本章介绍的基础上，将时间跨度 9 日改成 5 日，重新计算 KDJ 的取值、KDJ 指标的交易策略以及交易实测等，与原来的交易策略表现相比，指出发生了哪些变化（从 problem32-1.csv 获取数据）。
2. （从 problem32-2.csv 获取数据）获取标普 500（股票名称为“GSPC”）从 2013 年 1 月 1 日到 2014 年 12 月 31 日的日度交易数据。制定 KDJ 线的交易策略：
   - 当 K 值大于 80，超买，释放出卖出信号；当 K 值小于 20，超卖，释放出买入信号；
     - ◇ 当 D 值大于 80 时，超买，释放出卖出信号；当 D 值小于 20 时，超卖，释放出买入信号；
     - ◇ 当 J 值大于 100 时，超买，释放出卖出信号；当 J 值小于 0 时，超卖，释放出买入信号；

   根据上述交易策略，用 Python 编写代码捕捉 KDJ 综合指标的买卖点信号。
3. KDJ 指标是从威廉指标发展而来，威廉指标是一种震荡指标，由收盘价与最高价的差值与最高最低价差值之比得到，其计算公式为：

$$\text{W\&R} = \frac{H_n - C_n}{H_n - L_n} \times 100\%$$

其中，n 为时间跨度，短期的威廉指标可设 n 为 6 日或 9 日，中期为 14 日或 20 日，长期为 70 日；

H_n 表示 n 日内的最高价；C_n 表示第 n 日的收盘价；L_n 表示 n 日内的最低价。

(a) 运用第 2 题的日度交易数据（从 problem32-2.csv 获取数据），用 Python 编写代码计算 W&R 指标（n 取值为 14）；

(b) 威廉指标有很多应用原则，最简单的应用是根据威廉指标的取值来判断市场超买或者超卖情况。一般来说，当 W&R 值高于 80 时，股市呈现超卖现象，释放出买入信号；反之，当 W&R 值低于 20 时，股市呈现超买现象，释放出卖出信号。继续利用第 2 题中的标普 500 数据，用 Python 编写代码，根据 W&R 的取值情况捕捉市场的买卖点。

第33章　量价关系分析

33.1　量价关系概述

"量"有成交量（股数）、成交金额、换手率等多种表现形式，"量"一般指交易市场中某种证券（比如股票、期货等）在某一特定时期内的交易数量。成交量体现了市场中多空方力量博弈，对于股票来说，一般以股票交易的股数大小来表示成交量的多少，成交的股数一般以"手"为单位，一手为100 股，在证券交易时，最少交易量为1 手[1]。"成交金额"指某种证券（比如股票）在交易市场中成交的金额，成交额直接体现了某种股票市场交易的资金量。"换手率"指股票的每日成交量与股票的流通股本的比值，主要体现个股的流动性和活跃度。

"价"指证券的交易价格，对于股票来说，价格一般指股票的收盘价，除了收盘价以外，股票还有开盘价、最高价、最低价和调整价格等其他价格。众多学术研究和交易实践都表明价格的变化与成交量有明显的相关关系。成交量是市场供求的一种表现，当市场供不应求时，即市场利好于多方力量时，投资者会纷纷进入市场购买股票，成交量会增加。另一方面，当市场处于冷清状态时，股票的买方力量薄弱，购买量较少，成交量可能会减小。成交量是市场中的主要动能，而价格则是市场多空双方力量的最终体现。一般来说，低成交量会伴随着价格的降低，高的成交量会引出价格的上升。成交量较大且价格上升时，市场处于看好趋势；成交量较小且价格降低时，市场可能处于盘整期或者看跌状态。

33.2　量价关系分析

在股票市场中，量价关系不仅仅只有量高价涨和量低价跌这两种简单的形式。在上涨行情中，价格上涨有可能对应着成交量下跌；在下跌行情中，价格下跌反而对应着成交量上涨。不同的市场环境有着不同的量价对应关系，不同的量价对应关系也会有不同的市场表现。一般来说，成交量可以上涨、可以下跌，也可以持平，对于价格来说，价格也有上升、下降和持平这三种情形，每一个成交量的状态都可以与价格的三种变化形态相联系，进而量和价一共有九种对应关系。接下来我们介绍几种常见的"量价关系"形态。在分析"量价"关系形态时，我们需要意识到，"量价"关系形态只是市场行情中某一局部信息的体现，在投资实战中还需要结合其他形态或指标进行综合分析。

[1]不同的交易所会有不同的规定，这里指的是上海和深圳交易所。

33.2.1 价涨量增

“价涨量增”是指价格与成交量同时增加，或者价格随着成交量的增加而增加。价涨量增主要出现在上涨行情中，成交量的增加预示着股票价格上升的动能增强，股票价格会继续走高。在中长期的价涨量增关系中，市场的中长期都是上升行情，股票市场短期的降价回调都是入场的好机会。价涨量增可能在下跌行情底部回升时，出现价涨量增，市场上出现了诸多利好因素，说明股票价格未来处于回升阶段，投资者可以从底部入场，等到价格上涨行情涌现时，获取盈利。

如图 33.1 所示，分析长江证券 2015 年 4 月 16 日到 19 日的 K 线和成交量图，股价取长江证券的收盘价，可以看出，价格上涨的同时成交量也在上涨，成交量越大，价格上涨的幅度越大。

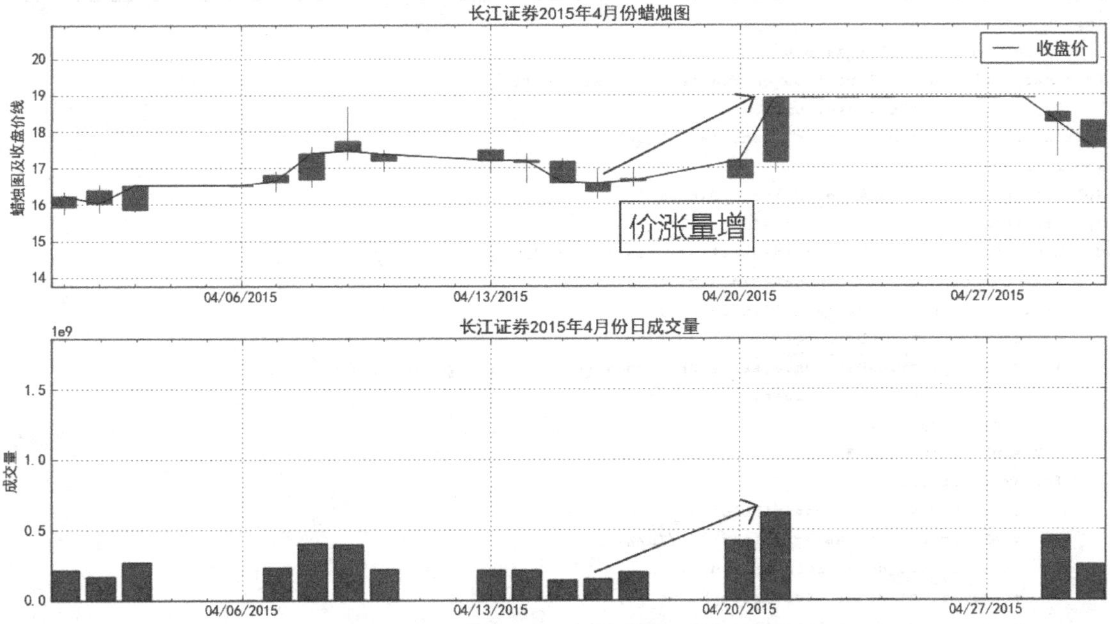

图 33.1 价涨量增

```
#获取长江证券的日度交易数据
In [1]: import pandas as pd
   ...: import numpy as np
In [2]: CJSecurities=pd.read_csv('CJSecurities.csv',index_col='Date')
   ...: CJSecurities=CJSecurities.iloc[:,1:]
   ...: CJSecurities.index=pd.to_datetime(CJSecurities.index)
   ...: CJSecurities.head()
   ...:
Out[2]:
             Open   High    Low  Close    Volume
Date
2014-01-02  10.42  10.42  10.20  10.27  54734700
2014-01-03  10.21  10.22   9.86   9.88  88544000
2014-01-06   9.88   9.97   9.71   9.80  67493100
2014-01-07   9.69   9.83   9.60   9.61  52957200
```

```
2014-01-08    9.67    9.91    9.65    9.77   55127700
```

为了方便绘制 K 线与成交量柱状图，首先定义一个函数 candleVolume( )，函数形式如下：

```
candleVolume(seriesData,candletitle='a',bartitle='b')
```

- 参数 seriesData：数据为 DataFrame 类型，以日期为 index，含有收盘价、最高价、开盘价、最低价以及成交量数据；
- 参数 candletitle：表示 K 线图的标题；
- 参数 bartitle：表示成交量柱状图的标题。

candleVolume( ) 函数具体定义如下：

```
import pandas as pd
import matplotlib.pyplot as plt
from matplotlib.dates import DateFormatter, WeekdayLocator,\
    DayLocator, MONDAY,date2num
from matplotlib.finance import  candlestick_ohlc
import numpy as np
#plt.rcParams['font.sans-serif'] = ['SimHei']
#plt.rcParams['axes.unicode_minus'] = False
def candleVolume(seriesData,candletitle='a',bartitle=''):
    Date=[date2num(date) for date in seriesData.index]
    seriesData.index=list(range(len(Date)))
    seriesData['Date']=Date
    listData=zip(seriesData.Date,seriesData.Open,seriesData.High,seriesData.Low,
                 seriesData.Close)
    ax1 = plt.subplot(211)
    ax2 = plt.subplot(212)
    for ax in ax1,ax2:
        mondays = WeekdayLocator(MONDAY)
        weekFormatter = DateFormatter('%m/%d/%Y')
        ax.xaxis.set_major_locator(mondays)
        ax.xaxis.set_minor_locator(DayLocator())
        ax.xaxis.set_major_formatter(weekFormatter)
        ax.grid(True)

    ax1.set_ylim(seriesData.Low.min()-2,seriesData.High.max()+2)
    ax1.set_ylabel('蜡烛图及收盘价线')
    candlestick_ohlc(ax1,listData, width=0.7,colorup='r',colordown='g')
    plt.setp(plt.gca().get_xticklabels(),\
            rotation=20,horizontalalignment='center')
    ax1.autoscale_view()
    ax1.set_title(candletitle)


    ax1.plot(seriesData.Date,seriesData.Close,\
               color='black',label='收盘价')
    ax1.legend(loc='best')

    ax2.set_ylabel('成交量')
    ax2.set_ylim(0,seriesData.Volume.max()*3)
```

```
    ax2.bar(np.array(Date)[np.array(seriesData.Close>=seriesData.Open)]
    ,height=seriesData.iloc[:,4][np.array(seriesData.Close>=seriesData.Open)]
    ,color='r',align='center')
    ax2.bar(np.array(Date)[np.array(seriesData.Close<seriesData.Open)]
    ,height=seriesData.iloc[:,4][np.array(seriesData.Close<seriesData.Open)]
    ,color='g',align='center')
    ax2.set_title(bartitle)
    return(plt.show())
```

将上述 candleVolume( ) 函数的定义代码放入之前定义的 candle 模组内，通过导入 candle 模组来调用此函数。下面绘制长江证券 2015 年 4 月份的 K 线与成交量图。

```
#从candle模组中导入candleVolume()函数
In [3]: from candle import candleVolume
In [4]: CJSecurities1=CJSecurities['2015-04-01':'2015-04-30']
In [5]: candleVolume(CJSecurities1,candletitle='长江证券2015年4月份蜡烛图',\
   ...:              bartitle='长江证券2015年4月份日成交量')
```

33.2.2 价涨量平

“价涨量平”表明当价格在持续上涨时，股票的成交量却不再上涨而是保持持平状态。通常成交量的变化会带动价格的变化，因此当成交量变化不大时，市场中价格上涨的动能有可能会不再增加。价涨量平体现出一种量价背离关系，量价的背离释放出市场可能反转的信号。上涨行情中价格持续上涨，成交量保持不变，可能预示着价格即将到达顶部。如果成交量继续持平或者减少，价格可能会从顶部反转为下跌态势。此外，价涨量平的量价背离不一定都是反转情形，也有可能是市场处于调整期。市场经过一番洗盘之后，有可能会出现价涨量平的情形。还有一种情形是，当价格上涨过猛（比如价格连续多天涨停），投资者对市场一致看好，买盘很多，但卖盘很少，成交量呈现比较温和的状态，此时成交量会失去反映市场动能的意义。价涨量平也体现出市场处于指标修复期。

```
#截取长江证券股票2015年1月15日到2015年2月15日的日度交易数据；
In [6]: CJSecurities2=CJSecurities['2015-01-15':'2015-02-15']
#画K线图
In [7]: candleVolume(CJSecurities2,candletitle='长江证券2015年1月和2月份蜡烛图',\
   ...:             bartitle='长江证券2015年1月和2月份日成交量')
```

如图 33.2 所示。观察长江证券 2015 年 1 月 20 日附近的蜡烛图和成交量，股价在上涨，而成交量在持平，1 月 21 日成交量下跌，股价继续上涨，最终股价在 1 月 23 日出现了见顶形态，趋势由上升行情反转成下跌行情。

33.2.3 价涨量缩

“价涨量缩”说明价格上涨成交量却在缩小，“价涨量缩”也是一种量价背离关系。市场横盘调整完有可能会出现价涨量缩的情形，经过一番调整，一批投资者被洗盘出局，在

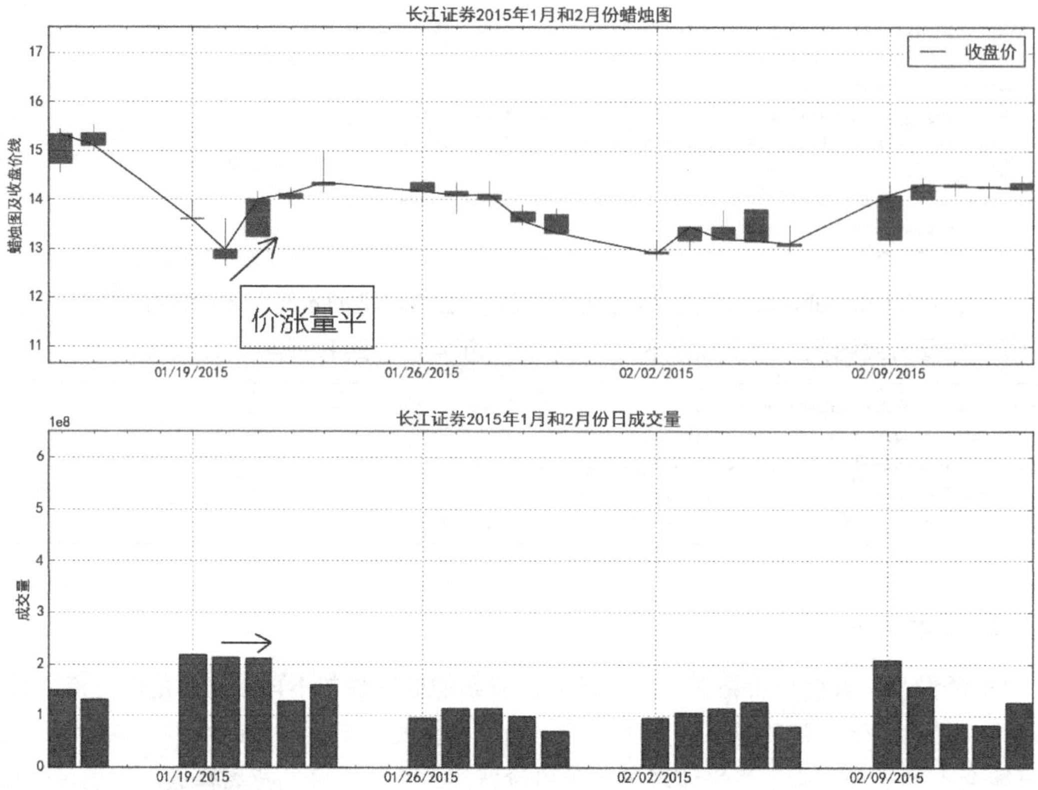

图 33.2　价涨量平

洗盘的过程中市场参与者逐渐减少。洗盘结束初期市场行情看好，价格上涨，但是获利盘的卖盘较少，成交量呈现收缩的情形。

```
#截取长江证券股票2015年3月份的日度交易数据
In [8]: CJSecurities3=CJSecurities['2015-03-01':'2015-03-31']
#画K线图
In [9]: candleVolume(CJSecurities3,candletitle='长江证券2015年3月份蜡烛图',\
   ...:                 bartitle='长江证券2015年3月份日成交量')
```

观察长江证券 2015 年 3 月份的 K 线图，如图 33.3 所示，长江证券股价在 2015 年 3 月 16 日到 18 日期间处于上涨状态，而成交量从 3 月 17 日到 19 日处于下降状态，出现了“价涨量缩”的情形。再观察 3 月 16 日之前的 K 线图，大致可以看出市场出现短暂的调整期，“价涨量缩”形态出现在横盘调整结束初期，3 月 18 日以后，股价继续上涨。

33.2.4　价平量增

“价平量增”出现在下跌行情的底部可能反转的情形中。在下跌行情中，价格不再下跌而是持平，但成交量增大，说明多方力量（比如“庄家”）可能进行了低位布局。市场中出现了一些利好消息，多方力量逐渐增强，多方投资者预测到未来行情可能出现向上走势，在低位进场推动成交量上涨。此外，在上涨行情中，“价平量增”可能表明市场出现“高位滞

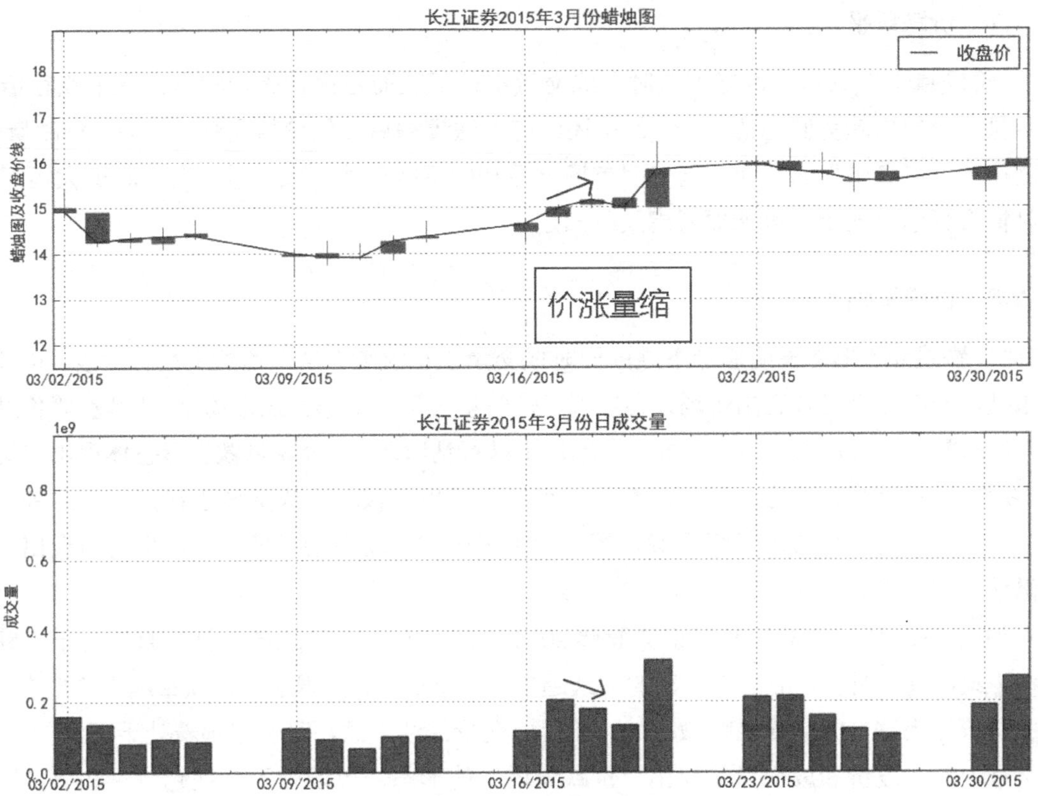

图 33.3　价涨量缩

涨”情形，价格处在高位时，价格不再上涨，而成交量却在增加，一种可能的市场情况是股票市场在更换“庄家”。一般不能把“价平量增”形态理解为市场处于中期洗盘调整期，因为洗盘期成交量会收缩而不是增加。

33.2.5　价平量缩

“价平量缩”形态一般出现在新一轮的上涨行情初期，价格保持稳定而成交量在减少。当市场进行调整洗盘时，可能会出现“价平量缩”的情形。

33.2.6　价跌量增

“价跌量增”指在成交量增加的情况下，股票价格反而下跌。“价跌量增”形态一般出现在市场高价位下跌行情的初期，价格下跌表明投资者不看好市场，卖方力量较大，投资者大量卖出股票。“价跌量增”形态出现的另一种可能情形是，在市场下跌末期市场中做多力量慢慢增强时，成交量会增加，但是多空力量的较量还不至于抬高股价，价格依旧下跌。

```
#截取长江证券股票2014年1月2日到2014年3月31日的交易数据
In [10]: CJSecurities4=CJSecurities['2014-01-02':'2014-03-31']
#画K线图
In [11]: candleVolume(CJSecurities4,candletitle='长江证券2014年前3个月份蜡烛图',\
    ...:             bartitle='长江证券2014年前3个月份日成交量')
```

33.2.7 价跌量平

“价跌量平”表示当价格下跌时，成交量不是下跌而是保持平稳状态。在下跌行情中，价跌量平释放出趋势回稳的信号，但是还没有办法预测后市的价格走势。如果“价跌量平”跟随在“价平量平”的后面，则表明市场已经开始下跌行情，成交量不变，股价大幅下滑，这种情形预示着投资者可能要考虑及时出逃。

33.2.8 价跌量缩

“价跌量缩”形态表明股价下跌的同时成交量也在收缩。当市场处于盘整阶段，市场价格下跌，一部分投资者逃离市场，会出现“价跌量缩”的情形。在市场盘整阶段，“价跌量缩”形态是正常的现象。另一方面，在单边下跌行情阶段，“价跌量跌”形态体现出市场即将出现止跌的情形，空方力量逐渐耗尽，市场中卖出量较小，成交量也在减小。此外，在单边下跌行情阶段，市场行情不好，买方力量极弱，市场中接盘量较小，也会出现出“价跌量缩”的情形。

如图 33.4 所示，观察长江证券股票 2014 年前 3 个月的 K 线图，价格整体处于下跌行情中，2014 年 1 月初，价格有明显的下跌趋势。从短期看，出现了“价跌量缩”的形态，接着股票价格上涨，成交量也略微增加，而后成交量继续下跌，股价也跟着处于下跌行情中。在 2 月中旬，股价和成交量呈现出“价跌量增”的形态，市场处于下跌趋势。在“价跌量增”形态以后，股价大幅下跌，成交量也处于缩量状态，市场短期盘整以后接着下跌。在 3 月末期，股价下跌的同时，成交量变化较小，出现了“价跌量平”的形态，说明市场下跌的趋势有放缓或者反转倾向。

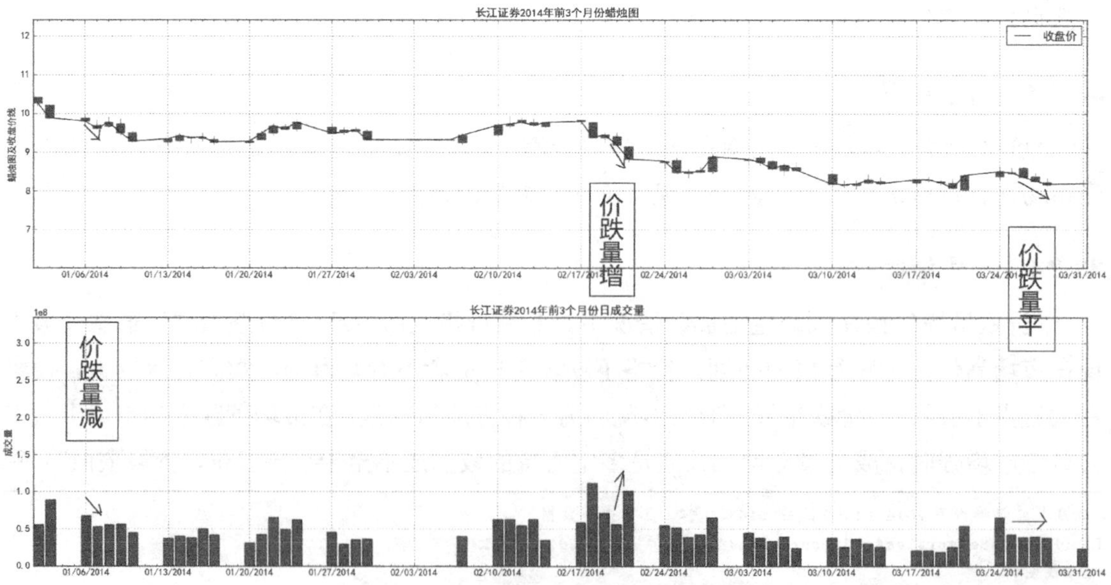

图 33.4 价跌量增、价跌量平和价跌量缩

33.3 不同价格段位的成交量

经过上面的分析，我们知道价格变化与成交量具有相关关系。由量价关系情况可以看出，上涨行情初期和末期的成交量会有所不同，市场横盘调整期的成交量也有差异，在不同价格区间内，累积成交量是不是也有所不同？我们继续用长江证券的股票数据，使用 Python 来探讨分析长江证券股票的量价关系情况。

```
#获取收盘价数据
In [1]: close=CJSecurities.Close
   ...: close.describe()
Out[1]:
count    345.000000
mean      10.280406
std        3.800972
min        4.490000
25%        6.980000
50%        9.380000
75%       14.120000
max       18.920000
Name: Close, dtype: float64

#调整收盘价数据
In [2]: BreakClose=np.ceil(close/2)*2
   ...: BreakClose.name='BreakClose'
   ...: pd.DataFrame({'BreakClose':BreakClose,\
   ...:              'Close':close}).head(n=2)
Out[2]:
            BreakClose  Close
Date
2014-01-02          12  10.27
2014-01-03          10   9.88

#获取成交量数据
In [3]: volume=CJSecurities.Volume

#计算价格变化量
In [4]: PrcChange=close.diff()

#选取价格增大所对应交易日期的成交量
In [5]: UpVol=volume.replace(volume[PrcChange>0],0)
   ...: UpVol[0]=0
#获取价格下降所对应交易日期的成交量
In [6]: DownVol=volume.replace(volume[PrcChange<=0],0)
   ...: DownVol[0]=0

#构造函数，计算价格变化区间中的成交量之和
In [7]: def VOblock(vol):
   ...:     return([np.sum(vol[BreakClose==x]) for x in range(6,22,2)])
   ...:
   ...:

#计算价格变化区间中的价格上涨日期的成交量之和
In [8]: cumUpVol=VOblock(UpVol)
```

```
#计算价格变化区间中的价格下跌日期成交量之和
In [9]: cumDownVol=VOblock(DownVol)

#按照行来合并VOP、VON数据
In [10]: ALLVol=np.array([cumUpVol,cumDownVol]).transpose()

#绘制价格变化量折线图并在原图的基础上画新的柱状图
In [11]: import matplotlib.pyplot as plt
In [12]: fig,ax=plt.subplots()
    ...: ax1=ax.twiny()
    ...: ax.plot(close)
    ...: ax.set_title('不同价格区间的累积成交量图')
    ...: ax.set_ylim(4,20)
    ...: ax.set_xlabel('时间')
    ...: plt.setp(ax.get_xticklabels(), rotation=20,horizontalalignment='center')
    ...: ax1.barh(bottom=range(4,20,2),width=ALLVol[:,0],\
    ...:           height=2,color='g',alpha=0.2)
    ...: ax1.barh(bottom=range(4,20,2),width=ALLVol[:,1],height=2,left=ALLVol[:,0],\
    ...:          color='r',alpha=0.2)
    ...: plt.show()
```

如图 33.5 所示，整体上看，在不同的价格区间，价涨的累积成交量会比价跌的累积成交量大。再观察长江证券收盘价时序图，长江证券的价格在 4 ~ 20 元之间变动，价格处在最低段（4 元附近）和最高段（20 元附近）的累积成交量都相对较小。

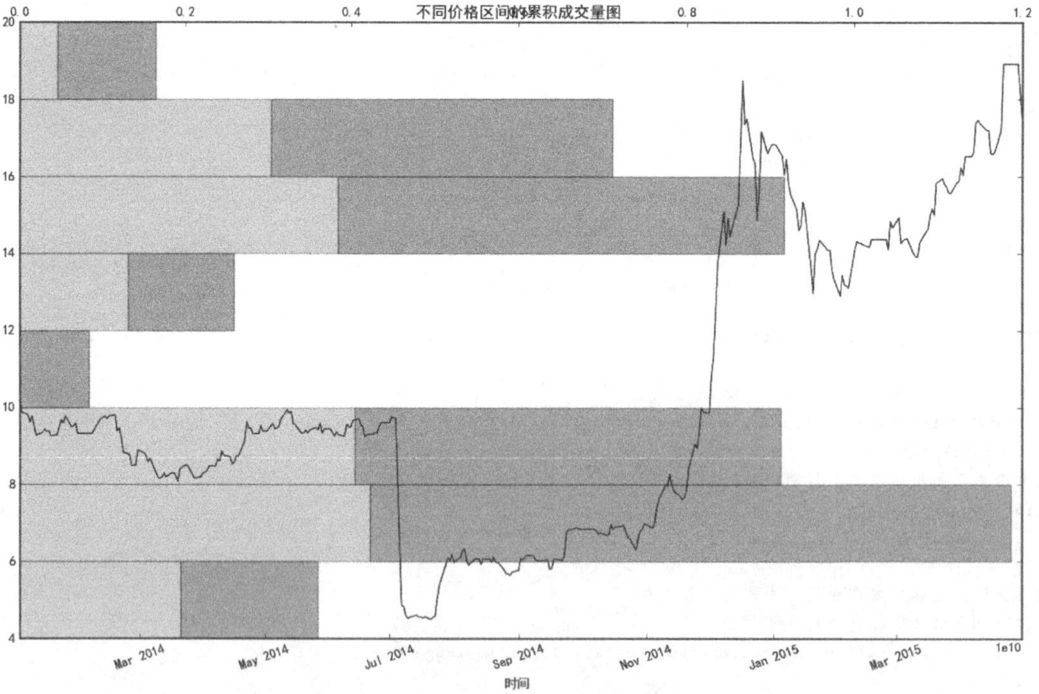

图 33.5 不同价格区间的成交量条形图

33.4　成交量与均线思想结合制定交易策略

在本小节，我们尝试运用成交量与价格数据，结合均线思想制定交易策略，具体交易步骤如下。

（1）获取成交量数据 volume，计算成交量的 5 日简单移动平均数 VolSMA5 和 10 日简单移动平均数 VolSMA10，并制定成交量均值 VolSMA，VolSMA 的计算公式为：

$$\text{VolSMA} = \frac{\text{VolSMA5} + \text{VolSMA10}}{2}$$

（2）获取价格数据，计算价格 5 日简单移动平均数和 20 日简单移动平均数。

（3）根据成交量制定成交量信号，当成交量 volume 大于成交量均值 VolSMA 时，释放出买入信号；当成交量 volume 小于等于成交量均值 VolSMA 时，释放出卖出信号；

（4）根据价格 5 日均线和 20 日均线制定交易信号，当 5 日均线向上穿破 20 日均线时，释放出买入信号；当 5 日均线向下穿破 20 日均线时，释放出卖出信号；

（5）合并成交量交易信号与均线交易信号，当成交量与均线都释放出买入信号时，才进行买入操作；当两者都释放出卖出信号时，才进行卖出操作。

（6）进行交易策略评价。

用 Python 实现这一交易策略，具体代码如下。

```
#获取成交量数据
In [1]: volume=CJSecurities.Volume
#求成交量均值VolSMA
In [2]: VolSMA5=pd.rolling_apply(volume,5,np.mean)
   ...: VolSMA10=pd.rolling_apply(volume,10,np.mean)
   ...: VolSMA=((VolSMA5+VolSMA10)/2).dropna()
   ...: VolSMA.head(n=3)
Out[2]:
Date
2014-01-15    48229480
2014-01-16    47371565
2014-01-17    44652390
Name: Volume, dtype: float64

#制定成交量交易信号
In [3]: VolSignal=(volume[-len(VolSMA):]>VolSMA)*1
   ...: VolSignal[VolSignal==0]=-1
   ...: VolSignal.head()
Out[3]:
Date
2014-01-15   -1
2014-01-16    1
2014-01-17   -1
2014-01-20   -1
2014-01-21    1
Name: Volume, dtype: int32

#获取价格数据
```

```
In [4]: close=CJSecurities.Close

#计算价格5日简单移动平均数
In [4]: PrcSMA5=pd.rolling_apply(close,5,np.mean)

#计算价格20日简单移动平均数
In [5]: PrcSMA20=pd.rolling_apply(close,20,np.mean)

#定义向上突破函数
In [6]: def upbreak(Line,RefLine):
   ...:     signal=np.all([Line>RefLine,Line.shift(1)<RefLine.shift(1)],axis=0)
   ...:     return(pd.Series(signal[1:],index=Line.index[1:]))
   ...:
   ...:
#定义向下突破函数
In [7]: def downbreak(Line,RefLine):
   ...:     signal=np.all([Line<RefLine,Line.shift(1)>RefLine.shift(1)],axis=0)
   ...:     return(pd.Series(signal[1:],index=Line.index[1:]))
   ...:
   ...:
#捕捉价格5日均线向上突破20日均线的日期
In [8]: UpSMA=upbreak(PrcSMA5[-len(PrcSMA20):],PrcSMA20)*1

#捕捉价格5日均线向下突破20日均线的日期
In [9]: DownSMA=downbreak(PrcSMA5[-len(PrcSMA20):],PrcSMA20)*1

#制定均线交叉的买卖交易信号，并合并买卖信号
In [10]: SMAsignal=UpSMA-DownSMA

#对成交量信号与价格均线信号进行加总
In [11]: VolSignal=VolSignal[-len(SMAsignal):]
    ...: signal=VolSignal+SMAsignal
    ...: signal.describe()
Out[11]:
count    325.00000
mean      -0.12000
std        1.05163
min       -2.00000
25%       -1.00000
50%       -1.00000
75%        1.00000
max        2.00000
dtype: float64

In [12]: trade=signal.replace([2,-2,1,-1,0],[1,-1,0,0,0])
    ...: trade=trade.shift(1)[1:]
    ...: trade.head()
Out[89]:
Date
2014-01-31    0
2014-02-03   -1
2014-02-05    0
2014-02-06    0
2014-02-07    0
dtype: float64
```

```
#求交易策略获胜率
In [13]: ret=((close-close.shift(1))/close.shift(1))['2014-01-31':]
    ...: ret.name='stockRet'
    ...: tradeRet=trade*ret
    ...: tradeRet.name='tradeRet'
    ...: winRate=len(tradeRet[tradeRet>0])/len(tradeRet[tradeRet!=0])
    ...: winRate
Out[13]: 0.8461538461538461
```

从代码结果中可以看出，该策略获胜率较高。下面绘制绩效表现图，如图 33.6 所示。

```
In [14]: (1+ret).cumprod().plot(label='stockRet')
    ...: (1+tradeRet).cumprod().plot(label='tradeRet')
    ...: plt.legend()
Out[14]: <matplotlib.legend.Legend at 0x7fc678182860>
```

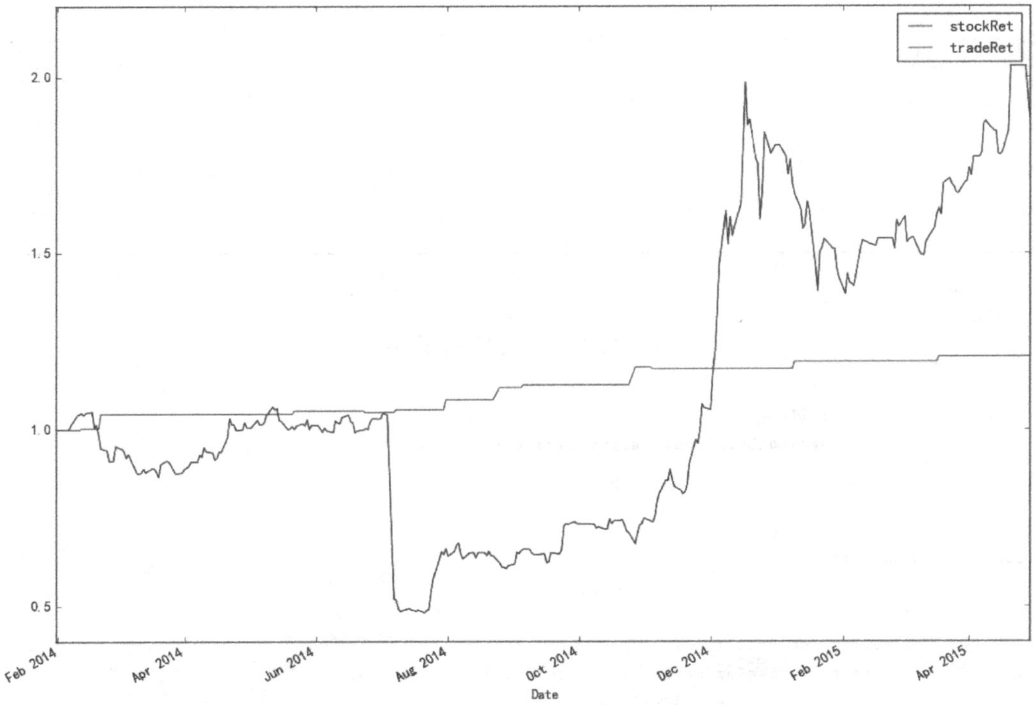

图 33.6　成交量与价格均线交易策略绩效表现图

最后，我们编写代码，设定模拟交易账户。交易帐户曲线图如图 33.7 所示。

```
#根据交易信号构造交易状态函数，制定交易状态时，假设股票不能做空。
In [15]: def Hold(signal):
    ...:     hold=np.zeros(len(signal))
    ...:     for index in range(1,len(hold)):
    ...:         if hold[index-1]==0 and signal[index]==1:
    ...:             hold[index]=1
    ...:         elif hold[index-1]==1 and signal[index]==1:
    ...:             hold[index]=1
    ...:         elif hold[index-1]==1 and signal[index]==0:
```

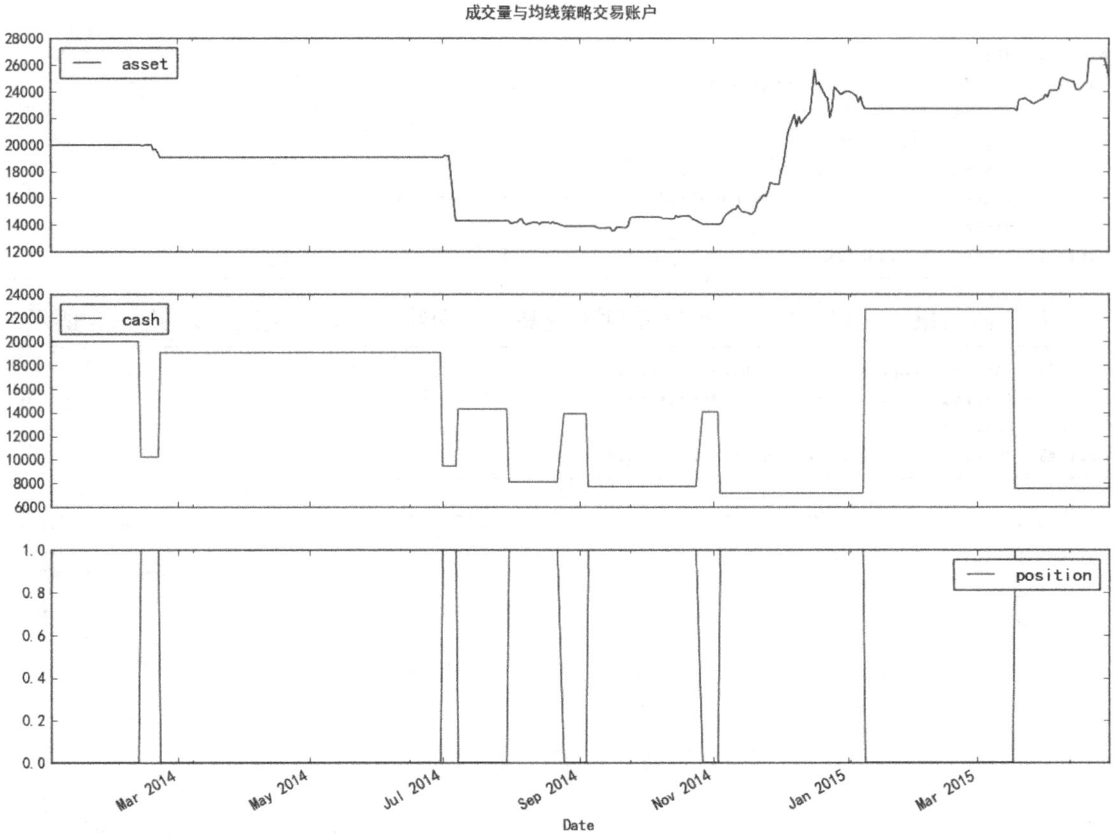

图 33.7 交易账户曲线图

```
   ...:             hold[index]=1
   ...:       return(pd.Series(hold,index=signal.index))
   ...:
   ...:

In [16]: hold=Hold(trade)

#定义交易模拟函数
In [17]: def TradeSim(price,hold):
   ...:       position=pd.Series(np.zeros(len(price)),index=price.index)
   ...:       position[hold.index]=hold.values
   ...:       cash=20000*np.ones(len(price))
   ...:       for t in range(1,len(price)):
   ...:           if position[t-1]==0 and position[t]==1:
   ...:               cash[t]=cash[t-1]-price[t]*1000
   ...:           if position[t-1]==1 and position[t]==0:
   ...:               cash[t]=cash[t-1]+price[t]*1000
   ...:           if position[t-1]==position[t]:
   ...:               cash[t]=cash[t-1]
   ...:       asset=cash+price*position*1000
   ...:       asset.name='asset'
   ...:       account=pd.DataFrame({'asset':asset,'cash':cash,'position':position})
   ...:       return(account)
   ...:
```

```
   ...:

In [18]: TradeAccount=TradeSim(close,hold)
    ...: TradeAccount.tail()
Out[18]:
            asset  cash  position
Date
2015-04-24  26465  7545         1
2015-04-27  26465  7545         1
2015-04-28  26465  7545         1
2015-04-29  25795  7545         1
2015-04-30  25085  7545         1

#绘制账户曲线图
In [19]: TradeAccount.plot(subplots=True,\
   ...:          title='成交量与均线策略交易账户')
Out[19]:
array([<matplotlib.axes._subplots.AxesSubplot object at 0x0000016C72D8F7F0>,
       <matplotlib.axes._subplots.AxesSubplot object at 0x0000016C72E1DCF8>,
       <matplotlib.axes._subplots.AxesSubplot object at 0x0000016C72E68E48>],
       dtype=object)
```

习题

1. （从 problem33-1.csv 获取数据）获取长江证券股票从 2013 年 1 月 1 日到 2013 年 12 月 31 日的价格数据，用 Python 绘制出日 K 线图以及成交量图，从 K 线图中寻找几种量价关系进行分析。
2. 分析量价关系时，价格处于高位和处于低位的成交量也会有所不同，按照本章介绍的内容，以长江证券股票 2013 年度的交易数据为对象，用 Python 编写代码绘制不同价格段位的成交量条形图（从 problem33-2.csv 获取数据）。
3. 加权移动平均价是按一定的权重对价格加权平均得到，在权重的定义上，我们可以用成交量的指标来定义，从而可以得到成交量加权移动平均价（Volume Weighted Moving Average）。下表是长江证券股票 2014 年 1 月份前几个交易日的收盘价和成交量数据，移动平均价的计算周期为 6 个交易日。

日期	收盘价	成交量	权重
2014-01-02	10.27	54734700	0.1461681
2014-01-03	9.88	88544000	0.2364553
2014-01-06	9.80	67493100	0.1802392
2014-01-07	9.61	52957200	0.1414213
2014-01-08	9.77	55127700	0.1472176
2014-01-09	9.50	55607300	0.1484984

运用前 6 期的数据，可以计算 2014 年 1 月 9 日的以成交量为权重的移动平均价。首先，我们要先求出成交量权重比，每一期成交量与这 6 期成交量综合的比值为每一期的权重。则 2014 年 1 月 9 日的成交量加权移动平均价为：

$$\begin{aligned} VWMA_1 &= 10.27 \times 0.1461681 + 9.88 \times 0.2364553 + 9.80 \times 0.1802392 \\ &\quad +9.61 \times 0.1414213 + 9.77 \times 0.1472176 + 9.50 \times 0.1484984 \\ &= 9.811779 \end{aligned}$$

按照上述计算思路，用 Python 编写代码求出长江证券 2013 年度成交量加权平均价，并绘制出曲线图（从 problem33-3.csv 获取数据）。

4. 将第 3 题求出的成交量加权平均价与布林带突破线相联系，把成交量加权平均价曲线作为通道中间曲线，成交量加权平均价加上其 1.5 倍标准差作为通道上轨，成交量加权平均价减去其 1.5 倍标准差作为通道下轨。按照布林带通道线的交易策略规则，根据收盘价与这三条通道线的关系释放出买卖信号。以长江证券 2013 年交易数据为分析对象，对此交易策略进行历史模拟测验（从 problem33-4.csv 获取数据）。

第34章　OBV指标交易策略

34.1　OBV 指标概念

OBV 的英文全称是 On Balance Volume，中文为能量潮，是由美国的投资分析家 Joe Granville 在 20 世纪 60 年代所创的一种技术指标，他认为市场的动能应该由成交量的变化情况来反映。成交量可以反映出市场买卖双方的活跃情况，量是价的先行者，价格的变化与成交量有密切关系。OBV 指标从量入手对价格的走势做出预测，将成交量指标化，制成趋势线，配合股价趋势线，通过价格的变动及成交量的增减关系来推测股价变动趋势。

34.2　OBV 指标计算方法

对于能量潮 OBV 的指标计算，一般有累积 OBV、移动 OBV 和修正型 OBV 净额这三种计算方式。

- **累积 OBV**

  OBV 主要计算累积成交量，将股价上涨时的成交量进行正累加，股价下跌时的成交量进行负累加。其计算公式为

$$OBV_n = \pm V_n + OBV_{n-1}$$

  其中，OBV_n 和 OBV_{n-1} 分别是本期和前一期的 OBV 值，而 V_n 则是当日的成交量。

  ◇ 当本期股价上涨时，V_n 的符号为正，$OBV_n = OBV_{n-1} + V_n$；

  ◇ 当本期股价下跌时，V_n 的符号则为负，$OBV_n = OBV_{n-1} - V_n$。

以青岛啤酒股票的交易数据为对象，计算 OBV 的值。Python 代码如下：

```
In [1]: import pandas as pd
   ...: import numpy as np
   ...: import matplotlib.pyplot as plt
   ...:

In [2]: TsingTao=pd.read_csv('TsingTao.csv',index_col='Date')
   ...: TsingTao.index=pd.to_datetime(TsingTao.index)
   ...: TsingTao.Volume=TsingTao.Volume.replace(0,np.nan)
   ...: TsingTao=TsingTao.dropna()
   ...: close=TsingTao.Close
   ...: Volume=TsingTao.Volume
#计算OBV
In [3]: difClose=close.diff()
   ...: difClose[0]=0
   ...: OBV=(((difClose>=0)*2-1)*Volume).cumsum()
```

```
   ...: OBV.name='OBV'
   ...: OBV.head()
Out[3]:
Date
2014-01-02     2592800
2014-01-03     1032100
2014-01-06     -828800
2014-01-07    -3763200
2014-01-08    -1962800
Name: OBV, dtype: float64

In [4]: OBV.describe()
Out[4]:
count         323.000000
mean     -11040094.427245
std       35726995.308882
min      -61320700.000000
25%      -36024400.000000
50%      -25390300.000000
75%       19126950.000000
max       96523800.000000
Name: OBV, dtype: float64
```

- **移动型 OBV**

  移动型 OBV 是由累积 OBV 进行简单移动平均得到，一般选择 9 日或者 12 日为时间跨度，移动型 OBV 的计算公式为：

$$\mathrm{smOBV}_t = \frac{OBV_t + OBV_{t-1} + \cdots + OBV_{t-8}}{9},\ t = 9, 10, \cdots$$

用 Python 计算青岛啤酒股票的移动型 OBV 值。

```
#计算移动型OBV
In [5]: import movingAverage as mv
   ...: smOBV=mv.smaCal(OBV,9)
   ...: smOBV.tail()
   ...:
Out[5]:
Date
2015-04-24    76771044.444444
2015-04-27    78644322.222222
2015-04-28    80232266.666667
2015-04-29    81737800.000000
2015-04-30    81440522.222222
dtype: float64
```

- **修正型 OBV**

  此外，在计算累积成交量时，无论股价变化幅度与趋势如何，当期的成交量的权重是一样的；为了将股价这些因素考虑进去，人们一般用多空比率净额（Volume Accumulation）来替代单纯的成交量。多空比率净额的计算公式为：

$$VA_n = VA_{n-1} + V_n \cdot \frac{(C_n - L_n) - (H_n - C_n)}{H_n - L_n}$$

其中，V_n 为当日成交量，而 H_n、L_n、C_n 则分别是当日的最高价、最低价和收盘价。收盘价与最低价的差值表示多头力量的强度，最高价与收盘价的差值表明空头力量的强度，两者之差表示多头的净力量幅度。再用这个差值 $(C_n - L_n) - (H_n - C_n)$ 与最高价与最低价的差值 $H_n - L_n$ 之比，表示多头相对力量对于成交量的贡献程度。

用 Python 计算青岛啤酒股票的修正型 OBV 值，图形如图 34.1 所示。

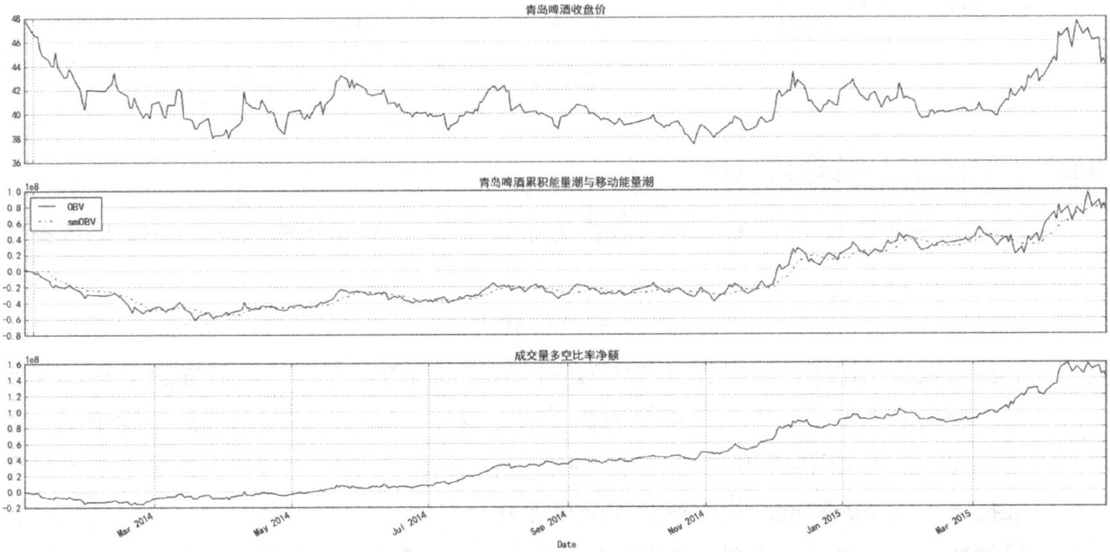

图 34.1　收盘价与三种 OBV 曲线图

```
#计算修正型OBV
In [6]: AdjOBV=((close-TsingTao.Low)-(TsingTao.High-close)\
   ...:            )/(TsingTao.High-TsingTao.Low)*Volume
   ...: AdjOBV.name='AdjOBV'
   ...: AdjOBV.head()
   ...: AdjOBVd=AdjOBV.cumsum()
   ...: AdjOBVd.name='AdjOBVd'
   ...: AdjOBVd.describe()
Out[6]:
count     3.230000e+02
mean      4.242572e+07
std       4.706378e+07
min      -1.589447e+07
25%      -5.944451e+05
50%       3.387219e+07
75%       8.573505e+07
max       1.589280e+08
Name: AdjOBVd, dtype: float64

#绘制能量潮线图
In [7]: ax1=plt.subplot(3,1,1)
```

```
...: close.plot(title='青岛啤酒收盘价')
...: plt.xticks(close.index[1:3],(''))
...: plt.xlabel('')
...: ax2=plt.subplot(3,1,2)
...: OBV.plot(label='OBV',title='青岛啤酒累积能量潮与移动能量潮')
...: smOBV.plot(label='smOBV',linestyle='-.',color='r')
...: plt.legend(loc='upper left')
...: plt.xticks(close.index[1:3],(''))
...: plt.xlabel('')
...: ax3=plt.subplot(3,1,3)
...: AdjOBVd.plot(title='成交量多空比率净额')
...: for ax in ax1,ax2,ax3:
...:     ax.grid(True)
...:
...:
```

34.3 OBV 指标的理论依据

在演示如何应用 OBV 指标之前，我们先来谈一下 OBV 指标的原理。OBV 的理论依据主要有如下三点。

（1） 当投资者对股价的预期不一致时，成交量较大；而当投资者对股价的预期一致时，成交量则较小。比如，当投资者都认为股价即将上涨时，买单的数量就会变多。但是，持有股票的人却不会卖出，卖单的数量就会很少。最后，成交量自然就变少了。反之，当一部分人预期股价上涨，另一部分人预期股价下跌时，市场上的买单和卖单会维持一个较高的数量，从而使得成交量上升。

（2） 根据物理学上的重力原理，物体不会一直上升，总会下跌，而且物体在上升时所需要的能量要比下降时要多。当我们把这个原理类比到股市时，会得到一个量与价的关系：股价易跌难涨；而且股价下跌所需要的成交量，要小于股价上升所需要的成交量。

（3） 最后，根据惯性原理的思路，热门股在相当长的一段时间内都会保持较大的成交量和价格波动，而冷门股则相反。

根据这三点，我们可以发现成交量与价格之间存在着密切的关系。实际上，成交量代表着买卖双方的交易总数，而股票的价格正是在这些交易中形成的。因此，在分析股价的时候，成交量与股价之间的关系不容忽视。

34.4 OBV 指标的交易策略制定

股价的趋势可以通过成交量的多少来观察，OBV 指标通过成交量的多少来体现市场的能量。我们在此设定一个简单的 OBV 指标交易策略。

- 当 OBV 指标增大时，说明累积成交量在增加，可以推测当期的价格变化为正值，当期的股价是上升的；累积成交量的增大也体现了市场的活跃度增加，短期内，股票价格有可能继续上升，释放出买入信号；

- 当 OBV 指标变小时，说明累积成交量在减小，当期的价格变化为负值，当期股价是下跌的，市场的活跃度减弱；短期内，股价有可能还会下跌，释放出卖出信号。

34.5　OBV 指标交易策略的 Python 实测

按照上述 OBV 指标交易策略的思路，选择中国电力股票的交易数据，运用 Python 进行交易实测。交易策略的思路大致如下。

（1） 构造交易函数，依照指标的取值情况确定买卖点信号 signal，进而根据 signal 计算交易策略的的收益率；

（2） 构造交易表现函数，绘制累积收益率曲线图，计算年化收益率、夏普比率等。

首先，我们用累积 OBV 值作为 OBV 指标的取值。绘制绩效表现图如图 34.2 所示。

```
#定义交易策略函数
In [8]: import ffn
   ...: def trade(obv,price):
   ...:     signal=(2*(obv.diff()>0)-1)[1:]
   ...:     ret=ffn.to_returns(price)[1:]
   ...:     ret.name='ret'
   ...:     tradeRet=ret*signal.shift(1)
   ...:     tradeRet.name='tradeRet'
   ...:     Returns=pd.merge(pd.DataFrame(ret),\
   ...:                  pd.DataFrame(tradeRet),\
   ...:                 left_index=True,right_index=True).dropna()
   ...:     return(Returns)
   ...:
#OBV指标交易策略
In [9]: OBVtrade=trade(OBV,close)
   ...: OBVtrade.head()
Out[9]:
                 ret  tradeRet
Date
2014-01-06 -0.018701  0.018701
2014-01-07 -0.004069  0.004069
2014-01-08  0.000000 -0.000000
2014-01-09 -0.023006 -0.023006
2014-01-10 -0.011224  0.011224

#评价交易策略表现
In [10]: ret=OBVtrade.ret
    ...: tradeRet=OBVtrade.tradeRet
    ...: ret.name='BuyAndHold'
    ...: tradeRet.name='OBVTrade'
    ...: (1+ret).cumprod().plot(label='ret',linestyle='dashed')
    ...: (1+tradeRet).cumprod().plot(label='tradeRet')
    ...: plt.title('累积OBV交易策略绩效表现')
    ...: plt.legend()
Out[10]: <matplotlib.legend.Legend at 0x189563e4940>
#定义交易表现函数
In [11]: def backtest(ret,tradeRet):
```

```
   ...:     def performance(x):
   ...:         winpct=len(x[x>0])/len(x[x!=0])
   ...:         annRet=(1+x).cumprod()[-1]**(245/len(x))-1
   ...:         sharpe=ffn.calc_risk_return_ratio(x)
   ...:         maxDD=ffn.calc_max_drawdown((1+x).cumprod())
   ...:         perfo=pd.Series([winpct,annRet,sharpe,maxDD],index=['win rate',
   ...:                         'annualized return',\
   ...:                         'sharpe ratio','maximum drawdown'])
   ...:         return(perfo)
   ...:     BuyAndHold=performance(ret)
   ...:     OBVTrade=performance(tradeRet)
   ...:     return(pd.DataFrame({ret.name:BuyAndHold,\
   ...:     tradeRet.name:OBVTrade}))
   ...:
   ...:

#OBV指标交易表现
In [12]: OBVtest=backtest(ret,tradeRet)
    ...: OBVtest
Out[12]:
                   BuyAndHold  OBVTrade
win rate             0.496815  0.519108
annualized return   -0.058270 -0.055129
sharpe ratio        -0.010179 -0.009199
maximum drawdown    -0.199358 -0.235397
```

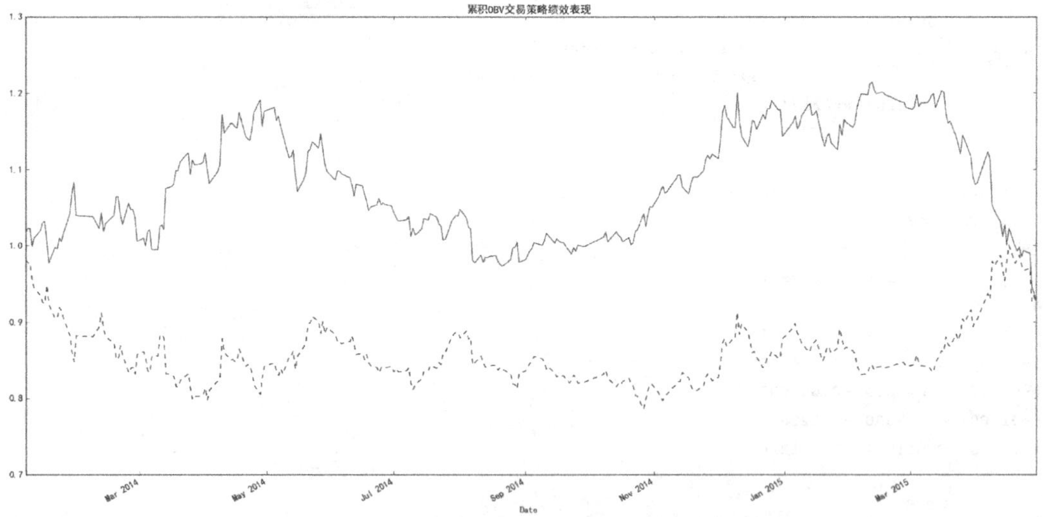

图 34.2　累积 OBV 交易策略绩效表现图

接着，我们用简单 OBV 值作为 OBV 指标的取值，如图 34.3 所示。

```
In [13]: smOBVtrade=trade(smOBV,close)
    ...: smOBVtrade.head(n=3)
Out[13]:
                 ret  tradeRet
Date
2014-01-06 -0.018701  0.018701
2014-01-07 -0.004069  0.004069
```

```
2014-01-08  0.000000 -0.000000

In [14]: ret=smOBVtrade.ret
    ...: ret.name='BuyAndHold'
    ...: smtradeRet=smOBVtrade.tradeRet
    ...: smtradeRet.name='smOBVTrade'
    ...: (1+ret).cumprod().plot(label='ret',linestyle='dashed')
    ...: (1+tradeRet).cumprod().plot(label='tradeRet')
    ...: plt.title('简单OBV交易策略绩效表现')
    ...: plt.legend()
Out[14]: <matplotlib.legend.Legend at 0x189564dfe48>

In [15]: test=backtest(ret,smtradeRet)
    ...: test
Out[15]:
                    BuyAndHold  smOBVTrade
win rate              0.496815    0.512739
annualized return    -0.058270    0.060095
sharpe ratio         -0.010179    0.023843
maximum drawdown     -0.199358   -0.160496
```

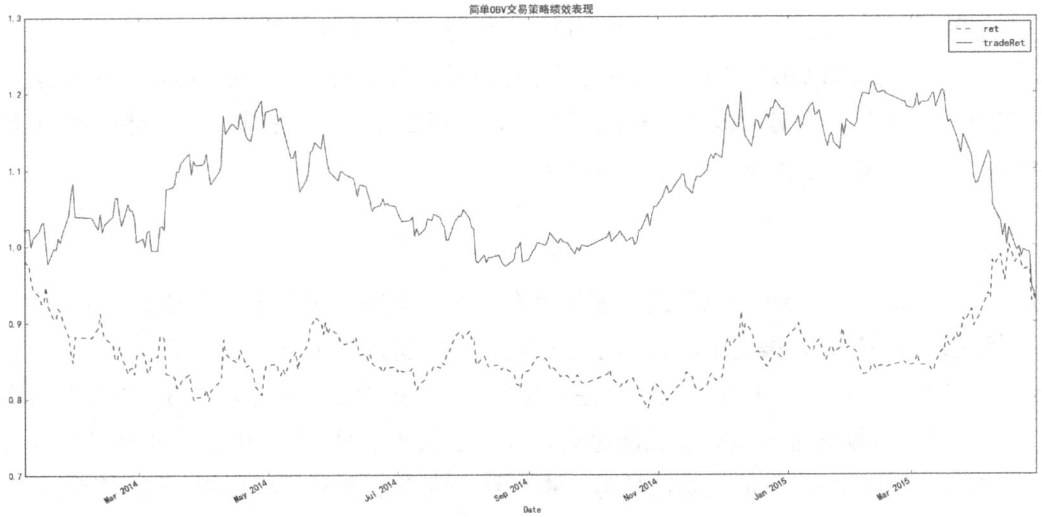

图 34.3　简单 OBV 交易策略绩效表现图

34.6　OBV 指标的应用原则

当使用 OBV 指标时，单期的 OBV 值对于股价分析来说并没有太大意义。根据 OBV 指标的原理，股价的趋势是通过成交量的多少来体现的。但是，多与少是通过比较得到的，不是一个 OBV 值所能体现的。因此，我们需要将 OBV 值与过去的 OBV 值进行比较，才能对成交量的多少做出判断。对于 OBV 值之间的比较，可以通过绘制 OBV 曲线来进行。我们以时间为横坐标，成交量为纵坐标，将每一日计算所得的 OBV 值在坐标线上标出位置，并连接起来即得到 OBV 曲线。通过观察 OBV 曲线与股价的趋势，可以对未来的价格变动做出预测。从 OBV 曲线趋势和股价趋势的不同组合着手，介绍几个在使用 OBV 指标时应该注意的原则。

（1） OBV 曲线上升但是股价下降：这种情况表明在股价下跌时成交量却在上升，暗示有越来越多的投资者在承接。在这种情况下，逐渐提高的成交量表明投资者对该股的信心不断增强，释放出买进的信号。

（2） OBV 曲线下降而股价上涨：这种情况与第一种情况刚好相反。虽然股价仍在上升，但是成交量却在缩小，表明投资者对其逐渐丧失信心，不愿接盘。因此，该股很可能已接近顶点，即将下跌。

（3） OBV 曲线稳步上升，同时股价上涨：这种情况表明行情稳步向上，股价仍有上涨空间，中长期走势良好。

（4） OBV 曲线缓慢下降，同时股价下跌：这种情况则表明行情不佳，股价仍会继续下跌，投资者应卖出股票或暂时观望。

（5） 两种极端情况：OBV 曲线快速上升的现象表明买盘迅速涌入，持续性不强，股价在短暂的拉升后可能会迅速下跌；OBV 曲线快速下降的现象则表明卖盘迅速涌入，但是随后仍有可能会有一段较长的下跌，投资者应以观望为主。

上面介绍的只是使用 OBV 指标时所应参考的几点原则，但在实际使用时绝非依靠这些原则就能获利。此外，在进行技术分析的时候，建议读者结合其他指标综合分析，而不是仅依靠单一指标，对行情的研判才能更加周全。

习题

1. （从 problem34-1.csv 获取数据）使用上海电力股票的交易数据和本章介绍的 OBV 指标交易策略思路，编写 Python 代码实测修正型 OBV 指标的策略表现。
2. OBV 指标的正负也可以释放出一些交易信号。一般来说，当累积 OBV 由负值转变成正值时，市场估价可能处于上涨趋势，释放出买入信号；当 OBV 由正值转变成负值时，为下跌趋势，释放出卖出信号。根据这一简单的交易策略思想，沿用青岛啤酒股票的交易数据，编写 Python 代码进行策略实测与交易评价（从 problem34-2.csv 获取数据）。
3. （从 problem34-3.csv 获取数据）获取万科在 2013 年 1 月 2 日到 12 月 31 日的日度交易数据，编写 Python 代码计算 12 日移动型 OBV 的值。

电子工业出版社好书分享

《资产配置投资实践 》

Yoram Lustig 著

孙静 郑志勇 李韵 译

ISBN 978-7-121-28336-9

2016年5月出版

定价：99.00元

设定投资目标：即刻画出投资组合的收益目标、风险目标以及投资限制。

制订投资策略：通盘考虑长期战略资产配置，大类资产及其优化过程后得出一个能够满足投资目标的最优资产配置方案。

从投资实践出发，对投资目标、制定策略、解决方法和绩效回顾做了全流程描述，并讲解如何做决策、采取怎样的相应措施，如何构建和管理多资产投资组合。

对于每个环节需要考虑的问题，作者都详细描述投资策略，既给出理论基础，又提供了实际案例参考。

《资产配置手册 》

Yoram Lustig 著

李天骋 等译

ISBN 978-7-121-30669-3

2017年2月出版

定价：79.80元

通过详尽的历史数据、图表与风险事件向投资者展现了各类资产风险的收益特性：

◎传统资产类别：全球股票、固定收益品种和现金。

◎固定收益资产：政府债券、通货膨胀保值债券、公司债券、高收益债（垃圾债）、全球发达市场债券、新兴市场债务工具等（含可转债和优先股）。

◎另类投资：房地产、大宗商品、私募股权和对冲基金。

◎新另类投资：外汇、基础设施、结构化金融产品、杠杆贷款、结构化产品、另类 Beta、波动率、艺术品、保险连接证券和木材。

反侵权盗版声明